1 MONTH OF
FREE
READING

at

www.ForgottenBooks.com

By purchasing this book you are eligible for one month membership to ForgottenBooks.com, giving you unlimited access to our entire collection of over 700,000 titles via our web site and mobile apps.

To claim your free month visit: www.forgottenbooks.com/free630336

ISBN 978-0-484-78796-3
PIBN 10630336

Sac. ROD. MAIOCCHI, s. t. d. — Sac. NAZ. CASACCA, O. S. A., s. t. d.

Codex Diplomaticus
Ord E S. Augustini Papiae

VOLUMEN II.

(AB ANNO MCCCCI AD ANNUM MD)

PAPIAE
Ex officina typografica C. ROSSETTI
MDCCCCVI.

Edizione di 250 esemplari numerati

INTRODUZIONE

1. Le glorie agostiniane, che in Pavia, come vedemmo nel I volume, ebbero il loro centro a S. Mostiola dapprima, e poi in modo più grandioso a S. Pietro in Ciel d'oro, continuarono nel loro splendore per tutto il secolo XV. Anzi negli ultimi trent'anni di questo secolo si videro brillare più fulgide, quando, nella cadente chiesetta di S. Paolo fuori le mura, prese stanza una terza Comunità di Agostiniani appartenente alla Congregazione Lombarda dell'Osservanza, i quali col fervore della novella vita, non solo rialzarono il ruinato edificio, ma gareggiarono altresì coi loro confratelli di S. Mostiola e di S. Pietro nello zelo per le anime, nella virtù, nella dottrina. Tutto ciò è provato all'evidenza dalla ricca serie dei documenti, raccolti in questo II volume, che abbracciano tutto il secolo XV, rievocando i fatti precipui e la vita dell'Ordine agostiniano in Pavia.

Questi documenti, come facilmente può notarsi da ognuno, nell'ultimo quarto del secolo, sono in tale abbondanza, che non sono in proporzione con quelli degli anni precedenti. Ciò è dovuto alle fortunose vicende degli archivi pavesi. Come è noto, saccheggiata Pavia dal Lautrec nel 1527 e passata la bufera, delle carte, gettate come strame sotto le zampe dei cavalli dei vincitori, non si pensò a raccogliere che le più recenti, e quelle di più pratica ed immediata utilità. Anche quel che rimane, però, dà un'idea sufficiente della vita agostiniana a Pavia in tutto quel secolo.

È vero che a primo aspetto molti degli atti, che noi pubblichiamo, potrebbero sembrare di poca importanza, perchè trattano solo di compere, di vendite, di affitti, d'investiture ecc. Ma chi ben li considera nel loro complesso, si accorge subito che essi sono a guisa di piccole pietre che concorrono alla formazione di una gran fabbrica, e da essi scaturisce chiara tutta la vita economica dei nostri tre Conventi, ed in parte anche quella della città, il rifiorire di essi, la loro attività, il loro sviluppo; senza dire che talvolta in un semplice atto di affitto o di vendita noi abbiamo l'unica memoria, che ci conservi i nomi venerandi di coloro, che abitarono S. Pietro in Ciel d'oro, S. Mostiola e S. Paolo, illustrandoli colla loro opera. La quale si svolge parallelamente alle condizioni esteriori della città, ne risente le scosse, il torpore, le miserie, ed anche i risorgimenti, le prosperità, le gioie. Ma nella prospera e nell'avversa fortuna il posto degli Agostiniani è sempre moralmente notevole, e richiama su di sè la stima e la benevolenza dei cittadini.

2. Come a S. Agostino, così a S. Mostiola e dipoi a S. Paolo, è un continuo fiorire di uomini dotti, santi, illustri per la nobiltà dei natali e per le cariche occupate. Quindi il popolo li circonda di rispetto e di amore, gareggia in generose elargizioni e lasciti testamentarii, in fondazioni di altari e cappellanie, e vuole avere la pace del sepolcro là, dove è sicuro che la santa preghiera dei venerati Religiosi continuamente memore s'innalzerà al Dio delle misericordie. Aiutati da questa generale simpatia i tre Conventi possono dare uno stabile e sicuro assetto ai loro patrimoni, provvedere ai restauri dei vecchi edificii ed alla fabbrica di nuovi, e promuovere l'ornamento e la decorazione della Casa di Dio. Dimostrazione evidente poi delle alte benemerenze degli Agostiniani e dei sentimenti del popolo pavese verso di essi, sono gli atti numerosi onde il Principe ed il Comune li onorarono.

E di questi punti, seguendo la traccia qui indicata, noi toccheremo ordinatamente, in base ai documenti che passiamo in rassegna.

3. A S. Pietro in Ciel d'oro, e propriamente nel Convento di S. Agostino, l'alba del nuovo secolo saluta il termine di quelle controversie, che, come vedemmo nel I volume, tennero agitati gli ultimi anni del secolo XIV. Il Vicario vescovile di Pavia, Enrico Dina, intervenne qual Delegato apostolico a dare esecuzione alla bolla di Bonifacio IX, che regolava le vicendevoli relazioni fra la Comunità degli Eremitani e quella dei Canonici regolari, determinandone i diritti ed i doveri (doc. n. CXXXV e CXXXVIII); e all'ombra della pace fioriscono gli studii, i quali sono facilitati ai Religiosi anche da una biblioteca, i cui preziosi codici, custoditi da frati calligrafi e miniatori (doc. n. CLXXIII e CLXXVI), sono invidiati da Milano, che manda ai nostri Eremitani una schiera di artisti per la loro trascrizione (doc. n. CXXXII, CXXXVI e CLIII).

Frate Agostino da Casale, Baccelliere, seguendo le disposizioni degli statuti universitarii, commentando agli studenti di S. Agostino il *Libro delle Sentenze*, si prepara alla laurea in teologia, che gli sarà conferita dopo un biennio d'insegnamento (doc. n. CXXXIII e CXLVI). Così vediamo in Pavia, in un tempo in cui l'Università per ragion della peste è trasferita a Piacenza, mantenersi anche di fatto l'insegnamento di carattere universitario per opera di un Agostiniano.

Vediamo frate Giacomo da Pomario, che fin dal 1401, qual Lettore in S. Agostino, aduna quei tesori di scienza, che poi lo chiameranno alla cattedra teologica nell'Università ed alla carica di Vicedecano del 'Collegio dei dottori in teologia (doc. n. CXXXIII, CLX e CLXII).

Un altro esimio personaggio fioriva in questi tempi, frate Pietro da Castelletto, pavese, il quale era entrato nel Collegio teologico dell'Università verso il 1398. Il suo valore nelle lettere e la sua straordinaria eloquenza lo avevano fatto preferire ai molti che si erano offerti di tessere l'elogio funebre del duca Gian Galeazzo Visconti nei solenni funerali, fattigli a Milano nell'ottobre del 1402 (doc. n. CXL). Professore celebrato di teologia nell'Università, egli è uno dei primi a riassumere l'insegnamento, non appena lo Studio è riportato da Piacenza a Pavia (doc. n. CXLV). In rapporti d'amicizia col Petrarca, gli tributa un ultimo atto di stima, conducendo a termine una vita, che del grande poeta aveva co-

Sua Ecc. il Vescovo G. PIFFERI O.S.A., Sacrista del Papa,
al cui zelo principalmente si deve il ritorno degli Agostiniani in Pavia.

minciato il Boccaccio (vedi pag. 26 in nota). Dell'alto concetto, in cui era tenuto come insegnante, sono prova i varii decreti del Conte di Pavia per il suo onorario (doc. n. CXLVII e CXLIX). Splendido atto, che dimostra l'autorità di frate Pietro presso gli Universitarii e

la sua illuminata pietà verso il Patriarca S. Agostino, è il documento n. CXLVIII, col quale l'Università degli artisti e dei medici, per opera di lui, sceltosi a Patrono S. Agostino, delibera di solennizzarne ogni anno la ricorrenza festiva con una pubblica offerta processionalmente recata al suo sepolcro.

Nel 1407 vediamo un altro dotto Agostiniano, frate Paolo Cambiagi di Milano, Provinciale di Lombardia, chiamato da Filippo Maria Visconti a coprire la cattedra di teologia nell'Università, che tiene sino al settembre del 1408 (doc. n. CLIV e CLV).

Oltre il già ricordato frate Giacomo da Pomario, si segnalarono nella Università frate Giovanni Marliani, Professore di Filosofia nel 1418 (doc. n. CLXV), e i frati Francesco da Casale e Manfredo da Siena, ammessi nello stesso anno nel Collegio teologico dell'Università (pag. 37, nota), nel quale, l'anno dopo, entra anche frate Giovanni del Pozzo, appena ebbe conseguito il magistero in teologia nel 1419 (doc. n. CLXVI).

Nel 1422 i documenti universitarii ci presentano un gruppo di tre Religiosi onorati dei gradi accademici. Essi sono: frate Albertino Crespi del Convento di S. Mostiola, laureato in teologia; frate Antonio de Larm licenziato in teologia; frate Pietro licenziato in diritto canonico (doc. n. CLXXI).

Nello stesso anno entra a far parte del Collegio teologico dell'Università il famoso frate Giovanni Rocco Porzi di nobile famiglia pavese (pag. 49, nota).

Dal 1426 al 1430 tiene Cattedra di Logica e Filosofia Morale nell'Università il Maestro frate Nicola da Cremona (pag. 44, nota); e nel 1430, fissandosi dal Duca l'ordine di precedenza fra i Religiosi insegnanti all'Università, si concede il secondo posto ai Maestri dell'Ordine Eremitano (doc. n. CLXXVIII).

Nel 1432 frate Albertino Crespi sale la cattedra teologica universitaria (doc. n. CLXXX); e sono laureati nelle scienze sacre gli Eremitani frate Gregorio Ferrari da Novi, frate Stefano d'Alessandria e frate Gregorio d'Alessandria (doc. n. CLXXXIII). Troviamo poi nel 1434 la laurea teologica di frate Giovanni de Asperg (doc. n. CXCI); e nel 1439 quella di frate Giovanni Evangelista (doc. n. CCX).

Nel 1453 cessa dalle sue lezioni di Filosofia l'agostiniano frate Stefano da Pavia (doc. n. CCXLIX) e gli succede frate Gabriele Sforza, fratello del Duca di Milano (doc. n. CCL), che lascerà presto la cattedra scolastica per salire quella arcivescovile della metropoli lombarda (doc. n. CCLIX).

Nell'anno 1460 frate Gian Giacomo Campeggi, patrizio pavese, dopo di aver tenuto nel Convento di S. Agostino quei corsi di lezioni imposti dagli statuti dell'Università ai Baccellieri aspiranti al Magistero, alla presenza di una solenne assemblea nell'aula magna del Palazzo vescovile, avendo per promotore il suo illustre confratello Maestro Bartolomeo Fazzardi, del Collegio teologico dell'Università, sostiene l'*examen rigorosum* con esito felicissimo, e quattro giorni di poi assume le insegne dottorali nella chiesa di S. Agostino, gremita di prelati, di professori, di studenti, di nobili e di semplici cittadini accorsi a festeggiare l'inizio della vita scientifica di questo Religioso, che in seguito risplenderà per le cariche e gli uffici a lui affidati nell'Ordine (doc. n. CCXCV).

I Rotoli dell'Università ci ricordano come nel 1467 iniziasse le sue lezioni di Filosofia morale frate Guido da Parigi, del Convento di S. Agostino (doc. n. CCCXXVIII); e nel 1472 abbiamo la laurea in teologia di frate Ambrogio Pusterla, della nobile famiglia milanese, assistito nella solenne cerimonia dal promotore frate Gian Giacomo Campeggi (doc. n. CCCLXVIII).

Un altro personaggio che fu lustro dell'Ordine Eremitano per il suo sapere è il Maestro Giovanni Bartolomeo da Acqui, che resse la Cattedra teologica nell'Università dal 1487 al 1490 (doc. n. DXIX).

Nel 1489 frate Alessandro Vitali consegue la laurea in teologia, avendo per presentatore il suo Confratello Maestro Gabriele Buzzi da Carmagnola, e fra gli esaminatori un altro Maestro Eremitano (doc. n. DXXXI).

Si accresce la schiera dei laureati agostiniani col nome di frate Filippo Muzzana da Lodi, il quale nel 1498 è esaminato dal Collegio teologico universitario (1), di cui, su dieci membri, fanno parte ben quattro suoi confratelli, cioè, Michele da Pavia, Galeazzo da Pavia, Bartolomeo da Valmacca e Alessandro Vitali, chiamato *doctor consummatissimus*, e riceve così il grado magistrale (doc. n. DCXXI).

---

(1) Il Collegio teologico, sorto dopochè Bonifacio IX accordò nel 1389 il diritto di conferir lauree in teologia, era ordinariamente composto dei più illustri dottori ecclesiastici secolari e regolari, che avevano conseguito il magistero nell'Università pavese. Fin dalla sua fondazione esso fu decorato da una numerosa schiera di Maestri agostiniani, i quali, specialmente durante tutto il secolo XV, presero parte molto attiva alla sua vita scientifica, come ci è dimostrato dai numerosi atti di laurea ancora conservati. Oltre a quasi tutti i Maestri, il cui nome s'incontra nelle pagine del nostro Codice, molti altri Agostiniani facevano parte di questo Collegio. Lo si può desumere dal seguente elenco, compilato da Gerolamo Bossi (Ms. *Studio*, Bibl. Univ. di Pavia), che lo ricavò dalla matricola del Collegio, ora perduta, e che noi pubblichiamo per i nomi dei soli Agostiniani, dagli inizii del Collegio nell'ultimo decennio del secolo XIV sino a tutto il secolo XV:

Domenico da Forlì
Bartolino d'Alessandria
Giovanni d'Alessandria
Giovanni d'Alemagna
Agostino da Milano
Pietro da Castelletto
Gaudenzio Visconti, Milanese
Manfredo da Siena
Adamo Croce
Antonio Ferrari, Piacentino
Agostino da Casale
Paolo Cambiago, Milanese
Martino Caravaggio
Giacomo Pomario
Giovanni Marliani
Giovanni del Pozzo, d'Alessandria
Francesco da Casale
Ugolino da Cremona
Alberto Crespi (1418)
Giovanni Rocco Porzi (1422)

Antonio Barni
Giovanni Pietro da Voghera
Gregorio d'Alessandria
Stefano d'Alessandria
Nicolino da Cremona
Giovanni de Asperg, Provinciale
Giovanni da Novara (1436)
Manfredo Mombreto (1437) decano nel 1454
Giov. Evangelista di Milano (1439)
Stefano da Pavia (1441)
Marino di Francia (1441)
Bartolomeo Monti di Milano (1442)
Bartolomeo Fazzardi (1446)
Francesco d'Alessandria dal Bosco (1446)
Nicolò Acquapendente (1449)
Lorenzo Biffi (1450)
Giuliano da Roma (1453)
Martino Vallate (1456)
Francesco Boidi Alessandrino (1457)
Gian Giacomo Campeggi (1460)
Gerolamo da Verona (1462)
Agostino Marliani (1462)
Lazzaro Simonetta Genovese (1463)
Andrea della Marca Anconitana (1466)
Bartolomeo da Acqui (1467)
Bernardo Riccardi Lodigiano (1467)
Ambrogio Pusterla (1472)
Antonio Biglia da S. Agata, detto da Asti, (1478)
Ambrogio da Cori, Generale agost. (1478)
Battista Rossi (1479)
Galeazzo da Pavia (1481)
Bartolomeo Fazzardi (1483)
Battista da Rosate (1484)
Giacomo Corti Her. Agost. Rettor. di S. Giulietta (1486)
Anselmo da Montefalco Generale (1489)

Finalmente una dimostrazione veramente splendida del sapere e dell' attività scientifica degli Agostiniani di Pavia si ha appunto al chiudersi del secolo XV. Nel maggio è laureato frate Angelo Panizzeni di Alessandria, che ha tra gli esaminatori frate Antonio da Asti e frate Bartolomeo da Valmacca, suoi correligiosi (doc. n. DCXXXIX). E nel luglio, caso nuovo nella storia della Facoltà teologica pavese, recingono il serto dottorale in uno stesso dì Bartolomeo Ferrari, Gabriele Savieti, Paolo da Genova e Francesco Trotti, tutti Agostiniani, presentati ed esaminati da due altri Agostiniani, Antonio da Asti e Giovanni Antonio Sannazzari (doc. n. DCXLIV). E frattanto dalla cattedra universitaria insegnavano filosofia frate Valerio da Genova, dal 1497 (pag. 348, nota), frate Serafino Brasca da Milano e frate Gasparino da Bassignana dall' anno 1499 (pag. 367, nota). Splendida dimostrazione cotesta dell' armonico connubio onde le Comunità Agostiniane di Pavia univano agli esercizii del sacro ministero e della religiosa pietà il culto più fervido alle scienze, rendendo così l' omaggio più proprio al grande Fondatore, illustre per la pietà, quanto mirabile per la scienza.

4. A lato di questi uomini insigni, i quali seguendo le orme del loro dottissimo Istitutore consacrarono le forze del loro ingegno ad illustrare la scienza cattolica, noi vediamo un' altra schiera di personaggi non meno chiari per la virtù professata nel più alto grado: compimento e corona di quello spirito, che informava le Comunità agostiniane in Pavia. È vero che la virtù tende per sè stessa a celarsi agli occhi del mondo ed a non far pompa di sè, ma a guisa di un fiore che non può nascondere il suo olezzo, essa il più delle volte s' impone all' ammirazione generale. Quindi noi vediamo che la vita veramente virtuosa ed esemplare degli Agostiniani di Pavia riceve gli encomii più alti e disinteressati da tutta la città; i cui rappresentanti in documenti ufficiali con parole di lode si fanno un dovere di ricordare la loro specchiata condotta, attestando che essi *apud populum magna devotione habentur*, e che del loro zelo nel servizio divino *tota.... civitas maximopere gaudet* (doc. numero CCCXXXIII). Si proclamano *informati de vita et sactimonia ipsorum dominorum fratrum* (doc. n. CDLXIV) ed ammirano sommamente i venerandi Religiosi di S. Agostino, *quibus pro eorum pudicicia et integritate summe afficimur* (doc. n. DXXXIX).

E ben a ragione; poichè, a non parlare della specchiata illibatezza che forma una prerogativa degli Eremitani pavesi in genere, vi furono poi non pochi che per le qualità morali rifulsero in modo speciale, da rimaner di esempio anche ai posteri. Ne ricordiamo alcuni.

In un momento di grave costernazione, quando il flagello della peste aveva reso squallida Pavia, disertata da tutte le autorità, privata del suo Studio Generale, abbandonata per-

Alessandro da Pavia (1489
Giov. Bartol. Valmacca dei Conti di Capaleata in Monferrato 1491
Andrea Medolago da Milano (1494)
Filippo da Lodi (1498)
Angelo Panizzeni Alessandrino (1500)
Giovanni Antonio Sannazzari (1500)
Bartolomeo Ferrari dal Castellaccio 1500)
Paolo da Genova (1500)

Gabriele Savieti (1500)
Francesco Troti dal Castellaccio (1500)
Gabriele da Pavia (1500)

L' eloquenza di questo documento è tale, che ci dispensa dall' aggiungere qualsiasi parola. Si tratta di ben *sessantasei* Dottori, tutti del nostro Ordine; i quali nel corso di poco più di cento anni recarono in modo sì splendido il contributo dell' attività scientifica dell' Ordine Agostiniano all' Università di Pavia.

sino dal proprio Pastore, noi troviamo un generoso Agostiniano, frate Agostino Vescovo di Ivrea, che accorre a rinfrancare gli animi, e che provvede alle necessità spirituali dei cittadini, compiendo le funzioni del suo Ministero, e tenendo le sacre Ordinazioni nella chiesetta suburbana di S. Spirito (doc. n. CXXXIV): esempio di zelo pastorale e di carità grande e coraggiosa!

Personaggio profondamente pio ci si mostra frate Pietro da Castelletto sia nel suo eloquente discorso funebre di Gian Galeazzo Visconti, dove, pure apprezzando le grandezze

Sua Em. il Card. S. MARTINELLI O.S.A., sotto il cui Generalato furono iniziate
le pratiche pel ritorno degli Agostiniani in Pavia.

del secolo, pone in luce come nella pietà e nello spirito cristiano sia riposta la grandezza vera ed imperitura (doc. n. CXL); sia quando nell'Università si fa promotore di un culto speciale a S. Agostino, che per opera sua è eletto Patrono dell'Università e riceve ogni anno un solenne omaggio dal Corpo Accademico (doc. n. CXLVIII).

È vera gemma di virtù e di santità frate Albertino Crespi di S. Mostiola, la cui vita illibata, congiunta alla scienza ed al più fervido zelo, non solo gli procura una grande influenza presso i cittadini e presso i suoi correligiosi (doc. n. CLXXIX); ma lo fa distinguere così, che il Duca di Milano lo invia al Concilio di Basilea (doc. n. CLXXXI), dove tanta è la sollecitudine ch'egli dimostra per la causa di Dio, che i Padri del Concilio non trovano chi meglio di lui possa essere l'interprete e l'avvocato dei bisogni della Chiesa presso l'Imperatore d'Oriente Giovanni Paleologo, a cui è mandato come ambasciat re in Costantinopoli (doc. n. CLXXXV). Informato a vero spirito di abnegazione, egli soffre nel viaggio pericoli, spogliazioni e disagi inenarrabili; ma su di essi sorvolando, egli nella sua relazione di una sola cosa si dimostra sollecito, cioè che tutto vada *feliciter ac prospere... pro ipsa sancta unione* della Chiesa greca alla latina, per cui egli lavorava (doc. n. CLXXXVII).

Un altro fiore dell'Istituto agostiniano è il nobile pavese frate Giovanni Rocco Porzi, celebre negli annali dell'Ordine per il suo spirito di austera disciplina, per la parte da lui presa nella riforma di varii Conventi, fra i quali il nostro di S. Agostino (doc. n. CLXXXIV) e nella fondazione della notissima Congregazione Lombarda dell'Osservanza. Egli fu un vero apostolo della Lombardia, da lui percorsa più volte predicando la parola di Dio e la riforma dei costumi, assistito, oltrechè dal fascino della sua personale virtù, anche da uno speciale aiuto del cielo nel convertire i peccatori e nel beneficare e sollevare gl'infermi. Tuttora vivente era dal popolo onorato del titolo di Beato, e pochi anni dopo la sua morte, il pennello del primo pittore lombardo, Vincenzo Foppa di Brescia, che certamente lo aveva conosciuto, ne immortalò le gesta e la santità nei preziosi affreschi di una grande sala (forse la biblioteca) del Convento di S. Barnaba di quella città (doc. n. CLXXVII, CLXXXVIII, CCVII, CCLXXIV, CCLXXXI, CCXCVI).

Dobbiamo assegnare un posto insigne fra i santi Religiosi a quel Carlo Attendolo Sforza, più noto in Religione col nome di frate Gabriele Sforza, al quale la nobiltà dei natali, le grandezze della sua regnante famiglia, gli onori accademici e l'infula di Metropolita lombardo non solo non furono d'ostacolo per una vita pia ed esemplarissima, ma furono a lui sprone ed eccitamento alla più alta virtù, per cui dall'unanime consenso dei suoi contemporanei fu onorato del titolo di Beato (doc. n. CCL, CCLIX, CCLXXXI, CCLXXXII).

Nè dobbiamo omettere il nome del santo Religioso frate Simonetto da Camerino, apostolo di pace e di carità, immortale nella storia italiana per lo zelo, con cui lavorò per la tranquillità della patria lacerata dalle discordie, riuscendo a far conchiudere il famoso trattato di Lodi, che si può giustamente chiamare una delle più belle benemerenze civili dell'Ordine Agostiniano. In mezzo alle dimostrazioni di stima e di onore che gli vengono dai Potenti, egli si giova del favore del Duca di Milano per effondere la sua pietà presso il sepolcro di S. Agostino, sfuggendo alle feste della Corte sforzesca per riparare alla quiete del chiostro di Pavia (doc. n. CCLVII).

Degni d'essere ricordati accanto a questi Religiosi dalla vita esemplare e santa, sono frate Martino da Vercelli, il cui zelo si esercitò specialmente nel bandire la parola di Dio e nel promuovere lo splendore del culto con abbellire la casa del Signore (pag. 277); e frate Benedetto da Milano, le cui esimie doti rifulsero nell'opera di restaurazione morale del Convento di S. Mostiola (doc. n. DLXXXIX). Del resto tutto il nostro Codice olezza delle virtù e della santità di quegli Eremiti. che rinunziando al secolo, corrisposero degnamente allo spirito di quella Religione, che tanto giustamente fu detta : *Un Ordine di Santi.*

5. Il lustro dei Conventi agostiniani pavesi si accresceva anche per la nobiltà dei natali e per la grandezza di famiglia, a cui molti dei nostri Religiosi avevano generosamente rinunziato per dedicarsi al servizio di Dio: rinunzia, che costituiva un nuovo argomento di stima a loro favore. E questa nobiltà chiaramente trasparisce dai nostri documenti, che ricordano i nomi delle famiglie più illustri e potenti. Scorrendo infatti i nostri indici è facile rilevare i casati nobili dei Biffi, De Conti, Porzi, Mombreto, Del Pozzo, Trovamala, Marliani, Corti, Pietra, Pusterla, della Ripa, Lucini, Sarego, Campeggi, Fazzardi, Mantegazza, Eustacchi, De Rossi, Valmacca dei condomini di ·Capaleata, Astolfi, Strada, Beccaria, Sforza, ecc. Come si vede, qui si ha il fiore della nobiltà e dell' aristocrazia lombarda.

La grandezza di molti Eremitani pavesi si deduce anche dalle alte cariche da essi occupate. Lasciando da parte le cariche accademiche dei nostri Religiosi, delle quali già abbiam parlato, noi troviamo un Albertino Crespi, che dal Priorato di S. Mostiola (doc. n. CLXI) sale al Provincialato di Lombardia (doc. n. CLXXIX) e si segnala nelle Legazioni affidategli nel Concilio di ˙Basilea, donde ritorna alla umiltà del Convento circondato di tanta stima, che il Generale lo rende quasi arbitro del Monastero (doc. n. CXCV).

Vicino al Crespi, anche per età, troviamo frate Lorenzo Biffi, pure di S. Mostiola, il quale appare nei nostri documenti dal 1417 al 1468, alternandosi con lui nelle cariche di Biblico, Vicario, Priore di S. Mostiola ; e salendo, poco dopo la morte del Crespi, all' ufficio di Provinciale. Uomo prudentissimo nel maneggio degli affari e nell' amministrazione, fece prosperare come Procuratore le sorti del suo Convento ; ed .apprezzato anche da illustri personaggi ecclesiastici per la sua abilità, fu eletto amministratore del Monastero delle Signore Umiliate di S. Agostino di Pavia (pag. 65) ; e nella vacanza della Sede vescovile fu a lui affidata l' amministrazione dei beni della mensa (doc. n. CCXIX). Tenne anche l'ufficio di amministratore dell' insigne monastero benedettino di S. Cristoforo in Pavia, come Vicario Generale dell' Abbazia di S. Maria di Lucedio nel Monferrato (doc. n. CCCXI).

Ricordiamo anche frate Giovanni Marliani, che dalla Cattedra filosofica dell' Università pavese passa a Reggente di varii Studi agostiniani, ed è poi innalzato alle cariche di Provinciale della Lombardia, di Visitatore delle Provincie ultramontane, di Vicario del Priore Generale al Concilio di Basilea e finalmente di Vicario Generale dell' Ordine in Italia (doc. n. CLXV). Il suo *cursus honorum*, che può veramente dirsi *cursus laborum*, è indice eloquente del suo alto valore.

Non va dimenticato neppure frate Francesco da Casale, che è tolto dalla Cattedra universitaria per essere dal marchese di Monferrato mandato suo ambasciadore al re di Cipro, e per reggere poi come Vicario Generale i conventi di Nicosia e di Famagosta (pag. 37).

Meritano d' essere ricordati frate Giovanni del Pozzo, che dal Collegio teologico ˙di Pavia passa all' ufficio di Provinciale Lombardo (doc. n. CLXVI e CLXXVII) ; frate Gre-

gorio da Alessandria Confessore del Duca Filippo Maria Visconti (doc. n. CLXXXIII);
frate Manfredino Mombreto, che per lunghi anni regge il Convento di S. Agostino e la
Provincia di Lombardia (doc. n. CXCVI); frate Giorgio Pusterla, il quale dal Convento di
S. Agostino passa Priore a S. Lorenzo di Piacenza (doc. n. CCXXIII), e dal Pontefice
Callisto III è nominato amministratore dei dominii e tutore dei figli di due nobili Piemon-
tesi signori di Osasco, che partono per la Crociata (doc. n. CCLXVI). La sua memoria fu
sempre sì cara ai Pavesi, che lo domandarono con grande istanza e con elogi, in una lettera al Priore Generale, quale predicatore per la Quaresima nel 1459 (doc. n. CCLXXXVI).

Occupano un posto preclaro nella storia di S. Agostino di Pavia i Priori Bartolomeo
Fazzardi, Gabriele da Carmagnola, Gian Giacomo Campeggi, Battista De Rossi, sotto il
governo dei quali l'insigne Convento raggiunse un alto grado di prosperità materiale e
morale, come ognuno potrà convincersi dall'esame dei documenti sulla guida dell'indice
onomastico. Segnaliamo poi particolarmente i documenti CCCLXXVI e CDLXV, che tornano di speciale onore al Campeggi; e i documenti CDLXVI e CDLXXXIII, che riguardano
gli alti meriti del De Rossi.

Un altro personaggio grande per le cariche onorifiche occupate è frate Agostino Marliani, il quale simile al suo omonimo frate Giovanni Marliani, di cui già s'è detto, coprì
con somma lode e per molti anni gli uffici di Priore di S. Agostino e poi di S. Mostiola,
quello di Procuratore e di Vicario del Generale in quest'ultimo Convento, e quindi quello
di Vicario Provinciale (doc. n. CCCXXXIX, CCCXLII e CCCLXX).

Due altri nomi di illustri Agostiniani legati alla storia dei nostri Conventi pavesi sono
quello di frate Giovanni Antonio da Velate, celebre teologo, onorato da Innocenzo VIII e
dal Card. Ascanio Maria Sforza Vescovo di Pavia, che l'ebbe suo Confessore e Famigliare,
e che in Pavia gli accordò il Priorato di Scanzo bergamasco (doc. n. CCCLXXXV); e
quello di frate Alberto dei nobili Guidoboni, cappellano ducale, abbate di Montebello pavese, conservatore e giudice degli Agostiniani di Pavia (doc. n. CDXVI), i cui meriti sono
bellamente enumerati dal Pontefice Innocenzo VIII (doc. n. DII), e il cui amore al Convento
di S. Agostino traspira chiaramente dal suo testamento (doc. n. DLXXX).

I nostri documenti ci ricordano anche un frate Lorenzo da Cremona. alunno del Convento di S. Paolo, ordinato sacerdote nel 1480, il quale nel 1509 sarà poi innalzato all'ufficio di Vicario Generale della Congregazione lombarda (doc. n. CDXL); un frate Aurelio
Agostino da Pavia, alunno dello stesso Convento, celebre predicatore e fondatore del Convento di Asola; un frate Marcello da Milano, anch'esso del Convento di S. Paolo, che nel
1494 fu eletto Vicario Generale della Congregazione, qual successore di frate Mariano da
Genazzano (doc. n. CDLXII); un frate Giovanni Bartolomeo da Acqui, che dimora in S. Agostino, e dall'insegnamento universitario passa al Provincialato lombardo (doc. n. DXIX e
DLXV); un frate Lorenzo da Milano, Priore di S. Paolo nel 1492, che poi nel 1517 sarà
eletto Vicario Generale della Congregazione (doc. n. DLX); un frate Benedetto da Milano
di S. Paolo, che nel 1494 riforma come Vicario del Provinciale il Convento di S. Mo-

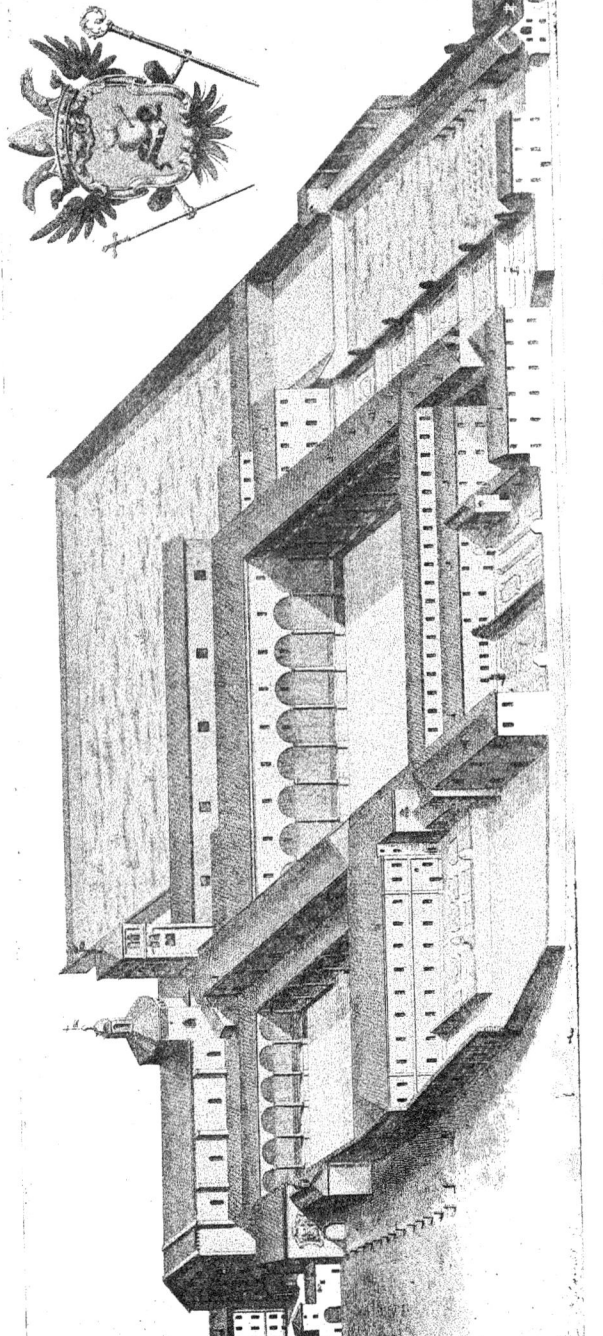

Veduta generale del Convento di S. Agostino di Pavia, disegnata sulla fine del secolo XVIII da frate Gian Facondo Moneta Eremitano.

stiola, ricevendone amplissimi elogi dal Comune pavese (doc. n. DLXXXIX), e nel 1497 è eletto con frate Paolo Zabarella Visitatore Generale dei Conventi d'Italia (doc. n. DLX); ed un frate Valerio da Genova, Professore nell'Università, Priore successivamente di molti Conventi, e Reggente degli Studi in Roma (pag. 348-49).

Non abbiamo accennato che i principali personaggi, appena sfiorando con rapida corsa i documenti di questo volume.; ma anche da questo cenno fugace ci sentiamo compresi di ammirazione per il numero grande di uomini, che e per il loro sapere e per le loro virtù morali e per la nobiltà dei natali e per l'alto valore nel disimpegno dei loro uffici meritano di essere ricordati con lode grande nella storia dell'Ordine agostiniano e della città di Pavia.

6. Conseguenza di tutta questa grandezza intellettuale e morale degli Eremitani pavesi del secolo XV fu la profonda, affettuosa stima, con cui i cittadini si strinsero a loro, dimostrando i benevoli loro sentimenti anzitutto con la grande confidenza, con la quale li elessero medici delle loro anime, ed in molti casi amministratori e procuratori dei loro beni materiali. Si stabiliva così fra la cittadinanza ed i nostri Conventi quella forte corrente di simpatia, che si manifesta nelle numerose donazioni e nei lasciti testamentari, di cui il nostro volume offre un numeroso gruppo.

Notiamo i lasciti a Frate Pietro da Ceredano ed all'infermeria di S. Agostino (doc. n. CXLI); quello di Giacomo dal Verme per l'Arca e per funzioni all'altare di S. Agostino (doc. n. CLII); il legato del nob. Bartolomeo Beccaria a S. Mostiola (doc. n. CCXX e CCXXI); quello di Bartolomeo dei Conti di Albonese a favore di S. Agostino (doc. n. CCCXV); di Giovanni Antonio Strada per lo stesso Convento (doc. n. CCCXXIX-CCCXXXI); della Contessa Valentina Bertoni Rasini a favore di S. Paolo (doc. n. CCCLVIII); il legato del causidico Antonio Preottoni per l'ornamentazione del Sepolcro di S. Agostino e per la Cappella di S. Gerolamo (doc. n. CCCLIX). Ricordiamo i lasciti del nob. Guniforto Fiamberti (doc. n. CCCLXVI); quello del nob. Antonio Belcredi (doc. n. CCCLXXXVI); del nobile Giacomo Landolfi per il Convento di S. Paolo (doc. n. CDXIII); della nob. Caterina Mezzabarba per S. Mostiola (doc. n. CDXXVI); di Giovanni Stefano Bottigella Vescovo di Cremona per S. Paolo (doc. n. CDLIX); del milite Galeazzo Fiamberti per S. Agostino e S. Paolo (doc. n. CDLXXVIII), del professore Cosma Colesini a favore di S. Paolo e del Sepolcro di S. Agostino (doc. n. DXXVI e DCXXX); del nob. Giovanni Stefano Ricci per S. Paolo (doc. n. DLXI); di fr. Alberto Guidoboni abbate di Montebello per S. Agostino (doc. n. DLXXX); del nob. Giorgio de Tisma per l'Arca di S. Agostino (doc. n. DXCVI) ecc.

Nè meno generosi verso gli Eremitani furono i Pavesi nelle loro donazioni in vita, fra le quali ricordiamo quella di Antonino de Geremondia fatta a S. Pietro in Ciel d'oro *ob singularem devotionem quam gerit Beatissimo Augustino* (doc. n. CCIV); quella del nob. Galvagnino Mombreto (doc. n. CCVI); di Elena Fazzardi Panizzari (doc. n. CCXXXV); di Caterina Fiamberti Beccaria (doc. n. CCXLIII); del nob. Giovanni Antonio Tacconi (doc. n. CDXXXVIII); del Vescovo Giovanni Matteo Privoli (doc. n. DXXVIII) e quella insigne, al Convento di S. Paolo, della nob. Elisabetta Bandelli e del nob. Francesco Giorgi (doc. n. DXLV) ecc. Ora tutti questi atti di generosità, se depongono favorevolmente per l'animo pio dei Pavesi, costituiscono pure la più bella prova, sia dei meriti degli Agostiniani, sia della stima in cui erano presso il popolo pavese.

7. Tra i meriti degli Eremitani non è certamente l'ultimo quello di aver sempre caldeggiato nel popolo lo spirito di devozione e di pietà, ed in modo speciale il culto ai Santi, che nell'Ordine Agostiniano riscuotono un particolare omaggio. Vediamo quindi promossa per opera dei nostri pii Religiosi la devozione al glorioso Patriarca S. Agostino, la devozione alla B. Vergine della Consolazione, che in seguito fiorirà sviluppandosi nel Consorzio della Madonna della Cintura, alla Madre S. Monica, a S. Nicola da Tolentino, in onore dei quali si fondano legati e cappellanie, s'innalzano altari, si celebrano sacre funzioni.

Ed a luminosa dimostrazione di tuttociò, basta gettare uno sguardo sui nostri documenti, dai quali risulta che per opera dei Religiosi di S. Agostino il loro gran Patriarca è eletto Patrono della Università di Pavia, dalla quale ogni anno riceve una pubblica offerta nel dì della sua solennità (doc. n. CXLVIII); s'infonde negli animi dei cittadini la brama che il glorioso sepolcro sia degno anche esteriormente della grandezza del Santo, curandone l'ornamentazione ed istituendo legati per la celebrazione di Messe sulle sue sacre Reliquie (doc. n. CLII, CCCLIX, DXXVI, DCXVI e DCXXX) e l'immagine del grande Dottore, presso quella di Maria SS., domina in tutti i luoghi più onorevoli della Chiesa e del Chiostro (doc. n. CLIX, CDLXXIV e CDXCVIII). Ma prova assai più eloquente del tenero affetto, che legava i Pavesi al Patrono e Difensore della loro città, è quella, che ci è data dai patti della resa dei Pavesi a Francesco Sforza, segnati nel settembre del 1447. Fra essi è notevole la sollecitudine con cui il popolo chiede al Principe che liberi da ogni impaccio militare la Basilica di S. Agostino, soffocata nelle fortificazioni della Cittadella; e lasci così liberamente effondersi la divozione e le pratiche di culto verso l'amato Santo (doc. n. CCXXVII).

Parimenti per opera degli Eremitani fiorisce il culto alla Vergine della Consolazione, alla quale s'innalza un piccolo Oratorio con speciale cappellania ed altare nel primo chiostro di S. Agostino (CDXLIII, CDXLVI, CDLXXVII e DCLII).

Due Cappellanie furono istituite al Taumaturgo S. Nicola da Tolentino, delle quali una, come vedemmo nel I volume (doc. n. CX), già esistente in S. Mostiola, fu arricchita di una nuova dotazione (doc. n. CCXXIII); l'altra fu eretta nel nuovo Convento di S. Paolo (doc. n. CCCLXXXVI).

Nella spaziosa sagrestia di S. Agostino, vicino all'Arca, sorgeva anche l'altare dedicato a S. Monica, dove si celebravano speciali funzioni per la munificenza della contessa Borromeo Visconti (doc. n. CCCLXXXIX, CDXV) e del suo figlio Filippo Visconti (doc. n. DXLIII), e donde la Protettrice delle Madri Cristiane pietosamente accoglieva le suppliche delle Madri pavesi. Un'altra cappella, dedicata pure a S. Monica, disponeva con suo testamento, fosse eretta nella chiesa di S. Paolo, la nobile Simonina Balbi (doc. n. DLXXXIII).

Ed a queste fondazioni, aventi stretta relazione con lo spirito e con la pietà dell'Ordine agostiniano, si aggiungevano pur quelle in onore di altri Santi, come le cappellanie di S. Maria e di S. Tommaso nel chiostro di S. Agostino (doc. n. CDXXV e CDXXVII); di S. Gerolamo nella Basilica (doc. n. CCCLIX); di S. Apollinare nella chiesa di S. Mostiola (doc. n. CLXIV); dei Santi Antonio ed Elisabetta nella stessa chiesa (doc. n. CXCVI); delle Sante Maria Maddalena e Margherita, pure in S. Mostiola (doc. n. CCLII); dei SS. Paolo ed Antonio in S. Agostino (doc. n. CCXCVIII, CCC e CCCXXIX) (1); di S. Giovanni parimenti in S. Agostino (doc. n. CDLXVIII); dei SS. Cosma e Damiano (doc. n. DLXXXVIII e DCII) e di S. Fermo nella chiesa di S. Paolo (doc. n. DCXVI).

Tutte queste fondazioni, dovute alla pietà generosa degli Eremitani e dei cittadini pavesi, dimostrano ancora una volta che, se grande era lo zelo degli Agostiniani, da parte dei fedeli vi era una degna e benevole corrispondenza.

8. Un'altra dimostrazione, che torna ad onore degli Istituti Agostiniani in Pavia, si è la sollecitudine con cui ogni classe di cittadini cercava di procurarsi la sepoltura nei templi o nei chiostri dei nostri Religiosi. Già nel secolo XIV vedemmo la chiesa di S. Agostino divenuta luogo di preferita sepoltura della Casa viscontea e dei nobili addetti alla Corte; nel secolo XV la pia ed onorifica consuetudine si continua, ed i nostri documenti ci mostrano in S. Agostino la sepoltura del duca Gian Galeazzo Visconti (doc. n. CXXXIX), qui conservata sino al 1474 (doc. n. CCCLXXXIII e CCCLXXXIV); di frate Bonifacio Bottigella vescovo di Lodi (doc. n. CL); di Facino Cane conte di Biandrate (doc. n. CLVIII); della fondatrice delle Signore Umiliate di S. Agostino, Mabellina da Borgo, morta in concetto di santità, e della sua consorella Margherita Garaldi (doc. n. CCII); quella del dottor in leggi Cedrione da Roma, Vicario del Podestà di Pavia (doc. n. CCIX); il sepolcro di Accorsino Grassi (doc. n. CCXXXI); di Antonio Rogli da Chieri (doc. n. CCXXXIV); del nob. Gian Marco Fiamberti (doc. n. CCXLIII); di Pietro Vecchi da Bergamo (doc. n. CCXLVIII); le sepolture del conte Bartolomeo Albonesi, della sua sorella Agnese, moglie del rinomato capitano visconteo Moretto Sannazzari, e della loro madre Antonina (doc. n. CCCXV); la sepoltura del nob. Giovanni Antonio Strada (doc. n. CCCXXVIII); di Beatrice de Regina e di suo marito Nicola de Cisera (doc. n. CCCLVII); il sepolcro del causidico Antonio Preottoni e del figlio Gian Lanfranco, presso la gentilizia cappella di S. Gerolamo da lui fondata e dotata (doc. n. CCCLIX e DIX); quello dei coniugi Pierino Migliavacca e Giovanna Fiamberti (doc. n. DXXIII); della nobile Elisabetta Moruzzi nella cappella di S. Giovanni (doc. n. CDLXVIII); del nob. Bartolomeo Balbi, nel chiostro ai piedi di un'immagine di S. Agostino (doc. n. CDLXXIV); di Michele Gazzaniga sepolto presso il secondo pilastro a destra, entrando dalla porta maggiore, sul quale era dipinta l'immagine di S. Agostino (doc. n. CDXCVIII); della contessa Margherita Borromeo Visconti presso l'altare di S. Monica (doc. n. DV); della nob. Bertolina Malacrida (doc. n. DVIII); di frate Alberto dei no-

---

(1) Riportiamo qui il frammento di un'epigrafe, allusiva a questa Cappellania, che si conserva nel Museo Civico, e che proviene da S. Pietro in Ciel d'oro : « (Hec cap)ella dedicata est ad ho(norem Sanct)orum Patrum primorum here(mitarum Pauli) et Antonii, in qua fratres Conventus.... ».

bili Guidoboni, il quale per umiltà volle riposare nella tomba dei Religiosi Conversi (doc. n. DLXXX); il sepolcro gentilizio dei nobili Luselli nella sagrestia presso l'altare dei santi Antonio e Paolo (doc. n. DXCVIII); quello del nob. Lodovico Tremont (doc. n. DCXXXIII); del nob. Gian Pietro Sannazzari (doc. n. DCXLI), ecc.

Nè minore era il numero dei cittadini, che sceglievano la loro sepoltura presso la chiesa di S. Mostiola, alla quale vivissima era la devozione nel popolo pavese, *ad quam gerit singularem devotionem* come si esprime uno dei testatori (doc. n. CCXLI). Infatti noi vediamo subito la sepoltura del nobile professore e cosigliere ducale Giacomo Mangiaria nel chiostro di S. Mostiola (doc, n. CLXXII); quella gentilizia dei nobili Pietra, situata presso l'altare maggiore, *in capella magna, que est nobilium de Petra*, da essi decorata con dipinti e vetriate, fornita di calici, di messali e di paramenti, ed arricchita di redditi e di possessi

Avanzi della torre e del Convento di S. Mostiola di Pavia (da un dipinto del nob. Avv. Enr. Monti).

(doc. n. CLXXXVI, CXCIV e CDLXXI); il sepolcro del nob. Agostino Schiaffinati, nella cappella da lui fondata dei santi Antonio ed Elisabetta (doc. n. CXCIX); quello della nobile Tismina Rabagli Bottigella (doc. n. CCXXII); di Stefanina Spalla, moglie del medico ducale Stefano Spalla (doc. n. CCXXIX); di Baldino Maffei (doc. n. CCXLI), della nobile Margherita dei Confalonieri di Candia nella cappella delle sante Maria Maddalena e Margherita, da lei fondata nella sagrestia (doc. n. CCLII); del nob. Giuseppe da Pescia nella sua cappella gentilizia (doc. n. CCCXCIV e DLXXVI); del dottor in medicina Guido de Rossi (doc. n. CDXXXII); quello di Lodovico Spelta nel monumento di sua famiglia (doc. n. CDXLIX) e finalmente quello del nob. Filippino Mangano presso la tomba del suo padre Giovanni (doc. n. DLV).

Nello stesso modo noi vediamo che presso la chiesa di S. Paolo, non appena sono ul-

timati i grandi lavori di restauro, i cittadini amano di eleggersi la loro ultima dimora. Quindi nella chiesa, e propriamente nella cappella di S. Nicola da Tolentino, è la sepoltura del nob. Antonio Belcredi e della sua consorte Maria Beccaria (doc. n. CCCLXXXVI); quella del professore universitario Luca Grassi nel Convento di S. Paolo (doc. n. CDVIII); quella del nob. Giacomo Landolfi presso la chiesa (doc. n. CDXIII); del notaio Francesco de Guateris pure presso la chiesa (doc. n. CDXVII); del nob. milite e dottor in leggi Galeazzo Fiamberti davanti all'altare maggiore (doc. n. CDLXXVIII); della nobile Caterina Fazzardi Pescari ai piedi dell'immagine di S. Nicola da Tolentino nella cappella del Santo (doc. n. CDXCIV); del nob. Gian Maria Rolandi (doc. n. DXXXIV); di Spinolo Regna, capitano ducale del Parco di Pavia (doc. n. DXL); della nobile Simonina Guerraprodeo Balbi (doc. n. DLXXXIII); di Andrea Mombelli (doc. n. DXCVII); dei nobili Sacchetti nella cappella dei santi Cosma e Damiano da essi fondata (doc. n. DCII); della nobile Marina Landriani (doc. n. DCVIII); del nob. Giorgio de Tisma nella sua cappella di S. Fermo (doc. n. DCXVI) e di Ginevra Chiesa dei conti di Gambarana (doc. n. DCXVII).

È notevole poi che alcuni di questi devoti, nell'eleggere la loro sepoltura presso le chiese agostiniane, dispongono anche di essere sepolti rivestiti dell'abito dei Religiosi eremitani, suprema dimostrazione di fede e di amore verso l'Istituto. Così il nob. Giovanni Antonio Strada vuol riposare in pace a S. Mostiola *in habitu dicti Ordinis* (doc. n. CCCXXIX); il dottor in medicina Guido de Rossi dispone che il suo cadavere *induatur capa secundum Ordinem et habitum glorioxi sancti Nicholay de Tolentino..... advocati ipsius domini testatoris* (doc. n. CDXXXII); la nobile Elisabetta Moruzzi vuole esser sepolta in S. Agostino e che *induatur corpus eius de habitu sancte Monace* (doc. CDLXVIII); la nobile Caterina Fazzardi Pescari desidera il suo corpo sia sepolto a S. Paolo *indutum habitu sancti Nicolay seu sancte Monice* (doc. n. CDXCIV).

Questa gara di tanti nobili e popolani, che bramano di riposare presso le chiese agostiniane, *ut fratres ipsius monasterii habeant animam.... testatoris recomissam in eorum missis et divinis officiis ac orationibus suis* (pag. 271, nota), prova in quanta venerazione erano tenuti e di quanta fiducia onorati i nostri pii Eremitani.

9. Alla prosperità morale dei tre Conventi Agostiniani pavesi corrisponde in questo secolo anche la loro prosperità materiale, specialmente per il Convento di S. Agostino; ed il soffermarci su questo punto è cosa utile anche perchè la vita economica dei monasteri rispecchia in parte notevole le vicende economiche di tutta la città. Passano i due primi decenni, senza che si scorga alcun incremento nella parte finanziaria, e ciò è una triste conseguenza delle agitazioni che sconvolsero lo Stato Visconteo sino al raffermarsi del potere del duca Filippo Maria. In seguito però si osserva un gran risveglio di economica attività, che perdura sino ai rovesci causati dalla politica di Lodovico il Moro.

Il Convento di S. Agostino in questo secolo ci si presenta ricco di case e di terre, senza contare i numerosi censi, che formavano un cespite molto considerevole. Possedeva

in Pavia una casa, in porta S. Giovanni in parrocchia di S. Lorenzo, che fruttava in principio 5 fiorini e 6 grossi all' anno (doc. n. CLVII, CLXIII), poi 5 fiorini e 9 grossi (doc.
n. CCXL), quindi 5 fiorini e mezzo (doc. n. CCCXX), poi lire 8 e soldi 18 (doc. numero
CCCLXVIII e CCCXCVIII). Un' altra casa possedeva in porta Marenga, nella parrocchia dei
santi Damiano e Romano, che insieme con una vigna di 28 pertiche presso S. Lanfranco,
costituiva la dotazione della cappellania dei santi Paolo ed Antonio, e rendeva fiorini 22 e
denari 6 all' anno (doc. n. CCI, CCLXII, CCXCVIII, CCC, CCCLI). Aveva pure una casa
in porta S. Giovanni, nella parrocchia di S. Michele o San Geminiano, da cui si ricavavano 6 fiorini annuali (doc. n. CCLIV), poi fiorini 11 (doc. n. CCCLXXIII, DXIV, DLXVII).
Altra casa possedeva il Convento di S. Agostino in Porta Palazzo, nella parrocchia di S.
Giovanni domnarum, del reddito annuo di fiorini 15 (doc. n. CCLVI), che nel 1476 fu venduta
per fiorini 300 (doc. n. CCCXCIX).

Al Convento di S. Agostino la nobile Caterina Fiamberti Beccaria aveva donato una
casetta in porta Palacense, in parrocchia di S. Esuperio, la quale fruttava fiorini 2 all'anno
(doc. n. CCLXXII, CCLXXIX, CCCXLIX). Il Convento, vicino a questa casetta, ne aveva
comperata un' altra, e così ricavava un reddito di 6 fiorini, ma nel 1496 quelle due casette
furono cedute a Gian Giacomo Fiamberti, permutandole con un orto di 6 pertiche in Predamasco nel Siccomario (doc. n. DCIII).

Fin dal secolo precedente, come vedemmo nel I volume (doc. n. CXXI), il Convento possedeva una casa in Rovelecca, presso la *Curia Merzariorum*, in parrocchia di S. Giorgio in
Fornarolo. Di essa ricorre menzione in questo volume sotto l' anno 1467 (doc. n. CCCXXII)
e sappiamo che rendeva al Convento fiorini dieci all'anno. Essendo cadente e ruinosa il
Convento provvide ai suoi restauri con convenzioni speciali in serite nella investitura del
1470, per la quale si ebbe l' approvazione del Duca di Milano (doc. n. CCCXLV, CCCXLVI,
CCCLXXX, CDXXXVII), poi è affitata per fiorini 15 all' anno (doc. n. CDXC) e finalmente
nel 1500; è venduta per fiorini 150 (doc. n. DCXLIII).

Un altro edificio appartenente al Convento di S. Agostino sorgeva nelle vicinanze del-
l' odierna Piazza d' Italia, in Porta Laudense, nella parrocchia di S. Maria Nuova. Essa era
di proprietà personale di frate Agostino Rancati, che ne percepiva fiorini 14 all' anno d' affitto (doc. n. CCCXXXVI). Vicino al Convento in Cittadella era un' altra casetta affitata per
fiorini 2 all'anno prima ad un Trombetta del Conte Giovanni Attendolo Bolognini, Castellano
di Pavia, figlio del celebre conte Matteo (doc. n. CCCLIII), poi per fiorini 14 ad un Ter-
ziano francescano e ad Albertino Maltraversi barbiere ducale (doc. n. CD, CDIX). Parimenti un' altra casetta in Cittadella presso la chiesa di S. Biagio, oggi Chiesa di S. Croce,
fu dal Convento di S. Agostino affittata per lire 4 e soldi 8 annui (doc. n. D, DIII, DLII)
poi per lire 10 al Maggiordomo di Beatrice d' Este moglie di Lodovico il Moro (doc.
n. DLXIV). Possedeva anche una casetta in parrocchia di S. Invenzio, che rovinata e abbandonata fu venduta nel 1495 per lire 18 (doc. n. DC).

Oltre queste case in Pavia, appartenevano al Convento notevoli estensioni di terreno

nella campagna pavese, delle quali sulla scorta dei nostri documenti possiamo tessere l'e-
lenco e conoscere il reddito. Al di là del Ticino nel Siccomario il Convento di S.
Agostino possedeva quattro diversi appezzamenti, l'uno nella località detta Valbona, da cui si ricavavano d'affitto fiorini 7 e mezzo all'anno (doc. n. CLXXV e CCLI), ed erano 28 pertiche di
terre coltivata a vigna; un altro in Borgo Nuovo, che rendeva lire 12 e soldi 6 imperiali
all'anno (doc. n. CCXXXIX), e consisteva in una vigna, in un frutteto ed in una casa di
campagna (doc. n. CCLI); un terzo appezzamento a vigna ed a prati era nel luogo detto
Predamasco. e rendeva d'affitto 7 sacchi di frumento all'anno (doc. n. CCLXVII, CDI,
CDXXXI) e di cui una parte, cioè pertiche 12 di vigna, fu venduta per 100 fiorini nel 1484
(doc. n. CDXCII); un quarto appezzamento era nella località detta Novella, consistente in 30
pertiche di vigna, che fu comperato dal Convento nel 1492 per lire 400, ed affittato per
sacchi 12 di frumento ogni anno (doc. n. DLXVIII).

Nel suburbio di Pavia un'altra piccola proprietà del Convento era stata data in investitura perpetua alle Monache di Monteoliveto, che pagavano il tenuissimo censo annuo di
lire una (doc. n. CCCII), ridotto pochi anni dopo a soldi 10 (doc. n. CCCXXVII). Tale
proprietà era nel luogo detto Luseria, nelle vicinanze di S. Lanfranco (doc. n. DXXIV).

Nella campagna soprana pavese, cioè nella parte di territorio, che si stende a nord-ovest
della città, gli Eremitani di S. Agostino possedevano terre in vari paesi, cioè a Vellezzo Bellini la vigna detta di S. Bartolomeo, di pertiche 64, affittata per 4 sacchi di frumento all'anno
(doc. n. CCXVIII), venduta nel 1477 per fiorini 200 (doc. n. c. CDVI); a Trivolzio possedevano
una pertica di terreno, da cui ritraevano una lira e soldi 4 annuali (doc. n. CCCVI, CCCXIX);
a Casorate avevano case e terre, da cui traevano ogni anno fiorini 46 (doc. n. CCCIX e
CCCXXV), ed una vigna, che rendeva lire 6 e soldi 8 d'affitto (doc. n. CDXIX); a Giovenzano possedevano. una vigna di 8 pertiche, del reddito annuo di lire 4 e soldi 4 (doc.
n. CCCXXIII); a Giussago avevano il patrimonio della cappella di S. Monica, consistente
in vigne, prati, diritti d'acqua e case, complessivamente per più che cento pertiche,
da cui si ricavavano 12 fiorini annui (doc. n. CCCLXXXIX, CDXV); a Trovo avevano una
vigna di 18 pertiche ed un'altra di 12, ed un prato di 10 pertiche, del reddito di 12 fiorini
annui, che costituivano la dotazione della cappellania di santa Maria e di san Tommaso, e
che furono permutati con una vigna di 80 pertiche, del medesimo reddito, nel territorio di
Prado (doc. n. CDXXV); a Ceranova avevano una vigna di 16 pertiche, da cui ricavavano
in affitto annuo 8 brente di vino (doc. n. DLXXVIII).

Nella campagna sottana di Pavia, oltre la possessione di Albuzzano nel luogo detto
Alperolo (doc. n. DCXLIII), il Convento di S. Agostino possedeva a Corteolona una vigna
da cui si ricavavano d'affitto annuale 5 sacchi di segale (doc. n. CCXXIV); ad Abiatico
nelle vicinanze di Filighera aveva terre e diritti di pesca nel fiume Olona (doc. n. CCLXVIII,
CCLXIX) e ne ricavavano fiorini 25 annui (doc. CCCLXXXI, CDLXXXVIII); a Filighera
aveva pure terre prative di pertiche 22, che rendevano d'affitto sacchi 6 di frumento (doc.
n. CDXXVII), a cui s'aggiungono di poi altri prati nelle vicinanze della Cascina Fanese,

Facciata di S. Pietro in Ciel d'Oro

donde si ritraeva un affitto annuo di altri 6 sacchi di frumento (doc. n. CDLXXVII); presso Villanterio, nel luogo detto Bolognola, possedeva una vigna di 20 pertiche, comperata per lire 200 imperiali, che costituiva parziale dotazione per la cappellania della Madonna della Consolazione (doc. n. CDXLIII, DXCIX).

Nella Lomellina i Religiosi del Convento di S. Agostino avevano ricche estensioni di terreno; così, per lascito fatto da Gaspare Rampi nel 1394 (doc. n. CCCLXXXII), possedevano terre a Garlasco, Dorno (doc. n. DCXXXVII), Pieve del Cairo e Cilavegna. I possessi di Garlasco, uniti ad altri di Tromello, rendevano all' anno la somma di fiorini 225 (doc. n. CDLXXXV). A Pieve del Cairo, oltre i beni lasciati dal Rampi, possedevano una vigna ed un prato, avuti per testamento da Rolandino Fiamberti, da cui il Convento ritraeva di affitto annuo 2 sacchi di frumento (doc. n. CCXLIV); a Parasacco avevano boschi, prati, vigne, case coloniche, ecc. di 1100 pertiche, che si affittavano per fiorini 200 all' anno (doc. n. DLIV, DCXLVI); a Groppello possedevano un terreno di circa 20 pertiche, che costituiva parte di dotazione della cappellania della Madonna della Consolazione (doc. n. CDXLIV, CDXLVI); a Sairano possedevano un altro terreno, da cui ricavavano annualmente per affitto 12 sacchi di frumento (doc. n. DCXI); a Sannazzaro avevano un prato, che rendeva loro per affitto annuo 20 grossi (doc. n. CCXXIV, CCLXX).

Nell' Oltrepò pavese lo stesso Convento di S. Agostino possedeva case e terreni, cioè in Arena Po una vigna di 30 pertiche, per donazione di Galvagno Mombreto (doc. n. CCVI, e CCCXCVI); in Casteggio possedeva vigne per oltre 52 pertiche con una casa, donde ritraeva 7 fiorini annui (doc. n. CCLXXXIV); a Stradella aveva case coloniche con alquanto terreno ad ortaglia, da cui ricavava per affitto 2 fiorini annui (doc. n. CCLVIII); a Sale possedeva una casa ed un prato, comperati per 400 fiorini, ovvero 165 ducati d' oro, che rendevano d' affitto annuo 12 fiorini (doc. n. CCXCII): a Torre dei Sacchetti aveva una vigna di 30 pertiche, che rendeva per affitto la terza parte del prodotto e due sacchi di frumento (doc. n. CCCLXXIV); a Cornale possedeva terre del valore di 100 fiorini, pervenute al Convento per testamento di Gian Agostino de Muriculis (doc. n. DXLIX); a Bassignana aveva otto appezzamenti di vigna di pertiche 48 e mezza. che rendevano per affitto annualmente lire 25 imperiali (doc. n. DLXX).

Finalmente il Convento di S. Agostino, per donazione di frate Giovanni Battista da Cremona, possedeva nel suburbio di quella città una vigna, da cui si ricavavano d' affitto lire 5 all' anno (doc. n. CCXLVI).

Per riassumere approssimativamente sui dati incompleti fornitici dai documenti, noi possiamo stabilire che il Convento di S. Agostino possedeva circa una dozzina di case in Pavia e che le sue terre nel contado raggiungevano la estensione di circa 2000 pertiche, apportando al Convento una rendita annua di circa 60 sacchi di frumento, oltre il vino e circa 1000 fiorini d' oro in denaro. Se a tuttociò si aggiunge quello che al Convento proveniva per elemosine, funzioni, offerte e legati testamentari, facilmente si comprende e il numero grande dei Religiosi componenti la Comunità di S. Agostino, e la importanza dei lavori da essi intrapresi, nonchè la beneficenza da essi esercitata in gran misura.

10. La vita economica del Convento di S. Mostiola non ha certamente lo sviluppo di quella di S. Agostino, nondimeno anche questo Convento, favorito dalla pietà dei fedeli ed amministrato da uomini del valore di un frate Lorenzo Biffi, ascese ad un notevole grado di prosperità, da cui decadde però sulla fine del secolo.

Il Convento possedeva in Pavia, come dote della cappellania dei santi Antonio ed Elisabetta, per fondazione di Agostino Schiaffinati (doc. n. CXCVI), la bellissima, torre, con gli annessi edificii, quasi aderente al Convento stesso, la quale, gareggiando in altezza con le due altre vicine ed altissime ancor oggi esistenti, dava a quella parte della città un aspetto caratteristico e singolare. Disgraziatamente della torre di S. Mostiola, anzi di tutto il Convento, oggi non abbiamo che i pochi ruderi, i quali ci lasciano appena intravedere ciò che essi erano anticamente. Lo Schiaffinati, che, come tutti gli altri nobili possessori di torri, era geloso della conservazione di essa, perchè segno di nobiltà e di ricchezza, nel cedere la torre al Convento, ne raccomandava la cura; ed i Religiosi, quando s'indussero a concedere in affitto quella parte dei loro edifici, che racchiudeva anche la torre, accortisi che essa non era stata ben custodita in un primo affitto (doc. n. CCCLII), in seguito la esclusero dalla investitura, e ne ritennero sempre anche il dominio utile (doc. n. CDXCVII). Vicino alla torre il Convento possedeva anche un forno, che concedeva in affitto per 8 fiorini annuali. A questo forno, oltre tutto il pane pel Convento, si cuoceva anche quello di tutto il vicinato (doc. n. CDXCVII). Possedeva anche una casa in Strada Nuova in parrocchia di S. Bartolomeo al Ponte, da cui ricavava d'affitto fiorini 8 annui (doc. n. CCCXXXIX). Nel Siccomario il Convento di S. Mostiola possedeva a S. Martino una vigna di 100 pertiche, che costituiva la dotazione della cappellania di S. Nicola da Tolentino (doc. n. CCXXIII), e che dal 1477 era affittata per 34 fiorini annuali (doc. n. CDVII, CDXI, CDLI); e nel luogo detto Predamasco aveva un'altra vigna di 12 pertiche, affittata per lire 4 imperiali all'anno, che fu venduta nel 1475 per fiorini 40, attesa la necessità di riparare gli edifici del Convento (doc. n. CCCXCII); pure nello stesso luogo aveva un'altra vigna, che fu venduta nel 1483 per 100 fiorini (doc. n. CDLXXX).

Nella campagna soprana pavese il Convento di S. Mostiola aveva i possedimenti di Giovenzano, consistenti in circa 30 pertiche di vigna, che costituivano parte della dotazione della cappellania delle sante Maria Maddalena e Margherita (doc. n. CCLII), parte della quale era affittata per 3 sacchi di segale all'anno (doc. n. CCCX); nel vicino villaggio di Torriano aveva un'altra vigna di 22 pertiche, affittata per 3 sacchi di frumento all'anno (doc. n. CCCLX); nel 1484, comperò, col ricavo della vendita della vigna nel Predamasco, un terreno dell'estensione di 30 pertiche nel territorio di Gualtrezzano presso le Due Porte del Parco Visconteo (doc. n. CDXCII), dal quale ritraeva 4 sacchi di frumento all'anno, e nella stessa località possedeva altre 60 pertiche di terreno (pag. 258, nota 2).

Nella campagna sottana e precisamente nel luogo di Costa, dove sorgeva il castello della nobile famiglia Pietra tanto benemerita di S. Mostiola, questo Convento possedeva un appezzamento di terreno, che nel 1453 fu permutato con una vigna di 32 pertiche in

Arena Po, dalla quale ritraeva per affitto fiorini 6 ed un quarto ogni anno (doc. n. CCXLVII). Anche presso i possedimenti del Convento di S. Agostino in Abiatico, S. Mostiola aveva dei tenimenti, che formavano coi primi quasi una sola proprietà, e che erano stati dati in affitto dai due Conventi agli stessi fittavoli per fiorini 16 annui (doc. n. CCCXVI, CDXX, CDLXXXIX). A Spessa il Convento possedeva 36 pertiche di terreno aratorio, e ne ricavava d'affitto 4 sacchi di frumento all'anno (doc. n. CDLVII); pari affitto ricavava da una vigna in Ca della terra (doc. n. CDLXXVI, DCXXII, DCXXXI).

Nella Lomellina, S. Mostiola aveva a Cilavegna ed a Parona alcuni appezzamenti di terreno , che tormavano la dote della cappellania di S. Apollinare, e che rendevano d'affitto 5 fiorini annui (doc. n. CLXIV), cresciuti poi a fiorini 12 e lire 3 (doc. n. CCLXIV), quindi a fiorini 20 (doc. n. CDLV) ed infine a lire 50 imperiali (doc. n. DLVI); a Sommo aveva la proprietà di campi per l'estensione di 200 pertiche, avuti in eredità sin dal 1416, ed erano affittati dapprima per due fiorini, poi per dieci, e se ne trattò la vendita per 450 fiorini, quando nel 1448 il monastero ebbe bisogno di denaro per la sua ampliazione (doc. n. CCXXVIII); a Tromello possedeva una vigna di 9 pertiche, affittata per 7 brente di vino all'anno (doc. n. CDXLV); presso Mortara aveva un prato di 14 pertiche, affittato per lire 17 e mezza, e che rappresentava il valore di 200 fiorini, lasciati al Convento dalla nobile Gerolima Maletta (doc. n. CDXCI, DI, DCXXXVI).

Nell'Oltrepò il Convento di S. Mostiola possedeva a Redavalle una vigna di 14 pertiche, che rendeva per affitto una bigoncia di vino all'anno (doc. n. CLXXXII, CCCXLVIII, DLXXIII); a Stradella aveva 30 pertiche di terra, che affittava per 5 sacchi di frumento annui (doc. n. CDXLVIII); presso la porta Piacentina dello stesso luogo, un sedime di circa 6 tavole con una casetta ed un torchio, che rendevano d'affitto 8 brente di vino all'anno, che poi nel 1505 fu venduto per 90 fiorini (doc. n. CDLXIII); un'altra casa con colombaia, torchio, cantina ecc. aveva nello stesso luogo, e l'affittava per lire 50 all'anno (doc. n. CDLXXXVII) , e nel vicino paese di Portalbera possedeva pure una casa con un sedime di 5 pertiche, donde si ritraevano 5 lire imperiali d'affitto (doc. n. DLXXII); a Verretto possedeva una terra da cui traeva d'affitto 4 sacchi di frumento (doc. n. CDLIII); e a Sale aveva altri possedimenti che rendevano d'affitto 4 sacchi e mezzo di frumento (doc. n. DCIX).

11. Nè meno importante era la vita economica del Convento di S. Paolo, specialmente se si considera che esso cominciò a vivere solamente verso il 1470. In quest'anno la nuova Comunità compera, per 29 fiorini, 5 pertiche di prato aderente al Convento (doc. n. CCCXLIII); a cui si aggiunsero altre tre pertiche nel 1482 (doc. n. CCCLV); possedeva pure un altro prato di tre pertiche ai piedi della collina, su cui sorgeva il Convento medesimo (doc. n. CCCLIV); ed una vigna di 9 pertiche presso la Vernavola (doc. n. CCCLXXII, CDIII, DXXII); a cui s'aggiunse nel 1485 un'altra vigna pure di 9 pertiche nelle vicinanze della prima (doc. n. DIV); e nel 1486 un'altra di 19 pertiche con una casetta presso la strada, che dal Convento conduceva alla chiesa di S. Spirito (doc. n. DXII). In città per lascito del notaio Francesco de Guateris possedeva una casa in parrocchia di S. Eufemia , confi-

Chiesa e Convento di S. Paolo fuori le mura di Pavia, distrutti nel 1856 (da un dipinto di Franc. Trecourt).

nante col monastero di S. Bartolomeo in Strada, la quale rendeva fiorini 12 d' affitto annuo (doc. n. CDXVII) ; ed un'altra casa possedeva, in Porta Palacense, in parrocchia di S. Martino, per lascito di Giorgio Inzaghi (doc. n. CDXXXIX).

Nella campagna pavese il Convento di S. Paolo possedeva in quella soprana i beni di Turago Bordone, che furono ceduti nel 1489 per tacitazione degli eredi del nob. Galeazzo Fiamberti e che rappresentavano il valore di lire imperiali 1521 (doc. n. DXXXVI) ; e nella campagna sottana i beni di Belgioioso, pervenuti al Convento per donazione dei nobili Francesco Giorgi ed Elisabetta Bandelli, insieme ad una casa in Mantova, ed alle due possessioni di Carozedolo e di Rozzolo (doc. n. DXLV).

Nella Lomellina, a Pieve del Cairo, il Convento possedeva circa 118 pertiche di terreno, da cui si ricavavano 13 fiorini all' anno d' affitto (doc. n. DCXII) ; a Groppello aveva 25 pertiche che fruttavano il canone annuo di lire 8 imperiali (doc. n. DCXX) ; a Castellaro comperava nel 1498 altri appezzamenti di terreno del valore di lire 598 (doc. n. DCXXVII) ; e a Villanova d'Ardenghi aveva terre del reddito di fiorini 6 annui (doc. n. DCII).

Nel territorio di Tortona, e precisamente in Sorli, Borghetto e Vignolate, il Convento aveva il diretto dominio su terre del valore di lire 600 imperiali (doc. n. DL) ; e presso la città di Tortona aveva 2 prati, l'uno di 23, l'altro di 77 pertiche (doc. n. DXCI), i quali furono venduti nel 1498 per lire 598 imperiali (doc. n. DCXXIII), con cui si comperarono i beni di Castellaro.

Finalmente nel territorio Alessandrino, il Convento possedeva per donazione di Borso Scrovegni alcune vigne in Montecastello, le quali rendevano 12 brente di vino per affitto annuo (doc. n. DCXXXV).

Certamente i patrimoni di S. Mostiola e di S. Paolo non erano all' altezza di quello di S. Agostino ; e perciò i nostri documenti ci mostrano parecchie volte le distrette finanziarie di questi due Istituti, i quali per sopperire alle loro necessità o ricorrono all' alienazione di qualche loro stabile, o fanno appello alla generosità del Comune e dei cittadini. Ad ogni modo si può affermare che il secolo XV nella storia agostiniana di Pavia è il più importante in linea economica, perchè in esso noi vediamo che il patrimonio dei nostri conventi si assetta e si sviluppa, come non è avvenuto in alcun altro tempo.

12. Abbiamo già accennato il lodevole uso dei beni fatto dagli Agostiniani. Merita speciale considerazione quanto essi fecero per l' abbellimento e l' ampliamento delle loro chiese e dei conventi.

A S. Agostino nel 1402 si fanno ingenti spese per la riattazione dell' atrio e della piazza innanzi alla chiesa (doc. n. CXXXVII, CXXXVIII) ; nel 1438 si rinnovano le campane (doc. n. CCV) ; nel 1468 si fanno importanti lavori alla sagrestia per riformarne la costruzione e ricoprire di volta tutte quelle parti, che erano state aggiunte alla primitiva, in cui si custodiva l' Arca di S. Agostino ; e così tutto il luogo assumeva una forma nobile, degna del prezioso monumento (doc. n. CCCXXIX, CCCXXXIV) ; circa al 1470 verso la porta d'ingresso del primo chiostro si erige l' oratorietto dedicato alla Madonna (doc. n. CDXXV,

CDXXVII) che poi, crescendo la divozione, si amplierà e diverrà, sino ai tempi della soppressione, il centro del culto alla Madonna della Consolazione e la sede della Confraternita dei Cinturati e della Società di S. Monica ; e ciò perchè l' altare della Consolazione eretto ivi presso negl' intercolunni del chiostro l' anno 1480 (doc. n. CDXLIII), e la cappella di S. Monica fondata nella sagrestia nel 1475 (doc. n. CCCLXXXIX) saranno uniti e formeranno una sola cappella.

Ma un' opera della massima importanza è quella che s' inizia sotto il priorato di frate Battista De Rossi di Pavia, al quale ingiustamente non si è fin qui attribuito il merito dell' intrapresa, per darne tutta la gloria a frate Martino da Vercelli, sotto di cui il lavoro fu compiuto. La chiesa minacciava ruina per la sua vetustà, e le primitive volte screpolate ed aperte costituivano un pericolo gravissimo per la incolumità dei fedeli. Bisognava con contrafforti esterni assicurare la stabilità dei muri perimetrali, e ricoprire con una nuova volta la navata maggiore. Il lavoro richiedeva certamente un' immensa spesa, ma gli Agostiniani si misero all' opera ; e frate Battista De Rossi seppe talmente infiammare gli animi, che il Comune poteva ripromettersi di veder la fabbrica della chiesa finita, nella parte sua più grande, dentro l' anno 1482 (doc. n. CDLXVI). Ma alle speranze non risposero gli eventi; giacchè la fabbrica fu compìta parecchi anni dopo, cioè nel 1487, aiutata dallo zelo di frate Martino da Vercelli, dalla oculata amministrazione dei nobili Rinaldo Strada e Giovanni Antonio Beretta e dalla abilità tecnica dell' architetto Giacomo da Candia (doc. n. CDXXIII, CDXXVII). In tal guisa la chiesa fu quasi rinnovata, e rimase tale sino ad oggi, con i restauri compiuti nella fine del secolo XIX.

E poichè parliamo delle benemerenze di frate Battista De Rossi, non dobbiamo omettere come a lui si debba la ricostruzione dell' organo della chiesa, di quell' organo cioè che gli Agostiniani per i primi avevano introdotto in Pavia (doc. n. CDLXVI, e vol. I, pag. 161). Nè minor gloria spetta agli Agostiniani per avere introdotto anche per i primi in Pavia la musica figurata nella pubblica liturgia, sebbene già nella privata cappella ducale del Castello si eseguisse tale musica da maestri cantori, per lo più belgi ed inglesi. E ciò si deve probabilmente a frate Battista De Rossi, giacchè solo sotto il suo priorato nei nostri documenti noi troviamo un cenno di tale musica, anteriormente alla istituzione della *Scola cantorum*, che la introdusse nelle funzioni della Cattedrale.

Uguale zelo e vigilanza ebbero gli Agostiniani di S. Pietro in Ciel d' oro per la conservazione dell'Arca del S. P. Agostino, che la loro generosa pietà aveva con tanti sacrifici innalzato, perchè servisse di splendida custodia alle sue gloriose reliquie. L' idea caldeggiata da essi presso Gian Galeazzo Visconti perchè il munifico duca li aiutasse a condurre a termine il monumento, ed in esso si racchiudessero le sante spoglie (doc. n. CXXVIII), fu da essi parimenti caldeggiata presso il nob. capitano Giacomo del Verme, il quale disponeva che l' Arca dalla sagrestia, ove si trovava, venisse trasferita *in loco debito et corpori sancti Augustini debeat superponi*, con lavori ed abbellimenti specificati nel suo testamento (doc. n. CLII).

Segno dell'alta estimazione, in cui il monumento era tenuto, è anche la visita ad esso fatta da Renato d'Angiò re di Sicilia nel 1453 (doc. n. CCLIII) e dagli ambasciadori fiorentini nel 1462, che ripetono il desiderio degli Agostiniani, che l'Arca serva di custodia alle venerate Ceneri di S. Agostino (doc. n. CCXCIX).

Lo stesso desiderio troviamo implicitamente espresso nelle disposizioni testamentarie del causidico Antonio Preottoni nel 1471, dove si accenna alla convenienza che il sepolcro del Santo abbia la decorosa magnificenza (doc. n. CCCLIX), per cui assegna un lascito di fiorini 50. Per questo stesso scopo il nobile Giorgio de Tisma lascia agli agostiniani 10 fiorini, perchè siano spesi *quandocumque contingat removeri seu ordinari archam ad honorem sancti Augustini* (doc. n. DCXVI).

Altri lavori furono dagli Agostiniani eseguiti nel Convento. Così nel 1460 si attende alla decorazione dell'aula capitolare (doc. n. CCXCI). che si adorna d'intagli e di pitture; e nel 1495 si amplificano i fabbricati per il servizio della Comunità (doc. n. DC).

Anche a S. Mostiola, oltre i lavori per la costruzione delle varie cappelle, di cui già s'è detto (doc. n. CXCIV, CCVIII. CCLII, CDXXX), si eseguirono lavori notevoli richiesti dalle condizioni del Convento (doc. n. CCCXCII) e di altre fabbriche (doc. n. CDLXIII).

Parimenti a S. Paolo i Religiosi, appena vi ebbero posto il piede, dovettero subito adoperarsi per una quasi completa ricostruzione e del Convento e della Chiesa. Infatti un decennio circa dal loro ingresso, essi si accinsero all'arduo lavoro di riparazione e di ampliazione delle vecchie fabbriche e nel gennaio del 1480 chiesero al Comune un aiuto per condurre a termine la loro impresa (doc. n. CDXXXV). Nel dicembre del 1481 noi troviamo che essi hanno già costrutto tutto il presbiterio della nuova Chiesa, e riparato in qualche modo alla ruina del chiostro. L'architetto in questi lavori fu il medesimo Giacomo da Candia, che poi troviamo nei lavori di restauro a S. Pietro in Ciel d'oro nel 1487 (doc. n. CDLIX). La fabbrica intanto continuava, ed il Comune nel 1482 sperava che essa aiutata da generose offerte si sarebbe nello spazio di tre anni compiuta, e perciò esso deliberava un'offerta annua per tre anni consecutivi (doc. n. CDLXIV). Ed invero la fabbrica continuava ancora nel giugno 1485 (doc. n. DVII), aiutata da parecchie donazioni e dalle offerte annuali del Comune, di cui troviamo memoria anche negli anni posteriori (doc. n. DXXX, DXLIV, DLI).

13. Tanta operosità e tanto zelo degli Agostiniani per il bene erano giustamente apprezzati dalle Autorità dello stato e della città. Quindi noi vediamo il Duca di Milano ed il Comune di Pavia gareggiare di concessioni, di favori e di pubbliche attestazioni di stima e di benevolenza verso i nostri Religiosi. Ad essi dal Principe si affidano delicati incarichi, e quando Gian Galeazzo Visconti si adopera per la cessazione dello scisma occidentale e vuole indurre i Principi ad assecondare l'opera sua, usa della prudenza di un Maestro agostiniano, costituendolo suo speciale ambasciatore (pag. 18). Allorchè poi la morte quasi improvvisamente tronca la vita ed i grandi disegni del Duca, fra i molti letterati ed oratori del tempo, è scelto un agostiniano, frate Pietro da Castelletto pavese, a tessere il funebre elogio innanzi alla Corte ed a tutti i grandi Rappresentanti dello Stato ; elogio, che non solo per il valore di chi lo recitò, ma anche per le particolarità sulla vita intima del Duca, e specialmente per gli accenni alla sua singolare benevolenza e paterna affezione di-mostrata agli Agostiniani, costituisce un titolo di onore pel nostro Istituto (doc. n. CXL).

Così pure ad un Agostiniano, frate Albertino Crespi, affida il Duca di Milano, Filippo Maria Visconti, l' incarico di recarsi insieme coi più insigni Prelati lombardi al Concilio di Basilea a trattare degli alti interessi della Chiesa. E quanto felice fosse la scelta del Duca provano le attestazioni di fiducia dimostrata verso il Crespi dai Padri del Concilio, che a lui commisero l' onorifica e difficile ambasceria a Costantinopoli (doc. n. CLXXXI, CLXXXV, CLXXXVII).

Un' altra prova di stima per gli Agostiniani è data dal Duca di Milano, quando a troncare una spinosa controversia, tra l' Ospedale di S. Matteo e il Precettore della chiesa di S. Matteo di Pavia. elegge arbitro della causa il Priore degli Eremitani di S. Paolo (doc. n. CCCXC). Ed è pure atto di stima quello, onde lo stesso Duca Galeazzo Maria Sforza elegge alla cappellania ducale di S. Guniforto in Pavia l' eremitano frate Eustachio Bec-caria (doc. n. CCCXCIII). E quando il Clero esente di Pavia fu nella necessità di ve-nire ad accordi col Duca per l' esecuzione di un decreto gravoso, ed ebbe bisogno di un patrocinatore gradito ed efficace, nessuno più atto si ritrovò, al difficile compito, dell'ago-stiniano frate Battista De Rossi, cui la grandezza e la feconda operosità avevano guada-gnato l' animo del Duca (doc. n. CDLXXXIII).

Un altro personaggio agostiniano, caro alla Corte sforzesca, era frate Alberto dei nobili Guidoboni di Tortona, che dopo la sua nomina all' abbazia di Montebello dimorava quasi costantemente in Pavia, dove occupava la carica di Conservatore dei Conventi agostiniani. Egli fu cappellano della Duchessa, presso cui salì in alta stima, e ne ottenne premii ed onori (doc. n. DII).

L' alto concetto, in cui gli Agostiniani erano tenuti dalla Corte, è reso manifesto anche dalle immunità e dai privilegi loro accordati. L' anno 1403 la Duchessa Reggente di Milano e il Conte di Pavia confermano al Convento di S. Agostino le concessioni già fattegli dal Duca Gian Galeazzo (doc. n. CXLII), concessioni riconfermate nel 1435 da Filippo Maria Visconti (doc. n. CXCIII). Spentasi la dinastia viscontea. e passato il potere nelle mani di Fran-cesco Sforza, questi inaugura il suo governo in Pavia con un atto, che è di omaggio a S. Agostino e di benevolenza agli Eremitani. Nel settembre del 1447 egli concede ai citta-dini libero accesso alla Basilica di S. Pietro in Ciel d' oro, che edificata nel centro della Cittadella, per ragioni militari soffriva spesso i danni dell' isolamento, inquantochè ne erano tenuti lontani i fedeli (doc. n. CCXXVII). Con quella generosità e con quella devo-zione, che aveva ispirato i suoi predecessori, Francesco Sforza, *qui non minorem Beatissimo Augustino devocionem et reverentiam gerimus,* riconferma le immunità ed i privilegi agli Agostiniani già concessi dai duchi viscontei (doc. n. CCXXXVII). Un atto di munifica li-beralità fu anche la concessione del Duca agli Agostiniani di S. Paolo di poter usare del-l' acqua del Naviglio per il loro Convento (doc. n. CDLXIX).

Pari a quella del Principe fu la benevolenza del Comune pavese per gli Agostiniani, come risulta dai numerosi atti delle autorità municipali, sparsi in questi nostri documenti. Lo dimostrano le offerte solenni, che il Podestà, accompagnato dai Dodici di Provisione e da tutti i Paratici coi loro vessilli, recava alla Basilica di S. Pietro in Ciel d'oro il giorno della festa di S. Agostino (doc. n. CLXVII, CCXXXIII); o nella festa della Traslazione del Santo, quando le circostanze non permettevano di compiere quell'atto d'omaggio nel mese di Agosto (doc. n. CCLXXXIII). Lo dimostra la viva simpatia con cui il Comune prende grandemente a cuore la causa degli Eremitani di S. Paolo, quando nel 1468 volevasi arrecar loro un'ingiustizia (doc. n. CCCXXXIII) e quando nel 1480, per sovvenire ai bisogni della fabbrica di S. Paolo, esso delibera una offerta pubblica al Convento per 3 anni, continuatasi poi per lungo tratto di tempo (doc. n. CDXXXV, CDLXIV, DXXX, DXLIV, DLI, DXCII, DCIV, DCXXXVIII). Lo dimostra la cura, con cui il Comune, avendo *molto et precipuamente caro il convento de sancto Augustino, et etiam che sia bene gubernato*, raccomanda al Priore Generale la elezione a Pavia dei migliori soggetti dell'Ordine (doc. n. CDLXV, CDLXVI); ed anche la parte presa nella riforma di S. Mostiola, quando esso nel 1494 scrive al Priore Generale Anselmo da Montefalco, chiedendogli di concedere autorità maggiore a fr. Benedetto da Milano (doc. n. DLXXXIX).

Degne di nota, fra le altre manifestazioni del Comune, sono le sollecitudini e le premure, con cui esso si adoperava presso il Principe, presso il Vescovo, presso il Priore Generale, per ottenere che la predicazione quaresimale nel Duomo di Pavia fosse tenuta dagli Oratori più illustri dell'Ordine. Così nel 1458 i Sapienti del Consiglio di Provisione fanno istanza presso il Generale Alessandro Oliva perchè la quaresima dell'anno successivo predichi in Cattedrale frate Giorgio Pusterla (doc. n. CCLXXXV, CCLXXXVI); nel 1463 scrivono al Vicario Generale dell'Osservanza, frate Benigno Peri da Genova, per avere predicatore nelle feste natalizie il celebre frate Paolo Olmi da Bergamo (doc. n. CCCIII) e nella quaresima del 1464 hanno banditore lodatissimo della parola divina frate Pietro da Verona (doc. n. CCCVIII). Anche nel 1482 si fánno pratiche presso il Cardinal Vescovo e il suo Vicario per avere un Oratore agostiniano (doc. CDLXI); ed ad un Agostiniano di S. Paolo si assegna la predicazione per la quaresima del 1487 (doc. n. DXVII). Importante è poi l'episodio del 1489, che riguarda la predicazione di frate Mariano da Genazzano, disputato fra Pavia e Milano, desiderose entrambe di ascoltarne la celebrata eloquenza (doc. n. DXXXIX, DXLI, DXLII). I Pavesi dovettero cedere ai Milanesi; ma nel 1495 essi di muovo insistettero presso i Superiori agostiniani per avere il famoso Oratore, lodando nello stesso tempo la predicazione tenuta in quell'anno nella Basilica di S. Michele da frate Carlo da Vercelli (doc. n. DXCIII).

14. Dal riassunto dei principali dati, offertici dai nostri documenti, rimane all'evidenza provato ciò che al principio di questa introduzione dicemmo, cioè che le antiche glorie dell'Ordine Agostiniano in Pavia non solo non vennero meno durante il secolo XV, ma si videro anzi brillare più fulgide. Infatti vedemmo una schiera di uomini dotti, che illustrarono l'Università ; uno stuolo di Religiosi virtuosi e santi, che s' imposero alla venerazione dei contemporanei ed anche dei posteri ; un numero grande di nobili, che sprezzando le grandezze del secolo cercarono l'umiltà del Chiostro ; un gruppo notevole di uomini eminenti, che innalzati alle alte cariche dell'Ordine, le esercitarono con saggezza e prudenza. Vedemmo il popolo circondare i venerandi Religiosi di rispetto e di amore, far loro a gara donazioni e lasciti ; concorrere con la sua generosità alla fondazione di cappelle e di altari nelle chiese agostiniane; bramare e scegliere in esse le loro tombe per ottenere dai santi Religiosi la preghiera e il suffragio. Vedemmo l'ardente zelo degli Agostiniani esercitarsi nell'accrescere la magnificenza e lo splendore della Casa di Dio, e con una savia amministrazione dei loro beni e delle offerte dei fedeli porre in conveniente assetto i loro Conventi. E al fulgore della scienza e delle virtù dei nostri Eremitani vedemmo gli stessi Principi e le Autorità rendere omaggio ed onore.

Ed anche noi al termine di questo secondo volume c'inchiniamo dinnanzi alla grandezza ed alla gloria degli Eremitani pavesi del secolo XV, mentre ci accingiamo all'arduo ma gradito lavoro per il volume seguente.

Pavia, la festa della Madonna del B. Consiglio, 1906.

SECOLO XV

CXXXII.

I deputati della Fabbrica del Duomo di Milano deliberano la trascrizione di un codice degli Agostiniani.

1401, gennaio, 16.

(Annali della Fabbr. del Duomo di Milano, Milano, Brigola, 1887, vol. I, pag. 218).

DELIBERARONO *(i deputati della Fabbrica) che si faccia copiare l'Ambrosiana, che ora trovasi presso i frati dell' Ordine degli Eremitani di Pavia, avendo offerto il sapiente giusperito Franciscolo Tignosio di farne copiare a sue spese dieci quinterni* (1).

CXXXIII.

Dal « Liber expensarum » del 1401.

1401, marzo, 11.

(Bibl. Univ. di Pavia. — Cod. n. 509, già 131).

AGLI *11 di marzo si notano le spese fatte* causa aptandi leticham bachalarii, scilicet fratris Augustini de Casali.... (2). Item eadem die pro una testera pro lectore, scilicet fratre Iacobo de Pomario (3), sold. XVIII.

---

(1) É il regesto della deliberazione originale. La Fabbriceria del Duomo di Milano aveva stabilito la fondazione di una biblioteca per utilità pubblica, ed aveva perciò ordinato la trascrizione dell'*Ambrosiana*, che è il paziente lavoro del celebre frate Agostiniano Bartolomeo Carusi, vescovo di Urbino (1347-1350), il quale ridusse tutte le opere di S. Ambrogio in mille titoli generali, disposti per ordine alfabetico, raccogliendovi tutte le dottrine del santo; e l'opera fu perciò detta anche *Milleloquium*. Simile lavoro egli compì per le opere di S. Agostino, e si ebbe così il *Milleloquium augustinianum*, una copia del quale conservavasi dai Duchi di Milano nella famosa libreria del Castello di Pavia (G. D'ADDA, *Indagini sulla libreria visconteo-sforzesca nel Castello di Pavia*, Milano, Brigola, 1875, part. I, pag. 45).

(2) Di questo Religioso vedi al doc. n. CXLVI.

(3) È il valente teologo, che vedremo tenere la cattedra teologica nell'Università pavese dal 1415 in poi.

CXXXIV.

Frate Agostino, Eremitano, Vescovo d' Ivrea, compie le sacre Ordinazioni in Pavia.

1401, maggio, 22.

(Arch. Curia Vesc. di Pavia — Minutarii di Albertolo Griffi).

D IE dominicho, XXIJ mensis Maii, videlicet in festo Pentecosten. Reverendus pater dominus frater Augustinus episcopus iporiensis (1), in Pontificalibus, missarum solempnia celebrans, revestitus, apud ecclesiam Sancti Spiritus extra muros papienses, ex licentia sibi super hoc concessa per reverendum patrem dominum fratrem Guillelmum Dei gratia episcopum papiensem, de qua apparet publicis litteris subscriptis per Francischum de Bimio dicti domini Episcopi canzelarium, datis in Turre de Scanatis diocesis papiensis (2), domino Iosep de Brippio canonico ecclesie papiensis (3), in clericatus ordine constituto, quatuor minores ordines contulit, ad titulum canonicatus et prebende dicte ecclesie papiensis in forma, etc. Presentibus, etc.

CXXXV.

Enrico Dina, delegato apostolico, manda ad esecuzione la bolla di Bonifacio IX, che libera gli Agostiniani dai censi verso i Canonici, e regola l' uso delle chiavi e dell' atrio della chiesa.

1401, giugno, 4.

(Bibl. Univ. di Pavia, Cod. n. 428 — Pergam. di S. Agostino).

I N nomine Domini, Amen. Pridem beatissimus in Christo pater et sanctissimus dominus dominus Bonifatius divina providencia Papa nonus litteras suas bulla plumbea in cordula canapis more Romane Curie bullatas, non viciatas quidem nec corruptas, sed sanas et integras et omni prorsus vicio et suspicione carentes, Preposito ecclesie papiensis, eius proprio nomine non expresso, non ad peticionem seu cuiusquam supplicationem, sed motu proprio et de sua mera liberalitate, destinavit, tenorem qui sequitur continentes:

(Segue il testo della bolla 21 aprile 1400, doc. CXXX).

---

(1) Questo documento è un'altra prova dell'errore di quegli storici, che ritennero frate Agostino eletto vescovo nel 1405. Vedi nelle note al doc. CXXXI.

(2) Le condizioni sanitarie di Pavia continuavano anche in quest'anno ad essere pericolose per la pestilenza. La città era veramente squallida, perchè abbandonata dalla corte, privata della Università, ch'era stata trasportata a Piacenza, e lasciata dai nobili e dal Vescovo, che si aggirava nei paesi della diocesi,

quali Torre degli Scanati (oggi dei Negri), Inverno, Villanterio ecc., come risulta dai minutarii del notaio vescovile Griffi. Sono perciò degni di ammirazione il disprezzo della vita ed il coraggio di questo Religioso, che in circostanze si tristi esercita, non tenuto, il ministero episcopale.

(3) Era oriundo della diocesi milanese, donde venne a Pavia come addetto alla famiglia vescovile.

Ipsasque litteras nobis Henrico de Dinis iuris canonici perito, preposito ecclesie papiensis ac reverendi in Christo patris domini Episcopi papiensis in spiritualibus vicario generali, sindicus et procurator venerabilium et religiosorum virorum Prioris, fratrum et conventus Sancti Augustini papiensis Ordinis Heremitarum sancti Augustini presentavit, quas suscepimus reverenter, petens idem sindicus et procurator sindicario et procuratorio nomine Prioris, fratrum et Conventus predictorum et cum instancia debita requirens a nobis ut in causis et negociis de quibus in apostolicis litteris antedictis fit mentio procedere curaremus iuxta tradditam seu directam a Sede Apostolica formam, produxitque coram nobis in iudicio idem sindicus dicto nomine peticiones seu libellos tenorum qui in hec verba sequuntur:

Coram vobis sapienti et venerabili viro domino Henrico de Dinis iuris canonici perito, preposito, vicario generali in spiritualibus et temporalibus reverendi in Christo patris et domini domini Episcopi papiensis ac delegato et conservatore in hac parte a Sede Apostolica specialiter deputato, comparuit et se presentavit et presentat frater Luchinus de Comitibus sindicus et procurator ac sindicario et procuratorio nomine dominorum Prioris, Fratrum, Capituli et Conventus Ordinis Heremitarum sancti Augustini civitatis Papie, occasione litterarum per vos ad instanciam ipsius fratris Luchini dicto nomine transmissarum venerabilibus viris dominis Abbati, Canonicis et Capitulo et Conventui monasterii Sancti Petri in Celo aureo dicte civitatis pro exequendo apostolicum mandatum et contenta in litteris apostolicis antedictis et ut per vos dominum delegatum et conservatorem antedictum procedi possit ad exequucionem aliquorum in dictis litteris apostolicis contentorum, protestacione tamen premissa per ipsum Fratrem Luchinum, dicto nomine, quod sibi dicto nomine ac dictis dominis Priori, Fratribus, Capitulo et Conventui sint salva omnia eorum iura, eis virtute dictarum litterarum apostolicarum et aliter quomodocumque et quovismodo competencia et competitura, in mandari faciendo exequucioni alia, ultra infrascripta, contenta in dictis litteris apostolicis memoratis, ita quod per infrascripta seu infrascriptorum aliquod nullum fiat preiudicium quoad alia in dictis litteris apostolicis contenta, sed quod omnia predicta iura sint eis reservata et conservata: Idem Frater Luchinus, dicto sindicario et procuratorio nomine, omni iure, modo et forma quibus melius potuit et potest ac ad omnem bonum finem et effectum qui sibi dicto nomine melius prodesse possit et valere, asserit, exponit et proponit non in modum libelli sed qualis qualis peticionis, requisicionis et informacionis, contra et adversus dictos dominos Abbatem, Canonicos et Conventum monasterii antedicti, et contra quamcumque personam pro eis coram vobis legitime comparentem, dicens idem frater Luchinus, dicto sindicario et procuratorio nomine, quod ipsi Prior, Fratres, Capitulum et Conventus antedicti Ordinis Fratrum Heremitarum sancti Augustini, retroactis temporibus fuerunt presentialiterque sunt fictuales ipsorum dominorum Abbatis, Canonicorum et Capituli, nomine monasterii antedicti, de annuo ficto seu censu soldorum decemocto papiensium, in festo sancti Martini cuiuslibet anni solvendo, de perticis sex et tabulis decem sediminum cum hedificiis et sine hedificiis et cum quadam domo, scola nuncupata, sitis in Citadella Papie in Porta Laudensi in Parochia sancti Viti, prope ecclesiam monasterii antedicti, in quorum sediminum domibus et hedificiis ipsi Prior et Fratres habitant. Asserit quoque, exponit et proponit idem frater Luchinus sindicario et procuratorio nomine quibus supra, quod ex forma litterarum apostolicarum antedictarum, postquam eisdem Abbati, Canonicis et Conventui in recompensam dicti census sive canonis, dicti Prior, Fratres et Capitulum aliquam possessionem ex qua annuatim percipi posset tantum quod ascendat ad triplum dicti annui census vel ipsam summam excedat, assignarent coram vobis per vos tradendam et assignandam dictis abbati, Canonicis et Conventui, ex causa permutacionis, vos auctoritate apostolica eosdem Priorem, Fratres Capitulum et Conventum, etiam invitis et reclamantibus dictis Abbate, Canonicis et Conventu, absolvatis et liberetis et absolvere et liberare debeatis a prestacione, obbligacione et solucione dicti annui census, super eo dictis Abbati, Canonicis et Conventui perpetuum silentium imponendo, et quod dictam possessionem sic assignatam dicti annui redditus, in dicti census recompensam, eisdem Abbati, Canonicis et Conventui assignare debeatis per eos in dictam recompensam, in perpetuum, nomine dicti monasterii, tenendam et possidendam, prout hec et alia in rescripto et litteris apostolicis seriosius continentur. Item asserit, exponit et proponit quod dicti Prior, Fratres et Capitulum iam longis temporibus tenuerunt et possederunt, presentialiterque tenent et possident, domum unam muratam, copatam et solariatam cum curia, puteo et aliis suis hedificiis, positam et iacentem in Papia in Porta Sancti Iohannis in parochia sancti Laurencii, cui coherere solebat a mane Perinus Crespus caligarius, nunc coheret Guillelmus Saltarius sartor sive heredes sive habentes causam ab eis, a meridie coherere solebat Perinus de Laude in parte et in parte illi de Petra mediante quadam quintana, a sero quedam domus fratrum sancti Antonii et a nulla hora strata publica, sive ibi alie vel aliter sint vel fuerint aut esse consueverint coherencie veriores........ (1) ipsis Priori, Fratribus, Capitulo et Conventui iure directi dominii et civilis possessionis, de qua quidem domo fuit ab eisdem Priore, Fratribus, Capitulo et Conventu in perpetuum investitus Leonardus.... zanus magister operis terei filius quondam Simoneli, ad solvendum eisdem pro ficto domus predicte semper in Kalendis Ianuarii cuiuslibet anni libras decem et septem et soldos quatuor papienses, quod quidem fictum nec non et domus predicta pro qua ipsum fictum solvitur, idem frater Luchinus dicto sindicario et procuratorio nomine, coram vobis assignavit et assignat, ut per vos dominum delegatum antedictum, iuxta seriem et continentiam apostolicarum litterarum de quibus supra, assignari possit ipsis dominis Abbati, Canonicis, Capitulo et Conventui monasterii antedicti, tantum ex predicto ficto ipsarum librarum decem et septem et soldorum quatuor papiensium quod ascendat ad triplum dicti annui census ipsorum soldorum decem et octo papiensium, vel quod ipsam sommam excedat iuxta predictarum litterarum continentiam et secundum declarationem, limitationem et comparticionem per vos prefatum dominum delegatum fiendam in recompensam dicti census prout.............. ob quam causam idem frater Luchinus, sindicario et procuratorio nomine quo supra, a vobis prefato domino delegato antedicto petit quatenus exequendo et exequucioni mandando contenta in litteris apostolicis............ traddere et assignare debeatis dictis Abbati, Canonicis et Conventui monasterii antedicti ex causa permutationis tantum ex quantitate dicti ficti dictarum librarum decem et septem et soldorum quatuor papiensium............ dicti annui census sive canonis soldorum decem et octo papiensium, quod ascendat ad triplum dicti annui census vel quod ipsam sommam excedat iuxta declaracionem, limitationem et comparticionem per vos ut premittitur fiendam, presertim cum ipsa domus sit tanti valoris quod ex ipsa nedum triplum dicti annui census soldorum decem et octo sed et septiplum percipi possit ut evidenter constat.... per vos et vestram sentenciam diffinitivam et omni alio iure, modo, via et forma quibus melius potestis et debetis eosdem Priorem, fratres, Capitulum et Conventum, etiam invitis et reclamantibus dictis Abbate, Canonicis et Conventu monasterii antedicti, absolvatis et liberetis absolutosque et liberatos

---

(1) Qui ed in altri luoghi del documento abbiamo lacune per lacerazioni della pergamena.

reddatis et pronuncietis a prestacione, obligacione et solucione dicti annui census, super eo dictis Abbati, Canonicis et Conventui nomine dicti monasterii perpetuum silentium imponendo. Et quod tantum ex dicto ficto dictarum librarum decem et septem soldorum quatuor papiensium, quod ascendat triplum dicti annui census dictorum soldorum decem et octo vel quod ipsam sommam excedat, iuxta declaracionem et limitacionem de quibus supra in dicti census recompensam eisdem Abbati, Canonicis et Conventui assignetis per iam dictam recompensam in perpetuum nomine dicti monasterii tenendum, gaudendum et possidendum. Predicta petens idem frater Luchinus dicto nomine per vos dominum delegatum antedictum fieri et exequucioni mandari debere summarie et de plano sine strepitu et figura iudicii et omni alio iure, modo et forma quibus melius potestis et debetis iuxta tradditam a Sede Apostolica vobis formam: Deducens idem frater Luchinus dicto nomine omne ius sibi dicto nomine competens et competiturum undecumque, quomodocumque et qualitercumque ac protestans contra et adversus quoslibet contradictores, si qui appareant, de omnibus damnis, expensis et interesse inde passis et factis et paciendis et fiendis, et quod sibi dicto nomine sit salvum ius faciendi coram vobis domino delegato antedicto quamcumque assignacionem cuiuscumque alterius possessionis, proprietatis et ficti ac peticionis et.... si et quando opus fuerit. Non adstringens se propterea idem sindicus et procurator dicto nomine probaturum, ostensurum et producturum nisi ea solum et sola que sibi dicto nomine sufficiant ad eius intencionis effectum consequendum et de quibus coram vobis veritas apparebit, salvo iure addendi, minuendi, corrigendi, tollendi, supplendi et interpretandi ac alterius peticionis et requisicionis quandocumque fiende.

Coram vobis sapienti et venerabili viro domino Henrico de Dinis, etc. Frater Luchinus de Comitibus sindicus et procurator, etc. Prioris, Fratrum, Capituli et Conventus Ordinis Heremitarum Sancti Augustini civitatis Papie, inherens peticioni, etc. pridie coram vobis factis et ab ipsis aliqualiter non discedendo nec recedendo, iterum ad cautelam exponit et significat quod dicti Prior, Fratres, Capitulum et Conventus habent, tenent et possident et longis temporibus habuerunt, tenuerunt et possiderunt tam ratione directi dominii quam utilis, petias duas terre prative que sunt agabate, iacentes in Siccomario Papie, ubi dicitur in Vagocio, extra arzinos, quarum prima est perticarum trigintasex vel circa, et ei coheret ab una parte... illi de la Turre, ab alia strata qua itur Ticinum, et ab alia strata qua itur Arzinum. Secunda vero petia est perticarum triginta et ei coheret a duabus partibus illi de la Turre, ab alia Blasinus...... et ab alia strata Arzini, sive plus vel minus sint ipse proprietates et sive ipsis alie vel aliter sint vel fuerint aut esse consueverint coherencie veriores. Quas terras et proprietates conduxit ab eisdem Priore, Fratribus, Capitulo et Conventu, sive ab eorum sindico et procuratore Cavalerius de Furnariis ad novennium pro annua pensione seu ficti solutione florenorum duorum, per publicum instrumentum ipsius locationis rogatum anno curso Mccclxxxx° tercio, indicione prima, die primo..... per Iohannem de Oliariis notarium papiensem, et quas terras et proprietates idem Frater Luchinus dicto sindicario et procuratorio nomine, coram vobis assignavit et assignat ut per vos dominum delegatum et exequutorem antedictum, etc. possint assignari et in recompensam dari ipsis dominis Abbati, Canonicis, etc. loco ficti soldorum decem et octo papiensium etc. et hoc summarie et de plano sine strepitu et figura iudicii, etc.

Coram vobis sapienti et venerabili viro domino Henrico de Dinis, etc. Frater Luchinus de Comitibus sindicus et procurator, etc. presentem peticionem dirigendo contra et adversus reverendum patrem et venerabiles viros dominos Abbatem, Canonicos, etc. (exponit) idem Frater Luchinus, etc. quod predicti domini Abbas et Canonici, etc. habent, tenent et possident quoddam sedimen tabularum quatuor de quo in rescripto et litteris apostolicis fit mentio; situm.... in Porta ·Laudensi in parochia sancti Viti, cui coheret, etc. quod quidem sedimen est necessarium ad comodum et usum ipsorum Prioris, Fratrum, Capituli et Conventus et non tam ad incomodum ipsorum dominorum Abbatis et Canonicorum monasterii antedicti quam (ad comodum) ipsorum dominorum Prioris et Fratrum et prout per summariam informacionem per vos assumendam in processu clare patebit, et ad cuius sediminis vendicionem fiendam ipsis Priori et Fratribus nomine dicti Capituli et Conventus ex (forma iamdicti apostolici rescripti) habetis et debetis auctoritate apostolica compellere et urgere pro iusto precio per vos tassando, dictos dominos Abbatem, Canonicos, etc. Insuper cum ante faciem ipsius ecclesie sit quidam locus, qui............ loco erat et fuit ac esse debet et continuo permanere quidam murus de quatuor testis de lapidibus et calzina, cum una porta condecenti, distans a facie ipsius ecclesie per brachia tredecim iuxta.............. sertorum in convencionibus et transactionibus alias factis et initis inter partes easdem, de quibus suis loco et tempore in processu clare patebit, dictusque murus qui ibidem erat cum una porta marmorea................ diruptus et usque ad fondamentum extripatus per ipsos dominos Abbatem, Canonicos, et Capitulum dicti monasterii, seu alios eorum nomine, mandato et voluntate : Et etiam cum usus clavium dicte............. pactorum et conventionum et transactionum, de· quibus supra, sit comunis, de quibus atrio, muro, et usu clavium in rescripto et litteris prefati sanctissimi Domini nostri Pape habetur mencio specialis............ Frater Luchinus dicto sindicario et procuratorio nomine a vobis domino Vicario exequutore delegato et conservatore antedicto, petit et requirit quatenus compellatis et compellere debeatis predictos dominos Abbatem, Canonicos, etc. ad venditionem fiendam de dictis quatuor tabulis iuxta formam et seriem dicti rescripti et ad refficiendum dictum murum et portam in forma......... opportunis et consuetis ibi perpetuo permansurum, cum ipse frater Luchinus suprascripto sindicario et procuratorio nomine offerat se paratum contribuere ad medietatem expensarum fiendarum pro reffectione dictorum muri et porte et quod comunibus expensis ipsarum parcium fiat iuxta continenciam litterarum apostolicarum de quibus supra, et quod etiam sententietis, pronuncietis et declaretis usum clavium portarum dicte ecclesie esse comunem dictarum partium, nec non usum dicti atrii pronuncietis fore et esse comunem dictarum parcium et ipsis partibus perpetuo in comunitatem spectare et pertinere iuxta continentiam pactorum, conventionum, transactionum et litterarum apostolicarum de quibus supra. Predicta petens per vos fieri et exequutioni mandari debere summarie, simpliciter et de plano, sine strepitu et figura iudicli. Et inde, etc..

Nos Henricus prepositus et exequutor seu delegatus ut supra in causis et negociis huiusmodi et ad singulos actus eorundem gradatim et successive procedentes, reverendum patrem dominum Abbatem nec non Canonicos, personas et conventum seu capitulum monasterii sancti Petri in celo aureo papiensis dicti Ordinis sancti Augustini in litteris ipsis ex adverso principaliter nominatos, citari fecimus solempniter et requiri ut ad procedendum in causis et negociis huiusmodi et ad singulos actus eorundem gradatim et successive coram nobis legitime comparere deberent in certis successivis terminis prefixis eisdem, in quibus terminis comparens coram nobis sindicus et procurator dominorum Abbatis, Canonicorum, etc., nonnullas exceptiones proposuit et peticionibus ipsis respondit; deinde pars utraque ad fondationem iuris sui nonnulla capitula produxit et nonnullos testes recipiendos super ipsis nominavit, quos legitime citatos et iuratos de veritate dicenda super capitulis ipsis, ut moris et iuris existit, examinavimus diligenter et eorum atestaciones et dicta in actis cause et causarum huius conscribi fecimus, demum pars utraque coram nobis in iudicio nonnulla iura et instrumenta ad fondationem iuris sui exhibuit et produxit ut in actis cause et causarum huiusmodi plenius continetur:

Nos igitur Henricus prepositus et comissarius seu delegatus antedictus sedentes in choro sancte Marie ecclesie papiensis, quem locum et ubi pro nostro tribunali sedere ad hunc actum eligimus, hiis litibus et questionibus finem imponere cupientes, qui recensuimus, vidimus et examinavimus diligenter prefatas litteras apostolicas, quas hic sanas et integras et bulatas ut supra coram notariis et testibus infrascriptis presentialiter exhibemus et earum tenorem ad perpetuam rey memoriam in presenti nostra sententia inseri et transcribi fecimus per notarios infrascriptos et dum earum tenor in ipsa nostra sententia insertus fuit, ipsum tenorem cum dictis originalibus litteris apostolicis examinari fecimus diligenter et quia ipsum tenorem et transumptum comperuimus cum dictis originalibus litteris per omnia concordare huic exemplo in hac nostra sententia inserto, eam talem et tantam fidem adhiberi ubilibet in iudicio et extra, que, qualis et quanta ipsis originalibus apostolicis litteris adhibetur et adhibenda est in iudicio et extra: Quique vidimus et examinavimus diligenter omnia et singula suprascripta et acta et agitata in causa et causis huiusmodi et audivimus sepe et sepius alegaciones advocatorum partis utriusque, quas coram nobis allegare et allegari facere voluerunt, et super ipsis omnibus et singulis habuimus et habemus maturam et diligentem deliberationem:

Christi et gloriose semper Virginis eius Genitricis Marie ac beatorum confessorum Syri et Crispini, totiusque celestis Curie nominibus imploratis, volentes predictis omnibus et singulis debitum finem imponere ac predictum mandatum apostolicum exequi ut tenemur, in hiis scriptis, sedentes pro tribunali ut supra, dicimus, pronunciamus, sentenciamus, assignamus, absolvimus, liberamus, declaramus et condempnamus inter et per partes predictas in omnibus et per omnia prout inferius per singula continetur:

In primis quidem per presentem nostram sentenciam diffinitivam et exequutoriam damus, adiudicamus, traddimus et assignamus dictis dominis Abbati, Canonicis, Capitulo et conventui dicti monasterii et dicto Iohanino eorum sindico et procuratori, suprascriptas duas petias terre prative positas, descriptas et coherenciatas in suprascripta peticione secundo loco per dictum fratrem Luchinum dicto nomine coram nobis producta, de qua supra, etc., et ex quibus annuatim percipi potest tantum quod assendit ad triplum dicti annui census et ultra, in recompensam et ex causa permutacionis dicti canonis seu census, etc., liberantes et absolventes propterea ac liberamus et absolvimus prefatos dominos Priorem, fratres, Capitulum et conventum et dictum fratrem Luchinum eorum sindicum et procuratorem eorum nomine a prestacione, obligacione et solucione dicti annui census, super eo dictis Abbati, Canonicis, Capitulo et Conventui dicti monasterii, etc., perpetuum scilentium imponentes.

Item quia constat nobis tam per facti evidentiam, loco prius oculis subiecto, quam per informacionem per nos assumptam, suprascriptum sedimen tabularum quatuor, de quo, etc., fore et esse ad comodum seu necessarium dictis dominis Priori et fratribus et pro eorum usu, quodque non tam ad incomodum predictorum dominorum Abbatis, Canonicorum, etc., quam ad ipsorum dominorum Prioris et fratrum comodum redondare; pro tanto, habita diligenti informacione de valore dicti sediminis, taxamus iustum precium ipsius sediminis esse et ascendere in somma librarum sexaginta quatuor papiensium: Condempnantes propterea ac condempnamus ipsos dominos Abbatem et Canonicos, etc., ad faciendum eisdem dominis Priori, fratribus, etc., debitam venditionem cum solempnitatibus opportunis de sedimine predicto pro precio suprascripto, dando et solvendo tempore venditionis fiende per ipsos dominos Priorem, fratres, etc., eisdem dominis Abbati, Canonicis etc., quod precium in dicta quantitate taxavimus et tassamus fore iustum, et hoc infra unum mensem proxime futurum (1).

Item dicimus, pronunciamus, sententiamus, et declaramus quod comunibus expensis partium predictarum, murus nunc diruptus qui atrium a cimiterio dividebat, refficiatur et reffici debeat ubi prius erat, et hoc infra unum mensem proxime futurum, declarantes etiam ac declaramus quod suprascripti domini Abbas et Canonici, nec non Prior et fratres, presentes et futuri, ipso atrio et usu clavium dicte ecclesie uti et gaudere valeant et possint in perpetuum tamquam comunibus; adiudicantes quoque ac adiudicamus dictis dominis Priori et fratribus comunionem dictorum atrii et usus clavium.

Item retinemus et reservamus nobis bayliam, auctoritatem et potestatem exequendi et exequucioni mandandi omnia et singula suprascripta, nec non cognoscendi, determinandi et sentenciandi de et super aliis contentis et descriptis in rescripto apostolico memorato.

Item absolvimus ambas partes ab expensis, quia habuerunt iustam causam litigandi.

Mandantes Albertollo de Griffis et Iacobino de Fortunago notariis publicis et in hiis causis notariis per nos electis et assumptis auctoritate apostolica ut de predictis hoc publicum conficiant instrumentum et publica instrumenta unum et plura tenoris eiusdem ut fuerit opportunum.

Lecta, lata et in hiis scriptis promulgata fuit suprascripta sentencia per dictum dominum Henricum vicarium et delegatum antedictum ac pro tribunali sedentem in omnibus et per omnia ut supra, sub anno nativitatis Domini millesimo quatricentesimo primo, indictione nona, die quarto mensis Iunii, hora vigesimaprima. Presentibus fratre Luchino de Comitibus sindicario et procuratorio nomine antedicto, predictis consenciente eaque acceptante et amologante in passibus, pontis et articulis concernentibus eius dicto nomine favorem et non aliter, et suprascripto Iohannino de Suimanis dicto sindicario nomine et non consenciente in aliquo quod tendat in eius preiudicium dicto nomine, etc., salvo sibi iure appellandi tempore debito et in scriptis, et presentibus domino Silano de Mangano legum scolare filio quondam domini Iacobi, Francino et Stephano fratribus de Mangano filiis egregii utriusque iuris doctoris domini Augustini, Andriollo de Guargualiis notario filio quond. Facini, Blaxino de Naxis filio quondam Augustini et pluribus aliis testibus literatis, ydoneis, ad premissa vocatis specialiter et rogatis.

Ego Brunzius de Ubertariis publicus imperiali auctoritate notarius ac episcopalis Curie cancelarius hoc instrumentum sententie, repertum in notis seu breviariis quondam domini Albertolli de Griffis, etc., subscripsi, etc.

Ego Galvagnus de Mombreto natus quondam domini Iohannoli, etc., scripsi etc., hic me subscripsi etc.

---

(1) Il termine unum mensem, espresso qui e più sotto, è certamente un errore dell'amanuense, in luogo di unum annum, come apparisce dal doc. n. CXXXVIII verso la fine.

CXXXVI.

Deliberazioni della Fabbrica del Duomo di Milano in seguito alla rifiutata esportazione del « Milleloquium » dalla biblioteca di S. Agostino di Pavia.

1402, marzo, 5.

(Annali della Fabbrica del Duomo di Milano, vol. I pag. 245).

 deputati della Fabbrica deliberano che domani si scriva a Giovanni de Carnago segretario ducale, per ottenere in prestito dai Frati Eremitani di S. Agostino di Pavia, l'Ambrosiana, di volume in volume, affine di poterla far copiare qui in Milano, come altre volte promisero ad esso signor Giovanni. E ciò perchè attualmente li predetti Frati si ricusano (1).

CXXXVII.

Dal « Liber expensarum » del 1402.

1402, giugno, 15.

(Bibl. Univ. di Pavia — Cod. n. 509, già 131).

 l 15 giugno si hanno le spese fatte pro constructione muri ante atrium (2).

CXXXVIII.

Frate Luchino dei Conti invita i Canonici Regolari alla esecuzione della sentenza di Enrico Dina.

1402, giugno, 22.

(Arch. di Stato, Milano — Pergam. di S. Agostino).

N nomine Domini Amen. Anno a Nativitate eiusdem Millesimo quatricentesimo secondo, indictione decima, die vigesimo secundo mensis Iunii, hora mane, in Papia videlicet in claustro infrascripti monasterii, sito in Porta Palacii in Pa-

---

(1) È il regesto della deliberazione originale. Gli Eremitani di Pavia alla domanda per la trascrizione avevano acconsentito; ma non crediamo che avessero acconsentito al trasporto del Codice a Milano. La loro opposizione a questo trasporto è chiamata dal Moiraghi (*Pittori Pavesi*, pag. 257) « savio consiglio...... perchè, vincendo il buon senso ed il diritto, trionfò la fermezza degli Eremitani, che non abbandonarono la custodia di un tesoro, che allora formava una rarità di biblioteca ». Lo stesso Moiraghi af-

ferma che la libreria degli Eremitani di S. Agostino di Pavia era allora tra le più cospicue d'Italia.

(2) Questa ultima notizia del « Liber expensarum » si riferisce alle spese per il materiale necessario alla costruzione del muro, conforme alla sentenza del 4 giugno 1401, doc. n. CXXXV. I lavori, come apparirà dal doc. n. CXXXVIII, non erano ancora incominciati; e ciò non per negligenza degli Eremitani, le cui disposizioni in proposito risultano dallo stesso documento.

rochia S. Andree. Cum hoc sit quod inter dominos Priorem, Fratres, Capitulum, Conventum
Ordinis heremitarum S. Augustini civitatis Papie seu eorum et dicti Capituli et Conventus
sindicum et procuratorem parte una, et dominos Abbatem, Canonicos et Capitulum monasterii
sancti Petri in cello aureo papiensis parte altera, lata sit et fuerit quedam sentencia per
venerabillem virum dominum Henricum de Dynis iuris canonici peritum, prepositum ecclesie papiensis, reverendi in Christo patris et domini domini Episcopi papiensis vicarium generalem nec non comissarium delegatum et exequutorem a Sede Apostolica inter eosdem
specialiter deputatum: in qua quidem sentencia inter cetera continetur capitulum tenoris
inferius subsequentis videlicet:

Item quia constat nobis tam per facti evidenciam, loco prius oculis subiecto, quam per
informationem per nos assumptam, suprascriptum sedimen tabularum quatuor de quo in suprascripto rescripto apostolico et in peticione suprascripta ultimo loco producta coram nobis
per suprascriptum Fratrem Luchinum dicto nomine, fore et esse ad comodum seu necessarium dictis dominis Priori et Fratribus et pro eorum ussu, quamquam non tam ad incomodum predictorum domini Abbatis, Canonicorum et Conventus, quam ad ipsorum Prioris
et Fratrum comodum redondare: Pro tanto habita dilligenti informacione de valore dicti
sediminis, tassamus iustum precium ipsius sediminis esse et ascendere in summa librarum
sexaginta quatuor papiensium: Condempnantes propterea ac condempnamus ipsos dominos
Abbatem et Canonicos nomine dicti Monasterii et dictum Iohanninum eorum et dicti monasterii sindicum et procuratorem, ad faciendum eisdem Priori, Fratribus, Capitulo et Conventui
debitam vendicionem cum solempnitatibus opportunis de sedimine predicto pro precio
suprascripto, dando et solvendo tempore vendicionis fiende per ipsos dominos Priorem, Fratres et Capitulum dictis dominis Abbati, Canonicis et Capitulo dicti monasterii. Quod quidem precium tassavimus et tassamus fore iustum et hoc infra unum mensem proxime venturum.

Et eciam in qua sentencia continetur quoddam alliud capitulum tenoris subsequentis
videlicet:

Item dicimus, pronunciamus, sentenciamus et declaramus quod comunibus expensis partium predictarum murus nunc diruptus qui atrium a cimiterio dividebat reficiatur et refici
debeat ubi prius erat, et hoc infra unum mensem proxime venturum. Declarantes eciam ac
declaramus quod dicti Abbas et Canonici nec non Prior et Fratres presentes et futuri
ipso atrio et usu clavium dicte ecclesie uti et gaudere possint et valeant in perpetuum
tamquam comunibus. Adiudicantes ac adiudicamus dictis Priori et Fratribus comunionem dictorum atrii et usus clavium etc. prout hec et alia in dicta sentencia contineri reperiuntur,
de qua extat publicum documentum rogatum per Albertollum de Griffis notarium publicum
et dicti domini Episcopi Papiensis canzellarium et per Iacobinum de Fortunago notarium
publicum papiensem, anno et indicione proxime preteritis die quarto mensis Iunii.

Cumque dicti domini Prior et fratres, nomine dicti Capituli et Conventus, vellint pro
eorum parte obtemperare dicte sentencie, ac facere et adimplere omnia et singula que tenentur et debent iuxta ipsius sentencie seriem et tenorem: Idcirco frater Luchinus de Comitibus
sindicus et procurator, sindicario et procuratorio nomine dictorum dominorum Prioris, fratrum,
Capituli et Conventus Ordinis heremitarum sancti Augustini civitatis Papie, constitutus in
presencia reverendi patris domini fratris Dionysii de Cermenate, Dei gratia abbatis suprascripti monasterii in Celo Aureo, nec non venerabillium virorum dominorum fratris Paulli
de Cottis, fratris Dionysii de *(in bianco)*, fratris Tadey de *(in bianco)*, fratris Petri Toroni et

fratris Ambrosii de Mediolano canonicorum eiusdem monasterii, ibidem presencium, audiencium et intelligentium, omnibus vallidioribus iure, modo et forma quibus melius potuit et potest, ac ad omnem bonum finem et effectum, qui ipsi sindico et procuratori dicto sindicario et procuratorio nomine ac dictis dominis Priori, fratribus, Capitulo et Conventui prodesse possit melius et valere, dixit, intimavit, notificavit et denunciavit ac dicit, intimat, notificat et denunciat antedictis dominis Abbati et Canonicis monasterii predicti, nomine et vice Capituli et Conventus eiusdem monasterii, presentibus et intelligentibus et ad dictum monasterium, quod dicti domini Abbas et Canonici, nomine quo supra, et in execucione dicte sentencie, debeant facere cum solemnitatibus opportunis debitam, tutam et solempnem vendicionem de suprascripto sedimine tabularum quatuor, de quo in dicta sentencia fit mencio, eisdem dominis Priori, fratribus et Capitulo seu alii persone nomine ipsorum dominorum Prioris, fratrum, capituli et conventus stipulanti et recipienti, pro precio predicto librarum sexagintaquatuor papiensium, ipsis prius solutis et numeratis per dictum sindicum et procuratorem dicto nomine si ipsis dominis Abbati et Canonicis eas libras sexagintaquatuor papienses recipere et dictam vendicionem facere cum solemnitatibus debitis eisdem placuerit. Quas quidem libras sexagintaquatuor idem frater Luchinus dicto sindicario et procuratorio nomine ipsorum dominorum Prioris, fratrum, Capituli et Conventus ibidem in presencia mei notarii testiumque infrascriptorum, actualiter ostendit in tot bonis ducatis auri et eas obtulit; et offert idem sindicus et procurator dicto sindicario et procuratorio nomine eisdem dominis Abbati et Canonicis dicti monasterii se dicto nomine paratum solvere et effectualiter numerare eisdem dominis Abbati et canonicis, nomine quo supra, pro ipsa vendicione sediminis antedicti fienda eisdem Priori, Fratribus, Capitulo et Conventui iuxta continenciam dicte sentencie. Dicens, instans ac requirens idem sindicus et procurator dicto nomine eisdem dominis Abbati et Canonicis dicto nomine et ab eisdem ut ipsam vendicionem facere debeant eidem sindico et michi notario persone publice, stipulantibus et recipientibus nomine et vice predictorum dominorum Prioris, fratrum, Capituli et Conventus, offerens idem sindicus et procurator se paratum cum effectu dictam vendicionem recipere nomine dictorum dominorum Prioris, Fratrum, Capituli et Conventus et ipsas libras sexagintaquatuor effectualiter solvere, numerare et exbursare dictis dominis Abbati et Canonicis nomine dicti monasterii et Capituli eiusdem, ipsis eas recipere et dictam vendicionem nomine dicti monasterii et capituli facere volentibus eidem fratri Luchino dicto sindicario et procuratorio nomine, et per ipsum dictis dominis Priori, Fratribus, Capitulo et Conventui.

Ac protestans idem frater Luchinus, dicto sindicario et procuratorio nomine, quod per ipsum dicto nomine et eciam per dictos dominos Priorem et fratres, nomine dicti capituli et conventus, non stetit nec stat quominus det et solvat et cum effectu numeret ac dent et solvant et cum effectu numerent eisdem dominis Abbati et Canonicis nomine dicti monasterii ipsas libras sexagintaquatuor papienses pro dicta vendicione habenda de qua supra et quominus ipsam vendicionem recipiat et recipiant. Ceterum cum in alio capitulo dicte sentencie, cuius tenor supra insertus est, contineatur quod murus, qui atrium a cimiterio dividebat, reficiatur et refici debeat comunibus expensis parcium predictarum, prout in ipsa sentencia et capitulo de quibus supra seriosius continetur; pro tanto ne eisdem Priori et fratribus ac dicto eorum sindico et procuratori, nomine dicti capituli et conventus, aliqua occaxione refectionis et constructionis dicti muri possit negligencia imputari, idem frater Luchinus dicto sindicario et procuratorio nomine similiter dixit, intimavit, denunciavit et notificavit ac dicit, intimat, denunciat et notificat ac notum fecit et facit antedictis dominis Abbati et Canonicis, nomine dicti monasterii et capituli eiusdem, quod dicti domini Prior et fratres, nomine dicti capituli et conventus paraverunt ac paratos et paratum, pro eorum medietate ac debita et contingenti portione, lapides et zementum, ac paratos habebunt et habere intendunt in ebdomoda proxime futura magistros, opifices et laboratores occaxione construi et refici faciendi murum predictum infra mensem prout in eadem sentencia continetur.

Et ne ipsi domini Abbas et Canonici, de ipsa constructione et refectione dicti muri tienda, pretendere possint aliquam ignorantiam quod similiter ipsi domini Abbas et Canonici nomine dicti monasterii parare et parari facere debeant lapides et zementum ac omnem aliam materiam necessariam, nec non magistros, opifices et laboratores pro constructione et refectione muri predicti in ipsa ebdomoda proxime futura, ita et taliter quod infra tempus comprehensum in dicta sentencia sit et esse debeat ipse murus constructus: Aliter quoad predicta omnia idem frater Luchinus dicto sindicario et procuratorio nomine protestatus fuit et protestatur de omnibus dampnis, expensis et interesse passis et factis et fiendis ac paciendis in posterum. Cuius quidem denunciationis, notificationis, oblacionis, protestacionis et omnium predictorum copiam idem frater Luchinus dicto sindicario et procuratorio nomine dimixit affixam in claustro dicti monasterii siti ut supra; dictis dominis Abbate et Canonicis nomine monasterii antedicti ibidem presentibus, audientibus et intelligentibus ac dictam copiam accipere recusantibus. Et inde de predictis omnibus dictus frater Luchinus dicto sindicario et procuratorio nomine hanc cartam fieri iussit et rogavit, presentibus Symone Spelta filio domini Iohannis, Martino de Putheo filio Iacopi et Iohanne Symone de Astulfis filio quondam domini Martini inde testibus.

Ego Andriollus de Guargualiis natus quondam domini Facini publicus papiensis, etc.

CXXXIX.

Sepoltura di Gian Galeazzo Visconti in S. Agostino.

1402, settembre, 3.

(ANNALES MEDIOLANENSES, in *Rer. ital. script.*, XVI, 859-840).

D UX Mediolani.... die III septembris diem suum clausit extremum.... Corpus eius portatum fuit ex castro Melegnani Viboldonum Ordinis Humiliatorum. Deinde portatum fuit Papiam (1) et in ecclesia sancti Augustini reconditum, extractis intestinis, prout ipse ordinaverat, videlicet intestina debere portari ad ecclesiam sancti Antonii Viennae, cor in ecclesia sancti Michaelis Papiae, corpus vero ad Cartusiam quam ipse magnifice et sumptuose aedificari ceperat.

(1) Quando sia avvenuto questo trasporto non si può precisare, vedi G. ROMANO, *Di una nuova ipotesi sulla* morte *e sulla sepoltura di Gian Galeazzo Visconti*, in *Archiv. stor. ital.* serie V, tom. XX, Firenze, 1897. Anche l'eremitano Andrea Billia (in *Rer. ital. scrip.* XIX, 37) scrive che Gian Galeazzo fu portato a S. Agostino di Pavia, quando narra che Facino Cane fu sepolto in Pavia, là dove *Vicecomitum reliquiae sunt et antiqui Goleaz et..... Iohannis itidem Galeaz. Nam ex Vibolduno, metu Tricen-*

tium, qui eam oram percurrebant, Papiam est relatus, quamquam divitiis ablatis, quas prius contumulatas narravimus. Il ROMANO, *loc. cit.* crede che Gian Galeazzo sia stato trasportato a S. Agostino tra il 1404 ed il 1406, quando i Colleoni di Trezzo, uniti ad un gran numero di esuli lombardi, dominarono incontrastati le due rive dell'Adda.

E poichè abbiamo citato il nome di frate Andrea Billia, non possiamo esimerci dal riferire il seguente periodo, che di lui scrisse giu-

CXL.

Elogio funebre di Gian Galeazzo Visconti, recitato nel Palazzo ducale di Milano, da frate Pietro da Castelletto eremitano di Pavia (1).

1402, ottobre, 20.

(MURATORI, *Rer. ital. scrip.*, XVI, 1038-1050).

Sermo factus, et recitatus per Magistrum Petrum de Castelletto Ordinis Eremitarum Sancti Augustini in exsequiis quondam Illustrissimi Domini Ducis Mediolani, Papiae, Virtutumque Comitis, ac Bononiae, Pisarum, Senarum et Perusii Domini, Iohannis Galeaz. MCCCCII, Vigesimo Octobris, Mediolani in ejus Palatio, hora XXI.

H EU Principes et Magistratus! heu Praesules et ingens Senatus! heu Nobiles et Civium apparatus! quid ad aegros solandos aegrior missus sum? quid crudo vulneri cicatricem superducere conor? quid tanto virtutum splendore heic adunato, inscius et ignarus coram blaterare praesumo? Haec me arcent, ne loquar: haec mutum efficiunt. Sed praepotentissimi, illustrissimi et magnificentissimi Ducis nostri commune dispendium urget ne sileam: coarctat, ut eius laudes toti mundo vobis fulgentes depromam, quod mihi tam facile foret, quam noctuae solis radios clara luce intueri. Dicam tamen, non ex fiducia ingenii, ac divino perfusus numine, sed quod pro modulo meae parvitatis sufficiet, proponens vestris majestatibus ad honorem nostri Ducis verbum, quod scribitur Primo Machabaeorum, XIII, in fine Capituli: *Posuit eum Ducem virtutum universarum.*

O mortalium miseranda conditio, quae semper in arduum labentium rerum inaniter tendis, ut lapsu graviore ruas! Quaeris heic fulgentia diademata, honores eximios, longosque potentatus, ubi nulla potentia potens est, nullum verus honos, nullum consistens diadema; sed omnia casus humana rotat, et quidquid in altum fortuna tulit ruitura levat. Respice Reges et Regna quondam, atque imperia inter laudantium ora atque mirantium repente corruisse, ut detur intelligi, qui haec sectantur, non ad id quo tendunt, evolant, sed ad ima dedecorose saepissime dilabuntur, iuxta Evangelicum dictum: *qui se exaltat. humiliabitur,* Lucae XIV. Quisquis ergo Dux et Comes Virtutum esse concupiscit, stabili fixoque gradu manere,

---

stamente il LANTERI (vol. I, p. 231): « Si genus inspicias, patrinius erat mediolanensis; si eruditionem contempleris, in arte oratoria Tullio, in philosophia Aristoteli, in teologia Augustino comparatur; si demum a sanctimonia illum laudare cupis, haec beati nomen ipsi conciliavit ». Le sue opere, quasi tutte inedite, si conservano in buona parte all'Ambrosiana di Milano, e di esse parla il MURATORI *op. cit.* nella prefazione.

(1) Frate Pietro da Castelletto, come apparirà dai nostri documenti, appartenne alla Comunità di S. Agostino di Pavia e fu professore di Teologia nell'Università. Frate Andrea Billia (*Hist. Mediol.* in *Rer. ital. scrip.* XIX, 11) scrisse che « defuncti (G. Galeazzo) laudationem, non minime pro illo tempore infacundam, habuit Petrus Papiensis, homo nostri Ordinis frater, caeteris (nam multi orationes dederant) eo maxime praelatus, quia stirpem

Ducis, nominatis gradibus, in usque Aeneam produxerat ». Notiamo che frate Andrea Billia scrisse e probabilmente presentò, in occasione dei funerali di Gian Galeazzo, una orazione funebre in lode del Duca, che ora si conserva fra i mss. dell'Ambrosiana di Milano. Vedi PH. ARGELATI, *Biblioth. Scriptor. Mediolan.,* Milano, 1745; IO. FEL. OSSINGER, *Biblioth. Augustin.,* Ingolstadt, 1768, pag. 132. Frate Pietro da Castelletto secondo le annotazioni di Gerolamo Bossi (*Studio,* vol. ms. dell'Univ.) fu ammesso nel Collegio dei dottori teologi dell'Università nel 1397, o nel 1398, al quale Collegio, dagli ultimi anni del secolo XIV al 1407, sarebbero stati inscritti anche gli Eremitani Domenico da Forlì, Bertolino Beccari d'Alessandria, Giovanni d'Alessandria, Giovanni di Alemagna (forse frate Giovanni di Recz), Agostino da Casale, Paolo Cambiago.

inter radiantes Coelicolarum choros feliciter collocari, normam virtutum, ut hic Dux noster fecit, discat imitari, quia, ut inquit Tullius in Philippicis : *Omnia alia incerta sunt, mobilia, et caduca : Virtus est una, altissimis infixa radicibus, quae nulla vi labefactari potest, nec dimoveri loco.* Quicumque ergo virtutum vestigia sequetur, ut hic inclytus Dux noster, merito sibi dicetur, quod et sibi a principio diximus: *posuit eum Ducem virtutum universarum.* Quod fuit thema : pro cuius declaratione potest talis ratio formari. Quisquis compositae mentis in falo vitae praesentis aeterni Ducis signa sequitur animose, illum Deus ponit ducem virtutum universarum. Sed Dux noster inclytus, mente coelo deditus, aeterni Ducis signa mirifice est sequutus : ergo illum Deus posuit ducem virtutum universarum. Prima pars antecedentis patet per illud Apostoli, Secundae ad Thessalonicenses, I : *Non enim dedit nobis Deus spiritum timoris sed virtutis.* Et Ecclesiastici, XL : *Virtutes exaltant cor.* Et haec pauca de prima parte antecedentis. Secunda pars antecedentis, quae est : sed Dux noster inclytus etc. patet per illud Job, XVIII : *vestigia eius sequutus est pes meus ; viam ejus custodivi, et non declinavi ex ea ; a mandatis labiorum eius non recessi, et in sinu meo abscondi verba oris eius.* Ut igitur clarius pateat, ipsum Ducem fuisse virtutum universarum, quia radium solis pro insigne portabat, ideo capiti suo ponemus Coronam quatuor radiis distinctam, et in quolibet radio tres stellas fulgentes, idest tres virtutes. De qua corona scribitur Apocalypsis VII : *In capite eius corona stellarum duodecim,* quae sunt duodecim virtutes.

In radio ergo frontali erunt tres stellae, scilicet *Fides, Spes, Caritas.* Si ergo, Dux Magnifice, tua *Fides* quaeratur, certe multa est fides tua. Scribitur Threnorum III, de qua loquitur gloriosus pater noster Augustinus, IV de Civitate Dei, Cap. XX : *Fides est, cuius primum et maximum officium est, ut in verum Deum credatur.* Credidit ergo Dux noster, et novit trinam Unitatem, et unicam Trinitatem, scilicet Patrem, Filium, Spiritum Sanctum, non tres Deos, sed unum Deum adorare, colere, et timere ; ubique illum novit esse praesentem ; novit illum in quolibet loco, quem non concludit locus, et praesens invenitur in omni loco. Novit illum, *qui aspicit terram et facit eam tremere, qui tangit montes et fumigant,* qui novit malos longa patientia sustinere, impios gratis iustificare, perseverantes in malo, iusto iudicio, iudicare. Et ideo hanc Fidem in hac vita hostili tamquam in castris bellicis capiti suo imposuit, ut sua mens non quateretur ictu adversarii verberata, ipsa pro lorica totum corpus induit, ut ne unum quidem membrum corporis sui reperiret diabolus destitutum, per quod irrepere posset ad totum corpus ; ipsam tamquam scutum assumpsit, per quam ignita inimici iacula posset extinguere. Et non solum Deo fidem formatam servavit, verum etiam hostibus, contra quos bellum gerebat, licet ab eisdem sibi ut plurimum fracta fuerit : imitatus Principes Romanos, qui etiam hostibus fidem servarunt. Nec umquam notari potuit quod fuerit foedifragus, vel fidei fractor ; ut merito sibi dicamus illud Lucae, VIII : Inclyte Dux, *magna est Fides tua : vade in pace.*

Sequitur stella secunda, scilicet *Spes.* Solent namque Principes quidam inaniter sperare in altitudine potentiae, in latitudine famae, in profunditate divitiarum. Si potentia quaeritur, quis potentior isto ? quis, oro, bella, quis pugnas, quis acies ordinatas, quis hostium cuneos refractos, quis eruptiones ac repentinos impetus in adversos, quis destructiones praesidiorum hostilium, quis auxilia et commeatus in amicos, quas victorias gloriosas non modo vetustas, verum his diebus adeptas, quos triumphos inenarrabiles contra Communitates, Marchiones, Tyrannos, Duces, Comites, verum etiam Reges et Caesares gloriose adeptus fuerit, digne et laudabiliter explicabit ? Et nota, quod numquam fuit causa movens vel primaria bellorum atque guerrarum, sed sibi illatas viriliter defendit. Fuit ergo servator civium, victor hostium, punitor sontium et militiae restaurator. Nec mirum; nam Deus pugnavit pro eo, et vicit, ut scribitur Iudicum, IX. Sed in his victoriis non speravit, sciens scriptum esse Ecclesiastici, X: *Omnis potentatus brevis*. Si famam quaerimus, quis huius Principis tamam terrarum angulus ignorat? Nam, ut incipiamus ab ultimis, non Britannia, non Hispania, non Gallia, non Germania, non Italia, non Sardinia, non Cyprus, non Creta, non Dalmatia, non Graecia, non Pamphilia, non Lycia, non Isauria, non Ægyptus, non Lybia et Pontus, non denique aliarum gentium nationes huius famae Principis expertes sunt. Nam nemora Damasci peregrinis odoribus referta, thuris ac balsami silvas huius famae Principis odor penetravit. Testantur dona per omnes mundi tractus ab huiusmodi Principe diu quotidieque prolata, indeque remissa. Sed neque in hoc speravit, sciens scriptum esse Ecclesiastici, III : *Malae famae est, qui derelinquit patrem suum*, scilicet Deum. Si divitias quaerimus, certe hic animo Craesi divitias aequaverat, vir in multis alios, in aedificandi magnificentia se vincens. Testantur eius divitias donatae per eum innumerabiles pecuniae, Regum ac Principum familiaritates, suffragia Populorum, tyria sericaque supellectilis, aureae mensae, vasa corinthia, augusta palatia, coelestes thalami, praeclara connubia, et magnorum virorum huius magnifici Ducis familiaritates. Sed in hoc non speravit, sciens scriptum illud Apostoli, I ad Timotheum, VI : *Praecipe divitibus huius saeculi non sublime sapere nec sperare in incerto divitiarum.* Speravit autem in Deo, dicens illud Psalmi XXVIII : *In ipso,* scilicet Deo, *speravit cor meum, et adiutus sum.* Cui Deus respondet illud Psalmi XC : *Quoniam in me speravit, liberabo eum,* scilicet a poenis purgatoriis, *protegam eum ab inimicis, quoniam cognovit nomen meum.*

Sequitur tertia stella, scilicet *Caritas*, quae minus quam inter duos haberi non potest, in cuius operibus se maxime exercuit; de qua dicit Beatus Augustinus in Libro de laude Caritatis: *Caritas est fons omnium bonorum, munimen egregium, et via quae ducit ad coelum.* Quis huius Ducis infinitas esplicet caritates? Ante deficiet dies, quam harum partem dixerim. Dicam tamen. Non pertransiit dies sui principatus, quin trecenti pauperes et ultra, eius victu reficerentur, praeter quas manu sua faciebat quinquagies in anno, tot pechionos dando singillatim, quot annos habebat, et vocabantur sue devotiones. In die Jovis Sancti semper duodecim pauperibus, velut duodecim Apostolis, genu flexo pedes lavabat, osculum pedibus figebat exemplo ducis sui Christi; ipsos novis vestiendo vestibus, ipsis in mensa serviendo, ipsis postremo tot florenos dando singillatim, quot annos habebat. Quis dotes virginibus traditas esplicet? quis nobiles pauperes relevatos enumeret? quis clandestinas eius caritates, ut inanem gloriam vitaret, factas narrabit? quis pecunias peregrinis elargitas dicet, quibusdam ad Sanctum Sepulchrum, quibusdam ad Sanctam Catherinam, quibusdam ad Sanctum Jacobum, quibusdam Romam, quibusdam ad alia sacra loca euntibus? Vestivit ergo nudos, pavit famelicos, potavit sitibundos, vinctos e carcere liberavit, hospites ut filios recepit, infirmos curari fecit, et mortuis honestas exequias condonavit. Si affligebatur Populus suus ex gravibus quandoque impositionibus, omnium in se vertebat dolorem, suspirans, gemens et illachrymans, quod ad hoc arctaretur, suorum subsannans perfidiam inimicorum, ob quam ad haec cogebatur. Malebat tamen rem suam publicam sic esse, quam videre incensas ab hostibus urbes, ecclesias manu sacrilega derobari, matronas prostitutas, oppressas virgines, et ante ora patrum filios jugulari, infinitaque huiusmodi mala, quae a praedonibus et sicariis impune exerceri solent. Rigate ergo ora lachrymis, o patres, et fontes amarissimos ab oculis educite omnes, quia *defecit gaudium cordis nostri: versus est iu luctum chorus noster: cecidit corona capitis nostri: vae nobis,* ut scribitur Threnorum ultimo. Et sic patet de primo radio coronae Ducis nostri.

In destrali autem radio sunt aliae tres stellae, scilicet *Justitia, Fortitudo, Temperantia.*
Justitia autem, ut ait Psalmista, *est declinare a malo et facere bonum.* Quod autem Dux
noster a malo declinaverit et fecerit bonụm, patebit discurrendo; nam ipse attendebat illud
Ecclesiastici, XVI: *Deus homines secundum opera sua iudicat,* et illud Apocalypsis, XIV:
Opera enim illorum sequuntur illos. Et vere huius Ducis nostri opera secuta sunt eum, qui
neminem iniuste per potentiam oppressit; qui sine personarum acceptione inter virum et
proximum suum iuste iudicavit; qui pupillis et viduis defensor exstitit; qui cohibuit furta,
adulteria punivit, iniquos non exaltavit, impudicos et histriones non nutrivit; impios de
terra, parricidas, et prave viventes vivere prohibuit. Ecclesias defendit, pauperes eleemosynis aluit, iustos super sui dominii negotia constituit, senes et sapientes et sobrios consiliarios habet et habuit. Iracundiam distulit, patriam iuste et fortiter contra adversarios defendit, per omnia in Deo confidit. In prosperitatibus non se elevavit, cuncta adversa patienter
toleravit. Fidem Catholicam servavit. Filios suos impie agere non permisit. Certis horis
orationi institit. Ante horas congruas cibum non gustavit; multisque aliis iustis operibus
plenus, dicere potuit illud Psalmi XVII: *Deus praecinxit me virtute, et posuit immaculatam
viam meam: qui perfecit pedes meos tamquam cervorum, et super excelsa statuet me.* Cui et
nos respondere possumus illud Psalmi CXVIII: Magnifice Dux, *Justitia tua, iustitia in aeter-
num, et lex tua veritas.*

Sequitur secunda stella huius radii, quae est *Fortitudo* eius animi atque potentia, de
qua scribitur Ecclesiastici, XLIII: *Ipse terribilis Dominus et magnus vehementer, et mirabilis
potentia ipsius,* scilicet animi. Et vere mirabilis. Nam dum hic Dux inclytus noster monar-
chiae fraena regebat, omnia pacato et tranquillo statu viguerunt, secundum quod mortalibus
accidere potest, eamdem faciem semper placidam et inconcussam servans: utque ait illustris
Franciscus Petrarca in Bucolicis suis, Ecloga II:

> *Omnia namque oculis unas, nec fallimur, ille*
> *Laetificare suos et faecundare solebat.*
> *Illo silva fuit semper sub Principe tuta.*
> *Pax inerat fronti, et purgabat nubila verbo.*

Et ideo fuit velut alter Julius Caesar, de quo scribitur, quod patientissimus fuit in su-
stinentia contumeliarum, in remissione iniuriarum, et in moderatione poenarum. Sic Dux
noster multas contumelias ab aemulis sustinuit non solum verbis, sed et scriptis per omnes
mundi plagas, ut horror sit non solum dicere, sed et cogitare. Multas iniurias etiam remi-
sit animo volenti, quaerens cum omnibus pacem, non ex animi pusillanimitate, sed ex quadam mentis humanitate. Moderator etiam fuit in poenis; nam neque sanguinem fudit,
neque sanguinem umquam iussit ab aliquo fundi ex vindicta aut animi perturbatione, non
solum in suis, verum etiam in exteris, quod in correptione paterna erga filios vix inveniri
potest. Sciebat enim scriptum esse illud Jacobi, primo: *Ira viri iustitiam Dei non operatur;*
atque illud Psalmistae: *Irascimini, et nolite peccare.* Fuit ergo in adversis serenus, in pro-
speris cautus, et humilis occultator virtutum, sicut vitiorum et vanae gloriae contemptor,
nullius prudentiam despiciens, ut merito dicat illud Psalmi CXVII: *Fortitudo mea et laus
mea Dominus: et factus est mihi in salutem.*

Sequitur tertia stella huius radii, quae est *Temperantia.* Nam hic Dux noster tempera-
tissimus fuit: omnia enim superflua circumciderat, et in arctum constrinxerat. Si enim eius

cibum quaerimus et potum, ut inquit Seneca, *palatum suum fames excitavit, non sapores;* unico pastu in die contentus, ne contra sententiam Platonis bis in die saturaretur. Jeiuniis, vigiliis, abstinentiis ab Ecclesia ordinatis salubriter vacavit, alia superaddendo ieiunia quorumdam Sanctorum sibi devotorum. Et ut breviter dicam de eius Temperantia in incessu, statu, habitu et in omnibus motibus suis, nihil fecit quod cuiusquam offenderet aspectum, sed quod suam deceret honestatem, attendens iliud Ciceronis dicentis: *Temperantia est virtus animam regens circa delectationes corporales.* Quae quidem virtus maxime necessaria est Principibus, de qua scribitur Ecclesiastes X: V*ae tibi terra, cuius rex puer est,* non quidem annorum sed morum, et *cuius Principes mane comedunt. Beata terra cuius Rex nobilis est, et cuius Principes vescuntur in tempore suo ad reficiendum et non ad luxuriam.* Et Proverbiorum III scribitur: *Noli Regibus dare vinum, quia nullum secretum, ubi regnat ebrietas: ne forte bibant, et obliviscantur iudiciorum et mutent causam filiorum pauperis.* Exemplum recitat Valerius Maximus dicens, quod quum Philippus Rex Macedo temulentus esset, iniustam sententiam contra quamdam viduam tulit; quae accedens ad ipsum dixit, se appellare a Philippo ebrio ad Philippum sobrium: qui quum vinum digessisset, sententiam revocavit. Haec omnia considerans Dux noster magnificus tam in hac virtute emicuit, ut se ipso contentus esset, sciens scriptum esse Proverbiorum XXVI: *Omnis autem ponderatio non est digna continentis animae.* Et sic patet de secundo radio coronae nostri Ducis.

In sinistrali autem radio sunt aliae tres stellae, scilicet *Prudentia, Pietas, et Clementia.* Eius namque *Prudentia* patet in hoc, quia scivit discernere bona, vera, et solida a labentibus et caducis, quamquam haec delectent et perstringant oculos intuentium. Cepit autem consilium Apostoli dicentis ad Colossenses III: *Quae sursum sunt quaerite non quae super terram.* Et illud primae Iohannis, II: *Nolite diligere mundum, neque ea quae in mundo sunt.* Quod autem seculi huius bona oculos amantium perstringant, demulceantque, patet discurrendo per singula. Nam delectat et mulcet mirabilis coelica materia in aëre iucundo, in lumine solis splendido, in augmento lunae et defectu, in varietate stellarum et motu. Delectat terra in nemorum floribus, in fructuum suavitatibus, in pratorum rivulorumque amenitatibus, in segetum culmis luxuriantibus, in vinearum foliis et bottonibus plenis, in palmitibus tensis, in umbris silvarum, et cespitibus cunctis, in equorum, canumque cursibus, in cervorum caprarumque saltibus, in pavonum, columbarum, turturumque pennis et collis lucentibus, in domorum pictis muris et laquearibus, in organorum omnium musicorum tinnulis cantantibus, in mulierum venustis aspectibus. earumque oculis, superciliis et crinibus, genis et gutture, labiis et naso, manibus, collo, et pedibus, atque extrinsecus pretiosis adhibitis vestibus, auro et gemmis distinctis, monilibus miris, murenulis, variisque terrestribus; et multa alia, quae meus modo non recolit sensus. Sed certe inquit Dux noster, quamquam ista demulceant, quae sub coelo sunt, quanto magis ea delectant quae super coelos sunt, quia si carcer mundi huius pulcher est, patria, civitas, et domus qualis est? si talia sunt quae heic incolunt peregrini, qualia sunt, quae ibi possident filii? si mortales et miseri in hac vita taliter sunt remunerati, immortales et beati qualiter sunt in illa vita ditati, ubi nulla necessitas turbat, nulla adversitas angustat. nulla molestia inquietat, sed perennis laetitia regnat? Ideo inquit Dux noster: *Elegi abiectus esse magis in domo Dei mei, quam habitare in tabernaculis peccatorum,* ut scribitur Psalmo XCIV.

Sequitur secunda stella huius radii, quae est *Pietas* erga Dei cultum. Nam hic Dux noster sacra Missarum dietim videbat et audiebat genibus flexis tam attente. ut ipsum raptum ad superos crederes, semper corde et labiis orans. percutiensque pectus suum Deo veniam postulabat. Quibus peractis bis terque in hebdomada confitebatur semiprostratus ante pedes patrini sui, et quotidie per horam post Missam solus orabat attente Christi maiestatem capite detecto. Officium autem Beatae Virginis gloriosae, cui se totum commiserat, et quam singularissimam habuit advocatam, cum plurimis dicebat, et si quando urgente casu vel infirmitate Missam non audiret, pro huiusmodi scelere expiando pauperibus florenos decem ea die erogari faciebat, sciens scriptum Lucae XI: *Date eleemosinam, et omnia munda sunt vobis.* Horum omnium testis sum, qui sua erga me singulari benivolentia ac paterna affectione ad haec visenda et audienda numquam prohibitus sum. Fundator etiam extitit atque auctor plurium ecclesiarum, quas ditavit dotibus amplissimis, et praecipue Monasterii Carthusiensis Papiae, cui ex singulari devotione sui corporis reliquias, ut fertur novissime reliquit. Ædificavit etiam Papiae ecclesiam Sancti Spiritus cum claustro et cum magnis proventibus, ubi statuit perpetuo Canonicos duodecim stare, et pro sua suorumque salute devotius orare. In Mediolano construxit Monasterium, quod appellator Castellacium, et opulenter dotavit, posuitque monachos sancti Hieronymi. In eadem urbe fabricae Maioris Ecclesiae mensuatim quingentos florenos dabat. Romae disposuerat in honorem Virginis gloriosae ecclesiam construere ad instar eiusdem, quae dicitur Sancta Maria Maior, vel Sancta Maria ad Nives, et iam quosdam ex suis illuc pro hac re miserat. Misit etiam multa florenorum millia pro reparatione ecclesiae Sancte Mariae de Bethleem, ubi corpus Beatae Virginis gloriosae ab Apostolis delatum fuerat, et de qua dicit beatus Hieronymus, quod miro opere tabulata erat, sed, prohibente Soldano infideli, opus non habuit effectum. Papiae in fundatione ecclesiae Sancti Antonii obtulit florenos centum, et totidem in ecclesia Sancte Mariae de Carmelo Papiae, ac totidem Sancte Mariae Dioecesis Cremonensis, quae vulgo dicitur de Caroberto per me misit, de quibus fieri feci unum pulcherrimum paramentum, quod usque in hodiernum diem servatur. Aliis innumeris ecclesiis multa in pecunia et iocalibus donavit, de quibus longum esset dicere. Fecit etiam iocale pulcherrimum brachii S. Antonii de Vienna, ornatum lapidibus pretiosis, inter quos robinum posuit multis millibus aureis aestimatum, et arcam Sancti Augustini Papiae, opus egregium, ut pluries dixerat, perficere disponebat. At quid moror? duo, quae superexcedunt omnia sua pietatis officia, dimiseram, ad quae nunc viribus omnibus intendebat. Primum unire disruptam, quassatam, et diu laceratam Dei Ecclesiam sumptibus suis, nil aliud quaerens, a Regibus et Principibus Christianis, quam super hoc eorum consensum, unde pro hac materia iam ad quemdam Principem legatum miserat venerabilem quendam Magistrum in Theologia Ordinis mei. Secundum opus, ad quod intendebat, erat pacem ponere in Imperio, et ad hoc totus fervebat, omniaque paraverat, ut Ecclesiasticus atque Augustus Romani Principes pace et benivolentia iungerentur. Sed tam optimis principiis an nostra flagitia, an quid aliud obstiterit, soli Deo linquamus. Dicat ergo Dux noster magnificus de se, quod de Ænaea dixit optimus Vates scribens virum pium: *Sum pius Enaeas,* idest:

Sum pius Johannes (Galeaz) *fama super aethera notus.*

Nam: *Pietas ad omnia utilis est,* ut scribitur primae ad Timotheum, IV.

Sequitur tertia stella huius radii, quae est *Clementia;* facta enim egregia Principum, et exempla virtuosa plus provocant subditos ad imitationem, quam imperia, ut inquit Claudianus ad Imperatorem Theodosium: *componitur orbis Regis ad exemplum.* Sic Dux noster sibi dictum putavit illud Virgilii, Æneidos VI:

Hae tibi erunt artes, pacique imponere morem,
Parcere subiectis, et debellare superbos.

Et ideo sua clementia multos attraxit ad sui imitationem et amicitiam, multos ad iugum atque subiectionem, ut propter hanc, velut alter Julius Caesar, Pater patriae diceretur. Et licet (ut Julius Caesar ad Occidentem, Magnus Pompeius ad Orientem, Scipio Africanus ad Meridiem, Marius ad Septemtrionem) hic Dux noster ab Oriente, Occidente. Septemtrione, atque Meridie multas urbes atque oppida regno patrio subiugaverit, semper clementior et humilior factus est, attendens illud Senecae primo de Clementia, dicentis : *Excogitare nemo quicquam poterit, quod magis decorum sit regenti quam Clementia. Ideo Clementia roborabitur thronus eius,* scribitur Proverbiorum XIV. Numquid ad eius clementiam, velut ad tutissimum portum non confugêre Nobiles Etruscorum Populi, armis indomiti, et colla subigêre suo iugo volentes, ut illustres civitates Pisarum et Perusina (in quarum laudibus multa dicere erat animus, sed non est praesentis speculationis) atque civitas Senarum, quae nullius umquam Principis senserit habenas, hunc Ducem ut patrem et dominum dulciter amplexata est? Et tu nobilissima Bononia, studiorum mater et alumna dignissima, fessa caede et sanguine tuorum, magis clementia huius Principis victa es, quam armis, pacem diu et requiem quaesieras, nec inveniebas; pacem ac requiem sub alis huius tui paranymphi feliciter invenisti. In hoc ergo gaude te coniunctam nobis, et nos una tecum gaudere debemus te nostram habere consortem. Hoc votum postulavit hic Princeps a Deo ante sui decessum ut pacem videret in Dei Ecclesia atque Imperio, sin minus in Italia, sin minus in Lombardia; quod novissimum habuit, sibi iuncta Bononia. Multae aliae urbes et oppida sub huius Ducis clementia militare voluerunt, sed quia non fuit cupidus invasor aliarum rerum, illas sprevit. Fuit enim contentus suis finibus, sciens quod vepricosi et lubrici sunt humanorum gradus ascensuum, tremulus vertex, praecipitium horrendum, et quod aegre conscenditur ad eminentem statum, anxie ibi consistitur, graviter inde ac repente descenditur. Et o quam multa se offert materia dicendi in eius laudes! sed fraenabo impetum, haec partem concludens. Omnia namque fecit, quibus esset amabilis potius quam timendus quadam huic mansuetudine atque clementia, huic munificentia et liberalitate mirabili, ut merito de ipso vobis dicam, quod scribitur Psalmo CX : *Virtutem operum suorum annuntiabit Populo suo.* Et sic patet de tertio radio coronae nostri Ducis.

In posteriori autem radio sunt aliae tres stellae. scilicet : *Magnificentia, Intelligentia,* et *Humilitas.* De eius namque Magnificentia scribitur primo Paralipomenon, XXIX : *Dedit illi gloriam Deus, qualem nullus habuit.* Si enim huius gloriosae Domus Vicecomeae exordia quisquam prospiciat, certe ut de hac quidam doctus ait Vates :

> *Caesareos numerabit Avos, numerabit Iulum,*
> *Et patrem Æneam per longa exordia dicet.*
> *Progenies antiqua Jovi gratissima, terras*
> *Quae Ligurum regit et iustis moderatur habenis.*

Et quia multi oblatrant, ut canes ad lunam, et sicut coeci de coloribus iudicant. dicentes Domum non esse nobilem vel antiquam, ideo placuit exordium per successionem usque in praesens deducere, ut si laudare nolunt, saltem tacere discant vel inviti. Anglus ergo filius Ascanii, filii Æneae, filii Anchisis, ex Venere iuniore filia Jovis, venit ad has Liguriae partes, et aedificavit civitatem Angleriae, a quo hic Dux noster novellus Anglus appellatur. Qua aedificata sibi primum imposuit regium diadema, et dictus est primus Rex **Angleriae.** A quo descendit **Anglus Junior Rex Angleriae** et **Mediolani,** a quo descendit

Ascanius Junior Rex Angleriae et Mediolani, a quo Abida Rex Angleriae et Mediolani, a quo Sisoch Rex Angleriae et Mediolani, a quo Julus Rex Angleriae et Mediolani, a quo Pucentius Rex Angleriae et Mediolani, a quo Elimach Rex Anglerie et Mediolani, a quo Gemebundus Rex Angleriae et Mediolani, a quo Albanichus Rex Angleriae et Mediolani, cuius tempore Romulus aedificavit Romam; a quo Astatius Rex Angleriae et Mediolani, tempore quo Numa Pompilius Romae regnavit; a quo Falaramundus Rex Angleriae et Mediolani et Tusciae, a quo alter Elimach Rex Angleriae et Mediolani et Tusciae, a quo Rechius Rex Angleriae et Mediolani et Tusciae, a quo Bellovesus Rex totius Italiae, a quo Bruniscendus Rex totius Italiae, a quo Briennius Rex Angleriae et Mediolani, a quo alter Bruniscendus Rex totius Italiae, qui debellavit Gallicos, a quo Agates Rex Angleriae et Mediolani, a quo Rutilaus Rex Angleriae et Mediolani, hic Romam debellavit; a quo Falaramundus Rex Angleriae et Mediolani, a quo Bridomarus Rex Angleriae et Mediolani, a quo Lucius Rex Angleriae et Mediolani, cuius tempore Magnus Pompeius et Julius Caesar magnum conflictum iniere simul, et heic cessavit regni diadema per aliquos annos. Post de eadem domo Angleriae surrexit Ubertus Vicecomes, qui extra Portam Novam Mediolani, ubi nunc sita est ecclesia Sancti Dionysii, magnum draconem infestum urbi singulari certamine clava peremit; a quo Maximianus Rex Angleriae et Mediolani, et totius Liguriae. Hic missus a Papa Gelasio contra Theodoricum Regem barbarum atque arianum, totam infestantem Italiam, de ipso victoriam obtinuit, atque ab eodem Pontifice pro se suisque multas dignitates adeptus est. A quo Milo Rex Angleriae et Mediolani, a quo Rolandus Rex Angleriae et Mediolani. Hic aedificavit Arcem Angleriae cum puteo mirabili, qui usque hodie dicitur Puteus Rolandi; a quo alter Milo Rex Angleriae et Mediolani, a quo Alionus Rex Angleriae et Mediolani, hunc Alboinus primus Rex Langobardorum in adventu suo privavit regio diademate. Nam tunc temporis Mediolanum destructum erat ab Odoardo Rege Gothorum, ex quo dictus Alionus, nondum reparatis moenibus civitatis, ab Alboino se defendere nequivit. Remansit autem Comes Angleriae, a quo Galvaneus Comes Angleriae, a quo Perideus Rex Angleriae et Mediolani. Hic plura bella contra Romanos feliciter gessit; a quo Rachis Rex Langobardorum, a quo Agistulphus Rex Langobardorum, qui maximam familiaritatem habuit cum Pippino Rege Francorum; a quo Desiderius novissimus Rex Langobardorum, qui claruit Anno Domino DCCVI victoriarum felicissimus, inter quas de CCC millibus Saracenorum Romam et Castrum de Vico, in quo Papa Adrianus et Rex Carolus Magnus dicti Regis cognatus obsessi erant, gloriosum duxit triumphum, captis ex eis XXII Regibus cum ducentis millibus armatorum, et septuaginta millibus eorum caesis; a quo Bernardus Comes Angleriae, a quo Guido Comes Angleriae, a quo Otto Comes Angleriae, a quo Berengarius Imperator totius Italiae, cuius exstant pulcherrima privilegia, quibusbam Papiae monasteriis elargita, quae vidi et legi, suoque sigillis impresso capite; a quo Ugo Imperator totius Italiae, a quo Fulcus Comes Angleriae, a quo Obizo Comes Angleriae, qui fuit Marescallus primi Ottonis Imperatoris, et monasterium de Arona fundavit. A quo Facius Comes Angleriae, a quo Heriprandus Vicecomes ex Comitibus Angleriae, qui dictus est Miles millenarius, eo quod sub se mille milites haberet. Hic in singulari certamine Baverium nepotem Conradi Imperatoris Mediolanum obsidentis devicit, et amputato capite, in dedecus patrui sui, illum suspendi fecit per pedes in arcu triumphali, qui tunc erat extra Portam Romanam Mediolani. A quo Otto Vicecomes, qui cum Gothofredo de Buglono ad Terram Sanctam acquirendam properavit, et quemdam Regem Saracenorum, viperam cum homine excoriato super galeam gestantem, singulari certamine devicit, illiusque galeam capiti suo imposuit, et ad perpetuam rei memoriam toti suae posteritati portandam tradidit. A quo Andreas Rex Angleriae et Mediolani, a quo Galvaneus Comes Angleriae et Dominus Mediolani. Hic a suis proditus fuit manibusque Friderici Imperatoris Barbaerubeae traditus, qui et Mediolanum destruxit, et hunc Galvaneum cum XXII Comitibus Angleriae et quibusdam Nobilibus Mediolani, ut predictam Domum funditus destrueret, secum in Alamanniam ad perpetuum exilium duxit, ipsosque regio diademate et Comitatu privavit, et abinde usque in hodiernum diem dicti sunt Vicecomites. Et heic Domus Angleriae maximum passa est dispendium. Ex quorum reliquiis, interpolatis temporibus, postea surrexit Ubertus Vicecomes de Vorio de predicta Domo Angleriae, a quo descendit Obizo et Otto archiepiscopus et dominus Mediolani. A quo Obizone Tibaldus Vicecomes, vir armis strenuus, a quo Magnus Matthaeus Dominus Mediolani et multarum Urbium Lombardiae, a quo plures filii, et quidam eorum Domini Mediolani, scilicet Galeaz, Iohannes Archiepiscopus et Dominus Mediolani. Luchinus, Marcus, et Stephanus. A quo Stephano Galeaz Dominus Mediolani. Qui Galeaz cum Comite de Aynaldo Hierusalem perrexit, ibique ab eo baltheo militari succinctus est, deinde Galliam veniens in singulari certamine quemdam Militem vicit, ac eius exuvias in signum victoriae deportavit, leonem in igne cum cimerio, et baculum tenentem cum duabus segiis pendentibus. A quo noster inclytus Iohannes Galeaz Dux Mediolani etc. de quo nunc memoria agitur, et a quo Johannes Maria Anglus Dux novissimus, et Philippus Maria Comes Papiae. Et haec ex eorum Annalibus elicui.

Nunc de parentellis et affinitatibus eius dicamus. Nam hic Dux noster, nono aetatis suae anno, dominam Elisabeth filiam illustrissimi Regis Francorum Iohannis in uxorem duxit, quae erat neptis Caroli Imperatoris, filii Iohannis Regis Bohemiae et Marchionis Novariae, quae fuit soror Regis Francorum Caroli et Ducis Andegaviae, Ducis Bituriae, et Ducis Burgundiae, quae fuit avuncula nunc Regis Francorum et Ducis Aurelianensis. Ex qua genuit filiam Valentinam, quam dicto Duci Aurelianensi matrimonio copulavit, ex qua exstant pulcherrima germina filiorum. Item consanguineus erat in quarto gradu cum Domino Imperatore Constantinopolitano, nam mater dicti patris Imperatoris fuit soror Comitis Sabaudiae patris dominae Blancae huius nostri Ducis genitricis. Erat insuper consanguineus Regis Hispaniae ex quadam consanguinea Domus Sabaudiae illi coniugio copulata. Item cum Rege Angliae, nam filius suus dominus Leonetus Dux Clarentiae dominam Violantem eius sororem duxit in uxorem. Item cum rege Cypri, cui unam ex consanguineis dominam Angleriam consortio dedit. Item cum Ducibus Austriae. Bavariae, atque Marchionibus Misinensibus parentelas habebat ex consanguineis eis matrimonio traditis. Cum ceteris autem Marchionibus, Comitibus, Principibus multas fecit parentelas, de quibus nimis longum esset numerare. *Nam mihi si linguae centum forent, oraque centum*, ut ait Virgilius, tuas non possem, Dux inclyte, magnitudines enarrare. Gaude ergo in hoc urbs Mediolanensium, quia plus gloriae contulit tibi hic Dux tuus in recuperatione antiquae dignitatis tuae, Ducatus videlicet, quam qui tuorum fundamenta primum posuere. Nam te totam illi obsequiosam praebe, et quod non potes in patre, saltem in filio tuas gratitudines repende, Duce nunc Iohanne Maria Anglo. Et tu nobilissima Papia, olim Regum Langobardorum sedes magnifica, gaude, non quod tuum sponsum atque Comitem perdideris, sed quod brachio suo ad antiquam libertatem tuam redacta es. Cuius libertatis tibi successorem relinquit magnificum Philippum Mariam Comitem, quem tuo sinu fove ac maxima diligentia serva. Dicamus ergo Duci nostro illud Psalmi VIII: *Elevata est magnificentia tua*, o pater patriae, *super coelos*. Dicamus item de patre, et filiis, atque omnibus viris de Domo Vicecomitum illud quod Ecclesiastici scribitur XLIV : *Isti sunt viri, quorum pietates non defuerunt, et cum semine ipsorum perseverat bona hereditas nepotum eorum; semen eorum et gloria eorum non derelinquetur.*

Sequitur secunda Stella huius radii, quae est *Intelligentia,* quam habuit in mutatione rerum mundanarum, sciens scriptum esse Danielis II : *Ipse enim mutat tempora et aetates, transfert regna atque constituit.* Sed oro te, memorande Principe, dic nobis de sepulchro, quid de tua aliorumque sorte videatur ? et respondet : O vos, qui heic adstaris, attendite et videte, permaxime superbi et alti Principes, attendite, inquam, rebelles Dei, attendite coetus omnis : ubi sunt Caesares atque Reges non modo vetusti, sed quos nostra tulit aetas ? ubi eorum tremendae maiestates ? quaerite de istis et de me, ubi nunc corpore habitemus ? Ostendentur vobis exigua sepulchra, exornata ingeniis artificum, forte etiam gemmis auroque micantia, ut est ambitiosa non modo vita hominum, sed mors, secundum illud principis Poëtae : *vivos educent de marmore vultus.*

Ubi sunt epigrammata quoque magnifica, et tituli altisoni sed inanes, quos si legis, obstupeas ? Ubi nunc satellites armati, ubi puellarum greges, ubi ganymedes regius ad poculum deputatus ? ubi coquinae artifices, et calidi sectores altilium ? ubi purpurea vestis et ostrum substractum pedibus, et cornipedes aurea fraena mandentes, ubi supellex curiosior, vasa Corynthia et Damascenorum labor artificum ? Ubi spectacula, cantus, et epulae, ubi tot lenocinia voluptatum, luteique corpusculi tantus ornatus, et vertex diademate radians, et baltheo rutilante succinctus ventriculus, et stellantes digiticuli spoliis Indici maris et sculptorum ingeniis ? Ad postremum ubi coniunx imperiosa, ubi filii, sicut novellae plantationes et filiae circumornatae ut similitudo templi, quae nuper blando attractu, et dulcibus osculis non duraturi patris colla mulcebant ? O flebilis et infelix prorsus transformatio ! Omnia mihi in vermes, inque serpentes, omnia tandem in nihilum abiere. Ergo quicumque es, inquit Dux noster, *memor esto iudicii mei : sic erit et tuum;* scribitur Ecclesiastici XXVIII.

Sequitur tertia Stella huius radii, quae est *Humilitas,* quae in nostro Duce profunda fuit; unde patres notate mirabilem erga Ducem nostrum Dei providentiam, ex qua se cognovit de numero electorum, non reproborum, dicente Deo : *Ego quos amo corrigo et castigo.* Numquam Dux noster aliquid prosperitatis aut laetitiae habuit in hac vita mortali, quin statim post a Deo tangeretur aut in membris, aut in fama, aut rebus, ex quibus inanem temperaret laetitiam, et electum a Deo se cognosceret; imitatus Principes Romanos, qui dum currus triumphales agerent, opprobriis ac percussionibus eorum laetitia temperabatur. Et ideo sciens misericordiam Dei esse infinitam, in se ipsum humiliatus, reseratisque luminibus mentis ante sui Creatoris maiestatem reminiscere coepit, quoties illum offenderat, quoties in hoc vitae cursu cespitaverat, quoties aberraverat, quoties offenso pede ceciderat, quot pudenda, quot dolenda, quot poenitenda commiserat; meminit a quo factus erat, et quantum sibi praestitum fuerat et quanti beneficii Deo debitor extiterat. Senserat etiam, quia pulvis erat, et in pulverem resolvendus. Ex cuius salubri consideratione manibus cancellatis in modum orantis cum gemitibus et lachrymis atque amarissimis singultibus Deo illud Psalmi dicebat: *Delicta iuventutis meae et ignorantias meas ne memineris Domine :* atque illud aliud : *Miserere mei Domine, quoniam infirmus sum: sana me Domine, quoniam conturbata sunt omnia ossa mea.* Usus consilio Augustini dicentis : *Proiice te in eum : noli metuere; non te subtrahet, ut cadas: proiice securus, excipiet et sanabit te.* Proiecit ergo se in eum, et receptus est. Pulsavit, et apertum est ei : petiit, et accepit: quaesivit, et invenit iuxta Evangelicum documentum, quibus peractis accersito uno de suis fidelissimis scribi fecit omnia peccata sua, quae per omnem aetatem commiserat; quibus diligenter confessis sacramentisque Ecclesiae devotissime susceptis, membris omnibus sui corporis incolumis, integro aspectu atque auditu, sana mente, sanoque consilio, extremam horam veniens adstantibus suis et Clero psallentibus, ultimam vocem, scilicet *in manus tuas Domine commendo spiritum meum*, cum spiritu Creatori suo reddidit, a quo acceperat, ad sedes pacificas Angelorum, ut pie credimus, iam perlatum, ubi Dei misericordiam et salutem animae suae inventam multo ditior effectus, quam quisquam Regum cum pompis suis omnibus, inter quas coeci superbiunt, suique Ducatus habenas nobilissimae proli suae, strenuissimoque nunc Duci Mediolanensium regendas ac moderandas feliciter reliquit, nunc cuncta ex alto despiciens. Patet igitur pars nostra minor probata, videlicet, quod Dux noster inclytus mente coelo deditus aeterni Ducis signa mirifice est sequutus. Ergo bene concluditur, quod posuit eum, scilicet Deus, Ducem Virtutum universarum, quod fuit probandum. *Corona* igitur *aurea super caput eius expressa signo sanctitatis, gloriae, honoris et opus fortitudinis*, scribitur Ecclesiastici XII. Duci ergo nostro persolvamus illud Maroneum:

> *In freta dum fluvii current, dum montibus umbrae*
> *Lustrabunt, convexa polus dum sidera pascet,*
> *Semper honos* (inclyte Dux) *nomenque tuum, laudesque manebunt.*

Gaude ergo, Magnifice Dux, dignus aeterna memoria: iterum dico gaude de caduco te fragilique dominio ad coeleste, ut pie credimus, translatum, nosque una tecum ad easdem sedes, dum tempus aderit, duc felicissimas, ad quas dignetur Altissimus nos omnes transferre, qui est benedictus in secula seculorum, Amen.

CXLI.

Disposizioni testamentarie di Pierina della Gionca a favore degli Eremitani di S. Agostino.

1403, marzo, 10.

(Archiv. Notar. di Pavia — Atti di Anselmo da Toredano).

T ESTAMENTO *della* domina Pedrina de Lazoncha filia quondam domini Martini et relicta quondam Batiste de Verungola, *abitante in Pavia in Parrocchia di S. Martino* foris portam. *Fra le altre disposizioni lascia a Venturina sua servente trenta 'fiorini, biancheria, e l' abitazione nella sua casa in Parrocchia di S. Epifanio con tutti quei mobili che* sibi necessarii decernentur per infrascriptum dominum fratrem Petrum.... Item dedit et legavit.... ipsi domino fratri Petro de Cerredano Ordinis Heremitarum, lectum unum de tellis septem, ipsius testatricis, cum plumatio, lenteanimibus quatuor ab ipso lecto, copertorio uno telle, copertorio uno panni lane, copertorio uno pellium, cum lecteria, testeria et bauchis, existentibus ad dictam lecteriam et hoc pro toto tempore vite ipsius domini fratris Petri tantum, et pro ipsius necessitatibus et infirmitatibus, et quod post ipsius domini fratris Petri decessum, omnia et singula dedit et legavit..., pro anima et in remissione peccatorum ipsius testatricis et quondam mariti sui, infirmarie idest loco deputato pro infirmis in ecclesia seu in domibus ipsius ecclesie beatissimi Augustini civitatis Papie.... Item dat et legat loco infermarie deputato in predicto loco sancti Augustini lectum unum de tellis quatuor, cum plumatio, lentuaminibus duobus et copertorio uno ad usum infermarie predicte. Item dedit et legavit... eidem domino fratri Petro florenos centum septuaginta, convertendos in necessitatibus vestimentorum, infirmitatum et alimentorum ipsius domini fratris Petri et in alios uxus licitos et permissos a iure; pro quibus denariis vult et disponit et iubet ipsum dominum fratrem Petrum fore et esse securum super domo ipsius testatricis... et cuius domus uxumfructum ipsa domina testatrix vult, iubet et disponit ipsum dominum fratrem Petrum habere toto tempore vite sue, convertendum in eius uxus licitos et a iure permissos ut supra, et quod post decessum eius predicte domus uxusfructus perveniat in capitulum ecclesie antedicte beatissimi Augustini, cum hoc onere quod ipsum capitulum teneatur et debeat omni anno celebrare et facere unum annuale, prout moris est, pro ipsius testatricis et dicti quondam viri sui anima. Item dedit et legavit... ipsi domino fratri Petro solo tempore vite sue tantum uxumfructum unius alterius domus murate et copate, posite et iacentis in Citadella Papie, convertendum per ipsum in eius uxus predictos et alios licitos ut supra; salvo quod si et quandocumque ipsa domus venderetur, seu vendi posset, pro libito voluntatis ipsius domini fratris Petri, quod ipsius domus pretium et totum illud quod baberetur, dispensetur pauperibus Christi et puellis maritandis, pro ipsius testatricis et dicti quondam mariti sui anima, et hoc ad voluntatem ipsius domini fratris Petri tantum. Item constituit et ordinavit... ipsum dominum fratrem Petrum presentis testamenti sui et omnium contentorum in ipso comissarium et exequutorem; in omnibus autem aliis suis bonis sibi heredem universallem instituit dictam Venturinam in casu quo suam virginitatem servaverit, et in casu quo se matrimonio copularet, eidem substituit et ipso casu sibi instituit heredem universallem Collegium Notariorum Civitatis Papie, etc.

CXLII.

La Duchessa di Milano e il Conte di Pavia confermano al monastero di S. Agostino le concessioni di Gian Galeazzo Visconti.

1403, marzo, 19.

(Bibl. Univ. di Pavia — Cod. n. 428, Pergam. di S. Agostino).

D UCISSA Mediolani, etc. Papie Anglerieque Comitissa ac Bononie, Pisarum, Senarum et Perusii Domine et Comes Papie ac Dominus Verone, etc.

Considerato quod, per illustrissimum quondam celebris memorie dominum Consortem et Genitorem nostrum, alias concesse fuerunt Capitulo et Conventui Ordinis Heremitarum sancti Augustini civitatis nostre Papie, littere tenoris infrascripti, videlicet: Nos Dominus Mediolani, (etc. vedi doc. n. CXII vol. I, pag. 201).

Volentes itaque litteras tam pia affectione et singulari devotione dicto Capitulo et Conventui concessas, ob reverentiam precipue, quam et nos ad beatissimum Augustinum gerimus (1), effectum suum sortiri debere, presentium tenore, easdem confirmantes et de novo

---

(1) Queste parole ed il tenore di tutto il documento dimostrano che la pietà dei Visconti verso il grande Dottore S. Agostino, chiara per gli esempii di Galeazzo II e di Gian Galeazzo, si continua anche in mezzo alle turbolenze, da cui sin dal principio del loro governo furono circondati la Duchessa reggente Caterina, vedova di Gian Galeazzo, ed il figlio Filippo Maria, Conte di Pavia.

corroborantes, mandamus universis et singulis, ad quos spectat vel spectabit executio contentorum in eisdem, quatinus illas prout iacent observent et executioni mandent, seu observari et executioni mandari faciant sine contradictione. In quorum testimonium presentes fieri iussimus et registrari, nostrique sigilli munimine roborari. Dat. Mediolani, die decimonono Martii, mcccc° tertio, undecima indictione.

CXLIII.

Lascito testamentario della nob. Giacomina dei Confalonieri di Candia a favore degli Eremitani di S. Agostino.

1403, maggio, 28.

(Arch. Notar. di Pavia — Atti di Giacomazzo Sedazzi).

T ESTAMENTO *della nob. Giacomina de' Confalonieri di Candia, vedova di Olivetto Nasi, in cui si legge:* « Item do et lego Conventui Fratrum Sancti Augustini Papie, pro missis per eos pro anima mea celebrandis, florenos quinque, ad computum solidorum triginta duorum pro floreno, solvendos... pro medietate infra primum et pro alia medietate infra secundum annos a die obytus mey in antea computandos ».

CXLIV.

Deliberazione del Capitolo Generale di Lavingen riguardante il Convento di S. Agostino.

1403, giugno, 3.

(Bibl. Angelica di Roma — Cod. n. 483, fol. 175).

D IFFINITIONES *capituli generalis in Launghinghen celebrati.*
Iste sunt diffinitiones generalis capituli celebrati Launghinghen in festo Pentecosten, facte per Reverendissimum in Christo fratrem patrem Nicolaum de Cassia sacre theologie magistrum, priorem generalem (1), et per diffinitores dicti capituli Ordinis heremitarum sancti Augustini, sub anno Domini millesimo quadringentesimo tertio, die tertia mensis iunii.

Item quod infra octavam beati patris nostri Augustini fiat officium duplex. Item in primis confirmamus omnes diffinitiones factas in capitulo generali Aquile celebrato, preter octavam que est de offitio Virginis dicendo infra octavam beati Augustini, et ultimam que est de subsidio dando per Ordinem conventui papiensi.

---

(1) Frate Nicola Saraceni da Cascia, già eletto Generale nel Capitolo celebratosi ad Aquila nel 1400, fu confermato in quello di Lavingen (Svevia). Egli stesso quindi, che aveva tre anni prima propugnato il sussidio a favore del Convento nostro (vedi nota al doc. CXX), oggi, mutate le circostanze, lo fa sospendere. Egli, non essendosi potuto celebrare il Capitolo Generale a causa delle turbolenze dello Scisma Occidentale, continuò a reggere l'Ordine sino al 1408, quando fu novamente rieletto nel Capitolo tenutosi a Ferrara. Nel seguente Capitolo, tenutosi in Roma nel 1412, fu eletto frate Pietro de Vena. Narra il Crusenio *(Pars III, Monastici augustiniani,* Vallisoleti, 1890, pag. 62) che frate Nicola da Cascia eletto Vescovo di Macerata e Recanati dal Pontefice Giovanni XXIII, avrebbe dovuto seguitare nella stessa reggenza dell'Ordine, *quod regimen Episcopi, cum non sine damno Ordinis fuisset, postmodum decretum fuit ut statim a promotione, Generales aliique Religiosi promoti, ab Ordine eximantur.* Dopo un

CXLV.

Attestazioni sull' insegnamento di frate Pietro da Castelletto nell' Università di Pavia (1).

1403, settembre, 11

(Arch. del Rettorato dell'Università di Pavia — Doc. orig. cart. I).

D IE XI septembris.
Frater Antonius de Zerbis de Mediolano iuravit ad sancta Dei evangelia quod reverendus dominus Magister Petrus de Casteleto magister in sacra pagina, a Kalendis iunii citra, continue et ordinarie legit in scolis suis lecturam sacre pagine. Die suprascripto.

Dominus presbiter Lazarus de Cremona iuravit ad sancta Dei evangelia quod reverendus dominus magister Petrus de Casteleto magister in sacra pagina, a Kalendis iunii citra, continue et ordinarie legit in scolis suis lecturam sacre pagine.

CXLVI.

Laurea in teologia di frate Agostino da Casale.

1403...... (2).

(Bibl. Univ. di Pavia — Protocollo di Albertolo Griffi).

D OCTORATUS in theologia fratris Augustini de Caxali (3).

episcopato agitatissimo, sempre a causa dello Scisma, frate Nicola morì nel 1418, e fu sepolto nella Cattedrale di Recanati, dove dopo più di due secoli restaurandosi la chiesa, « Nicolai cadaver cum pontificalibus indumentis adhuc integrum atque flexibile cum omnium circumstantium admiratione repertum fuit ». LANTÈRI, Eremi sacrae august. part. I, pag. 144.

(1) Questo documento ha la sua spiegazione nel fatto che in quest'anno precisamente alle calende di giugno le scuole universitarie, che per la pestilenza già da parecchi anni erano state trasferite a Piacenza, furono restituite quasi interamente a Pavia. Un ordine del Duca alle autorità pavesi ingiungeva che non si pagassero stipendii ai professori se non constasse in modo sicuro del loro effettivo insegnamento in Pavia. Le deposizioni del nostro documento servirono appunto al tesoriere del Comune di Pavia per pagare l'onorario a frate Pietro da Castelletto. Il PARODI, Syllabus lectorum ticinensis Studii, ms. dell'Univ. pavese, assegna l'insegnamento di lui agli anni tra il 1403 ed il 1405, coll'avvertenza, che forse cominciò parecchi mesi prima del 1403. Nel Sillabus stampato tale insegnamento comincia nel 1401 (che per errore di stampa è cambiato in 1441). Il ROBOLINI, Notizie, vol. V, part. II, pag. 116 e 199, scrive avere egli insegnato dal 1402 al 1405. Aggiunge poi quanto segue: « Qui mi farò carico di riferire che il dottor Domenico Rossetti nella sua illustrazione bibliografica su Petrarca, Giulio Celso e Boccaccio, Trieste, 1828, pag. 9, 112, 340, 344, 347, 375, 377, parla di una Vita del Petrarca incominciata dal Boccaccio e proseguita da un frate maestro Pietro de Castelletto degli Eremitani, che si spaccia, aver avuto famigliarità col mentovato Petrarca, e quindi il Rossetti va congetturando che esso Pietro fosse di Certaldo o altro luogo di Toscana, e che tenendo stanza nel Convento degli Eremitani di Padova avesse occasione di visitare in Arquà il ripetuto Petrarca. Sarebbe forse ben più probabile la congettura che l'indicato Pietro da Castelletto non sia diverso dal nostro, il quale dimorando in Pavia nel Convento di S. Pietro in Ciel d'oro, potè formar conoscenza del Petrarca, solito qui recarsi di volta in volta ».

(2) Manca il mese ed il giorno, perchè le indicazioni del Protocollo dànno la sola nota cronologica annuale. Gli atti in extenso del Griffi sono lacunosi per il 1403, ed i minutarii dello stesso notaio non giungono che al 1402.

(3) È il religioso, che come Baccelliere troviamo a S. Pietro in Ciel d'oro, sin dal marzo 1401, doc. CXXXIII. Per altre sue vicende vedi doc. n. CLXV.

CXLVII.

Disposizioni di Filippo Maria Visconti per l' onorario di frate Pietro da Castelletto professore universitario.

1404, gennaio, 3.

(Arch. del Rettorato dell' Univ. di Pavia — Doc. orig., cart. I).

C OMES Papie ac Dominus Verone, etc.
Volumus et mandamus vobis quatenus fieri facere debeatis domino Ro_ berto de Fronzola, domino Antonio de Tusignano et magistro Petro de Caste_ leto, legentibus in Studio nostro Papie, absque aliqua retentione, bulletas pro provixione unicuique taxata, occasione lecture ad quam ipsorum quilibet est noviter deputatus. Datum Papie, die 3 ianuarii, MCCCCIV. Sub signo corniole nostre secrete. Iohannes.

A tergo: Sapientibus viris Magistris Intratarum nostrarum.

CXLVIII.

L' Univertità degli Artisti e dei Medici delibera di presentare ogni anno una offerta a S. Agostino nel giorno della sua festa (1).

1404, gennaio, 28.

(Bibl. Univ. di Pavia, Cod. n. 428 — Pergam. di S. Agostino).

I N nomine Domini Amen. Anno a nativitate eiusdem millesimo quatricentesimo quarto, indictione duodecima, die lune vigesimo octavo mensis Ianuarii, hora tertiarum, in civitate Papiae, videlicet ante stationem Zilioli de Iuvenalibus spiciarii, sitam in Porta Pontis ,Parochia sancte Marie Canonice Peroni. Convocatis et congregatis sapientibus et egregiis viris dominis dominis Statutariis et Consiliariis Universitatis Artistarum et Medicorum Studii Papiensis, de mandato spectabilis et egregii domini domini magistri Bonifacii de Guaschis de Ianua Dei gratia eiusdem Universitatis prefati Studii Papiensis Rectoris dignissimi, prius requisitione antedictis dominis Statutariis et Consiliariis facta per me Pantaleonem de Planaricis de Crema generalem bidellum utriusque facultatis totiusque Universitatis eiusdem Studii Papiensis, quorum dominorum Consiliariorum et Statutariorum nomina sunt hec, videlicet: magister Tadeus de Crema, magister Baptista de

---

(1) Com' è noto, l'Università si distingueva in due ;facoltà : l'una *Iuristarum*, che aveva un proprio rettore, e alla quale appartenevano gli studenti e i professori di diritto; l'altra *Artistarum et Medicorum*, con rettore speciale che abbracciava professori e studenti di medicina, di lettere, di scienze fisiche e matematiche di filosofia e di teologia. L'atto di ossequio, che la Università di Pavia delibera in perpetuo di rendere a S. Agostino, è certamente una prova dello zelo, con cui i Religiosi Agostiniani avevano reso popolare la devozione verso il santo Dottore; ed è una prova, almeno indiretta, dell'alta stima e simpatia, che essi s' erano acquistata presso il corpo accademico per la valentia degli illustri loro maestri e per il valore dei loro studenti.

Castronovo, magister Martinus de Vitudono, magister Philipinus de Pellizonibus et magister Iohannes de Variis de Parma: Prefatus namque dominus Rector, presentibus, volentibus et consentientibus antedictis dominis Statutariis et Consiliariis, ipsique domini Statutarii et Consiliarii cum presentia, consensu, auctoritate, et voluntate predicti domini Rectoris, nomine et vice totius Universitatis predicte, ob singularem reverentiam Patris et Doctoris excellentissimi sanctissimi Augustini, totius Universitatis antedicte Patroni (1), unanimiter, nemine discrepante, ac ex certa scientia et animo deliberato, providerunt, deliberaverunt, statuerunt et ordinaverunt, ac deliberant, ordinant, provident, et statuunt, hoc instantibus, postulantibus et benigniter requirentibus reverendis venerabilibusque viris dominis magistro Petro de Castelleto sacre pagine professore, nec non Priore et Fratribus Conventus et Capituli Sancti Augustini ordinis heremitarum civitatis Papie (2), quod semper et in perpetuum per prefatam Universitatem Artistarum et Medicorum ut supra, fiat et fieri debeat singulis annis in festo prefati sanctissimi Patris Doctoris Augustini, solemnis et devota oblatio cereorum et blavii delatio et prout in aliis generalibus oblationibus que fiunt et fieri consueverunt et debent per totum Studium prelibatum, et per dominos Rectores, Doctores et Scolares utriusque facultatis et Universitatis Studii memorati fieri debet et solitum est, eisdem dominis Magistro, Priore ac Fratribus, nomine conventus predicti, facientibus prefate Universitati quicquid facere tenentur et debent. De quibus omnibus prefati domini Rector, Consiliarii et Statutarii, nomine totius Universitatis predicte, et antedictus dominus magister Petrus, suo et nomine Capituli et Conventus antedicti, ad eternam rei memoriam, hoc presens publicum documentum fieri iusserunt et rogaverunt et mandaverunt, eaque omnia inseri in volumine Statutorum Universitatis antedicte. Que omnia et singula suprascripta, acta dicta, facta, gesta, et deliberata sunt et fuerunt presente, volente et consentiente egregio artium et medicine doctore domino magistro Silano de Nigris, dicente et ex certa scientia protestante quod, tempore quo ipse erat et fuit Prior dicte Universitatis, similiter de consensu omnium Doctorum Universitatis predicte conclusum, ordinatum, statutum et deliberatum fuit quod dicta oblatio fieret in perpetuum, in omnibus et per omnia prout superius continetur, et quod ipsi omnes Doctores ita contenti fuerunt, nemine discrepante (3). Presentibus magistro Francischino de Strazapatis, magistro Daniele de Sancta Soffia et magistro Carbono de Valentia inde testibus notis, ad premissa vocatis specialiter et rogatis.

---

(1) Richiamiamo l'attenzione su questo passo importantissimo, che ci dà una notizia finora trascurata, che S. Agostino cioè fosse il Patrono della Facoltà universitaria degli Artisti e dei Medici. Nessun santo sembra adatto ad assumere il protettorato di un Corpo universitario, meglio di Agostino, il quale nelle pubbliche scuole di Cartagine, di Roma e di Milano fu testimonio e parte di quella vita, che ha tanto bisogno di una protezione celeste per non essere vittima di quegli errori, che valsero ad offuscare l'intelletto dello stesso Agostino.

(2) È adunque sommamente benemerito frate Pietro da Castelletto non solo per la sua scienza e per la sua perizia nell'in-

segnamento, ma anche per la viva pietà con cui promosse questa manifestazione devota verso il Patrono degli studii.

(3) La dichiarazione fatta dal professore Silano Negri dimostra che la onoranza a S. Agostino era già stata deliberata dall'Università unanime sin dal 1396, quand'egli fu Priore del Collegio dei dottori (R. MAIOCCHI, Cod. diplom. dell'Univ., vol. I, pag. 317 e 320). L'essere rimasta finora in sospeso tale deliberazione si deve certamente alle agitate vicende della nostra Università negli ultimi anni del secolo XIV e nei primi del XV, che ne resero necessario il trasporto a Piacenza. Vedi in proposito la nota al doc. CXLV.

CXLIX.

Ordine di Filippo Maria Visconti al Comune di Pavia perchè paghi l'onorario a frate Pietro da Castelletto, professore universitario (1).

1404, settembre, 6.

(Arch. del Rettorato dell'Univ. di Pavia — Doc. orig. cart. I).

COMES Papie ac Dominus Verone, etc.

Volumus quod rationes et bulletas venerabilium dilectorum nostrorum dominorum magistrorum Bartolomei de Pomario ordinis Minorum et Petri de Casteleto ordinis Heremitarum, sacre theologie professorum, pro toto illo tempore quo hactenus legerunt et legent sacram theologiam et alias lecturas suas, ad quas fuerunt aliax in hoc nostro papiensi Studio deputati, fieri et concludi faciatis ita et taliter quod eorum exinde solutiones et debitum consequi possint, aliquibus inhibitionibus seu aliis in contrarium non obstantibus. Dat. Papie, die VI septembris, MCCCCIIIJ. Iohannes.

A tergo: Egregio viro Potestati nostro Papie nec non prudentibus viris Referendario et Sapientibus ad utilia Comunis eiusdem nostre civitatis deputatis.

CL.

Iscrizione al sepolcro di frate Bonifacio Bottigella (2).

1404, ottobre, 27.

(TORELLI, *Secoli Agostiniani*, vol. VII, pag. 396).

HIC iacet Rev. dominus et pater f. Bonifacius episcopus laudensis et comes, magister in sacra theologia Ordinis fratrum Eremitarum sancti Augustini de domo illorum de Butigellis primus magister papiensis (3), qui obiit anno Domini MCCCCIV, die XXVII octobris (4).

---

(1) I professori universitarii non erano ancora pagati dalla Camera viscontea, sibbene dalla Cassa comunale, che per le disastrose condizioni politiche ed economiche, turbanti lo Stato fin dalla morte di Gian Galeazzo, si trovava di spesso nella impossibilità di soddisfare i proprii debiti, provocando proteste degli interessati ed ordini del principe, come nel caso nostro. Notiamo pure qui che nel Rotolo dei Lettori dello Studio per l'anno 1405 leggesi deputato *ad lecturam theologie Petrus de Castelletto Heremitarum*.

(2) Stando alle notizie del TORELLI, *loc. cit.*, il Bottigella sarebbe morto in Pavia. La sua sepoltura fu certamente in S. Pietro in Ciel d'oro, ove la epigrafe fu anche letta da GEROLAMO BOSSI,

che la riferì monca nel volume manoscritto delle Iscrizioni pavesi.

(3) *Primus magister papiensis* significa che il nostro Bottigella fu il primo che abbia insegnato teologia nell'Università pavese. Infatti ciò apparisce dai documenti pubblicati da R. MAIOCCHI, *Cod. diplom.*, vol. I, pag. 27; mentre l'affermazione delle *Memorie e doc. per la storia dell'Univ. ecc.* Pavia, 1878, vol. I, pag. 186, che attribuiscono questo primo insegnamento a frate Pietro da Candia, è sfornita di prove.

(4) Questa indicazione del giorno obituario manca in Torelli, e noi la desumiamo dal citato ms. Bossi. In questo si legge anche che la epigrafe era *ad S. Augustinum in media templi planicie.*

CLI.

Testamento della nob. Giovanna Meda Salimbene a favore di frate Gian Paolo Meda.

1405, luglio, 12.

(Arch. Notar. di Pavia — Atti di Antonio Olcario).

T ESTAMENTO *della nob. Giovanna Salimbene vedova di Giovannolo Meda, nel quale:* instituit sibi heredes particulares don Iacominum de Medda dedicatum monasterii sancti Petri in celo aureo papiensis et Fratrem Iohannem Paulum de Medda fratrem conventualem Ordinis Sancte Mostiole civitatis Papie, in libris viginti-quinque papiensibus pro quolibet ipsorum, *tacitandoli per quanto potessero pretendere sulla eredità.*

CLII.

Disposizioni testamentarie di Giacomo dal Verme riguardanti l'Arca di S. Agostino, e due Messe quotidiane, delle quali una all'altare di S. Agostino (1).

1406, gennaio, 5.

(C. MAGENTA, *I Visconti e gli Sforza nel Castello di Pavia*, vol. I, pag. 164).

N EL *testamento di Giacomo dal Verme, dettato in Verona e rogato dai notai Domenico Ciserchi e Agostino de Canalibus leggesi:* Voluit et disposuit ipse Testator quod per reverendum in Christo patrem dominum Episcopum Papie et per venerabilem dominum Priorem conventus Fratrum Heremitarum ecclesie sancti Augustini de Papia dicti conventus, qui similiter per tempora fuerint, debeant vendere domum ipsius Testatoris quam ipse habet in civitate Papie in contrata sancte Marie in Pertica et de eius pretio facere cum effectu quod Arca nova, existens in sacristia dicte ecclesie, cor-pori sancti Augustini debeat superponi in loro debito (2), cum laboreriis et edificiis neces-sariis in hoc, et quod in et super dictis edificiis ponantur et sculpantur arma ipsius testa-toris cum cimeriis, ibidem perpetuo permansuris, et quod superfluum dicti pretii, si quod erit, sit dicti conventus. Voluitque exinde dictus Testator quod Fratres et Conventus eius-dem ecclesie perpetuo teneantur et debeant omni die celebrare unam missam ad altare ubi

---

(1) Giacomo dal Verme, il capitano visconteo, di cui abbiamo parlato sotto il doc. n. LXX, ecc., è quello stesso, che in memoria della vittoria riportata presso Alessandria nel 1391, fece edificare presso quella città il tempio di S. Giacomo della vittoria, che egli poi ottenuta l'autorizzazione da Bonifacio IX con una bolla del 20 marzo del 1400, donò agli Agostiniani della provincia lom-barda, perchè vi fondassero un loro monastero. Vedi FORELLI, vol. VI, pag. 377.

(2) Ciò dimostra come la disposizione testamentaria di Gian Galeazzo Visconti (doc. n. CXXVIII) sia rimasta senza effetto, e come sia senza fondamento l'affermazione di coloro, che attribui-scono ai Visconti l'Arca di S. Agostino, solo perchè in un testa-mento di Gian Galeazzo, si parla del compimento dell'opera ar-tistica, il quale non venne mai eseguito. Ignoriamo poi perchè anche il testamento di Giacomo dal Verme, per quel che riguarda l'Arca, sia rimasto frustraneo.

sancti Augustini corpus erit, pro anima ipsius Testatoris, patris et matris et aliorum suorum defunctorum, ultra aliam missam quam singulis diebus celebrari facere debent in capella per ipsum testatorem constructa in ipsa ecclesia sancti Agustini.

CLIII.

La Fabbrica del Duomo di Milano rinnova l' ordine per la trascrizione del Mille-loquio Ambrosiano.

1406, marzo, 21.

(Annali della Fabbr. del Duomo di Milano, vol. I, pag. 272).

P ROVISUM fuit quod expensis Fabricae liber Ambrosianae, seu Miri Eloquii, beatissimi et gloriosi patroni nostri domini sancti Ambrosii, existens Papiae in domo fratrum heremitarum sancti Augustini sita in Cittadella papiensi, exempletur quot velocius fieri poterit, et commodius pro dicta Fabrica, in cartis, ut exinde reponi possit in libraria ipsius Fabricae, ad laudem ipsius gloriosi patroni et honorem huius urbis Mediolani (1).

CLIV.

Elezione di frate Paolo da Cambiago, Provinciale degli Eremitani, a professore di teologia nell' Università.

1407, aprile, 21.

(Arch. del Rettorato dell' Univ. di Pavia — I. PARODI, Acta Studii, vol. B, fol. 102).

C OMES Paple ac Dominus Verone, etc.
Informati de certa scientia atque virtute laudabili venerabilis et religiosi Fratris Pauli de Cambiago de Mediolano, sacre pagine professoris, Ordinis Heremitarum sancti Augustini nuncque provincialis in partibus Lombardie, et exinde volentes eundem dignis honoribus et favoribus nostris attollere, tenore presentium prefatum magistrum Paulum dilectum nostrum ad lecturam sacre pagine in nostro felici Studio papiensi, loco magistri Bartolomei de Catiis de Mediolano, quem a dicta lectura ex certa scientia protinus revocamus et de Rotulo ipsius Studii irritamus et annulamus (2), ab ho-

---

(1) A nulla erano valse adunque anche le influenze della Corte ducale, interposte dalla Fabbrica del Duomo di Milano, per ottenere il Codice da copiarsi in quella città. Le lunghe trattative, com' era giusto, finirono colla deliberazione che il Codice fosse copiato nella Libreria degli Agostiniani in Pavia. E troviamo negli stessi Annali, vol. I, pag. 278, che ai 3 ottobre, 1406, la Fabbriceria indice una pubblica colletta in Milano pro satisfactione expensarum huiusmodi perfectionis libri praedicti. A Pavia si erano mandati per la trascrizione tre calligrafi: Enrichetto Taeggio, Manfredino da Chignolo e Pietro Guioli o Giroldi, sotto la direzione del prete Fazio Castoldi, beneficiato di S. Eufemia di Milano, copista e miniatore anch' esso. La loro opera durò tre anni, e si creò un codice in tre grossi volumi ora perduti. Le spese per i calligrafi sono registrate nei citati Annali nel primo volume delle Appendici, pag. 279, seg.

(2) Non sappiamo il perchè della rimozione dall' insegnamento

dierna die in antea usque ad nostrum beneplacitum, cum salario, utilitatibus et prehemi-
nentiis alias ordinatis ipsi magistro Bartolomeo sive per ipsum ex dicta lectura percipi et
haberi consuetis, constituimus et deputamus: hortantes venerabiles Rectores predicti nostri
Studii, mandantesque Magistris Intratarum nostrarum et aliis omnibus ad quos spectat officialibus nostris, quatenus prenominatum magistrum Paulum ad sedem ipsius lecture po-
nant et inducant, positumque in ipsa lectura manuteneant quavis contradictione cessante,
sibique de predictis salario, comodis et utilitatibus, amodo congruis temporibus, integre
respondeant et faciant cum effectu responderi. In quorum testimonium, etc. Dat. Mediolani,
die xxj Aprilis, mccccvij, indictione xv. Iohannes.

CLV.

Per lo stipendio di frate Paolo da Cambiago, professore universitario.

1407, maggio, 31.

(Arch. del Rettorato dell' Univ. di Pavia — I. PARODI, Acta studii, vol. C., fol. 45).

D IE ultimo maii. Magistro Paulo de Cambiago de Mediolano, Ordinis Heremitarum
sancti Augustini, deputato ad legendum in sacra pagina, loco magistri Bertolamei de Caciis a dicta lectura revocati, vigore litterarum illustrissimi Domini
nostri datarum Mediolani 21 aprilis 1407, qui earum vigore dictam lecturam inchoavit die
22 eiusdem mensis, ad computum consuetum L. 5, sol. 6, den. 8, (1).

CLVI.

Lascito testamentario del nob. Antonio Sannazzari a favore di S. Agostino.

1408, luglio, 9.

(Arch. Notar. di Pavia — Atti di Bartolomeo Isimbardi).

M CCCCVIII, die nono mensis Iulii. Nobilis et egregius vir dominus Antonius ex
nobilibus sancti Nazarii Bergondiorum filius quondam domini Sallini, nel suo
testamento lascia, Conventui et Ordini Fratrum Heremitarum sancti Augustini
Papie, singulo anno, minas tres papienses turmenti et minas tres sichallis, pro divinis officiis celebrandis pro anima ipsius testatoris.

del domenicano frate Bartolomeo Caccia, sebbene nelle *Memorie
e Documenti per la stor. dell' Univ,.* vol. I, pag. 188, si dica in
modo generico che ciò avvenne pei rivolgimenti politici. Egli, per
altro, nel 1409 fu eletto al vescovado di Piacenza (TIRABOSCHI,
Stor. della Lett. Ital., tom. VI, part. I, lib. II, cap. 5, n. 21).
Frate Paolo da Cambiago, suo successore nella cattedra teologica,

incominciò il suo insegnamento il giorno 22 aprile, come risulta dal
documento seguente. Il suo stipendio poi secondo il Rotolo universitario del 1407, incominciò a computarsi dal giorno primo di
maggio.

(1) Il Parodi desunse il documento dal « Liber Bulletarum
omnium officialium et doctorum et omnium habentium salarium,

CLVII.

Quietanza d'affitto rilasciata da frate Simone Trovamala, procuratore degli Eremitani.

1410, dicembre, 14.

(Arch. Notar. di Pavia. — Atti di Giacomazzo Sedazzi).

N EL *chiostro di S. Agostino. Agostino Alberizzi paga a* domino fratri Simoni de Trovamalis subpriori et sindico et procuratori Conventus et Ordinis Fratrum sancti Augustini proprietarii et proprietariorum, et tratri Simoni de Guanfredis converso dicti Ordinis usufructuario infrascripti ficti, *fiorini 10 e grossi 12 per fitto di due anni scadenti alle calende del prossimo gennaio, di una casa in Pavia in Porta San Giovanni, Parrocchia di S. Lorenzo, affittata dal Convento all'Alberizzi.*

CLVIII.

Sepoltura di Facino Cane nella Basilica di S. Agostino.

1412, maggio, 19. (1)

(ANDREA BILLIA in *Rer. ital. script.*, vol. XIX, col. 37).

F ACINO mortuo, quod minimae curae habitum est de tumulando corpore, fuit delatus in propinquum arci Ordinis nostri monasterium, posteaquam tertium diem insepultus ac nudus iacuit, instantia Fratrum, cum nemo intenderet, humi obrutus est: quo in loco Vicecomitum reliquiae sunt, et antiqui Galeaz et patris Philippi, Iohannis itidem Galeaz.

---

ann. 1407, fol. 47 », già esistente nell'archivio del Comune di Pavia. Frate Paolo da Cambiago è menzionato anche nel Libro delle Bollette del 1408 (Parodi, vol. C, fol. 49) con queste parole : « Magistro Paulo de Cambiago Ordinis heremitarum sancti Augustini (deputato) ad legendum in sacra pagina, pro eius salario mensuali, ad computum consuetum, L. 3, sold. 13, den. 4 ». Segue immediatamente : « Nota quod a die XV septembris in antea fuit cassus vigore litterarum XIX octobris ».

(1) Il mese ed il giorno non sono nel testo, ma li suppliamo dalla data della morte avvenuta 3 giorni prima della sepoltura, il

16 maggio all : ore 22. Non sappiamo perchè il GIULINI, *Memor. di Milano*, vol. VI, pag. 156, che pur si riporta al racconto dell'agostiniano frate Andrea Billia, dica che il cadavere di Facino Cane fu trasportato subito alla chiesa degli Agostiniani, mentre il Billia lo dice per tre giorni trascurato e insepolto. Mons. FRANCESCO MAGANI, *Il Sodalizio dell'Immacolata*, ecc. Pavia, Fusi, 1876, pag. 45, sulla fede di un documento del 1527 parla della sepoltura di Pacino Cane in S. Francesco. Ma quel tardo documento non può avere alcun valore contro la testimonianza del contemporaneo Billia.

CLIX.

Iscrizione all' immagine della Madonna e di S. Agostino nel primo chiostro presso la porta della sagrestia.

1413...... (1).

(Museo Civico di stor. patr. — G. BOSSI, *Iscrizioni*, ms. fol. 45).

I N primo claustro S. Augustini, sub porticu ad B. V. et B. Augustini Imagines prope ianuam sacrarii : In nomine Domini Amen. Anno mcccxiii tempore domini Benedicti P. (2) hoc opus fieri fecit dominus Iacobinus de Fiambertis.

CLX.

Laurea in teologia di frate Giacomo de Pomario dell' Ordine degli Eremitani.

1413.... (3)

(Bibl. Univ. di Pavia — Repertorio ms. di Albertolo Griffi).

 OCTORATUS in theologia fratris Iacobi de Pomario.

(1) Noi scriviamo 1413, sebbene nel testo si abbia 1313, il quale si deve assolutamente escludere ; difatti il dipinto e la epigrafe sono segnati nelle pareti di quel primo chiostro e di quella sacrestia, che sono l' opera esclusiva dagli Agostiniani compiuta nell'ultimo quarto del secolo XIV (vedi doc. n. LXX e LXXIII). Pur non essendo certi che la data 1413, da noi proposta, sia la vera, la preferiamo tuttavia ad ogni altra avanzata dal ROBOLINI, (vol. IV, part. II, pag. 243) e dal MOIRAGHI, (*Pittori Pavesi*, pagina 93) perchè ci sembra molto più in relazione con lo svolgimento della decorazione artistica intrapresa dagli Agostiniani nei chiostri, sul finire del secolo XIV e sul principio del XV, secondo i dati del *Liber expensarum*, da noi già pubblicati. Nè l'evidente errore cronologico 1313 ci deve recar meraviglia, quando si pensi che la iscrizione del testo, conservatoci dal Bossi, non è la lettura fedele della iscrizione originale; ma di un' altra del 1611, fatta sulla originale, che aveva le lettere obliterate. Infatti sotto la e-pigrafe nostra furono aggiunte dai Fiamberti le seguenti parole : « Longa temporis diuturnitate praesentes effigies cum litteris fere consumptas eadem nobilis familia *(dei Fiamberti)* restaurandas curavit nil mutato, anno Domini 1611, die 25 mensis Iunii », dove il *fere consumptas*, unito all'errore patente 1313, toglie al *nil mu-tato* il suo valore letterale. L'importanza dell' iscrizione consiste nell'affermazione, che il primo chiostro era adorno di affreschi artistici, come abbiamo veduto essere stato il secondo chiostro.

(2) Il ROBOLINI, *loc. cit.* riteneva che *domini Benedicti P.* si dovesse interpretare *domini Benedicti Papae;* ed assegnava l'iscrizione al 1341, o 1342, senza badare che il *primo* chiostro non esisteva. Il *Benedicti P.* devesi probabilmente interpretare *Benedicti Prioris,* sebbene i nostri documenti lacunosi non ci presentino un tal Priore, che potrebbe però anche essere frate Benedetto Talli, (doc. n. LXXXIII), o frate Benedetto Tagliabue (doc. XCIV e CXXII).

(3) Non possiamo dare l'indicazione del mese e del giorno, perchè gli Atti in extenso del Griffi pel 1413 sono lacunosi; e non ne rimane che lo scarso accenno del protocollo. Nel ms. *Studio* di G. BOSSI, Bibl. Univ. di Pavia, si ha notizia sommaria della iscrizione di frate Giacomo, nel Collegio dei dottori universitari di teologia, che deve assegnarsi verso il 1415, in cui secondo il RO-BOLINI, vol. V, parte II, pag. 82, fu destinato ad insegnare teologia nell'Università. Difatti, la copia PARODI, *Acta Studii,* vol. C., fol. 56, tratta dal *Registrum Civitatis,* 1415, fol. 40 tergo, ora perduto, afferma che il 18 ottobre, festa di S. Luca, giorno di apertura dell'Università, frate Giacomo incominciò il suo magistero *ad lecturam teologie* col salario di fiorini 32 annuali; ciò che è ripetuto anche per l'anno 1316; mentre nel Rotolo originale del 4 ottobre 1418 si ha che, pur continuando nello stesso insegnamento, frate Giacomo ha soltanto fiorini 25 di stipendio, portato nel Rotolo originale del 17 ottobre 1421 a fiorini 30, come si ripete nei Rotoli originali fino al 1431.

CLXI.

Quietanza d'affitto rilascciata a frate Albertino Crespi Priore di S. Mostiola.

1415, settembre, 18.

(Bibl. Univ. di Pavia. — Atti di Albertollo Griffi).

O TTOBONO *Sacchi abbate di S. Salvatore, a nome del suo monastero,* confessus ac protestatus fuit et est versus fratrem Albertinum de Crispis (1) Priorem et procuratorem conventus S. Emustiole Paple Ordinis Heremitarum sancti Augustini, se ab eodem Priore et procuratore...... habuisse solidos triginta denariorum bonorum papiensium, pro ficto unius anni prox. pret. finiti in festo S. Martini... quod fictum conventus dictorum Fratrum sancte Mustiole dant et reddunt dicto monasterio pro certo sedimine posito in Papia in Porta Palacensi in Parochia sancti Nicholay de Verzario, quod tenent ad fictum a dicto monasterio.

CLXII.

Frate Giacomo da Pomario eremitano, vicedecano del Collegio teologico, riceve in esso un Religioso minorita.

1416, ottobre, 19.

(Bibl. Univ. di Pavia — Atti di Albertolo Griffi).

N EL *Palazzo Vescovile, alla presenza di Michele Carimani e di Giovanni Scarabelli, vicarii del Vescovo di Pavia Pietro Grassi, quali vicecancellieri dell' Università,* Reverendi patres dominus frater Iacobus de Pomario Ordinis Heremitarum sancti Augustini, in sacra theologia magister, vicedecanus Collegii magistrorum sacre theologie huius Studii, et dominus frater Antonius de Frascarolo Ordinis Minorum sancti Francischi, etiam in sacra theologia magister, fatientes ad presens totum colegium magistrorum sacre theologie in civitate Paple existentium, cum non sint alii magistri in dicta civitate incorporati ad presens in Papia (2), *inscrivono nel collegio dei teologi dottori dello Studio di Pavia frate Pietro Torti di Castelnuovo dell'Ordine dei minori.*

---

(1) Albertino Crespi, nativo non di Pavia, ma del territorio milanese, è tale nome glorioso per il suo ingegno e per le sue virtù, da risplendere come uno dei più insigni agostiniani non solo in Pavia, ma in tutto l'Ordine. Il che apparirà dai nostri documenti successivi. Qui notiamo soltanto, come riferisce il TORELLI, vol. VI, pag. 556, che frate Albertino nel 1424 fu dal Generale dell'Ordine eletto a successore nella Reggenza dello Studio di Pavia all'altro famoso Agostiniano frate Giovanni Rocco Porzi.

(2) Ciò dimostra come le condizioni dell'Università continuassero ad essere tristissime, sebbene Filippo Maria Visconti nel 1412 e nel 1415 avesse emanato speciali provvedimenti per restaurarla.

CLXIII.

Quietanza d' affitto rilasciata da frate Simone Guanfredi di S. Agostino.

1416, dicembre, 24.

(Arch. Notar. di Pavia — Atti di Silvano Mangano).

I N civitate Papie, in domo Antonii de Caraciis, in Porta Laudensi, in Parochia S. Viti. Frater Symon de Ganfredis (1), Ordinis Fratrum sancti Augustini Paple, ac usufructuarius infrascripti ficti, nomine et vice conventus dicti Ordinis, *dichiara verso Ambrosino Sovico di ricevere 5 fiorini e grossi 6 per affitto di un anno finito nelle calende del gennaio passato*, de domo una murata et cupata sita in Papia in Parochia S. Laurentii, quam ipse Ambrosius confitetur tenere ad fictum a dicto Conventu.

CLXIV.

Frate Alberto Crespi, Priore di S. Mostiola, e la sua Comunità dànno investitura dei beni della Cappellania di S. Apollinare.

1417, dicembre...

(Arch. Notar. di Pavia — Atti di Agostino Baracchi).

N EL *Convento di S. Mostiola il Priore e Procuratore (frate Alberto)* de Crispis *coi Religiosi capitolari..... .....atosiis* (frater Laurencius de) Biffis (1) *rinnuovano l'investitura novennale ad Antonio Reali di Cilavegna*, de omnibus et singulis terris, boschis, pratis et bonis spectantibus et pertinentibus dicte ecclesie (S. Mustiole) sive Capele sancti Apolinaris site in dicta ecclesia, positis et iacentibus in locis et territoriis Cilavegne et Parone Comitatus Papie..... de relictis ac donatis dicte Capele sancti Apolinaris per quondam dominum Octonem de Maletis, etc. *per l'affitto di cinque fiorini annui da pagarsi al San Martino.*

---

(1) È frate Simone Gualfredi, che trovammo già nominato nel doc. n. LXXXIII, XCIV e CXXII.

(1) Il documento corroso dall'antichità non permette più la lettura dei nomi dei Religiosi capitolari di S. Mostiola. Oltre il Priore Alberto Crespi e frate Lorenzo Biffi risulta dal documento che erano in S. Mostiola altri cinque capitolari, dei quali non resta che la finale.... *atosiis*, che forse è del cognome Cagatosiis, famiglia pavese.

CLXV.

Frate Giovanni Marliani eletto professore di filosofia all' Università.

1418, ottobre, 4.

(Arch. del Rettor. dell'Univ. di Pavia — Rotoli orig.).

AD lecturam philosophie naturalis magister Iohannes de Marliano Ordinis Heremitarum, florenos triginta (1).

CLXVI.

Laurea in teologia di frate Giovanni del Pozzo dell' Ordine degli Eremitani.

1419... (2)

(Bibl. Univ. di Pavia — Protocollo Griffi).

DOCTORATUS in theologia fratris Iohannis de Putheo (3).

---

(1) Frate Giovanni Marliani è nativo di Milano, della nobile famiglia notissima per le cariche occupate alla Corte viscontea. Di questo Religioso, che fu gloria del Convento di S. Marco di Milano, parlano con grande lode gli scrittori dell'Ordine, vedi TORELLI, vol. VI, pag. 493 seg. Egli fu creato Maestro in Padova da frate Paolo Veneto; fu Reggente in varii Studii della Religione; fu Provinciale della Lombardia; nel 1423 fu socio del Generale; nel 1427 fu creato Visitatore di tutte le Provincie oltramontane con frate Francesco da Firenze; nel 1433 fu Vicario del Generale al Concilio di Basilea, e l'anno dopo fu eletto Vicario Generale dell'Ordine in Italia. Venne a morte nel 1451, ai 13 di dicembre, nel Convento di S. Marco in Milano.

Dobbiamo qui far menzione di due altri Agostiniani, che forse hanno appartenuto al Corpo insegnante dell'Università, e sono: Frate Manfredo Serra e frate Francesco da Casale, che il PARODI nel Syllabus Lectorum ms. (Bil. Univ. di Pavia) citando il Rotolo del 1418, afferma avere entrambi insegnato teologia in questo anno. Però nel Rotolo originale di 4 ottorre 1418, ancora conservato, mancano i loro nomi; e perciò crediamo che il Parodi attingesse la sua notizia d'altronde, se pure non prese un abbaglio, confondendo il Rotolo coll'estratto dalla matricola del Collegio teologico, compilato da G. Bossi, nel quale i nomi di frate Francesco da Casale e di frate Manfredo da Siena (di cui vedi il doc. n. CXVIII seg., e perciò de Senis e non già de Serris, o Serra, come lesse malamente il Parodi, e come ripe-

terono errando il ROBOLINI, vol. V, part. II, pag. 213, e le Memor. e Doc. per la stor. dell'Univ. di Pavia, vol. I, pag. 187) appariscono fra quelli dei dottori ammessi a far parte del Collegio teologico, senza nessuna precisa indicazione cronologica; ma sul principio del secolo XV. Di Francesco da Casale notiamo che nel 1423 fu dal Marchese di Monferrato inviato ambasciatore al Re di Cipro; e nel 1431 fu Vicario Generale dei Conventi di Nicosia e Famagosta.

(2) Manca l'indicazione del mese e del giorno, perchè il Protocollo non reca che la data dell'anno, e dello stesso notaio Griffi più non esistono dal 1419 nè gli Atti in extenso nè il Minutario.

(3) Che frate Giovanni del Pozzo appartenesse all'Ordine di S. Agostino è provato dal doc. n. CLXXVII del 17 nov. 1428, dove egli appare anche come Provinciale della Lombardia. Anche nell'estratto della matricola di ammissione dei dottori nel Collegio teologico dell'Università, compilato sull'ora perduto originale da Gerolamo Bossi nel secolo XVII, si trova memoria dell'ingresso nel detto Collegio di Giovanni del Pozzo agostiniano. La sua ammissione precede, nell'ordine di trascrizione, quella del Domenicano Tommaso da Montilio, avvenuta l'11 dicembre 1418. Ma noi, contrariamente al Robolini, (Notizie, vol. V, part. II, pag. 82) crediamo che si tratti di uno spostamento; perchè nessuno entrava nel Collegio senza essere addottorato; e Giovanni del Pozzo ebbe la laurea soltanto nel 1419.

CLXVII.

Il Consiglio di Provisione dá esecuzione ad un decreto ducale per l'offerta a S. Agostino.

1420, agosto, 27.

(Museo Civico di stor. patr. di Pavia — Arch. pacc. H).

M CCCCXX die xxvij mensis Augusti.
Convocato et congregato Consilio Duodecim Sapientum Provisionis Papie, etc : Facta posta per dominum Refferendarium suprascriptum super oblacione sancti Augustini et super litteris illustris domini domini nostri super hoc concessis et transmissis suprascriptis dominis Potestati et Referendario nec non Duodecim, datis Mediolani xx augusti mccccxx, signatis Iohannes, et dictis et ventilatis hinc inde super dicta posta, unanimes providerunt et provident prout in dictis litteris continetur, et providerunt quod fiant bullete necessarie secundum oblacionem, que fiebat tempore in dictis litteris comprehenso (1).

CLXVIII.

Il Duca di Milano ordina che sia ripristinata la solenne offerta del Comune di Pavia a S. Agostino.

1421, agosto, 26.

(Museo Civico di stor. patr. di Pavia — Arch. pacco 408),

D UX Mediolani etc. Papie Anglerieque Comes.
Volumus quod ordinetis et faciatis, ut in die festivitatis sancti Augustini, praesentis anni, fiat ad ecclesiam dicti Sancti, in Citadella illius nostrae Civitatis oblatio illa, que, et illis modo et forma quibus hactenus, fieri consuevit (1). Dat. Mediolani, die XXVI Augusti, MCCCCXXI. Iohannes.

(1) La lettera ducale, accennata in questo verbale d'adunanza del Consiglio di Provisione, è andata perduta. Sembra che il Comune per le stremate finanze avesse omesso per qualche anno la solita oblazione al patrono S. Agostino, a cui s'era obbligato con speciale deliberazione del 1335 (doc. n. XXVI) e con statuto del 1343 (doc. n. XXXV), e che il Duca lo avesse richiamato al proprio dovere obligandolo al pagamento anche degli arretrati.

(1) Questa lettera del Duca è da lui scritta per timore che il Comune ripetesse quanto aveva fatto negli anni antecedenti, omettendo di soddisfare all'impegno dell'oblazione a S. Agostino.

CLXIX

Licenza in teologia di frate Alberto Crespi dell' Ordine degli Eremitani.

1421... (1)

(Arch. del Rettorato dell' Univ. di Pavia — Protocollo di Bronzio Ubertari).

 ICENTIA concessa fratri Alberto de Crispis.

CLXX.

Quietanza rilasciata al Convento di S. Mostiola dall' abbate di S. Salvatore.

1422...

(Arch. del Rettorato dell' Univ. di Pavia — Protocollo di Bronzio Ubertari).

 ONFESSIO abbatis sancti Salvatoris (1) facta Conventui sancte Mustiole (2).

CLXXI.

Gradi accademici conseguiti da tre Religiosi agostiniani nell' Università di Pavia.

1422...

(Archiv. del Rettorato dell' Univ. di Pavia — Protocollo di Bronzio Ubertari, Cart. I).

DOCTORATUS in sacra pagina magistri Albertini de Crispis....
Licentia in sacra pagina fratris Antonii de Larm Ordinis heremitarum.
Licentia in Iure canonico domini fratris Petri Ordinis sancti Augustini.

CLXXII.

Iscrizione al sepolcro del professore Giacomo Mangiaria nel Convento di S. Mostiola.

1423, settembre, 21.

(Bibl. Univ. di Pavia — G. BOSSI, ms. Iscrizioni).

MCCCCXXIII die XXI septembris
Iacet en Iacobus vir clarus de Mangiariis
Eximius doctor fons legum et gloria summa

---

(1) Non possiamo dare nè il mese nè il giorno, perchè il protocollo del notaio Ubertari, che succede ad Albertolo Griffi nei Rogiti universarii, non reca che la sommaria indicazione dell'anno. Questa osservazione si tenga presente anche per altri documenti dello stesso protocollo.

(1) L'abbate del Convento benedettino di S. Salvatore era in questo tempo frate Ottobono Sacchi.

(2) La quietanza non specificata nel protocollo, riguarda il pagamento di un censo annuo fatto dagli Agostiniani ai Benedettini per uno stabile presso S. Mostiola, come si può arguire dal d. n. CLXI.

Hic in consilio reliquis cum patribus ipse
Iura dabat populo Ligurum sub principe summo
Iudicis arma gerens iustum rectumque colebat
Patribus orbatos vigili pietate sumebat (1).

CLXXIII.

Frate Paolino da Gessate, agostiniano, calligrafo e miniatore, scrive un Antifonario per il Capitolo di S. Michele.

1426, novembre, 25.

(Arch. Notar. di Pavia — Atti di Silano Mangano).

I N nomine Domini, amen. Anno a nativitate eiusdem millesimo quatricentesimo vigesimosexto, indicione quarta, die vigesimo quinto mensis novembris, hora parum ante vesperas. In civitate Papie, videlicet in sacristia ecclesie sancti Michaelis sita in Porta sancti Iohannis in parochia ipsius ecclesie. In mei notarii testiumque infrascriptorum presentia, venerabilis vir dominus presbiter Francius de Alzio prepositus suprascripte ecclesie sancti Michaelis Maioris fuit confessus ct confitetur nomine et vice dicti ecclesie ac Capituli ipsius ecclesie, versus dominum fratrem Paulinum de Gessate (2) Ordinis Heremitarum sancti Augustini, ibi presentem et stipulantem, se ipsum dominum prepositum, dicto nomine, habuisse et accepisse a dicto domino fratre Paulino quatenos vigintiseptem in cartis Antifenarii per eum scriptos et notatos, ad computum grossorum vigintiduorum pro singulo quaterno, iuxta conventionem factam inter ipsum dominum prepositum ac egregium decretorum doctorem dominum Thomaynum de Zaganis eiusdem ecclesie canonicum, dicto nomine, parte una, et dictum dominum fratrem Paulum parte altera. Quorum quaternorum primus incipit *Rorate celi* et ultimus finitur *Vespere autem sabati* cum Rubrica complectorii illius diei. Et versa vice dictus dominus frater Paulinus fuit confessus et confitetur versus prefatum dominum prepositum ibi presentem et stipulantem dicto nomine, se ipsum dominum fratrem Paulinum habuisse et accepisse a dicto domino preposito, dicto nomine, pro predictis quaternis vigintiseptem, libras quinquaginta novem et soldos octo imperiales, in una parte. Item in una alia parte soldos duodecim imperiales ultra libras novem et soldos sex, ipsi alias eidem domino fratri Paulino per dictos dominum prepositum et dominum ·Thomaynum numeratos pro parte solutionis resti libri per eum scripturi et notandi, Iuxta conventionem predictam, de quibus libris novem et soldis sex

---

'(1) Il Bossi ricopiò questa epigrate *in monasterio S. Mustiolae*, il che vuol dire che il Mangiaria si era eletto il sepolcro nel Chiostro del Convento. Egli dimostrò così una speciale devozione verso gli Eremitani. Fu uomo celebrato ai suoi tempi per la dottrina legale, che professò nell' Università dal 1385. Fu membro dei due Collegi universitarii; e nel 1417 Consigliere ducale. ROBOLINI. *Notizie*, vol. V, part. II, pag. 179; *Memor. e doc. per la stor. dell'Univ.*, vol. I, pag. 28.

(2) Richiamiamo l'attenzione su questo Religioso, che primo fra gli Agostiniani di Pavia ci vien ricordato come calligrafo miniatore. L'importanza della Basilica di S. Michele Maggiore ci fa giustamente ritenere che i libri per la officiatura di quel Capitolo fossero splendidi per la ricchezza dei fregi e delle immagini che adornavano i capilettera. Dal documento non apparisce se frate Paolino fosse della comunità di S. Mostiola o di quella di S. Pietro. Però dal documento seguente si rileva ch'egli non fosse tra i Padri capitolari di S. Mostiola, e se ne inferisce quindi che appartenesse a S. Pietro, centro attivo di studio e di arte.

ipsi habent scriptum unum manu ipsius domini fratris Paulini scriptum. Renuntiantes dicti domini prepositus et frater Paulinus inter se vicissim, singula singulis refferendo, exceptioni non facte presentis confessionis et non receptorum dictorum quaternorum et dictorum denariorum, omissione predicta, speique future receptionis, probacionique et producioni testium contra predicta omnia et singula. Et inde dicti domini prepositus et frater Paulinus pro predictis omnibus hanc cartam fieri iusserunt et rogaverunt presentibus etc. inde testibus.

CLXXIV.

Il Capitolo di S. Mostiola elegge suo procuratore il Priore frate Lorenzo Biffi.

1426, dicembre, 3.

(Arch. Notar. di Pavia — Atti di Agostino Baracchi).

I N claustro interiori monasterii et ecclesie sancte Mustiolle Papie Ordinis Heremitarum sancti Augustini. *Convocato il capitolo per ordine* Venerandi domini fratris Laurencii de Biffis dictorum monasterii, conventus et ecclesie Prioris, *nel quale capitolo erano* ipse dominus Prior et cum ipso et penez ipsum venerandi domini frater Guillelmus de Novaria et frater Gualterinus de Curte omnes fratres conventuales dicti monasterii et ecclesie... cum nulli alii sint fratres in dicto conventu, qui possint convocari seu debeant ad capitulum... (1) *eleggono sindico e procuratore del Convento il detto Priore fra Lorenzo Biffi.*

CLXXV.

Quietanza d' affitto rilasciata da frate Eusebio Leggeri pel Convento di S. Agostino.

1426, dicembre, 14.

(Ach. Notar. di Pavia — Atti di Antonio Baracchi).

M CCCCXXVJ°, indicione quarta, die quartodecimo mensis decembris, in Papia, videlicet in curia Comunis civitatis ipsius... Venerabilis vir dominus frater Eusebius de Legieriis sindicus et procurator conventus fratrum sancti Augustini Papie, *confessa di ricevere da Paolello Erba fiorini sette e mezzo per affitto di un anno spirato al S. Martino passato,* de certis proprietatibus sitis in Sicomario Papie, ubi dicitur in Valebona, quas a dicta ecclesia confitetur (Paulellus) tenere ad fictum.

---

(1) Probabilmente il Convento di S. Mostiola, dato il piccolo numero dei Padri Capitolari, risentiva ancora le conseguenze disastrose delle guerre civili, che agitarono il primo decennio del secolo XV, e che tolsero alla Comunità i mezzi per provvedere alla vita di un numero maggiore di Religiosi. Questo stato di cose però vedremo mutarsi in meglio dopo qualche anno. Il frate Gualtiero Corti, qui sopra accennato come appartenente alla Comunità di S. Mostiola, lo troviamo più tardi membro di S. P. in Ciel d' oro.

CLXXVI.

Frate Paolino da Gessate, calligrafo miniatore, presenta al Capitolo di S. Michele Maggiore un' altra parte del suo Antifonario.

1427, maggio, 10.

(Arch. Notar. di Pavia — Atti di Silano Mangano).

M CCCCXXVIJ, indicione quinta, die decimo mensis madil, hora none, in Papia, videlicet in domo habitacionis infrascripti domini Thomayni, in Porta S. Iohannis, in Parochia S. Michaelis maioris... Francius de Alzio prepositus suprascripte ecclesie... et Thomaynus de Zaganis eiusdem ecclesie canonicus fuerunt confessi et confitentur, nomine et vice dicte ecclesie ac Capituli eiusdem, versus dominum fratrem Paulinum de Gessate Ordinis Heremitarum sancti Augustini ibi presentem... se ipsos... habuisse et recepisse a dicto fratre Paulino quaternos vigintitres in cartis Antifenarii per eum scriptos et notatos, ad computum grossorum vigintiduorum pro singulo quaterno, iuxta conventionem alias factam... qui quaterni sunt pars ipsius Antifenarii (1), que appellatur Sanctuarium... cum Comune. Et versa vice dictus dominus frater Paulinus fuit confessus et confitetur versus prefatos dominos... habuisse et accepisse... pro solutione dictorum quaternorum libras quinquaginta et soldos duodecim imperiales. Renunciantes, etc. Et inde, etc. Presentibus, etc.

CLXXVII.

Frate Giovanni Rocco Porzi, Procuratore di S. Agostino, vende una proprietà.

1428, novembre, 17.

(Arch. Notar. di Pavia. — Atti di Giacomazzo Sedazzi).

I N civitate Papie... in domo infrascripte domine Symone in Porta et Parochia sancti Petri ad Murum... Reverendus pater et sacre pagine professor dominus frater Iohannes de Porcis (2) Ordinis sancti Augustini papiensis, sindicus et procurator dominorum fratrum et Conventus, heredum pro medietate in persona ipsius domini fratris Iohannis... quondam domini Martini de Porcis olim patris ipsius domini Iohannis... Et qui domini Conventus et fratres... habent ad hec licentiam a reverendo patre domino fratre Iohanne de Puteo magistro theologie, magistro provinciali dicti Ordinis Lombardie per eius litteras datas Alexandrie vigesimo Ianuarii proxime preteriti : *Insieme a Giovannina Porzi, sorella del detto frate Giovanni, vendono circa quaranta pertiche di bosco presso il villaggio di Genzone, per lire 27 e soldi 18.*

---

(1) Una prima parte dell'Antifonario era stata da frate Paolino compiuta e consegnata ai 25 di novembre del 1426. Vedi doc. n. CLXXIII.

(2) Frate Giovanni Porzi, di nobile famiglia pavese, è il notissimo Religioso, che per la santità della vita, per le estese cognizioni e per la mirabile facondia, si conciliò ancor vivente la più

CLXXVIII.

Il Duca stabilisce l' ordine di precedenza fra i Religiosi insegnanti all' Università, assegnando il secondo posto agli Agostiniani.

1430, dicembre, 9.

(Arch. del Rettorato dell' Univ. di Pavia — Doc. orig. Cart. I).

D UX Mediolani, etc. Papie Anglerieque Comes ac Ianue Dominus.

Venerabiles et dilecti nostri. Quemadmodum luculenter videre potuistis ex facto transmissi per nos pridie vobis Rotuli doctorum legere debentium in illo nostro felici Studio papiensi, inter cetera continetur in hunc modum, videlicet: Ad lecturam theologie legat unus Ordo ex infrascriptis uno anno: Sit primus antiquior Ordo: secundo succedat alius sequens; tertio succedat tertius subsequens. Ordines sunt infrascripti, videlicet, Sancti Dominici alias dicti in Mediolano Sancti Eustorgii et in Papia Sancti Thome; Heremitarum Sancti Augustini et Minorum Sancti Francisci: et habeat legens secundum ordinem suprascriptum florenos XXX. Et quia, sicuti fidedigne percepimus, verba predicta diversimode interpretari videntur, declaramus vobis, nostre intentionis fuisse et esse quod ille, qui pro primo antiquiori Ordine hactenus legit, denuo et nunc legat si legere vult, et sic qui legere solitus est pro alio sequenti Ordine succedente, etiam legat, si legere voluerit ut supra. Et similiter qui legere solebat pro alio succedente tertio Ordine subsequenti, etiam legat si legere voluerit. Si autem, singula singulis referendo, aliquis ex suprascriptis legere nóluerit, volumus quod nobis referatur et scribatur, ut superinde providere valeamus, nec alius substituatur sine nostris litteris specialem licentiam dantibus. Et ita volumus quod iuxta hanc nostram declarationem exequi et servari protinus fatiatis. Dat Cusaghi, die VIIII decembris, MCCCCXXX. Franchinus. Mateus.

A tergo : Venerabilibus et prudentibus viris dilectis nostris Rectoribus Universitatum tam Canonistarum et Iuristarum sive Legistarum, quam Medicorum et Artistarum nostri felicis Studii papiensis, nec non Referendario nostro ibi.

CLXXIX.

Il Priore Generale, frate Gerardo da Rimini, elegge frate Alberto Crespi Provinciale di Lombardia (1).

1431, ottobre, 2.

(Arch. Notar. di Pavia — Atti di Agostino Baracchi).

F RATER Girardus de Arimino sacre pagine professor, generallis Rector tocius Ordinis Fratrum Heremitarum sancti Augustini per Sedem Apostolicam institutus (2), venerabilli ac religioso viro in Christo nobis dillecto fratri Alberto

alta venerazione. Di lui parlano tutti gli Scrittori Agostiniani. Egli apparirà più volte nei nostri documenti. Questo nostro documento è molto importante, perchè ci dà notizie della famiglia di lui, sinora ignorate.

(1) Questa lettera generalizia è allegata come documento com-

provante l'elezione di frate Alberto Crespi, la cui autorità di Provinciale era necessaria per compiere l'atto di permuta del 6 ottobre 1432, doc. n. CLXXXII.

(2) Frate Gerardo da Rimini, eletto nel 1431 dal Capitolo del la Cattedrale di Cesena a Vescovo di quella Diocesi, recatosi a

de Crispis sacre theologie professori eiusdem Ordinis ac provincie sancti Augustini, salutem in Domino sempiternam.

Magna nobis cura inest pacem et unionem in toto Ordine nutrire ad idque totis affectibus anhelamus, ideoque viros et religiosos, quos nostre affectionis imitatores conspicimus, summe diligimus et quibus possumus favoribus prosequimur. Sane nobis relatum extitit quod pro pace et tranquilitate provincie predicte, inter maiorem partem Magistrorum ordinatum fuit, quod officium Provincialatus secundum successionem magistrorum incederet (1), quod nos quoque approbamus, cum in aliquibus etiam Ytalie provintiis id observetur, propter quod nec in Capitulis eorum rixe aut contentiones fiunt. Cum itaque venerabilis magister Nicolinus de Cremona (2) tamquam is qui paci, unioni et tranquilitati provintie supradicte totis affectibus intendat, non potuerit, propter multas rationabiles causas, quas nobis significavit, Capitulum provintiale celebrare, quamquam nos causas huiusmodi acceptantes eum confirmare intenderemus, ipse tamen sponte et libere, pro bono pacis illius provintie, officium provincialatus in manibus nostris per suas literas renuntiavit, rogavitque absolvi, aut alium, cui iuxta ordinem superius expressum sucessive incumbit, institui. Ideo tenore presentium dictam renuntiam Magistri Nicolini iam dicti acceptamus, absolventes eum, ad sui peticionem et instantiam, ab huiusmodi officio provincialatus. Et ne predicta provintia sistat acephala, te Magistrum Albertum iam dictum, de cuius prudentia et discretione ac solicitudine circa gubernationem plene confidimus ac etiam ex ordine sepedicto incumbit successivo, eodem tenore facimus et instituimus Priorem provintiallem provintie sancti Austini iam dicte, dantes tibi auctoritatem regendi, gubernandi et administrandi in temporalibus et spiritualibus quantam ceteri provintiales dicte provintie habere consueverunt. In nomine Patris et Filii et Spiritus Sancti. Ut autem dictam provintiam melius gubernes quo fueris pluribus gratiis premunitus, de eodem tenore tibi infrascriptas gratias singulares concedimus:

Primo, ut quemlibet tibi subditum fratrem septies a sententia excomunicationis sive sententiis absolvere possis, ac cum eodem totiens dispenssare super macula irregularitatis, iuxta nobis ab Apostolica Sede indultum.

Item quod septem nostri Ordinis et tue Provintie apostatas, si tibi occurrerent et ad Ordinem redire voluerint, quorumque receptionem ad nos cognoveris pertinere, etiam si ultra annum extra Ordinem steterunt, salva tamen disciplina, recipere possis et ipsos absolvere a sententia et sententiis excomunicationis et cum ipsis dispensare super macula irregularitatis si incurrerent, atque tam ipsis quam quibuscumque aliis Fratribus tibi subditis possis penas mutare in mitiores, ac tociens quotiens tue discretioni visum fuerit breviare.

Quoniam autem aliquando propter aliquas urgentes causas opus est aliquibus conventibus aliqua bona de immobilibus vendere, ideo tibi concedimus quod possis Conventibus

Roma per la conferma, trovò che il Papa Eugenio IV per il bene dell'Ordine lo voleva successore al Priore Generale frate Agostino Favaroni, nominato allora Arcivescovo di Barletta, ed egli dovette così sobbarcarsi all'ufficio di Vicario apostolico dell'Ordine; mentre la Diocesi di Cesena veniva dal Pontefice data in commenda allo stesso frate Agostino Favaroni, TORELLI, VI, 621. Frate Gerardo fu poi eletto Priore Generale nel Capitolo celebratosi a Mantova il 1434, e fu confermato in quello di Perugia il 1439.

(1) Questa disposizione, introdotta nella Provincia di S. Agostino, o lombarda, sull'esempio di alcune altre Provincie d'Italia, è degna di nota per la storia del reggimento dell' Ordine.

(2) Frate Nicolino da Cremona appartenne alla Comunità di S. Pietro in Ciel d'oro nel 1398 (doc. n. CXXII), La riluttanza, con cui il Generale accetta le sue spontanee e sincere dimissioni dal Provincialato, e la disposizione per cui egli è designato qual Vicario del Provinciale nel Convento di Cremona, dimostrano in quale stima egli fosse tenuto dai Superiori. Con tutta probabilità egli è quel magister Nicolaus de Cremona, che dal 1426 al 1430 fu nella Università di Pavia deputato ad lecturam loycae et philosophiae moralis. Egli fu anche inscritto nel Collegio teologico universitario. Vedi ROBOLINI, Notizie, vol. V, part. II, pagina 134 e 222.

et Fratribus tibi subditis, auctoritatem dare vendendi et alienandi bona immobilia, dummodo in melius commutentur, aut magna et inevitabilis necessitas deposcat.

Quia vero aliquando propter epidimias ibidem vigentes Fratres, qui morantur ultra Padum, non possunt venire citra Padum, nec contra, ideo tibi licentiam damus quod si moram traxeris ultra, valeas citra Padum unum tuum Vicarium instituere. Specialiter autem tibi concedimus quod venerabilem Magistrum Nicolinum de Cremonà possis tuum Vicarium in suo Conventu Cremone facere cum omni auctoritate, quam duxeris instituendum. Mandamus itaque omnibus et singulis Fratribus provintie predicte, quatenus tibi, tamquam eorum vero pastori, obediant et in omnibus obsequantur, sub pena nostre rebelionis. Volumus quoque ut latori presentium de expensis per Provintiam provideatur. Datum in nostro Conventu Faventie, anno Domini MCCCCXXXJ, die secunda octobris, sub sigillo Ordinis, quo utimur in nostro rectoratus officio. Frater Gerardus de Arimino.

CLXXX.

Elezione di frate Alberto Crespi alla cattedra di teologia nell' Università.

1432, febbraio, 6.

(Arch. del Rettorato dell' Univ. di Pavia — Doc. orig. cart. I).

D UX Mediolani, etc. Papie Anglerieque Comes ac Ianue dominus.

Postquam ex litteris tuis comprehendimus magistrum Albertum de Crispis esse de Ordine Heremitarum et sufficientem ad legendum theologiam in Studio nostro papiensi, et obinde ad lecturam ipsam iuxta ordinationem Rotuli fuisse deputatum, volumus quod sibi actualiter legenti etiam fatias de ordinato ipsi lecture salario iuxta consuetudinem responderi, aliter non. Dat. Mediolani, die VI februarii, MCCCCXXXIJ.

A tergo : Prudenti viro Referendario nostro Papie.

CLXXXI.

Frate Albertino Crespi è mandato al Concilio di Basilea dal Duca di Milano.

1432, febbraio, 28.

(Arch. Museo Civic. di Pavia — Lettere ducali).

D UX Mediolani etc. Papie Anglerieque Comes ac Ianue dominus.

Ordinavimus quod magister Albertinus provintialis Ordinis sancti Augustini provintie Lombardie ad sacrum Basilee Concilium illico ire debeat (1). Cum ergo deputatus sit ad lecturam Sacre Pagine in illa civitate nostra Papie, requisivit ipse ut

---

(1) Quest' incarico, che il Duca di Milano Filippo Maria Visconti affida a frate Albertino Crespi, è una prova eloquente delle qualità esimie del nostro Religioso. Notiamo però che i prelati pavesi destinati ad intervenire al Concilio di Basilea erano così

lecturam illam, pro qua annuatim a camera nostra percipit XXX florenos, faciamus usque ad reditum suum suspendi. Contentamur quod pro tempore quo Provintialis ipse absens steterit in dicto Concilio, sibi de predicto salario facias responderi. Curabit tamen, si poterit, alium dimittere. dicte lecture suo nomine vacaturum (1). Dat. Mediolani, die XXVIII februarii, MCCCCXXXIJ. C........

A. T. Nobili Referendario nostro Papie.

CLXXXII.

La Comunità di S. Mostiola fa una permuta di beni coi consorti Mangiaria.

1432, ottobre, 6.

(Arch. Notar. di Pavia — Atti di Agostino Baracchi).

CUM anno curso MCCCC primo, indicione VIIIJ, die dominicho XXJ Ianuarii, dominus Porus Mangiaria instituerit sibi heredes Gregorium Mangiariam et Iohannem Mangiariam filios quondam Bonacursii, heredes suos universalles pro dimidia, utrumque ipsorum et reliquerit dari debere Fratribus Heremitanis singulo anno congios septem vini nostrani super torcullari, de vino vinearum suarum, in territorio Vallis sitarum, etc. et cum per tempora retroacta et a vendemiis presentibus retro, dictis dominis Fratribus Heremitanis per dictos heredes.... fuerit satisfactum de dicto legato annuatim: modo, convocato conventu dictorum Fratrum civitatis Papie vulgariter nuncupato sancte Mustiole...... in quo tuerunt venerabiles domini frater Laurentius de Biffis prior, D. frater Gualterinus de Curte, frater Francischus de Ianua, frater Thomax de Lacluxa et frater Iacobus de Binascho, fratres Conventualles dicti Ordinis, representantes totum conventum ressidentium de presenti..... in presencia et cum auctoritate et consensu reverendi domini Magistri Alberti de Crispis sacre pagine professoris Ordinis predicti, provincialis provincie Lombardie, nuncupate provincie sancti Augustini,.... *confessano di aver ricevuto dai detti eredi il pagamento di tutti i diritti spettanti al Convento sulle dette terre, sino ad oggi, e poi fanno permuta, coi detti consorti Mangiaria, delle accennate terre con una vigna di 14 pertiche in Redavalle, detta la Filigaria, assumendo l'obblig*o *di celebrare in perpetuo nel mese di Gennaio*

riluttanti, che non si sapevano risolvere a partire, non ostante il comando e la minaccia del Duca. E ciò risulta da varie lettere di Filippo Maria Visconti a' suoi ufficiali di Pavia, delle quali diamo qui l'ultima, che lascia comprendere il tenore anche delle antecedenti: « Dux Mediolani, etc. Possumus scribere et mandare quantum libet, vos tamen obaudire ridemini et precepta nostra non curatis. Scitis quotiens vobis scripsimus et quantum instetimus pro prelatis ad Concilium transmittendis. Et tamen missi omnes non sunt, nec mittere ipsos queritis. Ex quo de vobis ita male contenti ac turbati remanemus, ut amplius dici non posset. Quare vobis iterato et expresse mandamus, quatenus, si vobismet cari estis, dictos prelatos ad Concilium mittatis, et ire penitus compellatis sine ulteriori dilatione et omni prorsus exceptione remota, servatis ordinibus et modis in ista materia, de quibus per alias precedentes litteras avisati fuistis. Certificantes vos quod si ne-

gligentes fueritis et expectaveritis super hoc nova mandata, taliter faciemus, quod perpetuo vestre inobedientie penitebit. Rescribatisque ilico nobis de presentium receptione. Dat. Mediolani, die XXVIIII Maji MCCCCXXXIII. — Conradinus.

A. T. Nobilibus et prudentibus viris officialibus nostris Papie ». (Museo Civico di Stor. patr. *Lettere ducali).*

E sembra che anche il nostro Religioso fosse riluttante di andare al Concilio, e che vi andasse molto tardi; poichè nell'ottobre egli si trova ancora in Pavia (doc. n. CLXXXII) e la sua opera al Concilio apparisce solo nel 1433, come risulta da altri documenti (vedi doc. n. CLXXXVI).

(1) Risulta dai documenti universitarii che il Crespi fu sostituito nell'insegnamento da frate Ippolito de Cumis dell'Ordine dei Minori. Vedi ROBOLINI, *Notizie,* vol. V, part. II, pag. 139 e 236.

un ufficio per l'anima del testatore e de' suoi discendenti. Die VI m. octubris, MCCCCXXXIJ, hora parum post nonam. In domibus dicte ecclesie sancte Mustiole, Porte Palacensis, Parochie sancti Columbani.

CLXXXIII.

Gradi accademici di frate Gregorio Ferrari da Novi e di frate Stefano d'Alessandria.

1432...

(Arch. del Rettorato dell'Univ. di Pavia — Protocollo di Bronzio Ubertari).

LICENTIA et doctoratus in sacra pagina domini fratris Gregorii de Ferrariis de Novis, Ordinis Heremitarum sancti Augustini.

Doctoratus in sacra pagina domini fratris Stephani de Alexandria, Ordinis Heremitarum.

Doctoratus in sacra pagina domini fratris Gregorii de Alexandria (1).

CLXXXIV.

Il Vicario Apostolico frate Gerardo da Rimini nomina frate Giovanni Rocco Porzi Rettore e Governatore straordinario di S. Agostino di Pavia.

1433, giugno, 24.

(Bibl. Univ. di Pavia. — Cod. n. 428, Pergam. di S. Agostino).

FRATER Gerardus de Arimino Generalis Rector Ordinis fratrum Heremitarum sancti Augustini per Sedem Apostolicam institutus, venerabili ac religioso viro nobis in Christo dilecto socio nostro Magistro Iohanni Rocho de Papia eiusdem Ordinis, salutem in Domino sempiternam.

Postquam placuit Altissimo nos ad gubernationem Ordinis convocare, illa semper efficere curavimus, quae statum illius concernunt et honorem, ne sub nostri cura dedecus et iniuriam substrueret. Huius rei contemplatio fecit nos magis ac magis pervigiles super Provincias et Conventus nostri curae immediate subiectos (2), et tanto studiosius quanto sunt principaliores et clariores. Cum igitur noster Conventus Beati Augustini Papiae, ratione Capitis et Ducis nostri, debeat merito coeteris anteponi, duximus consulendum hos gubernatores et rectores ibidem constituere, quos circumspecta providentia, probitas vitae, morum honestas et clara virtutum merita reddiderunt ad hoc idoneos et attentos. Te idcirco, cuius vitam et conversationem laudabilem domesticamque familiaritatem (3) longa

(1) Di questo Religioso, figlio del Convento di S. Marco di Milano, si sa che intervenne nel 1334 al Concilio Fiorentino; che fu Confessore di Filippo Maria Visconti; che morì in Milano nel 1447. Fu oratore celebrato, e lasciò due volumi di sermoni quadragesimali e per le feste. Vedi TORELLI, vol. VI, pag. 773; Os-

singer, *oper. citat.* pag. 22; CRUSENIO, *oper. citat.*, pag. 439.

(2) La grande importanza del Convento di S. Agostino ha fatto sì, che il Generale dell'Ordine lo avesse sempre sotto la sua giurisdizione immediata.

(3) L'essere chiamato *socio*, l'essere qui ricordata la *dome-*

experientia didicimus, quem scientia praeditum, moribus gravissimum et maturum atque in spiritualibus et temporalibus vidimus circumspectum, tenore praesentium facimus et constituimus Rectorem et Gubernatorem ipsius loci et Conventus nostri Beati Augustini de Papia atque ipsius familiae, quae in eo est et quae pro tuis temporibus in eo fuerit collocata, dantes tibi omnimodam potestatem et auctoritatem plenissimam in eo recipiendi fratres et locandi, amovendi et mutandi atque eidem providendi de Priore, Rectore, Capite et membris quandocumque et quotiescumque fuerit expediens et tuae discretioni videbitur opportunum, nec non regendi, administrandi in spiritualibus et temporalibus, ac omnia et singula disponendi, faciendi et ordinandi, ad quae nostra et nostri officii auctoritas se extendit et quae nosmet disponere, facere et ordinare possemus, si ibidem personaliter adessemus: non obstante auctoritate, potestate, seu libertate cuicumque antea per nos aut praedecessores nostros impensis. Mandantes omnibus et singulis nostris inferioribus, cuiuscumque auctoritatis, gradus, status atque conditionis existant, sub poena nostrorum inoboedientiae mandatorum, quatenus nullus eorum se, de te, loco et societate praedictis, audeat intromittere quovis modo aut quidquam in aliquo molestare. Eodem tenore concedimus quatenus ex quacumque causa te ab eodem conventu absentare contigerit, unum ibidem vicarium nostrum secundum tuae voluntatis arbitrium, nostra auctoritate, possis instituere, sicuti nos possemus, cum auctoritate et potestate superius iam expressis, qui tibi officium, in tuo ad conventum reditu, reassignet (1). Dat. Basileae, in conventu nostro, anno Domini MCCCCXXXIIJ, die XXIIIJ Iunii, sub sigillo Ordinis quo utimur in nostro Rectoratus officio. F. G. de Arimino.

CLXXXV.

Lettera di Giovanni Paleologo Imperatore d' Oriente al Concilio di Basilea per la Legazione di frate Albertino Crespi.

1433, ottobre, 15.

(TORELLI, *Secoli Agostiniani*, vol. VI, pag. 461).

I OHANNES in Christo Deo Fidelis Imperator et Moderator Romanorum, Paleologus semper Augustus, sacrosanctae Generali Sinodo Basileensi salutem, in eo, Qui omnium est vera salus. Litteras V. R. recepimus per Reverendum Antonium Episcopum Sudensem, et Fratrem Albertum de Crispis sacrae Theologiae Magistrum, Oratores vestros, ex quibus, et etiam relationibus praefatorum, bene notavimus optimam dispositionem atqne intentionem Deo amabilem, quas V. R. pro tota Chistianitate gerit et

---

stica *famigliarità*, e tutto il tenore della lettera, lascia arguire che il nostro frate Giovanni Rocco abbia convissuto con frate Gerardo da Rimini.

(1) L'autorità grande e veramente straordinaria conferita dal Generale a frate Giovanni Rocco è argomento della sua perizia e delle sue doti d'animo; doti, che rifulsero in modo mirabile nella sua opera, se non esclusiva certo principale, nel promuovere la nuova Congregazione dell'Osservanza sin dal 1430, in seguito al Capitolo Generale di Montpellier, a cui prese tanta parte. Vedi A. CRUSENII, *Monasticon aug.* pars. III, edit. 1890, pag. 65.

Notiamo qui che il TORELLI, vol. VI, pag. 643, riferendosi al nostro documento, confonde Pavia con Padova, facendo frate Giovanni Rocco Governatore del Convento padovano.

Per altre notizie su questo insigne Religioso, vedi I. F. OS-SINGER, *Bibliot. Augustiniana*, pag. 709, da cui si apprende che egli nacque in Pavia nel 1391 dai nobili Martino ed Eleonora, che entrò nell'Ordine all'età di 17 anni e fu alunno del Convento di S. Agostino; che fu Baccelliere e Lettore nel 1419, Dottore in teologia il 1421, Maestro e Reggente degli Studii in Pavia nel 1422. Pochi mesi dopo fu nominato anche Priore, carica nella quale

specialiter pro nobis, idest pro unitate sanctae Ecclesiae Christi, et super hoc laetati sumus maxime, quoniam hortamini nos pro illis, pro quibus et nos iamdiu hortati fuimus instanter Ecclesiam Romanam; multoties enim scripsimus, et misimus illuc pro unitate praedicta, ut omnibus patet. Tantis autem Legationibus factis ex parte nostra, et tanta solicitudine ostensa, non permiserunt causarum circumstantiae, ut finem acciperet nostra voluntas et tractatus. Ad praesens igitur de eisdem et cum simili et eadem dispositione V. R. scribimus, quaerentes fieri Concilium Aecumenicum sub praesentia omnium personarum necessario debentium interesse secundum antiquum Ordinem et consuetudinem; et tale Concilium fieri Canonicum, liberum, inviolatum et simpliciter secundum formas Aecumenicorum Conciliorum; et omne illud, quod, Deo dante, in tali Concilio unanimiter et concorditer conclusum fuerit, hoc firmum haberi indubitanter et sine contradictione et lite quacumque, etc.

Datum in Urbe nostra Constantinopolitana 1433, die 15 octobris.

CLXXXVI.

Legato testamentario della nob. Giovanna Pietra a favore di S. Mostiola.

1434, giugno, 14.

(Arch. Notar. di Pavia — Atti di Agostino Baracchî).

 N Papia, in domo domini Galeazii de Petra, Porte sancti Iohannis, Parochie sancti Primi. Testamentum nobilis domine Iohanne de Petra filie condam domini Mussii.... elligit sibi sepulturam... ad ecclesiam sancte Mustiolle papiensem et in capella nobilium de Petra (1), cui capelle dat et legat florenos quinquaginta a soldis XXXIJ imperial. pro floreno, quos dare et solvi mandat fratribus et Priori dicte ecclesie per infrascriptos eius heredes universales, de bonis ipsius domine testatricis, post eius decessum; de quibus vult et mandat emi debere unum Missale (2) pro suprascripta capella.

Fra i testimoni è il Venerabilis dominus frater Laurencius de Bitfis Prior Conventus ecclesie sancte Mustiolle Papie.

CLXXXVII.

Lettera di frate Albertino Crespi al Concilio di Basilea.

1434, giugno, 26.

(DOM. MANSI, *SS. Concilior.... Collectio nova,* Supplem., Lucca, Salani, 1750, vol. IV, pag. 1056).

L ITTERA *Ambasciatoris Sacri Concilii, qui in Graecia remanserat, lecta in Congregatione die tertia iulii anno Domini MCCCCXXXIV. Quae sibi in itinere contigerint enarrat.*

durò fino al 1431. L'anno 1432 fu creato Visitatore del Convento di Padova, e pel 1433 l'Ossinger ripete l'errore del Torelli, dicendolo creato Vicario Generale di quel Convento in luogo di quello di Pavia. Nel 1439 frate Giovanni Rocco si recò a Crema nel nuovo Convento dell'Osservanza, del quale il Generale Gerardo da Rimini con lettera del 4 aprile, 1439, aveva costituito Priore frate Giorgio Lazzoli di Cremona. A ciò si aggiunga che nel 1422 il nostro Re-

ligioso fu ascritto nel Collegio teologico dell'Università di Pavia, nella quale, nell'anno scolastico 1441-1442, tenne la cattedra di teologia. Vedi ROBOLINI, *Notizie,* vol. V, part. I, pag. 339, e part. II, pag. 244.

(1) Questa cappella gentilizia dei Pietra era all'Altare maggiore di S. Mostiola, come si vedrà dal doc. n. CXCIV.

(2) Di qui può vedersi quanto costosi fossero i libri liturgici

Sarcosanctae Generali Basileensi Synodo in Spiritu Sancto legitime Congregatae.

Reverendissimi Reverendique Patres et Domini praecellentissimi sacrae paginae magistri insigniti doctoresque egregii Sacrosantam Synodum Basileensem celebrantes, cum humili recommendatione praemissa. Quamquam die XVIII Ianuarii multa passi fuerimus, iter nostrum peragendo in mari maiori, procedendo per Walachiam Moldariensem, succedendo utique in itinere nostro et cum contramite Tyciam ante forum qui dicitur *Abbad* in regno Hungariae, ex casu inopinato confidentes per tamam publicam ac per pesonas fide dignas nullam diffidentiam habere, immo tuti et securi, absque ullo dubio iter nostrum progredere, ibique invasi per spoliatores sive per armigeros Iohannis Banni *de Marot* totaliter spoliati fuimus in rebus et in bonis nostris, ita et totaliter, simpliciter et absolute, quod LXXXVI equi et currus denudati nobis remanserunt, et sicut in puris naturalibus nati reducti fuimus. Attamen divina favente clementia Budam pervenimus in vigilia festi Pentecostes. Itaque quaerela posita coram Domino Archiepiscopo Strigoniensi et aliis Episcopis Praelatisque et Baronibus ; itaque operatus fui, quod provisio facta est ambasiatoribus nobis omnibus de ducentis ducatis pro intinere nostro perficiendo usque Basileam. Et sic propter hanc rem, moram ibidem Budae per XVII dies et per plures traximus. Tandem die XXIV mensis huius pervenimus Ulmam, ibidemque domini Ambasiatores domini Imperatoris Graecorum, ex sibi iniuncto visitaverunt dominum nostrum Caesarem. Saniori consilio aestimo, prout sapientia vestra determinabit, praelibato domino nostro Imperatori scribere pro expeditione celeri, ac personam venerabilem, idoneam et sufficientem, si opus sit, usque ad praefatum locum Ulmae obviam nobis dare; multa siquidem forent et alia stylo insinuare quae obmitto causa brevitatis in condigna relatione semper et feliciter ac prospere, in virtute cuius uniti etis ac congregati, pro ipsa Sancta Unione valete, Amen. Dat. Ulmae die XXV Iunii, Anno Domini MCCCCXXXIV.

Vester minimus ambassiator Frater Albertus de Crispis.

CLXXXVIII.

Dichiarazione della Comunità di S. Agostino riguardante l' esercizio di certi privilegi.

1434, luglio, 10.

(Arch. Notar. di Pavia — Atti di Gian Lodovico Strazzapatti).

I N ecclesia et choro sancti Augustini Papie, sita in citadella civitatis Papie... venerabiles viri dimini frater Manfredinus de Mombreto de Papia prior conventus Fratrum Heremitarum sancti Augustini papiensis, et frater Symoninus de Trovamalis sindicus et procurator dicti conventus, nec non reverendus dominus frater Iohannes de Porciis sacre pagine magister, frater Iacobus de Angulono subprior, frater Iohannes Marchus de Aymonis de Franzia, frater Rafael de Rapalo lector, frater Ierominus de Rubeis, frater Marsilius de Sgarogninis, frater Iohannes Petrus de Ast, et frater Apolonius de

---

a quei tempi; poichè, fatto il debito ragguaglio, per un solo messale è destinata la somma di circa a lire 2000 delle nostre. Di qui si comprende ancora perchè gli Agostiniani avessero tanta cura dei libri corali, come abbiamo osservato alla nota (I), pag.168, vol. I.

Curte, facientes et representantes plusquam duas partes fratrum et Capituli conventus dicte ecclesie sancti Augustini... dicunt et protestantur adversus fratrem Augustinum de Merate canonichum monasterii sancti Petri in celo aureo... quod cum iamdiu et annis decem, viginti, triginta... et tanto tempore, quod non est memoria hominum in contrarium, dictus conventus et monasterium sancti Petri in celo aureo non habuerint nec habent priorem claustralem nec priorem alicuius maneriey... *esigono che vi sia detto priore per potere esercitare i privilegi inerenti al priorato, e si oppongono che sieno esercitati da altri*, nec consentire intendunt in aliquo quod tendere possit in... preiuditium dictorum conventus et fratrum sancti Augustini, etc.

CLXXXIX.

Frate Lorenzo Biffi, Priore di S. Mostiola, riceve il pagamento di un legato testamentario.

1434, ottobre, 14.

(Arch. Notar. di Pavia — Atti di Silano Mangano).

I N domo infrascripte Antonine, Porta Pontis, Parochia S. Marie canonice Peroni. Venerabilis in Dominos frater Laurentius de Biffis prior ecclesie et conventus fratrum sancte Mustiole Papie, ac sindicus et procurator dicti conventus... confitetur... versus dominam Antoninam de Mediisbarbis relictam quondam domini Antonii de Mangano olim spetiarii... habuisse et accepisse... florenos quinque... quos dictus quondam dominus Antonius legavit dicto conventui pro eius anima in suo testamento fieri rogato anno curso MCCCC vigesimo octavo, domino Andriolo de Guargualiis.

CXC.

Frate Simone Trovamala, Procuratore di S. Agostino, riceve il pagamento di un legato testamentario.

1434, ottobre, 29.

(Arch. Notar. di Pavia — Atti di Silvano Mangano).

I N domibus fratrum et Conventus sancti Augustini sitis in Citadella civitatis Papie... dominus frater Symon de Trovamalis sindicus et procurator fratrum et Conventus ecclesie sancti Augustini Papie... Confitetur versus presbiterum Lazarum de Pavaris nomine et vice Antonine de Mediisbarbis relicte quondam Antonii de Mangano... se accepisse... florenos quinque... quos dictus quondam dominus Antonius legavit dicto conventui dicte ecclesie sancti Augustini pro anima sua (1).

(1) La professione di speziale, come altre attinenti alla mercatura, era in quei tempi esercitata comunemente anche dai nobili, come nobile era Antonio Mangano testatore. Questo documento ed altri simili, che per sè stessi avrebbero ben poca importanza, valgono nondimeno a dimostrare l'affetto costante dei Pavesi verso l'Ordine Agostiniano.

CXCI.

Laurea di frate Giovanni de Asperg, dell' Ordine degli Eremitani.

1484..

(Arch. del Rettorato dell'Univ. di Pavia — Protocollo di Bronzio Ubertari).

D OCTORATUS in sacra pagina domini fratris Iohannis de Asperg Ordinis Heremitarum.

CXCII.

Atto di procura di frate Albertino Crespi.

1485, gennaio, 6.

(Arch. Notar. di Pavia. — Atti di Lodovico Leggi).

M CCCCXXX quinto, indicione terciadecima, die sexto mensis Ianuarii, hora mane. Testes, etc. In Papia, videlicet in claustro ecclesie sancte Mostiolle Ordinis Predicatorum (1), in Porta sancti Iohannis, in Parochia sancti *(in bianco)* (2), ibique reverendus in Christo pater et dominus frater Ubertinus de Crispis Ordinis Predicatorum, in sacra pagina bachallarius, cum consensu et voluntate domini Prioris dicte ecclesie sancte Mustiolle, citra revocationem, etc. fecit, constituit et ordinavit, et facit, constituit et ordinat venerandos et egregios et sapientes viros dominos Antonium Iohannem de Zerbo, Brunzium de Ubertariis, dominum Marchum de Canevariis (3).,..

CXCIII.

Filippo Maria Visconti rinnuova agli Agostiniani di S. Pietro in Ciel d'oro le concessioni dei suoi predecessori.

1485, gennaio, 29.

(Bibl. Univ. di Pavia — Cod. n. 428, Pergam. di S. Agostino).

D UX Mediolani, etc. Papie Anglerieque Comes ac Ianue Dominus.
Supplicato nobis parte Capituli et Conventus Ordinis Heremitarum sancti Augustini civitatis nostre Papie ut eis confirmare et de novo concedere di-

---

1) Questa denominazione *Ordinis Predicatorum* o è un errore del notaio (il che non ci sembra probabile), o è uno degli appellativi, che il popolo attribuiva agli Eremitani per il loro esercizio frequente di predicazione. Vedi pag. 39, vol. I. Anche nel doc. del 4 settembre del 1476 troviamo una conferma di questa ultima spiegazione.

(2) Si supplisca *Sancti Columbani.*

(3) Il documento, nella minuta originale, da cui lo desumiamo, è qui troncato; il che può significare o che l'estensore abbia

omesso nella minuta il formulario solito; o che l'atto non avesse avuto più seguito. In ogni modo dall'insieme rileviamo, che doveva trattarsi d'un atto di procura verso tre causidici e notai, probabilmente perchè sostenessero le parti del mandante frate Albertino Crespi, nell'esigere l'onorario a lui dovuto come professore universitario; perchè si sa che in quel tempo le frequenti sospensioni del pagamento ai professori provocarono ricorsi e proteste collettive, cause, e persino la cessazione temporanea delle lezioni.

gnemur, concessas olim eis per illustrem semper recolende memorie dominam genitricem quondam nostram et nos ipsos, litteras tenoris proxime subsequentis videlicet: Ducissa, etc. *(Vedi doc. del 19 marzo 1403, n. CXLII)*.

Volentes dictis supplicantibus in hoc gratiose complacere, tam ut observemus iam concessa, quam ob singularem reverentiam et devotionem, quam ad beatissimum Augustinum semper gessimus, harum serie, ex certa scientia et de nostre plenitudine potestatis, ac omni modo, iure, via, causa et forma quibus melius et validius possumus, predictas litteras, ac omnia et singula in eis contenta et expressa, de verbo ad verbum prout iacent, confirmamus, racificamus et approbamus, easque et ea de novo concedimus ac de novo concessa esse volumus, decernimus et iubemus. Mandantes universis et singulis officialibus et subditis nostris presentibus et futuris, ad quos spectat et spectabit, quatenus ` suprascriptas litteras earumque tenorem et effectum, ac has confirmationis et nove concessionis ipsarum, observent et exequantur ac observari et executioni mandari faciant penitus et omnino omnique exceptione et contradictione remota, sub indignationis nostre pena (1). In quorum testimonium presentes fieri iussimus et registrari, nostrique sigilli munimine roborari. Dat. Mediolani, die vigesimonono Ianuarii, MCCCC° trigesimoquinto, tertiadecima indictione. Franchinus. Urbanus.

CXCIV.

Disposizioni testamentarie del nob. Marchino Pietra a favore di S. Mostiola.

1435, aprile, 7.

(Arch. Notar. di Pavia — Atti di Agostino Baracchi).

I N Papia, videlicet in loco Capituli.... ecclesie sancte Mustiolle, posito in claustro dicte ecclesie in Porta Palacensi in Parochia S. Columbani. Testamentum nobilis viri D. Marchini ex nobillibus de Petra f. q. D. Olivi.... elligit sepulturam suam in ecclesia sancte Mustiolle Papie et in capella magna, que est nobillium de Petra, cui capelle, pro ornamento ipsius capelle, aut convertendos in unum Missale, aut in paramentis, aut in calicibus duobus, seu uno calice, aut in pingi faciendo dictam capellam, aut fieri faciendo unam ferratam, iuxta descritionem et conscientiam domini Prioris dicte ecclesie et unius ex prossimioribus parentibus ipsius D. Testatoris, dat et legat libras octuaginta imperial. quas dari vult et mandat agentibus pro dicta ecclesia sancte Mustiolle per infrascriptos eius heredes universales, etc. *Fra i testimoni sono:* reverendi et venerabiles viri domini magister Albertus de Crispis sacre pagine professor, Laurentius de Bitfis Prior et de Conventu sancte Mustiolle Papie Ordinis Fratrum Heremitarum sancti Augustini de Papia.

(1) Questo periodico e costante ripetersi degli atti di concessione da parte della Corte, a favore degli Agostiniani di S. Pietro in Ciel d'oro, fatto con parole si piene di affetto e di stima, dimostra chiaramente che le loro benemerenze erano altamente apprezzate. Ed è sempre degna di nota la devozione speciale, che tradizionalmente si conserva nella Casa viscontea, verso il beatissimo Agostino: devozione, che non consisteva solo in parole sterili ed inefficaci; ma anche in opere generose.

CXCV.

Frate Gerardo da Rimini Priore Generale autorizza la vendita di alcune proprietà di S. Mostiola.

1436, novembre, 26.

(Arch. Notar. di Pavia — Atti di Agostino Baracchi).

F RATER Gerardus de Arimino sacre pagine pofessor, Prior Generallis inmeritus Ordinis Fratrum Heremitarum sancti Augustini, venerabillibus et relligiosis viris nobis in Christo dillectis Priori ceterisque Patribus et Fratribus Conventus sancte Mustiolle de Papia, Ordinis et Provincie Sancti Augustini, salutem in Domino sempiternam.

Vestri parte nobis extitit intimatum quod pro bono et utillitate Conventus vellitis aliqua bona immobilia vendere et alienare, quod quia sine nostra auctoritate facere non potestis, illam a nobis imploratis. Ideo vestris precibus inclinati, tenore presentium, vobis concedimus quod de predictis bonis possitis vendere et alienare, sicuti vobis videbitur, dum tamen in omnibus per vos fiendis, consensus venerabillis magistri Alberti de Crispis interveniat (1), si adderit in Provincia. Et quod eodem modo valeatis possessiones vestras ad fictum perpetuum cuicumque volueritis dare. De vendicione autem volumus quod in melius commutetur aut utillius, decernentes id vobis esse melius et utilius, quod in hedifficiis vestrorum Conventuum et eorumdem reparacione exponitur, ut Fratres vestri in ipsis valeant honestius locari. Dat. in nostro Conventu faventino, Anno Domini MCCCCXXX sexto, die vigesimo sexto novembris, generalatus nostri Officii sub sigillo. F. G. de Arimino G.

CXCVI.

Fondazione della Cappella dei santi Antonio ed Elisabetta in S. Mostiola.

1437, marzo, 4.

(Arch. Notar. di Pavia — Atti di Agostino Baracchi).

I N nomine Domini Amen. Anno ab eiusdem domini nativitate millesimo quadricentesimo trigesimo septimo, quintadecima inditione, die quarto mensis marcii, hora Ave Maria de sero et paulo post sonum dicte Ave Marie, existentibus luminaribus ad cognitionem dominorum Prioris et Fratrum ac domini Augustini et testium de quibus infra. In civitate Papie, videlicet in sacristia ecclesie sancte Mustiolle Ordinis Heremitarum sancti Augustini sita in Parochia sancti Columbani. Ibique convocato, collecto et congregato conventu dicte ecclesie sancte Mustiolle, sono campanelle premisso, ut moris

---

(1) Ecco un'altra prova della fiducia, che il Generale Gerardo da Rimini riponeva in frate Albertino Crespi, e quindi della pru- denza e saviezza di lui. Questa lettera è unita al documento del 6 marzo 1437 (n. CXCVII), ove se ne descrive anche il sigillo.

est, de mandato venerabillis domini fratris Laurencii de Bitfis prioris dictorum ecclesie et conventus, in presencia et cum licencia reverendi domini fratris Manfredi de Mombreto Ordinis antedicti Provinciallis tocius provincie Lombardie, eius et dicti Ordinis liçenciam dantis et prestantis atque consensum: in quo quidem capitulo seu conventu predictaque Congregacione fuerunt et sunt ipsi dominus Provinciallis et dominus Prior ac dominus magister Albertus de Crispis sacre pagine professor, frater Gualterius de Curte, frater Lanfranchinus de Montevegia de Modoetia, frater Iacobus de Alexandria, frater Antonius de Novo de Ast, frater Petrus de Calvis, frater Antonius de Cossis, frater Iohannes de Vegiis, frater Maffeus de Zuchalonga de Laude, omnes fratres conventualles dicte ecclesie sancte Mustiolle, facientes et representantes ut fatentur et protestantur, maiorem partem et plusquam duas partes conventus dicte ecclesie (1). Et ibidem eisdem dominis Provincialli, Magistro Alberto et Fratribus dicti conventus, au dientibus et intelligentibus, idem dominus frater Laurencius Prior publice et inteligibili voce dixit, exposuit, propoxuit et significavit, ac dicit, exponit, proponit, et significat, quod spectabilis dominus Augustinus de Sclafenatis (2) filius quondam domini Uberti civis papiensis, suo et nomine filliorum et successorum suorum et illorum, ob devocionem quam semper gessit et gerit ad ipsam ecclesiam dictumque conventum et pro salute anime sue, et alias omni iure, via, modo, causa et forma quibus melius potest, appetit construi facere et habere ac fondare et seu fondari facere capellam unam in dicta ecclesia, a destris intrando ad angullum ipsius ecclesie respondentem tam ad plateam dicte ecclesie, quam ad ortum ipsius ecclesie, ubi nunc est figura seu imago altaris lignei sub figura sancte Elisabet; quam capellam doctare vult, ut asseruit et asserit, iuxta voluntatem et prout sibi videbitur pro libito voluntatis ipsius domini Augustini. Et requixivit dictum locum sibi assignari pro ipsa fienda capella, ita ut murus dicte ecclesie, ubi est posita figura dicti altaris lignei, rumpatur et destruatur, ad hoc uc fiat et fieri possit volta una in ipso muro, per quam intrari possit ipsa capella et iter haberi ad ipsam capellam: Et quod ipsa capella fiat et fondetur ultra ipsum murum, ipsam porigendo et hedificari faciendo ad ipsum angulum in dicto orto, cum et sub pactis et convencionibus, de quibus infra, videlicet:

Primo, quod dicta ecclesia et conventus sancte Mustiolle Papie suprascriptus, infra menses septem incepturos primo marcii presentis, proxime futuros, teneantur construi fecisse unam capellam de lapidibus et calcina. cum croxeria, sub vocabulo sanctorum Elisabet et Antonii vianensis (3), in cimiterio ipsius ecclesie ad introytum.... dextra eiusdem ecclesie, iuxta et ubi nunc est...... Elixabet versus meridiem, latitudinis intus in omni (latere?) brachiorum septem de neto ad mensuram papiensem, et altitudinis......... octo pro adequato, vel circha vel plus in placere dominorum fratrum et Conventus predictorum; copertam bonis cupis ad duplum, fondatam duobus brachiis a sollo ipsius capelle infra, et tantum plus quantum opus esset, si terenum non esset bonum et sufficiens in dicto fondamento sicut convenit. Et cum una fenestra ferata bona et sufficienti, altitudinis brachiorum duorum et dimidii et la-

(1) La Comunità di S. Mostiola, che alla fine del 1426 (doc. n. CLXXIV) era ridotta a tre Padri capitolari, ora eccola novamente rifiorire con non meno di dieci Padri capitolari; fatto dovuto alla prosperità delle condizioni pubbliche. Ornamento principale di questa Comunità è sempre frate Albertino Crespi, che negli atti capitolari è nominato distintamente dagli altri, e il cui consenso era essenziale secondo le disposizioni del Generale (doc. n. CXCV). Il Provinciale di Lombardia frate Manfredo da Mon-

breto è lo stesso, che nel 1434 (doc. n. CLXXXVIII) abbiamo trovato Priore del Convento di S. Agostino.

(2) Era di nobile e ricca famiglia pavese, addetto al servizio finanziario dello Stato.

(3) I Religiosi di S. Antonio di Vienna nel Delfinato, che qui in Pavia avevano grandi possedimenti, avevano resa popolare la divozione al loro Patriarca. Di essi è fatta menzione nell'*Anonimo Ticinese*, in *Rer. Ital. Script.*, vol. XI, col. 30.

titudinis brachii unius et dimidii, cum sua ferata predicta et antis bonis et fodratis ac sufficientibus sicut convenit. Et fondamentum ipsius capelle fiat de testis quinque in terris
usque ad solum ipsius capelle, et ablnde supra de testis quatuor et tribus, prout videbitur
uni valenti magistro a muro vel ingeniario in tallibus experto. Et in eadem capella fiat altare de lapidibus et calcina, altum ad sufficienciam, solatum de lapidibus vel madoncinis
drizatis et fregatis cum suo muzo a tribus partibus, sic quod bene stet. Et similiter fiant
due sepulture in terris, in eadem capella, vel una ad libitum domini Augustini predicti, de
lapidibus et calcina, habentes unum lapidem vivum vel siricium cum uno anullo ferri pro
utroque pro aperiendo et claudendo dictas sepulturas, quando opus sit, pro sepeliendo in
eis corpora mortuorum inferius limitata, et in muro ipsius ecclesie, iuxta dictam capellam,
pro introytu ipsius capelle, fiat unus archus de lapidibus et calcina sufficiens et bonus, et
in eo ponatur una ferata sufiiciens ferri, danda per dominum Augustinum predictum, super
platea dicte ecclesie vel in dicto cimiterio prope ipsam capellam et ponenda in opere per
fratres et Conventum predictos, et in sumitate dicti arcus (1)...... ponatur arma intaliata, in
lapide vivo vel sericio, dicti domini Augustini et prollis sue...... in sericio vel lapide vivo.....
constructam et dotatam pro una missa omni die celebranda in capella predicta, per dominum Augustinum...... pro mercede anime sue. Item adimpletis omnibus.... suprascripti domini Prior et fratres ac Conventus dicte ecclesie teneantur et se ac bona ipsius ecclesie
obbligent predicta omnia pro futuro manutenere perpetuo, nomine dicte ecclesie, ac omni
die perpetuo celebrare et cellebrari facere in eadem capella missam unam per fratres ipsius
ecclesie pro mercede anime domini Augustini predicti. Item quod dicti fratres, Capitulum
et Conventus ecclesie sancte Mustiolle predicte, nec non dominus Generallis et Provinciallis Ordinis Heremitarum predicti ac aliqui alii, sint qui vellint, de cetero predictam
capellam in toto nec in parte vendere, alienare, vel in alium vel alios transferre possint
quovismodo, causa, ingenio vel occaxione, que dici vel excogitari possit. sed per eternum
ipsa capella in totum cum dictis sepulturis sit et esse debeat domini Augustini predicti et
filliorum suorum ac eorum descendentium et successorum per lineam masculinam tantum
per eternum et cum integritate et sine dubietate aliqua et exceptione per eternum. Et si
predicti omnes decederent nullis relictis filiis vel descendentibus masculis ex eis, tunc dicta
capella cum sepulturis premissis transeat ad alios omnes de Sclaffenatis mascullos, et in
dicto casu, dicti de sua prole succedant in locum domini Augustini predicti et successorum
suorum predictorum deficiencium ut supra, quoad patronatum et honoranciam ipsius capelle et sepulturarum predictarum tantum. Et ex adverso dictus dominus Augustinus pro
incontro omnium et singulorum fiendorum per dominos fratres et Conventum predictos ecclesie sancte Mustiolle predicte, et promittendorum per eos ut supra, per...... dare et exbursare in danariis numeratis infra.... libras ducentas imperiales ac dedisse..... super platea
ecclesie sancte Mustiolle preface, sive in cimiterio ipsius ecclesie a parte dextra ipsius ecclesie feratam unam bonam et suficientem ferri pro ponendo ad introytum dicte capelle in
archu suprascripto omnibus expensis ipsius domini Augustini. Sed facta talli consignatione
ut supra, dicti fratres et Conventus teneantur et debeant illam feratam poni facere in opere
ad capellam suprascriptam per modum, quod bene stet et convenit, et ad eandem expensam
dominus Augustinus ipse minime teneatur, sed domini fratres et Conventus predicti, ex denariis suprascriptis. Et ultra ipse dominus Augustinus vult dare pro docte ipsius capelle et

---

(1) Qui e in altri luoghi sono segnate lacune per guasti del- l' originale.

assignare turrim suam magnam propinquiorem ipsi ecclesie et capelle construende ut supra (1), cum hediffi011s secum tenentibus ab angullo dicte turris a parte meridiei inclusive, eundo versus mane usque ad ortum fratrum predictorum per rectam lineam, pro uno campanilli et campanis dicte ecclesie sancte Mustiolle. Cum hoc quod infra duos annos proxime futuros, ipsi fratres et Conventus nomine et expensis dicte ecclesie coperire et ategiare debeant cuppis ad duplum bene et sufficienter eandem turrim ad paviglonum cum cauteriis tempiallibus et lignaminibus necessariis et aliis omnibus opportunis per modum quod tectamen ipsum bene stet copertum, ut supra, et factum ad paviglonum per modum quod transeuntes hinc inde per stratam et prope turrim predictam non ledantur in personis et bonis suis, sed illexi remaneant respectu turris predicte ac cichoniarum et avium stancium et habitancium super dicta turri (2), et eam sic ordinatam manutenere per eternum et in infinitum teneantur. Et quod dictam domum cum hediffi011s non possint vendere nec permutare, et si pervenerint ad actum vendicionis et permutacionis, ipso iure et facto non valeat vendicio...... quo mediante dicta capella...... hediffi011s, salvo quod si necessitas imineret quod dicta ecclesia alargeretur et proinde dicta domus....... quod tunc id liceat dicto Conventui, dum...... et securitatem debitam faciat illis de Sclaffenatis pro manutenendo dictam capellam et predicta observando, aut de fieri faciendo unam similem capellam in loco eminenti in dicta ecclesia et de predictis penitus observandis et non aliter...... quod fratres et Conventus dicte ecclesie et sucessores eorum, aut aliquis pro eis, seu eis mediantibus, aliquid facere...... vel permittere ex quo seu propter quod, seu quo mediante habeatur perspectus seu aier percipiatur seu percipi et haberi possit a parte versus meridiem et versus alia hedificia dicti domini Augustini et aliter predicta, ut protestatur, facere non intendit et facturus non fuisset. Item quod gaudimentum predicte dotis habeat inicium, ipsumque percipere possit dictus conventus, finita medietate dicti operis et non ante : et similiter ipsa dos locum non habeat, nec validum consequatur effectum, nixi finitis predictis, et aliter, ut protestatur, ea facere non intendit.

Quare cum ipse dominus Prior consideret quod si dicta fiet capella, maxima et immensa fiet comoditas et apertissima utilitas dicte ecclesie et conventui, ipsaque ecclesia multum prosperabit ex ipsa capella, et quod ipse dominus Prior consulluit periciores, una cum prefacto domino magistro Alberto et voluit considerare cum eis, si dicte pecunie erunt sufficientes pro predictis adimplendis ; et cum prefactus dominus Augustinus sit de nobilli genere et homo notabillis, ac quod ipsa ecclesia dillatabitur ex ipsa capella, petit et requirit ab ipsis dominis Provincialle, magistro Alberto, ceterisque de dicto conventu, quatenus deliberare velint si predicta que requiruntur per predictum dominum Augustinum videntur utillia pro dicto conventu........ et observari debent uti requiritur........ cedent ad comodum vel incomodum........ et ecclesie, quibus sic probatis per ipsum dominum........ auditis per ipsos dominos Provinciallem, magistrum........ ipsi domini Provinciallis, Magister et Fratres se aliquantisper a prefacto domino Priore retrasserunt. Et tandem super ipsis taliter probatis, ac pactis et convencionibus, requisicionibusque dicti domini Augustini, inter sese ipsos habito coloquio, plurimum considerantes ea omnia, si fierent, magnam fore alatura et evidentes utilitatem et comodum dicto conventui et ecclesie, accesserunt ad ipsum

---

(1) È la celebre torre di S. Mostiola, che per la sua meravigliosa altezza formava una delle notevoli particolarità di Pavia. Il nostro documento è tanto più importante perchè è il più antico accenno di questa torre.

(2) Le cicogne, che si trovano ricordate dall'ANONIMO TICINESE, *loc. cit.* col. 21, durarono in Pavia sino al secolo XVI. Cfr. MURATORI, *Antiquit. Ital. Medii Aevi*, vol. II, col. 304.

dominum Priorem et cum eo tractarunt, providerunt et deliberaverunt, et tractant, provident et deliberant ea omnia, que per ipsum dominum Augustinum superius requiruntur et in dictis pactis, convencionibus et requisicionibus continentur, fieri posse ac debere, et quod fiant et fieri debeant ac penitus ut iacent exequcioni mittantur et observentur, observarique debeant per expressum. Et quod si fient, ea cedent ad et in maximam evidentissimamque utillitatem et honorem et in magnam prosperitatem dictorum ecclesie, Ordinis et conventus, cum etiam ea omnia, si fient, aliis prebebunt Christi fidelibus et devotis materiam simillia faciendi et permaxime dictam ecclesiam dillatandi et augumentandi dietim presertim considerantes. Ac etiam attento quod dicta ecclesia in dicto angullo multimode est tenebrosa et maximam indiget reparationem, et quod locus super quo ipsa construetur capella nullam prebet utillitatem dicto conventui. Et ita fieri et fiendum tractant et deliberant unanimiter et in concordia in et pro hoc presenti et primo tractatu et deliberacione (1). Ipse enim dominus Provinciallis vlsis, auditis predictis, declarat ea............ fienda esse et fieri debere............ redundabunt utillitatem dicti Ordinis et conventus ac ecclesie. Et inde de predictis dicti domini Provinciallis, Prior et fratres et Conventus, ac dominus Augustinus............ Augustino de Barachis notario publico papiensi...... et rogant. Interfuere dominus Guillelmus de G........ Francisci iuris canonici scollaris, dominus Steffanus de........... filius quondam domini Chistofori legum scollaris, dominus Matheus de........... de Bononia filius quondam domini Iohannis clericus papiensis, inde testes.

CXCVII.

La Comunità di S. Mostiola assegna la Cappella di S. Antonio e S. Elisabetta ad Agostino Schiaffinati.

1437, marzo, 6.

(Arch. Notar. di Pavia — Atti di Agostino Baracchi).

E ISDEM anno et indicione, die, hora loco et testibus suprascriptis (2). Convocato, collecto et congregato Conventu ecclesie sancte Mustiolle Papie, Ordinis Heremitarum sancti Augustini, etc. et ibi in presencia cum auctoritate insimul et licencia prefacti domini Provinciallis, pro tribunali sedentis super quodam bancho, sito in dicta sacristia dicte ecclesie et quod banchum idem dominus Provinciallis ellegit et elligit pro suis loco et tribunalli iuridicis, cum cause cognicione ad predicta et infrascripta, eius et dicti Ordinis auctoritatem et licenciam dantis, largientis et prastantis dictis dominis Priori et Fratribus ac Conventui : Cum spectabilis et egregius dominus Augustinus de Sclafenatis filius quondam domini Uberti, requisiverit et requirat sibi dari et assignari locum unum in dicta ecclesia, in quo fieri possit, construi et hedifficari una capela, que fuerit et sit capella perpetuo et in futurum dicti domini Augustini et filliorum et descendentium suo-

(1) Generalmente le Comunità Religiose di tutti gli Ordini prima di deliberare su cose di notevole importanza solevano discuterne in tre diverse adunanze. Pel nostro caso la Comunità di S. Mostiola si adunò la prima volta il 4 di marzo, e verbale dell'adunanza fu il nostro documento; la seconda volta il 5, la terza il 6; i cui verbali furono identici al primo.

(2) S'intende l'anno 1437 ai 6 di Marzo nel Capit. di S. Mostiola; dove si discusse per la terza volta la proposta dello Schiaffinati.

rum, ac descendentium aliorum descendentium suorum et predictorum usque in infinitum, sub vocabulo sanctorum Antonii vianensis et Elixabet, ipsamque doctare dispoxuerit et disponat, et pro ea tienda ordinaverit dari et se obtullerit paratum dare dicto conventui libras ducentas imperiales, modo et forma et cum pactis et convencionibus, de quibus et prout infra, videlicet: Primo, etc. (et ponantur pacta et convenciones, de quibus in primo tractatu et deliberacione superinde factis et fieri rogatis anno, indicione et mense presentibus, Augustino de Barachis notario publico papiensi). Sitque verum quod ipse dominus Augustinus per expressum requixiverit et requirat sibi assignari dictum locum et de ipsis pactis et convencionibus, assignacioneque ipsa pubblicum ac solempne confici debere documentum et ad debitas convenciones, pactiones et obligaciones deveniri: quibus mediantibus pacta et convenciones, de quibus supra, fiant et plenarie observentur, ut ita predicte et infrascripte partes verum esse confitentur ad invicem. Modo prefacti domini Prior et Conventus ac Magister, predictis attentis et pro evidentibus utillitate et comodo dicte ecclesie ac Ordinis antedicti, et implemento devocionis dicti domini Augustini, et etiam ut maior creschat devocio in populo et pro culto divino, ceremoniis, votis, funeribus et funerallium obsequiis et aliis spirituallibus sufragiis fiendis, et ut ea fieri possint ad ipsam capellam et in ea, assignarunt, consignarunt et relassarunt, ac assignant, consignant et rellassant prefacto domino Augustino ibi presenti, recipienti et stipulanti pro se eiusque filliis, heredibus et sucessoribus ac descendentibus suis et filliorum et sucessorum suorum ac descendentibus descendentium eorundem et aliis, de quibus supra, usque in infinitum. Nominative locum unum a dextris intrando, positum in angulo primo dicte ecclesie, pro dicta tienda capela cum modico orti seu cimiterii dicte ecclesie contigui dicto angulo, pro quantitate capaci dicte fiende capelle: ita quod ipsa capela fiat et fieri debeat ac fondari valeat et possit congruenter, ordinate et honorifice in et super ipso loco. Que quidem capela construatur et fiat ac dotata sit et remaneat et fieri debeat ac nominari, vocari et appellari perpetuo Capella dicti domini Augustini et sucessorum suorum ac descendentium suorum et illorum usque in infinitum, cum et sub pactis, modis, formis, condicionibus, de quibus et prout supra relligitur et in ipsis tractatibus et deliberacionibus fit mencio. Quam quidem capellam dicti domini Prior, Magister et Fratres ac Conventus, promixerunt et convenerunt ac promittunt et conveniunt, per pacta speciallia et expressa solempnibus stipullacionibus vallata, sumptibus, laboribus et expensis dicti conventus, dicto domino Augustino, ut supra stipulanti, fieri facere causis et occaxionibus et ad effectus ac in latitudine et in fundamentorum qualitatibus, modis et formis et infra tempus, quibus et de quibus et prout in ipsis pactis et convencionibus superius et in dictis tractatibus descriptis et expressis, fit mencio. Que quidem pacta et convenciones et in eis contenta dicti domini Prior, Magister, Fratres, et Conventus et ipse dominus Augustinus, sibi ipsis, etiam nomine Conventus, ad invicem, vicissim et reciproce, prout iacent ad contextum, singulla singullis congrue refferendo, promittunt et conveniunt attendere, facere, solvere, adimplere et observare. Et pro ipsis sic fiendis et adimplendis ipse dominus Augustinus promittit er convenit dictis dominis Priori, Magistro, Fratribus et Conventui dare et solvere ac exbursare infra presentem mensem dictas libras ducentas imperiales et predictam feratam ponendam ad introytum dicte capelle: et ultra, ex nunc prout ex tunc, et ex tunc prout ex nunc, ipse dominus Augustinus in dotem, pro docte, nomine et ex causa doctis dicte capelle, ipsis dominis Priori, Magistro, Fratribus et Conventui presentibus et acceptantibus, nomine dicte capelle, casu quo predicta firmiter observentur, fiant et execucioni mandentur.... assignat predictam turrim cum hedifficiis secum tenentibus, de qua et prout supra fit mencio, terminatam et coherenciatam ut supra. Hoc etiam acto, per pactum stipulacione vallatum, quod sepulture antedicte fiant et fieri debeant cum aliis, de quibus supra fit mencio, et ita illas et contenta in dictis pactis et convencionibus facere, et predicta officia celebrare, ac missas de quibus supra et modis, formis, occaxionibus, qualitatibus ac temporibus antedictis adimplere promittunt et conveniunt dicto domino Augustino ut supra stipulanti et recipienti. Et qnod domini Prior, Fratres, Capitulum et Conventus dicte ecclesie et Generallis, et Provinciallis Heremitarum et aliqui alii presentes et futuri, sint qui vellint, non possint nec valeant de cetero in toto nec in parte vendere, alienare vel in alium seu alios transferre quovismodo, causa et ingenio vel occasione, que dici vel excogitari possit, nec titulum ipsius capelle, sed per eternum ipsa capella in totum, cum dictis sepulturis sit et esse debeat dicti domini Augustini ac filliorum suorum et eorum descendentium et sucessorum per lineam masculinam tantum per eternum et cum integritate et sine dubietate et exceptione aliqua per eternum. Et quod si predicti omnes decederent, nullis relictis filliis vel descendentibus masculis ex eis, tunc dicta capella cum sepulturis predictis transeat ad alios omnes de Sclafenatis masscullos, et in dicto casu dicti de prole de Sclafenatis succedant in locum dicti domini Augustini et sucessorum suorum defficientium ut supra. Et, quod ipsi domini Prior et Fratres ac Conventus teneantur videlicet, et ita promisserunt et convenerunt dicto domino Augustino stipulanti et recipienti, dictam turrim coperiri et ategiari facere modo et forma antedictis. Hoc etiam acto, per expressum pactum stipulacione vallatum, quod ipsam domum cum hedifficiis non possint vendere nec alienare, et quod si pervenerint ad actum vendicionis et permutacionis non valeat vendicio nec permutacio ipso iure et facto, nec aliquid aliud quo mediante dicta capella privaretur ipsa domo et hedifficiis, salvo casu et condicionibus antedictis, quo in casu fiant et observentur ea, de quibus superius fit mencio. Et hoc etiam acto inter partes ipsas, per pactum stipullacione vallatum, quod Fratres et Conventus dicte ecclesie et sucessores eorum, nec aliquis pro eis seu eis mediantibus, non possint nec valeant aliquid facere, seu fieri facere et permittere, ex quo vel propter quod, seu quo mediante, habeantur perspectus seu ayer percipiatur, seu haberi et percipi possit a parte versus meridiem et versus alia hedifficia dicti domini Augustini, et aliter predicta, ut protestatur, facturus non fuisset, et cum aliis pactis et conventionibus, de quibus et prout supra fit mencio. Que omnia sibi ipsis et ut supra attendere facere et observare promittunt et conveniunt precedentibus trinis tractatibus antedictis. Et ea omnia sibi ipsis ad iunvicem, vicissim et reciproce dedicarunt, dederunt et traddiderunt, ac dedicant, traddunt, assignant, dant et quasi, ob reverenciam predictorum sanctorum et pro augenda devotione dicte ecclesie ac fide Domini nostri Ihesu Christi et in remissionem peccatorum, ut supra, et omni iure, via, modo, causa et forma premissis. Et ex causa et merito predictorum omnium dicte partes suis et dictis nominibus, sibi ipsis ad invicem, vicissim et reciproce, singula singulis congrue et debite refferendo, cum dictis licencia et auctoritate, insinuacione et decreto, cesserunt et cedunt et datum iuris fecerunt et faciunt de omnibus eorum et dicte ecclesie iuribus, actionibus et racionibus ac honoribus reallibus et personallibus, utillibus et directis, mistis et ipothecariis et aliis quibuscumque, que et quas dicti conventus et ecclesia et dominus Augustinus habebant et habent et habere videbantur, possunt, eis et cuilibet ipsorum spectabant, pertinebant et competebant et spectant, pertinent et competunt, ac spectare, pertinere et competere poterant, potuissent, possent et possunt ullo modo et casu, et in et pro predictis superius dedicatis, tradditis, datis, assignatis et quasi. Et versus quascumque personas, res et bona, pro eis et eorum occaxione, quacumque occaxione et causa. Ita tamen et eo salvo quod capella ipsa semper stet, sit et remaneat, iuxta canonicas sanciones, corpus et membrum dicte ecclesie pro dictis de Sclaffenatis et modo et forma predictis. Et sese invicem congrue et debite refferendo de, in et pro predictis superius dedicatis, assignatis, tradditis, datis et quasi, constituunt procuratores et dominos in rem propriam, salvis ut supra, cum posicione omnimoda in locum suum per omnia : quam turrim cum hedifficiis suis dictus dominus Augustinus per se et eius heredes constituit ex nunc et de cetero, nomine dicte capelle, cum et sub pactis et convencionibus antedictis, tenere, possidere et quasi....... usquequo dictus conventus de eis possessionem....... acceperit corporalem. Quam accipiendi et habendi et quicquid inde voluerint faciendi, ex nunc, salvis premissis pactis et convencionibus, ex nunc licenciam omnimodam concedit et dat. Ita quod et eo modo predicte fecerunt et faciunt partes ipse, ut de cetero pacta et convenciones, de quibus supra, observentur, fiant et exequcioni mandentur. Et dictus conventus, nomine dicte capelle, iuxta ipsarum convencionum tenorem, et pro ea, habeant, teneant, gaudeant et possideant dictam turrim cum suis hedifficiis, suisque accessibus, spectanciis et pertinenciis in integrum sine contradictione, sed cum legiptima deffensione dicti conventus et domini Augustini successorumque suorum ab omni persona, ecclesia, collegio, comuni et universitate, et ita, ut supra et infra continetur. sibi ipsis ad invicem, vicissim et reciproce, singulla singullis congrue et debite refferendo, attendere, facere, observare et adimplere promittunt et conveniunt ac solvere, ac etiam manibus eorum Scripturis corporaliter factis, in manibus dicti domini Provinciallis iurarunt et iurant per sese et eorum, dictis nominibus, successores, ad sancta Dei Evangellia. et eis in aliquo contra non facere, dicere, opponere vel venire per sese sucessoresque suos, sub pena periurii et in preiudicium animarum contrafacientium et sub pena reffectionis et restitutionis integre omnium et singullorum dampnorum, interesse et expensarum...... faciendorum quomodolibet et fiendarum, ratis et firmis nichillominus manentibus omnibus et singulis suprascriptis et infrascriptis. Et pro hiis omnibus et singulis, sic firmiter et efficaciter attendendis, fiendis, solvendis et observandis, dicti domini Prior, Magister, fratres et Conventus omnia dictorum Conventus et ecclesie, dicto domino Augustino presenti, recipienti et stipulanti : et dictus dominus Augustinus omnia eius dictis dominis Priori, Magistro. Fratribus et Conventui, dicte capelle dictique conventus nomine, stipulantibus, bona presentia et futura, mobillia et immobilia pigneri et ipotece obligarunt et obligant. Ad que omnia et singulla ut supra, pro parte dicti conventus fienda, promissa et conventa, attendenda et observanda, dictus dominus Provinciallis, sedens ut supra, in hiis scriptis cum cause cognitione, eosdem dominos Priorem, Magistrum, fratres et Conventum acceptantes, versus ipsum dominum Augustinum acceptantem, condempnavit et condempnat predictis omnibus et singullis, eius et dicti Ordinis auctoritatem, insinuacionem, licenciam presenciam et consensum interponens, dans, prestans et insinuans. Et ad invicem, vicissim, recipere, singula singulis congrue et debite refferendo dicti domini Prior, Magister, Fratres et Conventus et dominus Augustinus, etiam virtute et ex licencia et auctoritate, de quibus in infrascriptis litteris fit mencio, renunciarunt et renunciant per expressum exceptioni non factarum dictarum dedicacionis, assignationum dotis, traddicionum, dacionum et quasi, modo et forma, pactis et convencionibus antedictis et ut supra, et predictarum rerum ut supra gestarum factarum et promissarum ut supra, etc. et exceptioni infactum et dolli mali...... vel ex iniusta causa vel ob turpem causam...... privilegio fori...... quibuscumque et omnibus probacionibus et productionibus testium et instrumentorum contra predicta ac infrascripta omnia et singula. Que quidem littere sunt sigillate in cera rubea, quod sigillum habet a parte superiori imaginem Virginis Glorioxe Domine Sancte Marie cum fillio suo glorioxo. Domino nostro Yhesu Christo in brachiis suis, quarum litterarum tenor sequitur ut infra. *(Segue la lettera del 26 novembre 1436, doc. n. CXCV).* Et inde de predictis prefactus dominus Provincialis et dicti domini Prior, Magister, Fratres et Conventus, dictusque dominus Augustinus hanc cartam et plures, uno tenore, michi fieri iusserunt et rogaverunt et iubent et rogant. Interfuere Alexius de Canevanova fq. domini Galexini, dominus Nicolaus ex Capitaneis de Villalanterio fq. domini Francisci, Iohannes de Clericis de Garlascho filius Antonii, inde testes.

CXCVIII.

Quietanza rilasciata dagli Agostiniani ad Agostino Schiaffinati per il pagamento della Cappella in S. Mostiola.

1437, aprile, 6.

(Arch. Notar. di Pavia — Atti di Antonio Baracchi).

E ISDEM anno et indictione, die sexto mensis aprillis, hora quasi none. In Papia, videlicet in claustro inferiori infrascripti conventus, Porte Palacensis, Parochie sancti Columbani. Venerabilles domini frater Laurencius de Biffis prior, magister Albertus de Crispis magister in sacra pagina, frater Gualterius de Curte, frater Lafranchinus de Modoetia, frater Iacobus de Putheo, frater Iacobus de Stropis, frater Antonius de Cossis et frater Maffeus de Zenhalonga, omnes fratres conventualles conventus et ecclesie sancte Mustiolle Papie, suis et dictorum conventus et ecclesie nominibus, representantes et facientes ut protestantur, maiorem partem et plusquam duas partes conventus dicte ecclesie, et omni alio iure, via, modo, causa et forma, quibus melius et validius potuerunt et possunt, confessi fuerunt et confitentur versus me notarium publicam personam stipullantem et recipientem predicta et infrascripta omnia et singulla, nomine et vice et ad partem, utillitatem et comodum spectabilis et egregii viri domini Augustini de Sclaffenatis filio quondam domini Uberti, sese ipsos dominos Priorem, Magistrum, fratres et Conventum habuisse et recepisse a prefacto domino Augustino, seu eius nomine, et sic actualliter eius nomine numeratas habuerunt et receperunt, testibus et notarius infrascriptis presentibus, in tanta moneta aurea et argentea equivalente, libras centum imperiales, pro restanti et completa solucione et satisfacione illarum librarum ducentarum imperialium, quas dictus dominus Augustinus promissit et convenit alias dare dicto conventui pro una fienda capella, quam dictus conventus facere promixit seu fieri facere in dicta ecclesia, pro dicto domino Augustino, ut constat per cartam rogatam michi notario, anno et indictione presentibus, die sexto mensis marcii. Ita quod occasione dictarum ducentarum librarum, nichil amplius per ipsum deminum Augustinum remanet ad solvendum, omnibus hactenus proinde confessionibus et solucionibus in presenti computatis. Ac renunciant exceptioni non facte huius confessionis et non numerate pecunie et spei future numeracionis et receptionis et omnibus probacionibus et productionibus testium, iurium et instrumentorum contra hec. Et hanc cartam de predictis michi fieri rogaverunt et rogant. Interfuerunt Guillelmus de Abiate Guazono fq. Ambroxii habitator Paple, magister Christoforus de Melzio fq. Pedrolli et Ambroxius de Furno, dictus Zoya, fq. Guillelmi, habitatores Papie, inde testes.

CXCIX.

Iscrizione nella Cappella di S. Antonio e S. Elisabetta in S. Mostiola.

1437, settembre, 7.

(Museo Civ. di stor. patria — G. BOSSI, Iscrizioni ms. fol. 325).

AD S. Mostiolae. In Sacello sancti Antonii et S. Elisabeth.
MCCCCXXXVII die VI martii (1)
Discite ab exemplo qui summna negotia patres
Consultis si vos cura salutis agit
Hic postquam multos suis Augustinus in annos
Cuius et ingenius miraque nota fides
Rexerat ex certo collectos ordine census
Te duce praefectus magne Philippe tuos
Otia sponte cupit gravis annis et memor esse
Omnia divitiis inferiora (2) bonis
Has iubet Antonii fabricari laudibus aras
Quas pariter sacrae dedicat Helisabeth
Utque frequens divinus honos celebretur in illis
Et dotem et vestes et sacra vasa dedit
Hic Sclafinati sua quo splendescit origo
Perpetuum voluit sanguinis esse decus.

Qui dominus Augustinus in natalitiis B. Mariae Virginis VII septembris predicti anni MCCCCXXXVIJ diem suum clausit extremum (3).

CC.

Disposizioni testamentarie della nob. Tismina Ozzola a favore di S. Mostiola.

1437, dicembre, 8.

(Arch. Notar. di Pavia — Atti di Gian Lodovico Strazzapatti).

TESTAMENTUM domine Tismine de Ozula filie quondam domini Iacobi et uxoris egregii et sapientis legum doctoris domini Iohannis de Piscia (4).... legat usumfructum quorumcumque bonorum suorum.... prefato domino Iohanni de Pissia....

(1) Questa data VI martii si riferisce al giorno, in cui fu dagli Agostiniani stipulato l'istrumento di assegnazione della Cappella ad Agostino Schiaffinati

(2) Un' altra trascrizione in luogo di inferiora ha miseriora, che forse è da preferirsi.

(3) Nello stesso Bossi si legge che nel quadro di S. Antonio e di S. Elisabetta era scritto: Bernardinus de Rubeis pinxit,

1511. E così il più soave dei pittori pavesi compì lunghi anni dopo il voto di Agostino Schiaffinati, morto nei primi vesperi della natività di Maria, nello stesso anno 1438.

(4) È della stessa famiglia Orsi di Pescia, che già aveva dimostrato la sua grande devozione agli Agostiniani di S. Mostiola sin dall'anno 1394, come risulta dal documento num. CX, volume I, pagina 200.

legat post finitum predictum usumfructum dicti domini Iohannis, possessionem de Mezanino quam ipsa domina testatrix habet, tenet et possidet in Sichomario Paple.... domino presbitero Guniforto et Conradino fratribus de Branchazolis filiis quondam domini Iacobi, cum onere infrascripto videlicet, quod ipsi fratres teneantur et debeant dare ac solvere singulo anno ecclesie sancte Mustiolle Papie et fratribus ac conventui ipsius ecciesie, florenos octo monete solite, ad computum soldorum XXXIJ imperialium pro singulo floreno, etc.

CCI.

Quietanza rilasciata da frate Eusebio Leggieri Procuratore di S. Agostino.

1338, febbraio, 9.

(Arch. Notar. di Pavia. — Atti di Giacomazzo Sedazzi).

M CCCCXXXVIIJ, indictione prima, die nono mensis februarii, hora terciarum. In citadella Papie, videlicet in refectorio fratrum sancti Augustini in mei Iacomacii de Sedaciis (1) notarii presencia, frater Euxebius de Legeriis Ordinis sancti Augustini, sindicus et procurator Conventus et fratrum sancti Augustini papiensis *come consta da istrom. di procura rogato ai 14 maggio 1424, indizione II, da Francesco Belbello, dichiara ricevere dai fratelli Accorsino e Damiano Biscossi fiorini 22 per l'affitto di un anno spirato al 1 gennaio passato, per certe case e botteghe in porta Marenga in Parrocchia de' SS. Damiano e Romano e per una vigna di 28 pertiche in campagna di Pavia, ubi* dicitur in Basilica Bononi (2).

CCII.

La Signora Margherita Garaldi del terz'Ordine agostiniano elegge la sua sepoltura in S. Agostino.

1438, maggio, 3.

(Arch. Notar. di Pavia — Atti di Agostino Baracchi).

I N Papia, in domibus et caminata domus habitacionis dominarum Congregacionis et Unitatis domine Mabeline de Burgo, sitis in Porta Damiani, in Parochia S. Iohannis in Burgo. Testamentum domine Margarite de Garaldis fq. Bertolini moram trahentis in Societate et Unione dominarum domine Mabeline de Burgo (3), in Parochia S. Iohannis in Burgo Papie...... ellegit sepulturam suam ad ecclesiam

---

(1) Essendo l'atto rogato dal notaio Sedazzi, nell'indicazione della fonte noi abbiamo detto che si trova fra gli atti suoi, mentre in realtà per spostamento è tra gli atti di Antonio Baracchi.

(2) La Basilica Bononi non è da confondersi con l'odierno villaggio Baselica Bologna, come comunemente si fa; ma era un luogo nelle vicinanze di S. Lanfranco.

(3) Mabellina de Burgo, detta così dal rione di S. Giovanni in Borgo di Pavia, ove trasse i natali e visse, fu la fondatrice popolare e venerata della Congregazione od Unione delle Signore del terz' Ordine di S. Agostino. Il P. Romualdo, che scrisse di questo Istituto (*Flavia Papia Sacra*, part. III, pag. 60) dice, appoggiandosi ai manoscritti del pavese Bossi ed alle stampe del-

Sancti Augustini papiensem, ad sepulcrum domine Mabelline de Burgo et in quo cadaver illius fuit sepultum (1) et in quo post eius decessum vult suum cadaver sepeliri debere, etc.

CCIII.

Disposizioni testamentarie di Antonina Mezzabarba a favore degli Agostiniani.

1438, luglio, 4.

(Arch. Notar. di Pavia. — Atti di Silano Mangano).

I N Papia, in domo Mathei de Meriziis, Porte Palacii, Parochie S. Inventii. Domina Antonina de Mediisbarbis fq. domini Iacobi et relicta quondam domini Antonii de Mangano olim spetiarii (2), *col suo testamento,* dat et legat Fratribus sancte Mustiole Papie florenos quinque.... Item dat et legat fratribus sancti Augustini commorantibus in Citadella Papie florenos quinque.

CCIV.

Donazione di un terreno agli Agostiniani di S. Pietro in Ciel d'oro.

1438, luglio, 12.

(Arch. Notar. di Pavia. — Atti di Gian Lodovico Strazzapatti).

A NNO Domini millesimo quatricentesimo trigesimo octavo, indicione prima, die duodecimo mensis Iullii, hora parum ante vesperas, in Papia, videlicet in studio domus habitacionis domini Antonii de Preottonibus site in Porta Laudensi in parochia sancti Viti, in presentia mey notarii etc. Antoninus de Geremondia fq. Ubertini, habitator loci Garlaschi, Lomelline papiensis, ob singularem devotionem quam gerit beatissimo Augustino, omni iure, etc. titulo donacionis inter vivos, cessit, transtulit et donavit,

l'Herrera, che queste Suore Agostiniane fin dall'anno 1408 abitarono nel monastero di S. Martino in Pietra lata di Pavia, detto anche S. Martino del Liano; ad aggiunge che *forse* questo Istituto fu fondato da Mabellina. Ma il nostro documento toglie la incertezza intorno alla Fondatrice, che risulta essere veramente Mabellina; e corregge l'errore intorno alla ubicazione del Monastero, che lungi dall'essere sull'area della Università (S. Martino in Pietra lata) trovavasi nelle vicinanze del Collegio Borromeo, in Porta Damiani, in parrocchia di S. Giovanni in Borgo.

Tutto questo poi è confermato da un documento del notaio Antonio Codecà (Arch. Notar. di Pavia) del 13 novembre 1452, in cui queste Suore agostiane si dicono abitanti ancora nel monastero di porta Damiani, parrocchia di S. Giovanni in Borgo, monastero, del quale si dice: *aliax preordinati per condom dominam Mabellinam de Burgo,* aggiungendosi che era *tertii Ordinis*

S. *Augustini.* Un altro documento del 1 febbraio del 1465, rogato dallo stesso notaio Codecà, ci mostra parimenti il monastero nella parrocchia di S. Giovanni in Borgo, e ci apprende che le Suore chiamavansi anche *domine humiliate Ordinis sancti Augustini.* Erano sotto la dipendenza dei nostri Frati eremitani, come è dimostrato non solo dal fatto della elezione del sepolcro della Garaldi in S. Agostino presso le spoglie della Fondatrice; ma anche dal fatto che in questo documento del 1465 vi è per testimonio l'agostiniano frate Lorenzo de Biffi di S. Mostiola, il quale è detto figlio del signor Antonio, della nota famiglia milanese.

(1) Date le scarse notizie intorno a Mabellina, questo punto riesce importante.

(2) Vedi i doc. n. CLXXXIX e CXC, dove è memoria di un lascito fatto da questo Antonio Mangano, marito della testatrice.

ac cedit, tansfert et donat fratri Eusebio de Lengieriis (1), Ordinis Heremitarum sancti Augustini papiensis, sindico et procuratori, sindicario et procuratorio nomine venerabilium dominorum Prioris, fratrum et Conventus ecclesie sancti Augustini papiensis, ibidem presenti, recipienti et ˈacipienti nomine et vice ac ad partem et utilitatem prefatorum dominorum Prioris et fratrum ac dicte ecclesie, nominative et per allodium petiam unam terre, perticharum duodecim vel circha, sive plus vel minus sit et quantumcumque sit, positam in territorio dicti loci Garlaschi, ubi dicitur super via Scurpeli, cui coherent a mane heredes seu successores quondam D. Gasparis de Rampis, a meridie lectus Terdobii, a nulla hora quedam stratela, per quam itur ad locum Alagne, sive ibi, etc. Est ex causa et merito presentis donationis, etc. cedens et transferens, etc. etc. Presentibus, etc. testibus notis, ydoneis, vocatis et rogatis.

CCV.

Iscrizione della campana maggiore di S. Pietro in Ciel d' oro.

1438..

(P. ISIDORO GRASSI, Cronaca.... di S. Agostino di Pavia, ms. della libreria R. Maiocchi, fol. 113).

V|ENITE, benedicti Patris mei, percipite regnum, quod vobis paratum est ab origine mundi.

Hanc campanam refici fecerunt fratres sancti Augustini ex elemosinis personarum civitatis Papiae. MCCCCXXXVIII. Magister Thomainus fecit (2).

CCVI.

Donazione di un terreno agli Agostiniani di S. Pietro in Ciel d' oro.

1438, settembre, 2.

(Arch. Notar. di Pavia. — Atti di Giacomazzo Sedazzi).

I|N Camera Collegii Notariorum Papie.... Prudens vir dominus Galvagninus de Montebreto filius quondam domini ˈIohannis civis et habitator Papie.... donavit et donat.... traddit et dat venerabili et sapienti viro domino fratri Stefano de Marinis Ordinis Heremitarum sancti Augustini et Conventus Papiensis in sacra pagina ba-

---

(1) Questo procuratore, che nella maggior parte dei documenti è chiamato de Legieriis, qui è detto Lengieriis, e piu avanti lo troveremo indicato per Belegieriis, che corrisponderebbe forse al nostro Bellingeri.

(2) Questa Iscrizione ci fu conservata in un atto notarile rogato nel 1583, come appresso vedremo, prima di fare in pezzi la campana per la nuova fusione. Il magister Thomainus, fonditore nel 1438, è della nota famiglia De Provenzalibus, che nelle carte pavesi sino dalla seconda metà del secolo decimo quarto apparisce aver tenuto in Pavia la custodia delle campane della torre maggiore, ed avere esercitata una fonderia di campane e ˈ di bombarde.

chalario (1).... petiam unam vinee perticarum triginta.... in territorio loci Arene partium transpadinarum Comitatus et districtus Papie.... cum onere ipsi fratri Stefano apposito et per eum suscepto et acceptato dandi et solvendi per eum dominum fratrem Stefanum, reverendo patri ac sacre pagine professori et magistro domino fratri Iohanni de Marliano (2) predicti Ordinis Heremitarum sancti Augustini.... florenos centum monete veteris et currentis.... ad omnimodam eiusdem domini fratris Iohannis requisitionem.... aliter dictus Galvagninus.... facturus non fuisset neque fecisset hanc donationem....

CCVII.

Gli Agostiniani di Pavia sul punto di partire pel Capitolo Provinciale di Piacenza fanno una dichiarazione nei riguardi di una disposizione del Concilio di Basilea (3).

1438, ottobre, 15.

(Arch. Notar. di Pavia. — Atti di Gian Lodovico Strazzapatti).

I N Nomine Domini, amen. Anno a Nativitate eiusdem millesimo quatricentesimo trigesimo octavo, indicione prima, die quintodecimo mensis octobris, hora mane, in civitate Papie, videlicet iuxta portam Remondaroli sitam in Porta Damiani, in Parochia sancti Iohannis in Burgo, in presentia mei notarii et testium infrascriptorum ; Constituti venerabilles domini fratr Iohannes Marchus de Aymonis lector et prior, reverendus dominus magister Iohannes de Porciis sacre pagine magister, dominus frater Rafael de Rapallo lector, dominus frater Iacobus de Oglono, frater Bertolameus de Ast lector, frater Zanetus de Novaria, frater Antonius de Accono, frater Gaspar de Papia, frater Bernardus de Riciis, frater Christoforus de Burgenssibus, Ordinis Heremitarum sancti Augustini papiensis, attendentes quod per Constitutiones et Ordines totius Ordinis Heremitarum sancti Augustini, singulis annis, seu saltem singulo biennio, in qualibet provincia dicti Ordinis Capitulum provintialle fieri debet, et quod in aliis provintiis capitula iuxta huiusmodi Constitutiones anno presenti convocata et facta fuere, et quod etiam iampridem facta extitit pubblicatio capituli provintie sancti Augustini Lombardie fiendi ad festum sancti Luce mensis instantis, in civitate Placentie : Auditoque et intellecto quod vociferatum extitit

---

(1) Molto probabilmente è quel Religioso noto sotto il nome di frate Stefano da Pavia, che il TORELLI, vol. VI, pag. 836 chiama *Maestro Insigne*, eletto nel 1452 Vicario Generale del Convento di S. Giacomo di Bologna, e nel 1453 socio del Generale, e quindi nel 1456 Vicario Generale delle Provincie di Lombardia, di Romagna e della Marca Trevigiana. Ma lo stesso anno, eletto Procuratore Generale dell'Ordine, dopo pochi mesi fu colto dalla morte. Vedi TORELLI, vol. VII, pag. 20. Vedi anche doc. del 10 luglio 1451, n. CXLIII.

Nei documenti universitarii pavesi poi rimane traccia dell'insegnamento tenuto da frate Stefano Marini nelle scienze teologiche. Difatti egli è chiamato *ad lecturam theologie* con trenta fiorini di stipendio nel Rotolo del 1443, in quello del 1444, del 1445, del 1446. Le *Memorie e documenti per la storia dell'Università di Pavia*, vol. I., pag. 188, notano che Stefano da Pavia dell'Ordine degli Eremitani insegnò Teologia nel 1443, Metafisica

nel 1444 e Filosofia nel 1453. Ma dobbiamo osservare che i documenti originali, da noi consultati direttamente, escludono che frate Stefano Marini eremitano, detto anche Stefano da Pavia, abbia mai avuto nell'Università altro insegnamento che quello della Teologia, e in anni diversi dai sopraccennati. Lo Stefano da Pavia, che nel 1453 insegna Filosofia, è diverso affatto dall'eremitano Stefano Marini, anche per il fatto che chi occupò per più anni la cattedra di Teologia, la più importante e la prima dell'Università, non discese mai a tener poi quella di Filosofia. Per altre cariche sostenute dal Marini nell'Ordine, vedi doc. n. CCXXIII.

(2) Di frate Giovanni Marliani vedi quanto è stato detto sotto il doc. n. CLXV. Vedi anche OSSINGER, *op. cit.* pag. 554.

(3) É noto come il Concilio di Basilea presto degenerò, ed i contrasti suoi col Pontefice Eugenio IV, acutissimi già dal 9 giugno 1435, raggiunsero il colmo nelle sessioni del maggio 1437, quando

quasdam bullas Sacri Concilii Basiliensis fuisse divulgatas, quarum pretextu prohiberi dicitur ne aliquis, sub excommunicationis pena, et late sententie, a1 dictum capitulum provintialle placentinum accedat, ex eo pretextu quod ipsum capitulum inchoatum fuerit, seu fieri debeat de mandato et impositione reverendi domini Gerardi de Arimino Generalis Prioris iamdicti Ordinis Heremitarum sancti Augustini, quem tamquam degentem, ut dicitur, in Concilio Ferariensi, ipsum sacrum Concilium pro privato habere videtur, etc. Pro tanto, ad omnem bonum finem et effectum, qui sibi mellius prodesse possint, dixerunt et protestati fuerunt, ac dicunt et protestantur, quod, si et in quantum contingat ipsos vel aliquem eorum accedere vel mittere ad dictum capitulum provintialle placentinum, quod ipsi non accedent nec mittent pretextu aliquorum mandatorum dicti domini Gerardi Generalis Prioris antedicti, nec animo nec intentione contraveniendi dictis assertis bullis jamdicti sacri Concilii, sed quia ita disponitur per jamdictas Constitutiones dicti Ordinis, ad quarum observationem tenentur. Et ut semper de hiis veritas elluceschat et ut eorum intentio in apperto adpareat, de hiis rogaverunt publicum fieri documentum per me notarium infrascriptum, presentibus Iacobino de Laude sertore, fq. Iohannis, Guiniforto de Novaria sertore filio Zanini, Romulo de Ubertariis filio domini Bergonzii, Antonino de Faxolis nauta fq. Gasparis (1). omnibus habitatoribus Papie, inde testibus notis et ydoneis.

CCVIII.

Consegna degli arredi sacri per la cappella dei santi Antonio ed Elisabetta in S. Mostiola.

1439, luglio, 10.

(Arch. Notar. di Pavia — Atti di Agostino Baracchi).

C ONFESSIO facta michi domino Augustino notario.... nomine et vice Albertini de Sclafenatis filii et heredis quondam D. Augustini, per venerabilles dominos Laurentium de Bitis priorem, et fratres Gualterinum de Curte, Iacobum de Stropis, Iohannem de Modoetia, Iohannem Antonium de Placentia, Petrum de Calvis, Antonium de Cossis, Iohannem de Vegiis, et Eheustachium de Nocte, fratres Conventus et ecclesie sancte

---

solo la minoranza si trovò d'accordo col Papa per il trasporto del Concilio ad altra sede. Nel luglio 1437 il Concilio pubblicò un monitorio contro il Papa, intimandogli di comparire; cui egli rispose con la bolla del 18 settembre, che denunziava la sterilità del Sinodo ne' ' suoi sei anni di durata, le colpe dell'adunanza, la smania di contendere e di spuntarla contro la suprema autorità, ordinando, se si insistesse nel minaccioso monitorio, di trasportare immediatamente il Concilio a Ferrara. In questa città ad ogni modo doversi più tardi radunare il Concilio quando se ne avesse l'assenso dei Greci, che stavano per venire al Sinodo. Ma questo dichiarò invalida la bolla, e minacciò il Papa di sospensione e deposizione. Fu allora che cominciò l'esodo dei buoni da Basilea (L. PASTOR, Storia dei Papi, Trento, Artigianelli, 1890, vol. I, pag. 229 seg.), e fra questi fu frate Gerardo da Rimini, con i dodici teologi del suo Ordine, che gli facevano corona (LANTÉRI, vol. I, pag. 286). Egli pertanto attaccatissimo al Pontefice, con la eletta sua schiera si reca a Ferrara, dove prende parte al Concilio conformemente al volere del Papa. Ma il Concilio di Basilea non rimase indifferente a tuttociò, e sembra aver colpito con censure tutti quelli, che al

Concilio di Ferrara prendevano parte. Ed appunto in conseguenza di tali censure frate Gerardo da Rimini veniva privato dell'esercizio dei suoi diritti di Generale, come quello di convocare i Capitoli dell'Ordine, e si fulminava la scomunica contro chi a lui prestasse obbedienza. Ma i Padri Agostiniani di Pavia senza aver bisogno di respingere la fulminata censura come ingiusta e proveniente da chi non ne aveva l'autorità, trovano la bella maniera di dichiarare che se si recano al Capitolo Provinciale di Piacenza, lo fanno non già per obbedienza a frate Gerardo da Rimini; ma in forza delle leggi costituzionali dell'Ordine, che indicono il Capitolo in tempi determinati. Per tal modo essi evadono di entrare nella questione di diritto e sfuggono la censura, compiendo il proprio dovere.

(1) La presenza di questo barcaiuolo, l'essere stato il documento rogato non nel Convento degli Agostiniani, ma vicino alla Porta Remondarolo, cioè alla spiaggia del Ticino, ci fanno ritenere la protesta essere stata emessa proprio sul punto d'imbarcarsi per Piacenza, ove si doveva tenere il Capitolo, per la via del Ticino e del Po.

Mustiolle papiensis, representantes maiorem partem conventus dicte ecclesie, et ibi fatentur.... habuisse et recepisse ab ipso Ubertino, pro ornamento capelle fondate in dicta ecclesia, sub vocabulo sanctorum Antonii et Elisabeth, per dictum dominum Augustinum.... infrascripta omnia, et primo Missale unum in cartis, cuius prima linea missalis in tercio folio a tergo incipit, in prima columpna, atque *Vigilia* et est in rubro et in decimo foleo in secunda columpna in fine ultime linee incipit *testimonium periberet* etc. secundum Curiam Romanam. Item calicem unum argenteum super deauratum cum armis illorum de Sclafenatis, cum patena, et est unciarum tredecim vel circa. Item planetam unam siricis, coloris viridis quodammodo frustam, cum armis similiter ut supra (1). Et inde, etc.

Die decimo mensis Iullii, MCCCCXXXVIIIJ, indicione secunda, hora none. In Papia, in domibus dicti Conventus deversus fontem. Porte Palacensis Parochie sancti Columbani.

CCIX.

Testamento del dottor Cedrione di Roma, vicario del Podestà di Pavia.

1489, ottobre, 14.

(Arch. Not. di Pavia — Atti di Agostino Baracchi).

IN Papia, in camera cubiculari domini testatoris, in Porta Pertuxii, in Parochia S. Georgii in fenarollo. Testamentum famoxissimi legum doctoris domini Cedrionis de Roma, Vicarii Generallis spectabilis viri domini Iohannis de Burris Papie et Comitatus Potestatis, et filii domini Iohannis Luthi.... In primis quidem recomendans animam suam in manibus Altissimi Creatoris, et elligens sepulturam suam post eius decessum ad ecclesiam sancti Augustini Papie, cassat, irritat, etc. Item vult, ordinat et disponit considerans quod ea que ad onorem obsequiarum fiunt tendunt ad pompam et in dampnum anime, et quod nudus ortus est in mundo et ex terra et nudus ad eam reverti debet, proinde quod quando contingit ipsum decedere, quod sepultura sua fiat sine pompa et convocatione personarum, iubens ad funerallia sua non vocari nisi presbiterum parochie sue et fratres conventus sancti Augustini et sex vel octo nobiles cum celostris quatuor.

CCX.

Laurea di frate Giovanni Evangelista, Eremitano.

1439

(Arch. del Rettorato dell'Univ. di Pavia — Protocollo di Bronzio Ubertari).

DOCTORATUS in sacra pagina domini fratris Iohannis Evangeliste Ordinis Heremitarum.

---

(1) Lo stemma gentilizio della famiglia Schiaffinati è ancora conservato in due esemplari marmorei infissi nella parete della navata minore settentrionale di S. Pietro in Ciel d'Oro, dove aveva eretta un'altra cappella patronale.

CCXI.

Frate Eusebio Leggieri, Procuratore di S. Agostino, riceve il pagamento di un legato testamentario.

1440, ottobre, 1.

(Arch. Notar. di Pavia — Atti di Gian Lodovico Strazzapatti).

C ONFESSIO facta per fratrem Euxebium de Legieriis sindicum et procuratorem venerabilicum dominorum Prioris, fratrum et Conventus ecclesie sancti Augustini papiensis, versus D. Thomaynum de Viqueria.... ad utillitatem Iohannis.... et Bertollamey de Boscho et Zanini de Guaschonato de Viqueria, heredum quondam D. Marci de Aguiben de Viqueria, se dicto nomine habuisse et recepisse a dicto D. Thomayno.... libras decem imperiales, que aliax dicto conventui nec non et quondam reverendo domino magistro Iohanni Petro de la Silva magistro sacre pagine dicti Ordinis, legate fuerunt per dictum D. Marchum in eius testamento, de quo rogatum fuit instrumentum anno curso MCCCCXXXIIIJ, indicione XIJ, die primo aprilis.... computatis tamen in presenti contessione et in dictis libris decem imperialibus. florenis duobus alias habitis et receptis per dictum quondam dominum magistrum Iohannem Petrum de la Silva.... Et inde, etc.

Die primo octobris, MCCCCXL, hora vesperarum.... in Papia, in studio domus habitationis D. Antonii de Preottonibus, sito in Porta Laudensi in Parochia S. Viti.

CCXII.

La nob. Giacomina Cattaneo fa un lascito a favore di S. Agostino.

1441, novembre, 14.

(Arch. di Stato, Milano. — Pergam. di S. Agostino).

I N sacristia ecclesie sancti Thome Papie. Domina Iacomina de Captaneis filia quondam D. Archizoni et olim uxor quondam D. Laurencii de Arbariciis, *nel suo testamento* legavit et legat conventui fratrum sancti Augustini Papie Ordinis Heremitarum sancti Augustini Papie florenos decem.

Not. Jacomatius de Sedaciis et Philipinus de Bienzano.

CCXIII.

Per la costruzione di una cappella contigua alla sagrestia degli Agostiniani, ov' era l'Arca.

1442, aprile, 27.

(Bibl. Univ. di Pavia — Cod. 'n. 428, Pergam. di S. Agostino).

I N nomine Domini, Amen. Anno a nativitate Domini milesimo quatricentesimo quadragesimo secundo, indicione quinta, die vigesimo primo mensis aprilis, hora completorii, in Citadela Papie, videlicet in domibus et sedimine monasterii sancti Petri in celo aureo Paple, sitis in Porta Palacii in Parochia sancti Andree in Citadela. Cum per reverendum in Christo patrem dominum fratrem Antonium de Becharia Dei et Apostolice Sedis gratia abbatem suo et nomine monasterii sancti Petri in celo aureo Papie concessa et data fuit licencia spectabilli et generoso viro domino Iohanni de Crotis capitaneo civitatis et Citadelle Papie possendi facere et fieri facere ac fabricari capellam unam super territorio dicti monasterii et in sedimine versus et prope sacristiam, que tenetur per venerabilles dominos fratres Heremitarum sancti Augustini, ubi est Archa marmorea, incipiendo a manu sinistra prope intratam dicti loci, ubi est ipsa Archa, et accipiendo versus dictum monasterium sancti Petri brachia tria cum dimidio terreni dicti monasterii sancti Petri in latitudine et in longitudine protendendo versus ortum, qui tenetur per conventum sancti Augustini tantum quantum durat volta prima dicte sacristie, que incipit ad ipsam intratam et plus et minus prout dessignaret dominus Augustinus de Barrachis sindicus dicti monasterii quem ad hoc ellegit, et que capela sit et appeletur capella monasterii sancti Petri in celo aureo, intrando ipsam capellam deversus dictam sacristiam, ipsamque capellam concesserit in quantum confirmetur per Bullas Apostolicas aut reverendissimi in Christo patris et domini domini Gerardi miseracione divina tituli sancte Marie in Transtiberim sancte romane ecclesie presbiteri cardinallis Comensis nuncupati, in toto dominio illustris domini Ducis Mediolani Apostolice Sedis legati (1), vel alterius ad hoc potestatem habentis, prout constat lacius in instrumento publico rogato anno et indicione presentibus, die XVI aprillis domino Nicolao ex captaneis Villelanterii notario publico papiensi; et modo venerabilles domini frater Iohannes de Ranciis et frater Augustinus de Merate canonici dicte ecclesie sancti Petri in celo aureo papiensis et suprascriptus dominus Augustinus sindicus et nomine monasterii prefati Abbatis ad requisicionem et instantiam infrascriptorum dominorum Prioris et Subprioris et fratrum, considerantes latitudinem et longitudinem dicti loci, ubi et in quo fieri debet dicta capella, non esse capaces pro ipsa capella fienda, nisi augeatur in latitudine predicta tantum quantum durat longitudo unius lapidis cocti, et nisi longitudo duret et trahatur usque ad murum dicti monasterii intermediante predictum ortum, qui tenetur per dictos dominos fratres, et sedimen dicti monasterii, et omni alio iure, via, modo, causa et forma, quibus melius et validius potuerunt et possunt ad confirmacionem dicte alias date licencie, adhuc dederunt et dant prefacto domino Iohanni, licet absenti, et michi notario eius nomine stipulanti liberam licenciam accipiendi et accipere possendi ultra dicta brachia tria cum dimidio in latitudine tantum de dicto sedimine, quantum est longitudo unius madoni seu lapidis cocti, et in dicta longitudine dicte fiende capelle usque ad dictum murum intermediante dictum ortum et dictum sedimen pro ipsa fienda capella honorifice, modo et forma ac condicionibus, quibus in ipsa prima licencia fit mencio. Et hoc, si et dummodo prius dicta licencia obtineatur et obtenta consignetur dicto monasterio, et aliter, ut protestantur, eandem licenciam facturi non fuissent. Et si et dummodo claudatur de bonis lapidibus coctis et calce foramen factum in dicto muro intermediante ut supra, mandato infrascripti domini Prioris, sumptibus et expensis ipsius domini Iohannis et dicti domini Prioris. Et hec omnia presentibus, instantibus et requirentibus reverendis dominis magistro Manfredino de Mombreto Priore et magistro Stephano de Marinis magistris in sacra pagina conventus sancti Augustini Papie et venerabillibus dominis fratre Marcho subpriore, fratre Simone Trovamala, fratre Raphaele de Rapalo, fratre Ambrosio de Scopis,

---

(1) È il Cardinale Gerardo Landriani, morto nel 1445, di cui   vedi L. PASTOR, Storia dei Papi, vol. I, pag. 226 e 235.

fratre Petro de Durne, fratre Apolonio de Curte, fratre Antonio de Repossis, fratre Gabrielle de Rachis, fratre Guniforto de Papia, fratre Antonio de Binascho, fratre Iohanne Augustino de Ayate, fratre Ambrosio de Laude, fratre Gasparino de Pergamo, fratre Iohanne Baptista de Cremona, fratre Christoforo de Papia et fratre Eusebio de Legeriis (1) sindico et procuratore dicti conventus, omnibus fratribus conventualibus conventus sancti Augustini papiensis ordinis Heremitarum. Et inde de predictis dicti domini Canonici et dominus sindicus dicti monasterii et dicti Prior, fratres et Conventus sancti Augustini hanc cartam et plures uno tenore michi Iohanni Antonio notario fieri rogarunt et rogant. Interfuere Iacobinus de Tuschanis filio quondam domini Laurencii, Iohannes et Iacobus fratres de Landulfis filii quondam domini Albertolli inde testes.

Ego Iohannes Antonius ex Captaneis Villelanterii genitus domini Christofori publicus papiensis inperialique auctoritate notarius hanc cartam michi fieri iussam rogatus traddidi et scripsi et hic me subscripsi.

CCXIV.

Il Duca di Milano autorizza gli Eremitani alla vendita di una casa da essi ereditata in Milano.

1442, luglio, 13.

(Arch. Notar. di Pavia — Atti di Agostino Baracchi).

DUX Mediolani, etc. Papie Anglerieque Comes ac Ianue dominus. Recepimus supplicationem ut infra, videlicet :

Illustrissime ducali Vestre dominacioni exponitur reverenter pro parte fidellium ad Deum pro eadem dominacione oratorum Guardiani Minorum necnon Priorum, fratrum et Conventuum domorum Predicatorum et sancti Augustini et sancte Mustiolle Heremitarum, sancti Primi Servorum et sancte Marie Carmellitarum Ordinum Vestre civitatis Papie, quod nunc quondam Pasina de Advocatis fq. Audirolli et relicta quondam Iohannis de Robectano dicti Trevisani, in eius testamento Donatum dictum Galeaz, eius filium legiptimum et naturalem, heredem instituit, et voluit et ordinavit, si contingeret predictum Donatum quandocumque decedere sine fillis legiptimis et naturalibus.... quod de domo ipsius testatricis posita in Civitate Mediolani in Porta Romana in Parochia S. Nazarii.... fierent sex partes ; unam partem legavit Conventui fratrum Heremitarum sancti Augustini, aliam fratribus Minoribus, aliam Predicatoribus, aliam sancti Primi, aliam sancte Marie de monte Carmello et aliam sancte Mustiolle civitatis Papie, ita quod domus ipsa venderetur per sindicos conventuum predictorum et precium converteretur in usus necessarios seu utiles fratrum et Conventuum predictorum, prout in instrumento publico inde confecto per Iohannem de Pischatoribus notarium plenius continetur. Verum, Illustrissime Princeps, defuncta predicta Pasina, decessit predictus Donatus sine filiis legiptimis et naturallibus, et

(1) Il nostro documento, oltrecchè per gli accenni all'Arca, che non si rinvengono altrove, e per le notizie topografiche del Convento, che sono così rare, ha la sua importanza anche per la memoria, che fa, di tanti nostri Religiosi, di alcuni dei quali serve a completar la biografia, di altri ci fornisce almeno il nome venerando.

sic legato predictis exponentibus facto locus existit. Cum autem secundum formam dicti testamenti predicta domus vendi debeat et nonnulli cives mediolanenses eam emere dubitent, ne in futurum opponi posset domum ipsam predictis exponentibus legare nequivisse propter nonnulla statuta, decreta et Ordines Vestre Dominacionis et Comunis Mediolani presertim, prohibencia rem immobilem alicuius supposti iurisdicioni domini Potestatis Mediolani transferri non posse in non suppositum ipsi iurisdicioni, sub certis penis et prout in eis reperiatur contineri. Dignetur vestra clemencia, attento quod predictis exponentibus dicta domus minime remanere debet sed vendi et in pios usus precium converti, per vestras patentes litteras decernere huiusmodi legatum potuisse fieri et valere et tenere et exinde eam vendere et alienare, aliquibus statutis, decretis et ordinibus dominacionis vestre et comunis Mediolani ac aliis in contrarium non attentis, quibus in quantum obviarent, in hac parte, ex certa sciencia, derogare dignemini.

Et attentis superius narratis, maxime considerato quod res, de qua agitur, tendit ad pias causas et quod licet bona, de quibus agitur, legata sunt dictis supplicantibus, tamen in eos remanere non debent, sed vendi et pecunie converti in pios usus, prout supra narratur, et quod etiam possessores eorum bonorum, qui pretendunt aliqualle ius habere in eis, contenti sunt ut petita concedantur, concedimus harum serie, ex certa sciencia, ac edicimus et mandamus legatum predictum fieri potuisse et valere et effectum sortiri debere, et quod proinde antedicti supplicantes ea bona vendere possint seu suppositis iurisdicioni Potestatis nostri Mediolani et prout supra requiritur, possintque quilibet idoney notarii Instrumenta superinde quelibet opportuna conficere eorumque confectioni secundi notarii et testes possint interesse. Et hec omnia et singula libere et impune, hiis de quibus supra fit mencio obstantibus non attentis, bonis tamen ipsis cum onere suo transeuntibus, et hoc etiam sine preiudicio iurium tercii, quibus in nullo intendimus derogare et per respectum ad ipsa iura tercii hec nostra concessio nullius sit valoris et momenti. In quorum testimonium, etc. Dat. Mediolani, die terciodecimo Iullii, MCCCC° quadragesimo secundo, quinta indicione. Lanzarotus. L. Therunda (1).

CCXV.

Sentenza del Vicario Vescovile a favore del Convento di S. Agostino.

1442, agosto, 23.

(Arch. del Rettor. dell'Univ. di Pavia — Atti di Gian Giacomo Roverini).

B ELLOTTO *de Oltrona Arcidiacono di Pavia e Vicario Vescovile pronuncia sentenza a favore di frate Eusebio de Ligeriis procuratore del Convento di S. Agostino contro Fermino Guarinoni di Bergamo per obbligarlo al pagamento di una bigoncia di vino, oppure di sei fiorini, all'anno per celebrazione di ufficii anniversarii legati al Convento con testamento del 1406, 20 marzo, rogato da Andreolo Guarguaglia da Vianino Guarinoni padre del convenuto.*

(1) Vedi doc. del 16 settembre 1443, n. CCXVI.

CCXVI.

Frate Lorenzo Biffi vende una casa ereditata dai Conventi di S. Agostino e S. Mostiola.

1443, settembre, 16.

(Arch. Notar. di Pavia — Atti di Agostino Baracchi).

N EL *Convento di S. Tommaso, convocato il Capitolo dei frati Predicatori.*
In seguito al testamento di Pasina de Advocatis *ed alla licenza concessa dal Duca ai 13 luglio 1442* (1), venerabilis vir frater Laurencius de Biffis prior ecclesie et Conventus sancte Mustiolle civitatis Papie Ordinis sancti Augustini suo et dicte ecclesie nomine, presente, volente et sibi consenciente fratre Augustino de Brissia conventuale dicte ecclesie sancte Mustiole.... tamquam sindicus et procurator.... venerabillium dominorum Prioris, Fratrum et Conventus ecclesie sancti Augustini civitatis Papie *e degli altri conventi interessati, rende a certi parenti della testatrice surricordata la casa in Milano lasciata dalla testatrice a favore degli Agostiniani e di altri Religiosi di Pavia.*

CCXVII.

Trascrizione dei privilegii concessi a S. Agostino di Pavia.

1444, gennaio, 29.

(Arch. del Rettor. dell'Univ. di Pavia — Atti di Gian Giacomo Roverini)

A UTENTICUM litterarum et privilegiorum apostolicorum pro fratribus et Conventu S. Augustini papiensi, die XXVIII Ianuarii in vesperis (2).

CCXVIII.

Investitura di terre in Vellezzo Bellini concessa dalla Comunità di S. Agostino a Giacomo Sacchi.

1444, febbraio, 19.

(Arch. Notar. di Pavia — Atti di Agostino Baracchi).

M ILLESIMO quatricentesimo quadragesimo quarto, indicione septima, die decimo nono mensis februarii. In Papia, videlicet in sacristia ecclesie sancti Augustini.... Investitura in perpetuum facta per venerabiles dominos magistrum Steffanum de Marinis sacre theologie professorem et priorem, et fratrem Iohannem de Marchixiis lec-

(1) Vedi doc. n. CCXIV.
(2) É una notizia desunta dal protocollo delle cause curiali del 1444, la quale fa supporre che tale trascrizione dovesse servire a corredo di documenti processuali presentati dagli Eremitani.

torem, fratrem Symonem de Trovamallis, fratrem Rafaelem de Rapalo, fratrem Iohannem Antonium de Curte, fratrem Ambrosium de Laude, fratrem Paganum de Modoetia, fratrem Gabriellem de Vachis, fratrem Antonium de Binascho, fratrem Augustinum de Brissia, fratrem Eusebium de Legeriis sindicum conventus per cartam rogatam Francisco de Belbello, fratrem Augustinum de Padua, fratrem Iohannem Augustum de Aglate, fratrem Gasparinum de Pergamo, fratrem Christofforum de Porcharia, fratrem Andream de Mediolano, omnes fratres conventuales et professi conventus et ecclesie ac Ordinis sancti Augustini civitatis Papie, representantes, ut fatentur, maiorem partem et plusquam duas partes conventus dicte ecclesie. *Ricordato che per cessato pagamento di canone i fratelli Giacomo e Bronzino Cervi decaddero dall' investitura loro concessa dal convento con atto 25 gennaio 1421 rogato Giovanni Pescatori, rinnovano detta investitura perpetua in Giacomo Sacchi del fu Rosino, per un appezzamento di vigna di 64 pertiche circa,* iacentem in territorio Vellezzi campanee Papie, ubi dicitur ad sanctum Bertholameum *coerenziata fra altro dalla* strata versus Rebechinum (1) *per l'affitto annuo di 4 sacchi di frumento da pagarsi alle calende d'Agosto.*

CCXIX.

Frate Lorenzo Biffi, eremitano, amministratore dei beni della mensa vescovile pavese.

1444, maggio, 29.

(Arch. del Rettor. dell'Univ. di Pavia. — Atti di Gian Giacomo Roverini).

OMPARITIO Paulini de Captaneis contra fratrem Laurentium de Biffis iconomum Episcopatus papiensis, die XXVIIII madii, hora vesperarum (2).

CCXX.

Disposizioni testamentarie del nob. Bartolomeo Beccaria a favore degli Agostiniani di S. Mostiola.

1445, giugno, 24.

(Arch. Notar. di Pavia. — Atti di Agostino Baracchi).

MCCCC quadragesimo quinto, indictione octava, die vigesimo quarto mensis iunii.... in civitate Papie, videlicet in domo et camera cubiculari domus domini testatoris in qua lacet infirmus, qne est superius et repondit ad ortum, sita in Porta Palacensi in Parochia S. Quirici Testamentum spectabillis viri domini Bertolomei de Becharia filii quondam domini Ludrixii...... disponit quod per suprascriptos Franciscum et

---

(1) Vedi doc. 1 apr. n. 1456.

(2) Il protocollo delle cause del 1444 con la sua laconica indicazione ci dà notizia di una carica importantissima, data la estensione dei possessi vescovili pavesi di quel tempo, affidata alla perizia negli affari del nostro Religioso, figlio del Convento di S. Mostiola. In quest'anno la diocesi di Pavia poteva dirsi vacante, perchè il Vescovo Enrico Rampini dei nobili di Sant'Alosio, quantunque sui primi mesi del 1444 si trattenesse in Pavia, era però stato fin

Manfredum eius filios et heredes ut infra.... expendantur, etiam de bonis ipsius domini testatoris post eius mortem, ducati centum auri et in auro, in uno seu pluribus fictis, ex
quo seu quibus percipi possint comuniter omni anno floreni duodecim.... que ficta.... dat
et legat Conventui ecclesie sancte Mustiolle Papie, quem conventum gravat ad celebrandum
seu celebrari faciendum missas duas in qualibet septimana pro anima ipsius domini testatoris et in remissionem peccatorum suorum in ecclesia sancte Marie de Porta Aurea Papie,
et si fratres dicti conventus de cetero cessabunt in celebratione dictarum missarum spacio
unius mensis continui, gravans tamen conscientias fratrum dicti conventus ad ipsas missas
celebrandum ut supra, eo casu dicta ficta.... dat et legat.... fratribus et conventui sancti
Thome Papie Ordinis Predicatorum.... quos gravat ad ipsas missas ut supra et similiter
celebrandum. Et in casu quo per mensem continuum cessaverint in celebratione dictarum
missarum ipsi fratres sancti Thome, quorum etiam conscientias gravat, eo casu ipsa ficta....
etiam dat et legat dictis fratribus et Conventui sancte Mustiolle. Et si cessaverint ut supra,
perveniant ipsa ficta modis et condicionibus suprascriptis, et de sicconventu in conventum,
perinde ac si esset substitucio expressa que facta foret de conventu in conventum cum condicionibus et formis suprascriptis.

CCXXI.

Codicillo del nob. Bartolomeo Beccaria riguardante il legato a S. Mostiola.

1445, giugno, 27.

(Arch. Notar. di Pavia. — Atti di Nicolò dei Capitani di Villanterio).

CODICILLO *del nob. Bartolomeo Beccaria del fu Lodrisio, col quale per riguardo al legato di messe stabilito a favore di S. Mostiola col suo testamento del 24 prossimo passato, determina,* quod si eisdem fratribus sancte Mustiolle et seu
fratribus sancti Thome, singula singulis refferendo, per Summum Pontificem vel per reve-
rendum dominum Episcopum papiensem, aut Rectorem dicte ecclesie sancte Marie Porte
Auree, vel aliter quomodocumque prohiberetur quod ipsi fratres non possent celebrare in
dicta ecclesia sancte Marie Porte Auree dictas missas duas singula septimana, tunc et eo
casu liceat.... eisdem.... dictas missas.... in ecclesia sancti Iohannis in Burgho Papie.... celebrare. Et casu quo similiter eisdem fratribus prohiberetur.... celebrare in dicta ecclesia
sancti Iohannis in Burgho.... tunc.... dictis fratribus.... celebrare in ecclesia sancte Mustiolle
et seu in ecclesia sancti Thome.... etc.

dal 24 agosto del 1443 promosso all'arcivescovado di Milano. A lui
si deve la nomina del Biffi come economo, nella qual carica crediamo abbia durato sino all'ingresso del nuovo Vescovo Giacomo
Borromeo, avvenuto ai 25 settembre 1446. Vedi G. CAPSONI, *Notizie.... di Pavia,* pag. 219.

CCXXII.

Testamento della nob. Tismina Rabagli Bottigella a favore di S. Mostiola.

1446, marzo, 25.

(Arch. Notar. di Pavia. — Atti di Agostino Baracchi).

MCCCCXLVJ die vigesimo quinto mensis marcii. Testamentum domine Tismine de Rabalio filie quondam domini Guillelmi et relicte quondam domini Iacobi Butigella filii quondam domini Gualterii...., *col quale* ellegit sibi sepulturam apud ecclesiam sancte Mustiolle Papie Ordinis Heremitarum, cui ecclesie, pro divinis officiis celebrandis, dat et legat florenos quatuor presentis monete.... Item dat et legat venerabili domino fratri Laurencio de Biffis fratri conventuali dicte ecclesie sancte Mustiolle, florenos tres ad dictum computum, quos per ipsum dispensari vult et distribui illi et ubi et quomodo ipsa domina testatrix dixit dicto domino fratri Laurencio, cuius in hoc conscientiam gravat......

CCXXIII.

Dotazione della Cappella di S. Nicola da Tolentino in S. Mostiola.

1446, luglio, 23-26.

(Arch. Notar. di Pavia — Atti di Nicola dei Capitani di Villanterio).

MCCCCXLVI, indicione IX, die XXIII mensis Iulii, hora mane, in civitate Papie, videlicet in Capitullo novo (1) conventus et ecclesie sancte Mostiolle papiensis, site in Porta Palacensi in Parochia sancti Columbani. Convocato... capitulo... de mandato reverendi in Sacra pagina magistri domini fratris Alberti de Crispis (2) Ordinis Fratrum Heremitarum sancti Augustini vicarii dictorum conventus et ecclesie et capituli propter absentiam venerabilis domini fratris Petri de Calvis de Binascho Prioris... in quibus quidem Capitulo et Conventu affuerunt... prefactus dominus Magister Albertus vicarius et cum eo... venerandi domini fratres Laurentius de Bifis (3) biblicus, Georgius de Pu-

---

(1) Il Convento di S. Mostiola, che per le tristi condizioni dei tempi vedemmo ridotto ad un numero esiguo di Religiosi (doc. n. CLXXIV) ora sotto l'impulso di frate Alberto Crespi e di frate Lorenzo Biffi raggiunge un vero splendore morale e materiale. L'accenno qui fatto alla nuova sala del Capitolo, ed il numero ragguardevole dei Religiosi convocati in essa ne sono una prova.

(2) Alberto Crespi reduce dal Concilio di Basilea riprende il suo posto in S. Mostiola, di cui costituisce la gloria maggiore. Egli aveva domandato al Generale di non essere tolto alla quiete di questo Convento pavese, per poter attendere con miglior agio ai suoi studi; e perchè aveva in animo di scrivere un' opera, che

però non è giunta a noi, nel 1438 chiese allo stesso Generale fra Gerardo da Rimini l'aiuto di uno scrittore, che gli fu concesso con decreto del 19 giugno dello stesso anno, come è notato nei Registri dell'Ordine citati dal TORELLI, vol. VI, pag. 695.

(3) Frate Lorenzo Biffi, che con tutta probabilità appartiene alla nota famiglia milanese, godeva meritata fama e considerazione in ogni classe di cittadini per la sua scienza e per il prudente governo. Noi lo vedemmo già Priore di S. Mosiola nel 1426 (doc. n. CLXXIV), nel 1439 (doc. n. CCVIII) e nel 1443 (documento n. CCXVI); ed economo alla mensa vescovile nel 1444 (documento n. CCXIX).

sterlla (1) prior sancti Laurentii Placentie Ordinis predicti, Iacobinus de Stropis de Binascho, Guido de Franzia, Iohannes Franciscus de Trovamallis de Sallis (2), Quintinus de Tornacho, Iohannes de Vegiis, Ambroxius de Caxalli, Henricus de Bugella, Iohannes de Franzia, Antonius de Gallis et Marchion (3), omnes fratres conventualles et residentiam presentialiter facientes dictorum conventus et ecclesie et in dicta ecclesia, facientes... plusquam duas partes capituli... Ipse namque prefactus dominus magister Albertus vicarius cum presentia, auctoritate et consensu ac insinuacione reverendi in sacra pagina magistri domini fratris Stefani de Marinis (4) patris provinciallis provincie Lombardie Ordinis Fratrum Heremitarum sancti Augustini, ibidem presentis.... exposuit ac exponit quod propter excrescentem devocionem maximam, que habetur ad sanctum Nicolaum de Tolentino (5), repertum est et reperitur nobillem dominam Thisminam de Ozolla filiam quondam domini Iacobi et relictam quondam egregii legum doctoris domini Iohannis de Piscia (6), vollentem et que vult doctare capellam erectam et fundatam sub vocabullo sancti Nicolay de Tolentino in dicta ecclesia sancte Mustiolle a manu sinistra intrando prope portam magnam dicte ecclesie (7), et eidem capelle pro docte et nomine doctis ipsius capelle assignare et traddere petiam unam terre advineate, ad ultimum perticarum centum vel circha, positam in Sycomario Papie, ubi dicitur ad Sanctum Martinum in terra arsa.... retento tamen usufructu ipsius petie vinee pro se ipsa domina Thismina, eius vita durante, et quod post eius vitam ususfructus ipsius petie vinee sit et esse debeat venerabilis domini fratris Laurentii de Biffis, eius libito voluntatis, de cuius fratris Laurentii conscientia dicit se plurimum confidere, et quod post eius et dicti fratris Laurentii vitam, sit et esse debeat et remanere dicte capelle sancti Nycolay perpetuo..... Et hoc si et dummodo pro parte dictorum conventus, capituli et ecclesie ac dominorum Patris Provincialis, Prioris et Fratrum eiusdem detur, traddatur et assignetur eidem domine Thismine ipsa capella sancti Nicolay de Tolentino pro se et successoribus suis, in qua capella et ad quam dietim celebretur et celebrari debeat una missa pro anima ipsius domine Thismine et predecessorum suorum ac in remissionem peccatorum suorum,.. ...Unde prefactus reverendus dominus Vicarius requisivit et requirit super et pro predictis mature deliberari et deinde responderi quid fiendum videtur super predictis.... Post que..... considerantes quod si predicta fient ut supra... cedent ad maximam utilitatem et commodum dictorum fratrum, conventus et capitulli.... (*l'atto qui è mutilo. Manca anche la seconda seduta del capitolo, quindi si ha la terza seduta*) :

Eisdem anno et indicione, die vigesimo sexto mensis Iulii, hora none, *nello stesso*

---

(1) Per frate Giorgio Pusteria vedi doc. 6 aprile, 1456.

(2) Appartiene alla nobile famiglia Trovamala, che aveva estesi possessi nel territorio di Sale, allora del Comitato di Pavia, ora grossa borgata della Diocesi di Tortona.

(3) Il Melchiorre, qui ricordato senz'altra specificazione, è frate Melchiorre Lucini, come si legge in fine dello stesso nostro documento, che per lunghi anni apparisce negli atti di S. Mostiola. Forse apparteneva alla nobile famiglia Lucini, oriunda di Como, che dal principio del secolo XV in poi ebbe un ramo in Pavia, quello discendente dal segretario ducale Giacomo Lucini. Questi teneva in affitto la grande possessione di S. Sofia, appartenente ai Canonici regolari di S. Pietro in Ciel d'oro, come risulta dalle numerose pergamene del fondo Brambilla, ora nel Museo Civico di storia patria di Pavia.

(4) Di questo Religioso vedi le note al documento del 2 settembre 1438 (n. CCVI).

(5) La *excrescentem devotionem maximam* a S. Nicola da Tolentino si deve allo zelo verso del Santo, addimostrato da Papa Eugenio IV in questo stesso anno 1446. Il culto al grande Taumaturgo era estesissimo, e già i Papi Giovanni XXII e Innocenzo VI si erano occupati per la canonizzazione di lui, la quale per varie circostanze non fu condotta a termine. Eugenio IV, terminato il Concilio Fiorentino, riprese le pratiche necessarie, e nel giorno della Pentecoste (5 di giugno) del 1446 lo ascrisse solennemente fra i Santi. La dotazione della Cappella, che in suo onore era stata innalzata in S. Mostiola, con tutta probabilità fin dall'anno 1394 (doc. n. CXI), è dunque una delle prime manifestazioni di pietà e di culto, che seguirono alla solenne canonizzazione del Protettore *delle anime purganti*.

(6) È la stessa nobile signora, che fin dal 1437 (doc. n. CC) disponeva delle sue sostanze a favore di S. Mostiola.

(7) Si richiami il documento dell'agosto, 1394 (n. CX).

luogo, convocato il capitolo de mandato venerabilis domini fratris Petri de Calvis de Binascho Prioris dictorum conventus et ecclesie... in quo quidem capitulo afuerunt et sunt ipse dominus Prior et cum eo... reverendus in sacra pagina magister dominus frater Albertus de Crispis, nec non venerabilles domini fratres Laurentius de Biffis biblicus, Georgius de Pusterlla Prior Placentie, Guido de Franzia, Iohannes Francischus de Trovamallis de Sallis, Quintinus de Tornacho, Iohannes de Vegiis, Iohannes de Franzia, Heustachius de Nocte, Antonius de Gallis, Iohannes de Alamania et Marchion de Luzino... representantes plusquam duas partes dictorum conventus et capitulli... cum presentia, licentia, auctoritate et consensu ac insinuacione reverendi in sacra pagina magistri domini fratris Steffani de Marinis patris provinciallis provincie Lombardie Ordinis Fratrum Heremitarum sancti Augustini, ibidem presentis... *delibarano di accogliere la domanda della nobile Tismina Ozola* et hoc pro eorum tercio tractatu et pro tercia deliberacione.

Quindi nello stesso giorno e nello stesso luogo all'ora di compieta, nel capitolo, alla presenza del Provinciale Stefano Marini, del Priore Pietro Calvi di Binasco, e di tutti gli altri religiosi già accennati, meno di Ambrogio da Casale e di Enrico Notti da Biella, si fa l'assegnazione e la tradizione alla nobile Tismina Ozola, della cappella suddetta, sub vocabulo devotissimi sancti Nicolay de Tolentino; *e la Ozola fa cessione al convento della proprietà della vigna a S. Martino Siccomario, colle riserve già accennate per l'usofrutto.*

CCXXIV.

Quietanza d'affitto rilasciata dal Convento di S. Agostino.

1446, ottobre, 15.

(Arch. Notar. di Pavia. — Atti di Gaspare Porzi).

I N casa del causidico *Antonio Preottoni, in parrocchia di S. Vito. Frate Gualterio de Curte procuratore del convento di S. Agostino, dichiara di ricevere da Giacomo Pergamo di S. Nazzario Lomellina, venti grossi per affitto di un anno, spirato al primo passato agosto, di un prato in quel luogo affittatogli dal Convento; e di ricevere da Ubertino Colleoni di Corteolona dieci sacchi di segale per affitto di due anni scadenti al prossimo S. Martino per una vigna in Corteolona di proprietà del Convento* (1).

CCXXV.

Frate Lorenzo Biffi vende una casa ereditata dal Convento di S. Mostiola.

1446, ottobre, 17.

(Arch. Notar. di Pavia. — Atti di Nicola dei Capitani di Villanterio).

I N domibus infrascripti conventus sancte Mustiolle et prope cameram infrascripti magistri Alberti.... Venerabilis vir dominus frater Laurentius de Biffis biblicus et frater conventuallis Conventus et ecclesie sancte Mustiolle papiensis, Or-

---

(1) Riassumiamo soltanto l'originale documento perchè la sua importanza consiste solo nel darci notizia del Procuratore del Convento di S. Agostino, e di due possedimenti dello stesso Convento.

dinis fratrum Heremitarum sancti Augustini, tamquam fideicomissarius et executor codicillorum et ultime voluntatis quondam domine Margarite de Campixe relicte quondam ultimo loco domini Thamayni de Curte de Moyana, in quibus codicillis et ultima voluntate dicta quondam domina Margarita legavit et adiudicavit ecclesie sancte Mustiolle predicte infrascriptam domum et omnia bona mobillia in ea existentia tempore mortis ipsius domine Margarite, *come da testamento rog. Giovanni Gambarana, nel 1 giugno 1445....*, cum presentia, voluntate et consenssu reverendi in Christo patris domini fratris Alberti de Crispis in sacra pagina magistri, nec non venerabilis domini fratris Iacobini de Stropis de Binascho Ordinis et Conventus predictorum, *vende per fiorini 150 la detta casa ad Agostino Baracchi, posta nella parrocchia di S. Colombano.*

CCXXVI.

Legati del notaio Antonio Giussani a favore degli Agostiniani di Pavia.

1447, giugno, 9.

(Arch. Notar. di Pavia — Atti di Gervaso Aliprandi).

M CCCC°XLVIJ, indicione X, die VIIIJ Iunii, hora vesperarum.
Testamentum Antonii de Glusiano notarii papiensis filii quondam domini Bernardi, etc.... Item dedit et legavit Conventui ecclesie sancti Augustini florenos duos. Item dedit et legavit conventui ecclesie sancte Mustiolle florenos duos, etc.

CCXXVII.

Domanda dei Pavesi a Francesco Sforza per il libero accesso alla Chiesa di S. Agostino (1).

1447, settembre, 18.

(ROBOLINI, *Notizie.... di Pavia*, vol. VI, part. I, pag. 300).

I NFRASCRIPTA sunt capitula, que supplicant cives Papie sibi concedi et confirmari per illustrem dominum dominum Franciscum Sfortiam Vicecomitem, etc. *Omissis.*

Item ad hoc ut civitas Papie magis ampla remaneat, liberque remaneat accessus ad ecclesiam beatissimi Augustini patroni st deffensoris huius civitatis et resultet devotio eiusdem beatissimi sancti: *(petunt)* quod cittadelle Papie ex toto debeat explanari nec possit ali-

---

(1) Morto Filippo Maria Visconti ai 10 agosto del 1447, Francesco Sforza, che ne aveva sposata la figlia Bianca, cercò subito di raccogliere il potere, contrastato dai tentativi di autonomia sorti in Milano colla Repubblica ambrosiana, in Pavia colla Repubblica di S. Siro ecc. Se difficile tornò allo Sforza l'acquisto di Milano, agevole gli fu d'ottenere la sottomissione di Pavia, giacchè ebbe tosto, per opera del Conte Matteo Attendolo Bolognini, il possesso del Castello di Pavia; e quindi gli Oratori della città furono al suo campo a trattare le condizioni della resa. Fra i capitoli concordati per questa è il tratto di documento, che pubbli-

qualiter rehedificari nec alibi fieri. Et quod sedimina ipsius cittadelle, que in bonis alicuius private persone non sunt, remaneant Comuni Papie, similiter et lapides murorum eiusdem citadelle, etc.

Ad suprascriptum capitulum respondet prelibatus dominus noster quod fiat ut petitur, quia respectus eiusdem illustrissimi domini domini nostri magis tendit ad corda hominum habenda quam fortilicia, salvo quod ad hoc ne civibus molestia inferatur, reserventur domus eiusdem citadelle pro habitatione eiusdem domini nostri et suorum : similiter et lapides eiusdem citadelle reserventur prelibato domino. Sedimina vero vacua, que non pertinent domibus quondam illustrissimi domini nostri, et etiam que non sunt in bonis privatarum personarum remaneant communitati Papie : alia vero sedimina remaneant prelibato domino.

CCXXVIII.

La Comunità di S. Mostiola delibera di dare investitura perpetua e quindi di fare la vendita di un campo a Bertolino Zanoni.

1448, gennaio, 26.

(Arch. Notar. di Pavia. — Atti di Giovanni Mangano).

IN conventu et refectorio conventus sancte Mustiole fratrum Heremitarum Ordinis sancti Augustini.... ubi similes congregationes et actus, per dictos fratres et conventum pro negociis suis peragendis, fieri solent : convocato capitulo.... de mandato venerabilis sacre pagine professoris domini fratris Laurencii de Biffis.... dicti conventus.... vicarius et regulator.... in quo adfuerunt et sunt venerabilis sacre pagine magister frater Albertinus de Crispis et predictus vicarius et domini fratres Iacobus de Stropis, Petrus de Calvis, Heustachius de Nocte, Iohannes de Vegiis, Gasparinus de Grupello, Antonius de Gallis, Melchior de Lucino, Augustinus de Placentia et Georgius de la Pusterla (1) biblicus et predicator, fratres professi.... facientes.... totum et integrum.... *si discute se convenga dare investitura perpetua a Bertolino Tacconi di un campo di circa 200 pertiche che il convento possiede nel territorio di Sommo, detto il campo degli Arnoldi, lasciato al convento da un Zanino Guidi di Novara nel 1416 con testamento rogato ai 20 settembre da Silvestro Torti notaio. Il campo fu investito a un Giacomo de Valide per l'affitto di due fiorini all'anno sin dal 1427, ma avendo cessato i pagamenti e perciò essendo decaduto dall'inve-*

chiamo, e che riguarda la cittadella, esosa ai Pavesi e perchè arnese di tirannia e perchè di grande ostacolo alle pubbliche dimostrazioni di fede verso S. Agostino, le cui reliquie e il cui bellissimo tempio trovavansi come prigionieri fra le terribili mura di quella fortezza. La prova delle angustie in cui trovavansi i Religiosi agostiniani e i cittadini pavesi per queste circostanze può aversi dal doc. CV e CXII, come già notammo. Non è meraviglia pertanto che al primo proclamarsi della Repubblica di S. Siro i Pavesi deliberassero la demolizione della cittadella, il che cominciò ad attuarsi nell'aprile del 1448, resistendo subito lo Sforza, il quale con due lettere del 22 aprile e del 3 maggio insistette

presso i Pavesi perchè la demolizione cessasse. Vedi R. MAIOCCHI, *Ticinensia*, Pavia, 1900, pag. 20, seg.; ROBOLINI, *Notizie*, vol. IV, part. I, pag. 97, seg.

Notiamo qui che non ostante le promesse fatte da Francesco Sforza ai cittadini pavesi, le condizioni della Cittadella e della Basilica non furono menomamente modificate, e come apparirà dal doc. 4 settembre, 1450, n. CCXXXVII, i Religiosi agostiniani dovettero reiterare le lagnanze già presentate a Gian Galeazzo Visconti fin dal 1395.

(1) Frate Giorgio Pusterla, della celebre famiglia milanese, che qui troviamo quale biblico a S. Mostiola, passò alcuni anni ap-

stitura, fu offerto al convento un nuovo affitto perpetuo molto utile, giacchè il richiedente detto affitto, certo Bartolino Zanoni di Pavia, offre il canone annuo di dieci 'fiorini. Et quia dictus conventus et domus eiusdem, ut per expressum videri potest, magna indiget reparatione et presertim in faciendo fieri dormitorium cum cellis seu cameris pro fratribus dicti conventus et eorum alogiamento et ut ipsi fratres valeant in ipso conventu honeste locari (1): *sull'appoggio della lettera del Priore Generale Gerardo da Rimini, del 26 novembre 1436, e avuto il consenso da quest'ultimo richiesto, di frate Alberto Crespi, si delibera esser conveniente accettare l'offerta del Tacconi, in un con la condizione della vendita del campo da farsi al medesimo, quando pagasse al convento entro certi termini di tempo la somma di fiorini 450. Il II trattato si fa ai 27, il III ai 29 insieme all'investitura effettiva.*

CCXXIX.

Stefanina Spalla elegge il suo sepolcro nella chiesa di S. Mostiola.

1448, giugno, 11.

(Arch. Notar. di Pavia — Atti di Uberto Mangano).

S TEFANINA de Spalis relicta quondam egregii et sapientis artium et medicine doctoris domini magistri Stefani de Spalis (2), *nel suo testamento* vult, iubet et disponit... corpus et cadaver suum debere sepeliri et traddi sepulture in ecclesia sancte Emustiole civitatis Papie.... *Presente come testimonio è* domino fratre Eustachio de Nocte Ordinis Fratrum Predicatorum *(sic)* ecclesie sancte Mustiole papiensis (3).

CCXXX.

Legato testamentario del nob. Manfredino Pietra della Costa a favore di S. Mostiola.

1448, giugno, 18.

(Arch. Notar. di Pavia. — Atti di Giacomazzo Sedazzi).

T ESTAMENTO *del nobile Manfredino Pietra della Costa, del fu Ardizzone, con cui dispone si assegni sulle sue proprietà di Costa un affitto del reddito annuo di 6 'fiorini, per la celebrazione di una messa alla settimana in S. Maria Port'Aurea.* Et si in hoc *(cioè della celebrazione della messa).* Rector ipse *(di S. Maria)* negligens fuerit,

---

presso al Convento di S. Marco in Milano; ed a lui vedremo indirizzata una bolla da Papa Callisto III nel 1456, ai 6 di aprile. Vedi doc. n. CCLXVI, CCLXXXV e CCLXXXVI.

(1) Questi provvedimenti oltrechè dalla grande antichità del Convento erano richiesti dal cresciuto numero dei Religiosi.

(2) Maestro Stefano Spalla era medico ducale, come apparisce dalla Cattedra di medicina nell'Università pavese. ROBOLINI, *Notizie*, vol. V, parte II, pag. 227.

(3) Come già abbiamo avvertito, la denominazione di frati Predicatori, applicata agli Eremitani, derivava dall'uso popolare, giustificato dalle loro frequenti predicazioni. In S. Mostiola poi abbiamo argomento di credere che si tenesse un vero corso di pubbliche lezioni scritturali, come si arguisce dai due appellativi di *biblicus et predicator* dati talvolta a qualcuno di quei Religiosi. Vedi doc. n. CCXXVIII.

tunc et eo casu huiusmodi legatum eiusque ius et comoditas perveniat in ecclesiam et Fratres sancte Mustiolle Papie, cum onere predicto dicendi seu faciendi dicere unam missam omni ebdomada perpetuis temporibus in dicta ecclesia sancte Marie.

CCXXXI.

Disposizioni testamentarie di Accordino Grassi a favore del Convento di S. Agostino.

1448, luglio, 17.

(Arch. di Stato, Milano. — Pergam. di S. Agostino).

I N Civitate Papie in domo testatoris, in Porta Palacii, in Parochia S. Zeni: Acordinus de Grassis filius quondam Perini, suum ultimum condens testamentum, « dat et legat ecclesie et conventui sancti Augustini civitatis Papie in qua vult corpus suum debere sepeliri, sachos quinque et dimidium papienses furmenti cum hac conditione quod fratres dicti conventus teneantur et debeant celebrare in dicta ecclesia officium unum solempne pro anima ipsius testatoris cum missa in incantu in septimo dicti testatoris. Et unum aliud officium solempne ut supra pro trenteximo pro anima predicti testatoris ac unum aliud officium ut supra solempne pro annuali ipsius testatoris » dante tamen matre ipsius testatoris suprascriptis fratribus et conventui ceram opportunam pro dictis officiis celebrandis. Item dedit et legavit ac dat et legat suprascripte ecclesie sancti Augustini alios sachos quinque et dimidium papienses furmenti dandos pro anima testatoris ».

Notarius, Ioh. Iacobus de Noxis fq. D. Manfredini.

CCXXXII.

Breve di Papa Nicolò V all' Abbate di S. Pietro in Ciel d'oro, al quale si vieta d'incorporare nella sua comunità gli Eremitani di S. Agostino.

1448, ottobre, 8.

(Arch. di Stato di Milano. — Bolle e Brevi Papali).

N ICOLAUS Papa V.

Dilecte fili, salutem et apostolicam benebictionem. Concessimus tibi nuper pro reformatione tui Monasterii et pro divino cultu ibidem celebrando ut de quibuscumque Mendicantium Ordinibus possis assumere duodecim religiosos prout in ipsis litteris plenius continetur. Volentes igitur ut quod tibi pro tui Monasterii utilitate concessum est in aliud scandalum aut preiudicium non redundet ex certis bonis causis et presertim ne inter te et Ordinem Heremitarum sancti Augustini aliqua dissensio aut scandalum oriantur, volumus et tenore presentium mandamus tibi ut nullos dicti Ordinis Heremitarum religiosos cuiuscumque conditionis existant ubicumque moram trahant vigore dictarum nostrarum litterarum ad tuum monasterium assumas vel recipias, sed eos in suis conventibus et professione sinas Altissimo deservire. Prefactas litteras si secus egeris carere iuribus decernentes. Dat. Rome, apud sanctam Mariam Maiorem, sub anulo Piscatoris, die VIII mensis octobris, Pontificatus nostri anno secundo(1).

A tergo. Dilecto filio Stephano abbati monasterii sancti Petri in Celo aureo papiensis.

CCXXXIII.

Spese del Comune di Pavia per l'offerta votiva a S. Agostino.

1449, dicembre, 31.

(Museo Civ. di stor. patria di Pavia. — Atti di Provvisione Cart. I).

M CCCCXLVIIIJ, die ultimo decembris.
Convocato conscilio, etc. (2).
Providerunt et provident quod fiat bulleta solucionis........ pro libris IIIJ cere in duobus torticiis pro oblacione sancti Augustini de mense Augusti MCCCCXLVIIJ, ad computum soldor. VII 1/2 pro libra .Et etiam pro victura torticiorum (3) pro suprascripta oblacione sancti Augustini de denariis quibuscumque, etc.

CCXXXIV.

Legati testamentarii di Antonio Rogli da Chieri a favore di S. Agostino.

1450, maggio, 31.

(Arch. Not. di Pavia — Atti di Gian Lodovico Strazzapatti).

I N *Porta* Laudense *in Parrocchia di S. Maria Nuova,* Magister Antonius de Roglis de Cherio magister a bombardis, *ammalato, fa il suo testamento, in cui dispone* quod eius cadaver sepeliatur et sepeliri debeat ad ecclesiam sancti Augustini Papie, cuius conventui ipse testator legavit et legat florenos duodecim monete currentis.....

(1) Da questo documento si conferma quanto risultava dal doc. n. CLXXXVIII intorno alla decadenza rapida della Comunità dei Canonici Regolari. Nel 1434 si constatava con un atto capitolare la impossibilità in cui essi erano, già dal principio del secolo, di eleggersi un Priore. Ora vediamo l'Abbate ricorrere ad un estremo rimedio, quello cioè di incorporare al suo Monastero dodici Religiosi Mendicanti per tenere in vita la Comunità. Il rimedio tuttavia non giovò, perchè probabilmente non si trovarono i desiderati Religiosi. E perciò alla morte dell'Abbate Stefano Giudici, avvenuta nel 1453, Papa Paolo II mutò il monastero in commenda, che diede a Giacomo Ammannati Piccolomini, Cardinale di S. Crisogono, Vescovo di Pavia dal 1460. Poco dopo la Congregazione dei Canonici di Mortara cedette, come vedremo, il luogo a quella dei Canonici Lateranesi.

La proibizione che Nicolò V faceva all'abbate di S. Pietro di assumere cioè nel suo monastero gli Eremitani, aveva lo scopo principale di mantenere ben distinte le due Comunità, che officiavano presso il sepolcro di S. Agostino, distinzione, che non si sarebbe avuta se degli Eremitani fossero passati dalla parte dei Canonici Regolari. Seguendo l'ordine delle nostre idee ci permettiamo di osservare che probabilmente era quello il momento di risolvere per sempre ogni difficoltà, togliendo il dualismo, che fu causa di frequenti agitazioni. Ma il Pontefice la pensò diversamente per ragioni che ci sfuggono. Si sa poi che i Pavesi si gloriavano, come di una grande singolarità, di avere una chiesa officiata contemporaneamente da due Ordini Religiosi diversi.

(2) Si sottintende *duodecim sapientum provisionis.*

(3) *Victura torticiorum* significa portatura delle torcie. Notisi come da questo conto risulti la cessazione dell'offerta dei Falli, durata tutto il secolo XIV. Vedi vol. I, pag. 38, e documento n. XCIX.

semel tantum. Item legavit, et legat domino fratri Augustino de Rolandis fratri dicti conventus sancti Augustini, ducatos octo auri in emendo unum calicem argenti super deaurati, de quo calice ipse dominus frater Augustinus uti ct disponere possit ad sui libitum. Item voluit et ordinavit ac vult et ordinat quod per dictum dominum fratrem Augustinum de Rollandis celebrari debeat in dicta ecclesia sancti Augustini omni septimana semel usque ad unum annum continuum missa una pro anima ipsius testatoris et pro remissione peccatorum suorum, pro qua missa celebranda ipse dominus frater Augustinus habere debeat grossum unum pro singula vice.

CCXXXV.

Donazione della nob. Elena Fazzardi Panizzari a frate Gualtiero Corti procuratore di S. Agostino.

1450, agosto, 17.

(Arch. Notar. di Pavia. — Atti di Gian Lodovico Strazzapatti).

M CCCCL, indicione XIIJ, die XVII Augusti, hora mane. Donatio inter vivos facta per D. Hellenam de Fazardis fq. D. Antonii et relictam quondam Henrici de Panizariis, domino fratri Gualterio de Curte Ordinis fratrum Heremitarum sancti Augustini Papie, de iuribus et actionibus sibi spectantibus contra Antonium et Bernardum fratres de Panizarlis.... habitantes in loco Tromelli Lomelline.... nomine occaxione ab eis et in eorum bonis habendi et consequendi annuos reditus quos ipsa domina Hellena donatrix habere debet a dictls nepotibus suis, ad computum sachorum novem cum dimidio furmenti et sichalis trium, et starii unius cicerum et starii unius faxolorum.

CCXXXVI.

Disposizioni testamentarie della nob. Castellina Suardi a favore di S. Mostiola.

1450, agosto, 29.

(Arch. Notar. di Pavia — Atti di Gian Lodovico Strazzapatti).

I N casa del notaio di Porta Laudense. Testamento della Nobilis domina Castellina de Suardis fq. D. Iacobi et uxor sapientis viri D. Magistri Francisci de Ochis legentis Poesiam in felici Studio papiensi (1). Item legavit et legat ecclesie sancte Mostiole Papie florenos quinquaginta monete currentis... pro fabricari fatiendo unum calicem et pro fieri fatiendo unam planetam ad altare sancti Nicolay de Tollentino constructum in ipsa ecclesia (2).

(1) Francesco Oca di Bergamo fu professore di Rettorica nel-l'Università pavese dal 1442 al 1480. Vedi ROBOLINI, Notizie, vol. V, parte II, pag. 153 e 250. Cfr. TIRABOSCHI, Stor. della Letter. d'Italia, vol. VI, part. I, lib. I, cap. 3, n. 13.

(2) La nobile testatrice si mostra qui divota di S. Nicolò da Tolentino, come dello stesso santo era devoto il marito di lei, il quale nel suo testamento, fatto contemporaneamente a quello

della moglie, mentre dispone per la fattura di una ricchissima croce d'argento da donarsi alla chiesa di S. Giorgio in Montefalcone di Pavia, vuole che nel rovescio di detta croce campeggi la figura di S. Nicola da Tolentino cum sua cruce in manu. Il qual testamento è unito a quello della moglie fra gli atti dello stesso notaio Strazzapatti.

CCXXXVII.

Gli Eremitani di S. Agostino ottengono dal Duca Francesco Sforza la conferma dei privilegi loro accordati dai Visconti.

1450, settembre, 4.

(Bibl. Univ. di Pavia — Cod. n. 428, Pergam. di S. Agostino).

D UX Mediolani, etc. Papie Anglerieque Comes ac Cremone Dominus.
Supplicatum est nobis parte Prioris, fratrum, Capituli et Conventus Ordinis Heremitarum sancti Augustini civitatis nostre Papie in forma subsequenti, videlicet:

Illustrissime Princeps. Felicis recordationis illustrissimus quondam Iohannes Galeaz primus Dux tunc Dominus Mediolani ac Comes Virtutum, cui pro parte fidelium oratorum conventus ordinis Heremitarum sancti Augustini vestre civitatis Papie supplicatum fuit ex eo quia ad conventum ipsum accessus Christifidelium prohibitus erat, eo quod in citadella esset, devocio ecclesie sancti Augustini, Conventus eiusdem cessaverat cessabantque elimosime, nec Fratres in ipso conventu residentes habere poterant sustentationem, per suas patentes litteras, eidem conventui ob reverentiam beatissimi Augustini, cuius corpus in eorum ecclesia quiescebat prout quescit, concessit quod eidem relinqui et in pios usus legari, sive inter vivos, sive in ultima voluntate, aliter quomodocumque, possent tot proprietates et bona immobilia, quorum fructus et redditus ad summam trecentorum florenorum annuatim ascendere possent, aliquibus decretis suis seu statutis et provisionibus civitatum et terrarum suarum, sive alicuius earum in contrarium disponentibus nequaquam obstantibus, prout in ipsis litteris lacius continetur datis Papie die XII Marcii MCCCLXXXXV (1). Has litteras clarissime memorie illustrissimus quondam dominus Filippus Marie Dux et socer Vestre Dominationis per suas patentes litteras, datas Mediolani die XXVIIIJ Ianuarii MCCCCXXXV confirmavit et de novo concessit (2). Etiam, Illustrissime Princeps, prelibatus dominus Iohannes Galeaz per alias suas patentes litteras Priori, Fratribus et Conventui predicte domus sancti Augustini concessit, quod in causis, quas contra laycos movere haberent, uti possent et gaudere, quo ad littis ordinationem, et decisionem beneficio decretorum suorum ac statutorum civitatum terrarumque suarum, ipsis versa vice se subiicientibus versus laycos pro premissis dispositioni decretorum et statutorum predictorum, prout in ipsis litteris plenius centinetur datis Papie die XXIJ Augusti MCCCLXXXXVJ, quarta indictione (3). Quas quidem litteras prelibatus dominus Dux Philippus Maria etiam per suas patentes litteras confirmavit et de novo concessit.

Dignetur itaque excellentissima Dominatio Vestra que civitatem Papie gubernat et obtinet, ob reverenciam prefati beatissimi Augustini, binas concessiones huiusmodi per prelibatum dominum Ducem Iohannem Galeaz factas, sequutasque confirmationes et de novo concessiones illustrissimi domini Ducis Filippi Marie et in eis contenta, ex certa scientia

---

(1) Vedi doc. n. CXII.

(2) Vedi doc. n. CXCIII.

(3) Non ci è stato possibile di rinvenire questo documento

non ostante le nostre ricerche nei diversi fondi archivistici di Pavia e di Milano.

de verbo ad verbum prout iacent, confirmare et aprobare eosque et ea de novo concedere ac de novo concessa esse velle et iubere. Et mandare universis et singulis officialibus et subditis vestris presentibus et futuris ad quos spectat et spectabit, quatenus suprascriptas concessiones et confirmationes binasque concessiones.......... (1) observari et execucioni mandari faciant penitus et omnino, omnique exceptione et contradictione cessante, sub indignationis vestre pena.

[Nos itaque prius] premissis consideratis, visisque diligenter et examinatis per Spectabiles de Consilio nostro Iustitie litteris binarum concessionum........ factarum per illustrissimos quondam recolende memorie dominos predecessores nostros, de quibus supra fit mencio, volentesque et nos qui non minorem beatissimo Augustino devocionem et reverentiam gerimus, eisdem supplicantibus in premissis benigniter complacere, tenore presentium ex certa scientia et de nostre potestatis plenitudine et omni modo, iure, via et forma quibus melius et validius possumus, predictas omnes concessionum et confirmacionum litteras, quas hic habere volumus pro expressis, ac omnia et singula in eis expressa et contenta, in omnibus et per omnia ac de verbo ad verbum prout iacent confirmamus, corroboramus, ratificamus et approbamus easque et ea respectu eorum que ac quatenus nondum suum effectum sortita sunt de novo concedimus. Mandantes universis et singulis officialibus et subditis nostris presentibus et futuris ad quos spectat et spectabit quatenus suprascriptas litteras eorumque continentiam et effectum et has nostras confirmationis et nove concessionis litteras observent et exequantur ac inviolabiliter observari et executioni mandari faciant, omni prorsus exceptione et contradictione cessante, sub indignationis nostre pena. In quorum testimonium presentes fieri et registrari iussimus nostrique sigilli munimine roborari. Dat. Laude, die quarto septembris, MCCCC quinquagesimo, indictione quartadecima. Lanzalotus. Petrus.

CCXXXVIII.

Disposizioni testamentarie del notaio Galvagnino de Mombreto a favore di suo fratello frate Manfredino de Mombreto, eremitano.

1450, ottobre, 18.

(Arch. Notar. di Pavia — Atti di Gian Lodovico Strazzapatti).

TESTAMENTO *del* nobilis et prudens vir Galvagninus de Mombreto fq. D. Iohanoli, civis et notarius papiensis, *in cui ordina che al suo funerale* interesse debeant sulummodo D. Prepositus ecclesie S. Theodori cum suis Canonicis et capellanis usque ad numerum octo et Rector ecclesie S. Marie Capelle usque ad numerum quatuor, item Conventus Fratrum Heremitarum sancti Augustini, item conventus sancte Marie de Monte Carmello..... Item ipse testator pro incontro unius ficti sachorum trium frumenti, quod dari et prestari debebat per Ioh. Antonium Grossum de Bassignana, de petia una perticarum decem.... et quod ipse testator assignavit, dedit et transtulit domino Magistro Manfredino de Mombreto eius fratri, Ordinis fratrum Heremitarum sancti Augustini

(1) Qui e più sotto abbiamo una lacuna per guasto prodotto dall'umidità nell'originale.

Papie, ac conventui dicti monasterii, cum certis modis et conventionibus in instrumento...: rogato Ioh. Iacobo de Roverinis... MCCCCXXXIIIJ, die XVI septembris: Et quod fictum quia erat nimis de longincho, de voluntate dicti magistri Manfredini, ipse testator vendidit, licet de iure facere non poterat: Item etiam pro omni et toto eo quod dictus conventus eidem Galvagnino et in eius bonis, tam occasione dicti ficti venditi et fictorum preterictorum, quam alia... assignat... et dat... prefatis magistro Manfredino et Conventui... illud fictum perpetuum... librarum sedecim et soldorum sedecim, quod... in Kalendis Augusti.... dari et prestari debet... de certis vineis, pratis et proprietatibus positis in territorio Pancharane.

CCXXXIX.

Frate Eusebio de Legeriis procuratore di S. Agostino rilascia quietanza per affitto di beni del Convento nel Siccomario di Pavia.

1450, dicembre, 18.

(Arch. Notar. di Pavia. — Atti di Gian Lodovico Strazzapatti).

M CCCCL, die XVIIJ decembris, hora vesperarum, in studio mei notarii. Confessio facta per dominum fratrem Eusebium de Legeriis sindicario nomine dominorum fratrum sancti Augustini Papie..... versus Marchum de Massariis habitatorem in Sichomario, ubi dicitur in Valbona..... se ab eo habuisse et recepisse· libras trigintasex imper. et soldos sex, datos per ipsum Marchum domino fratri Gualterio de Curte, nomine dicti conventus, pro fictis trium annorum proxime preteritorum et finitorum in festo S. Martini proxime preterito, certarum proprietatum positarum in Sicomario Papie, ubi dicitur in Burgonono, quas confitetur tenere ad fictum perpetuum a dicto conventu, pro dicta annua ficti prestacione librarum duodecim imperialium et sold. sex.... Et inde, etc.

CCXL.

Investitura di una casa in Pavia concessa dalla Comunitá di S. Agostino.

1451, febbraio, 19.

(Arch. Notar. di Pavia — Atti di Giorgio Lamperghi).

I N sacristia ecclesie et Conventus sancti Augustini, sita in Porta Palacii in Parochia S. Andree. *Essendo scaduta la investitura di una casa concessa dal Convento nel 1437, con rogito Galvagno de Mombreto, a certi Michele Busti e Bartolomeo Sovico, per cessazione del pagamento degli annui canoni d'affitto, ora* convocato capitulo et convetu Ordinis fratrum Heremitarum sancti Augustini Papie.... de mandato.... fratris Gualterii de Curte subprioris predicti Conventus Ordinis Fratrum Heremitarum sancti Augustini Papie, in quo quidem capitulo adfuerunt et adsunt prefatus dominus frater Gualterius de Curte subprior, ut supra, nec non reverendus pater Steffanus de Marinis sacre theologie magister, ac venerabiles et religiosi domini frater Raphael de Rapallo lector, frater Petrus de Durne, fráter Antonius de Caxali magister studencium dicti Ordinis, frater Luchas de Boemia, frater Gaspar de Papia, frater Bernardus de Riciis, frater Bertholameus de Porcharia, frater Thomaynus de Pergamo, frater Zaninus de Laude, frater Antonius de Astariis, frater Augustinus de Eustachio, frater Bertholameus de Cumis, frater Augustinus de Placencia, et frater Euxebius de Legeriis, omnes fratres professi dicti Ordinis, facientes et representantes totum et integrum Capitulum dicti Ordinis, seu plus quam duas partes ex tribus partibus eiusdem capituli, *danno investitura perpetua a Giorgio Vecchi*, de domo una murata et cupata, cum curia, canepa, putheo, solario et aliis suis hedificiis, sita in civitate Papie, in Porta S. Iohannis, in parochia S. Laurencii, *pel canone annuo di cinque fiorini e nove grossi da pagarsi al primo gennaio d'ogni anno*.

CCXLI.

Lasciti di Baldino Maffei a favore di S. Mostiola.

1461, aprile, 28.

(Arch. Notar. di Pavia. — Atti di Nicolino Sicleri).

TESTAMENTUM Baldini de Maffeis fq. Iohannis, habitatoris Papie.... Vult et disponit.... quod, adveniente die obitus sui, corpus suum sepeliri debeat ad ecclesiam sancte Mustiolle dicte civitatis Papie, ad quam ipse testator singularem gerit devotionem et ad quam ipse testator sibi sepulturam ellegit et elligit...... Item...... dat et legat Capitulo seu conventui dicte ecclesie sancte Mustiolle florenos quinque.... pro sepultura, seu respectu sepulture, ad ipsam ecclesiam ellecta.... Item dat et legat dicto Capitulo et seu Conventui dicte Ecclesie sancte Mustiolle libras sex imper. cum onere tamen quod agentes nomine dicti Capituli et seu Conventus cellebrare debeant ad dictam ecclesiam sancte Mustiolle, pro anima ipsius testatoris et in remissionem peccatorum suorum, bis missas sancti Gregorii et in eius reverenciam. *Sono presenti come testimoni*: reverendo in Christo patre sacre pagine professore magistro Laurentio de Biffis.... fratre Bertolino de Bassis Ordinis (1) sancte Mustiolle papiensis.

CCXLII.

Disposizioni testamentarie del nob. Francesco Beccaria di S. Alessio a favore di S. Mostiola.

1461, giugno, 27.

(Arch. Notar. di Pavia. — Atti di Lodovico Strazzapatti).

TESTAMENTO *del nob.* Francischus de Becharia de sancto Alessio, fq. D. Ludrixii, *nel quale si dispone fra altro che si debbano* dispensari becondiam unam papiensem vini e sachos tres papienses furmenti omni anno, pro anima ipsius

---

(1) Chiamiamo l'attenzione sull'uso della parola *Ordinis*, la quale presso i Notai e presso il popolo era adoperata talvolta a significare non propriamente l'Istituto Religioso direttamente; ma indirettamente così: *Ordinis* (al quale appartiene il Convento)

testatoris, iuxta disposicionem domini fratris Petri de Calvis Ordinis sancte Mustiolle Papie, et, ipso defficiente, ipsos legavit et legat Conventui et ecclesie sancte Mustiole, quos agravavit et agravat ad celebrandum missam unam omni anno pro anima sua.

CCXLIII.

Donazione della nob. Caterina Beccaria Fiamberti a S. Agostino.

1451, luglio, 10.

(Arch. Notar. di Pavia. — Atti di Agostino Gravanago)

MCCCCLJ°, indicione XIIIJ^a, die decimo mensis Iullii, hora vesperarum, in civitate Papie, videlicet in cella Magistri Steffani infrascripti, fratris infrascripti Ordinis sancti Augustini, sita prope at apud ecclesiam sancti Augustini Papie.

In presencia nobilis viri D. Ruffini de Tortis.... Consulis Iusticie Comunis et Civitatis Papie.... Nobilis domina Chaterina de Becharia de Arena, relicta quondam nobilis viri domini Iohannis Marchi de Fiambertis civis papiensis, ob sincere devotionis affectum quem sedulo gessit et gerit Sancto Patri Augustino eiusque ecclesie infrascripte situate in civitate Papie, et etiam pro salute anime ipsius domine Chaterine et dicti quondam domini Iohannis Marchi eius mariti, cuius corpus in dicta ecclesia requiescit, titulo donacionis.... inter vivos.... cessionem et datum fecit et facit reverendis et venerabilibus dominis Priori, Fratribus et Conventui Ecclesie Sancti Patris Augustini civitatis Papie, quorum nomina sunt hec videlicet:

D. Magister Steffanus de Papia (1), frater Hieronimus de Mediolano bachalarius, frater Iohannes Gualterius de Curte, frater Raphael de Rapallo lector, frater Petrus de Cremona, frater *(in bianco)*.

Omnibus ibi presentibus, etc. Nominative de omnibus et singulis iuribus et actionibus... quibuscumque, eidem domine Chaterine tamquam uxufructuarie constitute in testamento.... dicti quondam D. Iohannis Marchi, rogato anno MCCCCXLVJ° die IV mensis octubris per D. Iacomatium de Sedaciis, spectantibus et competentibus.... contra et adversus Girardum, Christoforum, Antonium et Albertinum, omnes fratres de Nigris filios quond. Georgii, nec non et contra ipsum quondam Georgium eorum patrem, Christofforum et Iohannem eorum fratres de Nigris et eorum heredes.... nomine et occasione ab eis et in eis habendi et consequendi sachos viginti octo, staria duo et quartos duos papienses furmenti; sachos vigintiseptem, starium unum et quartos duos papienses sichalis; sachos vigintisex, starla duo et quartos duos papienses millii, et omnes illas bladorum quantitates et denariorum ac rerum, quas ipsa domina Chaterina.... habere debet a dictis de Nigris, pro ficto retento certarum proprietatum de Lossano campanee Papie de quibus alias ipsi pater et filii de Nigris fuerunt ad novennium investiti.... Item nomine et occaxione habendi, petendi et consequendi, ut

---

sancte Mustiole papiensis. Oppure: Ordinis (al quale appartiene il Convento e la Comunità) Fratrum Predicatorum (cioè che predicano) sancte Mustiole.

(1) É il Priore frate Stefano Marini, o da Pavia, di cui vedi documento del 2 settembre 1438, n. CCVI.

supra, dampna, interesse et expensas per ipsam dominam Catherinam passa et factas dicta occaxione, de quibus omnibus dicta domina Catherina dictos dominos Priorem et Fratres ac Conventum in suum locum, ius et statum posuit et constituit.... etc.

CCXLIV.

Quietanza di frate Eusebio de Leggieri, procuratore di S. Agostino, per un affitto annuo.

1451, agosto, 1.

(Arch. Notar. di Pavia — Atti di Agostino Gravanago).

ELLA *casa dell' avvocato Preottoni in Parrocchia di S. Vito.* Frater Euxebius de Ligeriis Ordinis Heremitarum sancti Augustini papiensis, suo et nomine.... ecclesie ac fratrum sancti Augustini papiensis.... *riceve da Beltramino Aliprandi due sacchi di frumento per affitto di un anno oggi spirante di una vigna e di un prato in territorio di Pieve del Cairo,* che l'Aliprandi tenebat ad fictum perpetuum a quondam domino Rolandino de Fiambertis et quod fictum postea donavit iamdictis monasterio et ecclesie sancti Augustini vigore testamenti per eum dominum Rolandinum conditi tempore vite sue, rogati per dominum Andriolum de Guargualiis, etc.

CCXLV.

Legato testamentario di Gian Antonio Ricci a favore di S. Mostiola.

1452, maggio, 8.

(Arch. Notar. di Pavia. — Atti di Antonio Lamperghi).

N *casa di Nicola dei Capitani di Villanterio in Parrocchia di S. M. dei Cani. Testamento di Gian Antonio Ricci del fu Bertolino, col quale* dat et legat ecclesie et Conventui sancte Mustiolle Papie, pro anima patris et matris sue et aliorum defunctorum suorum, sachum unum papiensem furmenti, omni anno usque ad decem annos proxime futuros post eius decessum, gravans dominos Priorem et Fratres eiusdem ecclesie ad celebrandum omni anno de mense octobris usque ad decem annos unum officium mortuorum pro comemoratione suorum defunctorum.

CCXLVI.

Quietanza d'affitto di frate Gualtiero Corti procuratore di S. Agostino per una vigna in Cremona.

1452, ottobre, 7.

(Arch. Notar. di Pavia. — Atti di Agostino Gravanago).

I N casa *Preottoni, Parrocchia di S. Vito.* Venerabilis dominus frater Gualterius de Curte, Ordinis fratrum Heremitarum sancti Augustini civitatis Papie, sindicus et procurator.... Conventus sancti Augustini.... *riceve dal notaio a nome di* Facchini cribelatoris in civitate Cremone libras quindecim imper. pro ficto annorum trium prox. preter. et finitorum in festo sancti Michaelis prox. pret..... de quadam petia terre advineate posita in territorio civitatis Cremone, que petia terre alias fuit dedicata dicto conventui per dominum fratrem Iohannem Baptistam de Cremona (1), etc.

CCXLVII.

Permuta di possedimenti, nei territorii della Costa e di Arena Po, fatta dalla Comunità di S. Mostiola.

1453, gennaio 3.

(Arch. di Notar. Pavia. — Atti di Giacomazzo Sedazzi).

I N loco capituli dominorum Fratrum et Conventus sancte Mustiolle Papie... convocato capitulo.. de mandato venerabillis viri domini fratris Laurentii de Biffis prioris Fratrum et Conventus sancte Mustiolle Ordinis sancti Augustini, in quo adfuerunt et adsunt cum eo et apud eum venerabiles domini fratres Albertus de Crispis teologie magister, Iohannes de Lipia lector, Iacobinus de Stropis, Petrus de Calvis, Tomas de Tornago, Iohannes de Vegiis et Gasparrinus de Gropello... facientes totum capitulum predictum : *in relazione al testamento 1 settembre 1436 di Galeazzo Pietra, con cui costituisce una messa settimanale da celebrarsi dai frati di S. Mostiola in S. Maria Port'Aurea, avendo gli eredi dato al Convento di S. Mostiola un pezzo di terra nel territorio della Costa, ora ne fanno mutazione con un altro appezzamento situato nel territorio di Arena Po, di pertiche trentadue, che subito i Religiosi danno in affitto perpetuo ad un Antonino de Francanis, per il canone annuo di sei fiorini e un quarto.*

---

(1) Il nome di questo Religioso è opportunamente ricordato alla gratitudine degli Agostiniani per l'ardente sua devozione al Patriarca S. Agostino, a cui generosamente fè dono di un terreno, che servisse ad accrescere sempre più lo splendore anche materiale del celebre Monastero Pavese.

CCXLVIII.

Disposizioni testamentarie di Pietro Vecchi di Bergamo a favore di S. Agostino.

1453, febbraio, 1.

(Arch. Notar. di Pavia. — Atti di Gian Lodovico Strazzapatti).

I N Papia, in camera cubiculari domus habitationis infrascripti testatoris, site in Porta sancti Petri ad murum, in Parochia sancte Marie in perticha, Petrus de Vegiis fq. D. Suardini civis pergamensis, nunc moram trahens in civitate Papie.... procuravit suum testamentum facere in hunc modum..... Disposuit ipse testator eius cadaver sepeliri debere ad ecclesiam sancti Augustini Papie; Item dedit et legavit..... dicte ecclesie sancti Augustini Papie, pro remissione peccatorum suorum, florenos quinque monete currentis....

CCXLIX.

Frate Stefano, Eremitano, cessa dall' insegnamento della Filosofia nell' Università pavese (1).

1453, marzo, 23.

(Arch. del Rettor. dell'Univ. di Pavia — Docum. originali).

M CCCCLIIJ°, die XXIIJ marcii. Mandato spectabilis militis Domini Bartolomei de Corrigiis magistri intratarum et Camere Possessionum ac Referendarii Civitatis et Comitatus Papie, et in executione litterarum ducalium patencium concessarum egregio artium et medicine doctori domino magistro Iohanni de Giringelis, datarum Mediolani die primo februarii proxime preteriti, registratarum ad cancellariam Comunis Papie, per Cancelarios et Rationatores dicti Comunis, super libris Rotuli dominorum Doctorum anni presentis, in et super quibus descriptus reperiatur ad lecturam ordinariam philosophie in celebri Studio papiensi magister Steffanus ordinis Heremitarum cancelletur, et ipsius loco describatur predictus dominus magister Iohannes de Giringelis, etc.

CCL.

Per l' onorario di frate Gabriele Sforza, Eremitano, Professore nell' Università.

1453, aprile, 16.

(Arch. del Rettor. dell' Univ. di Pavia. — Docum. orig.),

M CCCCLIII, die XVI aprilis.
Mandato spectabilium virorum dominorum Bartholomei de Corrigia militis, magistri intratarum et camere possessionum ac Referendarii Civitatis et Comitatus

---

(1) Per l'identificazione di questo frate Stefano vedi il documento n. CCVI.

Papie, et Gracini de Pischarollo ex magistris ducalium intratarum, etc. et pro exequtione tam plurimarum litterarum magnifici domini Angeli Simonette ducalis consiliarii et secretarii, etc., quam imposicionis oretenus facte per ipsum, etc. per cancellarios et rationatores dicti Comunis Papie, fiat bulleta solutionis venerabili domino fratri Gabrielli, fratri illustrissimi domini Domini nostri (1), de illis florenis ducentum assignatis in Rotulo anni presentis domino magistro Steffano de Papia, de florenis centum mensuatim dividendis, ultra illos florenos centum de quibus facta fuit assignatio domino magistro Iohanni de Giringelis, ita et taliter quod de presenti habeat bulletam mensium Ianuarii et Februarii proxime preteritorum et deinde mensuatim, ad ipsum computum florenorum centum in anno, prout aliis dominis doctoribus in papiensi Studio legentibus fieri continget, opportunas scripturas proinde quaslibet et necessarias faciendo.

CCLI.

La Comunitá di S. Agostino dá investitura perpetua di alcuni beni nel Siccomario.

1453, maggio, 29.

(Arch. Notar. di Pavia — Atti di Agostino Gravanago).

IN Capitulo Conventus et ecclesie Fratrum Heremitarum sancti Augustini Papie ubi etiam per eos dominos fratres fit sacristia eiusdem ecclesie. Ibique convocato et congregato capitulo.... in quo fuerunt.... venerabiles domini magister Bertholameus de Fazardis Prior dicte ecclesie et conventus, magister Manfredinus de Mombreto, frater Ieronimus bachalarius de Mantegaciis de Mediolano, frater Martinus de Velate lector, frater Petrus de Cremona viceprior, frater Petrus de Durne, frater Gualterinus de Curte, frater Gaspar de Papia, frater Bernardus de Riciis, frater Thomaynus de Sanctonazario, frater Iacobus de Caxali, frater Iohannes Petrus de Alexandria, frater Andreas de sancto Zenesio, frater Bertholameus de Alexandria, frater Baptista de Mediolano, frater Iohannes Antonius de Mediolano, frater Bertolameus de Saona, frater Antonius de Astariis,

---

(1) Frate Gabriele Sforza, che raccoglie in qualche modo l'eredità scientifica di frate Stefano da Pavia nell'Università, è come dice il documento, fratello del Duca di Milano, Francesco Sforza. Nato dal famoso capitano Attendolo Sforza e da nobile madre probabilmente senese, entrò giovanissimo nell'Ordine agostiniano facendo parte del Convento di Lecceto. Si segnalò subito per la severità della vita, per l'amore alla solitudine, per la forza dell'eloquenza pastorale e per la perizia negli studii filosofici. Per le note vicende di suo fratello Francesco, che raggiunse il sommo potere sul Ducato di Milano, frate Gabriele chiamato in Lombardia, dopo una breve dimora nel Convento dell' Incoronata di Milano, passò, come vedesi da questo documento, in Pavia, dove assunse l'insegnamento universitario per disposizione del suo fratello Duca. In esso però durò ben poco, perchè nel 1454 (vedi doc. n. n. CCLIX) Nicolò V lo innalzò alla Cattedra Arcivescovile di Milano. La sua vita di Arcivescovo, lodata ed ammirata

da tutti, ben si compendia nelle seguenti parole del Ripamonti (Med. Eccl. Hist.); « Nota Pontificis probitas tamaque illa, quam attulerat e claustris, dictis factisque omnibus addebat auctoritatem, ut quietis et modestiae nomen haberent ea, quae si fierent ab alio, proxima conspirationi haud dubie haberentur ». Sventuratamente egli venne a morte dopo soli tre anni dalla sua elevazione all'Archiepiscopato, e fu sepolto nella Chiesa agostiniana di S. Maria Incoronata in Milano. Sul suo tumulo fu posto il seguente epitafio: MCCCCLVII die XII septembris. Obiit B. Pater Gabriel de Cotignola Archiepiscopus Mediolanensis, Ordinis observantiae Fratrum Eremitarum S. Augustini, ac Frater germanus illustrissimi d. d. Francisci Sfortiae Ducis Mediolani. Presso l'OSSINGER, op. cit. pag. 852, si registrano di lui nove differenti opere grammaticali rettoriche filosofiche e morali. Vedi anche più innanzi fra i nostri documenti.

frater Augustinus de Eustachio, et frater Eusebius de Ligeriis (1).... facientes plusquam duas partes, ymo fere totum et integrum capitulum.... *dichiarata la caducità di Agostino Migliarini.... danno investitura perpetua a Giacomo Fava, di alcune terre in Borgonovo del Siccomario di Pavia, per l' annuo affitto di lire otto e due capponi, ogni festa di S. Martino. Nella stessa occasione danno investitura perpetua a Giacomino Bollati di una vigna di 28 pertiche nello stesso Siccomario,* ubi dicitur in Malcantono sive Valebona, *vigna che fu lasciata al Convento con testamento 23 agosto 1388 da Luigia Lanari, a rogito di Roglerio Bottigella. E ciò per l' annuo affitto di fiorini sette al S. Martino. Cosi danno investitura a Marco Massari di una vigna di tre pertiche con una casa ed un frutteto, nello stesso Siccomario, in Borgonovo, per l' affitto di annue lire quattro* et cavagnam unam persichorum bonorum *al S. Martino.*

CCLII.

Fondazione della Cappellania delle SS. Maria Maddalena e Margherita nella chiesa di S. Mostiola.

1453, agosto, 16.

(Arch. Notar. di Pavia. — Atti di Nicola dei Capitani di Villanterio).

M CCCCLIIJ, indicione prima, die sexto decimo mensis Augusti, hora vesperarum. Testamentum factum et conditum per dominam Margaritam de Rolandonibus de Castro Francho Episcopatus Trivixini, relictam quondam ultimo loco nobilis viri domini Andree de Confaloneriis de Candia.... Ordinat et disponit quod.... post eius decessum corpus suum sepeliatur in ecclesia sancte Mostiollle Paple, videlicet in sacristia dicte ecclesie, et in illo loco ubi ordinatum fuerit per reverendum magistrum Albertum de Crispis (2).... Item dat et legat dicte ecclesie sancte Mostiolle Papie petiam unam vinee perticharum quatuor vel circha positam in Campanea Papie ubi dicitur ad Guaizollum : item petiam unam terre vineate perticharum vigintiquinque vel circha positam in territorio Giovenzani campanee papiensis.... Item florenos quinquaginta.... de rebus mobilibus ipsius testatricis existentibus in domo ipsius testatricis recuperandos, pro ornatu infrascripte capelle construende in sacristia dicte ecclesie : cui quidem capelle dat et legat dictas duas petias vinee et predictos florenos quinquaginta expendendos et quos expendi vult pro ornatu altaris et capelle ac pro construcione sepulture in ipsa sacristia fiendarum. Et hoc pro remissione animarum ipsius testatricis ac patris et matris suorum et dicti quondam domini Andree olim eius mariti. Quod quidem altare ornetur et construatur iuxta deliberacionem reverendi patris domini magistri Alberti de Crispis..... Cum hoc quod dicti Prior et Fratres dicti conventus, pro animabus de quibus supra, teneantur et obligati sint singula

---

(1) Fra questi Religiosi sono da notare come appartenenti a nobili famiglie pavesi i seguenti : Bartolomeo Fazzardi, Manfredino de Mombreto, Gualtiero Corti, Tomaino Sannazzaro, Antonio Astari, Agostino Eustacchi. Frate Bartolomeo d'Alessandria qui nominato è probabilmente frate Bartolomeo Ferrari di Castellazzo

presso Alessandria, di cui si troverà in seguito menzione in molti documenti.

(2) È l'ultima volta che nei nostri documenti apparisce il nome di questo grande Religioso, poichè come narra il Torelli (vol. VII, pag. 6) l'anno seguente 1454 egli venne a morte.

ebdomada perpetuo celebrare missas tres ad dictum altare et in ipsa sacristia et omni anno unum anniversale cum missis et officio mortuorum, gravans eosdem dominos Priorem et Fratres sub preiudicio animarum Prioris et Fratrum qui per tempora fuerint in ipsa ecclesia.... Item dat et legat predicte capelle, que fondari vult sub vocabulo sancte Marie et sancte Margarite, illam denariorum quantitatem quam habere debet et sibi spectat et etiam omnes proprietates ac nomina debitorum ipsi testatrici spectantia et spectantes in locis Padue, Trivixii et Episcopatus ipsarum civitatum, maxime in terra Ledulli episcopatus Trivixii..... Et constituens huius sue ultime voluntatis exequtores et fidey comissarios reverendum patrem dominum magistrum Albertum de Crispis Ordinis Heremitarum sancti Augustini conventus sancte Mostiolle.... ac etiam venerabilem dominum fratrem Iacobum de Stropis Priorem conventus sancte Mostiolle.... etc.

CCLIII.

Il Cancelliere Ducale Andrea da Foligno annunzia a Francesco Sforza la visita di Renato re di Sicilia a S. Agostino.

1453, settembre, 21.

(MAGENTA, *I Visconti e gli Sforza*, ecc., vol. II, pag. 236).

SIGNORE... Heri mattina auchora la soa Maiestà (1), udito hebbe messa in Sancto Augustino et basato hebbe il pallio de Sancto Augustino e visto l'archa, andò a vedere li galeoni (2)... Dat. Papie, XXI septembris, 1453. Vestre Illustrissime Dominationis servitor Andreas de Fulgineo.

A tergo : Ill.mo Principi Domino nostro singularissimo Domino Duci Mediolani, etc.

CCLIV.

Quietanza d'affitto di frate Gualtiero Corti procuratore di S. Agostino.

1454, settembre, 28.

(Arch. Notar. di Pavia. — Atti di Agostino Gravanago).

IN *casa Preotloni in Parrocchia di S. Vito.* Venerabilis frater Gualterius de Curte Ordinis Sancti Augustini Paple, suo et nomine Fratrum Heremitarum et conventus eiusdem ecclesie,... *riceve da Pietro Vertemati 'fiorini 6 per affitto di un anno di una casa del convento in parrocchia di S. Michele.*

(1) É Renato duca d'Angiò e di Lorena, che riteneva il titolo di re delle due Sicilie, e che per trattati tra Francesco Sforza e Carlo VII di Francia era sceso in Italia con 3500 cavalli in aiuto dello Sforza contro i Veneziani, per avere alla sua volta in seguito aiuto dallo Sforza e dai Fiorentini per ricuperare contro Alfonso di Aragona il reame di Napoli. Della sua visita a Pavia ed a Milano vedi GIULINI, *Memorie di Milano*, vol. VI, pag. 502.

(2) Dai cataloghi delle Reliquie venerate in Pavia non risulta che nella Basilica di S. Pietro si venerasse un pallio di S. Agostino; bensì frammenti del pallio della Madonna e di S. Pietro, ricordati nell' elenco del P. Romualdo (*Flavia Papia sacra*, part. III, pag. 79). I galeoni poi a cui si accenna nel documento erano grosse navi da guerra della flotta sforzesca, ancorate sul Ticino nel luogo detto la Darsena.

CCLV.

La Comunitá di S. Agostino vende un terreno da essa ereditato presso Casteggio.

1453, novembre, 22.

(Arch. Notar. di Pavia — Atti di Agostino Gravanago).

IN Capitulo ecclesie et conventus Fratrum Heremitarum Sancti Augustini papiensis, sito prope Archam Sancti Augustini, et seu capella Sancte Monice civitatis Papie, dicti Ordinis . . . Convocato et congregato Capitulo . . . in quo fuerunt et sunt reverendus pater dominus magister Bertolameus de Fazardis Prior dicti Conventus, nec non cum eo et penex eum venerabiles fratres domini Ieronimus de Mediolano (1) bachalarius, frater Martinus de Velate lector, frater Francischus de Alexandria lector, frater Petrus de Cremona subprior, frater Gabriel Sfortia (2), frater Raphael de Rapallo lector, frater Petrus de Durne, frater Gualterius de Curte, frater Bernardus de Siciis, frater Gaspar de Papia, frater Thomaynus de Sancto Nazario, frater Iacobus de Caxate, frater Andreas de Sancto Zanesio, frater Baptista de Mediolano, frater Iohannes Antonius de Mediolano, frater Gabriel de Carmagnolla, frater Antonius de Astariis, frater Augustinus de Eustachio, frater Gabriel de Mediolano, frater Eusebius de Ligeriis, frater Franciscus de Sartirana, frater Guinifortus de Papia, frater Iohannes de Francia, frater Aluisius de Papia et frater Gabriel de Crema (3), omnes fratres professi heremite et conventuales . . . facientes plusquam duas partes, ymo fere totum et integrum capitulum . . . *vendono per diciotto fiorini a Pietro Pastori di Casteggio, tre pertiche* terre culte site in territorio Clastigii ubi dicitur in Capite Vinearum . . . que petia terre alias fuit legata dicto conventui et Fratribus . . . cum onere solvendi fictum soldorum trium et denariorum sex papiensium . . . omni anno Comuni Clastigii . . . per Antonium de Sancto Columbano ex testamento, anni mcccl, die secundo septembris, scripto per dominum fratrem Guillelmum de Lucarno Ordinis Minorum Papie.

CCLVI.

Quietanza d'affitto del procuratore di S. Agostino, frate Eusebio de Legieriis.

1454, gennaio, 4.

(Arch. Notar. di Pavia — Atti di Gian Lodovico Strazzapatti).

NEL *palazzo del Comune, sotto il portico dei Notai.* Frater Eusebius de Legieriis sindicus et procurator . . . Prioris, Fratrum et Conventus ecclesie sancti Augustini Papie, *riceve dai fratelli de Binascho fiorini 15, per affitto di un anno*

---

(1) È Gerolamo dei nobili Mantegazza baccelliere, di cui vedi al doc. n. CCLI.

(2) La indicazione di questo nome é preziosissima, perchè ci fa sapere che frate Gabriele Sforza, venuto in Pavia ad insegnare nell'Università per l'anno scolastico 1453 (vedi doc. n. CCL) dimorava nel Convento di S. Agostino e non in quello di S. Mostiola. E perciò si corregga il Torelli, che (vol. VII, pag. 2 e 4) asserisce che frate Gabriele Sforza nel 1454 « dimorava nel nostro

Convento di Lecceto, in cui era maestro de' Novizi ». Il quale Torelli, e con lui gli altri storici dell'Ordine, sembra avere ignorato che frate Gabriele Sforza fosse stato professore all'Università di Pavia. Vedremo poi altre inesattezze, ripetute con insistenza anche dal Lanteri riguardo a frate Gabriele Sforza. Vedi documento n. CCLXXXII.

(3) È frate Gabriele Bombelli di Crema, del quale vedi al documento n. CCLXXI.

chiusosi alle calende del passato Luglio, unius domus murate et cupate, cum certis suis hedificiis, posite in civitate Papie, in Porta Palatii, in Parochia Sancti Iohannis Donarum, que domus consuevit appellari hospitium Cavaleti papiensis, *data dal Convento in affittto perpetuo ai de Binasco*.

CCLVII.

Disposizioni di Francesco Sforza per l'accoglienza a frate Simonetto da Camerino Agostiniano nella sua visita a Pavia.

1454, maggio, 28.

(Arch. di Stato di Milano — Reg. Missive 1453-54, fol. 395 r.).

M AGNIFICO Bolognino de Attendolis.
Volemo che venendo lì el venerabile frate Simoneto de Camerino (1) per vedere quella nostra Città e Castello gli monstrati el castello, libreria, reliquie et ogne altra cosa, receptandolo cum bona cera et acarezandolo et honorandolo quanto faresti a nuy propy, como etiandio ve dirà frate Lucha nostro Capellano, qual mandiamo in sua compagnia. Signat. Iacobus. Mediolani, XXVIII may, 1454 (2).

Domino Stefano de Iudicibus abbati sancti Petri in celo aureo papiensis.

Venendo là per vedere quella nostra Città il venerabile frate Simoneto da Camerino et parendone per quelli pochi dì che l'haverà ad stare lì, che la sua stantia sia più honesta in lo vostro Monastero che in altro luogo, ve confortiamo ad acceptarlo in casa et darli stantia, avisandove che havemo ordinato de farli fare nuy le spese. Haveremo ben caro che lo accarezate et honorati non altramente che faresti a nuy, como etiandio ve dirà frate Lucha nostro Capellano, quale mandiamo in sua compagnia. Datum ut supra. Segn. Iacobus (3).

(1) Frate Simone o Simonetto da Camerino nacque in questa città il 1392. Abbracciato l'Ordine agostiniano, si segnalò per la pietà e lo zelo e fu il fondatore ed il primo Vicario Generale della Congregazione di Monte Ortone presso Padova. Nella sua lunga vita di anni 86 fu venerato da tutti per un santo. Ma ciò che rese il suo nome grandemente celebre fu l'essere riuscito a far concludere la pace tra Francesco Sforza e i Veneziani, le cui discordie erano di gravissimo pregiudizio alla tranquillità e sicurezza di tutta Italia. Mandato egli dai Veneziani allo Sforza riuscì da buon politico o meglio da buon cristiano e religioso ad avviare le trattative tra le due potenze verso quella conciliazione, per la quale invano si erano adoperati e Principi e perfino il Pontefice Nicolò V. Fu per opera del valente agostiniano che fu stipulata la pace detta di Lodi, i cui patti furono consacrati coll'istrumento dei 9 aprile 1454, pubblicato dal Dumont e dal Lünig (Cod. Ital. Dipl. IV, 1775), nel quale è sottoscritto fra i testi il nostro frate Simonetto, scambiato per errore dal Corio in frate Leone, e da Cristoforo da Soldo (*Rer. Ital. Scrip.* XXI, 889) in frate Pestone. L'opera cosi conchiusa dall'Agostiniano aveva una grandissima importanza, perchè in essa erano compresi non solo gli Stati di Milano e di Venezia, ma gli altri d'Italia. Essa si estendeva altresì

al potentati d'oltralpi ed elideva il pericolo turco; sicchè giustamente Fra Simonetto potè essere chiamato l'autore della pace europea. Quindi si comprende perchè lo Sforza fosse così premuroso che il nostro Religioso venisse trattato con ogni riguardo in Pavia.

(2) Il Bolognino degli Attendoli, a cui è indirizzata la lettera del Duca Francesco Sforza, è il conte Matteo Attendolo, detto il Bolognino, che allora era castellano del Castello di Pavia. A lui si rivolge il Duca perchè abbia a mostrare a frate Simonetto le splendide sale del Castello, la libreria, che vi si conteneva, e che era una delle principali d'Italia (vedi G. D'Adda, *Indagini sulla libreria Visconteo-Sforzesca nel Castello di Pavia*, Milano, Brigola, 1875), e le reliquie che numerose ed importanti erano adunate nella Cappella del Castello, il cui elenco fu redatto con istrumento rogato dal notaio Agostino Gravanago il 22 novembre 1499, quando dal Castello furono trasportate nella Cattedrale (Arch. Notar. di Pavia). L'elenco fu pubblicato nel 1505 da Giacomo Gualla in fine del suo *Sanctuarium Papiae*.

(3) Il fatto che l'eremitano frate Simonetto è dal duca mandato nel Monastero dei Canonici Regolari, piuttostochè in quello degli Eremitani, è dovuto, com'è detto espressamente nella lettera, al desiderio che l'illustre personaggio avesse quell' alloggio

Die suprascripto. Scriptum domino Gracino de Piscarolo Referendario Paple quod debeat facere allogiare suprascriptum fratrem Simonetum in Sancto Augustino (1), providendo sibi de expensis pro victu suo quousque manebit illic, et eum venerando uti personam nostram propriam, prout lacius sibi dicet suprascriptus frater Luchas capellanus noster. Signat. Iacobus.

CCLVIII.

Frate Eusebio de Legieriis dà investitura di alcuni beni nel territorio di Stradella.

1454, giugno, 12.

(Arch. Notar. di Pavia — Atti di Gian Lodovico Strazzapatti).

N|ELLA *casa del notaio in Porta Laudense. Frate Eusebio de Legieriis procuratore del convento di S. Agostino, dà investitura novennale a Giacomo Rossi di Stradella,* de cassis duobus unius torgiarie dicti conventus sancti Augustini, site prope et extra Portam Placentinam dicte terre Stradelle cum uno modico orti ibi contigui... *coll'obbligo di pagare ogni anno nella festa di S. Martino, fiorini due al convento.*

CCLIX.

Il Pontefice Nicolò V partecipa ai Milanesi la elezione di frate Gabriele Sforza ad Arcivescovo di Milano.

1454, giugno, 21.

(Arch. di Stato di Milano. — Bolle e Brevi Papali).

N|ICOLAUS episcopus servus servorum Dei, dilectis tillis universis vasallis ecclesie mediolanensis salutem et apostolicam benedictionem. Hodie ecclesie mediolanensi, per obitum bone memorie Nicolai archiepiscopi mediolanensis, extra Romanam Curiam defuncti, vacanti, de persona dilecti filii Caroli Sfortia (2) alias Gabrielis Sfortia, electi mediolanensis, Ordinis fratrum Heremitaru.n sancti Augustini professoris, de fratrum nostrorum consilio providimus, ipsumque illi prefecimus in Archiepiscopum et pastorem, curam et administrationem ipsius ecclesie sibi in spiritualibus et temporalibus plenius committendo, prout in nostris inde confectis litteris plenius continetur. Quocirca universitati

---

splendido e magnifico, rispondente non già alla umiltà personale del Religioso, ma al proposito del Duca di onorare un uomo, che si era reso immensamente benemerito dello Stato.

(1) *In sancto Augustino* qui non significa nel Convento, ma presso la chiesa di S. Agostino, e cioè nel monastero dei Canonici Regolari. Si noti qui che il Cappellano ducale ricordato in queste missive sforzesche, è l'eremitano frate Luca di Rimini, a

cui il Priore Generale Giuliano da Salemi aveva concesso di entrare ai servizii della corte ducale di Milano. Vedi TORELLI, vol. VII, pag. 11.

(2) Carlo era il nome di nascita impostogli dal padre per riconoscenza verso il suo antico signore Carlo di Durazzo. Gabriele quello di Religione. Vedi TORELLI, vol. VII, pag. 41.

vestre per apostolica scripta mandamus quatenus eundem Electum suscipientes devote et debita honorificentia prosequentes, ei fidelitatem debitam nec non consueta servitia et iura sibi a vobis debita exhibere integre studeatis, alioquin sententiam sive penam, quam idem Electus rite tulerit seu statuerit in rebelles, ratam habebimus et faciemus auctore Domino usque ad satisfactionem condignam inviolabiliter observari. Dat. Rome, apud Sanctum Petrum, anno Incarnationis Dominice millesimo quadringentesimo quinquagesimo quarto, undecimo Kalendas Iulii, Pontificatus nostri anno octavo.

CCLX.

Legati testamentarii della nob. Caterina Codecà a favore di S. Agostino e di S. Mostiola.

1454, luglio, 25.

(Arch. Not. di Pavia — Atti di Gian Lodovico Strazzapatti).

N EL *Convento di S. Francesco di Pavia. Testamento della* nobilis domina Castellina de Codecha fq. D. Gabrii et relicta quondam D. Petri de Girardis olim civis Papie.... *in cui è disposto fra altro :* Item dedit et legavit ac dat et legat pro anima ipsius domine testatricis Conventui sancte Mustiolle Papie florenos tres..... Item dedit et legavit ac dat et legat fratribus et Conventui sancti Augustini Papie florenos tres....

CCLXI.

Quietanza di frate Gualterio Corti, Procuratore di S. Agostino.

1454, ottobre, 17.

(Arch. Notar. di Pavia. — Atti di Agostino Baracchi).

N ELLA *bottega del libraio Giacomo Sampietro, in Parrocchia di S. M. Canonica Peroni.* Venerabilis dominus frater Gualterinus de Curte frater sindicus et procurator.... conventus.... sancti Augustini Papie.... *riceve da Giacomo Sacchi quattro sacchi di frumento per affitto di un anno di una vigna che tiene a investitura perpetua* (1).

(1) È la vigna in territorio di Vellezzo Bellini, di cui al docu-   mento 19 febbraio 1444, e al doc. 1 aprile, 1456.

CCLXII.

Frate Bartolomeo Fazzardi, Priore di S. Agostino, rifiuta di ricevere il pagamento di un affitto.

1455, gennaio, 25.

(Arch. Notar. di Pavia — Atti di Simone Vicedomini).

SUPER strata publica, prope domum habitacionis fratrum et Conventus sancti Augustini Papie.... Magister Iacobus de Novaria tamquam tutor Cosmedamiani de Biscossis.... presentat.... venerabili viro domino fratri Bertholomeo de Fazardis Priori monasterii sancti Augustini predicti, Ordinis fratrum Heremitarum, ibidem presenti.... florenos quatuor.... *per affitti arretrati dovuti al monastero per una casa presso la chiesa di S. Damiano. Il Priore rifiuta di accogliere detto fitto, volendo disdire il contratto di investitura.*

CCLXIII.

Testimonianza di frate Lorenzo Biffi, Priore di S. Mostiola.

1455, maggio, 5.

(Arch. Notar. di Pavia — Atti di Matteo Nazzari).

IN claustro ecclesie sancte Mustiole.... Venerabilis vir dominus magister frater Laurentius de Biffis sacre pagine doctor, Ordinis Heremitarum sancti Augustini et Prior dicte ecclesie et conventus sancte Mustiolle, testis productus per Filipinum et Carlum fratres de Campixe, contra et adversus D. Catherinam et D. Iacobinam sorores de Campixe, interrogatus per venerabilem virum dominum fratrem Petrum de Cremona subpriorem ecclesie et Conventus sancti Augustini Papie.... *depone sulla divisione dell'eredità di una Alessandrina Campeggi. Fra i testi:* Venerabili viro domino fratre Heustachio de Nocte de Tromello Ordinis Heremitarum sancti Augustini dicti monasterii sancte Mustiolle.

CCLXIV.

Frate Eustachio de Nocte Procuratore di S. Mostiola riceve il pagamento di un affitto.

1455, maggio, 9.

(Arch. Notar. di Pavia. — Atti di Francesco Sisti).

IN claustro sancte Mustiolle, *Guglielmo Rampi offre* venerabili domino fratri Eustachio de Nocte.... tamquam sindico et procuratori dicti monasterii, *fiorini otto e lire tre per pagamento d' affitto di un anno di terre in Cilavegna,* computatis florenis quatuor numeratis aliax domino fratri Laurentio de Biffis Priori dicti monasterii et sic in summa florenos XII et libr. III.

CCLXV.

Disposizione testamentaria del nob. Giacomo Sacchi a favore di S. Agostino.

1456, aprile, 1.

(Arch. Notar. di Pavia — Atti di Agostino Baracchi).

T ESTAMENTO *del nobile Giacomo Sacchi del fu Rosino, cittadino di Pavia, con cui istituisce suo erede universale suo figlio Gian Andrea,* cum hoc tamen onere quod dictus Iohannes Andreas omni anno et in perpetuum solvere teneatur et debeat Conventui et ecclesie sancti Augustini Paple, sachos quatuor papienses frumenti, qui debentur dictis conventui et ecclesie, nomine ficti de et pro una petia terre advineate perticarum *(in bianco)* ubi dicitur vinea sancti Bertolamey (1), de qua idem testator investitus est ab ipsis conventu et ecclesia.

CCLXVI.

Il Pontefice Callisto III concede a frate Giorgio Pusterla eremitano di assumere la tutela dei figli e dei beni dei nob. Cacarani signori di Osasco, che partono per la Crociata.

1456, aprile, 6.

(Arch. di Stato, Milano. — Bolle e Brevi Papali).

C ALISTUS Episcopus servus servorum Dei, dilecto filio Georgio de Pusterla Ordinis Fratrum Heremitarum sancti Augustini et sacre Theologie professori, salutem et apostolicam benedictionem.

Religionis zelus, vite ac morum honestas, aliaque laudabilia probitatis et virtutum merita, super quibus apud nos fidedigno commendaris testimonio, nos inducunt ut te spetialibus favoribus et gratiis prosequamur. Cum itaque, sicut exhibita nobis nuper pro parte dilectorum filiorum nobilium virorum Caroli et Iohannis de Cacayranis fratrum et dominorum loci Usaschi Taurinensis diocesis petitio continebat, ipsi, qui zelo fidei et devotionis inducti, ad hanc sanctam expeditionem contra perfidum Turchum et alios infideles christiani nominis inimicos ac pro fidei orthodoxe defensione personaliter accedere cupiunt (2) et omnino intendunt personas ydoneas, quibus filiorum et bonorum suorum regimen et gubernationem committere et de quibus, preter te in quo propter tui vitam laudabilem plurimum confidunt et in cuius manibus eorum bona deponunt, tute confidere possint, non habeant, pro parte nobilium predictorum nobis fuit humiliter supplicatum ut quamdiu ipsi in huiusmodi expeditione permanserint, tibi cum uno alio per te eligendo socio, quem ad id duxeris eligen-

---

(1) É la vigna di 64 pertiche in Vellezzo Bellini, della quale vedi ai doc. 19 febbraio, 1444 e 14 ottobre, 1454.

(2) Per la Crociata indetta da Papa Callisto vedi L. PASTOR, *Storia dei Papi*, vol. I, lib. IV, pag. 497, seg.

dum, in domibus eorundem nobilium commorandi et manendi ac filios et bona huiusmodi interim gubernandi, superiorum tuorum et cuiusvis licentia minime requisita, licentiam et fucultatem concedere, nec non ut onus regiminis filiorum et bonorum eorundem libentius assumere et commodius subire possis tecum ut quodcumque beneficium ecclestiasticum cum cura vel sine cura, si alias tibi canonice conferatur, recipere et retinere valeas, dispensare ac indulgere de benignitate apostolica dignaremur. Nos igitur huiusmodi supplicationibus inclinati, tibi, ut postquam dicti nobiles ad expeditionem predictam se personaliter contulerint ut prefertur, cum uno per te ut premittitur eligendo socio, in domibus eorundem nobilium remanere et commorare filiosque ac bona huiusmodi interim regere et gubernare, superiorum tuorum vel cuiusvis alterius super hoc licentia minime requisita, auctoritate apostolica, tenore presentium, licentiam impartimur. Et nichilominus tecum ut ex tunc quodcumque beneficium ecclesiasticum cum cura et sine cura, seculare vel cuiuscumque Ordinis regulare, etiam si parochialis ecclesia vel eius perpetuo vicaria ac de iure patronatus laicorum fuerit, illiusque fructus, redditus et proventus cuiuscumque taxe seu annui valoris existant, si tibi alias canonice conferatur aut instituaris vel presenteris ad illud, recipere et quoad vixeris retinere, illudque simpliciter vel ex causa permutationis, quotiens, tibi placuerit, dimittere et loco dimissi aliud simile vel dissimile beneficium ecclesiasticum similiter recipere et quoad vixeris retinere, libere et licite valeas. Constitutionibus et ordinationibus apostolicis nec non statutis et consuetudinibus Ordinis ac etiam monasterii a quo forsitan illud dependere contigerit, etiam iuramento, confirmatione apostolica, vel quacumque firmitate alia roboratis, ceterisque contrariis nequaquam obstantibus, auctoritate apostolica, tenore presentium, de speciali gratia, dispensamus. Nulli ergo omnino hominum liceat hanc paginam ¦ nostre concessionis et dispensationis infringere, vel ei ausu temerario contraire. Si quis autem hoc attemptare presempserit, indignationem Omnipotentis Dei et beatorum Petri et Pauli apostolorum eius se noverit incursurum. Datum Rome, apud sanctum Petrum, anno Incarnationis Dominice Millesimo quadringentesimo quinquagesimo sexto, octavo Idus aprilis, Pontificatus nostri anno primo.

CCLXVII.

Frate Eusebio de Legieriis, Procuratore di S. Agostino dà quietanza d'affitto.

1456, aprile, 19.

(Arch. Notar. di Pavia. — Atti di Agostino Gravanago).

I N casa *Preottoni Parrocchia di S. Vito.* Venerabilis dominus frater Eusebius de Ligieriis sindicus et procurator.... conventus sancti Augustini Papie.... *riceve da Giacomo Scotti per Bettino de Maniollis, sacchi sette di frumento ed un paio di capponi,* pro flcto unius anni prox. pret. certarum terrarum, vinearum et proprietatum positarum in loco et territorio Prati de Mascaro Siccomari Papie.... quas a dicto conventu.... confitetur.... tenere ad fictum perpetuum, etc.

CCLXVIII.

Dichiarazione di debito d'affitto fatta a frate Eusebio de Legieriis.

1456, luglio, 19.

(Arch. Notar. di Pavia — Atti di Agostino Gravanago).

N EL *Cortile del Palazzo Comunale. Giacomino Fasani dichiara di dover dare* venerabili domino fratri Eusebio de Legeriis sindico et procuratori Conventus et ecclesie sancti Augustini Papie, libras vigintitres imper. pro flcto retento certarum proprietatum ipsius conventus positarum in loco Habiatici (1).... et quas tenebat ad massaricium a dictu conventu.... quas libras promittit.... solvere.... medietatem hinc ad calendas Augusti prox. fut. et aliam medietatem hinc ad festum sancti Michaelis prox. fut. anni presentis.

CCLXIX.

Altra simile dichiarazione a frate Eusebio de Legieriis.

1456, luglio, 24.

(Arch. Notar. di Pavia. — Atti di Agostino Gravanago).

I N *casa Preottoni, Parrocchia di S. Vito. Antonio Cantoni dichiara versus* venerabilem dominum fratrem Eusebium de Ligeriis sindicum et procuratorem Conventus et ecclesie sancti Augustini Papie.... se ipsum Antonium dare debere et velle ipsi sindico dicto nomine.... florenos decem et grossos quatuor.... pro resto fictorum retentorum pischerie et aquarum Ollone ipsorum Conventus et ecclesie, positorum in territorio Habiatici, quam pischariam et quas aquas tenebat ad fictum ad tempus a dicto conventu.... quos promissit eidem sindico.... solvere.... hinc ad festum sancti Martini.

CCLXX.

Quietanze rilasciate da frate Gualtiero Corti.

1456, settembre, 18.

(Arch. Notar. di Pavia. — Atti di Agostino Gravanago).

N ELLA *corte del Palazzo Comunale.* Venerabilis dominus frater Gualterinus de Curte sindicus et procurator conventus sancti Augustini Papie, *riceve da Giacomo Bono di Sannazzaro venti grossi per affitto annuo di una parte di prato in territorio di Sannazzaro datagli in investitura perpetua dal Convento.*

(1) Abiatico è il villaggio presso Belgioioso, che ora è detto   Filighera.

Nello stesso tempo dichiara di ricevere da Antonio Preottoni tre sacchi di frumento, pro anno presenti, legatos singulo anno dicto conventui per dominum Nicholaum de Preottonibus olim fratrem dicti domini Antonii in eius testamento.

CCLXXI.

Testamento di Gian Tommaso Bombelli a favore di frate Gabriele Bombelli di S. Agostino.

1456, ottobre, 9.

(Arch. Notar. di Pavia. — Atti di Lodovico Leggi .

NELLA *casa del testatore in parrocchia di S. Invenzio. Testamento di Gian Tommaso Bombelli di Crema, cittadino di Pavia, figlio del fu Agostino, con cui* dicit et protestatur quod dare debet domino fratri Raphaeli de Rapallo Ordinis sancti Augustini florenos quinquaginta tres.... de et pro quibus fecit eidem domino fratri Raphaeli obligacionem per instrumentum, *e ne ordina il pagamento. Stabiliti quindi alcuni legati,* in omnibus autem aliis suis bonis mobilibus et immobilibus.... idem testator instituit sibi heredem universalem dominum fratrem Gabrielem de Bombellis eius testatoris fratrem presentialiter commorantem in conventu sancti Augustini Papie, eum ore proprio nominando, cum onere attendendi et adimplendi et observandi omnia et singula suprascripta legata, etc.

CCLXXII.

Frate Gualtiero Corti rilascia quietanza d' affitto.

1456, ottobre, 19.

(Arch. Notar. di Pavia. — Atti di Giacomo Ferrari).

IN *casa del causidico Ant. Preottoni, a Porta Laudense, Parrocchia di S. Vito. Frate* Gualterius de Curte, *come sindaco di S. Agostino, riceve da Ambrogio Ghisolfi florini due per affitto di un anno spirato al S. Martino di una casa in Porta Palacense, Parrocchia di S. Eusuperio,* che appartiene al Convento titulo donationis et cessionis habite a domina Katelina de Becharia relicta quondam nobilis viri domini Iohannis Marchi de Fiambertis (1).

---

(1) Vedi doc. n. CCXLIII.

CCLXXIII.

Decreto del Duca di Milano a favore degli Agostiniani di Brescia riguardante il testamento di un cittadino pavese.

1457, gennaio, 29.

(Ach. Notar. di Pavia — Atti di Agostino Gravanago.

D UX Mediolani etc. Paple Anglerieque Comes ac Cremone dominus. Dilecte noster. Superioribus diebus, existentibus nobis in illa civitate nostra, fecimus vobis comissionem de causa his in inclusa supplicatione venerabilium Fratrum et Conventus ecclesie sancti Barnabe Brisie et Salvagie de Inversis declarata, cui quidem cum in hunc usque diem finem facere distuleritis, eandem denuo vobis committimus audiendam, cognoscendam et fine debito terminandam, premissa expediendo summatim et de plano, sine strepitu et figura iudicii, ac ullo sine litigio, facti veritate inspecta, ac intra dies quindecim continuos ad longius post harum receptionem. Decernentes insuper pro minore partium dispendio et sumptu, quod acta et actitata quecumque hactenus inter partes, testesque producti, valeant et fidem faciant, perinde ac si denuo producerentur et fierent, dummodo alias legitime facta sint et producti. Dat. Mediolani, die XXVIIIJ Ianuarii, MCCCCLVIJ. Angelus Auditor.

Sapienti doctori domino Ieronimo Mangiarie ex iurisperitis Collegii nostre Civitatis Papie.

Illustrissime et excellentissime Princeps.

Emancipatis a patre Georgio, Iohanne et Michaelle, fratribus de Bertonis de Papia, idem Georgius fecit dotem Salvagie de Inversis tunc eius uxori, de certa denariorum quantitate; deinde idem Georgius cum dicto Iohanne societatem contraxit, pro qua dictus Iohannes de capitali dicti Georgii confessus fuit habuisse libras M D C L imper. et de capitali ipsius Iohannis libras M. imper., quos denarios dictus Iohannes trafegare promissit etc. prout in ipsius instrumento societatis continetur. Deinde dicti pater dicti Georgii et Michael fillius solempniter se obligarunt dictis Georgio et Iohanni in certa denariorum quantitate quam trafegare debebant; compromiserunt etiam de capitali restitucionem facere, inde ad certos annos et de florenis XL omni anno occaxione lucri respondere, etc. ut·inde publico constat instrumento. Decessit dictus Georgius, relicta dicta uxore, condito prius per eum testamento in quo uxorem relinquit usufructuariam, et sibi heredem pro certa portione instituit Magdalenam eius filiam legiptimam : et quod de predictis denariis et certis aliis emi deberet una possessio per certos comissarios et executores in dicto testamento constitutos, cum hoc quod, ipsa Magdalena decedente sine tillis, post mortem dicte Salvagie, ipsa possessio deveniret et esse deberet pro dote et in dotem capelle sancti Iohannis posite in ecclesia sancti Barnabe Brixie Ordinis sancti Augustini,·cui capelle dictam possessionem idem Georgius legavit. Deinde constituit certos comissarios et executores dicti testamenti et certa alia legata fecit, etc. Et licet dictus Antonius pater dictorum Georgii et fratrum ac Michael eius filius debitores ut supra, decesserint, videlicet ipse Antonius relictis certis bonis que tenentur per dictum Iohannem, relictoque dicto Iohanne eius fillio et ut creditur herede, et dictus Michael relicta quadam eius filia, non obstante quod aliax pro parte dicte Salvagie, prius defuncta dicta Magdalena, et dictorum commissariorum et executorum predicti testamenti, ac dominorum Fratrum dicti Monasterii et Conventus ecclesie sancti Barnabe, usque de anno curso MCCCCXLIIJ, coram tunc Potestate Papie tunc dellegato per litteras ducales, oblatus fuerit libellus in quo petebantur legata in dicto testamento et predicta credita, et in causa ipsa producti fuerint nonnulli testes pro parte dicte Salvagie et executorum ac Fratrum et Conventus, tamen causa ipsa spiravit indecisa : Adeo quod ipsa Salvagia et comissarii et executores dicti testamenti et seu reverendus dominus Episcopus Brixie cui est devoluta executio dicti testamenti ac Fratres dicti Conventus dicte ecclesie sancti Barnabe hucusque debitum suum habere non potuerunt nec videntur posse habere contra dictum Iohannem de Bertonis ac alios occupantes bona eis supplicantibus pertinentia, nec super bonis eorum et dicti quondam Antonii patris, nixi Excellentia Vestra manus suas adiutrices benigno favore impenderit, propter cavillationes dicti Iohannis seu agentium pro eo et aliorum occupantium dicta bona : Et cum, Illustrissime Princeps, locus ipse sancti Barnabe dicti Ordinis et Fratres eiusdem, nec non dicta Salvagia non sint habilles ad litigandum in civitate Papie, tum cavilationibus que vigent in ipsa civitate Papie, tum etiam ex humillitate eorum, tum etiam quia non convenit honestati dicti loci se intrudere in littigiis : Eapropter benigna clementia vestra, que in talibus solita est benignos favores impendere, maxime piis causis et talibus locis religiosis, premissis omnibus et singulis attentis, dignetur eadem Dominatio, alicui probo viro, cui Dominatio Vestra placuerit, in Mediolano vel alibi committere et mandare, qui solus et absque consilio Sapientum, re intellecta et vello levato, ac sine strepitu et figura iudicii et sine datione libelli, vocatis vocandis, infra quindecim dies prox. fut. cogat et compellat dictum Iohannem ad solvendum dictas omnes quantitates denariorum, de quibus supra fit mentio, nec non ad dimittendum et rellassandum medietatem cuiusdam domus seu sediminis de qua in dicto testamento fit mentio, summarie, simpliciter et de plano, sine strepitu et figura iudicii, solaque facti veritate attenta. Aut quod cogat dictum Iohannem et quoscumque alios detinentes bona et de bonis eis supplicantibus pertinentibus predicta occaxione et que fuerunt et sunt dicti quondam Antonii et ad dimittendum et relassandum ea bona, et ius faciat summarie, etc. et sola facti veritate attenta, aprobando et convalidando omnia agitata alias in predicta causa ac testes, ac declarando per easdem litteras valere in presenti causa. Et hec omnia remotis cavilationibus quibuscumque et absque eo quod ipsi supplicantes possint cogi ad satisdandum aliqualiter de expensis, nec aliter, vigore statutorum ac decretorum dicte civitatis Papie, ad hoc ut voluntas dicti testatoris possit exequi, aliter enim dicta Salvagia ac dicta ecclesia sancti Barnabe ac conventus eiusdem poterunt remanere privati iuribus suis, quod non creditur fore de mente vestre bone intentionis.

CCLXXIV.

Frate Giovanni Andrea da Fontanella Procuratore di frate Giovanni Rocco Porzi produce i diritti del Convento di S. Barnaba di Brescia.

1457, febbraio, 7.

(Arch. Notar. di Pavia. — Atti di Agostino Gravanago).

I N nomine Domini Amen. MCCCCLVIJ, indictione quinta, die septimo mensis februarii, hora vesperarum. Coram vobis sapiente et egregio legum doctore domino Ieronimo de Mangiariis de Collegio Dominorum Iurisperitorum Papie, in hac parte comissario et delegato per litteras ducales, etc. pro tribunali sedente.... in eius domo habitationis in civitate Papie, in Porta sancti Iohannis, in Parochia sancti Fillippi.... comparet venerabilis vir dominus frater Iohannes Andreas de Fontanella sindicus et procurator.... venerabilis viri domini fratris Iohannis Rochi sacre pagine doctoris et Vicarii Generalis provincie Lombardie Fratrum Heremitarum Ordinis sancti Augustini (1).... nec non venerabilis viri domini fratris Georgii de Mediolano Prioris monasterii et conventus sancti Barnabe de Brissia Ordinis sancti Augustini de Observantia.... *e produce tutti gli atti della causa già agitata, e gli istrumenti su cui si fondano i diritti del monastero contro il Bertoni* (2).

CCLXXV.

Frate Lorenzo Biffi, quale Direttore delle Umiliate di S. Agostino autorizza un contratto di vendita.

1457, febbraio 12.

(Arch. Notar. di Pavia. — Atti di Nicolino Sicleri).

I N Papia, videlizet in domibus infrascriptarum dominarum, Porte Damiani, Parochie S. Iohannis in Burgo. Venerabilis et honesta domina soror Romana de Bazils, Priorissa domus quondam domine Mabelline de Burgo, professa tertii Ordinis sancti Augustini, *col consenso delle sorelle* Alegrancina de Fraschonibus et Margherita de Burgo, *vende al nob. Agostino de Iacopo figlio del fu Urbano secretario ducale, tutti i beni mobili del suo convento siti nei territorii di Argine e di Montebello nell' Oltrepò Pavese. Tutto ciò* cum presentia, auctoritate et consensu reverendi in Christo Patris sacre theologie professoris magistri Laurencii de Biffis Prioris monasterii et conventus sancte Mustiole dicti Ordinis, qui habet ipsarum dominarum curam (3), mediantibus certis litteris re-

---

(1) Di frate Giovanni Rocco, che qui vediamo Vicario Generale della Congregazione lombarda, abbiamo già detto al documento n. CLXXXIV. Come riferisce il LANTÈRI, vol. II, pag. 99, egli fu Vicario Generale per ben quattro volte, (fu eletto la prima volta nel Capitolo di Cremona del 4 maggio 1454; vedi TORELLI, vol, VII, pag. 6; fu confermato a Tortona nel 1455, *ibid,*

pag. 14; quindi a Milano nel 1456 e nel 1461, *ibid,* pag. 23 e 106; e morì l'anno 1462 nell'età di 71 anno. Fu autore di varii scritti, come sermoni, commentarii ecc. intorno ai quali vedi F. OSSINGER, *op. cit.,* pag. 712.

(2) Questo documento ha la sua spiegazione nel precedente.

(3) Chi fossero le Umiliate di S. Agostino abbiamo già detto

verendissimi in Christo Patris domini magistri Iuliani de Salem de Cicilia Generalis dicti Ordinis sancti Augustini (1), cum quo magistro Laurentio per prius coloquium et participacionem in hac re habuerunt, etc.

CCLXXVI.

Il Duca di Milano autorizza una proroga nella causa degli Eremitani di S. Barnaba di Brescia (2).

1457, febbraio, 20.

(Arch. Notar. di Pavia. — Atti di Agostino Gravanago).

DUX Mediolani etc. Papie Anglerieque Comes ac Cremone dominus.

Dilecte noster. Intelleximus que scripsistis circa materiam cause, quam vobis superioribus diebus commisimus, inter Salvatiam de Inversis relictam quondam Georgii de Bertonis de Papia et exequutores testamenti dicti quondam Georgii, ac dominos Priorem et Fratres monasterii sancti Barnabe Brissie parte una, et Iohannem de Bertonis civem papiensem parte altera. Quamobrem vestris annuentes scriptis, ne brevitate termini causa ipsa a vobis consulte minus decidenda veniat, contentamur quod instantiam cause ipsius prorogetis ad id usque tempus de quo vobis convenire videbitur, prout et nos per presentes prorogamus. Dat. Mediolani, die XX° februarii, MCCCCLVIJ. Angelus auditor.

Sapienti doctori domino Ieronimo Mangiarie ex Iurisperitis Collegii nostre civitatis Papie.

CCLXXVII.

La Comunità di S. Mostiola elegge i suoi Procuratori per l'eredità della nob. Simōnina Porzi.

1457, marzo, 8.

(Arch. Notar. di Pavia — Atti di Giovanni Antonio Belcredi).

CONVOCATO.... capitulo seu conventu ecclesie sancte Mostiolle Papie Ordinis Heremitarum sancti Augustini, de mandato reverendi domini magistri Laurentii de Biffis.... magistri in sacra pagina, prioris conventus et ecclesie sancte Mu-

nelle note al doc. n. CCII, ove pure scrivemmo che dette Religiose erano sotto la dipendenza degli Eremitani. Ciò è confermato all'evidenza dal nostro documento, il quale ci dice che frate Lorenzo Biffi fu eletto Direttore delle Religiose dal Generale.

(1) Frate Giuliano da Salemi fu uno dei Priori Generali più dotti, che abbiano decorato l'Ordine agostiniano. Abbracciò l'Ordine agostiniano nel Convento di Messina, si segnalò per le doti dell'intelletto, e conseguiti i varii gradi accademici, fu eletto Reggente degli Studi nel Convento di Rimini. Nel principio del 1436 tenne pubblica scuola di teologia in Mantova. Nell'Ordine so-

stenne tutte le principali cariche con plauso generale ; finchè il 9 giugno del 1443 fu nel Capitolo generale di Siena all'unanimità eletto Priore Generale dell'Ordine, ufficio che tenne fin quasi alla morte avvenuta in Messina probabilmente nel 1458, come rilevasi dal nostro documento del 15 dicembre 1458, n. CCLXXXVI. Per altre notizie, e specialmente per le varie sue opere filosofiche vedi OSSINGER, *op. cit.*, pag. 787.

(2) Questo documento va collegato coi doc. n. CCLXXIII e CCLXXIV.

stiolle predicte.... in quo erant ipse dominus frater Laurentius prior et cum eo... venerabiles domini frater Iacobinus de Stropis, frater Petrus de Calvis, frater Melchion de Lucino, frater Guillelmus de Rigonibus, frater Bertolinus de Bassis, frater Augustinus de Mediolano, frater Augustinus de Marliano, frater Nicola de Madiis, frater Clemens de Rivolta et frater Steffanus de Varcio, omnes fratres professi dicte ecclesie, facientes.... quaxi integrum capitulum.... *si costituisce procuratore e sindaco del Convento* venerabilis vir dominus frater Heustachius de Nocte, Ordinis sancte Mostiolle predicte, *in un con tre notai di Pavia*.... specialiter ad petendum, exigendum et consequendum omnia bona et proprietates que fuerunt quondam domine Symonine de Porciis, sibi et predicto conventui spectancia et spectantes, vigore donacionis aliax facte per ipsam dominam Symoninam suprascripto conventui.

CCLXXVIII.

Riassunto della sentenza pronunciata nella causa degli Eremitani di S. Barnaba di Brescia.

1457, marzo, 15.

(Arch. Notar. di Pavia. — Atti di Agostino Gravanago).

S ENTENZA *pronunciata dall' arbitro e commissario dottor Gerolamo Mangiaria, nella causa per gli Eremitani di S. Barnaba di Brescia.*

Obbliga il Giovanni Bertoni a presentare al procuratore frate Andrea i registri della gestione sociale di Giovanni e Giorgio Bertoni per stabilire il credito del convento verso il Bertoni.

Obbliga il Bertoni a sborsare il prezzo della metà di una casa in Pavia in Parrocchia di S. Giorgio in Fornarolo, nominando periti per la stima della stessa.

Condanna il Bertoni nelle spese di causa, ed a pagare inoltre ducati quattro d'oro a frate Angelo da Vercelli, che li aveva sborsati al commissario per le spese della causa.

CCLXXIX.

Quietanza d' affitto rilasciata da frate Eusebio de Legieriis.

1457, maggio, 31.

(Arch. Notar. di Pavia — Atti di Giacomo Ferrari).

N ELLA *bottega del mercante Guniforto Busti in Parrocchia dei Santi Damiano e Romano,* Dominus frater Euxebius de Legeriis sindicus.... dominorum Prioris, Fratrum, Conventus et Capituli ecclesie sancti Augustini papiensis, *riceve da Ambrogino Ghisoni due fiorini per affitto di un anno di una casa del Convento in Porta Palacense, Parrocchia di S. Eusuperio.*

CCLXXX.

Il Consiglio di Provvisione di Pavia proroga la fiera di S. Agostino.

1457, agosto, 24.

(Museo Civico di storia patria — Reg. Prov. Anni 1457, fol. 73 r.).

MCCCCLVII, die XXIIIJ augusti, in vesperis. Convocato et congregato consilio, etc. (1).

Item pro bono Comunitatis prorogaverunt feriam que fiunt *(sic)* ob reverentiam Sanctissimi Augustini (2), festum cuius est die dominicho proxime futuro, usque ad diem iovis proxime futurum et proinde fiant littere opportune Capitaneis et Potestatibus terrarum Comitatus Papiensis ac fiat proclamatio in locis consuetis dicte civitatis, ad hoc ut quilibet habere possit noticiam de predictis et sic possit accedere ad hanc civitatem cum mercimoniis suis usque ad ipsam diem iovis, etc.

CCLXXXI.

Testamento di frate Gabriele Sforza Arcivescovo di Milano.

1457, settembre, 11.

(I. F. OSSINGER, *Bibliotheca Augustiniana*, pag. 849).

In nomine Domini, etc. Anno a nativitate eiusdem 1457, indictione sexta, die dominico, undecimo mensis septembris, Pontificatus sanctissimi in Christo Patris et domini nostri domini Calisti, divina providentia pape tertii, anno tertio. Reverendissimus in Christo pater et dominus dominus Gabriel miseratione divina sanctae Mediolanensis Ecclesiae Archiepiscopus, intendens dum eius mens interior sanitate viget, et in ipsa dominatur ratio, legitime dispensandi ultimae voluntatis iudicio, in quo rationis usus exigitur, salubriter providere, et bonis suis ordinem apponere, mente ipsa sarius, et boni et sani intellectus, licet aeger corpore, in quantum ad hoc Sedis Apostolicae consensus accedat, hoc suum disposuit facere testamentum; quod quidem valere voluit et tenere iure testamenti nuncupativi, et si ipso iure non valeret, valere et tenere voluit iure codicillorum, iure legati, donationis causa mortis et cuiuslibet ultimae suae voluntatis, ac omnibus modo, iure, forma, via et causa, quibus iudicio potuit et potest valere et tenere. In primis namque in eventum mortum ipsius voluit, statuit et ordinavit corpus suum sepeliri in ecclesia monasterii sanctae Mariae Coronatae extra muros Mediolani, Observantiae regularis Ordinis sancti Augustini, in loco, de quo domino Priori, Fratribus et Conventui ipsius monasterii videbitur.

---

(1) S'intende il Consiglio del 12 sapienti di provvisione.

(2) La fiera di S. Agostino crebbe d'importanza, come vedemmo, all'ingresso degli Agostiniani in Pavia (vol. I, pag. 38, nota 8), si mantenne sempre in fiore, e si tiene anche al presente, quantunque per le mutate condizioni economiche dei tempi essa non abbia più l'antica importanza.

Item attendens, ut dixit, quod spectabilis vir dominus Raphael de Mangeriis civis papiensis ipsi Reverendissimo domino Archiepiscopo, tempore quo prefatae Mediolanensi Ecclesiae praefuit, fideliter deservivit, etiam absque aliqua speciali conventione praemii, in recompensationem aliqualem partis laborum suorum et salarii, eidem legavit et iudicavit florenos centumquinquaginta, valoris et ad computum solidorum trigintaduorum imperialium pro floreno, sibi dandos per infrascriptos dominum Priorem et Fratres et Conventum praedicti Monasterii, statim post eius decessum: et ulterius eundem liberavit, quietavit et absolvit ab omni et toto eo, quod eidem domino Raphaeli, et super bonis suis, nomine mensae archiepiscopalis peti quomodolibet potuit, potuisset et posset ratione administrationis bonorum eiusdem, et generaliter qualibet causa et occasione, quae ratione dictae administrationis dici vel excogitari posset modo aliquo vel ingenio. Et similiter liberavit Albertum de Foppa, Tomasium de Robecco, Antonium de Viadana, Rainaldum de Carlo de Monte S. Angeli, tam ratione administrationis bonorum dictae Mensae, quam ratione ficti et perceptionis bonorum possessionis de Casoretio per ipsum Rainaldum quomodolibet receptorum, et Ambrosium de Rosate negotiorum gestores suos, ac etiam Reverendissimum in Christo patrem dominum Paulum Episcopum Helenopolitanum eius Suffraganeum (1), ac Presbyterum Matthaeum de Pizo Capellanum suum, et quemlibet eorum, ab omni et toto eo, quod ab eisdem peti poterat, potuisset et posset, ut supra.

Item dixit et protestatus fuit convenisse cum dicto Alberto de Foppa de dando eidem singulo anno, pro eius salario gerendi negotium mensae suae praedictae, ad computum florenorum centum viginti dicti valoris annuatim.

Item cum praedictus Albertus possessionem et bona de Cropello, Mediolanensis Diocesis, iuris et proprietatis mensae praedictae, conduxerit ab eadem dando medietatem omnium fructuum, et florenos quinquaginta ad computum solidorum trigintaduorum pro quolibet floreno annuatim et nonnullas expensas ac melliorationes in et supra ipsis possessione et bonis ac etiam praestantias Massariis ipsorum possessionis et bonorum fecerit, dixit et protestatus fuit se tantum creditorem de libris ducentum imperialibus fore ipsius Alberti.

Item dixit et protestatus fuit se mutuo, gratis et amore recepisse et habuisse a supradicto Rainaldo libras ducentum imperiales, et eas post decessum suum per ipsos dominum Priorem, Fratres et Conventum ipsi Rainaldo restitui voluit et mandavit.

Item dixit et protestatus fuit se, intuitu fratris Marcellini de Marinonibus Observantiae regularis Ordinis Eremitarum sancti Augustini secum commorantis, eius fratris Marcellini fratribus de nonnullis denariis subvenisse, quos ab iisdem exigi et non exigi iuxta ipsius domini Prioris, Fratrum et Conventus della Coronata et ipsius fratris Marcellini arbitrium voluit et mandavit.

Item confessus fuit recepisse et habuisse a magnifico Comite Franchino de Rusconibus florenos centum dicti valoris sibi tunc et successive computandos in ficto, quod per eum fiebat, et praestabatur mensae suae Archiepiscopali Mediolanensi.

Item voluit et mandavit venerabilibus dominis Vicariis suis, necnon scutiferis et fami-

(1) È l'agostiniano frate Paolo Marini da S. Genesio Piceno, che, Vescovo titolare di Elenopoli, era ausiliare dell'Arcivescovo Sforza. Nell'OSSINGER, op. cit. pag. 393, è detto Oratore di grande eloquenza, e perciò tenuto in molta estimazione. specialmente presso gli Sforza, che di frequente lo ascoltavano. Fu anche abbate di Cava della diocesi di Parma, innalzato a questa dignità da Papa Paolo II con bolla del 1 marzo 1468; vedi TORELLI, vol. VII, pag. 164. A lui si devono anche la Biblioteca della Incoronata e quella di S. Marco di Milano. (Vedi A. CRUSENII, op. cit., pagina 507). Morì l'anno 1501 in Milano, lasciando alcune opere di ascetica e di morale.

liaribus suis et cuilibet eorum de omni et toto eo, quod habere debent pro eorum et cuiuslibet eorum salariis, satisfieri, et ulterius ipsis et cuilibet eorum bonam gratuitatem fieri, dando eis et cuilibet eorum florenos decem vel quindecim, aut viginti vel vigintiquinque iuxta servitii meritum, et prout ipsi domino Priori videbitur et placuerit. In omnibus autem suis bonis, qualiacumque fuerint, quae habet et die obitus sui relinquet, sibi, si de beneplacito Sedis Apostolicae processerit, heredes universales instituit eosdem, ore suo proprio nominando, ac nominavit, dominum Priorem, Fratres et Conventum Monasterii predicti *della Coronata*, et seu ipsum monasterium, et sacristiam ipsius monasterii, haeredes universalles, ac huius suae ultimae voluntatis executorem praefatum dominum Priorem instituit, supplicans ac praesentis instrumenti tenore supplicavit et supplicat praenominato domino nostro Papae, quatenus huiusmodi ultimam suam voluntatem ratam et gratam habere velit, et eam confirmare dignetur. Et de praedictis praefatus reverendissimus dominus Archiepiscopus voluit et mandavit per me Iohannem de Giochis, notarium et cancellarium suum infrascriptum, publicum debere confici instrumentum unum et plura, ac etiam de capitulo in capitulum, si expediens fuerit. Actum in ipsius domini Archiepiscopi camera cubicularia, sita in Monasterio Brayde Ordinis Humiliatorum Mediolani, praesentibus ibidem Reverendo Patre domino fratre Rocho (1), sacrae paginae professore, ac fratre Stephano de Cumis, Observantiae regularis praedicti Ordinis Eremitarum, domino magistro Venia.... domino magistro Marco de Urbe filio sapientis viri d. Cedrionis (2) legum doctoris etc.

Ego Ioannes de Glochis etc. tradidi etc. signumque meum consuetum apposui etc.

CCLXXXII.

Il Pontefice Callisto III notifica la sua approvazione del testamento di frate Gabriele Sforza al Capitolo della Cattedrale di Milano.

1457, settembre, 29.

(F. Ossinger, *Bibliotheca Augustiniana*, pag. 851).

C ALISTUS Papa tertius dilectis filiis Capituli Ecclesiae Mediolani.
Dilecti filii, salutem et apostolicam benedictionem. Cum, sicut a fidedignis accepimus, bonae memoriae Gabriel, quondam Archiepiscopus Mediolanensis, dum adhuc ageret in humanis, de propria salute cogitans inter caetera, de pecuniis Mediolanensis Ecclesiae iam sibi debitis et aliis mobilibus bonis ad quotidianum ipsius Ecclesiae usum, nonnulla suis familiaribus, et pro certis per eum tunc expressis eleemosynis legata fuerint, nonnullos vero huiusmodi debitores ex certis rationabilibus animum suum moventibus causis absolverit et liberaverit, ac in reliquis mobilibus bonis et debitis sibi pecuniis huiusmodi, quae solutis legatis et aliis praemissis summam ducentorum florenorum auri de camera excedere non dicuntur, domum et Fratres Beatae Mariae Incoronatae extra muros Mediolani sub regulari observantia Ordinis Eremitarum sancti Augustini, quam ante promotionem suam ad Ecclesiam Mediolanensem expresse professus fuerat (3), sibi haeredes

---

(1) È il Vicario Generale della Congregazione Lombarda, frate Giovanni Rocco Porzi, del quale s'è già parlato.

(2) Vedi doc. n. CCIX.

(3) Questo punto è decisivo per risolvere la questione se frate

universales instituit : Igitur nos, piam dicti testatoris voluntatem ratam et gratam habentes eamque auctoritate apostolica confirmantes et approbantes, discretioni vestrae tenore praesentium committimus et mandamus, quatenus quotiens pro parte dilecti filii dictae domus Prioris, quem, ut accepimus, idem Archiepiscopus suum fecit executorem, fueritis requisiti, praemissa omnia de pecuniis et aliis bonis praedictis per eum libere exequi permittatis, constitutionibus et ordinationibus apostolicis, statutis quoque et consuetudinibus dictae Ecclesiae, caeterisque contrariis non obstantibus quibuscumque. Datum Romae, apud S. Petrum sub annulo Piscatoris, die 29 mensis septembris, anno 1457, Pontificatus nostri tertio.

CCLXXXIII.

Il Consiglio di Provvisione di Pavia e i Dottori dell' Universitá deliberano di fare nella festa della traslazione di S. Agostino l' annua offerta omessa nella precedente festa del santo Protettore.

1458, febbraio, 22.

(Museo Civico di storia patria. — Registro provv. anni 1458, fol. 252).

M 'CCCCLVIIJ, die XXIJ februarii.
Convocato et congregato Conscilio, etc.
Item intelecto a fratribus sancti Augustini quod in festo sancti Augustini proxime preterito, de anno proxime preterito, nulla facta fuit oblatio ad ecclesiam sancti Augustini, per hanc Comunitatem, nec per Doctores almi Studii papiensis, uti solitum est (1), et requisito ab eisdem Fratribus ut prefati domini Presidentes (provisionis comunis Papie) ipsam oblacionem fieri facere velint, die martis proxime futura, quo die erit translatio sancti Augustini, quia etiam dicti domini Doctores facere volunt suam oblacionem, Ideo pro observacione bone consuetudinis et ob reverentiam sancti Augustini, providerunt quod ipsa die martis próxime futura fiat dicta oblatio iuxta consuetum, etc.

CCLXXXIV.

Investitura di beni in Casteggio concessa dalla Comunità di S. Agostino.

1458, ottobre, 27.

(Arch. Notar. di Pavia. — Atti di Agostino Gravanago).

I N sacristia ecclesie sancti Augustini civitatis Papie, in quo loco infrascripti domini Prior et Fratres convocari capitulariter consueverunt pro negociis dicti conventus.... Reverendus dominus frater Franciscus de Boydis sacre theologie magister Prior, reverendus frater Manfredus de Mombreto sacre theologie magister, reverendus dominus frater Bertolameus de Fazardis sacre theologie magister, magister Martinus

Gabriele Sforza fosse della Congregazione di Lecceto o di Lombardia. Ed è perciò da correggersi la correzione del LANTÈRI, il quale vol. II, pag. 68 asserisce semplicemente che errano quei che dicono frate Gabriele Sforza della Congregazione Lombarda.

Come è evidente dal documento nostro, lo Sforza aveva abbracciato la Congregazione Lombarda poco prima della sua elevazione all'Arcivescovado di Milano.

(1) Questo documento è importante perchè c'insegna come la

de Mediolano sacre theologie magister, frater Iacobus de Campise lector (1), frater Augustinus de Ranchate lector, frater Iacobus de Cortona subprior, frater Raphael de Rapalo lector, frater Petrus de Cremona, frater Gualterius de Curte, frater Iacobus de Alexandria magister studentium, fater Apolonius de Curte, frater Bertolameus de Papia, frater Zanus de sancto Angelo (2), frater Bertolameus de Castelacio (3), frater Gabriel de Carmagnola (4), frater Bertolameus de Viana, frater Gabriel de Laude, frater Antonius de Astariis, frater Paulus de Putheo, frater Iohannes de Papia, frater Cristoforus de Castelacio, frater Augustinus de Verona, frater Bernardus de Laude, frater Blaxius de Cayrate (?) et frater Eusebius de Legeriis sindicus et procurator dicti conventus.... facientes.... fere totum capitulum.... *danno investitura novennale ad Agostino Girardi di terre avvignate in Casteggio dell' Oltrepò Pavese, per circa 52 pertiche, con una casa, per l' annuo canone di fiorini sette ed un paio di capponi.*

CCLXXXV.

Il Consiglio di Provvisione delibera di domandare frate Giorgio Pusterla al Generale, come predicatore quaresimalista nella Cattedrale di Pavia.

1458, dicembre, 12.

(Museo Civico di storia patria. — Reg. Provv. anni 1458 fol. 104, v).

MCCCCLVIII, die XII decembris, in vesperis.

Convocato et congregato Conscilio, etc.

Item fiant littere in bona forma domino Generali Ordinis fratrum Heremitarum ut eidem placeat permittere quod dominus Magister Georgius de la Pusterlla valleat predicare de presenti et in quadragexima futura in ecclesia maiori Papie.

CCLXXXVI.

Lettera del Comune di Pavia al Priore Generale frate Alessandro Oliva da Sassoferrato.

1458, dicembre, 15.

(Museo Civico di storia patria. — Lettere ducali, pacco 6).

REVERENDISSIMO in Christo Patri domino magistro Alexandro de Saxoferato sacre pagine professori ac Ordinis Heremitarum sancti Augustini vicario generali (5), etc.

Reverendissime in Christo Pater.

Cum animo sepe revolvamus que ad conservacionem nostre reipublice et bene vivendi

---

deliberazione Universitaria del 1404, vedi doc. n. CXLVIII, non rimase lettera morta, ma fu solitamente praticata, sebbene di essa non si trovi cenno nei rimastici documenti.

(1) Per questo Religioso vedi doc. n. CCXCV.

(2) Nei documenti posteriori questo Religioso è detto Iohannes de S. Angelo.

(3) È frate Bartolomeo, che nel doc. n. CCLI è detto di Alessandria.

(4) È frate Gabriele della famiglia *Buci*, secondo il TORELLI, VII, 395; *de Vasis*, secondo l'*Herrera, ibidem*; del quale gli scrittori dell'Ordine ricordano la elezione a Provinciale di Lombardia nel 1471. Il Torelli aggiunge che nel 1479 egli fu fatto Priore di S. Agostino di Pavia, e che in quel tempo godeva l'onorevole titolo di famigliare di Guglielmo Paleologo marchese di Monferrato.

(5) Il vedere frate Alessandro da Sassoferrato Vicario Generale dell'Ordine Agostiniano nel dicembre del 1458, lascia ragio-

conveniant, in primis necessarium nobis fore iudicamus ut divinarum rerum cultus habeatur, sine quo nil stabile permanere potest, et, nisi prius cognoscatur, difficile est ut adipisci possit. Cum autem ut plurimum a predicatoribus qui similia inteligunt divinarum rerum habenda sit cognicio, et informati de sciencia, moribus et vita dicendique facilitate ac doctrine copia venerabilis sacre pagine doctoris domini fratris Georgii dela Pusterla placentini, paternitatem vestram affectuose deprecamur, ut sua benignitate taliter providere et agere velit, quod eundem apud Cives istos in hac proxime ventura quadragessima habeamus, quod facile paternitas vestra ab eo obtinebit, si tallem graciam nobis concedere disponat, ut arbitramur, et firmiier speramus. Nec proderunt excusaciones, si quas facere vellet idem D. frater Georgius si forte alegarit alibi promixisse, quia obediencia eundem undique excusabit. Non dubitamus profecto quod tallem fructum predicaciones sue facture erunt ex quibus tota hec Civitas ex talli dono infinitas gracias et commendaciones Paternitati Vestre semper reddere obligabitur. Nam fiducia, quam erga Paternitatem Vestram amplam gerimus, facit ut brevibus verbis talle munus ab ea nobis concedi petamus. Valete. Papiae, XV decembris, MCCCCLVIIJ. Vestri Deputati officio Provisionum.

CCLXXXVII.

Per la giustificazione di un Agostiniano sospetto del furto di un Codice di Cicerone dalla Biblioteca di S. Marco di Milano (1).

1459, marzo, 12.

(Arch. Notar. di Pavia. — Atti di Agostino Gravanago)

I N claustro ecclesie et Conventus sancti Augustini, sito in Citadella Papie, Venantius filius Antoneli Tempesta, de terra sancti Genesii Marchie Anchonitane, constitutus in presentia reverendi patris domini Manfredini de Mombreto sacre pagine magistri, fratris Iohannis Francisci de Campise biblici, fratris Bertolamei de Castelacio lectoris, fratris Iacobi de Cortona subprioris, fratris Iohannis Gualterii de Curte, fratris Gabrielis de Carmagnola magistri studentium, nec non et domini fratris Basilii de Basiliis de sancto Genexio Marchie Anchonitane Ordinis Fratrum Heremitarum sancti Augustini papiensis, et dicti fratris Basilii fratris conventualis sancti Marchi Mediolani Ordinis sancti Augustini, confessus fuit et confitetur versus dictos dominos fratres sancti Augustini et dictum fratrem Basilium.... quod die sabati proxime preterita, que fuit die decima presentis mensis Marcii, ipse Venantius, spiritu diabolico instigatus, absente et ignorante dicto fratre Basilio, cum quo dormierat nocte tunc precedente, cum quodam gladio furtive aperuit hostium bibliothece sancti Marci Mediolani, et, ipso hostio aperto per eum ut supra, furto subtraxit librum Tulii, in quo volumine libri fere sunt omnia opera eius Tullii, etc, et dum tugam arripuisset ipse Venancius cum dicto libro, veniendo Papiam cum dicto libro, insequuti fuerunt

nevolmente conchiudere, che dunque il Priore Generale frate Giuliano da Salemi morisse ben prima del tempo determinato dal TORELLI (VII, pag. 83), cioè tra il 15 di aprile e il 21 di maggio del 1459); purchè non voglia ritenersi che la malattia di frate Giuliano da Salemi lo abbia indotto a rinunçiare, e quindi frate Alessandro Oliva sia divenuto Vicario Generale prima della morte del suo precessore; il che però non consta.

(1) Questo curioso documento è importante, sia perchè è per

eum duo Fratres ex conventu sancti Marchi Mediolani, clamantes dicto Venancio : Aspecta! Aspecta! et ipse timens, eis visis, propter terrorem incixit cordam unam cum qua tenebat ligatum ipsum librum apud eius personam et ipsum librum proiecit in terra et postmodum fortiter aufugit ab eisdem Fratribus et ad eum aplicuerunt ipsi fratres prope molandinum quod fuit quondam domini Bernardi de Fossato, super strata Mediolani prope Giovenzanum, et de predictis ipse frater Basilius nullum dolum nec maculam scientie seu facti commisit. Et predicta dixit cum eius Venantii iuramento. Et inde, etc. Presentibus Iohanne Vilano de Marzano armigerò illustrissimi Domini nostri, et Iohanne Nicolao de sancto Genexio similliter armigero domini Comitis Gasparis, Francisco de Boysio de Magenta ex comitiva domini Gasparis predicti, qui ipsum Venantium ibidem conduxerunt, inde testibus.

CCLXXXVIII.

Bianca Maria Visconti Duchessa di Milano, fa edificare la Chiesa di S. Nicola da Tolentino in Milano, e il Pontefice Pio II concede indulgenze ai Milanesi, Pavesi e Lodigiani per la Fabbrica (1).

1459, giugno, 9.

(Arch. di Stato di Milano. — Bolle e Brevi Papali).

H OC est exemplum seu transumptum ab originalibus et autenticis litteris apostolicis sanctissimi in Christo Patris et domini nostri domini Pii divina providentia Pape secundi, eius vera bulla plumbea in fillis siricis crocei rubeique coloris more solito Romane Curie bullatis, non viciatis, non cancellatis, non abolitis, nec in aliqua sui parte suspectis, sed omni prorsus vicio et suspitione carentibus, sumptum seu transumptum. Quarum quidem litterarum apostolicarum tenor talis est.

Pius episcopus servus servorum Dei, universis et singulis Christifidelibus presentes litteras inspecturis, salutem et apostolicam benedictionem.

Romanus Pontifex, cui per beatum Petrum in terris a Domino collata est ligandi potestas atque solvendi, ad excitandam devocionem fidelium sue cure commissorum, eos quandoque remissionum beneficiis prosequitur, sepius etiam in honorem Sanctorum dedicatas ecclesias atque loca indulgentiarum muneribus ornat, ut fideles ipsi Sanctorum eorundem recolentes memoriam, et eorum templa pro consequendis gratiis visitantes, quod alias suis meritis non valerent impetrare apud Deum, illorum intercessionibus mereantur. Cum itaque,

---

noi il primo accenno alla Biblioteca del nostro S. Marco, sia perchè è una prova dello zelo con cui i Religiosi custodivano i codici e li avevano cari.

(1) Pubblichiamo questa bolla, perchè si riferisce anche ai Pavesi nelle loro relazioni coll'Istituto agostiniano. Il documento poi arreca una luce notevole riguardo alla fondazione della Chiesa di S. Nicola in Milano, intorno alla quale il TORELLI, vol. VII, 99 dà notizie generiche, che evidentemente ha desunto dalla seguente epigrafe esistente nell'architrave della facciata : Hanc ecclesiam

edificari fecit illustrissima D.D. Blanca Maria ducissa Mediolani Anglerieque Comitissa ac Cremone domina, in honorem sancti Nicolai de Tolentino cui impetravit a sanctissimo Papa Pio secundo plenariam remissionem in primo anno suae dedicationis, et septem annorum et septem quadragenarum in festo eiusdem sancti in perpetuum. Anno MCDLX, die X septembris (GIULINI, Memorie di Milano, vol. VI, pag. 544). L'anno 1460 non è quello di fondazione della chiesa, ma del completamento dei lavori.

sicut accepimus, dilecta in Christo filia nobilis mulier Blancha Maria Ducissa Mediolani, propter singularia gratiarum beneficia a Deo per intercessionem sancti Nicolai de Tolentino impetrata, unam ecclesiam in honorem ipsius Sancti, domui sancte Marie Incoronate, alias de Garignano extra muros Mediolanenses, Ordinis fratrum Heremitarum sancti Augustini, contiguam, construi et edificari fecerit, que tamen nondum perfecta existit : Nos cupientes ut ipsa ecclesia postquam perfecta et dedicata fuerit, congruis honoribus frequentetur, et ut fideles ipsi illam eo libentius devocionis causa visitent, quo ex hoc ibidem dono celestis gratie uberis conspexerint se refectos, de omnipotentis Dei misericordia ac beatorum Petri et Pauli apostolorum eius auctoritate confisi, omnibus et singulis provincialibus et incolis provincie Mediolanensis, necnon eiusdem ac Papiensis et Laudensis civitatum et diocesum civibus et habitatoribus dumtaxat, vere penitentibus et confessis, qui ecclesiam ipsam, postquam dedicata fuerit, in primo festo eiusdem sancti Nicolai, quod erit immediate post finitum presentem annum a data presentium computandum, devote visitaverint in ipsa die, omnium peccatorum suorum, de quibus corde contriti et ore confessi fuerint, plenariam remissionem et veniam, auctoritate apostolica, tenore presentium, concedimus et elargimur. Et insuper tam predictis quam aliis omnibus et singulis, qui post consacrationem ipsius ecclesie illam in dicto festo ceteris annis imperpetuum devote visitaverint annuatim, septem annos et totidem quadragenas de iniunctis eis penitentiis misericorditer relaxamus. Et ut fideles ipsi easdem indulgentias uberius consequi valeant, Nos Priori et Fratribus dicte domus ut tot presbiteros seculares vel regulares idoneos, de quibus eis videbitur, in eadem ecclesia vel prope eam, ubi comodius fuerit, deputare possint, qui in eadem una die plenarie remissionis dumtaxat omnium et singulorum pro consecutione ipsarum indulgentiarum ad prefatam ecclesiam confluentium, et eis confiteri volentium confessionibus diligenter auditis, pro commissis, etiam si talia fuerint, propter que Sedes Apostolica foret merito consulenda, debitam ipsis absolutionem Impendere et penitentiam salutarem iniungere, necnon vota per eos emissa quecumque, peregrinationis transmarine ac beatorum Apostolorum Petri et Pauli et Iacobi in Compostella, ac continentie et castitatis votis dumtaxat exceptis, in alia pietatis opera, prout eorumdem animarum saluti viderint expedire, commutare libere ac licite valeant, auctoritate apostolica, tenore presentium, indulgemus. Nulli ergo omnino hominum liceat hanc paginam nostre concessionis infringere, vel ei ausu temerario contrahire. Si quis autem hoc attemptare presumpserit, indignationem omnipotentis Dei et beatorum Petri et Pauli Apostolorum eius se noverit incursurum. Datum Mantue, anno Incarnationis Dominice millesimo quadringentesimo quinquagesimo nono, quinto idus Iunii, Pontificatus nostri anno primo.

Questo transunto fu fatto instante venerabili Religioso domino fratre Ieronimo de Crema professo predicte domus sancte Marie Incoronate, suo nomine ut sindico et procuratore et sindicario et procuratorio nomine domini Prioris necnon Fratrum et Conventus ipsius domus.

Notai : Iohannes Antonius de Biochis fq. domini Andree ; Ambrosius de Blassono'natus quondam domini Petri ; Iohannes Petrus de Biochis fq. domini Andree.

CCLXXXIX.

Testamento del nob. Tolomeo Sarego prima di emettere i voti nell'Ordine agostiniano.

1459, luglio, 3.

(Arch. Notar. di Pavia — Atti di Matteo Nazzari).

NELLA *casa del Notaio in Parrocchia di S. M. Venetica.* Tholomeus de Seratico filius quondam domini Iohannis (1), qui portat habitum sancti Augustini, nondum professus, maior annorum quatuordecim.... in presentia nobilis viri domini Leonardi de Seratico eius patrui.... sanus corpore, mente et intellectu.... Christi nomine invocato.... suum testamentum in hunc modum facere procuravit ac fecit et facit.

In primis quidem ipse Tholomeus testator cassavit, revocavit et annullavit.... omnia testamenta et omnes codicillos.... per ipsum testatorem hactenus.... facta et factos.... Item serie huiusmodi presentis testamenti et ordinationis recomendavit et recomendat animam suam Altissimo Creatori suo, in cuius manus sunt omnes fines terre et in cuius potestate posita universa sunt, nec est qui de manu sua possit erruere.

Iu omnibus autem suis bonis mobillibus et immobilibus.... ipse testator sibi heredes universales instituit Fabricium et Constantem fratres de Seratico ac fratres ipsius testatoris, ipsos ore proprio nominando, equis porcionibus. Et hec est ipsius testatoris ultima voluntas, quam, etc.

CCXC.

Compromesso di frate Giorgio da Milano e di Castellina Bertoni riguardo alla loro controversia.

1460, marzo, 5.

(Arch. Notar. di Pavia — Atti di Giacomo Ferrari).

IN curia Pallacii Comunis Papie.... in presencia egregii et prestantis legum doctoris D. Federici de Sfondratis de Cremona vicarii generalis.... domini Potestatis Papie.... Venerabilis vir dominus frater Georgius de Mediolano, olim Prior monasterii et ecclesie sancti Barnabe de Brixia, Ordinis Heremitarum sancti Augustini de observantia, tamquam sindicus et procurator.... dicti monasterii.... et domina Castellina de Bertonis filia quondam Michaellis civis papiensis et uxor domini Gualterini de Zaziis.... compromisserunt et compromittunt.... in spectabilem iuris utriusque doctorem D. Ieronimum de Mangiariis tamquam in arbitrum et arbitratorem.... occaxione tocius eius quod dicti Prior

---

(1) Questo Religioso, che poi troveremo a S. Mostiola, appartiene alla nobile famiglia veneta dei Seratico (Sarego o Serego), un ramo della quale si era stabilito in Pavia sulla fine del secolo XIV, occupando cariche onorifiche alla Corte viscontea. Un Prossello ed un Nicolò de Seratico furono preposti al Castello di Pavia nella prima metà del secolo XV.

et Fratres nomine dicti sui monasterii et ecclesie habere debent et petere possent, tam virtute asserti testamenti quondam Georgii de Bertonis olim civis Papie (1), quam allter quovismodo.

CCXCI.

Convenzioni per lavori nella sala del Capitolo di S. Agostino.

1460, aprile, 23.

(Arch. Notar. di Pavia. — Atti di Matteo Nazzari).

I N nomine Domini amen. Anno nativitatis eiusdem millesimo quatricentesimo sexagesimo, indicione octava, die vigesimo tercio mensis aprilis, hora vigesima, in civitate Paple, videlicet in studio domus habitacionis mey notarii infrascripti, Porte Laudensis, Parochie sancte Marie Venetice. Ibique in mey notarii et testium infrascriptorum presencia, Iohannes Matheus de Gandello, Laurencii, cum licencia, presencia et auctoritate ipsius Laurencii eius patris (1), etc. sponte, etc. promisit et convenit magistro Matheo de Binascho filio magistri Beltrami ibi presenti, etc. eidem magistro Matheo pingere cum coloribus qui non moriantur ultra suam naturam, omnem illam quantitatem orlorum necessariam pro Capitulo novo ecclesie sancti Augustini Papie, suis sumptibus et expensis: item et brachia centum cornixiorum et retortorum cum foglamis secundum quod sunt illi Hospitalis Novi Papie (2), salvo quod ipsos pingere teneatur de illis coloribus de quibus pingit nunc ipsos orlos sancti Augustini, secundum monstram datam per ipsum Iohannem Matheum venerabili viro domino Priori dicte ecclesie. Et hoc infra menses duos proxime futuros, cum hoc quod dictus magister Matheus teneatur eidem Iohanni Matheo dare grossos duodecim Mediolani pro singulo centenario brachiorum dic torum orlorum. Quas pecunias solvere et exbursare teneatur de centenario in centenarium, salvo quod ipse Iohannes Matheus creditor sit unius centenarii, donec ipse finiverit opus ipsorum orlorum. Item quod ipse magister Matheus teneatur sibi traddere dictos orlos ad omnimodam requisicionem ipsius Iohannis Mathei, ut ipse possit ipsos pingere. Et precibus et mandatis ipsius Iohannis Mathei promisit et fideiussit Laurencius de Gandello eius pater ibi presens, etc. Qui promisit, etc. Renunciando, etc. Insuper iuravit, etc. Presentibus, etc. testibus notis et idoneis.

(1) È da presumere che non ostante la sentenza arbitrale, pronunziata sino dal 15 marzo 1457, la causa si tenesse tuttavia accesa per opposizione del Giovanni Bertoni, che allora fu condannato nelle spese. Morto questo Bertoni, fu facile ai suoi eredi più remissivi di mettersi sulla via di un compromesso.

(1) La presenza del padre di Gian Matteo Candello pittore, con cui si stipulava il contratto, era imposta dalla legge per la validità del contratto stesso, essendo il pittore ancora minorenne.

(2) Il lavoro che si affida al pittore Gandello, dal complesso dei particolari dati dal documento, risulta essere un lavoro di decorazione ai sedili in legno intagliato, apposti nella sala del Capitolo, e costrutti da Matteo da Binasco, il quale, da altri documenti dell'Archivio Notarile, risulta essere stato un *magister a lignamine*,

CCXCII.

Frate Manfredino da Mombreto a mezzo di un procuratore acquista stabili in Sale.

1460, maggio, 19.

(Arch. Notar. di Pavia. — Atti di Lodovico Leggi).

I N civitate Papie, videlicet in camera residentie reverendi patris domini magistri Manfredini de Mombreto Ordinis fratrum Heremitarum sancti Augustini papiensis, sita in conventu sancti Augustini Papie.... *Giovanni Luchino de Malnido per 165 ducati d' oro, ossiano 'fiorini 400, vende a Bergadano de Muriculis una casa in Sale con un annesso appezzamento di prato. Presente come testimonio :* Fratre Ambrosio de Mediolano filio quondam magistri Pauli ex fratribus suprascripti monasterii sancti Augustini.

Subito dopo Bergadano dà investitura di detti beni al Malnido per l' affitto di fiorini 12 all' anno ; quindi dichiara che i denari da lui usati per la compera, non sunt ex suis denariis, sed ex denariis sibi consignatis per reverendum patrem dominum magistrum Manfredinum, et ideo dicit et contentatur quod fictum suprascriptum semper respondeatur eidem domino magistro Manfredino qui de eo disponere possit prout sibi libuerit, etc.

CCXCIII.

Il Protonotario Giovanni Stefano Bottigella elegge i suoi procuratori per rinunziare nelle mani del Pontefice il Priorato di S. Paolo della Vernavola di Pavia.

1460, agosto, 18.

(Arch. Notar. di Pavia. — Atti di Lodovico Leggi).

I N nomine Domini, Amen. Anno nativitatis eiusdem millesimo quadrigentesimo sexagesimo, indictione octava, die lune, decimo octavo mensis Augusti, hora none. In Civitate Papie, videlicet in claustro monasterii S. Bartolomei in strata Papie, in orto eiusdem, porte Marenghe, parochie sancti Pancratii. In mei Ludovici de Lege notarii publici et testium infrascriptorum ad hec vocatorum specialiter et rogatorum presentia. Reverendus in Christo pater dominus Iohannes Stephanus de Butigellis Prothonotarius Sedis apostolice, et Ecclesie sancti Pauli de Vernabula (1) extra et prope menia civitatis predicte rector seu prior, omnibus melioribus iure, via, causa et forma, quibus melius potuit et potest, citra tamen revocationem aliorum suorum procuratorum per ipsum hactenus quomodolibet constitutorum, sponte et ex certa scientia fecit, constituit, creavit et solemniter ordinavit, et facit, constituit, creat et ordinat venerabiles et circumspectos viros do-

---

(1) La Chiesa di S. Paolo, detta della Vernavola dal nome del piccolo fiume che le scorreva vicino. Anticamente era una dipendenza del Monastero Cassinese di S. Cristina; e vi risiedeva un Rettore eletto per lo più fra i Monaci. Nella prima metà del secolo XIV la Rettoria fu mutata in Commenda, ritenendo il Commendatario il titolo di Priore. Durarono così le cose sino al 1460, nel qual anno appunto il nobile Pavese Giovanni Stefano Bottigella Protonotario Apostolico, e poco di poi Vescovo di Cremona, rinunciò la Commenda nelle mani del Papa, perchè ivi potessero avere la loro sede gli Agostiniani, i quali vi entrarono difatti nel 1465 per concessione di Paolo II. E qui notiamo come il TORELLI, vol. VII, pag. 143, ponga la rinunzia del Bottigella nel 1464; ed

minum Antonium de Forlivio camere apostolice clericum, et dominum Stephanum de Rabiis canonicum papiensem et Reverendissimi domini domini Pii Pape secundi cubicularium absentes tamquam presentes et utrumque ipsorum in solidum, ita quod primitus occupantis melior non sit conditio nec deterior subsequentis, sed quod per unum ipsorum inceptum, id per alium prosequi, mediari et tiniri valeat, suos certos et indubitatos Missos, Nuntios, Actores, Factores et negotiorum suorum infrascriptorum procuratores, et quidquid de iure melius dici et esse potest signanter et speciffice ad, pro ipso domino constituente et eius nomine in manibus et potestate prefati Reverendissimi domini nostri Pape, et seu eius Vicecanzellarii, et cuiuscunque alterius persone ad hoc potestatem habentis, renuntiandum et consignandum tam pure et simpliciter, quam ex causa permutationis contrahendum cum quacunque persona ecclesiastica et pro quocumque alio beneficio tam curato quam non curato, et prout eisdem suis procuratoribus et utrique ipsorum insolidum melius videbitur et placuerit, suprascriptum eius beneffitium seu Rectoriam aut prioratum sancti Pauli cum omnibus iuribus et pertinentiis suis, et sibi in eo quovismodo spectantibus, et proinde ad iurandum et quodcumque licitum et debitum iuramentum prestandum in animam eiusdem domini constituentis, quod in huiusmodi renuntiatione et ressignatione non intervenit nec intervenire speratur nec debet aliqua simonie labes nec aliqua alia pactio illicita, et prout et sicut eisdem suis procuratoribus et utrique ipsorum insolidum melius videbitur et placuerit. Et generaliter et specialiter, ita tamen quod per generalitatem specialitati non derogetur nec e contra, ad premissa omnia et singula faciendum, dicendum, gerendum, exercendum, iurandum et procurandum que in predictis et citra predicta connexis, dependentibus et emergentibus ab eisdem, spectant et pertinent facienda, opportunaque fuerint, seu etiam quomodolibet necessaria, et que ipsemet dominus constituens in premissis omnibus facere, dicere, gerere et exercere posset, si presens et personaliter interesset, etiam si talia forent que lacius ac specialius mandatum exposcerent. Dans et concedens dictus dominus constituens prefactis suis procuratoribus et utrique ipsorum in solidum in predictis et circa predicta plenum, liberum, generale et speciale mandatum, cum plena, libera, generali et speciali administracione, ac omnimodas vices suas eisdem committendo: Promisitque et promittit idem dominus constituens michi notario publico infrascripto, tamquam publice et autentice persone recipienti et stipulanti nomine et vice omnium et singulorum quorum interest et intererit quomodolibet in futurum, se habiturum et tenturum ratum, gratum, firmum, perpetuum et stabile omne et totum id et quidquid per dictos suos procuratores et utrumque ipsorum in solidum in premissis et circa premissa actum, factum, dictum, gestum et procuratum fuerit, et contra id non dicturum, et facturum seu venturum sub et cum integra omnium et singulorum damnorum, interesse et expensarum litis, et extra, restitucione et sub ypoteca et obligacione omnium et singulorum bonorum dicti sui beneficii presentium et futurorum. Et inde de premissis prefatus dominus constituens hanc cartam et plures eiusdem tenoris per me notarium infrascriptum fieri iussit et rogavit, presentibus nobili viro domino Conradino de Butigellis filio spectabilis viri domini Thomayni, Petro de Ungaris de Burgo sancti Donini filio Pauli, et Uberto de Bulciis filio quondam Antonii, inde testibus notis, ydoneis, ad premissa vocatis specialiter et rogatis.

---

il P. ROMUALDO, *Flavia Papia sacra*, part. III, pag. 71, la pone nel 1465. Ma, a conciliare tuttociò deve notarsi che veramente la rinunzia emessa dal Bottigella nel 1460, secondo il nostro documento, ebbe effetto nelle mani di Paolo II solo nel 1465, come risulterà dai documenti posteriori.

CCXCIV.

Compromesso fra la Comunità di S. Mostiola e i Consorti Roveda.

1460, settembre, 6.

(Arch. Notar. di Pavia — Atti di Gian Giacomo Canevari).

I N loco Capituli monasterii sancte Mustiole Papie.... Venerabilis dominus frater Laurentius de Biffis sacre theologie magister ac Provincialis dicti et infrascripti Ordinis (1) et dominus frater Guillelmus de Origonibus Prior, ac domini frater Eustachius de Nocte, frater Augustinus de Melegnano, frater Petrus de Calvis, frater Melchion de Lucino, frater Aluisius Duca, frater Zanetus de Rabiis, frater Augustinus de Binis (?) de Mortario, frater Nicola de Biela, frater Steffanus de Monte Martino, frater Laurentius de Biela et suprascriptus frater Eustachius de Nocte tamquam sindicus et procurator.... conventus ac Capituli eiusdem monasterii sancte Mustiole Ordinis fratrum Minorum sancti Augustini, et omnes fratres professi dicti monasterii.... facientes.... totum et integrum capitulum.... parte una, et Blasius de Rovedis.... suo et nomine et vice Albertini, Dominici, Iacobini, Simonis, Otini, Francisci et aliorum consortum suorum omnium de Rovedis.... compromiserunt et compromissum fecerunt et faciunt.... in dominos Bellotum de Oltrona archidiaconum Maioris Ecclesie Papie, Oglerinum de Bollanis Prepositum Ecclesie sancti Theodori Papie, et Petrum de Riciis Prepositum Ecclesie sancti Zeni Papie, tamquam in ipsarum partium arbitros et arbitratores.... causa et occaxione questionis et controversie verse et vertentis inter ipsas partes coram ipsis dominis arbitratoribus tamquam comissariis et delegatis apostolicis inter dictas partes specialiter deputatis.

CCXCV.

Laurea in teologia di frate Gian Giacomo Campeggi.

1460, settembre, 8.

(Arch. Notar. di Pavia. — Atti di Lodovico Leggi).

U NIVERSIS et singulis presentes litteras inspecturis, Amicus de Fessulanis canonicus Aquilanus et ecclesie sancti Eustachii de Urbe archipresbiter, reverendissimi in Christo patris et domini domini Iacobi de Piccolominibus Dei et Apostolice Sedis gratia electi papiensis et comitis, Almi Studii papiensis apostolico et imperiali privilegiis cancellarii dignissimi, vicecancellarius specialiter deputatus, salutem et reverentiam tam debitam quam devotam.

---

(1) Notiamo la promozione di questo illustre Religioso, che per tanti anni fu di utilità e di decoro al Convento di S. Mostiola. Per quanto poi riguarda la sostanza del documento vedi innanzi sotto la data 12 maggio 1467.

Etsi omnium pro scientie margarita capescenda insudantium virtus, exigente iustitia, dignis sit premiis decoranda, illi tamen qui in sacra theologia, que est omnium mater et magistra et fidei fondamentum ac via recta ad vitam eternam, propria relinquentes et se ipsos abnegantes, per diversa mondi climata, studia rotaverunt et in eis noctes persepe ducentes insompnes, immensis laboribus et sudoribus, bravium attigerunt, digniori sunt honore premiandi et maiori reverentie dono decorandi. Cum itaque religiosus et omni virtute laudabilis frater Iohannes Iacobus de Campise Ordinis Fratrum Heremitarum sancti Augustini expresse professus, post actus scolasticos per eum in variis Studiis feliciter consumatos, deputatus fuerit ad legendum Sententias in conventu sancti Augustini papiensis Ordinis predicti; ipseque frater Iohannes Iacobus huiusmodi Sententias in dicto conventu laudabiliter legerit et omnes alios actus scolasticos in Universitate papiensi exercendos usque ad gradum magisterii feliciter consumaverit, ac sub singulis reverendis patribus sacre theologie magistris huius alme Universitatis de arduis questionibus in facultate theologica responderit, aliosque actus Bachalariis pro forma legentibus incombentes laudabiliter exercuerit: et postmodum coram nobis per Collegium reverendorum patrum dominorum magistrorum in sacra theologia deputatorum ad examen Bachalariorum ad magisterium aspirancium, privatim et rigorose examinatus fuerit, et idem frater Iohannes Iacobus in examine ipso se taliter habuerit, quod a nobis convocata et congregata in aula palacii episcopalis papiensis, prelatorum, doctorum et scolarium huius almi Studii multitudine copiosa pro negotio huiusmodi specialiter peragendo et finito et facto de nostri licentia, ut moris est, sermone per reverendum patrem magistrum Bertolameum de Fazardis Ordinis Heremitarum sancti Augustini professum, in sacra theologia doctorem celeberrimum, ab ipsoque fratre Iohanne Iacobo in manibus nostris prestito, ad sancta Dei evangelia, manibus super pectus suum positis, solito iuramento quod ex causa sui magisterii non excedet in expensis taxam Clementine secunde De Magistris, et quod servabit statuta eiusdem Universitatis ac prout per alios magistros solitum est iurari, eundem fratrem Iohannem Iacobum su......... exigentibus meritis, die quarto instantis mensis septembris...... seu doctorem in sacra pagina constituimus atque creavimus...... prelibati domini Episcopi apostolico et imperiali privilegiis ut prefertur...... qua fongimur in hac parte, sibique cathedram magistralem ascendendi...... et in ea legendi, docendi, disputandi, gloxandi, interpretandi, questiones et dubia terminandi, ceterosque actus doctoreos in scientia ipsa theologie hic et ubique locorum exercendi licentiam concessimus et facultatem, instrumento publico superinde confecto per Ludovicum de Lege notarium et Curie episcopalis papiensis cancellarium infrascriptum. Nunc vero itterato convocata et congregata Universitate Prelatorum, Doctorum et Scolarium prefati Studii copiosa et nobilium civium numerosa catherva in ecclesia maiori Papie pro hoc negotio specialiter exequendo, prius tamen vesperiatus hesterna die per prefatum reverendum patrem magistrum Bertolameum de Fazardis Ordinis predicti et in sacra theologia magistrum in ecclesia sancti Augustini papiensi, facta etiam ibidem convocatione Universitatis predicte, eidem magistro Iohanni Iacobo cum aliis doctoribus et magistris cathedram doctoralem ut moris est ascendenti, eius capiti de nostri licentia per eundem sacre pagine magistrum Bertolameum biretum impositum est, servatis in premissis omnibus ritibus et solempnitatibus in talibus debitis et consuetis. In cuius rei testimonium presentes fieri iussimus in formam publici documenti per iamdictum Ludovicum notarium et cancellarium infrascriptum et sigilli prefati domini Electi ad maiorem evidentiam premissorum munimine roborari. Datum et actum Papie in ecclesia Cathedrali, anno nativitatis Domini millesimo quadrigentesimo sexagesimo, indictione octava, die lune, octava mensis septembris, hora terciarum. Presentibus spectabilibus et celeberrimis artium et medicine doctoribus dominis magistris Thebaldo de Madiis, Andrea de Lege et Iohanne de Gringhellis, et discretis viris Marcho de Buscatis bidello generali dicte Universitatis ac Petro de Mombreto et Augustino de Roverinis ambobus notariis papiensibus et pluribus aliis inde testibus notis, idoneis, ad predicta vocatis specialiter et rogatis.

CCXCVI.

Conclusione della vertenza tra il Convento di S. Barnaba di Brescia e la famiglia Bertoni di Pavia.

1460, settembre, 27.

(Arch. Notar. di Pavia. — Atti di Giacomo Ferrari).

S ENTENZA *arbitrale pronunciata dal dottore in ambe le leggi nobile Girolamo Mangiaria, del Collegio dci Giurisperiti di Pavia, nella causa fra Castellina Bertoni, come erede di Giovanni Bertoni, e frate Giorgio da Milano come procuratore del Priore e del Convento di S. Barnaba di Brescia, degli Eremitani dell' Osservanza. Nella sentenza si accenna ad una precedente transazione, rimasta senza effetto, tra il suddetto Giovanni Bertoni e il* reverendum patrem dominum fratrem Iohannem Rochum sacre pagine magistrum, Vicarium dicti Ordinis sancti Augustini et sindicum et procuratorem.... dicti monasterii sancti Barnabe, *come da istromento rogato ai 10 maggio 1437 da Ambrogio Bellabocca notaio di Brescia. Nella sentenza si condanna la Castellina Bertoni a pagare L. 350 imperiali al Convento di Brescia. In seguito alla sentenza, nello stesso giorno e nella casa del dott. Mangiaria arbitro, in Parrocchia di S. Lorenzo di Pavia,* venerabilis vir dominus frater Discretus de Pergamo, alliax de Cremona, Ordinis, Conventus et seu monasterii ecclesie sancti Barnabe de Brixia Ordinis sancti Augustini de observantia, *come procuratore di detto convento, insieme a* dominum fratrem Cresimbene de Brixia eius sotium, *pel prezzo di 96 ducati, somma a cui fu condannata Castellina Bertoni verso il Convento di S. Barnaba, fanno cessione al nobile Gian Lodovico Folperti del fu dottor Santino, di tutti i diritti e le azioni spettanti al Convento di S. Barnaba contro la detta Castellina e gli altri consorti Bertoni.*

CCXCVII.

Funzioni anniversarie e distribuzione di elemosine al Convento di S. Mostiola.

1461, febbraio, 6.

(Arch. Notar. di Pavia — Atti di Bartolomeo Gandello).

I N sacristia ecclesie et Conventus sancte Mostiolle Papie, Venerabilis vir dominus frater Guillelmus de Arigonibus frater conventuallis monasterii sancte Mustiolle Papie, suo et nomine conventus et ecclesie predicte, fuit confessus versus D. Steffanum de Canibus...... nomine dominorum Consulum Collegii Notariorum Papie (1).... se ipsum dominum fratrem Guillelmum.... recepisse.... solidos duos imperiales pro cellebratione Misse magne in incantu facta per ipsum dominum fratrem Guillelmum et per dictos Cantores (Collegii Notariorum) cantate cum officio debito : et etiam cum elemoxina panis ad ipsam ecclesiam data et porrecta pauperibus Christi per ipsum Collegium, pro anima quondam domini Laurencii de Pasturinis qui legavit dicto Collegio et in executione dicti legati, etc. Quod officium et que Missa et Elemoxina facta et facte ac dicta sunt singulo anno pro anima dicti Laurentii etc. Et inde, etc.

CCXCVIII.

La Comunitá di S. Agostino affitta i beni della Cappellania dei SS. Paolo e Antonio.

1461, febbraio, 26.

(Arch. Notar. di Pavia. — Atti di Agostino Gravanago).

I N sacristia ecclesie sancti Augustini, Papie. Convocato.... capitulo.... de mandato reverendi patris domini magistri Bartolomei de Fazardis sacre pagine professoris, Prioris conventus et ecclesie fratrum Heremitarum sancti Augustini.... in quo.... capitulo.... fuerunt,... dominus Prior, nec non reverendus pater dominus magister Manfredinus de Mombreto, reverendus pater dominus Iohannes Iacobus de Campixe, nec non venerabiles viri domini fratres Raphael de Rapalo biblicus, frater Gualterius de Curte subprior, Iacobus de Francia magister studentium, Petrus de Cremona, Polonius de Curte, Gaspar de Papia, Zaninus de Sancto Angelo, Tomasius de Pergamo, Maurus de Veneciis, Nicolla de Verona (2), Petrus Teotonicus, Baptista de Mediolano, Dydymus de Brayda, Ieronimus de Casate, Bernardus de Mediolano, Iohannes de Francia, Guillelmus de Francia, Ivo de Francia, Georgius de Becharia, Baptista de Ianua, Nicodemus de Cumis et frater Eusebius de Ligeriis.... fere totum et integrum Capitulum.... nomine capelle sanctorum Pauli et Antonii constructe in eadem ecclesia sancti Augustini civitatis Papie in et pro exequutione testamenti.... domine Thomayne de Lanariis... rogati anno 1388, 23 Augusti, *dal notaio Roglerio Bottigella* (3).... *dànno in affitto i beni di detta cappellania, cioè una casa in Parrocchia dei SS. Damiano e Romano in Pavia, e una vigna in campagna Sottana ubi dicitur in Basilica Bononi di 28 pertiche* (4) *ad un Accorsino Biscossi, per l'annuo affitto di fiorini 22 e denari 6.*

---

(1) Questa dichiarazione è rilasciata da frate Guglielmo ai Consoli del Collegio dei Notai di Pavia perchè questo Collegio era il legatario del nobile Lorenzo Pastorini, ricordato nel documento, di nobile famiglia abitante nelle vicinanze di S. Mostiola e propriamente nell'odierna *via Pedotti*, chiamata sino a pochi anni or sono *via dei Pastorini*. Vedi anche doc. del 7 febbraio 1467.

(2) Il Torelli, vol. VII, pag. 595 e 598 ricorda che nei Registri dell'Ordine sotto l'anno 1508 è segnalato un frate Nicola da Verona, chiaro per la gloria della predicazione. Non osiamo affermare che sia lo stesso Religioso del documento, sebbene la cosa non sarebbe impossibile. Vedi OSSINGER, 929.

(3) La Cappellania dei santi Paolo ed Antonio, fondata per testamento di Tommasina Lanari, risale alla fine del secolo XIV. Essendo andati perduti gli atti del notaio Roglerio Bottigella, non abbiamo potuto pubblicare il testamento della generosa fondatrice. L'altare della Cappellania, come vedremo dal doc. 31 gennaio 1463, sorgeva nella sagrestia, dove era l'Arca di S. Agostino ed un'altra Cappella di S. Monica (doc. n. CCLV).

(4) La casa sorgeva nelle vicinanze della odierna Cattedrale, giacchè la Parrocchiale dei santi Damiano e Romano s'identifica con la sconsacrata chiesa di S. Giuseppe ancora esistente in Via Iacopo Bussolari. La vigna si trovava nelle vicinanze di S. Lanfranco. Vedi doc. n. CCI.

CCXCIX.

Gli Ambasciadori di Firenze visitano la Basilica di S. Agostino.

1462, marzo, 3.

(Arch. storico ital., serie 3, tomo I, pag. 45, Firenze, 1865).

E T più vedemo in Pavia nella Chiesa di Sant'Augustino sotto le volte del choro, direto a un altare che è in una cappella di sotto la chiesa, la sepoltura dove è il corpo di sancto Augustino, la quale è un archa grande di una petrina rossa senza intaglio; et più vedemo nella sagrestia di detta chiesa una bellissima sepultura in marmo ovvero alabastro, in colonne con volta ed intagli a figure, fatta per mettere detto corpo, ma non ci fu messo mai (1).

CCC.

Quietanza del Procuratore di S. Agostino per i beni della Cappellania dei santi Paolo ed Antonio (2).

1463, gennaio, 31.

(Arch. Notar. di Pavia. — Atti di Agostino Gravanago\.

N EL *Palazzo del Comune di Pavia*. Venerabilis dominus frater Gualterius de Curte Ordinis Heremitarum sancti Augustini papiensis, suo et sindicario ac procuratorio nomine venerabilium dominorum Prioris, fratrum et conventus.,.. sancti Augustini Papie, ac etiam nomine et vice Capelle sanctorum Pauli et Antonii constructe in sacrestiis eiusdem ecclesie sancti Augustini, *riceve da Accorsino Biscossi.... fittabile perpetuo* dictorum Capelle et conventus.... *fiorini 22 e imperiali 6, per affitto di un*

---

(1) Gli ambasciadori erano Monsignor Filippo di Vieri de' Medici Arcivescovo di Pisa, Buonaccorso di Luca Pitti e Piero de' Pazzi, inviati da Firenze a Luigi XI di Francia a congratularsi per la sua esaltazione al trono, e per tentare un accomodamento fra lui e Francesco Sforza Duca di Milano. Nel loro ritorno di Francia essi furono il 3 marzo del 1462 alla Certosa di Pavia, quindi in città, donde partirono il giorno dopo. La relazione, che della loro visita alla chiesa di S. Agostino dànno gli Ambasciadori, si riterisce prima all'altare dello Scurolo o Cripta o Confessorio, disotto al presbiterio, in cui trovavasi il sacro corpo di S. Agostino; poi alla sagrestia, ove ammirarono la splendida Arca. Richiamiamo l'attenzione sulle particolarità dateci intorno al sepolcro racchiudente le ossa del santo Padre, perchè esse dimostrano che a memoria del luogo, ove esse erano racchiuse, era ben viva ed esatta, contrariamente a quanto di poi si asserì, che cioè, quel luogo preciso fosse ignorato. A creare questa confusione ebbero

gran parte le dispute, le gare e le ricerche infelici, che di quelle sante ossa si fecero più tardi. Dalla descrizione degli ambasciadori è chiaro altresì che le reliquie di S. Agostino si trovavano collocate in modo diverso da quello in cui furono ritrovate nel 1695; perchè sebbene furono rinvenute nello stesso altare del Confessorio a cui si riferiscono gli ambasciadori, non si trovò però traccia di quell'arca di *pietrina rossa* (porfido o rosso di Verona), che secondo essi doveva racchiudere tali reliquie. Quando quest'arca si distruggesse noi non possiamo affermarlo, ma certo dovette avvenire nel fervore delle ricerche iniziatesi, come vedremo, nel finire del secolo XV.

(2) Una simile quietanza era già stata rilasciata ai 19 luglio del 1462 dal Priore di S. Agostino frate Bartolomeo Fazzardi e dal Procuratore frate Gualtiero Corti. L'atto trovasi fra le minute dello stesso notaio Agostino Gravanago.

anno 'finito alle calende di questo gennaio, cuiusdam casamenti magni, cum canepis, sollariis, puntillibus et quinque apotecis seu stacionibus, positi in Papia in Porta Marenca Parochia sanctorum Damianini et Romanini, et etiam unius petie vinee perticharum viginti octo posite in Campanea subtana Papie ubi dicitur in Basilica Bononi.

CCCI.

Contratto con artisti pavesi per la decorazione della facciata della chiesa di S. Tecla degli Eremitani di Genova.

1463, maggio, 11.

(Arch. Notar. di Pavia. — Atti di Lodovico Leggi'.

M CCCCLXIIJ, die XI Maij, hora parum post vesperas. Conventio facta per et inter venerabilem ac religiosum virum dominum fratrem magistrum Lazarum de Simonetis de Ianua ordinis fratrum Heremitarum Sancti Augustini tanquam sindicum et procuratorem dominorum fratrum et Conventus Monasterii ecclesie sancte Tegle dicte civitatis Ianue ex una parte (1) et magistrum Bassianum de Benlafaremo merzarium in Papia ex alia (2), videlizet quod ipse magister Lazarus dicto nomine et ipse magister Bassianus se liberant ab omni et toto eo, quod sibi ipsis ad invicem habere et petere possent occaxione alicuius conventionis facte inter dictas partes tam per ipsum magistrum Bassianum quam per magistrum Leonardum de Marzano pictorem (3), salvo opere eiusdem telarii, quas conventiones ex nunc revocant, etc. Et primo promisit idem magister Bassianus facere eidem conventui vidriatam ad oculum unum ecclesie dicti monasterii in tota opera cocta cum imagine beate Virginis Marie ad formulam sibi datam super quodam appapiro (4), reliqua autem facere ut supra : quod opus teneatur idem magister Bassianus posuisse in opere infra medietatem mensis Iullii prox. futuri sub pena unius ducati pro singulo mense quo staret ad solvendum dictum opus ultra dictum tempus protestando tamen quod hoc non facit ut fiat in fraudem usurarum, sed ut opus predictum citius ponatur in opere, eo tamen salvo quod, si in conducendo frangeretur, quod non teneatur ad dictam penam sed ad refectionem ipsius operis, et quod dictus conventus teneatur dare

---

(1) Il Convento degli Eremitani di S. Tecla di Genova è quello più comunemente noto sotto il nome di Convento di S. Agostino. Cfr. TORELLI, vol. VI, pag. 540 e CRUSENIO, *Pars tertia Monastici Augustiniani*, edit. 1890, pag. 408.

(2) Il maestro Bassano da Lodi, detto per soprannome Benlafaremo, che nel documento è detto semplice merciaiuolo, era apprezzato maestro di vetriate artistiche colorate, alle quali egli attendeva col concorso dei più valenti pittori, che Pavia vantasse in quel tempo. Il suo è un nome nuovo alla storia dell'arte lombarda del secolo XV, ma possiamo dire fin d'ora che esso sarà completamente illustrato dal *Codice Diplomatico degli Artisti Pavesi*, già preparato dal Prof. R. Maiocchi, e che fra breve sarà pubblicato a Torino, per cura della R. Deputazione di Storia Patria per il Piemonte e la Lombardia.

(3) Maestro Leonardo da Marzano è il pittore pavese Leonardo Vidolenghi nativo del paesello di Marzano, di cui già scrisse il MOIRAGHI nell'appendice all'Almanacco Sacro Pavese dell'anno 1894, pag. 276. Nuova luce su di lui apporteranno i documenti da pubblicarsi dal Maiocchi nell'accennato Codice artistico di Pavia ; qui ci limiteremo a dire che questo artista, che fu uno dei più notevoli seguaci di Vincenzo Foppa, lungi dall'essere mancato ai vivi verso il 1470, come si scrisse dal Moiraghi (loc. cit. pag. 281), durò fino ai primi anni del secolo XVI.

(4) Trattasi dunque della composizione di una grande vetriata a colori, animata da un'immagine della Madonna con in braccio il Bambino Gesù, come risulta anche più innanzi dal nostro documento, che maestro Bassano si assumeva di far cuocere e comporre, su disegno fornitogli dal pittore Leonardo Vidolenghi.

dicto magistro Bassiano pontes et ferros ponendos ad dictum oculum. Item quod si dictus magister Bassianus staret defectu ipsorum impeditus ab uno die supra, quod teneantur solvere dies deperditos ad computum soldorum decem pro singulo die quo sic staret impeditus. Et pro pretio dicti operis dictus dominus magister promisit dare eidem magistro Bassiano libras triginta januenses dandas ut supra, videlizet medietatem, opere perfecto atque laudato ut supra, cum advocatione testium prout ipsis partibus libuerit, et aliam medietatem ipso opere posito ad dictum oculum. Et pro premissis, precibus et mandatis dicti magistri Lazari, promisit et fideiussit principaliter et in solidum magister Girardus de Beatis caligarius ibi presens, qui promisit etc. obligando etc. Et dictus magister Bassianus pro premissis attendendis et adimplendis promisit deponere unum pignus, seu oculos duo milia vitri a fenestris penes Brosinum de Rosade ibi presentem et confitentem penes se habere. Renuntiando etc. et inde etc. presentibus Petro de Mombreto, Augustino de Murigiis et Ioh. Antonio de Lege.

L' atto è preceduto da questa dichiarazione scritta di mano di Maestro Bassano.

YHS. Maestro Basano Benlafaremo da Lode habitadore de Pavia dicto marzero, confesso havere facto mercato de logio de sancta Tegia de Zenova, zoè, logio picino de mezo et de fare una Nostra Dona vestita de celestro e lo Fiolo de roso, overo de verde, lo campo bianco, per precio de libre XXX de moneta de Zenova, che sono libre XLV de moneta de Milano, cum pati che lopera sia laudata in questa terra, in presencia de Perono et de maistro Gerardo caligaro che fa botega apreso alo ponte de texino, e ultra de questo che li frati siano obligati a dareme la mitade de li denari in questa terra, fornita che sia lopera. Ancora che li soprascritti frati siano obligati portando mi una letra per mano de Perono, marzaro a dareme laltra mitade altramente sia obligato la segurtade li danni et interese et spexe.

CCCII.

Frate Gualtiero Corti di S. Agostino riceve un affitto dalle monache di Mont'Oliveto di Pavia.

1468, novembre, 11.

(Arch. Notar. di Pavia. — Atti di Bartolomeo Gandello).

I N claustro monasterii et ecclesie sancti Augustini Papie.... Venerabilis vir dominus frater Gualterius de Curte subprior ac sindicus et procurator.... Prioris et fratrum ac Conventus et ecclesie sancti Augustini Papie.... *riceve dal procuratore dell' Abbadessa* Monasterii Montis Oliveti Papie *lire 1 pavesi per censo annuo su beni investiti perpetuamente a quelle monache* (1).

(1) Il documento è tanto conciso, che non ci permette di determinare per quali beni le Monache cisterciensi del monastero di Monte Oliveto pagassero l'annuo censo al convento di S. Agostino. Vedi il doc. 10 novembre 1467.

CCCIII.

Il Consiglio di Provvisione di Pavia invita frate Paolo da Bergamo per una predicazione.

1463, dicembre, 4.

(Museo Civico di storia patria. — Reg. Prov. anni 1463, fol. 123, r).

C ONVOCATO et congregato Conscilio etc.
Item providerunt quod fiant littere opportune domino fratri Bigino de Ianua (1) vicario generali Ordinis sancti Augustini Heremitarum observantie ut dignetur mandare dominum fratrem Paulum de Pergamo (2) ad predicandum ad hoc festum Natalis, etc.

CCCIV.

Frate Gualtiero Corti Procuratore di S. Agostino riceve un lascito testamentario.

1464, gennaio, 18.

(Ach. Notar. di Pavia — Atti di Agostino Gravanago).

I N conventu sancti Augustini Papie, et in camera ressidentie venerabilis domini fratris Gualterii de Curte.... *questi come procuratore del convento dichiara ricevere da Brunone Brunoni 'fiorini 20*, alias legatos dicto conventui sancti Augustini Papie per Caterinam de Sonzino filiam quondam Ansermi, ut dicunt constare instrumento rogato per dominum Iacobum de Canibus, anno curso MCCCCLVIII, die XIII marcii.

(1) È frate Benigno da Genova oriundo della nobile famiglia Peri, il quale per la seconda volta esercitava l'ufficio di Vicario Generale della Congregazione Lombarda, in cui era succeduto a frate Giovanni Rocco Porzi fin dal 1461. Di frate Benigno il LANTERI vol. II, 56 afferma : « *Decies Visitatoris, quindecies Definitoris, duodecies Praesidis, atque novies Vicarii Generalis munera egregie obivit.* » Ciò dimostra quanto grandi fossero i suoi meriti e la sua operosità. Venne a morte nel 1497 meritandosi per le sue alte virtù il titolo di Beato. Vedi TORELLI, vol. VII, pag. 498 seg. Nell' OSSINGER, pag. 685, egli è lodevolmente ricordato come scrittore.

(2) Frate Paolo Olmi nato in Bergamo nel 1424, addottoratosi

in diritto canonico a Padova, canonico nella patria Cattedrale, entrò in Religione verso il 1449, dove si segnalò dapprima come professore nelle scienze teologiche, poi come Predicatore acclamato in tutte le città. Fu otto volte eletto Visitatore della sua Congregazione dell'Osservanza, dieci volte Definitore, sette Vicario Generale, dopo di essere stato Priore ripetutamente nei Conventi di Bergamo, di Milano, di Cremona ecc. ed anche primo Priore di Santa Maria del Popolo in Roma, allorchè Sisto IV ne diede il possesso agli Agostiniani dell'Osservanza. Scrittore pregiatissimo di molte opere anche di carattere storico, pieno di meriti si spense ai 12 giugno del 1494. Vedi TORELLI, VII, 433; ed OSSINGER, pag. 522.

CCCV.

Ordinazioni sacre di alcuni Religiosi Agostiniani.

1464, marzo, 17.

(Arch. Notar. di Pavia. — Atti di Pietro Mombreto'.

RDINATIO Generalis tenta per reverendum in Christo patrem dominum Conradum de Marcellinis vicarium et locumtenentem reverendissimi domini domini Cardinalis papiensis.

Ad primam tonsuram :

Frater Angelus de Rusconibus filio Rolandini, Ordinis sancte Mustiole.

Frater Iohannes Baptista de Ianua, Ordinis sancti Augustini.

Frater Baldasar de Crema, Ordinis sancti Augustini.

Ad quatuor minores Ordines :

Frater Iohannes Baptista de Ianua, Ordinis sancti Augustini.

Frater Baldasar de Crema, Ordinis sancti Augustini.

CCCVI.

Quietanza d' affitto rilasciata da frate Eusebio de Legieriis Procuratore di S. Agostino.

1464, novembre, 19.

(Arch. Notar. di Pavia — Atti di Bartolomeo Gandello).

IN curia pallatii spectabilis domini Potestatis et Comunis Papie.... Venerabilis dominus frater Euxebius de Legieriis sindicus et procurator.... dominorum Prioris, fratrum ac Capituli conventus et ecclesie sancti Augustini Papie.... *riceve da Melchiorre Sangregorio soldi 72 per l' affitto di anni tre compiuti al S. Martino per una pertica di terreno in Trivolzio.*

CCCVII.

Ordinazioni sacre di frate Albertino Griffi e di frate Nicola da Carmagnola.

1464, dicembre, 22.

(Arch. Notar. di Pavia. — Atti di Lodovico Leggi).

MCCCCLXIIIJ, die XXIJ decembris, hora terciarum.

Infrascripti sunt qui se presentaverunt pro Ordinibus sibi conferendis.·

. . . .

Ad quatuor minores ordines :
Frater Albertinus de Griffis (1) Ordinis sancti Augustini.....
Ad subdiaconatus ordinem :
Frater Nicolaus de Carmagnolla Ordinis sancti Augustini.....

CCCVIII.

Lettera commendatizia del Vicario Vescovile di Pavia al Priore Generale degli Agostiniani a favore di frate Pietro da Verona.

1464 . . . . . . (2)

(Arch. Notar. di Pavia. — Atti di Lodovico Leggi).

C ONRADUS de Marcelinis, decretorum doctor, Dei gratia Episcopus Terracinensis, Reverendissimi in Christo patris et domini domini Iacobi de Piccolominibus, miseracione divina sacrosancte romane ecclesie tituli sancti Chrisogoni presbiteri Cardinalis Episcopique papiensis et comitis dignissimi locum tenens et vicarius generalis ; rcverendissimo in Christo nobis dilecto Generali tocius Ordinis fratrum Heremitarum sancti Augustini (3) salutem et sinceram in Domino caritatem.

Cum iuri consonum videatur et equitas persuadeat quod veritati testimonium perhibeatur, illis maxime qui virtutum culmina et scientiarum margaritas cottidianis laboribus summisque vigiliis conantur adhipisci, ad noticiam igitur Reverende Paternitatis Vestre per presentes deducimus quod reverendus dominus sacre pagine professor dominus magister Petrus Veronensis (4) Ordinis predicti, lator presentium, intuytu reverendissimi domini domini Cardinalis et nostri nec non aliorum quamplurium prelatorum in hac quadragesima proxime preterita in Cathedrali ecclesia huius urbis predicavit et ita laudabiliter ac prudenter se habuit, quod ab omnibus merito commendandus venit et digniori honore premiandus et maiori reverentie dono decorandus. Idcirco suis virtutum meritis sic exigentibus rogamus Reverendam Paternitatem Vestram ut intuito prefati reverendissimi domini Cardinalis nec non et nostrum, eundem magistrum Petrum, qui ad Reverendam Paternitatem Vestram in presentiarum venturus est, dignetur habere recomendatum et favoribus oportunis assistere circa id, quod requiret a Reverenda Paternitate Vestra.

---

(1) Probabilmente è di quella stessa famiglia Griffi di Varese, che già diede a Pavia nel secolo XIV il famoso notaio e cancelliere vescovile Albertolo Griffi, del quale noi abbiamo già pubblicato parecchi atti.

(2) Il documento non ha data, ma lo pubblichiamo sotto l'anno 1464 perchè si trova nelle minute notarili del Leggi di quest' anno.

(3) Era Priore Generale frate Guglielmo Becchi di nobile famiglia fiorentina, eletto il 27 settembre del 1460 nel Capitolo generale di Siena. Tenne la carica per dieci anni, cioè fino al 1470, quando Paolo II lo creò Vescovo di Fiesole. Morì secondo alcuni nel 1480, secondo altri nel 1491, oppure nel 1495. Vedi TORELLI, VII, 92, 183 e 446.

(4) Di questo Religioso Agostiniano, valentissimo Predicatore,

CCCIX.

Investitura di beni in Casorate concessa dalla Comunità di S. Agostino.

1465, febbraio, 28.

(Arch. Notar. di Pavia — Atti di Gio. Antonio Strada).

I N loco Capituli monasterii et domus fratrum sancti Augustini Papie, Ordinis Heremitarum.... Convocato capitulo.... de mandato reverendi patris et sacre theologie magistri domini fratris Augustini de Marliano Prioris, in quo capitulo erant et sunt prefatus dominus Prior, nec non reverendi patres et venerabiles domini frater Bertolameus de Fazardis sacre theologie magister et magister Iohannes Iacobus de Campixe similliter sacre theologie professor, frater Raphael de Rapallo biblicus, frater Iacobus de Viterbio, frater Baptista de Mediolano, frater Gualterius de Curte subprior, frater Apolonius de Curte, frater Nicolla de Verona (1), frater Aymus de Sabaudia cursor, frater Ambrosius de Mediolano cursor, frater Didimus de Braida, frater Paulus de Puteo, frater Iohannes de Neapoli, frater Laurentius de Brissa, frater Hieronimus de Mediolano, frater Angelus de Mediolano, frater Iohannes de Sabaudia, frater Paulus de Sancta Flore, frater Laurentius de Bugella, frater Laurentius de Novaria, frater Guido de Avenione, frater Nicolla de Francia, frater Eusebius de Papia sindicus, frater Iohannes Iacobus de Cervis, omnes fratres conventuales dicte ecclesie sancti Augustini.... representantes fere totum capitulum, *dànno investitura al nobile Donato Pionni del fu Pietro di Casorate della metà pro indiviso con Simone Della Porta di case e terre in quel luogo, appartenenti al monastero e già investite con istromento 16 dicembre 1432, rogato Galvagno de Mombreto, a Pietro della Porta e da questo pervenuti nei suoi 'figli Ambrogio e Simone. L' annuo censo è di 'fiorini 23.*

CCCX.

Quietanza d' affitto rilasciata da frate Lorenzo Biffi di S. Mostiola.

1465, agosto, 12.

(Arch. Notar. di Pavia. — Atti di Giovanni Battista Vailati).

N ELLA *casa del notaio, in Parrocchia di S. M. Venetica.* Reverendus in Christo pater dominus magister Laurentius de Biffis sacre pagine professor Ordinis Heremitarum sancti Augustini et presentialiter syndicus et procurator.... ecclesie et capituli et conventus monasterii sancte Mustiole Papie dicti Ordinis.... *riceve da To- maino Mangano sei sacchi di segale, per fitto di due anni spirati alle calende di agosto, per una terra in Giovenzano.*

---

al quale tanti elogi si tributano dal Vescovo Corrado Marcellini, non si hanno precise notizie. Sembra sia la stessa persona con frate Pietro Paolo da Verona, oratore illustre, pel quale il TORELLI, VII, 357, reca un documento del 17 gennaio 1487, e le cui raccolte di sermoni sono ricordate dall' OSSINGER, pag. 929, che per altro, per abbaglio, afferma il nostro Religioso esser vissuto nel secolo XIV.

(1) Frate Nicola da Verona è quello stesso, di cui fa menzione il TORELLI, VII, pag. 595, sulla fede del Registro del Priore Ge-

CCCXI.

Frate Lorenzo Biffi eremitano di S. Mostiola autorizza un' investitura come vicario generale dell' abbate Commendatario di S. Maria di Lucedio.

1465, novembre, 11.

(Museo Civico di storia patria. — Istrumenti, cartella II`.

N EL *monastero di S. Cristoforo di Pavia, dell' ordine di S. Giustina, Caterina de Lupis di Asti abbadessa, e le sue religiose,* cum presentia, auctoritate, decreto et consensu reverendi sacre theologie magistri domini magistri Laurencii de Biffis Conventus sancte Mustiole Ordinis fratrum Heremitarum sancti Augustini, vicarii generalis reverendissimi domini *(in bianco)* perpetui commendatarii domine sancte Marie de Lucerio Montisferrati (1), domini seu patroni dicti monasterii sancti Christofori, ibidem presentis, pro tribunali sedentis super quodam bancho, etc. *dànno investitura novennale di una vigna del monastero a Luigi Squintani. Notaio Marchino Morasco di Pavia.*

CCCXII.

Papa Paolo II concede agli Eremitani dell' Osservanza la chiesa di S. Paolo fuori le mura di Pavia.

1465, novembre, 26.

(Arch. di Stato di Milano. — Bolle e Brevi Papali).

P AULUS Episcopus servus servorum Dei. Dilecto filio Archipresbitero ecclesie papiensis (2) salutem et apostolicam benedictionem. Sacre Religionis, sub qua dilecti filii Vicarius Generalis (3) et fratres Ordinis Heremitarum sancti Augustini observantie regularis sub humilitatis spiritu devotum et sedulum exhibent Altissimo famulatum, promeretur honestas ut Apostolica Sedes eos benignis confoveat favoribus et specialibus gratiis prosequatur. Dudum siquidem omnia beneficia ecclesiastica apud Sedem Apostolicam tunc vacantia et in antea vacatura collationi et dispositioni nostre reservavimus, decernentes ex tunc irritum et inane si secus super hiis a quoquam

---

nerale Egidio da Viterbo all'anno 1508, dicendolo « chiaro per la gloria della predicazione ». L' OSSINGER, pag. 929, lo dice morto improvvisamente il 28 novembre 1514, mentre viaggiava da Padova a Verona ; ed aggiunge ch' egli era Maestro in sacra teologia, nella quale godeva grande fama. Fu molto benemerito dell' Ordine, sia per gli ufficii di Priore e di Vicario Generale che più volte esercitò, sia per lo zelo, con cui promosse l' osservanza regolare e l' incremento delle sostanze dell' Istituto.

(1) Il documento quantunque non abbia diretta relazione cogli Agostiniani, è però sempre importante per la vita di frate Lorenzo Biffi, cui la straordinaria attività e saggezza, rendevano

degno delle più alte ed onorifiche cariche di fiducia. Il monastero di S. Cristoforo, del quale il Biffi, come vicario del Commendatario di Lucedio, era amministratore, fu uno dei più importanti di Pavia, ed apparteneva alle Monache benedettine della Congregazione di S. Giustina di Padova. Vedi R. MAIOCCHI, *Le Chiese di Pavia,* vol. I, pag. 162.

(2) Arciprete del Duomo era Domenico Costa, dottore in diritto canonico, come si deduce dal documento seguente.

(3) Era Vicario Generale frate Paolo Olmi da Bergamo, del quale abbiamo parlato nelle note al doc. CCCIII.

quavis auctoritáte scienter vel ignoranter contingeret attemptari. Cum itaque postmodum Ecclesia sancti Pauli de Vernabula extra muros papienses, Prioratus nuncupata, per liberam resignationem dilecti filii Iohannis Stephani de Buttigellis Notarii nostri per eum de illa, quam tunc obtinebat, in manibus nostris (1) sponte factam et per nos admissam apud Sedem ipsam, vacaverit et vacet ad presens, nullusque de illa preter nos hac vice disponere potuerit sive possit, reservatione et decreto obsistentibus supradictis, et sicut exibita nobis super hoc pro parte Vicarii et Fratrum predictorum petitio continebat, idem Notarius ob singularem devotionis affectum, quem ad eos et dictum Ordinem sancti Augustini gerit (2), ecclesiam ipsam in domum fratrum Heremitarum eiusdem Ordinis sancti Augustini erigi desideret, pro parte Vicarii et fratrum predictorum presertim provintie Lombardie, secundum morem Ordinis antedicti, nobis fuit humiliter supplicatum ut ecclesiam ipsam, que ad collationem Abbatis et Monasterii sancte Christine Ordinis sancti Benedicti Mediolanensis Diocesis pertinere dinoscitur, et interdum per seculares, quandoque vero per Monachos dicti Monasterii ad nutum ipsius abbatis amovibiles regi consueverit, illius si qua sit dependentia vel subiectione suppressis penitus et extinctis, in domum Conventualem dicti Ordinis fratrum Heremitarum observantie huiusmodi per Priorem annualem et aliquos ex ipsis fratribus in ea Altissimo servituros iuxta eorum ritus, mores et regularia instituta perpetuo futuris temporibus tenendam, regendam et gubernandam erigere, eamque sic erectam, dicto Ordini fratrum Heremitarum perpetuo concedere, donare et applicare, ac alias super hiis oportune providere de benignitate apostolica dignaremur.

Nos igitur, qui divini cultus et religionis propagationem intensis desideriis affectamus, huiusmodi supplicationibus inclinati, discretioni tue per apostolica scripta mandamus quatenus, si est ita, ecclesiam, cuius fructus, redditus et proventus octo florenorum auri de Camera secundum comunem extimationem valorem annuum, ut asseritur, non excedunt, huiusmodi dependentia vel subiectione, si que sint, alias tamen absque alicuius preiuditio suppressis et extinctis, in domum dicti Ordinis fratrum Heremitarum per Priorem annualem et aliquos fratres dicti Ordinis in ea, iuxta ipsorum instituta regularia regendam et gubernandam, Ordini fratrum Heremitarum observantie huiusmodi, ita ut ibidem Domum Conventualem cum campana, campanili, claustro, dormitorio, refectorio, ortis, ortaliciis et aliis necessariis officinis, alicuius alterius licentia super hoc minime requisita, erigere possint cum omnibus iuribus et pertinentiis suis, concedere et perpetuo applicare nostra auctoritate procures.

Non obstantibus felicis recordationis Bonifacii Pape Octavi predecessoris nostri, prohibentis ne fratres Ordinum Mendicantium in aliqua civitate, castro vel villa, sive alio loco, domos vel loca quecumque ad habitandum, de novo recipere aut recepta mutare presumant, absque Apostolice Sedis licentia spetiali, faciente plenam et expressam ac de verbo ad verbum de inhibitione huiusmodi mentionem, et aliis constitutionibus apostolicis contrariis quibuscumque. Nos enim Priori et Fratribus, qui in ipsa domo pro tempore morabuntur, quod omnibus et singulis privilegiis, exemptionibus, indultis et gratiis, aliis domibus et fratribus

---

(1) Qui dobbiamo richiamare il doc. n. CCXCIII, dal quale risulta che il pavese Giovanni Stefano Bottigella Protonotario Apostolico aveva fin dal 1460 eletto i suoi Procuratori per rinunziare nelle mani del Pontefice il Priorato di S. Paolo. Sembra però che tale rinunzia non sia avvenuta di fatto se non dopo l'ottobre del 1464, quando fu eletto Paolo II, il quale perciò dice la ri-

nunzia essere stata fatta nelle sue mani.

(2) Questa circostanza è degna di nota perchè dimostra che la rinunzia del S. Paolo fu fatta dal Bottigella a favore degli Eremitani, e che perciò il nome di Giovanni Stefano Bottigella sta degnamente a lato di quello del suo glorioso antenato frate Bonifacio Bottigella, vero ornamento di S. Pietro in Ciel d'oro.

dicti Ordinis observantie regularis in genere concessis uti valeant et gaudere, eadem auctoritate concedimus per presentes, iure tamen parochialis ecclesie, infra cuius limites dicta
erigenda domus consistit, et cuiuslibet alterius in omnibus semper salvo. Dat. Rome, apud
sanctum Marcum, anno Incarnationis Dominice millesimo quadringentesimo sexagesimo
quinto, sexto kalendas decembris, Pontificatus nostri anno secundo.

A tergo : Anno ab Incarn. Do. MCCCCLXV die VIII decembr. retroscriptus presbiter
D. Iohannes Stephanus consensit resignationi et litt. expeditioni et iuravit.

CCCXIII.

Esecuzione della bolla di Paolo II per la chiesa di S. Paolo.

1465 . . . . . (1

(Arch. di Stato di Milano. — Bolle e Brevi Papali).

U NIVERSIS et singulis presentes litteras seu presens publicum instrumentum inspecturis, visuris, lecturis pariter et audituris ac quorum interest seu interesse
poterit, quosque infrascriptum tangit negotium seu tangere poterit quomodolibet
in futurum, communiter vel divisim, quibuscumque nominibus censeantur et quacumque prefulgeant dignitate, Dominicus de Costa archipresbiter Ecclesie Papiensis, iudex, commissarius ac executor unicus ad infrascripta a Sede Apostolica specialiter deputatus, salutem
in Domino et nostris........ firmiter obedire mandatis. Litteras sanctissimi in Christo Patris et
domini domini Pauli divina Providentia Pape secundi, cum cordula canapis vera bulla
plumbea ipsius domini............ pendente bullatas, sanas siquidem et integras, non vitiatas
non cancellatas, nec in aliqua sui parte suspectas, sed omni prorsus vicio ac suspitione
carentes.................... Ordinis Heremitarum sancti Augustini observancie regularis tam ipsorum quam aliorum fratrum eiusdem Ordinis absentium nominibus.... eisdem litteris apostolicis principaliter nominatis, coram notario publico et testibus infrascriptis presentatas,
nos cum ea qua decuit reverentia noveritis recepisse, quarum quidem litterarum apostolicarum tenor de verbo ad verbum sequitur et est talis :

Paulus Episcopus servus, etc. *(segue la bolla del 26 novembre 1465).*

Post quarum quidem litterarum apostolicarum presentationem et auscultationem nobis
et per nos ut premittitur factas, de contentis et narratis in preinsertis litteris apostolicis
nobis commissis, prout nobis mandabatur, inquisivimus et nos informavimus diligenter.
Tandem scivimus per prefatos Vicarium et fratres, coram nobis propter hoc personaliter
constitutos quatenus ad executionem dictarum litterarum apostolicarum et contentorum in
eisdem procedere dignaremur iuxta tra..... directam per eos a Sede Apostolica predicta
nobis formam. Nos igitur Dominicus archipresbiter, iudex, commissarius ac executor prefatus, attendentes requisitionem huiusmodi fore iustam et consonam rationi, volentesque

(1) La pergamena è in condizioni da non permettere la lettura dell'intero testo. Quindi non solo abbiamo lacune nella nostra pubblicazione, ma non possiamo dare neppure la data precisa dell'atto, e solo la arguiamo in parte dalla bolla precedente.
Quasi sulla fine del testo poi il copista interruppe il suo lavoro
di trascrizione.

mandatum apostolicum, nobis in hac parte directum, reverenter exequi ut tenemur, quia rei huiusmodi inquisitionem et diligentem informationem per nos ut premittitur factas, tam per testes fidedignos super hoc examinatos, quam alias, nobis legitime constitit atque constat ita fuisse et esse, uti in dictis litteris apostolicis deducta ac contenta et narrata huiusmodi fore vera et veritate fulciri reperimus: Idcirco auctoritate apostolica nobis concessa et qua fungimur in hac parte, ecclesie sancti Pauli de Vernabula extra muros papienses, prioratum nuncupate, de qua in preinsertis litteris apostolicis fit mentio et que interdum per seculares, quandoque vero per monachos monasterii sancte Christine Ordinis sancti Benedicti, Mediolanensis diocesis, ad nutum ipsius monasterii....... regi consuevit, dependentiam et subiectionem si que..................... quam nuper reverendus pater dominus Iohannes Stephanus de Butigèllis Sedis Apostolice prothonotarius..................... et per eundem dominum nostrum Papam admissam, vacantem.............. Fratres dicti Ordinis in ea secundum ipsorum instituta regulandam, regendam et gubernandam, Ordini.............. claustro, dormitorio, refectorio, ortis, ortaliciis, et aliis necessariis................ iuxta predictarum litterarum apostolicarum formam, continentiam et tenorem, concessimus et perpetuo applicavimus prout supponimus..... concedimus et applicamus per presentes, non obstantibus omnibus que idem dominus noster Papa in dictis litteris voluit non obstare. Hec omnia et singula nec non prefatas litteras apostolicas et hunc nostrum processum ac omnia et singula in eis contenta, vobis omnibus et singulis supradictis quibus presens noster processus dirigitur et vestrum cuilibet intimamus, insinuamus et notificamus ac ad vestram et cuiuslibet vestrum noticiam deducimus ac deduci volumus per presentes. In quorum omnium et singulorum fidem et testimonium premissorum, presentes litteras, sive presens publicum instrumentum, processum nostrum huiusmodi in se continentes sive continens, exinde fieri et per notarium publicum infrascriptum subscribi et publicari mandavimus sigillique........

CCCXIV.

Frate Lorenzo Biffi di S. Mostiola e frate Eusebio de Legieriis di S. Agostino ricevono un lascito testamentario.

1466, aprile 5-11.

(Arch. Notar. di Pavia — Atti di Giacomo Ferrari).

MCCCCLXVI, *aprile, 5.*

In claustro ecclesie sancte Mustiolle papiensis.... Venerabilis et sapiens sacre theologie magister dominus Laurentius de Biffis prior ac sindicus.... venerabilium dominorum fratrum.... dicte ecclesie sancte Mustiolle.... confitetur.... recepisse ab heredibus quondam domine Iohanne de Ferrariis, relicte quondam domini Thomaini de Buttigellis, ducatum unum auri.... causa.... cellebrandi missas sancti Gregorii pro anima suprascripte quondam domine Iohanne.... etc.

1466, aprile, 11.

In claustro ecclesie et Conventus sancti Augustini papiensis.... frater Euxebius de Lingieriis conversus ac sindicus et procurator..,. conventus ecclesie sancti Augustini pa-

piensis,... confitetur.... se ab heredibus quondam domine Iohanne de Ferrariis accepisse ducatum unum boni auri.... causa dicendi et cellebrandi missas sancti Gregorii pro anima eiusdem quondam domine Iohanne, prout continetur et legavit in eius ultima voluntate (1).

CCCXV.

Disposizioni testamentarie del milite Bartolomeo dei Conti di Albonese a favore di S. Agostino.

1466, maggio, 4.

(Arch. Notar. di Pavia. — Atti di Matteo Nazzari)

N ELLA *casa del testatore, in parrocchia di S. Romano maggiore. Testamento dello* spectabilis miles dominus Bertolameus Comes Albonexii, ducalis armorum squadrerius, filius quondam domini Comitis Mathei (2), *col quale* disponit et ordinat quod quocienscumque ipse dominus testator decedat ab hoc seculo, cadaver suum sepeliri debeat ad ecclesiam sancti Augustini et in sepultura in qua sepultum fuit et est cadaver quondam magnifice domine Agnetis de sancto Nazario sororis ipsius testatoris (3), relicte quondam magnifici militis domini Antonii dicti Moreti de sancto Nazario (4), et quondam domine Antonine matris ipsius domini testatoris. Item voluit et disposuit.... quod domini Gualtrellus et Ipolitus filii ipsius domini testatoris.... debeant singulo anno, eademmet die in qua decedet ipse dominus testator, dare et tradere ac numerare Capitulo et conventui dicte ecclesie sancti Augustini florenum unum pro utroque ipsorum et torgiam unam cere ponderis libre unius similiter pro utroque ipsorum, ponendas dicta die super sepultura ipsius testatoris, et ad hoc ut Fratres et Capitulum dicti monasterii dicere possint et teneantur dicta die officium et anniversale unum super dicta sepultura ipsius testatoris pro anima et in remissionem peccatorum eiusdem, quos florenos, una cum torgiis predictis, legavit et legat ipse dominus testator Capitulo dicte ecclesie, et ad predicta (teneantur) dicti filii sui et heredes usque in infinitum.

---

(1) Il testamento è presso lo stesso notaio Giacomo Ferrari, sotto la data 21 gennaio 1465.

(2) La famiglia dei Conti di Albonese, una delle più antiche del territorio di Pavia, possedeva notevole estensione di terre intorno al Castello di Albonese nella Lomellina. È di questa famiglia quell'Ambrogio Teseo dei Conti Albonese, nato nel 1469, laureato in leggi a 19 anni nell'Università di Pavia, aggregatosi ai Canonici Regolari prima in S. Epifanio, poi in S. Pietro in Ciel d'oro, ove morì e fu sepolto a 70 anni. Nel 1512 recatosi a Roma pel Concilio indetto da Papa Giulio II, rimase colà sino al 1521 dedicandosi allo studio delle lingue specialmente orientali e giungendo a conoscerne 18 ed a parlarne 10. Tornato a Pavia, impiantò nella sua cella a S. Pietro in Ciel d'oro una officina tipografica, ove preparava la pubblicazione del Salterio Caldeo con un trattato intorno a questa lingua ed alla sua correlazione con altre. Ma il saccheggio dato a Pavia dal maresciallo francese Lautrec, in un momento dissipò il frutto di quelle nobili fatiche, e fu soltanto nel 1539 che il Religioso, ripreso il lavoro, potè pubblicare l'*Introductio in Chaldaicam linguam, Syriacam atque Armenicam et decem alias linguas*. Fu il primo in Europa, come dice il Tiraboschi, ad illustrare con un'opera di tanta estensione le lingue

orientali. Di questo Religioso scrisse il Canonico Pietro Terenzio di Pavia, e se ne occupò parecchie volte nei suoi scritti il ch. Comm. Carlo Dell'Acqua, e per opera della *Società per la conservazione dei monumenti dell'arte cristiana*, da lui presieduta, fu collocata in piazza S. Pietro in Ciel d'oro, presso quella di frate Giacomo Bussolari, una lapide, che ricorda i meriti dell'insigne Canonico Regolare.

(3) Agnese Albonese Sannazzari non solo volle essere sepolta in S. Agostino, ma dispose di un annuo legato a favore del Convento, facendo obbligo al fratello Bartolomeo, lasciato da lei usufruttuario, di pagare annualmente agli Agostiniani la somma da lei stabilita. Vedi il documento del 31 luglio 1470.

(4) Antonio Sannazzari, più conosciuto col nome di Mòretto Sannazzari, fu uno dei più valorosi capitani di Filippo Maria Visconti. Egli è ricordato da tutti gli storici di questo periodo, e nell'Archivio di Stato di Milano i registri delle lettere ducali contengono molto materiale storico che ne illustra la carriera. Molti documenti che riguardano la sua vita privata, sono nell'Archivio Notarile di Pavia, e frà questi citeremo lo strumento del 31 ottobre 1417, rogato da Agostino Fazardi, che è la costituzione della dote, che a Moretto portò la sua sposa Agnese.

CCCXVI.

La Comunità di Santa Mostiola riceve il pagamento d'affitto per le proprietà sue in Abiatico o Filighera.

1466, luglio, 9.

(Arch. Notar. di Pavia — Atti di Gio. Bartolomeo Baracani).

I N loco Capituli infrascripte ecclesie sancte Mustiolle.... Reverendus in Christo pater dominus magister Laurentius de Biffis Prior, venerabilesque domini fratres Petrus de Calvis, Eustachius de Nocte (1), Guilierminus de Arigonibus, Thomaxius de Balneatis, Galeaz de Bobo (2), Georgius de Vicomerchato de Crema, Ubertinus de Griffis (3) et Lazarus de Roxate.... facientes.... plus quam duas partes ex tribus dicti capituli, *ricevono dal dottor in ambe le leggi Giacomo Mangiaria, figlio dello spettabile e celeberrimo dottor Girolamo* (4), *l' affitto annuo di certe proprietà in territorio di Abiatico. Fra i testi*: Magistro Andrea de Surso fq. magistri Urbanini intagliatore.

CCCXVII.

Attestazione del costante adempimento di un legato fatto agli Eremitani di S. Agostino.

1466, settembre, 25.

(Arch. Notar. di Pavia. — Atti di Bartolomeo Gandello).

I N ecclesia sancti Theodori.... Cum hoc sit quod alias nobillis domina mater quondam domini Galvagni de Mombreto certum legatum fecerit conventui dominorum Fratrum et Ecclesie sancti Augustini Papie (5), cum onere celebrandi singulo anno officium unum mortuorum in dicta ecclesia sancti Theodori, et cum domini fratres dicti conventus ipsum officium hodierna die, et etiam singulis annis preteritis continuis a morte dicte quondam domine citra, celebraverint, idcircho nunc venerabilis et sapiens decretorum doctor dominus Ogerius de Bollanis de Ceva prepositus dicte ecclesie.... *dichiara che realmente gli Agostiniani hanno sempre adempito detto legato, come sopra è dichiarato.*

---

(1) Questo Religioso è detto qualche voltà anche Eustachio da Tromello, dalla borgata lomellinese, di cui era nativo.

(2) Realmente nel documento è scritto *Bobo;* forse è da correggersi in *Bobio*, la città celebre per il monastero di S. Colombano.

(3) É frequente lo scambio del nome Alberto o Albertino in Uberto ed Ubertino. Qui si tratta del Religioso che abbiam visto ascendere ai sacri ordini nel doc. n. CCCVII insieme all'altro suo compagno, frate Nicola da Carmagnola.

(4) É il Girolamo Mangiaria che tenne cattedra di diritto nella pavese università dal 1437 al 1476. Di lui e de' suoi scritti vedi ROBOLINI, *Notizie*, vol. V, parte II, pag. 145 e 241.

(5) Non abbiamo più il testamento della nobile signora, a cui il nostro documento si riferisce; da questi atti però risulta il grande attaccamento e la devozione a S. Agostino della intera famiglia de Mombreto, che diede all'Ordine il frate Manfredino il cui nome ritorna cosi di frequente in questa nostra raccolta. Galvagno de Mombreto è il notaio pavese, fratello di frate Manfredino, come risulta dal doc. n. CCXXXVIII. Vedi anche il doc. sotto la data 28 settembre 1482.

CCCXVIII.

Frate Agostino Marliani priore del Convento di S. Agostino.

1466, ottobre, 31.

(Arch. Notar. di Pavia. — Atti di Agostino Gravanago'.

I N parlatorio monasterii sancti Dalmatii Papie.... *Teste a ricevuta d' affitto rilasciata dall' abbadessa D. Maddalena de Copariis*, Reverendo patre domino Augustino de Marliano Priore conventus sancti Augustini (1).

CCCXIX.

Quietanza d' affitto rilasciata da frate Eusebio de Legieriis procuratore di S. Agostino.

1466, dicembre, 13.

(Arch. Notar. di Pavia. — Atti di Bartolomeo Gandello).

N ELLA *casa del causidico e notaio Leonardo Leggi, in Parrocchia di S. Teodoro.* Dominus frater Euxebius de Legieriis sindicus et procurator.... monasterii et ecclesie sancti Augustini Papie, *riceve da Melchiorre Sangregorio lire 2 e soldi 8 imperiali, per affitto di due anni, di una terra in Trivolzio.*

CCCXX.

Altra quietanza d' affitto rilasciata dal medesimo procuratore.

1467, gennaio, 5.

(Arch. Notar. di Pavia. — Atti di Bartolomeo Baracani).

N ELLA *casa del causidico e notaio Antonio de Cosso, in Parrocchia di S. Colombano.* Venerabilis dominus frater Eusebius de Lengeriis Ordinis dominorum fratrum sancti Augustini Papie, sindicus et procurator.... conventus sancti Augustini predicti.... *riceve da Antonio Ambrosioni fiorini undici, per affitto di due anni, spirati alle passate calende di gennaio, di una casa a lui affittata dal convento in Parrocchia di S. Lorenzo.*

(1) Abbiamo tenuto conto anche di questa semplice designazione del nostro documento, perchè è l'unico che ci permetta di stabilire che il Marliani occupasse anche in quest'anno l'alta carica nel convento di S. Agostino. La famiglia Marliani, originaria della città di Milano, aveva un suo ramo stabilito anche in Pavia. Appartennero ad essa parecchi professori della nostra università. Al ramo di Pavia, che presto decadde dalla avita ricchezza, appartenne il pittore Andrea Marliani, che vedremo nel 1520 a S. Pietro in Ciel d'oro dipingere a fresco le scene della Traslazione di S. Agostino.

CCCXXI.

Il Collegio dei Notai di Pavia fa adempire in S. Mostiola un legato testamentario.

1467, febbraio, 7.

(Arch.Notar. di Pavia. — Atti di Bartolomeo Baracani).

I N sacristia ecclesie sancte Mostiole Papie.... Venerabilis vir dominus frater Eustachius de Nocte, Ordinis fratrum sancti Augustini, commorans in conventu suprascripte ecclesie sancte Mustolle.... *riceve dai consoli del Collegio dei Notai di Pavia soldi due imperiali.....* pro una missa celebrata in cantu per ipsum dominum fratrem Eustachium hodie paulo ante.... *e dichiara pure* quod prefati domini Consules distribui fecerunt unam elemoxinam hodierno mane ad dictam ecclesia ac eciam celebrari fecerunt missam de qua supra cum suo officio mortuorum. Et hec omnia pro anima quondam domini Laurentii de *(in bianco)* (1).

CCCXXII.

Investitura di una casa in Pavia, concessa da frate Gualtiero Corti Procuratore di S. Agostino.

1467, marzo, 3.

(Arch. Notar. di Pavia — Atti di Bartolomeo Gandello).

I N *casa di Bartolomeo de Burgo, in Parrocchia di S. Giorgio in Fenarolo....* Venerabilis vir dominus frater Gualterius de Curte sindicus et procurator.... conventus et monasterii sancti Augustini Papie.... *dà investitura novennale a Bartolomeo de Burgo di una casa in detta Parrocchia,* cui coheret ab una parte strata Rualeche, ab una allia parte Curia Merzariorum Papie, ab una allia parte dominus Iohannes Antonius de Furnariis et ab allia Iohannes de Rampinis (2).... *per l' affitto annuale di fiorini 10 da pagarsi in due rate*, in principio quorumlibet sex mensium, et par unum caponum in quibuslibet calendis septembris.

---

(1) Crediamo che sia stato omesso il casato *de Pasturinis,* come si può desumere dal doc. n. CCXCVII

(2) É la casa, di cui è cenno nel doc. n. CXXI, ed in seguito nei documenti del giugno e luglio del 1470.

CCCXXIII.

Frate Eusebio de Legieriis, Procuratore di S. Agostino, dà investitura di una vigna in Giovenzano.

1467, aprile, 4.

(Arch. Notar. di Pavia. — Atti di Marchino Morasco).

N ELLA *casa del caudisico Preottoni, in Parrocchia di S. Vito.* Venerabilis frater Eusebius de Ligeriis professus in monasterio sancti Augustini Papie, Ordinis Fratrum Heremitarum, sindicus et procurator... eiusdem conventus, *dà investitura novennale a Marchino Boattari di una vigna di otto pertiche in Giovenzano pel canone annuo di lire 4 e soldi 4.*

CCCXXIV.

Compromesso in una questione fra la Comunità di S. Mostiola e la famiglia Roveda.

1467, maggio 12.

(Arch. Notar. di Pavia. — Atti di Antonio Lamperghi).

I N primo claustro ecclesie et seu conventus sancte Mustiole Papie.... Venerabiles domini magister Laurencius de Biffis, sacre theologie professor, prior, nec non frater Petrus de Calvis, frater Eustachius de Nocte, frater Guillierminus de Arigonibus et frater Thollomeus de Saraticho, omnes fratres conventualles dictorum conventus et ecclesie sancte Mustiolle.... qui faciunt plus quam duas partes fratrum conventualium.... et dominus Iohannes Iacobus de Canevariis ad hec et alia ut dicit sindicus et procurator constitutus.... aliorum consanguineorum et consortuum suorum de Rovedis.... compromisserunt et compromittunt in venerabiles dominos Dominichum de Costis archipresbiterum, Francischum de Piro, Antonium de Alasia, canonicos maioris ecclesie papiensis, tàmquam in ipsarum partium arbitros et arbitratores ac amicabiles compositores, nomine et occaxione cause et questionis nullitatis et apellacionis verse et vertentis inter ipsas partes (1).

CCCXXV.

La Comunità di S. Agostino vende alcuni beni in Casorate.

1467, giugno, 10.

(Arch. Notar. di Pavia — Atti di Gio. Antonio Strada).

I N claustro conventus fratrum infrascriptorum.... et coram reverendo in Christo patre ac sacre pagine professore domino fratre Augustino de Marliano, Ordinis Heremitarum beati Augustini, monasterii et Conventus Fratrum eiusdem

(1) Vedi al doc. n. CCXCIV.

Ordinis civitatis Papie Priore, nec non honorandis dominis fratribus Gualterio de Curte et Eusebio de Ligeriis, Ordinis predicti, sindicis et procuratoribus Capituli et conventus predictorum, ac reverendis fratribus et sacre pagine magistris dominis Bertolameo de Fazardis et Iohanne Iacobo de Campixe Ordinis predicti.... *il nobile Simone Della Porta annuncia al convento che egli vuol vendere a Donato Pionni di Casorate la metà che a lui Simone spetta su alcune case e terre in quel luogo, dei quali fu già investito perpetuamente dal Convento il suo padre Giovanni Della Porta, coll' obbligo di pagare al Convento 'fiorini 46 annuali. Egli promette che nella nuova investitura al Pionni si affermerà l' obbligo dei 23 'fiorini annuali di censo, a meno che il convento voglia comperar tutto in luogo del Pionni.* Ma i religiosi attendentes quod propter varias necessitates occurrentes dicto conventui et paupertatem ipsius non subest facultas habendi predicta.... dederunt et concesserunt.... dicto domino Simoni licentiam et facultatem fatiendi dictam venditionem.... cum onere dicte investiture et dummodo habeant eorum debitum laudemium.

CCCXXVI.

Nel chiostro di S. Mostiola si paga un legato testamentario al Collegio dei Notai.

1467, agosto, 21.

(Ach. Notar. di Pavia — Atti di Antonio Gravanago).

I N claustro ecclesie sancte Mustiole. Egregii et prudentes viri domini Franciscus de Tinctoribus, Iohannes Petrus de Balchono et Petrus de Goxinassio consulles, dominus Leonardus de Lege sindicus et Dominichus de..... camerarius venerabilis Collegii Notariorum Papie, nomine dicti Collegii, fuerunt confessi et confitentur versus Baptistam de Seraticho, filium quondam domini Iorii ac heredem in effectu quondam domine Iohanne de Petra, olim avie materne ipsius Baptiste, *di ricevere 'fiorini 6 lasciati nel suo testamento dalla Pietra al detto Collegio. Fra i testi :* fratre Guniforto de Strazapatis filio quondam domini Aluysii (1).

CCCXXVII.

Frate Gualtiero Corti Procuratore di S. Agostino riceve un censo annuo dalle monache di Monte Oliveto di Pavia.

1467, novembre, 10.

(Arch. Notar. di Pavia. — Atti di Bartolomeo Gandello).

 S UPER strata publica prope monasterium sancti Augustini Papie in Porta Pallatii.... Venerabilis dominus frater Gualterius de Curte sindicus et procurator.... monasterii et ecclesie sancti Augustini Papie.... *riceve dal procuratore dell' ab-*

---

(1) Il documento è importante perchè ci determina la famiglia di frate Guniforto, agostiniano di S. Mostiola, che risulta essere

badessa e delle monache di Montoliveto di Pavia, soldi 10 imper. per censo annuo che le monache debbono al convento di S. Agostino (1).

CCCXXVIII.

Frate Guido da Parigi professore di filosofia nella Università pavese.

1467, dicembre, 10.

(Arch. del Rettor. dell'Università. — Rotoli originali).

M CCCCLXVII, die decimo decembris.
Rotulus Artistarum et medicorum legere debentium in Gymnasio papiensi.
Omissis:
Ad lecturam phylosophie moralis in testis (2), Frater Guido Parisiensis Ordinis beati Augustini, florenos XII.

CCCXXIX.

Lascito testamentario del nob. Gian Antonio Strada per la costruzione della sagrestia di S. Agostino.

1468, febbraio, 5.

(Arch. Notar. di Pavia — Atti di Giovanni Antonio Strada).

T ESTAMENTO *del nob. Giovanni Antonio Strada di Parasacco abitante in Pavia in Parrocchia di S. Eufemia, col quale* dat et legat Capitulo, Conventui et Fabrice domus beati sancti patris Augustini papiensis illa ficta perpetua, *che si pagano da alcuni fittabili per certe proprietà in Tromello....* nec non et ipsas proprietates quantum ad directum dominium et civilem possessionem, etc. Ad quam ecclesiam iussit et iubet cadaver suum sepeliri debere, videlicet in sacristia ipsius domus prope et ante altare sancti Pauli (3), et portari cadaver suum in habitu dicti Ordinis et per fratres ipsius Ordinis tantum, sine aliqua solemnitate campanarum (4); ad quod altare desuper eius sepulcrum iubet de infrascriptis denariis poni unum lapidem marmoreum, in quo sint sculpita unus calix cum patena et cum una cruce superiori; ad quod altare voluit et vult quod, pro anima ipsius testatoris, cellebrentur misse tres singula ebdomada, salvo ut infra, nec

---

figlio del notissimo Notaio pavese Luigi Strazzapatti e perchè forse c'insegna che frate Tolomeo Sarego, pure di S. Mostiola, è parente del Battista, nominato nel documento, e quindi congiunto anche della nobile famiglia Pietra, che diede parecchi Religiosi, fra i quali un Priore al Convento di S. Mostiola.

(1) Vedi documento dell'11 novembre del 1463.

(2) La lezione di filosofia morale affidata al nostro Religioso era un insegnamento straordinario, del quale di solito erano in-

caricati i migliori scolari dell'Università. Non sappiamo su quale fondamento nelle *Memorie e Documenti per la storia dell'Univ. di Pavia,* vol. I, pag. 159, si ponga l'insegnamento di frate Guido all'anno 1463.

(3) L'altare di S. Paolo eretto nella Sagrestia degli Agostiniani era quello della Cappellania dei santi Paolo ed Antonio, di cui vedi ai doc. n. CCXCVIII e CCC.

(4) Era uso in Pavia che, durante i funerali, si sonassero non

non et omni anno anniversarium unum cum missa in cantu et cum officio mortuorum, pro anima ipsius testatoris. Ac etiam dictus testator dedit et legavit ac dat et legat ducatos quatuorcentum auri dicto conventui, causa et occaxione construendi et hedifficandi ac perficiendi voltas dicte sacrestie in ea forma et statu in quibus sunt volte ecclesie anterioris, in qua adest archa (1), et reducendi ac quod reducatur ipsa sacristia et integretur et fiat unum corpus cum dicta ecclesia ubi est dicta archa, firmo manente tamen dicto altari (2). Et aliter et alio modo non vult ipsum conventum posse consequi nec habere dictos ducatos quatuorcentum. Voluit tamen, iussit, disposuit.... ipse dominus testator quod per prius, ante omnia, videatur diligenter et examinetur expensa dicti hedifficii, et casu quo reperiretur ipsos ducatos CCCC non sufficere ad perfectionem dicti operis, quod tunc et in dicto casu dicti denarii dispensentur pro anima ipsius testatoris per infrascriptum dominum Forestum (de Canevanova) et dominum Guardianum ecclesie sancti Iacobi de Vernabula (3) qui pro tempore erit, quos executores in dicto casu huius sue voluntatis relinquit, ut infra mensem unum proximum post suum decessum, predicta, una cum dictis domnis fratribus, videri faciant ut proinde de ipsis ducatis provideri possit et determinari, iuxta et secundum voluntatem ipsius testatoris prout supra. Eo tamen salvo quod in casu quo reperiretur ipsos denarios non sufficere et dicti Fratres et conventus sancti Augustini voluerint supplere, quod dictum opus perficiatur ut supra ; sin vero non, quod ipsi denarii dispensentur ut supra. Item dictus testator in casu quo dictum opus perficiatur et locum habeat et non aliter, ultra suprascripta dedit et legavit dicto conventui fictum unum florenorum duodecim, quod sibi prestatur per Orsinam uxorem Antonii de Gatis et consortes de Iovenzano. Et in dicto casu teneantur, singulo die, dictam missam celebrare, et quod perceptionem dictorum fictorum de Iovenzano consequi non possint, non perfecto dicto opere, sed interim possideantur per ipsam eius heredem, *cioè Bianca sua figlia minorenne, che il testatore lasciava sotto la tutela del sovraccennato Foresto Canevanova.*

---

soltanto le campane della chiesa parrocchiale del defunto, ma anche quelle dei monasteri e delle chiese, le cui Comunità e le cui confraternite dovevano prender parte ai funebri. Trattandosi poi di persona facoltosa e di qualche notorietà, pagando una piccola tassa al Comune, si otteneva che fossero suonate anche le campane della Torre maggiore dello stesso Comune, come dimostrano i molti permessi a ciò accordati dalla Municipalità, che ancor si conservano nell'Archivio del Museo Civico di Storia Patria. Come prova di queste costumanze si vegga qui innanzi il documento sotto la data 28 gennaio 1496.

(1) Ciò significa pertanto che la sagrestia, grande e spaziosa, in cui era l'arca, in cui erano anche parecchi altari, e in cui si soleva radunare il Capitolo del Convento, era a vòlta solamente in quel tratto, in cui era collocata l'Arca (vedi doc. n. LXXIII). Ora poi

il testatore desidera che tutta la sagrestia sia ricoperta a vòlte.

(2) Si comprende da ciò che la costruzione della sagrestia si era di mano in mano ampliata svolgendosi di fronte a quell'Oratorietto a vòlta, in cui era l'Arca, il quale era stato edificato sin dal 1380 anche per uso di sagrestia. Il testatore vuole che quegli ampliamenti sieno resi uniformi colla parte originaria dell'edificio in guisa, che tutta la sagrestia formi una chiesetta a vòlta.

(3) Il Convento di S. Giacomo della Vernavola, che sorgeva quasi aderente a quello di S. Paolo, era stato nel 1421 affidato dal Vescovo Pietro Grassi a S. Bernardino da Siena e a due altri suoi confratelli, perchè ne facessero una casa dell'Ordine loro. Vedi R. MAIOCCHI, *Le Chiese di Pavia*, Pavia, Artigianelli, 1905, vol. II, pag. 144.

CCCXXX.

Codicillo di Gio. Antonio Strada a favore del Convento di S. Agostino.

1468, febbraio, 6.

(Arch. Notar. di Pavia — Atti di Gio. Antonio Strada).

ODICILLO *del nob. Giovanni Antonio Strada, col quale dispone* quod suprascripta Blancha eius heres (1) teneatur et obbligata sit in perpetuum singulo anno in annuario et officio fiendo et quod fieri decrevit pro anniversario pro anima ipsius testatoris ad altare sancti Pauli (2), esponere et dare totam ceram necessariam pro ipsis officio et missa magna celebrandis. Item et singulo anno in perpetuum in die Iovis et Veneris Sanctis, quibus solet super ipso altari apponi Sacramentum Corporis Christi (3), quod super ipso altari et ad illuminationem et honorem ipsius Sacramenti, teneatur manutenere duos torticios cere accensos continue ipsis duobus diebus, omnibus expensis suis.

CCCXXXI.

Altro codicillo di Gio. Antonio Strada riguardante il convento di S. Agostino.

1468, febbraio, 9.

(Arch. Notar. di Pavia — Atti di Gio. Antonio Strada).

ECONDO *Codicillo di Gio. Antonio Strada con cui* revocat legatum factum fratribus, Capitulo et Ecclesie sancti Augustini papiensis de illo ficto perpetuo florenorum XII quod prestatur per Ursinam de Gatis.... et dat et legat, loco et pro incontro ipsius ficti florenorum XII, dictis Fratribus et Conventui, aliud fictum perpetuum florenorum duodecim cum dimidio, quod sibi prestatur per heredes quondam Galeazii de Gatis, in dicto loco Iovenzani, nec non et proprietates ex quibus illud prestatur quantum ad directum dominium, etc. tamen vult quod ipsi Fratres, Capitulum et Conventus teneantur et obligati sint ad ea de quibus capitulum testamenti sui facit mentionem in omnibus et per omnia prout in eo continetur.

---

(1) Come dal documento antecedente, la Bianca qui nominata era la figlia minorenne del testatore.

(2) Cioè l'altare della cappellania di S. Paolo, eretto nella sacrestia degli Agostiniani di S. Pietro in Ciel d'oro.

(3) La bella e divota usanza dell'adorazione del S. Sepolcro, nei giorni di Giovedì e Venerdì Santo, che ancor oggi trae tutta la cittadinanza pavese nel rinnovato tempio di S. Pietro, ha dunque una tradizione ed una pratica molto antica.

CCCXXXII.

Per l'Inventario dei beni mobili di Gio. Antonio Strada.

1468, febbraio, 13.

(Arch. Notar. di Pavia — Atti di Giovanni Antonio Strada).

N ELLA *casa del defunto Gio. Antonio Struda, in Parrocchia di S. Eufemia, il tutore di Bianca Strada, figlia minorenne del defunto, procede all' inventario dei beni mobili lasciati da lui,* presentibus dominis fratre Paulo de sancta Flore et fratre Iohanne de Francia. Ordinis Heremitarum, *come delegati del Convento di S. Agostino di Pavia, legatario.*

CCCXXXIII.

Lettera del Comune al Cardinal Vescovo di Pavia in favore degli Eremitani di S. Paolo della Vernavola, minacciati di sfratto.

1468, febbraio, 23.

(Museo Civico di storia patria. — Lettere ducali e diverse, pacco 6).

L ITTERE Domino Cardinali (1).

Dominationi vestre, Reverendissime in Christo Pater, humiliter proponitur quod nostra hec regia civitas ticinensis, in qua reliquiae sancti et celestis doctoris Augustini habentur, Iamdiu vehementissime concupivit habere apud se tanti dòctoris filios, fratres scilicet Heremitanos de observancia (2). Et sic reverendus dominus Iohannes Stephanus de Butigellis concivis noster, tunc prothonotarius, nunc vero episcopus cremonensis, erga predictos observantes fratres Heremitas, devotione affectus (3), ecclesiam quandam, sine cura, sancti Pauli de Vernabula extra muros papienses constitutam, habentem in redditibus circiter florenos quindecim, quam sibi olim Iohannes Anthonius abbas monasterii sancte Christine mediolanensis diocesis, auctoritate ordinaria contulerat, ut publico patet instrumento ac etiam per bullam plumbeam felicis recordationis Eugenii Pape quarti, per quam est predicta confirmata collatio, resignavit sponte in manibus sanctissimi ac beatissimi in Christo patris Pape nostri Pauli, qui eandem pro tempore tunc vacantem et ad eius collationem tantummodo pertinentem, contulit prelibatis fratribus Heremitis sancti

---

(1) La lettera del Comune, che noi togliamo dalla minuta originale, è indfrizzata al Cardinale Giacomo Ammannati Piccolomini, creato sin dal 1460 vescovo della diocesi di Pavia, che resse sino al 1479, quando ai 10 settembre morì e fu sepolto in Roma nella chiesa di S. Agostino.

(2) Il desiderio ardente di Pavia era tanto più giustificato, in quanto che negli inizii e nel propagarsi della nuova Congregazione

Agostiniana aveva avuto parte non piccola, un cittadino pavese, grandemente amato e venerato fra di noi, il nob. frate Giovanni Rocco de' Porzi.

(3) La devozione del nobile prelato pavese, verso gli Agostiniani, non venne mai meno, e ne avremo un' altra prova eloquente nelle sue disposizioni testamentarie, ricordateci dal documento 29 dicembre 1481.

Augustini supplicantibus, cum iuribus et pertinentiis suis, pro monasterio construendo, suppressis penitus et extinctis dependentia et subiectione, si que erant, ad prefatum monasterium sancte Christine, cuius membrum esse dicebatur (1). Unde et iamdicti fratres, corporali possessione accepta, plurimis iam diebus steterunt ac in presentiarum persistunt, divinis ibidem vacantes officiis, ita quod tota nostra hec civitas maximopere gaudet, concurrente multo nunc populo ad visitationem dicte ecclesie (2), que antea derelicta et destituta et quasi quoddam ad perpetranda scelera diversorium habebatur. Verum, Reverendissime Domine Domine, cum quidam, qui se procuratores asserunt Reverendissime Dominationis Vestre, predictos Dei servos, qui apud populum magna devotione habentur, comminati sint se velle inde expellere, quod magno sine scandalo fieri non posset, attento tam bono per ipsos facto principio, supplicamus Reverendissime sepe memorande Dominationi Vestre, que semper divini cultus adiutrix et sustentatrix esse consuevit, ut predictos religiosos tam caros nobis et gratos, in predicta ecclesia manutenere dignetur et, ut de cetero a nemine molestari queant, remittat illis si quid iuris habet in predicta ecclesia (3). Erit enim hoc devotissimum opus, non modo Deo immortali, verum etiam illustrissimo Duci nostro, nobisque omnibus pergratissimum, propter quod Vestra Reverendissima Dominatio sempiternis a nobis laudibus efferetur, quam incolumen conservet Altissimus. Dat. Papie, die XXIIJ februari, MCCCCLXVIIJ.

CCCXXXIV.

Per l' esecuzione del legato testamentario di Gio. Antonio Strada a favore del Convento di S. Agostino (4).

1468, marzo, 3.

(Arch. Notar. di Pavia. — Atti di Bartolomeo Baracani).

IN sacristia infrascripte ecclesie sancti Augustini, in Porta Palatii, Parochie sancti Andree in brolio. Cum hoc sit quod dominus frater Baptista de Roxate, frater in conventu sancti Augustini Paple, tamquam assertus sindicus et procurator.... domus sancti Augustini Papie Ordinis Heremitarum, fecerit.... protestacionem, requisicionem et denunciationem domino Foresto de Canevanova tamquam.... tutori et exequutori testamenti.... nunc quondam Iohannis Antonii de Strata filii quondam domini Simonis, in qua.... protestacione.... idem frater Baptista.... videtur narrare et narrasse de quodam pretenso legato ducatorum quatuorcentum auri, per dictum Iohannem Antonium facto dicto conventui sancti Augustini, et ordinasse quod infra unum mensem ˙dicti domini

(1) Vedi i documenti nn. CCCXII e CCCXIII.

(2) Tutto questo sembra indicare che gli Agostiniani non poterono stabilirsi in S. Paolo appena ne ottennero il possesso colla esecuzione della bolla di Paolo II, ma per le riparazioni necessarie ai locali cadenti ed abbandonati dovettero ritardare alquanto l'ingresso nella nuova casa.

(3) Da questi indeterminati accenni sembra che il pacifico possesso degli Agostiniani di S. Paolo venisse ad essere contestato da chi prima possedeva quella chiesa, cioè dal monastero di S. Cristina.

(4) Gli Agostiniani in base al testamento dello Strada s' erano rivolti al Canevanova, tutore di Bianca, figlia minorenne ed erede dello Strada, perchè adempisse senz' altro l' ultima volontà del testatore. Ed il Canevanova scusandosi della negligenza addebitatagli, si dichiara pronto ad aderire alle loro domande.

fratres et Capitulum ac Conventum, una cum eodem domino Foresto, videri et examinari faciant expensam tocius operis pro construendo voltas sacristie dicte ecclesie sancti Augustini, et cum certis aliis modis ut dicitur contentis in testamento et codicilis ipsius quondam Iohannis Antonii, de quo dicitur constare instrumentis rogatis per Iohannem Antonium de Strata notarium papiensem, requirendo in effectu quod ipse dominus Forestus velit et debeat presentibus die et hora, et successive continuando, de hora in horam, usque ad vige-simam quartam horam, ac successive die sequenti hora mane et usque ad vigesimam-quartam horam, et usquequo infrascripta facta fuerint, velit et debeat personaliter interesse ad et in dicto loco sacristie dicte domus et ecclesie sancti Augustini, et in quo fieri debet opus, de quo in dicto testamento fit mentio, ad videndum et examinandum et videri et exa-minari faciendum, una cum dictis dominis Priore et fratribus, per unum seu plures ma-gistrum seu magistros in tallibus expertum et expertos, dictam expensam ut supra fiendam pro ipso opere perficiendo, et ad videndum et examinandum utrum ipsi ducati quatuor-centum auri, ut supra legati, sufficientes fuerint et sint ad dictam expensam fiendam, vel ne. Et casu quo sufficientes non fuerint, ad videndum et audiendum per ipsos dominos Priorem et fratres et seu per eorum sindicum et procuratorem eorum nomine fieri illam obli-gationem quam facere voluerint, etc. Et ulterius eciam requisiverit quod ipse dominus Fo-restus velit et debeat exbursare ipsis dominis Priori et Fratribus ac conventui dictos ducatos quatuorcentum, ut valeant procedere ad perficiendum dictum opus etc. Et prout sic vel aliter, plus aut minus, in ipsa asserta denuntia seu requisicione contineri reperiatur :

Modo, dictus dominus Forestus de Canevanova, accedens in claustro dicte ecclesie sancti Augustini et in sacristia eiusdem ecclesie, causa et occaxione dicte asserte prote-stationis et denuncie.... et causa et occaxione omnium in ea contentorum, dixit et dicit ipse dominus Forestus quod non consensit neque consentit eidem asserte protestacioni, denuncie et requi-icioni, ut premittitur facte per dictum fratrem Baptistam.... in quantum concernat preiudicium ipsius domini Foresti nec non heredum et hereditatis dicti quondam Iohannis Antonii, dicens ipsam assertam protestacionem, denunciam et requisicionem, ut premittitur factam.... fuisse et esse nullam nulliusque effectus, valoris et momenti et non habere in aliquo obesse ipsi domino Foresto ac eciam heredibus et hereditati dicti quondam Iohannis Antonii; similiter et non habere in aliquo prodesse dictis dominis Priori, Fratribus et Con-ventui, maxime quia ipsa asserta protestacio, denuncia et requisicio in passibus et punctis, verbis, capitulis et articulis facientibus contra ipsum dominum Forestum ac heredes et he-reditatem dicti quondam Iohannis Antonii, fuit et est facta preter et contra formam iuris et cum reverencia doloxa et calumnioxa et in dollum mallum et calumniam manifestam dic-torum Prioris, Fratrum et Conventus ac dicti eorum asserti sindici et procuratoris.... Nam si et in quantum appareat et seu apparere possit legitime de asserto legato et assertis co-dicilis, facto et factis per dictum quondam Iohannem Antonium, dictis dominis Fratribus et Conventui et de quibus in dicta asserta protestacione, denuncia et requisicione fit mencio, quod tamen ipse dominus Forestus non fatetur, dixit ac dicit idem dominus Forestus tam-quam assertus tutor et seu exequutor pretensi testamenti predicti et seu heredis dicti quondam Iohannis Antonii, quod in quantum fuit et est in ipsum dominum Forestum non fuit nec est in aliqua negligentia nec in aliquo dollo, et non modicam capit admira-cionem de dicta asserta protestacione, denuncia et requisicione. Nam ipse dominus Forestus tamquam pretensus executor antedictus et in quantum sibi facultas adest in bonis dicti quondam Iohannis Antonii, semper paratus fuit et paratum se obtulit, ac iterato offert, facere et adimplere ea ad que de iure tenetur et obligatus est ex tenore asserti legati et assertorum codicillorum de quibus supra, quatenus de illis legitime sibi constet, et si et dummodo dicti domini Prior, Fratres et Conventum cum effectu faciant et adimpleant ea omnia et singula ad que tenentur et obligati sunt, secundum formam et tenorem dicti legati dictorumque codicillorum. Que omnia petit et requirit cum instantia fieri et adimpleri per dictos dominos Priorem, Fratres et Conventum, protestans ipse dominus Forestus tamquam exequutor antedictus, quod per se non stetit, non stat, nec stabit quominus predicta fiant et adimpleantur : alioquin protestatus fuit et etiam protestatur contra dictos dominos Priorem, Fratres et Conventum de omni eorum mora et negligentia et de penis iuris ac de penis contentis in dictis legato et codicillis et presertim quia asserta oblacio, quam fecisse videtur dictus assertus sindicus, fuit et est verbalis et non realis et cum reverencia non caret calumpnia. Dicens quoque quod paratus fuit et est interesse cuicumque examinacioni fiende de opere de quo agitur incoando et perficiendo et audire intencionem magistri seu magistrorum, qui viderint et examinaverint ipsum opus fiendum. Et hac de causa ipse dominus Forestus ibidem ut premittitur accessit, permansurus aliquo tempore ut predicta discuciantur et examinentur deliberate. Cuius quidem responsionis et protestacionis et predictorum superius per ipsum dominum Forestum dictorum copiam ibidem dimisit et dimittit idem dominus Forestus, ut ad noticiam dictorum dominorum Prioris, Fratrum et Conventus devenire valeant. Et eciam predicta fecit et facit presentibus, audientibus et intelligentibus venerabilibus dominis Bertolameo de Fazardis, Iohanne Iacobo de Campixe, sacre pagine magistris, ac dominis fratribus Gualterio de Curte subpriore, Baptista de Roxate asserto sindico et Paulo de Putheo, omnibus fratribus dicti Conventus.

CCCXXXV.

Gli Agostiniani ricevono il primo pagamento del lascito testamentario di Gio. Antonio Strada.

1468, marzo, 5.

(Arch. Notar. di Pavia. — Atti di Bartolomeo Baracani).

I N camera Collegii Notariorum Papie.... Confessio facta per reverendum in Christo patrem dominum Bertholameum de Fazardis ac dominum fratrem Baptistam de Roxate sindicum et procuratorem.... sancti Augustini.... facta domino Foresto de Canevanova, filio quondam domini Ambroxii, tutori et executori testamenti quondam domini Iohannis Antonii de Strata, de ducatis triginta auri et in auro, pro parte solucionis illorum ducatorum quatuorcentum auri et in auro, legatorum dicto conventui pro fabricatione sacristie dicti conventus.... Pro quibus quidem ducatis XXX dicti domini Bartholameus et frater Baptista.... promittunt non inquietare dictum dominum Forestum et seu heredes dicti quondam domini Iohannis Antonii, etc. Et quod instrumentum extendatur ad dictamen domini Simonis de Furnariis etc. et secundum exigentiam negocii. Et precibus et mandatis dictorum dominorum fideiubent et promittunt principaliter et in solidum dominus Gunifortus de Fiambertis filius quondam domini Iohannis Marie et Filipinus de

Campixe filius quondam domini Guillelmi, etc. Computatis in presenti confessione libris XXXIIJ, soldis VIIII, den. VI, datis dictis Fratribus et conventui ut apparet per quoddam scriptum factum manu dicti domini fratris Baptiste, etc.

CCCXXXVI.

L'Eremitano frate Agostino de Rancate riceve il prezzo di un affitto annuo di una casa.

1468, luglio, 20.

'Arch. Notar. di Pavia. — Atti di Agostino Gravanago'.

N ELLA *casa del notaio, in Parrocchia di S. M. in Pertica*. Reverendus pater sacre teologie magister dominus frater Augustinus de Ranchate, Ordinis Heremitarum sancti Augustini, suo nomine proprio (1) et non vice alicuius ecclesie, *dichiara ricevere da Francesco Ardizzoni fiorini 14* pro ficto seu pensione unius anni finituri in festo sancti Martini prox. fut. unius domus murate et cupate posite in Papia in Porta Laudensi in Parochia sancte Marie Nove, alias locate per ipsum fratrem Augustinum dicto Francisco.

CCCXXXVII.

La Comunità di S. Agostino elegge due Procuratori per l'amministrazione ordinaria del Convento.

1469, gennaio, 2.

(Arch. Notar. di Pavia. — Atti di Leonardo Buscati).

I N sacristia ecclesie et monasterii sancti Augustini Papie, Porte Pallacii, Parochie sancti Andree de Brolio. Convocato.... capitulo conventus et ecclesie monasterii sancti Augustini Papie, de mandato.... venerabilis viri domini fratris Raffaelis de Rapallo biblici, vicarii dicti conventus.... in quo quidem capitulo fuerunt, erant et sunt ipse dominus frater Raffael vicarius antedictus et cum eo.... reverendi patres domini magistri Bertolameus de Fazardis, Iohannes Iacobus de Campixe ac venerabiles viri domini fratres Iacobus de Caxali bachalarius, Baptista de Ranchate biblicus, Nicholla de Bugella lector, Baptista de Ianua lector, Aymo de Sabaudia lector, Gualterius de Curte, Ambroxius de Pusterla magister studencium, Apolonius de Curte, Paulus de sancta Flora cursor, Angelus de Mediolano (2) cursor, Martinus de Tolosa cursor, Zaninus de sancto Angelo, Gunifortus de Rabiis, Paulus de Putheo, Didimus de Brayda, Laurentius de Bu-

---

(1) Ricevere a nome proprio il prezzo di un affitto di una casa non significa necessariamente possedere come proprietario la casa stessa. Del resto un Religioso coi dovuti permessi può amministrare anche a nome proprio.

(2) Di un frate Angelo Visconti, che qual oratore esimio fiori appunto sul finire del secolo XV, parla il CRUSENIO, *op. cit.*, pag. 514. Egli da Innocenzo VIII fu nominato Oratore del Papa.

gella, Ieronimus de Mediolano (1), Iohannes Antonius de Laude, Iohannes de Veneciis, Andreas de Bugella, Simon de Vercellis, Simoninus de Vercellis, Benedictus de Ianua (2), Raffael de Mediolano, Iacobus de Mangano, Bertolameus de Castelatio, Iohannes Iacobus de Cerviis, Eusebius de Legeriis et Enoch de Pergamo, omnes fratres expresse professi dicti conventus.... sancti Augustini, facientes.... plusquam duas partes ex tribus totius dicti conventus.... *costituiscono loro procuratori* predictos dominos fratrem Baptistam de Ranchate et fratrem Eusebium de Ligeriis, ad universitatem causarum.

CCCXXXVIII.

I Religiosi frate Battista Rancati e frate Eusebio de Legieriis Procuratori di S. Agostino ricevono un lascito testamentario.

1469, aprile, 22.

(Arch. Notar. di Pavia. — Atti di Matteo Nazzari

N ELLA *casa del notaio, in Parrocchia di S. Maria Venetica.* Venerabiles viri domini frater Baptista de Ranchate et frater Eusebius de Lingeriis sindici et procuratores.... monasterii sancti Augustini civitatis Papie, Ordinis Heremitarum sancti Augustini.... *ricevono dal notaio a nome del milite Bartolomeo dei Conti di Albonese* uxufructuarium bonorum hereditariorium quondam magnifice domine Agnetis de sancto Nazario.... florenos vigintiquinqué.... pro parte solucionis illarum librarum centum imperialium, aliax relictarum per prefatam quondam dominam Agnetem in suo ultimo testamento, cum honere fatiendi officium singulo anno.... promittentes.... ipsum comitem Bertolameum, usufructuarium ut supra, expectare pro residuo usque ad calendas mensis Augusti proxime futuri incluxive.

CCCXXXIX.

Ricevuta d'affitto e procura della Comunità di S. Mostiola.

1469, settembre, 5.

(Arch. Notar. di Pavia. — Atti di Leonardo Buscati).

M CCCCLXVIIIJ, indicione IJ, die V mensis septembris.... In Papia, videlicet in claustro infrascripti monasterii, sito in Porta Palacensi in Parochia sancti Nicholai de Verzario. Confessio facta per venerabiles viros dominos fratres magistrum Augustinum de Marliano Vicarium et Nicholinum de Grizolis Priorem infrascripti Monasterii, Petrum de Calvis, Guillelmum de Arigonibus, Georgium de Vicomercato, Tholomeum de Seraticho, Albertinum de Griffis, Iacobum de Fivizano, Angellum de Ruschonibus (3),

---

(1 Come ci insegnerà il documento dei 17 novembre 1473 questo religioso è frate Gerolamo della Porta di Milano.

(2) È fra Benedetto Signori da Genova, che più tardi si se-

gnalò per il suo alto valore nell'oratoria. CRUSENIO, *op. cit.* pag. 514.

(3) Frate Angelo de Rusconibus, che qui troviamo membro

omnes fratres expresse professi conventus et ecclesie monasterii sancte Mustiolle Papie....
facientes plus quam duas partes ex tribus.... *di aver ricevuto da Filippino Busti speziale fiorini 16 per affitto di due anni, compiuti alle passate calende di Agosto, di una casa in Pavia in Parrocchia di S. Bartolomeo al Ponte, che egli tiene in investitura perpetua dal convento.*

Nello stesso luogo e giorno, gli stessi Religiosi costituiscono loro procuratori predictos dominos magistrum fratrem Augustinum, fratrem Petrum et dominum Antonium de Cosso causidicum, *specialmente per l' incasso dei redditi e degli affitti del convento.*

CCCXL.

Frate Nicolino Grizzoli Priore di S. Mostiola s' oppone alla scarcerazione del ladro di un Messale della sua Chiesa.

1469, settembre, 22.

(Arch. Notar. di Pavia — Atti di Leonardo Buscati).

I N civitate Papie, videlicet ad ostium carcerum Comunis Paple. In presentia Antonii de la Ecclesia custodis asserti Carcerum Comunis Papie constitutus venerabilis dominus frater Nicholinus de Grizolis, Prior Conventus et ecclesie sancte Mustiole papiensis, occaxione cuiusdam asserte assercionis, requisicionis et protestacionis ut asseritur facte per ipsum Antonium dicto conventui, pretextu et occaxione presbiteri Nicodemi de Bononia detenti in dictis carceribus, pro suis criminibus et delictis et inter cetera pro uno missali per eum furato et subtracto dicto conventui et ex et de sacristia dicte ecclesie, valoris ducatorum vigintiquinque auri; et respondendo dicte tali asserte assercioni et protestacioni et ipsi Antonio, dicit ipsam assertam peticionem et protestacionem fuisse et esse factam preter et contra formam iuris cuiuscumque et per dollum mallum et coluxionem dicti Antonii cum dicto presbitero Nicodemo. Item quia non constat dictum Antonium fecisse expensas dicto presbitero Nicodemo, nec ab eo habere debere ea de quibus et prout in dicta asserta requisicione fit mencio. Quin imo dictus presbiter Nicodemus et ceteri incarcerati vixerunt et vivunt de elimosinis et ex reditibus legatorum factorum et aliorum relictorum carceratis carcerum Comunis Papie eis superhabondantibus, ut notorium existit. Item quia, salvis predictis, si dictus Antonius quidquam de suo fecit seu dedit dicto presbitero Nicodemo, quod non fatetur, ad id non tenebatur nec tenetur ipse Antonius, sed fecit sua sponte et habet et debet sibi imputare et nullo iure cavetur quod dictus conventus teneatur ad requisita per ipsum Antonium, nam ex quo iuste detentus fuit et ex delicto suo, sibi debet imputare, non autem Fratribus, nam male meritis non est subveniendum. Hoc esset addere aflicionem dicto conventui afflicto et dampnificato per dictum presbiterum Nicodemum ex dicto missali per eum furato dicto conventui, ut supra, valoris de quo supra, et ad cuius missalis seu dicti eius valoris restitucionem et solucionem tenetur ipse presbiter Nicodemus et etiam tenetur et tenebitur dictus Antonius custos, in quantum rellas-

del Capitolo di S. Mostiola, fu ordinato sacerdote posteriormente,   come risulta dal documento del 22 maggio 1472.

sabit dictum presbiterum Nicodemum a dictis carceribus. Protestans contra ipsum de dampnis, interesse et expensis si ipsum relaxabit vel si exierit carceres, aut ab eis auffugerit ex malla custodia ipsius Antonii custodis, contra quem protestatur de dollo mallo et negligentia et de expensis, dampnis, et interesse et de penis iuris. Cuius quidem responsionis copiam et tenorem dictus dominus Prior dimissit et dimittit in scriptis dicto Antonio ibi presenti et acceptanti, et inde de predictis dictus dominus Prior rogavit et rogat per me notarium infrascriptum presens confici debere instrumentum, presentibus, etc. testibus.

CCCXLI.

Religiosi Agostiniani promossi agli Ordini sacri.

1469, dicembre, 28.

(Arch. Notar. di Pavia — Atti di Pietro Mombretu).

I NFRASCRIPTI sunt promovendi ad sacros Ordines sibi collatos per reverendissimum dominum Franciscum de Cavalleriis Dei gratia episcopum betalemitanum.
Ad quatuor minores Ordines :
Frater Laurentius de Candia, Ordinis Heremitarum sancti Augustini.
Ad subdiaconatum :
Frater Iohannes Antonius de Papia, Ordinis sancti Augustini.

CCCXLII.

Frate Agostino Marliani riceve la professione dei voti di Suor Caterina dei Conti de Chunio.

1470, febbraio, 12.

(Arch. Notar. di Pavia. — Atti di Matteo Nazzari).

N ELLA *chiesa del monastero delle Agostiniane di San Dalmazio in Pavia* (1), *dinanzi al Capitolo convocato*, cum presentia et auctoritate reverendi in Christo Patris domini magistri fratris Augustini de Marliano sacre teologie professoris ac vicarii et locumtenentis reverendi domini Patris Generalis dicti Ordinis Fratrum Heremitarum sancti Augustini, sedentis pro tribunali in quadam cathedra posita in dicta ecclesia, quam pro suo loco et tribunali legiptimo ad hunc actum specialiter ellegit et elligit...... *si ammette alla professione religiosa nel monastero di S. Dalmazio* Soror Catherina ex Comitibus de Chunio.

---

(1) La prima notizia documentata della Chiesa di S. Dalmazio è del 1232, quando in essa esercitava la cura d'anime il Rettore Rolando. Stabilitisi gli Agostiniani nella vicina chiesa di S. Mo-

stiola, a S. Dalmazio, alcuni decennii dopo, presero dimora le Religiose agostiniane. Il P. Romualdo *(Flavia Pavia Sacra*, part. III, pag. 17) pone il loro ingresso all'anno 1274 ; ed in ciò è seguito

CCCXLIII.

Gli Eremitani di S. Paolo acquistano un prato nelle vicinanze del Convento.

1470, febbraio, 19.

(Arch. di Stato di Milano. — Pergam. di S. Paolo).

I N Papia, ad portam monasterii et ecclesie Sancti Pauli extra portam sancte Marie in Perticha Papie, Thismina de Faxanis relicta quond. Anthonii de Rolandis et Catherina de Rolandis filia dicti Antonii, pro precio florenorum vigintinovem, vendiderunt Venerabilibus dominis fratri Thito de Mediolano, priori ecclesie et Conventus sancti Pauli, fratri Angelico de Pergamo (1), fratri Cornelio de Bugella, fratri Celestino de Pinarolo, fratri Constantio de Ianua, fratri Theodoro de Papia, petiam unam terre gerbide perticarum quinque vel circa, sitam prope dictum monasterium (2).

Not. Ioh. Barthol. de Gandello quond. Laurencii et Baldasar de Regalibus d. Antonii.

CCCXLIV.

Il Priore Generale frate Giacomo d'Aquila autorizza la Comunità di S. Agostino a concedere l' investitura perpetua di una casa.

1470, giugno, 13.

(Arch. Notar. di Pavia. — Atti di Pietro Mombreto).

F RATER Iacobus de Aquila (3), sacre pagine professor, Ordinis Fratrum Heremitarum sancti Augustini Prior Generalis licet indignus, venerabilibus in Christo patribus et fratribus Conventus nostri sancti Augustini papiensis, salutem in Domino sempiternam.

dagli altri storici pavesi. Pel monastero di S. Dalmazio si ricorda comunemente la bolla di Papa Nicolò V, con la quale nel 1447 confermava agli Agostiniani la giurisdizione sul monastero. Nel 1457 il Generale frate Giuliano da Salemi concedeva alle monache di potere scegliere un Religioso dell' Ordine per Confessore ; ed al 26 novembre del 1459 il Generale frate Alessandro Oliva accordava lo stesso privilegio con queste parole, che tornano di grande lode a quelle buone Religiose : *Ob odorem bonae famae monialium monasterii sancti Dalmatii papiensis Ordinis Nostri, et quia Nicolaus V eas nobis subiecit, et eis nos praeposuit, licentiam dedimus eligendi unum probum et honestum virum nostrae Religionis in Confessorem* (TORELLI, VII, 90). Alle Monache di S. Dalmazio furono aggregate le Religiose del Terz' Ordine di S. Agostino, dette anche *Monache di Suor Mabellina* o *Mantellate*, delle quali abbiamo già detto nelle note ai documenti n. CCII e CCLXXV. Oltre i documenti già citati, che riguardano le suddette Monache Mantellate, facciamo qui menzione dell' atto 27 novembre 1459, con cui il Generale Alessandro Oliva concede loro la facoltà di vendere alcuni possessi per riparare il loro Monastero (TORELLI, VII, 91). Quando avvenisse l' unione delle Mantellate con le Agostiniane di S. Dalmazio non si può determinare

con precisione. Però dal documento 1 febbraio 1465, da noi ricordato a pag. 65 di questo volume, si apprende che allora erano tuttavia col primitivo loro monastero situato nella parrocchia di S. Giovanni in Borgo ; d' altra parte un atto dell' 8 dicembre 1475 del notaio Leonardo Buscati (Arch. Notar. di Pavia) parla del *monasterii sancti Dalmacii ac monasterii domine Mabelline de Burgo uniti et incorporati dicto monasterio sancti Dalmatii.* Quindi la data dell' unione va posta tra il 1465 ed il 1475. Notiamo qui ancora come sia del tutto errata la comune affermazione, che vuol confondere il monastero delle Monache di Mabellina col monastero di S. Martino in Pietralata, che era difatti abitato da una Comunità di Monache agostiniane, distinte però dalle Suore di Mabellina e da quelle di S. Dalmazio:

(1) È il Religioso, di cui riferisce il TORELLI, VII, 429, che, secondo i Registri dell' Ordine, dal Generale frate Anselmo da Montefalco fu il giorno 3 aprile del 1493 incaricato di aver cura delle Monache di Bozzolo in Lombardia.

(2) La compera di questo prato situato presso il Convento si collega coi lavori di ampliamento subito intrapresi dagli Agostiniani di S. Paolo.

(3) Frate Giacomo d'Aquila era stato eletto Generale nel Ca-

Ex debito officii nostri, nedum spiritualium, sed temporalium curam et solertiam habere debemus, quo fit quod, cum intellexerimus Conventum vestrum quandam domum in
civitate Papie, in loco ubi dicitur in Rualega (1) situatam, possidere, que ex annorum an-
tiquitate quodammodo patitur, ruynam, pro qua soliti estis habere pro ficto annuatim et ad
novennium florenos decem : idcircho utilitati conventus providere, cupientes, damus vobis
in hiis scriptis liberam facultatem, auctoritatem, bayliam atque potestatem, in perpetuum
predictam domum locandi cuicumque placuerit. Honerantes super predictis conscientias omnium vestrorum quod super cetera utilitas conventus servetur. In cuius rey testimonium
presentes fieri iussimus ac nostri officii generalatus sigilli munimine roborari. Dat. Bononie,
die XIII Iunii, 1470.

CCCXLV.

Adunanze capitolari della Comunità di S. Agostino per la investitura perpetua di una casa.

1470, luglio, 11-30.

(Arch. Notar. di Pavia. — Atti di Pietro Mombreto)

I N monasterio sancti Augustini, videlicet in sacristia eiusdem monasterii, sito in
Porta Laudensi, parochie sancte Andree de Ayratis (2) convocato et congregato
Capitulo..... de mandato.... reverendi patris sacre pagine professoris domini
magistri Bartholomei de Fazardis, Prioris dicti monasterii.... in qua quidem convocatione et
congregatione aderant, fuerunt et sunt prefatus dominus Bartholomeus et cum eo.... venera-
biles viri domini reverendus sacre pagine professor dominus magister Iohannes Iacobus de
Campixe, dominus frater Ambrosius de Pusterla sacre pagine bachalarius (3), dominus frater
Augustinus de Rancate biblicus, dominus frater Raffael de Rapallo biblicus, dominus frater
Baptista de Roxate biblicus, Gunifortus de Rabiis lector, Gualterius de Curte subprior,
frater Apolonius de Curte, frater Simon de Vercellis magister studencium, frater Paulus de
Putheo, frater Ieronimus de Mediolano, frater Didimus de Brayda, frater Antonius de Ast,
frater Bartholomeus de Castelatio, frater Ermanus de Lamagnia, frater Fulchanus de Alemania, frater Petrus de Frantia, frater Iohannes de Frantia, frater Iohannes Antonius de
Papia, frater Iohannes Iacobus de Cerviis, frater Eusebius de Legieriis et frater Franciscus
de Cerano, omnes fratres professi dicti Ordinis fratrum Heremitarum sancti Augustini, qui

pitolo celebrato nel 1470 in Bologna, alla età di anni 86. Come
riferisce il TORELLI, VII, pag. 183, seg. egli era stato Procuratore
Generale per lo spazio di 13 anni. Durò nel Generalato per 6 anni,
cioè fino al 1476. Il nostro documento risolve la questione proposta dal medesimo Torelli, cioè se frate Giacomo d'Aquila sia
stato veramente eletto nel giugno, del 1470, del che egli dubita,
ovvero più tardi. Come è chiaro, il nostro documento riferisce uno
dei primi atti del Generale frate Giacomo d'Aquila, datato appunto nel giugno.

(1) Questa casa, che nel documento del 3 marzo 1467 vedemmo affittata per un novennio, la troviamo ora novamente li-

bera forse per morte dell'affittuario, o per essere egli decaduto
dall'investitura per insolvenza, ovvero per sua rinuncia all'affitto,
data la cattiva condizione dell'edificio, accennata nel nostro documento.

(2) Il notaio per disattenzione scrisse Sancti Andree de Ayratis
invece di Sancti Andree de Brolio, il quale era appunto in Porta
Laudense o di S. Vito, mentre S. Andrea degli Airati era in Porta
Palacense vicino al Convento di S. Mostiola.

(3) Di questo Religioso riferiremo la laurea in sacra teologia
nel doc. del 26 luglio 1472.

sunt, fatiunt et reprexentant totum et integrum Capitulum dicti Conventus, cum ad presens nulli alii adsint fratres professi in dicto monasterio..... Predictus dominus Prior dixit..... quod..... monasterium habet..... domum unam muratam, cupatam, cum canepa et aliis suis eddificiis sitam in Papia in Porta Pertuxii, in Parochia sancti Georgii in Fornarolo, in contrata Rualeche, cui coheret ab una parte strata, ab alia dominus Iohannes Antonius de Furnariis, ab alia heredes quondam domini Antonii de Folipertis et ab alia plateola Merzariorum.... et quod ex dicta domo, ab hodie retro dictum monasterium numquam habuit nec percepit, fictando et locando dictam domum ad novennium et ad tempus, de ficto ultra florenos decem..... ad plus, solvendo dictum monasterium omnes expensas necessarias pro reparatione dicte domus que iminet ruynam, et quod singulo anno in reparatione dicte domus quasi pensio seu fictum ipsius domus consumatur ex quo dictus Conventus parum vel nichil percipit de ipsa domo.... Et quod Iacobus de Ronzonibus, dictus Magatus, habitator Papie, obtulit et offert in emphiteosim perpetuam accipere dictam domum a dicto Conventu, pro dicta annua ficti prestacione florenorum decem..... cum pactis infrascriptis.... videlicet : Primo quod dictus Iacobus vel eius heredes teneantur et obbligati sint ad minus expendere et seu expendi facere in reparatione dicte domus florenos quinquaginta..... infra quinque annos proxime futuros, et in primo anno dictorum quinque annorum florenos vigintiquinque ex dictis quinquaginta. Item quod si ipse Iacobus vel eius heredes..... vendere et alienare voluerint melioramenta seu emponemata dicte domus, per prius teneantur et debeant prefatis dominis Priori et fratribus..... legiptime denunciare et in denunciatione exprimere personam certam et verum precium, cui et pro quo illa vendere et alienare voluerint, et ipsa denunciatione sic facta ipsos expectare per quindecim dies exinde proxime futuros. Et si ipsi, nomine dicti Conventus ipsa melioramenta et emponemata pro ipso conventu emere et habere voluerint, teneantur et debeant dictus Iacobus et eius heredes..... illa eis dare et vendere minori pretio soldorum duorum pro qualibet libra pretii extimi vel valoris ipsorum, quam ab alia persona seu aliis habere potuerint, bona fide et sine fraude..... *il Priore domanda che sembri ai congregati del contratto di cui egli ha proposto lo schema, cui,* facta prius per et inter eos ventilatione, tractatu et colloquio per maximum temporis spatium, *essi approvarono. E ciò per il primo trattato.*

La seconda adunanza del Capitolo per la discussione dello stesso oggetto si tiene nello stesso luogo e dagli stessi individui il giorno seguente 12 luglio ; il terzo trattato il giorno tredici, e la investitura si fa con istromento del giorno trenta dello stesso mese (3), *nell' adunanza dello stesso Capitolo, e con rogiti dello stesso notaio Pietro Mombreto.*

(3) L'investitura fu ritardata sino al giorno 30 di luglio, perchè nel frattempo dovettero impetrare l'approvazione ducale del contratto, concessa con lettera del 27 luglio, che qui sotto riportiamo.

CCCXLVI.

Il Duca di Milano approva l' investitura di una casa da concedersi dagli Agostiniani.

1470, luglio, 27.

(Ach. Notar. di Pavia — Atti di Pietro Mombreto).

G ALEAZ Maria Sforcia Vicecomes Dux Mediolani etc. Papie Anglerieque Comes ac Ianue et Cremone dominus.

Cum superioribus diebus nobis suplicatum fuisset nomine venerabilium dominorum Prioris, fratrum et Conventus sancti Augustini, nec non Iacobi de Ronzonibus papiensium, de quadam domo, quam in emphiteusim idem Iacobus de Ronzonibus a predictis Priore, Fratribus et Conventu capere intendebat, pro annuo ficto florenorum decem, ad computum soldorum XXXIJ imperialium pro singulo floreno, pro qua quidem domus predicte emphiteotica locacione licenciam a nobis requirebant: Volentes super ea re maturius et consulcius agere, scripsimus venerabili decretorum doctori domino Christoforo de Prathella vicario et locumtenenti reverendissimi domini domini Cardinalis Papiensis, ut, sumpta de premissis diligenti informacione, nos litteris suis cerciores redderet, an locacio huiusmodi in evidentem dicte ecclesie cederet utilitatem, vel ne; qui de evidenti ipsa utilitate respondit, quemadmodum litteris suis tenoris infrascripti videri potest: quarum quidem litterarum tenor ita sequitur, videlicet :

Illustrissime et Excellentissime Princeps, et Domine colendissime.

In et pro execucione litterarum Dominationis Vestre michi presentatarum per venerabiles dominos Priorem et Fratres Conventus sancti Augustini et Iacobum de Ronzonibus, super investitura perpetua fienda, per dictum conventum in ipsum Iacobum, de domo una cum eius hedificiis, posita in Papia in contrata Rualeche, iuris dicti monasterii et conventus, continencium in effectu ut informaciones assumere deberem an concedendo quod petitur, id cessurum sit in evidentem utilitatem ipsius ecclesie, vel ne: rescribendo Dominationi Vestre apparere meum, ipsas informaciones sumpsi et vidi ac palpavi tres tractatus factos per Capitulum dicti conventus super dicta investitura fienda, a quibus aparet quod si dicta investitura fiat in dictum Iacobum in perpetuum de dicta domo per dictos dominos Priorem, Fratres et Capitulum dicti conventus pro annua ficti prestacione florenorum decem, valoris et ad computum soldorum XXXIJ imperialium pro floreno, cessura est in evidentissimam utilitatem et commodum dicti conventus, attento maxime quod dicta domus iminet ruynam et temporibus preteritis nunquam perceptum fuit de ficto ad novennium, ad plus non, florenos decem et fictum ipsum consumabatur pro maiori parte omni anno in reparando dictam domum, et nunc habent ipsos florenos decem netos et dictus Iacobus tenetur, ex pacto inserto in dictis tractatibus, suis expensis expendere in ratificando (sic) ipsam domum florenos quinquaginta valoris suprascripti. Hec igitur notifico Dominationi Vestre ut in premissis opportunam provisionem facere possit, prout Dominationi Vestre placuerit, cui me humiliter recommissum facio. Ex palacio Episcopali Papie, die XIII Iulii, MCCCCLXX. Eiusdem Dominationis Vestre fidelissimus servitor Christoforus decretorum doctor, reverendissimi domini domini Cardinalis Papiensis locumtenens generalis.

Compertum itaque habentes ex litteris ipsius Vicarii predictam locacionem emphiteoticam cedere beneficio ipsius conventus, et nos ad ea libenter inclinati, que conventum et
piorum locorum utilitatem et incrementa, subditorum vero nostrorum commoda concernunt,
atque ad nullius iniuriam tendunt, tenore presentium concedimus, dispensamus et decernimus quod ipsi domini Prior et Fratres predictam domum in emphiteosim locare perpetuam
ipsi Iacobo possint et is de ipsa se investire in perpetuum, sub illis pactis, modis et formis
de quibus invicem convenerunt et de iis omnibus idoneus notarius instrumentum unum et
plura prout expediens fuerit conficere et ipsis instrumentis conficiendis testes opportuni
possint interesse ac valeant tute, libere et impune, decreto nostro superinde edito et aliis
quibusvis in contrarium facientibus nequaquam attentis, quibus omnibus, in hac parte dumtaxat, ex certa scientia, derogamus et derogatum esse decernimus : bonis tamen ipsis cum
honere suo transeuntibus ac sine preiudicio iurium tertii et declinacionis fori, quibus non
intendimus derogari, imo quoad ipsa iura tercii, maxime si de ipsis bonis quisquiam ad
tempus seu in perpetuum investitus fuisset, et fori declinationem, hec nostra concessio nulla
sit et nullius valoris esse intelligatur. Mandantes officialibus et subditis nostris quatenus
has nostras concessionis ac licencie litteras firmiter observent et faciant inviolabiliter observari. In quorum testimonium presentes fieri iussimus et registrari nostrique sigilli impressione muniri. Data Papie, die XXVIJ Iulii, MCCCCLXX. Sig. Cichus.

CCCXLVII.

Frate Battista Rancati Procuratore di S. Agostino riceve un lascito testamentario (1).

1470, luglio, 81.

(Arch. Notar. di Pavia. — Atti di Matteo Nazzari).

NELLA *casa del notajo in parrocchia di S. Maria Venetica.* Venerabilis vir dominus frater Baptista de Ranchate sindicus et procurator.... monasterii sancti
Augustini civitatis Papie, Ordinis Heremitarum sancti Augustini.... *dichiara di
ricevere dallo spettabile milite e conte Bartolomeo Albonesi, usufruttuario dei beni ereditarii
della fu Agnese Sannazzari, lire 25 e soldi 1,* pro parte solutionis illarum librarum centum
imperialium aliax relictarum per prefatam condam dominam Agnetem in suo ultimo testamento cum onere fatiendi offiitium singulo anno, de quo et prout in ipso testamento continetur.

_____

(1) Vedi documento del 4 maggio 1466, n. CCCXV.

CCCXLVIII.

Frate Pietro Calvi Procuratore di S. Mostiola rilascia una ricevuta di affitto.

1470, ottobre, 12.

(Arch. Notar. di Pavia. — Atti di Leonardo Buscati).

I N *casa del causidico Antonio de Cosso, Parrocchia di S. Colombano.* Confessio facta per venerabilem virum dominum fratrem Petrum de Calvis sindicum venerabilium virorum dominorum Prioris et Fratrum et conventus sancte Mustiole Papie Ordinis Heremitarum, *di aver ricevuto da Ubertino de Pray, del luogo di Pietra nell' Oltrepò, due paia di capponi per affitto di due anni di terre in Redavalle, ch' egli tiene dal Convento a locazione novennale.*

CCCXLIX.

Frate Battista Rancati Procuratore di S. Agostino rilascia quietanza d' affitto.

1470, ottobre, 29.

(Arch. Notar. di Pavia. — Atti di Leonardo Buscati).

N ELLA *casa del causidico Antonio de Cosso, Parrocchia di S. Colombano.* Venerabilis vir dominus frater Baptista de Ranchate sindicus et procurator.... Conventus sancti Augustini papiensis Ordinis Heremitarum, *riceve dal prete Matteo Ghisolfi, anche a nome de' suoi nipoti, fiorini 2 per affitto della terza parte di una casa in Parrocchia di S. Eusuperio, che i Ghisolfi tengono in investitura perpetua.*

CCCL.

La Comunitá di S. Agostino elegge suoi Procuratori per adire l' eredità di frate Alessandro Vitali.

1471, marzo, 14.

(Arch. Notar. di Pavia. — Atti di Leonardo Buscati).

I N sacristia ecclesie et Conventus Fratrum Heremitarum sancti Augustini papiensis, sita in Porta Palatii in Parochia sancti Andree de Brolio, in qua sacristia infrascriptum capitulum solet congregari.... Convocato capitulo seu conventu ecclesie sancti Augustini papiensis Ordinis Heremitarum, de mandato venerabilis viri domini fratris Gualterii de Curte subprioris dicti conventus.... in quo quidem capitulo.... est prefactus dominus subprior nec non cum eo reverendus et venerabiles domini magister Iohannes Iacobus de Campixe, frater Baptista de Roxate bazilerius, frater Augustinus de Ranchate biblicus, frater Raphael de Rampalo biblicus, frater Gunifortus de Rabiis biblicus, frater Angelus de Mediolano lector, frater Apolonius de Curte, frater Didimus de Brayda, frater Iohannes Bertholameus de Castelatio, frater Iohannes Antonius de Scapis, frater Vulphangus de Svevia (1), frater Bernardinus de Roma, frater Bernardinus de Senis, frater Petrus de Francia, frater Nichola de Forlivio, frater Guido de Ripis, frater Iohannes Armandi de Francia, frater Iohannes de Bavaria et frater Iohannes Iacobus de Zerviis.... facientes plusquam duas partes ex tribus dicti conventus.... convocati ibidem, ac frater Alexander de Vitalibus similiter professus dicti Ordinis in dicto Conventu.... Qui domini Subprior, Fratres et Conventus.... ratione et nomine persone dicti fratris Alexandri professi ut supra, fuerunt et sunt heredes et seu dictus conventus fuit et est heres universalis pro una medietate tercie partis quondam Sandrini de Pergamo, olim avi paterni prediti fratris Alexandri..... *eleggono loro procuratore* reverendum dominum magistrum fratrem Augustinum de Marliano sacre pagine professorem et venerabilem dominum fratrem Tholomeum de Seratico dicti Ordinis Heremitarum sancti Augustini, ibi presentes et acceptantes, *per raccogliere la detta eredità.*

CCCLI.

I Procuratori di S. Agostino rilasciano ricevuta d' affitto.

1471, aprile, 27.

(Arch. Notar. di Pavia. — Atti di Agostino Gravanago'.

N ELLA *casa del notaio in Parrocchia di S. M. in Pertica.* Reverendi patres domini frater Baptista de Ranchate et frater Euxebius de Lingieriis sindici et procuratores.... Prioris et fratrum Heremitarum sancti Augustini Papie.... *ricevono il solito affitto annuo da Accorsino Biscossi* (2),

CCCLII.

Frate Pietro de Calvis Procuratore di S. Mostiola rilascia quietanza d' affitto.

1471, ottobre, 4.

(Arch. Notar. di Pavia. — Atti di Leonardo Buscati).

I N claustro monasterii sancte Mustiole papiensis.... Venerabilis vir dominus frater Petrus de Calvis, Ordinis Heremitarum sancte Mustiole papiensis, sindicus et procurator.... conventus sancte Mustiole.... *dichiara a Giuliano de Zaciis di essere stato interamente pagato di quanto da lui si doveva al Convento* de domo una cum

---

(1) Nel TORELLI, VII, 446, è ricordato un Wolfango di Svevia, che sarebbe Wolfango Strelen di Poppenheim, il quale nel 1495 fu eletto cappellano dell' Imperatore Massimiliano. Dubitiamo però si tratti della stessa persona, perchè le circostanze accennate dal

Torelli sembra non si adattino alla età, che nel 1495 avrebbe avuto il Wolfango del nostro documento.

(2) Vedi documento n. CCC.

furno, curia, putheo, turri et aliis suis locis et hedifficiis dicti monasterii, sita in parochia sancti Columbani, *ed oltre a ciò dichiara di aver avuto lu restituzione di tutti gli attrezzi del forno che in principio dell' Investitura furono consegnatl dal Convento al de Zaciis, come da istrumento rogato da Antonio de Cosso.*

CCCLIII.

Frate Gualterio Corti Procuratore di S. Agostino riceve l' affitto di una casa.

1471, novembre 11.

(Arch. Notar. di Pavia — Atti di Marchino Morasco).

I N Citadella Papie, iuxta hostium domus habitacionis infrascripti Monolie.... Venerabilis vir dominus frater Gualterius de Curte Ordinis Fratrum Heremitarum sancti Augustini Papie, subprior ac sindicus et procurator.... Conventus sancti Augustini dicti Ordinis, *riceve da Manuele de Andria detto Monolia,* tubatorem magnifici domini comitis Iohannis de Atendolis, Castellani Castri Paple, *fiorini 3, per affitto di un anno di una casetta del convento da lui abitata in Cittadella.*

CCCLIV.

Frate Cherubino da Brescia Priore di S. Paolo riceve il pagamento dell' affitto di un prato.

1471, novembre, 13.

(Arch. Notar. di Pavia — Atti di Antonio Gravanago).

I N claustro infrascripti monasterii. Venerabilis vir dominus frater Cherubim de Brixia, Prior ecclesie monasterii et Conventus saucti Pauli Ordinis sancti Augustini, siti prope et extra portam S. Marie in Perticha Papie, *riceve da Giovanni Strada soldi 20 imper. per affitto di un anno, 'finito al S. Martino,* unius petie prati perticarum trium, siti subtus costeriam dicti monasterii sancti Pauli.

CCCLV.

Il nobile pavese Francesco Beccaria fa una donazione agli Eremitani dell'Osservanza.

1471, novembre, 20.

(Arch. Notar. di Pavia. — Atti di Agostino Gravanago).

P|ROTESTATIO in favorem Monasterii sancti Pauli papiensis (1).
Nel Palazzo del Podestà di Pavia, constitutus nobilis vir dominus Franciscus de Becharia, filius quondam domini Antonii, in presentia domini Antonii de Foliano civitatis Papie eiusque Comitatus Potestatis ac ducalis Comissarii, pro tribunali sedentis.... dixit et protestatus fuit ac dicit et protestatur ipse dominus Francischus de Becharia, quod pro illa donacione, per eum tacta monasterio sancti Christofori de Taurino Ordinis sancti Augustini de observancia (2), de ducatis decem et septem auri, debitis prefacto domino Francisco de Becharia vigore testamenti seu legati nunc quondam domini Iohannis Schalie.... rey veritas fuit et est quod nominatus fuit tunc temporis et toto tempore vite sue Zuchinus de Becharia, licet recto nomine baptizatus sit Franciscus, sed ex prenomine vochatus fuit et vocatur Zuchinus, etc.

CCCLVI.

Frate Agostino Marliani riceve un affitto per S. Mostiola.

1471, dicembre, 5.

(Arch. Notar. di Pavia — Atti di Leonardo Buscati).

I|N *casa del caudisico Antonio Cosso, in Parrocchia di S. Colombano.* Confessio facta per reverendum patrem dominum magistrum Augustinum de Marliano fratrem Ordinis Heremitarum in Conventu sancte Mustiole Papie, procuratorem.... Conventus sancte Mustiole predicte.... versus Iohannem Mariam de Sachis.... nomine et vice magnificorum dominorum Ieronimi iuris utriusque doctoris et Petri Marie, militum, fratrum de Maletis, filiorum et heredum quondam magnifici et exhimii iuris utriusque doctoris militis et comitis domini Albrici, *di aver ricevuto lire 40 per affitto di 2 anni, 'finiti a S. Martino, di alcune proprietà del Convento, date in investitura perpetua ai Maletta.*

---

(1) In realtà la dichiarazione contenuta nel documento riguarda gli Agostiniani di S. Cristoforo di Torino, i quali per altro essendo della stessa Congregazione dei Religiosi di S. Paolo di Pavia, avranno commesso loro di ottenere tale dichiarazione in loro favore.

(2) Il Convento di S. Cristoforo di Torino, detto anche di S. Agostino, fu dal Priore Generale frate Giuliano da Salemi concesso ai Religiosi della Congregazione lombarda con decreto del 18 settembre 1452. Vedi TORELLI, vol. VII, pag. 108.

CCCLVII.

Disposizioni testamentarie di Beatrice de Regina riguardanti la Chiesa di S. Agostino.

1471, aprile, 16.

(Arch. Notar. di Pavia. — Atti di Guniforto Strazzapatti).

N ELLA *casa della testatrice, in Parrocchia di S. Maria Canonica Gualtieri. Te-stamento di Beatrice de Regina, del fu Girardo, vedova del maestro Nicola de Cixera, di Pavia, nel quale* cadaver suum sepeliri iussit et iubet in ecclesia sancti Augustini Papie, in sepulcro ubi iacet cadaver dicti quondam magistri Nicole olim eius mariti.... Item dedit et legavit ac dat et legat ipsa domina testatrix, pro anima sua, conventui dicte ecclesie sancti Augustini florenos duos.... cum hoc quod fratres ipsius conventus teneantur et obligati sint interesse funeralibus ipsius domine testatricis absque alia remuneratione denariorum.

CCCLVIII.

Disposizioni testamentarie della Contessa Valentina Bertoni Rasini a favore di S. Paolo.

1471, maggio, 18.

(Arch. Notar. di Pavia. — Atti di Guniforto Strazzapatti).

N ELLA *cancelleria dell' Ospedale di S. Matteo. Testamento della* nobilis et egregia domina Vallencina de Bertonis, filia quondam spectabilis doctoris domini Roglerii, et relicta quondam spectabilis et famoxissimi legum et poesie doctoris domini Baldasaris de Raxinis (1), *nel quale* dat et legat monasterio fratrum sancti Pauli fratrum Heremitarum sancti Augustini de Observantia, sito prope et extra civitatem Papie, et fabrice eiusdem, florenos ducentum quinquaginta monete currentis.... gravans ipsa domina testatrix dominos Priorem et fratres dicti monasterii, qui per tempora ibidem erunt, ad omni anno in perpetuum cellebrari fatiendum in ecclesia dicti monasterii anniversarium unum pro anima ipsius domine testatricis, in quo ad minus cellebrentur misse duodecim cum una in cantu, ut moris est, et ulterius eidem monasterio legavit et legat lectum unum parvum pennarum anserum quem habet in domo cum uno pari lentuaminum et culcidra una canepete tincte cum uno plumatio pennarum anserum....

(1) Baldassare Rasini, dal 1427 professore di diritto civile nell'Università pavese, passò nel 1435 alla Cattedra di Rettorica, che tenne sino al 1467. Uomo avveduto anche nei maneggi diplomatici, fu accetto a Francesco Sforza, che lo onorò del cavalierato e della contea. Morì il 7 ottobre 1468 in Pavia, e fu sepolto nella Cappella universitaria di S. Caterina nella Chiesa di S. Tommaso. Vedi ROBOLINI, *Notizie*, vol. V, part. II, pag. 136 e 226.

CCCLIX.

Legati alla Chiesa di S. Agostino per l'ornamentazione del sepolcro del Santo e per la Cappella di S. Gerolamo.

1471, luglio, 6.

(Ach. Notar. di Pavia — Atti di Guniforto Strazzapatti).

I N canzelleria hospitalis novi vulgariter nuncupati sancti Mathey, in Porta et Parochia sancti Petri ad murum. *Testamento del caudisico Antonio Preottoni, del fu Lanfranco, di Pavia, nel quale* ordinat quod, eo defuncto, eius cadaver sepeliatur et sepeliri debeat in ecclesia sancti Augustini Papie, in sepulcro quod ipse dominus testator construi fecit in capella et seu ante altare sancti Ieronimi similiter in ipsa ecclesia constructum per ipsum dominum testatorem, cui altari et pro dote eiusdem et ipsius capelle et pro anima ipsius domini testatoris dedit et legavit ac dat et legat ipse dominus testator fictum unum perpetuum florenorum sex monete currentis, quod eidem domino testatori debetur per Doninum de Gatis et nepotes habitatores loci Iussaghi campanee Papie, omni anno, ex petiis duabus vinee seu terre altinate, que sunt in summa pertice viginti vel circha, positis in territorio dicti loci Iussaghi, ubi dicitur in Iussaghino.... gravans proinde ipse dominus testator dominos Priorem et Fratres dicti Conventus, qui per tempora ibidem erunt, ad cellebrandum seu cellebrari faciendum ad dictum altare sancti Ieronimi omni ebdomoda in perpetuum missas tres ad minus, pro anima ipsius domini testatoris ac patris, matris, uxoris et fratris et aliorum defunctorum suorum, nec non et anniversarium ipsius domini testatoris omni anno, cum missa magna in cantu ad dictum altare sancti Ieronimi et cum cellebratione missarum aliorum fratrum et cum luminaribus supra sepulcrum, ut moris est, pro anima ipsius domini testatoris.... Item iussit et iuhet ipse dominus testator per infrascriptos eius heredes universales solvi debere omni anno dictis dominis Priori et Fratribus illud legatum quod factum fuit eisdem per quondam Nicolaum fratrem ipsius domini testatoris in eius testamento, de sachis tribus furmenti ad mensuram papiensem, aut florenis tribus in denariis, pro quo legato facere teneantur ipsi domini Prior et Fratres omni anno tria anniversaria cum missis parvis et in cantu, prout moris est, pro animabus dicti quondam Nicolay ac ipsius testatoris et defunctorum suorum.... Item dedit et legavit ac dat et legat ipse dominus testator conventui sancti Augustini Papie florenos quinquaginta monete currentis.... convertendos et quos converti vult et iubet in ornatum sacri sepulcri Corporis sancti Augustini existentis in confessorio ipsius ecclesie, et non in aliam causam, solvendos ipsi ecclesie per infrascriptos eius heredes quotienscumque contigerit ipsum sepulcrum velle in melius ornari et decorari et magis honorifice ut deceret. Nec vult ipsos denarios aliter exbursari seu expendi, nisi per manus infrascriptorum eius filiorum et heredum, quos tamen vult posse compelli ad solvendum, casu quo contingeret dictum sepulcrum velle reformari et in melius decorari ut supra (1). Et hoc pro adimplemento cuiusdam voti seu devotionis aliax per ipsum dominum testatorem facti et facte prefato Sancto Patri Augustino....

---

(1) È a deplorarsi che di questo documento importantissimo, come degli altri precedenti che si riferiscono al sepolcro di S. Ago-

CCCLX.

La Comunità di S. Mostiola riceve il pagamento per l' annuo affitto di una vigna.

1471, agosto, 21.

(Arch. Notar. di Pavia. — Atti di Gian Francesco Roverini).

I N clautro ecclesie sancte Mustiole.... Convocato.... capitulo conventus et monasterii sancte Mustiole Papie, de mandato reverendi domini fratris Petri de Calvis, Prioris fratrum dicti conventus..... in quo..... fuerunt et sunt ipse dominus Prior et cum eo.... infrascripti reverendi patres, videlicet dominus frater Augustinus de Marliano sacre theologie doctor, dominus frater Georgius de Vicomercato lector, frater Galeaz de Vicecomitibus lector, frater Laurentius de Biela, frater Simoninus de Vercellis, frater Tholomeus de Seraticho, frater Simoninus de Biella, et frater Angelus de Ruschonibus, omnes fratres professi et conventuales in dicto monasterio rescidentes, facientes.... plus quam duas partes ex tribus Capituli dicti monasterii.... *ricevono dal nobile Gabriele Fiamberti del fu Raffaele, tre sacchi di frumento per affitto di un anno di una vigna di 22 pertiche in territorio di Torriano* (1), *a lui investita in perpetuo dal Convento con atto del 23 gennaio 1470 rogato da Ludovico Leggi.*

CCCLXI.

Frate Battista Rancati, Procuratore di S. Agostino, dá in affitto i terreni del Convento in Parasacco.

1472, febbraio, 24.

(Arch. Notar. di Pavia. — Atti di Francesco Sisti).

N ELLA *casa del notaio, in Parrocchia di S. Maria Capella.* Venerabilis dominus frater Baptista de Ranchate, Ordinis dominorum fratrum Heremitarum sancti Augustini papiensis, sindicus et procurator.... monasterii et conventus fratrum Heremitarum civitatis Papie, *dà in affitto per nove anni a Giovanni Maria Carlevari tutti i beni del convento posti nel territorio di Parasacco di Lomellina, per lire imperiali sessanta all' anno.*

---

stino (vedi doc. n. CLII e CCXCIX) non si sia fatto il debito conto nella lunga disputa sulla identità delle Reliquie del Santo, che tenne dietro alla loro scoperta avvenuta nel 1695. E quel che è peggio, il testamento del Preottoni fu inteso molto malamente da frate Antonio da Tortona Priore di S. Agostino, il quale nella pergamena, che pubblicheremo sotto l' anno 1578, credette che le disposizioni del Preottoni si riferissero non al Sepolcro, ma al-

l'Arca di S. Agostino, che era nella sagrestia. Risulta frattanto da questo documento che ancora nel 1471 non si dubitava affatto del luogo, in cui trovavansi le sante Reliquie.

(1) Un simile pagamento per lo stesso affitto è ricevuto da frate Agostino Marliani il 23 agosto del 1473, con atto dello stesso notaio.

CCCLXII.

Frate Ercolano da Perugia, Vicario del Generale, autorizza il Convento di S. Ago-stino a dare i beni di Parasacco in investitura perpetua.

1472, maggio, 4.

(Arch. Notar. di Pavia — Atti di Francesco Sisti).

F RATER Herculianus de Perusio, sacre pagine professor ac Vicarius Generalis (1) Ordinis fratrum Heremitarum sancti Augustini licet immeritus, venerabillibus religiosis Priori ceterisque patribus ac fratribus monasterii sancti Augustini papiensis, salutem in Domino sempiternam. Supplicatum est nobis ex parte vestra quod conventus vester habet quedam nemora, terras ac prata, ubi dicitur ad Vadum Rubeum et in Marciliana, cum quibusdam terris, que solebant teneri per quondam Iacobum Portalupum, quadraginta perticharum, cum coherenciis ut continetur in instrumentis vestris, de quibus omnibus vix et cum maximo labore habeatis quinquaginta septem libras imperiales monete vestre. Et quod potestis dare ad fictum perpetuum predictas terras ut supra, pro libris se-xaginta imperialibus, et ut dignaremur, pro utillitate conventus, nostrum prebere assensum. Nos autem volentes vobis complacere, quia rem utillem conventui predicto petitis, tenore presentium, in hiis scriptis, vobis licentiam damus ut possitis locare supradicta ad fictum perpetuum cui placuerit, interponentes nunc prout ex tunc, et ex tunc prout ex nunc, auctoritatem nostram, in Nomine Patris et Filii et Spiritus Sancti, amen. Datum in Con-ventu nostro papiensi, die quarto Maji, MCCCCLXXIJ. In cuius rei fidem has fieri ius-simus sigillique nostri munimine roborari. F. H. V. G. (2).

CCCLXIII.

Religiosi Agostiniani promossi agli Ordini sacri.

1472, marzo, 28.

(Arch. Notar. di Pavia. — Atti di Pietro Mombreto).

I N ecclesia maiori (Papie). Ad altare magnum sancti Stephani. Ordinationes sacrorum ordinum collate infrascriptis.... per reverendissimum in Christo patrem et dominum dominum Franciscum de Cavalleriis, Dei et Apostolice Sedis gratia episcopum betelemitanum, *per incarico del Vicario Generale del Vescovo di Pavia Card. Giacomo Piccolomini*:

---

(1) Frate Ercolano da Perugia, che il TORELLI, VII, 162 e 190, chiama *famoso maestro*, era stato discepolo del celebre frate Alessandro Oliva, dipoi Generale e Cardinale. Le sue alte doti ri-fulsero in modo mirabile nel governo della provincia perugina ; e quando il vecchio Generale frate Giacomo d'Aquila ebbe bisogno di eleggersi un Vicario, che lo coadiuvasse nel governo dell'Or-

dine, scelse nel 1470 il nostro frate Ercolano, il quale già aveva ottenuto un simile officio nel 1469 dal Generale frate Guglielmo Becchi. Ed appunto in qualità di Visitatore e di Vicario Generale frate Ercolano si trovò nel 1472 ai 4 di maggio nel nostro Con-vento di S. Agostino, dove il nostro documento fu da lui emanato.

(2) Vedi i documenti del 20 agosto e 15 settembre 1472.

.......Ad subdiaconatum

Frater Zaninus de Papia, Ordinis sancti Augustini.

Frater Dominicus de Lancia Ordinis sancti Augustini.

CCCLXIV.

Religiosi Agostiniani promossi agli Ordini sacri.

1472, maggio, 23.

(Arch. Notar. di Pavia — Atti di Lodovico Leggi).

M CCCCLXXIJ, inditione quinta, die sabati, XXIIJ Maii, hora terciarum. Infrascripti sunt promovendi ad sacros Ordines et primo :

Ad primam tonsuram

Frater Daniel de Mediolano Ordinis sancti Pauli.

Frater Iob de Brisia Ordinis sancte Mustiolle.

Ad quatuor minores Ordines

Frater Daniel de Mediolano Ordinis sancti Pauli.

Frater Iob de Brisia Ordinis sancte Mustiolle.

Ad sacerdotium

Frater Angelus de Rusconibus sancte Mustiole (1).

CCCLXV.

Fra Cornelio da Biella Procuratore di S. Paolo acquista un terreno presso il Convento.

1472, giugno, 12.

(Arch. di Stato di Milano. — Pergam. di S. Paolo).

I N Papia, in domo nobilis Fenoni de Eustachio quondam Iohannis, Porte Pertuxii Parochie sancti Theodori. Christoforus de Gandino, nomine Domeneghine de ' Rolandis eius uxoris, pretio librarum trigintatrium imperialium, vendidit venerabili viro domino tratri Cornelio de Bugella, Ordinis Heremitarum sancti Augustini, in Conventu sancti Pauli extra muros civitatis Papie, peciam unam terre zerbide, perticarum trium et tabularum trium.... prope dictam ecclesia sancti Pauli, ex pecia una terre perticarum sex et tabularum sex communi cum ipso monasterio (2).

Notai : Ioh. Bartolomeus de Gandello quondam Laurentii et Baldasar de Regalibus domini Antonii.

(1) Vedi il documento del 5 settembre 1469.

(2) Questa compera, come quella del doc. n. CCCXLIII, è argomento dell'attività, con cui la nuova Comunità di S. Paolo mirava a rendere importante il proprio Convento.

CCCLXVI.

Lasciti testamentarii del nob. Guniforto Fiamberti a favore degli Agostiniani.

1472, luglio, 8.

(Arch. Notar. di Pavia. — Atti di Francesco Sisti).

N ELLA *casa del testatore, in Parrocchia di S. Marino. Testamento del nobile Gu-niforto Fiamberti del fu Giovanni Marco, col quale* ordinat quod per infrascriptos eius filios et heredes universales, dentur, solvantur et numerentur ducati centum auri, infra annos quatuor immediate sequuturos post mortem ipsius domini testatoris, Ca-pitulo et Conventui ecclesie sancti Augustini Papie, implicandi et quos implicare iussit et ordinavit, ac iubet et ordinat in uno fundo seu pluribus fundis idoneis et equivalentibus, qui perpetuo remaneant et remanere debeant eisdem Capitulo et Conventui et aliqualiter alienari non possint nec valeant, et aliter et alio modo ipsos ducatos centum auri dictum Capitulum et dictus Conventus habere et consequi non possint nec valeant..... Gravans dominos Priorem et Fratres dicti conventus, qui per tempora erunt, ad celebrandum singulo anno in perpetuum, pro anima ipsius domini testatoris, anniversarium unum et missas et alia divina offfcia, et maxime missas duas singula ebdomoda cuiuslibet anni..... Item voluit, iussit, ordinavit..... quod.... dentur et solvantur et dari et solvi debeant per ipsos infrascriptos eius heredes universales fabrice ecclesie sancti Pauli prope et extra muros papienses, omni excepcione remota, floreni quinquaginta.....

CCCLXVII.

Gli Eremitani Frate Gabriele de Naxiis da Carmagnola e frate Gualterio Corti rilasciano quietanza d'affitto pel Convento di S. Agostino.

1472, luglio, 20.

(Arch. Notar. di Pavia. — Atti di Matteo Ferrari).

I N claustro monasterii et Conventus sancti Augustini Papie.... in Citadella.... Re-verendus dominus magister Gabriel de Naxiis (1) de Carmagnola sacre pagine professor, Prior, et venerabilis vir dominus frater Gualterius de Curte tamquam sindicus et procurator.... monasterii sancti Augustini Papie..... *ricevono da Matteo Mazzoni L. 8 e soldi 18, per affitto di un anno di una casa, in Porta S. Giovanni, Parrocchia di S. Lorenzo.*

(1) Nelle note al documento del 27 ottobre 1458, n. CCLXXXIV, vedemmo che, secondo l'Herrera, frate Gabriele da Carmagnola sarebbe stato della famiglia *Vasi*. Ora il nostro documento cor-regge l'errore di lettura, scusabilissimo nel dotto storiografo stra-niero Herrera, e ci insegna che il nostro Religioso appartenne alla nobile famiglia *de Naxiis*. Il frate Gabriele *de Buciis*, che il To-relli identifica col *de Vasis* dell'Herrera, o col *de Naxiis* nostro, è una diversa persona, come vedremo nel doc. 22 dicembre 1479, e 1 febbraio 1480.

CCCLXVIII.

Laurea in teologia dell'Agostiniano frate Ambrogio Pusterla.

1472, luglio, 26.

(Arch. Notar. di Pavia. — Atti di Pietro Mombreto).

U NIVERSIS et singulis presentes inspecturis Christophorus ex Marchionibus de Prathella, decretorum doctor, reverendissimi in Christo Patris et domini domini Iacobi de Piccolhominibus, Dei et Apostolice Sedis gratia sacrosancte Romane Ecclesie, tituli sancti Chrisogoni, presbiteri Cardinalis, Episcopique papiensis et Comitis dignissimi ac Almi Studii papiensis, apostolico et imperiali privilegiis, Cancellarii dignissimi, Vicecancellarius specialiter deputatus, salutem et reverentiam tam debitam quam devotam.

Etsi omnium pro scientie margarita capescenda virtus, exigente iustitia, sit premiis decoranda, illi tamen qui in sacra Theologia, que est omnium mater atque magistra ac fidei fondamentum ac via recta ad vitam eternam, propria relinquentes et se ipsos abuegantes, per diversa mondi climata, studia rotaverunt, et in eis persepe ducentes noctes insompnes, immensis laboribus et sudoribus, bravium attigerunt, digniori sunt honore premiandi et maiori reverentia decorandi. Cum itaque religiosus et omni virtute laudabilis frater Ambrosius de Pusterla mediolanensis, Ordinis Heremitarum sancti Augustini expresse professus, post actus scolasticos, per omnia in diversis Studiis feliciter consummatos, deputatus fuerit ad legendum Sententias in Conventu sancti Augustini papiensis Ordinis predicti, ipseque frater Ambrosius huiusmodi Sententias in dicto conventu laudabiliter legisset et omnes alios actus scolasticos in Universitate papiensi exercendos usque ad gradum magisterii feliciter consummaverit, ac sub singulis reverendis patribus sacre Theologie magistris huius Alme Universitatis in arduis questionibus in facultate theologica respondiderit, aliosque actus bachalarii pro forma legentibus incumbentes laudabiliter exercuerit: Et postmodum coram nobis, per colloquium reverendorum Patrum dominorum magistrorum in sacra Theologia, deputatorum ad examen bachalariorum ad magisterium aspirancium, privatim et rigorose examinatus fuerit, et idem frater Ambrosius in examine ipso se taliter habuerit, quod a nobis, convocata et congregata in aula magna pallatii episcopalis papiensis Prelatorum, Doctorum, Scolarium huius Almi Studii multitudine copiosa, pro negotio huiusmodi specialiter peragendo, ac finito et facto, de nostri licentia, ut moris est, per reverendum dominum magistrum Iohannem Iacobum de Campixe, Ordinis Heremitarum predicti et conventus eiusdem sancti Augustini professum, sacre theologie doctorem celeberrimum, decoro sermone, ab ipsoque fratre Ambrosio in manibus nostris prestito, ad sancta Dei Evangelia, manibus super pectus suum positis, solito iuramento quod ex causa sui magisterii non excedet in expensis taxam Clementine secunde de Magistris, et quod servabit statuta eiusdem Universitatis et prout per alios magistros solitum est iurari, eundem fratrem Ambrosium, sic suis meritis exigentibus, pridie ut premittitur examinatum, Magistrum seu Doctorem in sacra pagina constituimus et creamus, auctoritate prelibati domini domini Cardinalis et episcopi, apostolico et imperiali privilegiis ut premittitur communiti, qua fungimur in hac parte; sibique cathedram magistralem ascendendi et in ea legendi, docendi, disputandi, gloxandi, interpretandi, questiones et dubia terminandi, ceterosque actus doctoreos in scientia ipsa theologica, hic et ubique locorum exercendi, licentiam concessimus et facultatem, instrumento publico seperinde confecto per Petrum de Mombreto notarium et Curie episcopalis papiensis cancellarium infrascriptum. Nunc vero convocata et congregata iterato Universitate Prelatorum, Doctorum, Scolarium prefati Studii copiosa et Nobilium Civium numerosa catherva, in aula magna pallatii episcopalis pro hoc negotio specialiter exequendo, dictus frater Ambrosius per prefatum reverendum patrem dominum fratrem Iohannem Iacobum de Campixe vesperiatus fuit, ut moris existit, eidemque magistro Ambrosio cum aliis doctoribus et magistris cathedram doctoralem, ut est moris ascendenti, eius capiti, de nostri licentia, per eundem sacre theologie magistrum Iohannem Iacobum de Campixe, biretum impositum est, servatis, in premissis, omnibus rittibus et solempnitatibus in talibus debitis et consuetis. In cuius rei testimonium presentes fieri fecimus in formam publici documenti per iam dictum Petrum notarium et cancellarium nostrum et sigillo prelibati domiui Episcopi ad maiorem evidentiam premissorum munimine roborari. Datum et actum Papie, in aula magna pallatii episcopalis, sub anno Nativitatis Domini millesimo quadringentesimo septuagesimo secundo, indictione quinta, die vigesimo sexto mensis Iullii, hora vesperarum, presentibus spectabilibus et eximiis artium et medicine doctoribus dominis magistris Cexare de Landulfis, Iohanne Petro de Ofredis, et Iacobo de Sarexana bidello generali dicte Universitatis, inde testibus notis et idoneis.

CCCLXIX

Il Duca di Milano concede agli Agostiniani l'autorizzazione di affittare in perpetuo i beni di Parasacco.

1472, agosto, 20.

(Arch. Notar. di Pavia. — Atti di Francesco Sisti).

ALEAZ Maria Sforcia Vicecomes, Dux Mediolani, etc. Papie Anglerieque Comes, ac Ianue et Cremone dominus.

Recepta supplicacione tenoris infrascripti videlicet :

Illustrissime et excellentissime Princeps.

Habent vestri fidelissimi servitores Capitulum ecclesie et conventus ecclesie Sancti Augustini civitatis vestre Papie certa bona immobilia dicte ecclesie partim prativa, partim buschiva, partim cultiva et partim zerbida, iacentia in territorio Parasachi Lomelline Comitatus Papie, partim ad fictum locari solita ad tempus diversis personis, que ut plurimum negligentes et retrograde fuerunt et sunt in satisfactione ficti et ab eis exigi non potuit, nisi magna cum difficultate. Et cum invenerint Iohannem Mariam de Carnelevariis civem et habitatorem Papie, qui obtulit conducere dicta bona, affictari solita ut supra pro tanto ficto in emphiteosim pro quanto hactenus ad tempus affictari consueverunt et alia bona que non fuerunt affictata pro iusto precio, et facere super eis melioramenta, quod ipsis Capitulo et Conventui valde gratum fuit et est, cum hoc cessurum sit ad evidentem utilitatem dictorum Capituli et Conventus et ecclesie : Et quia ex forma decretorum vestrorum disponi dicitur quod nullus possit ad aliud novennium conducere aliquas proprietates ecclesiasticas sine vestra licencia, ideo supplicant dicte partes, ut hiis attentis dignetur dominatio vestra per patentes litteras eis et utrique earum concedere liberam licenciam procedendi ad dictam emphiteoticam locacionem seu locaciones, cum pactis de quibus partes ipse inter se convenerunt seu convenient, et quod quilibet notarius instrumenta quecunque proinde necessaria conficere, pronotariique et testes opportuni eis interesse possint. Insuper eisdem partibus et utrique earum concedere licenciam impetrandi quascumque litteras seu quecumque rescripta a Sede Apostolica et ab aliis ad quos spectare dignoscatur pro confirmacione seu convalidacione dicte tiende locacionis seu dictarum locacionum, aliquibus decretis et aliis in contrarium disponentibus non attentis, quibus in hac parte ex certa scientia et de vestri potestatis plenitudine derogare dignemini, quod ipsis partibus gratum et dicte ecclesie utilitati cedet.

Visaque informacione superinde assumpta per dominum Vicarium et locumtenentem reverendissimi domini domini Cardinalis et Episcopi papiensis tenoris subsequentis:

Illustrissime et excelentissime Princeps, et domine domine mi metuendissime.

In et pro exequutione et pro observacione litterarum dominationis vestre michi dirrectivarum datarum Mediolani die XVIJ mensis Aprilis proxime preteriti, disponencium ut studerem me dilligenter informari, si concedendo in emphiteosim perpetuam certa bona immobilia conventus et ecclesie sancti Augustini papiensis Ordinis Heremitarum, partim zerbida, partim prativa, partim buschiva et partim cultiva, posita et iacentia in territorio Parasachi Lomelline et Comitatus Papie, Iohanni Marie de Carnelevariis civi papiensi, et que locari solita sunt pro annua ficti prestatione librarum sexaginta imperialium ad plus, investitura ipsa emphiteotica cedet in evidentem utilitatem dicte ecclesie et conventus, vel ne, de eoque, quod in negotio ipso compertum habuero, litteris meis Dominationem Vestram seu spectabiles consiliarios Dominitionis Vestre iusticie illico certiores redderem, conscientiam meam onerando: studui informaciones assumere dilligenter et ipsis assumptis comperui quod procedendo ad dictam investituram perpetuam fiendam in dictum Iohanem Mariam de Carnelevariis de dictis bonis immobilibus dicte ecclesie et conventus Sancti Augustini, pro dicta annua ficti prestacione librarum sexaginta imperialium, cedet in evidentissimam utilitatem dictorum Fratrum et conventus successorumque eorum, maxime attento quod pro maiori parte dicte proprietates sunt inutiles et zerbide, et nisi dictus Iohannes Maria haberet viam possendi irrigare partem ex ipsis proprietatibus, prout intendit si poterit, non posset solvere singulo anno tantum fictum, et temporibus retroactis dicti Fratres ultra dictam summam librarum sexaginta imperialium de ficto singulo anno non perceperunt. Hoc enim reffero illustri Dominacioni Vestre ut superinde providere valeat quid consentaneum videtur, cui me humiliter recommitto. Ex Papia, die ultimo Iullii, MCCCCLXXIJ, Eiusdem Dominationis Vestre fidelissimus ad Deum orator Christoforus Pratella decretorum doctor, reverendissimi domini domini Cardinalis papiensis locumtenens et vicarius generalis.

A tergo: Illustrissimo et excellentissimo principi domino domino Duci Mediolani, Papie Anglerieque Comiti ac Ianue et Cremone Domino, domino suo metuendissimo.

Consideratoque potissimum quod futura locatio bonorum suprascriptorum in evidentissimam utilitatem suprascripte ecclesie cedet et quod nos bonorum ecclesiasticorum commodis et utilitati admodum proclivi sumus, harum serie concedimus et dispensamus quod supplicantes ipsi possint procedere ad suprascriptam investituram emphiteoticam de bonis suprascriptis pro canone et cum pactis inter partes initis et celebratis, quilibetque notarius idoneus possit, premissorum occasione, quecumque opportuna conficere instrumenta ac eis secundi notarii et testes espedientes interesse possint tute libere et impune, iis de quibus supra fit mentio, in contrarium facientibus non attentis, quibus in hac parte dumtaxat, ex certa nostra scientia derogamus, bonis tamen ipsis transeuntibus cum onere suo et obligacione ipothece, solvendi onera in illa parte in qua solvitur de presenti seu solvetur tempore quo suprascripti contractus fient et sine preiudicio iurium tercii et fori declinacione, quibus non intendimus per presentes derogare et per respectum ad ipsa iura tertii et fori declinacione hec nostra concessio nullius sit roboris et momenti. In quorum testimonium presentes fieri iussimus et registrari nostrique sigilli munimine roborari. Data Papie, die XX Augusti, MCCCCLXXIJ. Iohannes Antonius.

CCCLXX.

Proposta di arbitrato in una controversia fra il Convento di S. Mostiola e il Provinciale frate Francesco Trotti (1).

1472, agosto, 31.

(Arch. Notar. di Pavia. — Atti di Leonardo Buscati).

C ORAM vobis reverendo domino Francisco de Trotis de Alexandria sacre pagine professore et Priore provinciali sancti Augustini Ordinis Heremitarum, comparet et se presentat venerabilis frater Guilliermus de Papia (2) dicti Ordinis, Conventus sancte Mustiole Papie, occaxione quarundam assertarum litterarum vestrarum, per quarum effectum monere videmini dictum Conventum sancte Mnstiole, seu dictum fratrem Guilliermum, sub asserta pena excomunicacionis, quatenus debeat satisfecisse tratri Federico de Alexandria de ducatis tredecim, aut eidem consignasse unum Missale, prout dicitur contineri in asserta apodissa, de qua in dictis litteris vestris fit mentio, aut consignasse Missale de quo similiter in ea fit mentio, cum clausula tamen quod si ex predictis senserit se gravari, compareat coram vobis infra terminum dierum quindecim, etc. et prout sic vel aliter, plus vel minus, in dictis assertis litteris vestris continetur, que littere fuerunt aperte et publicate ipsi comparenti tantummodo die mercurii XVIIIJ presentis et occaxione omnium in eis contentorum, quidquid contineant :

Et citra semper debitum consensum dicit idem comparens dictas assertas litteras vestras fore nullas et transmitti non potuisse et ipsum fratrem Guliermum non teneri nec cogi posse ad contenta in eis, rationibus etiam infrascriptis, et quia dicte littere vestre processerunt preter et contra formam cuiuscumque iuris : Item a vobis, seu parte vestri, qui fuistis in istis in hac parte suspectus, cum videmini vos velle intromittere in ius ministrando in his in quibus agitur de interesse vestro et in facto proprio, cum presertim ea, de quibus in dictis assertis vestris litteris et asserta apodissa fit mentio, agitata fuerunt vobis auctore et existente in Conventu Alexandrie et ex causa liberandi vos et dictum

---

(1) Riferiamo questo documento, perchè si vegga con quanta esattezza e proprietà si solessero condurre le trattative anche in controversie, che naturalmente sorgono talvolta fra un Convento e l'altro.

(2) Frate Guglielmo da Pavia è quel frate Guglielmo de Arigonibus, che trovammo membro della Comunità di S. Mostiola fino dal 1457, e nel 1460 Priore dello stesso Convento.

Conventum Alexandrie verum principalem debitorem et cui onus solvendi incumbebat et obligandi dictum fratrem Gulliermum ad id ad quod non tenebatur nec tenetur, videlicet pro colectis tunc solvendis domino tunc Provinciali dicti Ordinis et cui conventui Alexandrie vos quoque tenemini tamquam tunc frater dicti Conventus, pro parte vestra, de gestis reddere rationem. Petens elligi debere arbitros iuris, qui de predictis et aliis allegandis, dicte suspicionis causis, suis loco et tempore debitis, cognoscant et decidant, offerens pro parte sua deveniri ad ellectionem dictorum arbitrorum, protestans, etc. Et si per vos alliter fiet et ulterius procedatur; protestatur de eorum omnium nullitate et de penis iuris. Item quia in quantum si predicta non obstarent, que tamen obstant, et apareat de apodissa, de qua in dictis assertis litteris vestris fit mentio, dicit quod ea fuit et est de iure nulla et facta sine causa, quoad ipsum fratrem Gulliermum, sed pocius ex causa dicti conventus Alexandrie et solvendi onus quod ipsi conventui incumbebat pro colectis tunc requisitis per dominum tunc Provincialem, prout sic verum fore etiam apparet per litteras patentes et testimoniales reverendi domini Iohannis Choa de Bugiela tunc Provincialis dicti Ordinis, datas die primo augusti anni presentis, quas originales hic exhibet et producit in passibus, etc. protestans, etc. salvis, etc.

MCCCCLXXIJ, indicione quinta, die ultimo mensis Augusti, hora none. In Papia, videlicet in claustro monasterii ecclesie sancte Mustiole papiensis, Porte Pallacensis, Parochie S. Nicholaj de Verzario. Coram reverendis dominis magistro Augustino de Marliano vicario reverendi domini Provincialis, Petro de Calvis Priore sancte Mustiole et Melchione de Lucino fratre dicti Ordinis, etc.

CCCLXXI.

La Comunità di S. Agostino dà investitura perpetua dei beni di Parasacco.

1472, settembre, 16.

(Arch. Notar. di Pavia — Atti di Francesco Sisti).

I N sacristia ecclesie infrascripte sancti Augustini papiensis..... Cum hoc sit quod venerabilis dominus Prior et Fratres monasterii sancti Augustini Ordinis Fratrum Heremitarum civitatis Papie tractaverint et deliberaverint facere infrascripto Iohanni Marie investituram perpetuam de proprietatibus et bonis de quibus et prout infra dicetur..... et cum ipsi domini Prior et Fratres pro huiusmodi investitura tienda impetraverint et obtinuerint a reverendo domino fratre Herculiano de Perusio sacre pagine professore Vicario Generali fratrum Heremitarum sancti Augustini licenciam huiusmodi investituram faciendi et prout continetur in litteris tenoris infrascripti, videlicet: *(segue il testo del doc. 4 maggio 1472).*

Ac etiam prefati domini Prior et Fratres et infrascriptus Iohannes Maria pro ipsa presenti investitura tienda impetraverint et obtinuerint litteras ducales patentes, sigillo magno ducali sigillatas, tenoris infrascripti, videlicet: *(segue il testo del doc. 20 agosto 1472).*

Modo, in mey Francisci de Systis notarii infrascripti presentia, convocato et congregato Capitulo et Conventu dicte ecclesie sancti Augustini, de mandato et imposicione venerabilis domini magistri Gabriellis de Carmagnolla, sacre theologie professoris, Prioris dicte ecclesie et dicti conventus, sono campanelle premisso prout moris existit, in quo quidem capitulo adfuerunt et adsunt prefatus dominus Prior et cum eo et penex eum venerabiles domini magister Bertolomeus de Fazardis, magister Iacobus de Campixe, sacre theologie professores, dominus frater Baptista de Rubeis bachalarius, dominus frater Augustinus de Ranchate bachalarius, dominus frater Baptista de Roxate bachalarius, dominus frater Gunifortus de Rabiis biblicus, dominus frater Rafael de Rapallo biblicus, dominus frater Georgius de Pergamo lector, dominus frater Bertolomeus de Castelacio lector, dominus frater Petrus de Vercellis lector, dominus frater Gualterius de Curte subprior, dominus frater Raffael de Mediolano magister studencium, dominus frater Iohannes Antonius de Laude cursor, dominus frater Antonius de Forlivio cursor, dominus frater Iheronimus de Mediolano, dominus frater Vulgandus de Svevia, dominus frater Didimus de Brayda, dominus frater Bernardinus de Senis, dominus frater Iohannes Anghor de Francia, dominus frater Antonius de Ast, dominus frater Guido de Rippis de Marchia, dominus frater Iohannes de Baffaria, dominus frater Bernardus de Provincia, dominus frater Petrus de Toloxa, dominus frater Petrus de Nerbona, dominus frater Alexander de Papia, dominus frater Bernardinus de Papia et dominus frater Antonius de Vercellis, omnes fratres professi dicte ecclesie et Ordinis Heremitarum sancti Augustini papiensis, facientes et representantes..... plus quam tres partes ex quatuor partibus tocius Capituli, *dopo i tre soliti trattati tenuti in antecedenza* (1), *dànno investitura perpetua a Giovanni Maria Carlevari di tutte le terre e proprietà del Convento in Parasacco di Lomellina, per l' annuo canone di lire sessanta imperiali, da pagarsi ogni festa di S. Martino.*

CCCLXXII.

Frate Cherubino da Brescia, Priore di S. Paolo, riceve il pagamento di un affitto.

1472, novembre 6.

(Arch. Notar. di Pavia — Atti di Francesco Strazzapatti).

I N monasterio sancti Pauli, videlicet sub porticho inclaustri dicti monasterii, sito prope et extra civitatem Papie..... Venerabillis vir dominus frater Cherubinus de Brixia, Prior dicti monasterii et Conventus sancti Pauli, Ordinis sancti Augustini de observancia, *riceve da Agostino Zavattari soldi otto per affitto di due anni di una vigna di nove pertiche presso il monastero* ultra Vernabulam sive ad Roxum.

(1) I tre trattati, in cui si discusse capitolarmente sulla convenienza della investitura da concedersi, si tennero nei giorni 1, 5, 7 del corrente settembre, e i verbali di queste tre adunanze capitolari si conservano fra le minute degli atti del notaio Sisti.

CCCLXXIII.

Frate Battista Rancati, Procuratore di S. Agostino, riceve il pagamento di un af_
fitto di una casa in Pavia.

1472, novembre, 13.

(Arch. Notar. di Pavia. — Atti di Francesco Sisti).

N ELLA *casa del notaio, in Parrocchia di S. Maria Capella*. Venerabilis dominus frater Baptista de Ranchate, Ordinis fratrum Heremitarum sancti Augustini civitatis Papie, sindicus et procurator..... Capituli et Conventus dicte ecclesie sancti Augustini, *riceve da Pietro Vertemati fiorini 11 per affitto di un anno finito al S. Martino prossimo passato* duarum apothecarum muratarum, cupatarum et solariatarum positarum et iacentium in civitate Papie in Porta sancti Iohannis, in Parochia sancti Geminiani, *investite perpetuamente a detto Vertemati dal Convento con istrumento a rogito Antonio Preottoni.*

CCCLXXIV.

Frate Eusebio de Legieriis, Procuratore di S. Agostino, dà investitura novennale di un terreno.

1473, febbraio, 9.

(Arch. di Stato di Milano. — Pergam. di S. Agostino).

I N camera domini fratris Euxebii de Ligeriis, *nel monastero degli Eremitani*, in Citadella dicte civitatis, venerabilis vir D. frater Euxebius de Ligeriis conversus dicti Ordinis et Conventus sancti Augustini et sindicus totius Conventus et Capituli, locat Pedrolo de Cugnolo, loci Turris de Sachettis de Ultra Padum, ad annos novem de petiis terre advineate et cultive in loco Turris de Sachetis, *dell' estensione di 30 pertiche, per il canone della* tertiam partem vini ex vitibus existentibus etc., duos sachos turmenti in kal. Augusti et par unum caponum.

Notaio : Iacobus de Pragaliis, filius domini Zanini.

CCCLXXV.

Religiosi Agostiniani promossi agli Ordini Sacri.

1473, marzo, 13.

(Arch. Notar. di Pavia. — Atti di Pietro Mombreto).

O RDINATIO generalis per reverendum dominum Episcopum Bericensem.
Ad primam tonsuram :
Frater Albertus de Belbello, sancti Augustini....
Ad subdiaconatum :
Frater Bertolameus de Novaria, sancte Mustiole.
Ad diaconatum :
Frater Augustinus de Beato, sancte Mustiole.

CCCLXXVI.

Il Priore Generale frate Giacomo d'Aquila approva l'elezione di frate Giacomo Campeggi a Provinciale di Lombardia.

1473, giugno, 9.

(Arch. Notar. di Pavia. — Atti di Guniforto Strazzapatti).

F RATER Iacobus de Aquila, sacre theologie professor, Prior Generalis Ordinis fratrum Heremitarum sancti Augustini licet immeritus, venerabili viro in Christo dilecto magistro Iohanni de Campesis, Provinciali Provincie sancti Augustini eiusdem Ordinis, salutem in Domino sempiternam.

Electionem tuam unanimem et canonicam ad Provincialatus officium, una cum diffinitionibus et promotionibus, acceptamus et approbamus et tenore presentium confirmamus. Quod officium ut favorabilius pleniusque exercere possis, infrascriptas gratias tibi conferimus, videlicet : septies universis subditis super macula irregularitatis in casibus ad nos pertinentibus dispensare valeas; fratres quoscumque, sive Priores sive cuiuscumque alterius gradus, si opus fuerit, visitare, emendare, penitentiare, excommunicare, absolvere etiam a crimine apostasie, septem apostatas accipere, iuramenta prestare, vicarium unum vel plures si opus fuerit, instituere, Priores demeritis precedentibus privare, de novo instituere, licentiam vendendi et commutandi in utilitatem conventuum bona immobilia prebere, rationabili causa subsistente, licentiam sacros ordines suscipiendi quoscumque conferre. Et tandem tibi concedimus omnia et singula, que tui predecessores, ultra tibi superius concessa, soliti sunt facere et habere, in Nomine Patris et Filii et Spiritus Sancti, Amen. Precipientes omnibus et singulis patribus et fratribus, prioribus et non prioribus, graduatis et non graduatis, dicte provintie, in meritum· sancte obedientie et sub pena nostre rebellionis, quatenus tibi tamquam nobis obediant. Inobedientes vero et rebelles supranominatam penam volumus et declaramus ipso facto incurrisse. Hortantes caritatem tuam ut cultum divinum, pacem fratrum, conservationem ampliorem bonorum temporalium et pre ceteris bonorum spiritualium et morum compositionem, maiori qua valeas diligentia, studeas procurare. Datum Rome, in nostro generali conventu sancti Augustini, die 9 Iunii 1473, Generalatus nostri officii sub sigillo. Frater Iacobus de Aquila.

CCCLXXVII.

L' Eremitano frate Nazario Strada riceve speciali privilegi dal Legato Pontificio.

1473, settembre, 21.

(Arch. di Stato di Milano. — Pergam. di S. Agostino).

P ETRUS, miseratione divina, tituli sancti Sixti sacrosante Romane Ecclesie Cardinalis, Patriarcha Costantinopolitanus, necnon Perusii, Tuxie, Lombardie, etc. Sedis Apostolice Legatus etc. Dilecto nobis in Christo fratri Nazario de la Strada (1), Ordinis Heremitarum sancti Augustini, salutem et sinceram in Domino caritatem. Religionis zelus, vite ac morum honestas, aliaque laudabilia probitatis et virtutum merita, quibus apud nos fidedigno commendaris testimonio, nos inducunt ut tibi reddamur ad gratiam liberales ac te spiritualibus prosequi favoribus. Hinc est quod nos volentes te, premissorum meritorum tuorum intuitu, favore prosequi gratioso, tuis in hac parte supplicationibus inclinati, tecum ut quodcumque beneficium ecclesiasticum curatum seculare vel cuiusvis Ordinis regularis, etiam si parochialis ecclesia, vel eius perpetua vicaria, etiam si de iure patronatus laycorum fuerit, alias canonice conferatur, vel elligaris ant assumaris, vel sive presenteris ad illud, recipere, et quoad vixeris retinere. Illudque simpliciter vel ex causa permutationis quoties tibi placuerit dimittere, et eius loco aliud simille benefitium ecclesiasticum similiter recipere et quoad vixeris ut prefertur retinere; necnon si volueris in dicto benefitio personaliter residere, ac illi deservire, seu deserviri facere, cunctaque, si que illi immineant, regere et gubernare pariter et retinere libere et licite possis et valeas etc.

Data Papie, sub magno nostro sigillo, anno Domini MCCCCLXXIII, Indictione VI, die XXI mensis septembris, Pontificatus sanctissimi in Christo Patris et domini nostri domini Sixti divina providentia Pape quarti, anno tertio.

(1) Sebbene nel documento non si asserisca essere frate Nazario Strada pavese, pure l' aver trovato la pergamena fra quelle di S. Agostino, l' essere datata da Pavia, e l' essere di Pavia la famiglia Strada, sono indizii sufficienti per ritenere frate Nazario pavese. In ogni modo torna ad onore degli Agostiniani il Rescritto del Cardinale Legato, il quale in modo sì splendido attesta gli alti meriti di frate Nazario Strada.

CCCLXXVIII.

Lascito testamentario del nobile Guidetto Sannazzari agli Eremitani di S. Paolo.

1473, ottobre, 9.

(Arch. Notar. di Pavia. — Atti di Agostino Gravanago).

 EL *testamento del nob. Guidetto Sannazzari del fu Saglio, abitante in Pavia, Parrocchia di S. Eufemia, si legge :* Item dedit et legavit monasterio et fratribus sancti Pauli Papie florenos quinquaginta.

CCCLXXIX

Frate Agostino Marliani, Procuratore di S. Mostiola, riceve il pagamento di un legato testamentario.

1473, novembre, 6.

(Arch. Notar. di Pavia — Atti di Leonardo Buscati).

I N *casa di Antonio de Cosso, in Parrocchia di S. Colombano.* Confessio facta per reverendum patrem dominum magistrum Augustinum de Marliano, sindicum et procuratorem Conventus et ecclesie sancte Mustiole Papie, Ordinis Heremitarum sancti Augustini papiensis.... versus nobillem virum Franciscum de Becharia filium et heredem quondam domini Bertholamei, recepisse florenos XXIIIJ.... pro integra satisfactione illius legati.... alias facti dicto Conventui per dictum quondam dominum Bertholameum in suo testamento (1).... rogato per quondam dominum Augustinum de Barachis notarium papiensem.

CCCLXXX.

La Comunità di S. Agostino elegge il Procuratore e delibera per i restauri di una casa.

1473, novembre, 17.

(Arch. Notar. di Pavia — Atti di Pietro Mombreto).

I N Monasterio sancti Augustini fratrum Heremitarum, videlicet in sacristia ecclesie dicti monasterii, ubi infrascriptum capitulum solet congregari, sito in Porta Damiani, Parochie sancti Andree de Ayratis (2).... Convocato et congregato capitulo.... de mandato.... reverendi patris sacre pagine professoris domini magistri Gabrielis de Cremagnola Prioris dicti Conventus, in [quo quidem capitulo fuerunt et adsunt ipse dominus Prior et cum eo et penex eum reverendi patres etiam sacre pagine

(1) Vedi documento del 24 giugno 1445, n. CCXX.
(2) Le indicazioni della Porta e della Parrocchia sono errate: dovrebbero essere *Porta Laudense, o S. Vito, e Parrocchia di S. Andrea de Brolio.*

professores domini magistri Iohannes Iacobus de Campixe Provincialis, Bartholomeus de Fazardis, Baptista de Rubeis, Augustinus de Ranchate ; venerandi patres sacre pagine bachalarii domini fratres Gregorius de Bergamo, Guinifortus de Rabiis, Baptista de Roxate, Petrus de Vercellis, Bertholameus de Castelatio ; venerabiles viri domini fratres Raphael de Rapallo biblicus, Antonius de Laude, Antonius de Ast, Laurentius de Candia, lectores, Gualterius de Curte subprior, Apolonius de Curte, Michael de Cremagnola, Bernardus de Roma, Vulfangus de Svevia, Bernardus de Provintia, Petrus de Tholoxa, Iohannes de Bavaria, Petrus de Nerbona, Ludovicus de Veneciis, Alexander de Papia, Augustinus de Mediolano, Augustinus de Nerbona, Cathelinus de Franzia, Gregorius de Peruxio (1), Gabriel de Ianua, Iacobus de Cerviis, Bernardinus de Papia, Raphael de Cremagnolla, omnes professi Ordinis fratrum Heremitarum sancti Augustint, facientes et rapresentantes.... fere totum Capitulum..... constituerunt, fecerunt et ordinaverunt..... suum et dicti monasterii certum missum, nuntium et procuratorem.... venerabilem virum dominum fratrem Ieronimum de la Porta mediolanensem, professum dicti monasterii sancti Augustini, ibi presentem et acceptantem.....

Nello stesso tempo rilasciano quietanza d'affitto, in fiorini 10, a favore di Giacomo Ronzoni, per il canone di un anno spirato alle calende del passato settembre, per la casa in Rovelecca a lui data dal Convento in investitura perpetua, ed eleggono in extimatorem et pro extimatore magistrum Antonium de Vilanova, magistrum a muro, ad extimandum...... melioramenta per ipsum Iacobum (de Ronzonibus) facta in dicta domo, una cum sindico dicti monasterii et ad referendum summam et quantitatem dictorum melioramentorum factorum, iuxta formam investiture, in dicta domo (2).

CCCLXXXI.

Frate Gerolamo da Milano, Procuratore dl S. Agostino, riceve il pagamento d'un affitto.

1473, dicembre, 2.

(Arch. Notar. di Pavia. — Atti di Leonardo Buscati).

N ELLA *casa del causidico Antonio de Cosso, Parrocchia di S. Colombano.* Venerabilis vir dominus frater Ieronimus de Mediolano sindicus et procurator (3).... Fratrum et Conventus sancti Augustini papiensis.... *riceve dal dottor Giacomo Mangiaria fiorini 25, per affitto di un anno di terre in Abiatico o Filighera (4).*

---

(1) Questo Religioso dal TORELLI, VII, 619, è ricordato qual celebre predicatore.

(2) Vedi il documento dell' 11-30 luglio del 1470.

(3) É frate Girolamo Della Porta, di cui vedemmo la elezione a procuratore nel documento antecedente.

(4) Simile ricevuta è rilasciata dal Procuratore frate Battista Rancati ai 5 dicembre 1475 con atto del notaio Antonio Gambarana ; ai 7 dicembre 1479 dal Procuratore frate Francesco da Cerano con con atto di Bernardino Giorgi ; ai 27 novembre 1482 e ai 15 aprile 1486 dal Procuratore frate Bartolomeo da Castellazzo con atti di Leonardo Buscati : e così pure agli 11 dicembre 1489, ai 16 maggio 1492 e ai 19 marzo 1495 dallo stesso Procuratore con atti il primo del notaio Bernardino Giorgi, e gli altri due di Leonardo Buscati. Vedi anche il documento 21 ottobre 1483.

CCCLXXXII.

Bolla di Sisto IV, riguardante il testamento di Gaspare Rampi del 1394, a favore degli Agostiniani.

1473, dicembre, 19.

(Arch. di Stato di Milano. — Bolle e Brevi Papali).

SIXTUS episcopus, servus servorum Dei. Dilectis filiis Priori et fratribus domus sancti Augustini Papiensis, Ordinis Fratrum Heremitarum sancti Augustini, salutem et apostolicam benedictionem. Romanus Pontifex, Iesu Christi, qui auctor est pietatis, in terris Vicarius nonnunquam pias Christifidelium voluntates in alia pia opera commutat, prout in Domino conspicit expedire. Sane, pro parte vestra, nobis nuper exhibita petitio continebat quod quondam Gaspar de Rampis, civis papiensis, condens de bonis eius in sua ultima voluntate testamentum (1), inter alia vobis et domui vestre legavit nonnulla eius bona imobilia tunc expressa, cum onere quod vos annis singulis, quadraginta octo florenos monete illius patrie pro maritanda una paupere virgine, seu illius dote, solvere teneremini, et si id facere negligeritis, tunc et eo casu bona predicta ad domum sancti Francisci Ordinis Fratrum Minorum Papiensium cum dicto onere devolvi deberent; et eiusdem domus sancti Francisci Guardiano et Fratribus onus predictum adimplere cessantibus, ad Collegium dilectorum filiorum Notariorum Papiensium cum simili onere pervenirent; prout in quodam publico superinde confecto Instrumento dicitur plenius contineri. Quodque, sicut eadem petitio subiungebat, domus vestra predicta in suis structuris et hedificiis non modica indiget reparatione (2), et numerus fratrum precipue Novitiorum et in Universitate Studii Papiensis studentium plurimum in ea excrevit (3), Christi vero fideles ab elemosinarum erga vos largitione cessarunt (4), adeo quod ille ac ipsius domus vestre relique facultates ad vos sustentandum et reparationem predictam non suppetunt: Quare pro parte vestra nobis fuit humiliter supplicatum ut de cetero ad solutionem quadraginta octo florenorum huiusmodi non teneamini, et eo pretextu quod illos pluribus annis solvere cessaveritis, ac propterea bona predicta ad domum sancti Francisci vel Collegium sint devoluta, super bonis eisdem, que, ut asseritis, pacifice possidetis, molestari nequeatis, concedere et alias super hiis vobis oportune providere de benignitate apostolica dignaremur. Nos igitur, vestris in hac parte supplicationibus inclinati, et de premissis plenarie informati, vos in pristinum et eum statum, in quo eratis antequam cesseretis in solutione predicta, plenarie restituimus, reponimus et reintegramus, ac vobis ut de cetero ad solutionem dictorum qua-

---

(1) Il testamento lo pubblichiamo qui sotto immediatamente dopo la Bolla.

(2) Le necessità materiali dell'edificio di S. Agostino esigevano difatti gravissimi e dispendiosi provvedimenti ai quali gli Agostiniani posero mano con tutta sollecitudine e con tutti i mezzi che erano a loro disposizione. L'opera di rinnovamento generale di S. Agostino vedremo compiuta nel 1487 sotto il Priorato di frate Martino da Vercelli.

(3) I nostri documenti non ci forniscono che i nomi dei Padri Capitolari, non ci è dato perciò di documentare la frase, che si

riferisce al cresciuto numero dei Novizii. Parimenti il miserando saccheggio, a cui furono soggetti i documenti dell'Università di Pavia, ha distrutto le memorie degli studenti nel nostro Ateneo, e quindi non ci è possibile di illustrare l'accennato rifiorimento degli Studenti Agostiniani.

(4) Verisimilmente qui non si allude ad una cessazione assoluta, ma ad una cessazione relativa al periodo generoso, in cui i Pavesi avevano abbondantemente contribuito per accrescere lo splendore di S. Agostino.

draginta octo florenorum, pro dote predicta, non teneamini quodque pretextu cuiusvis devo-
lutionis bonorum legatorum huiusmodi, eo quia ipsos quadraginta octo florenos annuatim
forsan non persolvistis, super bonis eisdem ullatenus a quoquam molestari nequeatis, sed
bona ipsa, perinde ac si huiusmodi quadraginta octo florenos singulis annis persolvissetis,
retinere valeatis, illaque de cetero, ob cessationem solutionis florenorum predictorum, ad
domum sancti Francisci nec Collegium Notariorium huiusmodi devolvi non possint, ultima
voluntate dicti testatoris et aliis premissis, necnon Constitutionibus et ordinationibus apostolicis ac domorum et Ordinum predictorum statutis et consuetudinibus, iuramento, confirmatione apostolica vel quavis firmitate alia roboratis, ceterisque contrariis quibuscumque
nequaquam obstantibus, auctoritate apostolica, tenore presentium, de spetiali gratia concedimus pariter et indulgemus, decernentes et eadem auctoritate statuentes quod Misse et
alia divina officia et pia opera vestra in suffragium animarum, pro quibus erogatio quadraginta octo florenorum huiusmodi ordinata tuerat, cedant, quodque vos et qui pro tem--
pore erit Prior et Conventus huiusmodi, pro anima ipsius testatoris, loco solutionis dictorum
quadraginta octo florenorum, singulis annis, quatuor anniversaria solemnia diebus et horis
per vos eligendis, prout ad id sponte vos obtulistis, celebrare teneamini, ita ut si in celebratione dictorum anniversariorum vos cessare contingat, ex tunc concessio ed indultum
huiusmodi nullius sint roboris vel momenti. Nulli ergo omnino hominum liceat hanc paginam nostre restitutionis, repositionis, reintegrationis, constitutionis, induleti et statuti
infringere vel ei ausu temerario contraire. Si quis autem hoc attemptare presumpserit,
indignationem Omnipotentis Dei, et Beatorum Petri et Pauli Apostolorum eius, se noverit
incursurum. Datum Rome apud sanctum Petrum, anno Incarnationis Dominice millesimo
quadrigentesimo septuagesimo tertio, quartodecimo kalendas ianuarias, pontiffcatus nostri
anno tertio.

Copia et testamentum domini Gasparis de Rampis.

In nomine Domini Amen. Anno Nativitatis eiusdem millesimo tricentesimo nonagesimo
quarto, indictione secunda, die vigesimo quarto mensis aprilis, hora tertiarum, in Papia,
videlicet in domo habitationis infrascripti domini Gasparis testatoris, sita in Porta Pertuxii,
in Parochia sancte Marie de Tortis.

Gasparus de Rampis filius quondam domini Petri, sanus mente, corpore et intellectu,
licet gutarum infirmitatibus arcteatur, volens suum ellogium condere sine scriptis, per hoc
suum ultimum nuncupativum testamentum, bona sua disposuit in hunc modum.

In primis cassavit, irritavit, revocavit etc.

Item saluti anime providere voluit et mandavit quod omnes usure et alia male ablata,
si que apparuerint habita et commissa, reStituantur prius quibuscumque..,. legiptime, et
quod credatur libris testatoris contra eum. Executores suos ad hoc specialiter deputans
Priorem et Lectorem Fratrum Ordinis Heremitarum sancti Augustini Papie, cum consilio
aliorum duorum fratrum Ordinis Predicatorum Papie et sepulturam suam eligendo in claustro
sancte Marie Capelle Papie.

Item dedit et legavit Conventui sancti Augustini predicto florenos quinque auri. Item
dedit et legavit Confessori suo libras decem.

.   .   .   .

Item dedit et legavit Conventui Fratrum Heremitarum predicto, finito prius usufructu
domine Iohanne, secuta prius morte domine Benigne eius filie sine liberis, ut infra et non

aliter, totam et universam possessionem suam de Garlasco et territorio cum omnibus pertinentiis cum onere dispensandi omni anno, pro anima sua, in maritando unam puellam
libras centum quinquaginta . papienses.

*Una simile disposizione fa il testatore per il Convento dei Frati Minori e per il Con-
vento dei Frati Predicatori, e continua :* Hoc addito quod si aliqui Conventus recusarent
adimplere dictas eleemosinas puellarum modis suprascriptis, quod suprascripta omnia legata et proprietates perveniant in Conventum Fratrum Minorum Papie, et si dictus Conventus recusaret, perveniant in Collegium Notariorum Papie cum oneribus et modis suprascriptis.

.   .   .   .

Lascia inoltre varie possessioni alla figlia sua Benigna, erede universale e soggiunge :
mandans et iubens quod si dicta domina Benigna decesserit sine heredibus ab ea legiptime
descendentibus, quod dicte possessiones de Durne, de la Plebe et Mombardono, Cilavegna,
Prato de Mascaro cum fictis suis perveniant in dictum Conventum Fratrum Heremitarum
cum onere dispensandi omni anno pro anima, modis et oneribus suprascriptis, libras
centum quinquaginta papienses pro una alia puella maritanda, volens ipsam eius filiam
esse tacitam etc.....

Interfuere etc. Rogatus fuit pro dicto Testamento Ubertus de Regibus Notarius papiensis, uti habetur ex alio testamento rogato per dominum Iacobum de Roverinis Notarium
ac Curie episcopalis cancellarium anno 1444, 2. Martii, et extractum per Galvagnum de
Mombreto anno 1451, die 4 aprilis.

CCCLXXXIII.

Il Duca di Milano ordina il trasporto delle spoglie di Gian Galeazzo Visconti da
S. Agostino alla Certosa di Pavia.

1474, febbraio, 16.

(Arch. di Stato di Milano. — Reg. Missive, n. 116, f. 217).

D OMINO Priori et Fratribus S. Augustini Papie.

Quoniam et pium est ac laude dignum ultimas defunctorum voluntates diligenter exequi, sitque etiam irreligiosum et magna infamia notandum eas pre-
termittere aut negligere, nostre cure esse censuimus non abnuere quod a nobis postulatum
est per venerabiles dominos Priorem et Fratres monasterii Cartusiensis huius nostre civitatis
Papie. Cum illustrissimus eterne memorie proavus noster dominus Iohannes Galeaz Vicecomes, primus Dux Mediolani, pro religione que singularis in eo effulsit, illud monasterium
Cartusiense, magna inpensa et incredibili studio, a fondamentis edificasset, ad vite extremum
perductus, testamento heredibus ac successoribus mandavit, ut corpus suum illic depone-
retur, quod ad hanc usque diem minime factum est, sed istic in vestro monasterio mansit (1).

_____

(1) Vedi doc. n. CXXXIX. La sepoltura di Gian Galeazzo nel
nostro S. Agostino, che doveva essere provvisoria, in ooiaggio al-
l'ultima volontà del Duca, era divenuta, può dirsi, definitiva dapprima per le turbolenze guerresche, poi per la facile indifferenza

Flagitantibus igitur sepe ipsis Carthusiensibus ut eiusmodi voluntas adimpleretur, animadvertentes hoc ad onus nostrum spectare, ne quam impietatis speciem erga maiores nostros et presertim in ipsum proavum nostrum perferre videremur, quenam esset mens nostra vobis sepe significavimus. Nunc vero, cum statuerimus amplius non differre quin corpus seu ossa ipsius proavi nostri in monasterium cartusiense, quo oblegata fuerunt ex testamento, tandem transferantur, quo maiori possumus studio vos hortamur et rogamus ut in animos inducatis vestros ne prenominatus Dux extra locum, ubi se mortuum deponi constituit, amplius conspiciatur et maneat, et in hac cadaveris eius translatione in monasterium cartusiense magnificas et solemnes pompas adhibere, ut religionis vestre mos est atque ipsius principis singularis gloria deposcit. Qua re certe in hoc tempore carius efficere nobis nihil potest. Dat. Papie, die XVI februarii, 1474. I. Antiquarius.

CCCLXXXIV.

Relazione del trasporto delle spoglie di Gian Galeazzo Visconti da S. Agostino alla Certosa di Pavia.

1474, marzo, 1.

(Arch. di Stato di Milano. — Diario di Cicco Simonetta).

C OPIA de una lettera del Referendario de Pavia scripta alla excellentia del Signore del ordine et solemnità servati circa il tradure dal luoco ad luoco il corpo del illustriss. Signore Iohanne Galeazo primo Duca, scripta il dì primo de marzo 1474 (1).

Illustrissime Princeps et excellentissime domine domine mi singularissime.

Nel translatare hogi s'è facto del corpo del illustr. quondam signore duca primo Iohane Galeazo da la chiesia de sancto Augustino de questa città ad ecclesiam cartusiensem, lo Omnipotente Dio ne ha concesso bella gratia ch'el tempo ne ha servito e non s'è manchato in cosa alcuna per honorare dicto corpo. In primis gli sono stati tuti li frati observanti et mendicanti de questa cita et lo clero exempto et non exempto insieme con li canonici, abbati et monaci, ciascuno con le sue croce, che è stato bella cosa da vedere. Deinde li sono stati tuti duy li Rectori (2) con tuti li prelati, signori et altri scolari studenti. Tertio tuti li oficiali con li Presidenti de questa magnifica comunità vestiti da mesticia ut decet (3). Quarto tuti li Doctori legenti et non legenti et li principali zentilhomini et citadini. Denique vero tuti li artesani con li suoi insegni (4), et ut credo totus populus

---

di Filippo Maria Visconti e dei successori. Ora si pensa all'adempimento del disposto da Gian Galeazzo in seguito alle insistenze dei Religiosi Certosini, ossequiosi verso la memoria del loro munifico benefattore. Vedi P. MOIRAGHI, *Il trasporto della creduta salma di G. G. Visconti*, in *Memorie e Documenti per la storia di Pavia e suo Principato* a. I, V. I, fasc. V-VII. e G. ROMANO cit. nella nota al doc. n. CXXXIX.

(1) Il documento fu pubblicato anche da C. MAGENTA, *I Vi-*

sconti e gli Sforza ecc. vol. II, pag. 360.

(2) Intendi i due Rettori dell'Università degli studii, cioè quello della facoltà dei giuristi e quello degli artisti e medici.

(3) Cioè gl'impiegati del Comune di Pavia coi dodici Presidenti del Consiglio di Provvisione.

(4) Ossia i componenti i Paratici delle arti e mestieri coi vessilli di ciascun Paratico.

per modo prout per quamplures affirmatum fuit, non fu may visto il populo de questa città ad solemnità alcuna in magiore moltitudine de gente quanto s'è visto al presente. Et erat quid mirum ad videre ante et retro al dicto corpo esso populo. Lo quale corpo, quando fu levato da la dicta chiesia de Sancto Augustino con bello apparato de brochato suso la cassa et le insegne de tute le cità, hebbe ad dominare circum circa, prius tamen celebratis divinis officiis et intellecto sermone condito ad excellentie sue laudem, sempre fu portato da sedece persone vestite con cappe de bruna ut moris est, et altri XVI erano vestiti ut supra per mutarse nel portare. Et li erano persone numero CC con le cappe de bisso et con le torze aprese, et sempre gli fu portato il baldachino sopra per li prelati, doctori, zentilhomeni et cittadini, secondo è solito fir facto in le altre solemnità. Lo camino tenuto in portare dicto corpo è stato questo, videlicet: da dicta chiesia de sancto Augustino ad venirsene sempre drito fin a la chiesia magiore, poi voltarse per le Draperie et venire suso la Piaza Grande et andare in Strata Nova, deinde sempre per la dicta strata sin in Cittadella et ussire per la Porta de sancto Vito, andare nel Barco. Per modo che tale solemnità si è potuta vedere per omnem fere populum, perchè tute le dicte strate erano piene de maschi et de temene, maxime essendo publicato lo dì de hogi per feriato de dicta casone. Sed quid dicam de la moltitudine de la gente gli è venuto in compagnia usque ad dictam ecclesiam Cartusie ultra tuti li predicti religiosi, rectori del Studio, prelati, officiali et zentilhomini che erano ad cavallo che certe ut non mentiar gli erano de le persone quatro milia? Quali postmodum pro maiori parte hanno disnato in quello monastero. Ita che mi è parso aperte conoscere quod totus iste populus habia facto una grandissima demostratione de fede. Questo tale aviso ho constituito per la presente dare ad la Vostra Excellentia pro debito officii mei, a la quale sempre divoto me ricomando. Dat. Papie, primo Martii 1474. Eiusdem illustris Dominationis fidelissimus servitor et subditus Iohannes Nichola de Berguntiis ibidem referendarius, etc.

CCCLXXXV.

Ascanio Maria Sforza Visconti, Protonotario e Commendatario di S. Maria di Chiaravalle, investe frate Giovanni Antonio da Velate del Priorato di Scanzo.

1474, marzo, 10.

(Arch. Notar. di Pavia — Atti di Guniforto Strazzapatti).

ASCANIUS Maria Sforcia Vicecomes (1), sancte romane Ecclesie protonotarius ac Dei et Apostolice Sedis gratia perpetuus commendatarius monasterii beate Marie Clarevallis mediolanensis diocesis, Ordinis Cisterciensis, religioso nobis in Christo

(1) Ascanio Maria Sforza Visconti era figlio di Francesco Sforza Duca di Milano, e fratello di Lodovico il Moro. Ai 17 settembre 1479 fu da Sisto IV, a soli 24 anni, eletto Vescovo di Pavia con la condizione che avrebbe assunto il governo effettivo della Diocesi dopo 3 anni. Nel 1484 fu eletto Cardinale, nel 1486 fu Legato Pontificio di Bologna. Sotto Alessandro VI raggiunse la ca- rica di Vicecancelliere della Chiesa, e chiuse la vita fortunosissima ai 28 maggio 1505 in Roma, e fu sepolto nella chiesa agostiniana di S. Maria del Popolo, nello splendido mausoleo innalzatogli da Papa Giulio II *virtutum memor honestissimarum et contentionum oblitus*, come dice l'epigrafe appostavi.

dilecto domino magistro Iohanni Antonio de Vellate, sacre pagine professori, Ordinis fratrum Heremitarum sancti Augustini (1), in hocque idoneo et capaci ad execcutionem consequendam infrascripti prioratus, mediantibus presertim litteris dispensatoriis, in hoc et aliis benefitiis consequendis, sibi concessis per reverendissimum nunc quondam in Christo patrem et dominum dominum Petrum miseratione divina tituli sancti Sisti sacrosancte romane Ecclesie presbiterum Cardinalem, Patriarcham Constantinopolitanum, necnon Peruxii, Tussie, Lombardie, etc. Apostolice Sedis Legatum, datis Venetiis, anno a Nativitate Domini millesimo quadringentesimo septuagesimo tercio, indictione sexta, die vero quinta mensis octobris (2), Pontificatus sanctissimi in Christo patris et domini nostri domini Sisti Divina Providentia Pape quarti anno tertio, eius sigillo pendenti munitis, more Romane Curie, et coram nobis in originali forma, per ipsum dominum magistrum Iohannem Antonium ibi exhibitis et presentatis, salutem et de bono in melius incrementum.

Religionis zelus, vite et morum honestas aliaque laudabilia probitatis et virtutum merita, quibus personam tuam novimus insignitam, nos excitant pariter et inducunt te favoribus prosequi gratiosis, attento etiam precipue litteris dispensatoriis antedictis. Hinc est quod, vachante prioratu de Schancio nuncupato, Pergamensis diocesis, per obitum fratris Iohannis de Putheobonello ipsius prioratus ultimi prioris, extra Romanam Curiam nuper defuncti, cupientes eidem prioratui, qui a monasterio nostro antedicto Beate Marie Clarevalis dependet et cuius provixio et collatio, dum per tempora vachat, ad nos, virtute iamdicte commende nostre, spectat et pertinet, de persona ydonea providere, ne ob illius Prioris carentia in spiritualibus et temporalibus dispendium et dampnum pati valeat, Prioratum ipsum cum suis iuribus et pertinentiis, tibi, in nostri presentia constituto, probitatis et virtutum meritis diligenter attentis, secundum consuetudinem iamdicti monasterii nostri, quod ut prefertur in commendam obtinuimus, secundum quam priores dicti prioratus ad nutum abbatis pro tempore monasterii iamdicti, et seu nostri respectu commende iamdicte, amoveri consueverunt, presentium tenore conferimus et de illo etiam providemus, investientes te in nostri presentia flexis genibus constitutum, per anuli digito tuo tradditionem et birreti capiti tuo impositionem, de predicto prioratu et predictis suis iuribus et pertinentiis, recepto prius a te iuramento debito quod nobis et successoribus nostris obediens eris et quod bona immobilia et pretiosa dicti prioratus non alienabis, nobis et successoribus nostris inconsultis, quodque adiutor eris ad conservandum et manutenendum bona, iurisdictiones, honores et iura dicti monasterii nostri. Ceterum universis et singulis religiosis ac clericis ad ponendum

---

(1) Frate Giovanni Antonio da Velate è ricordato dal TORELLI, VII, 289, sotto l'anno 1478, come maestro celeberrimo in sagra teologia; figlio del Convento di S. Marco di Milano dove nel 1472 fu Reggente degli Studi e Vicario Generale (OSSINGER, pag. 907); confessore e famigliare di Ascanio Maria Sforza. Nel 1478 essendo egli Priore del Convento di S. Marco, vi fu introdotta l'esatta osservanza regolare (Ibidem, pag. 294). Nel 1486 fu da Innocenzo VIII confermato quale amministratore perpetuo del Convento di S. Maria del Bosco, dipendenza del Convento di S. Marco. carica a lui già affidata dai Priori Generali Ambrogio da Corì e Anselmo da Montefalco (Ibidem, pag. 353). L'OSSINGER, ibidem, dice che il nostro Religioso fu altresì eletto Provinciale di Lombardia nel 1478. E ciò è confermato anche da un documento dell'Archivio Notarile di Pavia, rogato da Guniforto Strazzapatti ai 19 di ottobre 1480, col quale le Agostiniane di S. Dalmazio di Pavia vendono alcune loro terre, ottenutane prima autorizzazione a Reve-

rendo sacre pagine professore domino magistro Iohanne Antonio de Vellate Provintiale Provintie Lombardie Ordinis Heremitarum sancti Augustini.... auctoritate et baylia sibi domino Provintiali concessa per Reverendum in Christo patrem et sacre pagine professorem dominum magistrum Ambroxium de Chora tocius dicti Ordinis Generalem Priorem. Egli mori in Roma il 7 gennaio 1498, come rilevasi dalla epigrafe marmorea posta sul suo sepolcro nella cappella di S. Nicola da Tolentino in S. Agostino, riportata dal TORELLI, ibidem, pag. 509.

(2) È il famigerato Pietro Riario, creato Cardinale il 16 dicembre 1471, all'età di soli 25 anni. Ebbe pochi mesi dopo l'Arcivescovado di Firenze, il Patriarcato di Costantinopoli, l'Abbazia di S. Ambrogio e un buon numero di altri vescovadi minori, per cui le sue rendite sorpassarono 2400000 lire all'anno, insufficienti per le esigenze della sua vita! Morì consunto il 5 febbraio 1474. Vedi L. PASTOR, Storia dei Papi, Trento 1891, vol. II, p. 415-57.

te, vel procuratorem tuum, in corporalem possessionem dicti prioratus cum suis iuribus et pertinentiis, fatiendumque tibi vel procuratori tuo de fructibus, redditibus, proventibus, iuribus et obventionibus universis dicti prioratus responderi, tenore presentium concedimus facultatem. In quorum omnium et singulorum fidem et testimonium presentes fieri et in formam publicam redigi per Gunifortum de Strazapatis notarium infrascriptum fecimus, nostrique sigilli appensione muniri. Datum et actum Papie, in domo nostre residentie nuncupata domo domine Agnetis (1), sita in Porta Laudensi, in Parochia sancte Marie Nove, sub anno a Nativitate Domini millesimo quadringentesimo septuagesimo quarto, indictione septima, die iovis decimo mensis martii, Pontificatus sanctissimi in Christo patris et domini domini Sisti Divina Providentia Pape quarti anno quarto. Presentibus venerabilli et sapiente iuris utriusque doctore domino Iohanne Antonio de Placentia preposito ecclesie sancti Ambrosii Mediolani (2), venerabili viro domino presbitero Antonio de Viarana capellano prelibati illustris et reverendi domini Aschanii Marie et domino Iohanne Georgio de Septara filio quondam domini Antonii seschalco prelibati illustris et reverendi domini, inde testibus notis et idoneis ad premissa vocatis pariter et rogatis.

CCCLXXXVI.

Lascito testamentario alla Cappella di S. Nicola da Tolentino degli Eremitani di S. Paolo.

1474, giugno, 3.

(Arch. Notar. di Pavia. — Atti di Agostino Gravanago).

I N Pavia, in Parrocchia di S. M. dei Cani, nella casa del Testatore. Testamento del Nob. Antonio Belcredi, figlio del fu milite Rolando, col quale dat et legat Capéle sancti Nicolay de Tolentino, constructe in ecclesia sancti Pauli extra muros papienses, causa faciendi depingi ipsam Capelam, ducatos decem auri solvendos per infrascriptum eius heredem una vice tantum. In qua quidem capela fiant figure devote secundum ordinationem domini Prioris qui per tempora erit et quod ab uno latere in conspectu altaris depingatur figura ipsius domini Antonii et ab alia parte figura nobilis domine Marie de Becharia eius uxoris et quod etiam per infrascriptum eius heredem fiant seu fieri debeant imagines Domini nostri Jhesu Christi in forma Cruxifixi, nostre Domine et sancti Iohannis Evangeliste in ligno depicto (3)......

Item dedit et legavit.... ipse dominus testator ecclesie suprascripte sancti Pauli et Fra--

---

(1) La casa di donna Agnese, ove abitava Ascanio Maria Sforza, è il palazzo che fu poi dei nobili Negri, quindi dei Gesuiti, ed ora è sede della Prefettura e del Consiglio Provinciale. Si diceva casa di donna Agnese, perchè in essa abitarono Agnese Mantegazza, la favorita di Galeazzo Visconti, e la Agnese del Maino, la favorita di Filippo Maria Visconti e madre di Bianca Maria di cui Ascanio Sforza era figlio. Vedi R. MAIOCCHI, Le Chiese di Pavia, vol. II, pag. 123.

(2) È il celebre Giovanni Antonio Sangiorgio, che insegnò Di-

ritto Canonico nella Università pavese dal 1469 al 1475. Fu dipoi creato Vescovo di Alessandria, quindi di Parma, infine Cardinale e Vescovo di Sabina. Morì in Roma il 26 marzo 1509 e fu sepolto nella chiesa di S. Celso. Il suo nome è legato alle prime pubblicazioni a stampa uscite in Pavia. Vedi Memorie e Documenti per la storia dell'Univ. di Pavia, vol. I, pag. 59, e R. MAIOCCHI, Ticinensia, pag. 42.

(3) La scultura in legno, l'intaglio e l'intarsio, erano in fiore in questo tempo a Pavia, specialmente per opera del famoso Bal-

tribus eiusdem sachos duos papienses frumenti, solvendos omni anno in perpetuum per infrascriptum eius domini testatoris heredem vel heredes, cum hoc quod ipsi domini Prior et fratres eiusdem ecclesie teneantur et debeant omni ebdomada in perpetuum celebrari facere missas duas pro anima ipsius domini testatoris et defuncturum suorum ad ipsam capellam sancti Nicholay de Tolentino.

CCCLXXXVII.

Il Priore Generale frate Giacomo d'Aquila approva gli atti del Capitolo Provinciale di Lombardia, celebrato in Lodi.

1474, giugno, 7.

(Arch. Notar. di Pavia. — Atti di Guniforto Strazzapatti).

F RATER Iacobus de Aquila, sacre theologie professor, Generalis Ordinis fratrum Heremitarum sancti Augustini, licet immeritus, venerabilibus viris in Christo nobis dilectis Magistris, Prioribus ac Fratribus qui fuerunt de corpore Capituli Laude, anno Domini 1474 prima Maii celebrati, eiusdem Ordinis ac voti, salutem in Domino sempiternam.

Postulationem vestram unanimem ad Provincialatus officium in venerabilem magistrum Iohannem Iacobum de Campixe, tamquam de ydonea persona admittimus et de ipso provintie nostre Lombardie providemus. Diffinitiones omnes vero singulas ac supplicationes datas per Iudices Causarum acceptamus, approbamus et tenore presentium confirmamus. Quod ofiitium ut favorabilius ipse prenominatus magister Iohannes Iacobus pleniusque exercere possit, infrascriptas sibi conferimus potestates, videlicet: Septies cum suis subditis super macula irregularitatis in casibus ad nos pertinentibus dispensare valeat; fratres quoscumque sibi subditos, sive Priores sive cuiuscumque alterius gradus, si opus fuerit, visitare, emendare, penitentiare, incarcerare, excommunicare, absolvere etiam a crimine apostasie, septem apostatas recipere, iuramenta prestare, vicarium unum vel plures, si opus fuerit, instituere, Priores quoscumque demeritis precedentibus privare et de novo instituere, licentiam sacros Ordines suscipiendi quoscumque conferre. Et tandem sibi concedimus omnia et singula que sibi anno exacto et predecessores sui, ultra sibi superius concessa, soliti sunt facere et habere, in Nomine Patris et Filii et Spiritus Sancti, Amen. Precipientes omnibus et singulis Fratribus, Prioribus et non Prioribus, graduatis et non graduatis, in meritum sancte obedientie et sub pena nostre rebellionis, quatenus prenominato magistro Iohanni Iacobo tamquam nobis obediant. Inobedientes vero et rebelles in supranominatam penam volumus et declaramus ipso facto incurrisse. Hortantes caritatem suam ut cultum divinum, pacem Fratrum, conservationem ampliorem bonorum temporalium et pre ceteris bonorum spiritualium et morum compositionem maiori qua valeat diligentia studeat procurare. Insuper ellectionem unaminem Diffinitoris futuri Capituli Generalis in venerabilem magistrum Lazarum de

---

dino de Surso, dalla cui scuola uscirono Angelo e Tiburzio Maino, Agostino Bigaretti, che vedremo nel 1506 intagliare il ricchissimo Coro del nostro S. Agostino, il Cristoforo Rocchi, il Fugazza ed altri artisti, come apparirà nel citato Codice Artistico di Pavia.

Ianua factam et commissionem unius discreti in venerabilem magistrum Iohannem Antonium de Mediolano acceptamus, approbamus ac presentium tenore confirmamus. Promotiones vero Capituli vestri et habilitationes in pectore nostro reservamus in Nomine Patris et Filii et Spiritus Sancti, Amen. Datum Rome, in nostro generali Conventu sancti Augustini, die 7 Iunii 1474, Generalatus nostri offitii sub sigillo.

A tergo : Venerabilibus viris in Christo nobis dilectis Magistris, Prioribus, ceterisque Patribus et Fratribus, qui fuerunt de corpore Capituli Provintie Lombardie Laude celebrati, Ordinis Heremitarum sancti Augustini.

CCCLXXXVIII.

Testamento del nob. Guniforto de Rossi riguardante frate Agostino Marliani.

1475, gennaio 4.

(Arch. Notar. di Pavia. — Atti di Leonardo Buscati).

T ESTAMENTO *del nobile Guniforto De Rossi, di Pavia, abitante in Parrocchia di S. M. Venetica, nel quale fra altro si legge :* Item idem testator dicit, fatetur et protestatur expresse se fore debitorem domini magistri fratris Augustini de Marliano, Ordinis Heremitarum sancti Augustini papiensis, de ducatis duobus auri, quos aliax eidem testatori dictus dominus magister Augustinus mutuo subvenit et mutuavit, quos quidem ducatos duos auri idem testator dedit et legavit ac dat et legat dicto domino magistro Augustino. *Fra i testimoni della stesa del testamento sono :* Venerabilibus dominis fratribus Simonino de Vercellis et Tholomeo de Saraticho, Ordinis Heremitarum, in conventu sancte Mustiole Papie.

CCCLXXXIX.

La Contessa Margherita Borromeo Visconti dota la Cappella di S. Monica nella sagrestia di S. Agostino.

1475, febbraio, 3.

(Arch. Notar. di Pavia. — Atti di Francesco Sisti).

I N nomine Domini, amen. Anno nativitatis eiusdem millesimo quadringentesimo septuagesimo quinto, die tertio mensis februarii, hora none, in civitate Papie, videlicet in domo habitacionis infrascripte domine Margarite, Porte Laudensis, Parochie sancti Viti. Ibique in mei notarii et testium infrascriptorum presentia, spectabilis domina Margarita de Bonromeis, relicta quondam spectabilis domini Iohannis Augustini de Vicecomitibus (1), sponte et omni iure doctans et doctare volens infrascriptum altare seu

(1) La Contessa Margherita Borromeo era figlia del Conte ,Vitaliano, come risulta dal documento del 28 aprile 1485. Essa di-

infrascriptam capellam, ac eidem dotem constituere, assignando traddidit, dedit et quasi, ac
assignat, tradit, dat, et quasi, michi notario infrascripto, uti publice persone stipulanti et recipienti nomine et vice capelle ac altaris sancte Monace constructe et seu constructi in sacristia ecclesie sancti Augustini papiensis, et mei notarii infrascripti, ipsi capelle seu altari
nominative fictum unum perpetuum ac iura et perceptiones unius ficti perpetui florenorum
duodecim, valoris et ad computum solidorum XXXIJ imperialium pro singulo floreno, quod
eidem domine Margarite datur et prestatur ac dari et prestari consuevit per Nicholaum de
Imperatore filium quondam domini Iohannis, nominative de infrascriptis terris et proprietatibus positis et coherentiatis prout infra, et dicto Nicholao aliax in perpetuum investitis per
ipsam dominam Margaritam, prout apparere dixit publico instrumento superinde rogato anno
curso millesimo quatricentesimo quinquagesimo quarto, indicione secunda, die nono mensis
novembris, per dominum Antonium de Preottonibus notarium publicum papiensem : Item et
infrascriptas proprietates, quantum ad directum dominium et civilem possessionem eiusdem
domine Margarite : que proprietates sunt hec : Primo, tertia pars pro indiviso unius sediminis abroliati et advineati, cum modico prati inferius, perticharum triginta vel circha, supra
quo sunt certe domus cum columbaria una a bestiis, murate et cupate, site in loco Iusaghi
campanee papiensis ; quibus sedimini et hedificiis coheret ab una parte strata dicti loci, ab
alia lectus Barone, ab alia dictus Nicholaus et fratres de Imperatore qui causam habuerunt
a clerico ecclesie sancte Marie dicti loci Iusaghi pro quodam cambio, et ab alia quidam
accessus comunis ipsorum fratrum de Imperatore et heredum quondam domini Iohannis Antonii de Mediisbarbis. Item tertia pars pro indiviso pecie unius prati, perticharum triginta
vel circha, site in territorio dicti loci Iusaghi, ubi dicitur ad pratum Doninum, cui coheret
ab una parte strata Papie, ab alia Collegium Notariorum et ab alia Bertraminus Gatus et
ab alia dicta ecclesia loci Iusaghi, cum iuribus irrigandi dictam peciam prati ex aquis, seu
scholasticiis rugie descendentibus ibidem. Item tertia pars pro indiviso unius pecie terre
advineate ad altinum, perticharum triginta vel circha, posite in dicto territorio, ubi dicitur
in Iusaghino, cui coheret ab una parte strata publica Papie, ab alia heredes quondam domini Iohannis Antonii de Mediisbarbis, ab alia Ambroxius Gatus. Item tertia pars pro indiviso pecie unius vinee altinate, perticharum duodecim vel circha, posite in dicto territorio,
ubi dicitur in Costario, cui coheret ab una parte strata, ab alia Raviolus de Putheo et ab
alia dictus Ambroxius Gatus, sive ibi, etc. Et hoc cum iuribus et actionibus quibuscumque
ipsius domine Margarite, cessionibus dominii et possessionis translacione et constitucione
procuratoris in rem propriam, constitutis renuntiis et clausulis in talibus et similibus necessariis et oportunis et apponi consuetis, Ac ea lege et condicione, videlicet, quod dictum
fictum perpetuum et dicte proprietates, quantum ad directum dominium et civilem possessionem, perpetuo et omni tempore, remaneant et remanere debeant dictis capelle et altari,
et in alium seu alios, titulo vendicionis, permutacionis, donacionis, seu alio quocumque titulo alienacionis, transferri et alienari non possint nec valeant, sine licentia ipsius domine
Margarite, et quod Conventus dicte ecclesie sancti Augustini teneatur et debeat celebrare
seu celebrari facere ad dictam capellam seu altare, singula ebdomoda, missas tres et duo

---

morò sempre in Pavia nella casa, che la nobile Ginevra Beccaria,
come sposa in seconde nozze, aveva portato in dote a Pietro Visconti, padre di Gian Agostino marito della Borromeo. Il Pietro
Visconti fu investito da Filippo Maria Visconti nel 1437 del feudo
di Groppello, e nel 1439 di quello di Breme in territorio di Pavia.

La Borromeo ebbe da Gian Agostino Visconti tre figli, Filippo,
Giovanni e Ottorino. Filippo uel 1491 da Lodovico il Moro ebbe
conferma dei feudi di Groppello e di Breme. Vedi LITTA, Famiglie celebri italiane, fasc. IX, part. I, Visconti di Milano,
tav. XIII.

anniversaria seu officia, cum missis omnibus celebrandis per omnes fratres dicti conventus in ordine sacerdotali constitutos, super quibus omnibus gravat conscientiam domini Prioris qui per tempora erit, in perpetuum, pro animabus ipsius domine Margarite et dicti eius mariti.

Et quod dicte misse celebrari debeant per venerabilem sacre theologie professorem dominum magistrum Bertolameum de Fazardis, toto tempore vite sue et eo stante et habitante in dicto conventu, et quod per ipsum habeatur et percipiatur dictum fictum (1) toto tempore vite sue et eo stante et habitante ac dictas missas celebrante ad dictum altare ut supra. Et successive per alium fratrem dicti conventus, ad id nominandum et presentandum per ipsam dominam Margaritam seu eius heredes et successores, quia aliter et alio modo ipsa domina Margarita, predicta, ut protestatur expresse, factura non fuisset nec esset. Que omnia prefacta domina Margarita, michi notario ut supra stipulanti et recipienti, promisit et promittit attendere et observare et non contrafacere nec venire, sub dampnorum, interesse, littis et extra restitucione, ac sub ipotheca et obligacione omnium ipsius domine Margarite bonorum presentium et futurorum. Renuntiando, etc. Et inde, etc. Presentibus, etc. testibus notis et idoneis.

CCCXC.

Il Priore di S. Paolo è dal Duca di Milano nominato arbitro in una causa civile (2).

1475, aprile, 4-8.

(Arch. Notar. di Pavia. — Atti di Gian Pietro Imodelli).

D|UX Mediolani, etc.

Venerabiles dilecti nostri. Orta est nuper differentia quedam inter venerabilem dominum Preceptorem ecclesie sancti Antonii civitatis nostre Papie (3), sive agentes pro eo, nec non Leonardum Astulfum civem nostrum papiensem parte una, et agentes pro hospitali sancti Mathei ipsius nostre civitatis (4), tamquam herede universali egregii militis domini Augusti de Beccaria parte altera, occasione bonorum preceptorie ipsius ecclesie sancti Antonii, sitorum super territoriis Burgi sancti Syri et partium circumstantium, Comitatus nostri Papie, que tenebantur ad fictum ab ipsa preceptoria perpetuum per ipsum quondam dominum Augustum de Beccaria, quemadmodum ab ipsis partibus seu agentibus pro eis latius informabimini. Exosam autem nos habentes huiusmodi controversiam, quam veluti molestam habuimus, ita gratum quoque habentes quod ambe partes predicte seu agentes pro eis acquieverint quud eiusmodi controversia iudicio et arbitrio vestro remittatur,

---

(1) Vedi il documento 30 giugno 1478.

(2) Questo documento è una bella prova dell'alta stima in cui erano tenuti i Religiosi del nascente Convento di S. Paolo. Dai documenti, 'che possediamo, non ci fu possibile rintracciare il nome del valente Religioso, a cui il Duca conferì un incarico si importante.'

(3) La Chiesa di S. Antonio, con annesso ospedale nel Borgo Ticino di Pavia, dipendeva allora dall'Istituto Religioso degli An-

toniani di Vienna nel Delfinato, che qui tenevano alcuni Conversi sotto la guida di un precettore.

(4) L'Ospedale di San Matteo di Pavia, che è l'attuale Ospedale maggiore, era sorto nel 1449 per opera specialmente di frate Domenico da Catalogna dei Predicatori dell'Osservanza, del Convento di S. Apollinare. La maggior parte delle sostanze sue provenne dal testamento del nob. Augusto Beccaria, che fu l'origine della controversia accennata nel nostro documento.

quia non dubitamus, quin opera et cura vestra, controversia ipsa dirimatur, et partes ipse ad bonam concordiam et quietem inducantur, de earundem partium seu agentium pro eis voluntate, hoc onus iniungendum vobis duximus: vos onerantes quod audiatis et intelligatis partes predictas seu agentes pro eis et videatis et cognoscatis iura sua ad hanc rem pertinentia, que vobis per partes exhiberi facietis. Transferatisque vos super locum differentie et ibi assumatis informationes expedientes ac summarias a personis instructis ac informatis de bonis predictis, pro quibus lis vertitur, et demum re oculis subiecta ac visis et intellectis iuribus et sumptis quibuscumque informationibus, ad aperiendam huius rei veritatem spectantibus, assignetis deinde utrique partium predictarum bona sibi debite spectantia, ita quod quilibet sciat et intelligat partem et porcionem eiusmodi bonorum et appareat quenam sint bona, ex bonis predictis, spectantia ecclesie predicte sancti Antonii, et que sint hospitalis predicti sancti Mathei; quorum bonorum omnium possessionem in vos capietis ac illam tenebitis nomine eius sive eorum, cui seu quibus de iure spectaverit, donec predictam assignationem et declarationem vestram feceritis. Vos vero oneramus quod huic controversie finem ad tardius imponere studeatis hinc ad mensem unum cum dimidio; expediendo eam summarie, simpliciter et de plano, sine strepitu et figura iudicii, ac remoto penitus omni littigio. Dat. Viglevani, die IIII aprilis, 1474, Cichus.

A tergo : Venerabilibus dilectis nostris domino Priori Monasterii sancti Pauli Ordinis Heremitarum civitatis nostre Papie, nec non fratri Damiano Ianuensi Ordinis Minorum.

MCCCCLXXV, indictione VIII, die octavo mensis aprilis, hora none. In monasterio sancti Pauli Ordinis fratrum Heremitarum sancti Augustini de observancia et in loco ubi laboratur de presenti pro fienda capella magna ecclesie ipsius monasterii.... producte et presentate fuerunt suprascripte littere ducales clause et sigillate sigillo ducali, etc....... Qui domini Prior et frater Damianus ipsas litteras cum ea qua decuit reverencia sumpserunt ipsasque apperuerunt et legi fecerunt et ipsis lectis et intellectis obtulerunt se paratos tamquam filii obediencie facere quidquid in eis continetur iuxta eorum posse.

CCCXCI.

Per il pagamento di un legato testamentario alla Chiesa di S. Mostiola.

1475, giugno, 18.

(Arch. Notar.di Pavia — Atti di Leonardo Buscati).

I N *casa di Antonio de Cosso, Parrocchia di S. Colombano.* Prorogatio termini facta per venerabilem virum dominum fratrem Petrum de Calvis priorem ac sindicum... conventus ecclesie sancte Mustiole Papie.... qui prorogat..... Carolo de Campixe.... nomine et vice domine Isabete de Morucio..... terminum ad solvendum libras duodecim imperiales, pro valore et extimacione sachorum quinque papiensium frumenti debitorum dicto conventui, pro legato annorum quinque debito dicto conventui, ad computum sachi unius singulo anno, et finitorum in calendis Augusti anni proxime preteriti, vigore legati alias facti dicto conventui per quondam dominam Iohanninam de Petra in suo ultimo testamento rogato ut protestantur domino Martino de Saglimbene (1)..... Qui Carolus promisit.... quod dicta domina Isabeta solvet dictos denarios.... hinc ad calendas Augusti proximo futuri.

CCCXCII.

Il Capitolo di S. Mostiola vende una vigna per riparazioni al Convento.

1475, giugno, 15.

(Arch. Notar. di Pavia. — Atti di Guniforto Strazzapatti).

I N reffectorio magno Conventus sancte Mustiolle, sito in Porta sancti Iohannis, in Parochia sancti Filipi seu sancti Nicolay de Verzario... Cum verum sit quod venerabiles et religiosi viri domini Prior et Fratres et Conventus sancte Mustiolle Papie, Ordinis Fratrum Heremitarum sancti Augustini, intendant et vellint pro necessitate ipsius conventus fieri et construi facere in ipso conventu et domibus eiusdem canepam unam in volta, pro conservandis vinis ipsius monasterii, que usque in presentiarum fere omni anno corrumpuntur et marcescunt et seu callefiunt ob defficentiam canepe, non habeantque modum illam voltari et costrui faciendi ob carentiam pecuniarum nixi, procedant ad venditionem bonorum immobilium dicti conventus et presertim infrascripte proprietatis ipsius conventus pro minori dispendio eiusdem : Idcirco convocato et congregato ibidem capitulo dicti conventus, de mandato reverendi sacre theologie professoris domini magistri Iohannis Iacobi de Campixe Provincialis dicti Ordinis Fratrum Heremitarum sancti Augustini provintie Lombardie seu sancti Augustini, nec non et venerabilis viri domini fratris Petri de Calvis Prioris dicti conventus sancte Mustiole,... in quo quidem capitulo fuerunt et sunt ipsi domini Provincialis et Prior et cum eis... venerabiles viri domini frater Guillelmus de Arigonibus, frater Melchion de Lucino, frater Eustachius de Nocte, frater Simoninus de Vercellis, frater Laurentius de Biella, frater Tholomeus de Seraticho, frater Angelus de Rusconibus et frater Bertolameus de la Ecclesia, omnes fratres professi dicti conventus, facientes.... plus quam duas partes dicti conventus... cum licentia et auctoritate et consensu dicti domini Provincialis, habentis ad hec et alia plenam auctoritatem et potestatem dispensandi circha alienaciones tiendas de bonis immobilibus conventuum sibi subiectorum dicti Ordinis provintie iamdicte, tam ex officio suo quam per litteras reverendi patris et sacre theologie professoris domini fratris Iacobi de Aquila, Generalis totius Ordinis fratrum Heremitarum sancti Augustini, ipsi domino Provintiali concessas et eius sigillo sigillatas, quarum litterarum tenores sequuntur ut infra videlicet : *(segue il documento del 9 Giugno 1473 e il documento 7 Giugno 1474)* :

---

(1) Nel doc. n. CLXXXVI abbiamo un legato testamentario della nob. Giovanna Pietra, a favore di S. Mostiola, rogato da Agostino Baracchi, diverso perciò da quello citato nel presente documento, che fu rogato dal notaio Martino Salimbene. Il notaio Martino Salimbene è il Beato, il cui corpo si venera nella Basilica di S. Michele in Pavia, ove è anche il bellissimo monumento eret-

togli dal Collegio dei Notai di Pavia sulla fine del secolo XV, che fu illustrato da ALFRED GOTTHOLD MEYER: *Oberitalienische Frührenaissance*, Berlino, Wilhelm Ernst, 1900, vol. II, pag. 171, *nota*. Di Martino Salimbene scrissero il Can. Pietro Terenzio ed ultimamente PIETRO MOIRAGHI in *Memorie e doc, per la storia di Pavia*, I, 1865, fasc. III, IV.

Nomine et vice ipsius conventus et pro evidenti utilitate eiusdem et pro reparatione dicti monasterii et constructione dicte canepe fienda... pro pretio et merchato... florenorum quatraginta monete currentis... vendiderunt... Iohanni Iacobo de Vergiate... petiam unam vinee altinate, perticarum duodecim. vel circha, sitam in Sichomario Paple, in contrata ubi dicitur in Prato de Mascharo..... que quidem petia tenetur ad fictum ad novennium per Gunifortum et Michaelem ac consortes de Schotis pro annua ticti prestatione librarum quatuor .imperialium et paris unius caponum, per instrumentum investiture rogatum anno curso MCCCCLXX secundo, die XXIIII novembris per dominum Ieronimum de Speltis notarium papiensem.

CCCXCIII.

Frate Eustachio Beccaria, Cappellano ducale di S. Guniforto, dà in affitto la metà dei redditi della cappellania.

1475, luglio 31.

(Arch. Notar. di Pavia. — Atti di Matteo Nazzari).

N ELLA *casa dello* spectabilis domini Iohannis de Belinzona ducalis secretarii (1), Porte Marenghe, Parochie Sancti Gervaxii ..... Venerabilis vir dominus frater Eustachius de Becharia, Ordinis Sancti Angustini Heremitarum, capellanus ellectus et presentatus per illustrissimum et excellentissimum principem dominum dominum Galeaz Mariam Sfortiam ducem Mediolari, etc. Papie Anglerieque comitem Cremone et Ianue dominum, pro patrono capelle sancti Guniforti civitatis Papie (2), prout ipse dominus frater Eustachius sic verum fore et esse dicit, confitetur et protestatur... *promette ad Alberto de' Capitani di Arzago e ad altri di concedere loro l'affitto o l'appalto di metà dell'esercizio della pesa dell'olio di Pavia, spettante alla detta cappellania di S. Guniforto* (3), *e gli affittuarii promettono di pagargli un censo annuo di 51 fiorini.*

(1) È Giovanni Molo nativo di Bellinzona, di cui vedi R. MAIOCCHI, *Ticinensia*, Pavia, Artigianelli, 1900, pag. 93 seg. Il Molo succedette ai Lucini nella investitura dei ricchissimi possessi di S. Sofia, appartenenti a S. Pietro in Ciel d'oro. Vedi a questo proposito fra le pergamene del fondo Brambilla nel Museo Civico di Storia patria di Pavia.

(2) Di frate Eustachio Beccaria il TORELLI VII, 237, riferisce che era figlio del Convento di Pavia, e che in quest'anno era famigliare del Duca di Milano. Che frate Eustachio fosse figlio di uno dei tre Conventi di Pavia, e che in quest'anno fosse famigliare del Duca di Milano sembra quasi certo dal fatto che egli era pavese, ed in Pavia è a lui concessa la cappellania di S. Guniforto; sebbene nei nostri documenti egli non apparisca quale membro nel Capitolo conventuale, se non posteriormente. Ciò però può

spiegarsi appunto dall'essere egli stato Famigliare del Duca. E che tale egli fosse si può arguire dall'essère stato presentato dal Duca stesso per Cappellano di S. Guniforto; e dal fatto che simili benefici si solevano generalmente concedere ai Famigliari. La cappella di S. Guniforto, così detta di poi dalle Reliquie del santo martire, era di giuspatronato dei Duchi di Milano, i quali l'avevano fatta fabbricare dedicandola a Maria Vergine. Essa sorgeva sull'area della odierna R. Intendenza di Finanza.

(3) Come dotazione della cappellania di S. Guniforto i Duchi di Milano le avevano asssegnato i redditi provenienti da una gabella sull'olio. Numerosi documenti intorno a questa gabella ed ai diritti dei cappellani su di essa trovansi nel Museo Civico di storia patria di Pavia, raccolti nel pacco *Pesa dell'olio.*

CCCXCIV.

Il nob. Giuseppe da Pescia dispone di esser sepolto in S. Mostiola.

1475, luglio, 2.

(Arch. Notar. di Pavia — Atti di Leonardo Buscati).

T ESTAMENTO *del nobile* Iosep de Pissia filius quondam domini Antonii, civis et habitator Papie.... *fatto nella canonica del Duomo di Pavia. Fra le altre disposizioni è notevole la seguente:* Item idem testator ellegit sibi sepulturam in ecclesia sancte Mustiole Papie, ubi cadavera parentum suorum iacent (1), posita ante altare sancte Marie, constructum in dicta ecclesia, in qua quociens et quandocumque continget ipsum testatorem ab hoc seculo decedere et eius animam a corpore segregari, etiam si decederet extra civitatem Papie, vult, iubet, mandat, disponit, et ordinat eius cadaver portari, reponi et sepelliri debere.

CCCXCV.

La Comunità di S. Agostino elegge il proprio Procuratore.

1475, settembre, 4.

(Arch. Notar. di Pavia. — Atti di Bernardino Giorgi).

I N Citadella Papie, in ecclesia Conventus Sancti Augustini Fratrum Eremitanorum... Congregato Capitulo in quo sunt... Reverendus sacre theologie magister dominus Iohannes de Campixe Provincialis Provincie Lombardie, reverendus Pater Prior magister Augustinus de Marliano, reverendus magister Bertolameus de Fazardis (2), reverendus magister Baptistinus de Rubeis, reverendus magister Augustinus de Ranchate, reverendus magister Baptista de Roxate, reverendus magister Iohannes de Sancto Angello, reverendus magister Laurentius de Candia (3), venerabilis biblichus frater Raphael de Rapallo, venerabilis lector frater Bernardus de Roma, venerabilis lector frater Iohannes Antonius de Mediolano (4), venerabilis lector frater Petrus de Nerbona, venerabilis lector frater Iacobus de Curte, venerabilis lector frater Ludovichus de Veneciis, venerabilis subprior frater Gual-

(1) La nobile famiglia Orsi di Pescia, come già vedemmo ai documenti CX e CC, era benefattrice di S. Mostiola fin dal 1394, e vi possedeva la tomba gentilizia.

(2) Dopo il nome del Fazzari si legge nell'originale quello del *Reverendus Magister Bernardus de Ricordis,* cancellato però da un tratto di penna; il che significa che avendo il notaio già predisposto l'atto con tutti i nomi dei Padri Capitolari, dovette dipoi cancellare il nome di quelli che effettivamente non intervennero alla seduta capitolare.

(3) Dopo questo nome seguono, ma cancellati, i seguenti: *Venerandus Bachalarius frater Antonius de Ast, Venerandus Bachalarius frater Iohannes de Mediolano.*

(4) Il lettore frate Giovanni Antonio da Milano è probabilmente quello stesso religioso che nel 1508 fu da Luigi XII Re di Francia e Signore del Ducato di Milano, inviato come Oratore all'Imperatore Massimiliano. Ma la sua ambasceria non riuscì perchè durante il viaggio fu catturato. Vedi *Torelli,* VII, 575.

terius de Curte, Magister studentium frater Alexander de Pergamo, venerabilis cursor frater Iohannes de Bononia, frater Bernardus de Provintia Provintie, frater Petrus de Tolossa, frater Heusebius de Mediolano, frater Didimus de Brayda, frater Augustinus de Frantia, frater Iacobus de Lamania, frater Iacobus de Cerviis, frater Iohannes de Papia, frater Augustinus de Bochazinis de Papia, frater Iohannes Petrus de Papia... *costituiscono loro procuratore e sindaco del monastero* venerabilem et reverendum sacre theologie magistrum dominum fratrem Gunifortum de Papia (1).

CCCXCVI.

Il Priore frate Agostino Marliani concede affitto novennale di un terreno del Convento.

1475, ottobre, 7.

(Arch. Notar. di Pavia. — Atti di Leonardo Buscati).

I N claustro monasterii sancte Mustiolle Papie... Reverendus pater dominus magister Augustinus de Marliano sacre pagine professor, Ordlnis Heremitarum sancti Augustini Papie... locat ad massaricium et nomine massaricii... a festo sancti Martini proxime futuri usque ad annos novem exinde proxime sequuturos Guillelmo de Guarnaschellis... Portus Albare de ultra Padum... petiam unam terre partim advineate et partim cultive... in territorio Arene seu Portus Albare... Et Guillelmus promittit solvere et reddere omni anno, tempore messium, duas partes ex quinque omnium bladorum grossorum et de margaticis terciam partem, detractis aratura, et tempore vindemiarum medietatem omnium fructuum a brocha.

CCCXCVII.

Convenzioni stipulate dal Priore di S. Mostiola, frate Melchiorre Lucini, per l'affitto del forno del Convento.

1475, dicembre, 5.

(Arch. Notar.di Pavia — Atti di Leonardo Buscati).

N ELLA *casa del causidico Antonio de Cosso, Parrocchia di S. Colombano.* Conveniciones facte per et inter venerabiles dominos fratrem Melchionem de Lucino Priorem et fratrem Petrum de Calvis sindicum et procuratorem..... conventus, monasterii et ecclesie sancte Mustiolle Papie... parte una, et Steffanum de Sachis furnarium parte altera, occaxione differentie vertentis inter ipsas partes coram domino Iudice Rationis domini Potestatis Papie, occaxione domus cum furno dicti conventus... Et volentes a litibus

(1) È frate Matteo de Rabiis, come è specificato nel documento del 19 febbraio 1476.

discedere et parcere laboribus et expensis et precibus amicorum, dicte partes..... devenerunt ad has..... convenciones, videlicet: Primo quod partes teneauntur..... renunciare cuicumque liti..... et ita renunciarunt et renunciant. Item quod dictus Stefaninus teneatur dicto conventui relassare, vachuare..... dictam domum et furnum una cum utensilibus..... sibi tradditsi in instrumento investiture.... Et ita promittit.... relassare vachuam et consignare hinc ad festum carnisprivii..... dictis dominis et sindico et conventui..... quibus promittit hinc ad dictum festum solvere fictum et coquere panem pro dicto conventu, etc.

CCCXCVIII.

Frate Guniforto de Rabiis riceve il pagamento di un annuo affitto.

1478, febbraio, 19.

(Arch. Notar. di Pavia — Atti di Matteo Ferrari).

I N claustro monasterii sancti Augustini Papie, sito in Citadella eiusdem civitatis... reverendus sacre pagine professor dominus magister Gunifortus de Rabiis ordinis sancti Angustini sindicus et procurator monasterii sancti Augustini...... *riceve dagli eredi di Bartolomeo Ambrosioni L. 8 e soldi 18 per affitto di un anno di una casa in Porta S. Giovanni, Parrocchia di S. Lorenzo* (1).

CCCXCIX.

La Comunità di S. Agostino elegge due periti per la vendita di una casa.

1478, aprile, 6.

(Arch. Notar. di Pavia. — Atti di Giovanni Francesco Canevari).

I N sacristia infrascriptorum dominorum Fratrum et Conventus sancti Augustini Papie... Reverendus frater dominus magister Iohannes Iacobus de Campixe sacre theologie professor, Provincialis dicti Ordinis in partibus Lombardie, nec non dominus frater Gualterius de Curte subprior seu vices gerens et locum tenens venerabilis domini fratris Bernardi similiter sacre theologie professoris (2), item reverendus pater sacre theologie magister dominus magister Bertolameus de Fazardis, dominus magister Augustinus de Ranchate, frater Ieronimus de Mediolano bachalarius, dominus frater Bertolameus de

---

(1) Lo stesso affitto è pagato da Sibillina Oppizzoni, vedova di Bartolomeo Ambrosioni, a frate *Battista de Ranchate de Roxate* con atto del 25 febbraio 1478, rogato da Matteo Ferrari; nel 1479 ai 7 maggio con atto dello stesso notaio; a frate Francesco da Cerano il 21 Gennaio 1480, con atto dello stesso notaio; a frate Giovanni da Trezzo il 27 febbraio 1481, pure con atto del Ferrari; a frate Giovanni Bartolomeo da Castellazzo ai 19 agosto 1483, anche

con atto dello stesso notaio; a frate Battista Rancati il 5 febbraio 1485; a frate Gian Bartolomeo da Castellazzo ai 17 luglio 1487, agli 11 dicembre 1488 e ai 20 dicembre 1492 sempre con atti dello stesso notaio.

(2) É il Maestro Bernardo Ricordi, il cui nome vedemmo cancellato nel documento del 4 settembre 1475.

Castelatio bachalarius, dominus frater Raphael de Rapallo biblicus, frater Petrus de Nerbona lector, frater Nicholaus de Papia lector, frater Iohannes de Bavaria cursor, frater Chatherinus Filiberti cursor, frater Petrus de Tholoxa, frater Didimus de Papia, frater Apolonius de Curte, frater Iacobus de Confientia, frater Antonius de Placentia, Frater Filipus Spira, frater Iohannes Marchus de Vercellis, frater Christoforus de Castellatio, frater Symon de Biella, frater Augustinus de Varcio, frater Iohannes Petrus de Papia, frater Angelus de Bugella, frater Iohannes de Papia sacrista, frater Iohannes Iacobus de Papia de Cervis, frater Andreas de Laude, frater Franciscus de Cerano et frater Heuxebius de Legeriis... facientes fere totum capitulum, *eleggono Antonio Villanova e Giovanni Sacchi per giudicare, quali arbitri, dei miglioramenti apportati ad una casa affittata dal Convento a un Dionigi di Binasco in Porta Palazzo, in Parocchia di S. Giovanni Donarum, per venderla al detto Dionigi che offre fiorini 300 per l' acquisto di essa.*

CD.

Frate Agostino Rancati Procuratore affitta una casa presso il Convento di S. Agostino.

1476, settembre, 4.

(Arch. Notar. di Pavia — Atti di Bernardo Cellanova).

I N civitate Papie, videlicet subtus lobia seu porticu camere infrascripti reverendi domini magistri Augustini, sita in Porta Palacii, in Parochia sancti Andree de Brolio... Reverendus sacre Theologie professor dominus magister Augustinus de Ranchate, Ordinis Predicatorum sancti Augustini, tamquam sindicus et procurator... Conventus sancti Augustini predicti.... *riceve da frate Agostino de Abdua del terz' ordine di San Francesco fiorini 7 per affitto degli ultimi 6 mesi di una casa da lui tenuta dal Monastero; casa che col consenso di detto procuratore vende con altro atto di questo giorno, per 95 fiorini ad* Albertino de Maltraversis dicto Travaglino barbitonsori ducali, *coll'obbligo di 14 fiorini annuali per censo al Convento di S. Agostino. La casa è in Parrocchia di S. Vito verso Strada Nuova. Nello stesso tempo frate Agostino de Ranchate che è sempre detto dei Predicatori di S. Agostino, dà investitura perpetua a detto Maltraversi della casa vendutagli.*

CDI.

Frate Battista da Rosate, Procuratore di S. Agostino, riceve il pagamento di un annuo affitto.

1476, settembre, 11.

(Arch. Notar. di Pavia. — Atti di Guglielmo Corti.)

I N domo residentie infrascripti fratris Baptiste, sita in conventu infrascripti monasterii sancti Angustini, siti in Porta Palatii, in Parochia sancti Viti, Venerabilis vir dominus frater Baptista de Roxate sindicus et procurator... dicti monasterii, *riceve da Zanino Forti anche pe' suoi fratelli, sacchi 14 di frumento e due paia di capponi, per affitto di due anni di frumento e alcune proprietà nel Siccomario* in contrata Prati de maschero.

CDII.

Lascito testamentario del nobile Pietro Paolo Bassi al Convento di S. Paolo.

1476, ottobre, 27.

(Arch. Notar. di Pavia — Atti di Matteo Nazzari).

N|ELLA *casa del testatore, in parrocchia di S. Giorgio in Monte Falcone di Pavia. Testamento del nobile Pietro Paolo Bassi, del fu Franco, nel quale* dat et legat ecclesie sancti Pauli prope et extra menia civitatis Papie florenos centum... pro anima ipsius testatoris et defunctorum suorum (1).

CDIII.

Frate Giovanni da Strambino Priore di S. Paolo riceve il pagamento di un affitto.

1476, novembre, 6.

(Arch. Notar. di Pavia — Atti di Francesco Strazzapatti).

I|N monasterio Sancti Pauli, ordinis Sancti Agustini de observancia, videlicet sub portichu claustri dicti monasterii, sito prope et extra civitatem Papie... Venerabilis vir dominus frater Iohannes Maria de Strambino, prior dicti monasterii Sancti Pauli..... *riceve da Agostino Zavattari soldi 8 per affitto di due anni di una vigna di nove pertiche sita presso il monastero*, ubi dicitur ad Vernabulam, sive ad Roxum.

---

(1) Questo legato testamentario fu poi dal Bassi riconfermato nei suoi successivi testamenti del 29 maggio 1482 rogato dal notaio Francesco Sisti, e del 16 giugno 1485 rogato dal notaio Giovanni Pietro Imodelli, gli atti dei quali si conservano nell'archivio notarile di Pavia. Il Bassi morì molto probabilmente nella pestilenza che devastò Pavia nell'estate e nell'autunno del 1485, giacchè ai 23 settembre 1486, abbiamo nell'archivio notarile pavese un atto rogato da Francesco Strazzapatti, col quale frate Illuminato da Settimo procuratore di S. Paolo, dichiara di ricevere dagli agenti dell'Ospedale di S. Matteo di Pavia, fiorini 50 per completo pagamento dei 100 fiorini lasciati al convento come legato, nel suo ultimo testamento sopraccennato del 16 Giugno 1485.

CDIV.

Frate Pietro Calvi Procuratore di S. Mostiola riceve un pagamento rateale sul lascito della Cappellania Maletta.

1477, gennaio, 9.

(Arch. Notar. di Pavia — Atti di Matteo Nazzari).

N ELLA *casa del notaio, in Parrocchia di S. Maria Venetica.* Venerabilis vir dominus frater Petrus de Calvis, sindicus et procurator... conventus sancte Mustiole Papie, *riceve dal notaio, a nome dei fratelli Gerolamo e Pier Maria dei nobili Maletta, figli del fu Albrico, lire venti imperiali,* occasione legati facti per prefatum quondam magnificum dominum Albricum dicto Capitulo, et seu Capelle ipsius domini Albrici, constructe in dicta eccclesia, et prout in ipso testamento seu legato continetur, et pro termino finito in festo sancte Lucie proxime preterito (1).

CDV.

Religiosi Agostiniani appartenenti alla Comunità di S. Paolo.

1477, febbraio, 22.

(Arch. Notar. di Pavia. — Atti di Giovan Pietro Balconi).

I N claustro monasterii Sancti Pauli... Venerabilis dominus frater Iohannes Maria de Stampino, Ordinis Fratrum Heremitarum de Observantia sancti Augustini, Prior dicti monasterii... et frater Serapion a Pontecurono prediti Ordinis sindicus et procurator dicti monasterii et cum eis venerabiles domini fratres Cornelius de Bugella Vicarius, frater Celsus de Mediolano, frater Petrus de Savona, frater Marchus de Papia, frater Andreas de Papia, frater Isidorus de Cabareto, frater Maurus de Corniento, frater Petrus Paulus de Durne, frater Guillelmus de sancto Martino, frater Caremolus de Mediolano, frater Teodorus de Papia, facientes et representantes, etc. Testes, etc. (2).

---

(1) La cappella, di cui si fa cenno in questo documento, è probabilmente quella di S. Apollinare, di cui si parla nel documento n. CLXIV, accresciuta di redditi per testamento di Alberico Maletta, nobile cittadino di Pavia e di Mortara, testamento che non abbiamo potuto rinvenire. Alberico Maletta fu professore di Diritto Civile nell'Università pavese dal 1432 al 1436 (*Memor. e doc. per la stor. dell'Univ. di Pavia* vol. I, pag. 44), appartenne al Collegio dei nobili giudici, fu autore di un trattato *De testibus*, stampato in Milano nel 1491 dalle Schinzeller; fu consigliere ducale e grande fautore di Francesco Sforza. Vedi ROBOLINI, *Notizie,* vol. V, part. II, pag. 140 e 236, e vol. VI, part. I, pag. 70 e seg.

(2) Questo documento, che per noi è importante perchè ci fornisce i nomi dei Religiosi di S. Paolo nel febbraio del 1477, è stato trovato mutito, come è qui riprodotto. Il nome del Priore de Stampino è da corregersi in *de Strambino,* secondo il documento 6 novembre 1476.

CDVI.

La Comunità di S. Agostino vende il diretto dominio di una vigna.

1477, giugno, 13.

(Arch. Notar. di Pavia. — Atti di Agostino Gravanago'.

I N loco Capituli Conventus et ecclesie sancti Augustini Papie.... Cum hoc sit quod Andreas de Sachis filius quondam Iacobi, civis Papie, iam pridem promissionem fecerit de vendendo reverendo et venerabilibus dominis Priori et Monacis monasterii sancte Marie de Gratia, Carthusie Papie vulgariter nuncupati, omnes et singulas terras... ipsius Andree positas... in loco et territorio Vilecii campanee papiensis suprane.... in quibus bonis vendendis.... adest petia una terre advineate ad altinum in ipso territorio Vilezii ubi dicitur ad sanctum Bartolomeum... (1) ex qua proprietate prestatur fictum perpetuum sachorum quatuor papiensium frumenti, in calendis augusti cuiuslibet anni, per filios et heredes quondam domini Iacobi de Sachis, venerabilibus dominis Priori et Fratribus sancti Augustini Papie... Cumque (dictus Andreas) se paratum offert meliorem conditionem facere dicto conventui sancti Augustini, videlicet de solvendo dicto conventui florenos ducentum... pro quibus emi possit et debeat fictum unum vel plura ticta perpetua, que sint annui redditus in summa sachorum decem papiensium frumenti et consequenter augumentabitur redditus dicto conventui sachorum sex papiensium frumenti singulo anno... Pro tanto convocato... Capitulo dicti conventus sancti Augustini... imposicione reverendi patris domini magistri Iohannis Iacobi de Campixe, sacre theologie professoris, Prioris dicti Conventus, in quo quidem capitulo fuerunt et sunt prefactus dominus magister Iohannes Iacobus Prior, nec non reverendus frater dominus magister Bertholameus de Fazardis sacre theologie professor, reverendus pater dominus magister Baptistinus de Rubeis, reverendus pater dominus magister Augustinus de Ranchate, reverendus pater dominus magister Baptista de Roxate, reverendus pater dominus magister Iohannes de sancto Angelo, nec non venerabiles domini fratres Antonius de Schapis bacalarius, Bernardinus de Roma lector, Iacobus de Curte lector, Alexander de Papia lector, Ieronimus de Mediolano bachalarius, Bertolameus de Castelacio, Raphael de Rapalo biblicus, Didimus Brayda, Apolonius de Curte, Nicolaus de Papia lector, Iohannes de Bavaria, Petrus de Toloxa, Archangelus de Mediolano (2), Antonius de Pinarolo, Iohannes de Tricio, Christoforus de Castellatio, Silvester de Tromello, Lucas de Velate, Petrus de Schapis, Angelinus de Bugella, Augustinus de Pinarolo, Iohannes de Papia, Euxebius de Beligieriis (3), et Michael de Bugella,.. facientes plusquam duas partes ex tribus, imo fere totum... capitulum dicti conventus.... considerantes maxime dictam oblacionem et requisicionem ut supra factas... cedere in evidentissimam utilitatem dicti conventus... vendiderunt, cesserunt, traddiderunt... dicto Andree de Sachis... dictum dominium et civilem pos-

---

(1) È la vigna ricordata nei documenti n. CCXVIII, CCLXI e CCLXV.

(2) Frate Arcangelo da Milano è con tutta probabilità quel frate Arcangelo della nobile famiglia Gallarati, che nel 1498 fu dal Sommo Pontefice Alessandro VI eletto Presidente del Capitolo della Congregazione Lombarda, celebrato in Brescia, in sostitu-zione di frate Luchino Arconati, nobile Milanese, già eletto dal Generale frate Mariano da Genazzano a tale ufficio. Vedi To-RELLI, VII, 509.

(3) A proposito di questo nome *Beligieriis* vedi la nota al doc. n. CCIV.

sessionem ac ius percipiendi dictum fictum perpetuum... et confitentur versus dictum Andream... habuisse et recepisse dictos florenos ducentum... qui sunt precium presentis vendicionis.....

CDVII.

La Comunità di S. Mostiola dà investitura di terre nel Siccomario.

1477, giugno, 27.

(Arch. Notar. di Pavia - Atti di Matteo Ferrari).

I N Conventu et domibus monasterii Sancte Mustiole... Convocato capitulo... monasterii Sancte Mustiole Papie, Ordinis Sancti Augustini... de mandato venerabilis et religiosi viri domini fratris Melchionis de Lucino, Prioris dicti monasterii...... in quo quidem capitulo..... erant.... cum eo.... reverendus in Christo pater sacre pagine professor dominus magister Augustinus de Malignano (1), nec non et venerabiles domini frater Guillelmus de Arighonibus bachalarius, frater Eustachius de Nocte, frater Laurentius de Bugella, frater Tholomeus de Seraticho, fratre Michael de Chermagnola, frater Bertholameus de la Ecclesia et frater Ubertus de Belbello... representantes plusquam duas partes ex tribus dominorum fratrum... *dànno investitura a Giovanni Antonio Lucini di alcune terre a S. Martino Siccomario, di proprietà del Convento, per l'affitto di fiorini 34 annui, oltre ad alcune prestazioni in vino, paglia, etc.*

CDVIII.

Testamento del Giureconsulto Luca Grassi, professore universitario, a favore di S. Paolo.

1477, settembre, 10.

(Arch. Notar. di Pavia — Atti di Agostino Gravanago).

N ELLA *casa del testatore, in Parrocchia di S. Michele, lo* spectabilis et famoxissimus iuris utriusque doctor dominus Lucas de Grassis filius quondam magnifici domini Gasparis.... (2) *nel suo testamento*.... decrevit sepeliri in conventu sancti Pauli extra Papiam, non in ecclesia, sed extra, ubi melius videbitur Fratribus : cui ecclesie legat vestem suam veluti nigri sine fodratura pro faciendo ornamenta altaris sive planetam vel similia, et legat eidem ecclesie pro subsidio suorum hedifficiorum (3) ducatos quinquaginta.

(1) Agostino *de Malignano*, che si dovrebbe ritenere Agostino da Melegnano, è invece il noto frate Agostino de Marltano o Marliani, come si arguisce da altri documenti.

(2) Luca Grassi, nativo di Castelnuovo, entrò nel Collegio dei Giuristi pavesi il 31 agosto 1438. L'anno seguente cominciò l'insegnamento di Diritto canonico nell'Università, che continuò sino al 1446, quando iniziò le sue lezioni di Diritto Civile, che professò fino al 1476. Vedi ROBOLINI, *Notizie*, Vol. V, parte II, pag. 146 e 241 ; e *Memorie e documenti per la Stor. dell' Univer. di Pavia* vol. I, pag. 46.

(3) Si comprende da ciò come continuassero tuttavia i lavori di costruzione del Convento.

CDIX.

Frate Ágostino Rancati, Procuratore di S. Agostino, riceve il pagamento per l'affitto di una casa.

1477, ottobre, 7.

(Arch. Notar. di Pavia — Atti di Bernardo Cellanova).

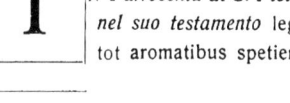

N domo seu cella infrascripti domini fratris Augustini de Ranchate, sita in claustro monasterii sancti Augustini Papie Porte Palacii Parochie S. Andree de Brollio Reverendus dominus frater Augustinus de Ranchate... tamquam sindicus et procurator... ecclesie sancti Augustini... ac etiam ex licentia aliax per ipsum obtente a reverendo sacre theologie professore domino magistro fratre Gabriele de Carmagnola Provincie Lombardie Ordinis Fratrum Predicatorum sancti Augustini, *riceve il solito affitto di 7 'fiorini per 6 mesi di pigione della casa affittata al Travaglino barbiere ducale* (1).

CDX.

Legato testamentario di Antonio dei nob. di Frascarolo a favore dei Religiosi di S. Paolo.

1477, ottobre, 8.

(Arch. Notar. di Pavia — Atti di Agostino Gravanago).

N Parrocchia di S. Pietro in Vincoli, il farmacista Antonio dei Nobili di Frascarolo, nel suo testamento legat libras XXV fratribus sancti Pauli Papie, solvendas in tot aromatibus spetierie sue.

---

(1) Vedi il documento del 4 settembre 1476. Negli atti del notaio Bernardo Cellanova s'incontrano pagamenti di affitto per 14 fiorini all'anno fatti dal Travaglino ai 9 luglio 1478 al Procuratore frate Agostino Rancati, ai 3 settembre 1481 al Procuratore frate Battista da Rosate; ai 17 febbraio 1483 si dà lo stesso pagamento fatto al Procuratore frate Gian Bartolomeo da Castellazzo *in claustro Conventus sancti Augustini Papie in quo claustro picta est legenda seu vita sancti Augustini* (che è l'affresco, di cui parlammo nelle note a pag. 144 del I volume); ai 29 novembre 1483 e ai 17 maggio 1484 al Procuratore frate Battista da Rosate.

CDXI.

Frate Lorenzo da Biella, Procuratore di S. Mostiola, riceve un annuo affitto.

1477, ottobre, 22.

(Arch. Notar. di Pavia - Atti di Matteo Ferrari).

I N domibus monasterii Sancte Mustiole Papie...... venerandus vir dominus frater Laurentius de Bugiela... sindicus et procurator.... monasterii Sancte Mustiole... *riceve da Gio. Antonio Lucini fiorini 34 per affitto di un anno di prati e di vigne del monastero nel Siccomario presso S. Martino.*

CDXII.

Legato testamentario della nob. Elisabetta Beccaria Landriani a favore del Convento di S. Paolo.

1477, ottobre, 24.

(Arch. Notar. di Pavia - Atti di Agostino Gravanago).

N ELLA *casa della testastrice, in Porta Palacense, Parrocchia di S. M. Corona. La nobile Elisabetta Beccaria* (1) *figlia del fu milite Francesco, vedova di Antonio Landriani, nel suo testamento,* legavit et legat venerabilibus dominis Priori et fratribus sancti Pauli Paple, florenos XXV monete curentis, solvendos dictis dominis fratribus infra sex annos, videlicet pro una sexta parte singulo anno.

CDXIII.

Disposizioni testamentarie del nobile Giacomo Landolfi a favore del Convento di S. Paolo.

1477, ottobre, 31.

(Arch. Notar. di Pavia - Atti di Francesco Sisti).

N ELLA *casa del testatore, in Parrocchia di S. Romano Maggiore. Testamento di Giacomo Landolfi, del fu Albertollo di Pavia, nel quale dispone* quod quandocumque contingat ipsum dominum testatorem decedere ab hoc seculo, eius cadaver sepeliri debeat ad ecclesiam sancti Pauli prope et extra muros papienses. Item.... dat

---

(1) Il nome di questo nobile casato è apparso parecchie volte nei nostri documenti (n. CCXX, CCXXI, CCXLII, CCXLIII) come quello di benefattori del nostro Istituto. Della stessa famiglia furono anche dei membri dell'Ordine Agostiniano (Vedi Indice del I volume); ed in questo II vol. vedi il doc. del 31 luglio 1475, e 4 giugno 1483.

et legat monasterio ac capitulo et conventui ecclesie sancti Pauli prope et extra muros papienses et in remissionem pechatorum ipsius domini testatoris, quecumque bona immobilia
viva et mortua ac nomina debitorum que idem dominus testator habet, tenet et possidetin
loco et territorio Bremide Lomelline et Comitatus Papie, quovis modo, iure et titulo et quavis
occasione et causa et tam cum carta et scriptura publica et privata, quam sine et contra
quascumque personas, res et bona, que, et quallia et quantacumque et in quotquot peciis et
numero perticharum sint et existant ac quibusvis confiniis et coherentiis terminentur ac quibusvis nominibus nuncupentur dicti debitores de dicto loco Bremide...... Item...... ordinat et
mandat quod post mortem ipsius domini testatoris dispensentur et dispensari debeant per
venerabilem dominum Priorem dicti Ordinis et Ecclesie sancti Pauli prope et extra muros
papienses et spectabilem legum doctorem dominum Ambroxium de Opizonibus et me notarium, infrascriptum, ad plenum informatos de mente, voluntate et conscientia ipsius domini
testatoris, seu per duos ex eis in concordia, ex et de fictis, redditibus et proprietatibus
bonorum ipsius domini testatoris predictorum et ex creditis ipsius domini testatoris, que
habet cum Raffaele de Mediisbarbis et cum Iacobo Lanterio de Dertona illi persone, et seu
illis personis, cui seu quibus, et prout et quemadmodum ac quando eisdem dominis Priori
et Ambroxio et michi notario et seu duobus in concordia, melius visum fuerit et placuerit,
etiam ultra annum a iure limitatum; quos quidem dominos Priorem, Ambroxium ac me
notarium et seu duo eorum et mei notarii in concordia exequutores predictorum omnium
et singulorum fecit et constituit ac facit et constituit, quoniam de ipsorum et cuiuslibet eorum
conscientiis plenissime confidit, et quos quidem florenos quinquecentum habere, capere,
recipere, petere et consequi valeant ad eorum libitum voluntatis ex et de predictis fictis,
redditibus, etc. *Fra i testi sono presenti:* Venerabili domino fratre Matthia de Brisia Vice-
priore monasterii Sancti Pauli et domino fratre Fortunato de Abiella Ordinis predicti et
dicti monasterii sancti Pauli.

CDXIV.

Transazione della Comunità di S. Paolo per il lascito testamentario di Giacomo
Landolfi.

1477, dicembre, 24.

(Arch. Notar. di Pavia - Atti di Agostino Gravanago).

I N loco Capituli Sancti Pauli extra et prope muros papienses... Convocato capitulo venerabilium dominorum Prioris et monacorum sancti Pauli... de mandato
reverendi patris domini fratris Cherubini de Rivarolo Prioris dicti conventus...
in quo... fuerunt... prefactus dominus Prior nec non venerabilles domini frater Pacificus
de Vercellis, frater Princivallis de Bugella, frater Archangelus de Brisia, frater Mattias de Brisia,
frater Serapion de Pontechurono, frater Theophilus de Cremona, frater Guillelmus de Ripa-
rolio, frater Filipus de Brisia, frater Andreas de Papia, frater Bertholameus de Pergamo, frater
Paulus de Papia, frater Simplicianus de Savona, frater Theodorus de Papia, frater Fortuna-

tus de Bugella, frater Eugenius de Papia, frater Barnabas de Brisia, frater Angelus de Salis... (1) qui sunt fere totum et integrum capitulum.... *Avendo il monastero per testamento del fu Giacomo Landolfi, rogato da Francesco Sisti, ereditato le proprietà di lui nel territorio di Breme, per le quali il Landolfi era in lite con certi consorti Colli di quel territorio, per troncare la controversia addiviene a transazioni coi Colli, i quali si obbligano a pagare al monastero 'fiorini 250, restando ad essi la proprietà degli immobili* (2).

CDXV.

Frate Bartolomeo Fazzardi, Cappellano di S. Monica nella Sagrestia di S. Agostino, riceve il pagamento di un affitto dalla Contessa Margherita Borromeo.

1478, giugno, 30.

(Arch. Notar. di Pavia — Atti di Bernardo Cellanova).

IN civitate Papie, videlicet subtus porticu camere seu celle infrascripti magistri Bertholamei, sito in conventu et claustro sancti Augustini Papie, Porte Laudensis, Parochie sancti Andree in Brolio... Reverendus sacre theologie professor dominus magister Bartolomeus de Fazardis Ordinis sancti Augustini Papie, capellanus capelle domine sancte Monache constructe in ecclesia seu sacristia dicte ecclesie sancti Augustini... (3) *riceve dalla contessa Margherita Borromeo, vedova dello spett. Gian Agostino Visconti, fiorini 12 per affitto di un anno, spirato il dì di tutti i Santi passato, per beni spettanti alla detta cappellania. Fra i testi:* domino fratre Iohanne Bartolomeo de Castellacio Ordinis predicti sancti Augustini.

CDXVI.

Il Priore Generale frate Ambrogio da Cori elegge tre Conservatori per la tutela dei diritti degli Eremitani di Pavia.

1478, luglio, 7.

(Arch. del Convento di S. Agostino di Pavia).

FRATER Ambrosius de Cora, Ordinis Heremitarum beatissimi Augustini, sacrosancte Theologie magister et professor, et universe Religionis Heremitarum sancti Augustini, Dei Gratia, humilis Prior Generalis, vi et ex auctoritate, potestate ac baylia nobis attributis ex privilegiis Summorum Pontificum et maxime sanctissimi

---

(1) Notiamo lo sviluppo del Convento di S. Paolo, indicato dal considerevole numero dei Padri componenti il capitolo di esso. Questo sviluppo si collega con le grandi simpatie suscitate dal novello Convento nei Pavesi, i quali dimostravano la loro benevolenza con donazioni, di cui sono prova i nostri documenti.

(2) Il debito dei Colli verso il monastero non fu pagato subito, come si desume dal documento del 30 gennaio 1479.

(3) Vedi il documento del 3 febbraio 1475.

domini domini nostri domini Sixti divina Providencia Pape quarti innovatis et confirmatis, per alia privilegia tenoris subsequentis, videlicet :

Sixtus Episcopus servus servorum Dei ad perpetuam rey memoriam. Dum fructus uheres, etc. (1).

Et quod quidem privilegium ibidem fuit et est originaliter demonstratum ac lectum in presentia mei notarii et testium infrascriptorum et fuit et est sanum, integrum et illexum et omni prorsus vicio et suspicione carens et bullatum vera bulla plumbea impendenti cum cordula sirici rubei croceique coloris, more solito Romane Curie, dilectis filiis venerando dom Alberto de Guidebonis abbati monasterii sanctorum Gervasii de Montebello (2) et egregio doctori domino Iohanni Matheo de Priolis archidiacono sancti Zeni papiensis, et cuilibet vestrum in solidum, salutem et sinceram in eo, qui pro mortalibus passus est, caritatem.

Prefate Religioni universali Heremitarum beatissimi Augustini, licet immerito, disponente Domino presidentes, circha curam ecclesiarum et monasteriorum omnium eiusdem Religionis, solercia reddimur indefexa soliciti, ut, iuxta debitum sarcine officii nostri, eorum occurramus dispendiis, et profectibus, divina chooperante clemencia, salubriter intendamus. Sane, dilectorum filiorum Priorum et Priorissarum ac ceterorum quorumcumque dicte Religionis sancti Augustini tocius Provincie Lombardie conquestione, percepimus quod nonnulli Archiepiscopi, Episcopi, aliique ecclesiarum Prelati et Clerici, atque ecclesiastice persone tam religiose quam seculares, nec non Duces, Marchiones, Comites, Barones, Nobiles, Milites et laici, Comunia Civitatum, Universitates opidorum, castrorum, villarum et aliorum locorum, alieque singulares persone civitatum et diocesum et aliarum partium diversarum, occuparunt et occupari fecerunt castra, villas et alia loca, terras, domos, possessiones, iura et iurisdictiones, nec non fructus, census, redditus monasteriorum et locorum suorum et quorumlibet ipsorum et ab eis dependencium et per illorum Priorum Fratres et conventus regi et percipi solitorum ubicumque consistencium et nonnulla alia bona mobilia et immobilia, spiritualia et temporalia, ad prefatos Priores, Fratres et Conventus ac monasteria et loca spectantes et spectantia et eos et ea detinent indebite occupatos et occupata, et privilegiis prefate Religionis, lassatis habenis, et divinum cultum supprimentes et proprie salutis immemores, non formidant contravenire eisdemque abuti, pravos et subauditos intellectus dando in gehennam ignis eterni incassum dignoscunt, et seu eos seu ea detinentibus, contravenientibus et dantibus pravos et subauditos intellectus intrepide prestant auxilium, conscilium vel favorem, nonnulli etiam civitatum, diocesum et partium prefate Lombardie, qui nomen Domini in vanum recipere non formidant, eisdem Prioribus, Fratribus et Conventibus super dictis castris, villis et locis aliis, necnon terris, domibus, possessionibus, juribus et jurisdictionibus, fructibus,

---

(1) Sopprimiamo il testo della lunga bolla di Sisto Quarto, perchè è già nota, e si può leggere anche in TORELLI, Vol. VIII, pag. 226 - 234.

(2) È frate Alberto dei nobili Guidoboni, illustre famiglia della città di Tortona, figlio del Convento di questa Città. Scrive il TORELLI, VII, pag. 251 che egli nel 1477 fu « condecorato con la dignità di Abbate de' SS. Gervasio e Protasio, et anche non molto doppo di un'altra abbatia fu honorato, che di Belmonte dicevasi ». Il Torelli dice di non sapere ove fossero le due abbazie, sebbene le creda nello stato di Milano. Come risulta dal nostro documento e da molti altri dell'archivio di Pavia, non si tratta di due abbazie, ma di quella soltanto dei Santi Gervasio e Protasio in territorio pavese, officiata prima dai Benedettini, poi dai Religiosi

Gerolamini. Vedi C. GIULIETTI, *Montebello nel Voghcrese*, Casteggio, Perea, 1889, pag. 30, seg. Prima che il Guidoboni fosse eletto abbate di Montebello, era stato provvisto di un benefizio di patronato dei duchi di Milano; come sappiamo da un atto del notaio Gian Domenico Migliavacca (Arch. Notar. di Pavia). in cui ai 3 agosto 1475, nella corte del Podestà di Pavia, il *venerabilis in theologia magister dominus frater Albertus de Guidebonis ducalis cappellanus*, elegge alcuni suoi procuratori. Da un atto degli 8 dicembre 1490 rogato da Giovanni Pietro Magenta (Arch. Notar. di Pavia) risulta che il nostro frate Alberto era anche *capellanus capelle sancti Andree, site in plebe sancti Ruffini de Sarezano diocesis terdonensis*. Vedi anche il documento del 19 ottobre 1493.

censibus, redditibus et proventibus eorumdem et quibuscumque aliis bonis mobilibus et immobilibus, spiritualibus et temporalibus, ac aliis rebus et privilegiis ad huiusmodi Priores, Fratres, monasteria atque dependencia loca communiter vel divisim persepe multiplices molestias et iniurias inferunt pariter et jacturas. Quare pro parte prefatorum dominorum Priorum, Fratrum et conventuum Lombardie nobis humiliter suplicarunt ut cum ipsis valde reddatur difficile pro singulis querellis ad nos habere recursum, et ut parcatur eorum laboribus et expensis, vachareque possint officiis ecclesiasticis insistereque orationibus et studiis, ipsisque super hoc providere paterna diligentia curaremus. Nos igitur adversus huiusmodi occupatores, detentores, presumptores, molestatores et iniuriatores huiusmodi, illo volentes eisdem Prioribus, Fratribus et conventibus predictis remedio subveniri, per quod ipsorum compescatur temeritas, et aliis similia committendi aditus precludatur, discrecioni vestre per hec scripta mandamus, quatenus vos, aut unus vestrum, per vos vel alium seu alios, etiam si sint extra loca, in quibus deputati estis conservatores et judices, prefatis Prioribus et Fratribus efficiatis et defensionis auxilio assistentes non permittatis eosdem super his et quibuslibet aliis bonis, juribus et privilegiis ad Priores, Fratres, conventus, monasteria ac dependencia, ad loca predicta coniunctim seu separatim spectantes, ab eisdem vel aliquibus aliis indebite molestari vel eis gravamina seu dampna vel iniurias, irrogari; facturi dictis Prioribus, Fratribus et Conventibus cum ab eis vel ipsorum aut cuiuslibet ipsorum procuratoribus fueritis requisiti, de predictis et aliis personis quibuslibet super restitutione huiusmodi castrorum, villarum, terrarum, jurisdictionum, jurium et bonorum mobilium et immobilium, redditorum quoque atque proventuum et aliorum quorumlibet bonorum: necnon et de quibuslibet molestiis, iniuriis ac dampnis, privilegiorum contrafactionibus et pravis subaudicionibus et intellectibus presentibus et futuris, in illis videlicet que judicialem requirunt indaginem, summarie et de plano sine strepitu et figura judicii; in aliis vero prout qualitas eorum exegerit, justicie complementum, occupatores seu detentores, presumptores, molestatores et iniuriatores nec non contradictores quoslibet et rebelles cuiuscumque dignitatis, status, gradus, ordinis vel condicionis exstiterint, quandocumque et quocienscumque expedierit, auctoritate nostra imo verius apostolica, per censuram ecclesiasticam, appellatione postposita, compescendo, invocato ad hoc, si opus fuerit, auxilio brachii secularis: non obstantibus tam felicis recordacionis Sanctissimi Domini Nostri Bonifacii Pape octavi, in quibus cavetur ne quis extra suam civitatem et diocesim, nisi in certis exceptis casibus et in illis ultra unam dietam a fine sue diocesis evocetur, seu ne judices et conservatores a Sede prefata deputati extra civitatem et Diocesim in quibus deputati fuerint, contra quoscumque procedere sive alii vel aliis vices suas committere, aut aliquos ultra unam dietam a fine diocesis eorumdem habere presumant, dummodo ultra duas dietas aliquos auctoritate presentium non trabant seu quod de aliis quam de manifestis iniuriis et violenciis et aliis qui judicialem requirunt indaginem, penis in eos, si secus egerint, adiectis; quam aliis quibuscumque constitucionibus a Summis Romanis Pontificibus, de judicibus delegatis et conservatoribus quam personis ultra certum numerum ad judicium vocandis, aut aliis, editis, que vestre possent in hac parte jurisdictioni aut potestati ejusque libero exercitio quomodolibet obviare, seu si aliquibus communiter vel divisim, a predicta sit Sede indultum, quod excommunicari, suspendi, vel interdici, seu extra vel ultra certa loca ad judicium evocari non possint, nisi per litteras Apostolicas non facientes plenam et expressam ac de verbo ad verbum de indulto huiusmodi et earum personis, locis et nominibus propriis, mencionem, et qualibet alia dicte Sedis indulgencia generali vel speciali, cuiuscumque tenoris existant, per quam presentibus non expressam, vel totaliter non insertam, vestre jurisdictionis explicatio in hac parte valeat quomodolibet impediri et de qua hucusque toto tenore habenda sit de verbo ad verbum in premissis litteris mencio specialis. Ceterum volumus, et auctoritate nostra, imo verius Apostolica, decernimus quod quilibet vestrum prosequi valeat articulum etiam per alium inchoatum, quamvis idem inchoans nullo fuerit impedimento canonico prepeditus quodque ad acta presentium sit vobis et unicuique vestrum in premissis omnibus et singulis, ceptis et non ceptis, presentibus et futuris et pro predictis procedere ac si predicta omnia et singula coram vobis acta fuissent et jurisdictioni vestre et cuiuslibet vestrum in predictis omnibus et singulis per citationem vel alium modum perpetuata legiptime extitisset; constitucione premissa super conservatoribus et alia qualibet in contrarium edita non obstantibus, perpetuis futuris temporibus duraturis. In quorum testimonium presentes nostras litteras fieri jussimus et registrari de ipsisque instrumentum rogari per infrascriptum dominum Iohannem de Schanzolis nuncupatum de Boneto notarium et scribam nostrum. Datum et actum Papie, in monasterio Heremitarum Beatissimi Augustini ejusdem Ordinis, in camera residencie nostre, sub anno a Nativitate Domini millesimo quadringentesimo septuagesimo octavo, indicione undecima, die septimo mensis julii, hora vesperarum, pontificatus Sanctissimi Domini Domini Nostri Sixti divina Providencia Pape IV anno octavo, et presentibus Iohanne de Tricio, etc., testibus ad premissa omnia et singula vocatis, habitis, et rogatis.

Ego Iohannes de Scanzolis dictus de Boneto, genitus quondam domini Bonetti publicus papiensis imperialique auctoritate notarius, hoc instrumentum michi fieri jussum rogatus tradidi et me subscripsi.

Ego Iohannes Franciscus de Gravanagho ex nobilibus de Ruyno filius quondam domini Surlioni publicus papiensis imperialique auctoritate notarius suprascriptum instrumentum iussu suprascripti domini Iohannis notarii ac causidici papiensis scripsi et me subscripsi.

CDXVII.

Lascito testamentario del notaio Francesco de Guateris a favore di S. Paolo.

1478, settembre, 4.

(Arch. Notar. di Pavia. — Atti di Nicolino Sicleri).

N ELLA *casa del testatore, in Parrocchia di S. Gabriele. Testamento di Francesco de Guateris, del fu Pietro, cittadino e notaio di Pavia, nel quale* sibi sepulturam ellegit ad ecclesiam sancti Pauli, sitam prope et extra muros papienses, ad quam singularem gerit devotionem et ad quam vult et intendit corpus suum sepelliri debere quandocumque ipsum decedere contingit. Item... instituit sibi heredem particularem monasterium et capitulum seu conventum dicte ecclesie sancti Pauli, situm ut supra, in uno ficto perpetuo... florenorum duodecim..... quod omni anno ipsi domino testatori prestatur... per venerabilem virum dominum presbiterum Iacopum de Codallo, de domo una, murata, cupata et solariata, cum eius heddificiis, sita in Papia, in Porta Pertuxii in parochia sancte Eufemie, cui coheret ab una parte monasterium sancti Bartolomei in Strata... Et hoc cum onere... quod domini fratres... teneantur et obligati sint omni anno semper et in perpetuum, in dicta ecclesia sancti Pauli celebrare seu celebrari facere unum solempne offitium mortuorum cum missis sancti Gregorii, seu cum missis celebrari consuetis ob reverentiam Beati Gregorii, pro mercede anime ipsius testatoris et in remissionem peccatorum suorum.

CDXVIII.

Frate Battista Rancati da Rosate, Procuratore di S. Agostino, riceve il pagamento d' affitto di beni in Garlasco.

1478, ottobre, 24.

(Arch. Notar. di Pavia. — Atti di Gian Giacomo Canevari).

N ELLA *casa del notaio, in parrocchia di S. Zeno.* Venerabilis dominus frater Baptista de Roxate sacre theologie professor, Ordinis Sancti Augustini, sindicus et procurator.... monasterii sancti Augustini Papie, *riceve dal prete Antonio de Brumano di Garlasco, procuratore degli eredi dei furono Bartolomeo e Matteo Paltonieri, fiorini 8 ed un cappone per affitto di un anno spirante al prossimo S. Martino*, certarum domorum et sediminum sitorum in loco iamdicti Garlaschi, *ai consorti Paltonieri investiti dal monastero.*

CDXIX.

Frate Battista Rancati da Rosate riceve il pagamento per l' affitto di una vigna in Casorate.

1478, novembre, 9.

(Arch. Notar. di Pavia. — Atti di Gian Giacomo Canevari).

N ELLA *casa del notaio, in Parrocchia di S. Zeno.* Venerabilis dominus frater Baptista de Rossate sindicus et procurator... conventus sancti Augustini Papie, *riceve da Bartolomeo de Rociis, anche a nome di suo padre Alberto, L. 12 e soldi 16, per affitto di due anni di una vigna in Casorate.*

CDXX.

Frate Lorenzo da Biella, Procuratore di S. Mostiola, riceve il pagamento dell'affitto dei possedimenti di Filighera e di Abiatico.

1478, novembre, 14.

(Arch. Notar. di Pavia — Atti di Bernardino Giorgi).

I N conventu Sancte Mustiole... Papie.. venerabilis dominus frater Laurentius de Biella sindicus et procurator.... conventus dicte ecclesie.... *riceve dai nobili Gregorio e Paolo Mangiaria, del fu dottor Girolamo, 16 fiorini per affitto delle possessioni in territorio di Abiatico,* campanee papiensis quas confitentur tenere ad fictum perpetuum a dicto conventu (1).

CDXXI.

Legato testamentario del nob. Lorenzo de Aquarollo a favore di suo figlio frate Lorenzo del Convento di S. Paolo.

1478, novembre, 23.

(Arch. Notar. di Pavia — Atti di Giovanni Battista Vailate).

N ELLA *casa del testatore, in Parrocchia di S. Giovanni in Borgo. Testamento del nobile Lorenzo de Acquarollo del fu Francesco, cittadino e mercante di Pavia, nel quale* instituit sibi heredem particularem fratrem Laurentium alias Franci-schum de Aquarollo eius domini testatoris filium legiptimum et naturalem et fratrem pro-fessum in conventu sancti Pauli extra muros papienses, Ordinis Heremitarum sancti Augu-stini de observancia, in florenis decem... quos ipse dominus testator iubet expendi debere in una capa et seu in tot vestibus aportare dicti eius filii. Et hoc pro omni et toto eo, quod ipse et dictum monasterium eidem domino testatori et seu infrascriptis eius heredibus uni-versalibus petere posset... in et super bonis ipsius domini testatoris... Et si ipse frater Lau-

---

(1) Una simile ricevuta troviamo rilasciata molte volte negli anni posteriori. Così agli 8 dicembre del 1480 il Capitolo di S. Mo-stiola, formato dai frati Galeazzo da Pavia Maestro e Priore, Pietro Calvi, Melchiorre Lucini, Eustachio de Nocte, Guglielmo de Arigonibus, Lorenzo da Biella, Tolomeo de Saratico, Mosè de Busti, Angelo de Rusconibus, Agostino della Chiesa, con atto di Leonardo Buscati, rilascia tale quietanza ai fratelli Mangiaria. Ai 15 novembre del 1481 lo stesso Capitolo, in cui figurano anche frate Eustachio Beccaria e frate Nicola de Trotis concedono la quietanza con atto di Bernardino Giorgi. Ai 20 di novembre del 1482 è rilasciata dal Procuratore frate Lorenzo da Biella con atto di Leonardo Buscati. Nel 1483 ai 26 di novembre con atto del

Buscati è il Capitolo che la rilascia, dove appariscono anche frate Agostino da Abbiate, Battista de Zaganis, Gabriele de Berretis e Gerolamo de Bastonibus. Nel 1490 ai 17 dicembre altra ricevuta è rilasciata dal Capitolo formato dal Priore Melchiorre Lucini e dai frati Pietro Calvi, Nicola Trotti, Lorenzo de Caneto, Agostino della Chiesa, Davide de Artaldis e Lorenzo de Rubeis, con atto dello stesso notaio. Ai 14 di gennaio del 1496 e ai 19 di gennaio del 1497 simile quietanza è rilasciata dal Procuratore frate Agostino della Chiesa, sempre con atti del notaio Buscati. E così finalmente ai 14 novembre del 1499 è rilasciata dal Procuratore frate Melchiorre Lucini. Vedi anche il documento del 22 ottobre 1483.

rentius per tempora indigeret aliquibus, id relinquit idem dominus testator discretioni dictorum infrascriptorum eius domini testatoris filiorum et heredum universalium et fratrum ipsius fratris Laurentii, qui in hoc facient prout eis visum fuerit.

CDXXII.

Frate Guniforto de Rabiis, Procuratore di S. Agostino, riceve un pagamento per frate Agostino Boccaccini.

1478, novembre, 27.

(Arch. Notar. di Pavia. — Atti di Bernardino Giorgi .

N ELLA *casa del causidico Antonio Cossi, in Parrocchia di S. Colombano.* Venerabilis dominus frater Gunifortus de Rabiis, Ordinis fratrum Heremitarum sancti Augustini Papie , procurator et sindicus.... monasterii sancti Augustini Papie, *riceve da Giovanni Caminata del fu Luigi* (1) *lire due per annuo interesse di fiorini 25, dei quali detto Caminata era debitore* domini fratris Augustini de Bochazinis fratris dicti conventus , *come da stromento rogato da Agostino Gravanago.*

CDXXIII.

La nobile Giovanna Fiamberti elegge la sua sepoltura in S. Agostino.

1478, dicembre, 21.

(Arch. Notar. di Pavia — Atti di Matteo Ferrari).

I N camera cubiculari domine testatricis, Porte Laudensis, Parochie S. Marie Canonice Peroni... domina Iohanna de Fiambertis relicta quondam Pedrini de Migliavachis, *nel suo testamento* ordinat quod quandocumque ipsam dominam testatricem decedere contingat... quod eius cadaver sepeliatur et sepeliri debeat ad ecclesiam sancti Augustini Papie, et in sepulcro ubi est sepultum cadaver dicte eius testatricis mariti et quod fecit et seu costrui fecit dictus quondam Pedrinus olim eius maritus.

---

(1) É il pittore nob. Giovanni de Caminata, di cui vedi P. MOI-RAOHI, *Sui Pittori Pavesi*, pag. 370, seg. Frate Agostino Boccaccini era parente del Caminata, avendone questi sposata la sorella.

CDXXIV.

Il Collegio dei Notai di Pavia autorizza il rogito in giorno festivo di una proroga di pagamento dovuto agli Eremitani di S. Paolo.

1479, gennaio, 30.

(Arch. Notar. di Pavia — Atti di Gian Giacomo Canevari).

I N Camera Venerandi Collegii dominorum Notariorum civitatis Papie, sita subtus Canzellariam et respondente deversus curiam pallatii Comunis Papie... in presentia egregiorum et prudentium virorum dominorum... consulum Collegii Notariorum civitatis Papie, constitutus Cristoforus de Collis... notarius papiensis, tam humiliter quam devote exposuit ipsis dominis Consulibus quod pro certo debito notabilis pecuniarum quantitatis quod habet cum reverendo et venerabilibus dominis Priore et fratribus sancti Pauli, Ordinis Heremitarum Sancti Augustini de Observantia, extra et prope menia civitatis Papie, tamquam legatariis domini Iacobi de Landulfis fq. domini Albertoli (1), requisivit prorogationem ipsarum solutionum fieri ipsi Christoforo per eosdem dominos Priorem et fratres quam suis humanitate et pietate facere offerunt ipsi domini Prior et fratres. Verum quia reverendus in Christo pater dominus frater Seraphim de Luzagho de Brisla, Dei gracia ipsius monasterii Prior, habet die lune proxime futura in mane pupim ascendere et se transferre ad civitatem Cremone ad predicandum et quia in ipsa civitate usque ad octavam Pasche Resurrectionis Domini nostri Ihesu Christi proxime futuram ibidem est moram tracturus, taliter quod opportunum esset differre eius adventum, que mora succederet maximo incomodo ipsi Christoforo, nisi bonitate prefactorum dominòrum Consulum concederetur licentia domino Iohanni de Scanzolis notario papiensi ipsum instrumentum possendi rogare die Dominicha, die crastina proxime futura, non obstantibus provisionibus superinde editis et ordinibus dicti Collegii, quam licentiam dictus Christoforus tam reverenter quam devote concedi exorat.

Qui domini consules, ex auctoritate sibi concessa, dicto domino Iohanni..... licentiam..... concedunt.... decernendo instrumentum rogandum ʉt supra vallere et tenere, etc.

CDXXV.

Il Capitolo di S. Agostino permuta un terreno in Trovo spettante alla Cappella di S. Maria e di S. Tommaso.

1479, marzo, 5.

(Arch. Notar. di Pavia — Atti di Guniforto Strazzapatti).

I N sacristia Conventus et ecclesie fratrum Heremitarum Sancti Augustini civitatis Papie, sita in solita Citadella ipsius civitatis, in Porta Palatii, in Parochia sancti Andree de Brollo... Cum verum sit quod de anno curso mcccclxx secundo,

(1) Vedi il documento del 24 novembre 1477.

indicione quinta, die XXV mensis novembris, reverendus sacre pagine professor dominus magister Bertholameus de Fazardis, ordinis Fratrum Heremitarum sancti Augustini et moram tunc et nunc trahens in conventu predicto sancti Augustini Paple, tamquam patronus et advocatus Capelle sanctorum Virginis Marie et Thome apostoli, constructe in ecclesia seu claustro dicti Conventus per quondam Saglimbene de Fazardis primum erectorem et fundatorem dicte capelle (1), post quandam venditionem sibi, nomine dicte Capelle, factam per infrascriptum Iohannem Franciscum de Gargiis de infrascriptis proprietatibus positis..... ut infra, investiverit Iohannem Franciscum de Gargiis civem et notarium papiensem, filium quondam spectabilis legum doctoris domini Iacopi, nominative de petia una vinee cum opiis, perticarum decem octo, posita et iacente in territorio Trodi Campanee Papie, ubi dicitur ad Scriventum.... Item de una alia petia vinee altinate cum opiis, sita in dicto territorio et contrata, perticharum duodecim..... Item de perticis decem terre culte, ex et de petia una terre culte perticharum quinquaginta.... sita in dicto territorio Trodi, ubi dicitur ad Campum de Domo..... pro annua ficti prestatione florenorum duodecim..... in festo sancte Cathelline cuiuslibet anni, solvendorum omni anno in dicto termino, dicto domino magistro Bertholameo patrono et in divinis servienti dicte Capelle durante eius vita et proinde dicto conventui, cum certis pactis et conventionibus in ipsa investitura contentis, et inter cetera cum pacto expresso quod totiens quotiens et quandocumque dictus Iohannes Franciscus vel eius successores dederint.... dicte Capelle..... unum seu duo bona ficta perpetua annui redditus florenorum duodecim.... et non sint longe distantes a civitate Papie ultra milliaria octo et non sint ultra Padum, nec sint supposita innundationi aquarum Padi vel Ticini..... quod tunc et eo casu dictus dominus magister frater Bertholameus, suique successores..... pro dicta Capella, teneantur et debeant..... facere cambium et permutacionem cum dicto Iohanne Francisco..... Pro tanto nunc dictus Iohannes Franciscus..... assignavit et assignat prefato domino magistro fratri Bertolameo de Fazardis patrono et advocato dicte Capelle sancte Marie et sancti Thome et ipsi Capelle in divinis servienti, nec non et venerabilibus et religiosis viris et dominis magistro Iohanni Iacobo de Campixiis vicario, magistro Augustino de Ranchate, sacre theologie professoribus, fratri Bertholameo de Castellatio bachalario, fratri Didimo de Brayda subpriori, fratri Iohanni de Bavaria cursori, fratri Petro de Tholoxa cursori, fratri Iohanni de Trizio, fratri Archangelo de Mediolano, fratri Antonio de Placentia, fratri Augustino de Pinarolo, fratri Leonardo de Svevia, fratri Gaspari de Svevia, fratri Honorato de provintia Provintie, fratri Bernardino de Papia, fratri Iohanni de Schapis, fratri Marcho de Vincentia, fratri Mansueto de Sabaudia, fratri Iohanni Marie de Papia, fratri Iohanni de Papia, fratri Eusebio de Legeriis sindico et procuratori dicti conventus, fratri Gratiadeo de Silvano, fratri Angelo de Bugella, fratri Martino de Bugella, omnibus fratribus professis dicti conventus, fatientibus plus quam duas partes totius capituli..... illud fictum perpetuum..... florenorum duodecim..... quod omni anno in festo sancti Martini..... redditur..... per Federicum et Iohannem Iacobum et fratres de Inzigneriis, filios quondam domini Manfredini..... de perticis vigintisex vinee altinate, ex petia una vinee altinate perticharum octuaginta, sita in territorio Pray campanee Papie, etc.

---

(1) Vedi il documento del 21 aprile 1479, dove questa cappella è detta semplicemente di S. Maria. Dal nostro documento si vede che essa già esisteva nel 1472. Il Salimbene Fazzardi, fondatore della cappellania, era morto ai 21 febbraio 1467, come si rileva dalla sua epigrafe sepolcrale, apposta alla tomba sua nel primo chiostro di S. Agostino e che ci è stata conservata dal Bossi nella sua raccolta manoscritta di epigrafi pavesi. (Biblioteca Universitaria di Pavia). Essa diceva così: *Sepulcrum nobilis viri Saglimbeni de Fazardis qui obiit MCCCCLXVIJ, die XXJ februarii.*

Nello stesso tempo e nello stesso Capitolo, avendo i fratelli de Inzignertts esposto che per loro circostanze particolari si trovano nella necessità di alienare le sopradette ottanta pertiche di terreno a vigna, ciò che non potrebbero fare senza essersi prima liberati dal peso del reddito annuo gravante su parte di esse a favore della Cappellania di S. Maria e di S. Tommaso suddetta, riscattano dal cappellano e dal Convento di S. Agostino per'fiorini 240 detto fitto o censo annuo.

CDXXVI.

Legati testamentarii della nobile Caterina Mezzabarba a favore delle Agostiniane di S. Dalmazio e degli Agostiniani di S. Mostiola.

1479, aprile, 2.

(Arch. Notar. di Pavia. — Atti di Francesco Sisti).

N ELLA *casa della testatrice, in Parrocchia di S. Romano Maggiore. Testamento della nobile Caterina Mezzabarba, del fu Giovanni, vedova del nobile Corradino Menapace Bottigella, nel quale ordina di essere sepolta nella chiesa delle Agostiniane di S. Dalmazio di Pavia, alle quali lascia duecento fiorini, da impiegarsi nella compera di un fondo, coll' obbligo di usare del reddito per la celebrazione di un ufficio anniversàrio con messa in canto e dodici basse, e per la celebrazione di una messa ogni settimana ; colla condizione che se dette monache o rifiutassero il legato, o fossero negligenti nell' adempierlo, il legato stesso* pervenire debeat in dominos fratres et Conventum ecclesie sancte Mutiolle Papie, et qui domini fratres et Conventum dicte ecclesie sancte Mustiole teneantur et obligati sint ad dicendum seu dici faciendum dictum officium et omnes dictas missas in dicta ecclesia sancte Mustiolle, prout obligate erant dicte Monialles, et hoc pro anima dicte domine testatricis. Item prefata domina Catherina.... dat et legat..... pro anima sua in remissionem peccatorum suorum venerabilibus et religiosis dominis fratribus et Conventui ac ecclesie domine sancte Mustiolle civitatis Papie, Ordinis sancti Augustini, alios florenos ducentos solvendos..... infra sex menses post decessum prefacte domine Catherine.... de quibus.... suprascripti domini fratres sancte Mustiolle.... teneantur et debeant dare et solvere.... florenos vigintiquinque.... dominabus Monialibus monasterii Senatoris (1) Paple et dicto Monasterio Senatoris pro una planeta de damasco albo fienda per dictas Monialles dicti Monasterii Senatoris pro dicto monasterio, fulta cum suis cantibus secundum stillum dicti monasterii Senatoris, et hoc pro anima ipsius domine testatricis. Alios vero florenos centum septuaginta quinque.... debeant implicàri in tot fundis seu fictis emendis per suprascriptos dominos fratres seu Conventum dominorum fratrum sancte Mustiolle.... pro utilitate dominorum fratrum et dicti conventus. Et quod dicti fructus seu ficta sint et perveniant in conventum dominorum fratrum dicte ecclesie sancte Mustiolle in totum. Item prefata domina testatrix gravavit et gravat, ultra suprascriptos florenos vigintiquinque, suprascriptos dominos

---

(1) Sono le monache Benedettine, che abitavano il monastero, detto del *Senatore* dal nome di chi lo fondò con atto del 27 novembre del 714, conservato, come si dice, nell' Archivio di stato di Milano.

fratres et conventum dominorum fratrum sancte Mustiolle, omni anno in perpetuum ad celebrandum et dicendum unum ufficium mortuorum integrum in cantu, in die obitus prefacte
domine Catherine testatricis, cum aliis missis parvis dicendis dicta die per omnes fratres
dicte ecclesie sancte Mustiolle. Et similiter in perpetuum ad dicendum omni ebdomoda
missam unam parvam pro anima suprascripte domine testatricis in ecclesia predicta sancte
Mustiolle ad altare sancti Nicolay de Tolentino situm in dicta ecclesia sancte Mustiolle. Et
hoc sub pena privacionis fictorum seu fructuum illius anni, quo non adimpleverint et non
attenderint.

CDXXVII.

La Comunità di S. Agostino concede investitura di terre spettanti alla Cappella di
S. Maria in S. Agostino.

1479, aprile, 21.

(Arch. Notar. di Pavia. — Atti di Guniforto Strazzapatti).

I N conventu fratrum. Heremitarum sancti Augustini et subtus claustrum ipsius conventus existens prope refectorium ipsius conventus, siti in solita Citadella Papie,
in Porta Palatii, in Parochia sancti Andree de Brolio... Convocato Capitulo... de
mandato reverendi sacre pagine professoris domini magistri Gabrielis de Cremagnola Prioris
dicti conventus.... in quo quidem Capitulo fuerunt.... ipse dominus Prior et cum eo.... reverendi et venerabiles domini magister Bertolameus de Fazardis, magister Iohannes Iacobus
de Campixe, magister Augustinus de Ranchate, magister Baptista de Ranchate et magister
Antonius de Ast.... omnes sacre pagine professores, frater Bertolameus de Castelatio bachalarius, frater Didimus de Brayda subprior, frater Augustinus de Laude magister studentium,
frater Iohannes de Bavaria, frater Petrus de Tholoxa, frater Antonius de Placentia, frater
Augustinus de Pinarolo, frater Leonardus de Svevia, frater Ieronimus de Trivultio, frater
Gaspar de Alamania, frater Bernardinus de Papia, frater Andreas de Bellenzona, frater
Iohannes de Papia, frater Franciscus de Cerano procurator, frater Eusebius de Lengeriis,
frater Martinus de Bugella, et frater Gratiadeus de Silvano, omnes fratres professi dicti Ordinis fratrum Heremitarum sancti Augustini, commorantes in dicto conventu et fatientes....
fere totum et integrum Capitulum fratrum residentium in dicto conventu, nomine et vice
Capelle sancte Marie, iuris patronatus heredum quondam nobilis Saglimbene de Fazardis,
site in primo claustro dicti conventus et prope portam introytus eiusdem claustri (1), in
quos dominos Priorem, Magistros et fratres, nomine ipsius Capelle infrascripte proprietates

(1) La porta, che dalla piazza S. Pietro in Ciel d'oro metteva
nel primo chiostro, si trovava precisamente nel punto, dove ora
finisce il nuovo Convento degli Agostiniani , ed incomincia il
tratto, che lo congiunge alla Chiesa. L'Oratorio rimase in piedi
sino al principio del 1904, aveva però perduto i suoi primitivi ca-
ratteri architettonici e decorativi per le aggiunte e gli affreschi a
chiaroscuro ond'era stato adorno nel secolo XVIII. La cappella fu
sempre frequentatissima e centro di un culto speciale alla Madonna della Consolazione, quando ad essa fu probabilmente annessa la
Cappellania fondata da frate Agostino Rancati col nostro documento del 10 ottobre 1480. Esso nel Marzo del 1904 si cominciò
a demolire per il nuovo Convento che v'è stato eretto. Quasi
sulla stessa area dell'Oratorio sorge ora la cappella privata del
nuovo Convento.

cum iure irrigandi.... pervenerunt, titulo venditionis sibi hodie parum ante facte per infra-scriptum Iacobinum de Garetis... *danno investitura perpetua allo stesso Giacomino di alcune terre* in territorio Feligarie *con diritti di acqua* (1), *di perriche ventidue, per l' affitto di sei sacchi di frumento all' anno, da pagarsi alle calende d' agosto.*

CDXXVIII.

Frate Battista da Bergamo Procuratore di S. Paolo riceve il parziale pagamento di un legato.

1479, maggio 27.

(Arch. Notar. di Pavia — Atti di Guniforto Strazzapatti).

N ELLA *casa del notaio, in Parrocchia di S. Maria Nuova.* Venerabilis vir do-minus frater Baptista de Pergamo, Ordinis Heremitarum sancti Augustini de observancia, moram trahens in monasterio sancti Pauli extra et prope civitatem Papie, Ordinis antedicti, *come procuratore del suo convento, riceve da Giorgio Zavattari* flo-renos quinque..... pro parte solutionis illorum florenorum quinquaginta..... eidem monasterio iure legati relictorum per quondam Augustinum de Zavattariis in eius testamento (2).... et solvi debitorum in annis decem ad ratam pro rata singulo anno.

CDXXIX.

Religiosi Agostiniani promossi agli Ordini Sacri.

1479, giugno, 5.

(Arch. Notar. di Pavia. — Atti di Lodovico Leggi).

M CCCCLXXIX, die sabati, quinto mensis Iunii :
Promovendi ad Ordines.
Ad primam tonsuram :
Frater Ioxep de sancto Gervasio Ordinis sancti Augustini.

Ad quatuor Ordines Minores :
Frater Ioxep de sancto Gervasio Ordinis sancti Augustini.
Ad subdiaconatum :
Frater Abel de Brisia Ordinis sancti Augustini (3).

---

(1) Sono i beni, che vedremo ricordati nel documento del 9 novembre 1482.

(2) É Agostino Zavattari, del quale vedi i due documenti del 6 novembre 1472 e del 6 novembre 1476.

(3) E' frate Abele Ottolenghi da Brescia, come dal documento del 27 maggio 1480.

CDXXX.

Convenzioni del Capitolo di S. Mostiola coll' orefice Guniforto Gualini per la fattura di una croce d' argento.

1479, luglio, 14.

(Arch. Notar. di Pavia. — Atti di Matteo Ferrari).

I N monasterio et Capitulo sancte Mustiolle Papie, Ordinis Heremitarum sancti Augustini.... Cum sit quod modo sunt et esse possunt anni viginti octo proxime preteriti, magister Gunifortus de Gualinis faber in Papia promisserit venerabilibus dominis Priori et fratribus dicti monasterii sancte Mustiolle facere et construere Crucem unam pulcram argenti pro dicto monasterio, et pro ipsa facienda et construenda ex tunc ipse magister Gunifortus habuerit et receperit ab ipsis dominis tunc Priore et fratribus pro parte solucionis eiusdem Crucis libras octuaginta novem imper. et becundiam unam vini vermilii, prout sic verum fore et esse ipse magister Gunifortus, sponte et ex certa scientia.... versus reverendum in Christo patrem sacre pagine professorem dominum magistrum Galeaz de Papia (1) Priorem dicti monasterii ibi presentem.... dixit et confessus et protestatus fuit : ac dicit confitetur et protestatur se ipsum magistrum Gunifortum dicto tempore habuisse et recepisse..... Cumque etiam sit quod mandato et imposicione venerabilis decretorum doctoris domini Vicarii reverendissimi in Christo Patris et domini domini Cardinalis Episcopique papiensis et Comitis, nec non et egregii et sapientis legum doctoris domini Vicarii magnifici domini Potestatis Papie, et tam coniunctim quam divixim, et ad instanciam venerabilis domini fratris Laurentii de Biella sindici et procuratoris dicti monasterii, penex Iohannem Antonium de Valigio ac de bonis et in preiudicium dicti magistri Guniforti, factum fuerit quoddam sequestrum de et pro predictis..... Ipse magister Gunifortus volens parcere laboribus et expensis, fuit et est contentus quod ipsum sequestrum relassetur ipsis dominis Priori et Fratribus... pro rata debita et pro expensis... ad hoc ut de ipsis pecuniis sequestratis emi possit argentum et etiam alia necessaria pro ipsa Cruce fienda et construenda.

Et ipsis fratribus in capitulo convocatis, in quo quidem capitulo penex dictum dominum Priorem, erant et sunt venerabiles viri frater Melchion de Lucino, frater Guillelmus de Arigonibus, frater Tolomeus de Seratico, frater Stephanus de Cumis et frater Franciscus de Boscho...... facientes...... plus quam duas partes ex tribus dominorum fratrum professorum existentium presentialiter in dicto monasterio... ipse magister Gunifortus... promittit et convenit dictis dominis Priori et Fratribus dictam Crucem facere et construere infra duos annos proxime futuros et quam crucem teneatur... facere et construere que sit ponderis in totum onziarum quinquaginta argenti lighe papiensis. Et ipsa cruce sic facta et constructa ipsi dominus Prior et Fratres... teneantur... solvere eidem magistro Guniforto ad et super totum, etiam computata manifactura dicte Crucis libras quatraginta imper. et non ultra, attenta re-

---

(1) Galeaz de Papia è il Religioso, che in altri documenti è detto Galeaz de Vicecomitibus, vedi il documento del 4 ottobre 1483; ed anche Galeaz de la Glarola, vedi il documento del 4 giugno del 1483.

ceptione et solucione dictarum librarum octuaginta novem imper. et traddicione et receptione dicte becundie vini. Quas quidem promissiones... partes contrahentes... ad invicem... promittunt et conveniunt perpetuo... ratas gratas et firmas... habere et tenere, etc. Et inde, etc.

CDXXXI.

Frate Eusebio de Legieriis Procuratore di S. Agostino riceve l'affitto di alcuni beni nel Siccomario.

1479, luglio, 30.

(Arch. Notar. di Pavia - Atti di Gian Giacomo Canevari'.

IN monasterio sancti Augustini Papie, videlicet subtus anditum porte dicti monasterii existentis per medium fossum citadelle eiusdem et per quam fit introytus· in ipsum monasterium... dominus frater Euxebius de Ligeriis frater professus ac sindicus et procurator..... monasterii sancti Augustini Papie Ordinis Fratrum Heremitarum eiusdem sancti Augustini... *riceve da Guniforto Scotti del Predamasco* (Prati de Mascharo) *e da Giovanni Manioli di Gravellone, sacchi 14 di frumento per affitto di due anni di certi beni siti in territorio* dicti loci Prati de Mascharo. *nel Siccomario, investiti in perpetuo ai consorti Scotti* (1).

CDXXXII.

Legati testamentarii del dottor Guido de Rossi a favore di S. Mostiola.

1479, ottobre, 20.

(Arch. Notar. di Pavia — Atti di Bernardo Cellanova).

NELLA *casa del testatore, in Parrocchia dt S. Quirico. Testamento dell'* egregius et sapiens artium et medicine doctor dominus magister Guido de Rubeis de Casellis, filius quondam domini Beltramini, *col quale dispone* quod quando contingerit ipsum dominum testatorem ab hoc seculo emigrare, quod cadaver suum portetur et sepeliatur in ecclesia domine sancte Mustiole Paple sine aliqua solempnitate, sed solum cum dominis fratribus dicti conventus domine Sancte Mustiole et domino Rectore ecclesie sancti Quirici parochiani ipsius domini testatoris, ad quam ecclesiam domine sancte Mustiole ipse dominus testator sepulturam suam sibi ellegit, ac etiam vult, iubet, ordinat et mandat quod predictum eius cadaver induatur capa secundum Ordinem et abitum glorioxi sancti Nicholay de Tolentino, predicti Ordinis, domine sancte Mustiole, advocati ipsius domini testatoris (2).

Item vult... quod infrascripti eius filii et heredes teneantur... quam primum ipse dominus

---

(1) Vedi il documento del 31 gennaio 1484.
(2) Ciò dimostra che nella Chiesa di S. Mostiola si manteneva

sempre viva la devozione al *Patrono delle anime del Purgatorio.*

testator ab hoc seculo decesserit, celebrari facere in dicta ecclesia domine sancte Mustiole, semel tantum, missam domini sancti Gregorii; item et officium unum mortuorum similiter in dicta ecclesia, omni anno usque ad annos decem, immediate sequuturos post decessum ipsius domini testatoris, et hoc pro anima ipsium testatoris et predicti quondam domini patris sui et aliorum suorum predecessorum mortuorum....

Item vult... quod libri duo nominati Artixelle quos ipse dominus testator habet, quarum altera est cum teguis et altera sine tegnis (1), vendantur et precium ipsorum librorum detur pro anima ipsius domini testatoris dominis Priori et Fratribus sancti Pauli extra muros Papie, quibus dominis Priori et Fratribus ac conventui precium dictorum duorum librorum legavit et legat ac iure legati relinquit.

CDXXXIII.

Religiosi Agostiniani promossi agli Ordini Sacri.

1479, dicembre, 19.

(Arch. Notar. di Pavia - Atti di Lodovico Leggi).

M CCCCLXXIX, die decimonono mensis decembris.
Infrascripti sunt promovendi ad diaconatum :
Frater Secundus de Taurino Ordinis Sancti Pauli.
Frater Abel de Brisia Ordinis suprascripti.

CDXXXIV.

Frate Francesco da Cerano Procuratore di S. Agostino riceve il pagamento dell'affitto di una casa.

1479, dicembre, 22.

(Arch. Notar. di Pavia - Atti di Giacomo Pescari).

I N claustro monasterii sancti Augustini Papie... Venerabilis dominus frater Franciscus de Cerano sindicus et procurator... monasterii sancti Augustini Papie.... cum presentia et auctoritate venerabilis sacre theologie doctoris domini magistri Gabrielis de Buciis Prioris dicti monasterii... *riceve da Matteo Canevari prevosto di S. Invenzio, a nome dei figli del fu Giov. Pietro de Rabiis, lire 24 per affitto di un anno di una casa, che il detto fu Gio. Pietro teneva in affitto perpetuo dal monastero.*

---

(1) E' la denominazione di un trattato di medicina, una copia del quale è in buone condizioni, l' altra invece è guasta dalle tignuole. Il trattato è quello che fu stampato a Venezia da Ermanno Lichtenstein nel 1483, col titolo: *Articella sive thesaurus operum medicorum veterum*. Fu ristampato nel 1487, nel 1491 e pure in Venezia da Gerolamo de Salis nel 1513 e nel 1523.

CDXXXV.

Gli Agostiniani di S. Paolo domandano ed ottengono aiuti dal Comune di Pavia per la Chiesa ed il Convento.

1480, gennaio, 25.

(Arch. del Museo Civ. di storia patria — Pacco Offerte).

MAGNIFICI ac clarissimi Domini maiores nostri colendissimi. Placuit ei, qui nos de tenebris gentium in sortem pauperum suorum ellegit, etiam vocare, ut essemus in hac vestra clarissima urbe pro vobis proque totius rei publice salute die noctuque orantes; nec quidem id plene possumus adimplere, nisi piis Christi fidelibus elymosinis adiuvemur. Affuimus vobis, Magnifici viri, iam duobus ac ferme tribus lustris ellapsis (1), nedum tamen religiosis officinis muniti atrocem ac pene mortalibus imparem hyemem nivibus, hymbribus, ventis frigoribusque reffertam propulsare potuimus. Coelum nobis undique patet et terra libera est. Hinc Deo clamamus, hinc exaudimur; Non est nobis ampla domus, non sunt latae porticus, non ingentia claustra, quibus omnibus reliqui huius alme civitatis religiosi habundant (2)! Clamitat undique apertis circumquaque fenestris sanctissimi Pauli nostri Conventus. Implorat auxilia, petit sibi suffragia dari. Adde quod ecclesia, quae domus Dei est et Christi sponsa, neque nobis orantibus, neque Christi fidelibus venientibus ut veniam precentur, sufficit. Indiget reparari, indiget ampliari. Quo circha nos oratores vestri et Deo militantes humiliter supplicamus et petimus ut de gratia speciali et consueta liberalitate in Dei, servos, Magnificentie vestre nobis concedere dignentur oblationes generales et annuales per annos tres vel quatuor (sine tamen aliorum injuria et detrimento) quas usque modo pro vestra munificentia aliis religiosis concessistis, sive in reparationem antiquarum, sive in novarum dedicationem ecclesiarum. Erunt nobis huiuscemodi oblationes et pia munera tum ecclesie sancti Pauli: tum vero Conventui subsidium non mediocre. Hiis adjuti et sublevati cum familiares extruxerimus officinas, delectam huic tanto Senatui reique publice familiam religiosorum doctissimorumque virorum dare poterimus, qui civibus, qui scholaribus, qui omnibus communiter sufficiant, ad utilitatem ipsorum et voluptatem spiritualis conversationis (3). Miseremini, clarissimi cives, miseremini nostri, et pia nobis prestate stipendia. Estote nobis pii parentes, ut simus vobis devoti filii, et supplices oratores. Nobis clamantibus pias nolite claudere aures. Sed in nos mitiores effecti misericordie vestre in nos viscera sentiamus ut Omnipotentem Deum deprecemur qui vobis et omnibus bona facientibus centuplum gratie sue prebeat in presenti: et vitam in futurum concedat eternam.

---

(1) Riguardo al tempo dell'ingresso degli Eremitani in S. Paolo vedi il documento CCCXXXIII. Mettendo in relazione questi due documenti si può stabilire che tale ingresso avvenne certamente prima del 1468, sebbene, come apparisce dai documenti CCCXII e CCCXIII, gli Eremitani avessero ottenuto il Convento di S. Paolo sino dal 1465.

(2) Anche l' Anonimo Ticinese sin dal 1330 aveva scritto (*Rer. Ital. Script.* vol. XI col. 42): « Plura sunt monasteria (in Papia)., tantas domos habentia et spatia, ut possit in eis, quicumque illuc venerit, magnus praelatus, vel imperator aut rex, commode hospi-

tari, praesertim monasterium Sancti Petri in Coelo Aureo, Sancti Salvatoris maioris et sancti Sepulcri. Reliqua monasteria et domus Religiosorum satis ampla habitacula et claustra decora (habent).

(3) Questo punto contiene in brevi parole il nobile programma che gli Eremitani di Pavia già con tanto splendore avevano sviluppato in S. Agostino ed in gran parte a S. Mostiola. Il loro scopo fu sempre quello di dare incremento alla scienza ed alla virtù. E fu certo una santa emulazione che spinse gli Eremitani di S. Paolo ad imitare le gesta degli Eremitani del Convento di S. Agostino.

Commendamus nos Magnificentiis vestris et ut nobis benigne respondeant exoramus. Bene valete nostri memores. Ex Conventu Sancti Pauli Papie ordinis fratrum heremitarum Sancti Augustini observantium Congregationis Lombardie die, XXV Januarij MCCCCLXXX.

Magnificentiarum vestrarum Filii et oratores : Prior et fratres Conventus Sancti Pauli Papie Augustinenses cum humili recommendatione.

Ego Johannes Augustinus dico quod fiat oblatio generalis semel in anno per totam civitatem et hoc usque ad annos tres. Fiat una oblatio generalis in anno usque ad annos tres (1).

CDXXXVI.

Frate Giovanni da S. Angelo presenta al Priore e al Procuratore di S. Agostino una cauzione pel pagamento di un debito.

1480, febbraio, 1.

(Arch. Notar. di Pavia - Atti di Giacomo Pescari).

I N cella seu camera residentie infrascripti domini fratris Iohannis, sita in infirmaria monasterii sancti Augustini Papie..... Cum hoc sit quod dominus frater Iohannes de sancto Angello alias esset sindicus et procurator venerabilis monasterii ac capituli sancti Augustini papiensis, in fine ipsius procure..... fuit ac restavit debitor ipsius monasterii de becondia una vini albi et sachis quinque frumenti (2)..... et quia in brevi est recessurus a dicto monasterio, volens eidem satisfacere..... eius precibus et mandatis Dominichus de Beciis..... habitator sancte Iullete de ultra Padum Comitatus Papiensis, sponte, nomine dicti domini fratris Iohannis (3), fuit confessus et confitetur versus venerabiles dominos sacre theologie doctores Gabrielem de Buciis Priorem dicti monasterii nec non et fratrem Baptistam de Ranchate sindicum dicti monasterii, *di essere debitore verso lo stesso Convento della suaccennata quantità di vino e di frumento che pagherà per la festa prossima di S. Michele.*

(1) Queste ultime parole sono la deliberazione del Consiglio di Provvisione, il quale riconobbe i meriti dei Religiosi e la ragionevolezza delle loro domande.

(2) Si comprende che era il pagamento di un affitto, che frate Giovanni da S. Angelo, durante la sua amministrazione, non aveva potuto esigere.

(3 Molto probabilmente il Domenico de Beciis, che qui si offre fideiussore, era il reale debitore dell'affitto verso il convento.

CDXXXVII.

Frate Francesco da Cerano Procuratore di S. Agostino riceve il pagamento d'affitto d'una casa in Pavia.

1480, febbraio, 14.

(Arch. Notar. di Pavia — Atti di Pietro Mombreto).

N ELLA *sala d'udienza del palazzo vescovile di Pavia.* Dominus frater Franciscus de Cerano professus Conventus sancti Augustini papiensis et tamquam sindicus et procurator ipsius conventus, *riceve da Giacomo de Ronzonibus fiorini 10 per affitto di un anno spirato alle calende del passato settembre, di una casa in Pavia in Parrocchia di S. Giorgio in fornarolo* (1).

CDXXXVIII.

Il Conservatore degli Agostiniani di Pavia intima la esecuzione di una donazione fatta al Convento di S. Paolo.

1480, febbraio, 23.

(Arch. Notar. di Pavia — Atti di Francesco Gravanago).

I OHANNES Matheus de Privolis decretorum doctor Archidiaconus ecclesie maioris Papie, conservator apostolicus specialiter deputatus una cum certis in hac parte nostris colegis insolidum deputatis sacrosancte Religioni universali Heremitarum Beatissimi Augustini, mediantibus literis patentibus conservatoriis reverendi in Christo patris domini fratris Ambrosii de Cora prelibati Ordinis sacrosancte theologie magistri et professoris et precelebre Religionis Dei gracia humilis Prioris Generalis, datis et actis Papie in prefato monasterio sancti Augustini, in cuius sinu eiusdem Beatissimi Corpus quiescit, anno MCCCCLXXVIIJ die septimo mensis Iullii per D. Iohannem de Scanzollis notarium papiensem (2): Ex auctoritate et potestate prefato domino Priori Generali attributis, mediantibus amplissimis bullis apostolicis, ipsis in conservatoriis insertis, et de quibus offerimus nos paratos amplam et liberalem fidem facere, si, quando et prout et cui intersit, fuerit a nobis canonice requisitum: dilecto nobis in Christo domino Amiricho de Zanachis laico papiensi, habitatori Papie, tutori et seu curatori et tutorio seu curatorio nomine Augustini de Zanachis donatario quondam domini Iohannis Antonii de Tachonibus, salutem in Domino et mandatis nostris, imo verius apostolicis, firmiter ac humiliter obedire.

Querelanter nobis demonstravit venerabilis vir dominus frater Iohannes Petrus de Papia sindicus et procurator..... venerabilium virorum dominorum Prioris et Fratrum monasterii

---

(1) Vedi i documenti CCCXLV e CCCXLVI.   (2) Vedi il documento n. CDXVI.

sancti Pauli extra muros Papie, Ordinis fratrum Heremitarum sancti Augustini de observancia, instrumentum unum donacionis inter vivos aliax facte per dominum Iohannem Antonium de Tachonibus filium quondam domini Peroni, civem et notarium papiensem, dicto
Augustino, nominative de certis notabilibus bonis ibidem descriptis, cum certis pactis et
convencionibus, et inter cetera cum pacto quod dictus Iohannes Augustinus teneretur dare
post decessum ipsius domini Iohannis Antonii, fabrice dicte ecclesie sancti Pauli florenos
centum..... infra tres annos tunc proxime futuros, prout de ipsa donacione constat instrumento publico rogato anno MCCCCLXXIJ, indicione quinta, die XIIIJ octobris per dominum
Leonardum de Lege notarium papiensem. Subiunxitque idem procurator et sindicus.... quod
dictus dominus Iohannes Antonius decessit iam annis quatuor et pluribus proxime preteritis, et quod quamquam a vobis dicto nomine requisiverint solucionem huiusmodi pecuniarum, qua plurimum indigent pro suis necessitatibus, attamen ipsos florenos centum solvere recusastis seu neglexistis, presentialiterque recusatis et negligitis, in maximum dampnum et preiudicium ipsorum domini Prioris et Fratrum..... et anime vestre non modicum
periculum. Super quibus omnibus petiit dictus sindicus et procurator dicto nomine de oportuno iuris remedio sibi provideri..... Quocircha Nos attendentes requisicionem huiusmodi
fore iustam et consonam racioni, ad requisicionem et instanciam dicti sindici et procuratoris..... salvis alliis iuribus et actionibus dicti monasterii, tenore presentium et in his scriptis
vos citamus, requisimus et monemus primo, secundo, tercio et perhemptorie, dantes vobis
nichilominus in virtute sancte obediencie et sub excommunicationis pena districtius in mandatis, quatenus infra tres dies post presentationem presentium vobis vere vel iuris presum-
pclone fiendam immediate sequuturos, quorum trium dierum unum pro primo, unum pro
secundo et reliquum vero tercium diem pro tercio ultimo et perhemptorio termino ac monicione canonica vobis preffigimus et assignamus, studeatis et debeatis realiter et cum effectu
dicto sindico et procuratori..... solvisse dictos florenos centum..... aut vos superinde cum
ipso procuratore et sindico..... amicabiliter convenisse. Alioquin si horum mandatorum nostrorum, imo verius apostolicorum, contemptor fueritis seu rebellis, quod non credimus, ex
nunc prout ex tunc et ex tunc prout ex nunc, pro tribunali sedentes, in his scriptis contra
vos excommunicationis sententiam proferimus et promulgamus. Et si tamen ex predictis
in aliquo vos gravari senseritis studeatis et debeatis coram nobis ultima die dicti termini,
si feriata non fuerit, alioquin die immediate sequenti minime feriata, hora vesperarum debita causarum, coram nobis in canonica ecclesie maioris Papie, iustas causas vestri gravaminis, si quas habebitis et alegare volueritis, coram nobis alegaturum et a nobis iusticie
complementum recepturum. De quarum presentacione cuilibet earum latori in hac parte
nuncio nostro, cum iuramento vel alio publico instrumento superinde conficiendo, dabimus
plenam fidem. In quorum testimonium, etc. Dat. Papie, in dicta Canonica ecclesie maioris
Papie, die XXIII februarii, MCCCCLXXX, terciadecima indicione. Iohannes Matheus.

MCCCCLXXX, indicione terciadecima, die XXIII februarii, in vesperis. Constitutus Augustinus de Frumentis publicus servitor Comunis Papie retulit ad domum habitacionis suprascripti domini Amirici, eius familia mediante, et in scriptis, etc. et inde, etc. Presentibus, etc.

CDXXXIX.

Disposizioni testamentarie di Giorgio Inzaghi a favore di S. Paolo.

1480, marzo, 14.

(Arch. Notar. di Pavia — Atti di Giovanni Battista Vailate).

N ELLA *casa del testatore, in Parrocchia di S. Marino. Testamento di Giorgio In-zaghi, nel quale* dat et legat ecclesie sancti Epifanii papiensis et ecclesie sive monasterio sancti Pauli sito extra et prope muros papienses, videlicet utrique ipsorum pro dimidia, domum unam muratam et cupatam sitam in Papia in Porta Palacensi in Parochia sancti Martini foris portam... et hoc cum onere ficti quod ex ea prestatur singulo anno in perpetuum ecclesie sancti Michaelis Maioris Papie et ad hoc ut ipse testator sit particeps in officiis et orationibus ipsorum religiosorum dictorum monasteriorum, agravans eos ad rogandum Altissimum Creatorem nostrum ut misereatur ei et anime sue.

CDXL.

Religiosi Agostiniani promossi agli Ordini sacri.

1480, maggio, 27.

(Arch. Notar, di Pavia — Atti di Lodovico Leggi).

M CCCCLXXX, die sabati, XXVIJ madii.
Ordo Generalis sacrorum Ordinum cellebratorum et collatorum per reverendissimum dominum dominum Gabrielem de Abiate decretorum doctorem, Dei gratia episcopum berricensem.

Ad primam tonsuram....
Frater Felicianus de Cremona Ordinis sancti Pauli
Frater Apolonius de Calvisano Ordinis suprascripti
Ad quatuor minores ordines....
Frater Apolonius de Calvisano Ordinis sancti Pauli
Frater Felicianus de Cremona Ordinis suprascripti
Ad subdiaconatum
Frater Iohannes de Papia Ordinis sancti Augustini (1)
Frater Simplicianus de Bugella Ordinis suprascripti
Frater Germanus de Crema Ordinis sancti Pauli
Ad diaconatum

---

(1) Frate Giovanni da Pavia, nel documento del 5 marzo 1479, Evidentemente avevano voce in capitolo anche i semplici Professi. lo vedremo far parte del Capitolo nel convento di S. Agostino.

Frater Nicolaus de Modoetia Ordinis sancti Augustini
Ad sacerdotium
Frater Laurentius de Cremona Ordinis sancti Pauli (1).
Frater Abel de Octolengho Ordinis suprascripti.

CDXLI.

La Comunità di S. Mostiola commette a frate Apollinare da Milano di ricevere l'eredità di frate Nicola Maggi.

1480, giugno, 18.

(Arch. Notar. di Pavia — Atti di Leonardo Buscati).

I N claustro infrascripti monasterii... Reverendus sacre pagine professor dominus magister frater Galus de Papia vicarius et venerabiles domini frater Petrus de Calvis, frater Melchion de Lucino, frater Laurentius de Biella, frater Tholomeus de Saraticho, frater Angellus de Ruschonibus, frater Bertolameus de la Ecclesia, frater Moyses de Busti, omnes fratres expresse professi Ordinis Heremitarum sancti Augustini in Conventu sancte Mustiole papiensi... facientes plus quam duas partes ex tribus capituli... faciunt... creant et ordinant reverendum dominum magistrum fratrem Apolinarem de Mediolano dicti Ordinis ibi presentem... et acceptantem... sindicum et procuratorem eorum et conventus... specialiter ad consequendum et recipiendum... ea que ipsi domini constituentes dictusque conventus... tamquam heredes quondam domini Francisci, alliax nuncupati fratris Nichola de Madiis, olim fratris professi in dicto conventu sancte Mustiolle, habere debent et petere possunt.

CDXLII.

La Comunità di S. Mostiola riceve il pagamento d'affitto dei beni in Cilavegna.

1480, ottobre, 2.

(Arch. Notar. di Pavia. — Atti di Leonardo Buscati).

I N claustro monasterii sancte Mustiolle..... Confessio facta per venerabiles viros dominos magistrum Galeaz de Papia, sacre pagine professorem, priorem, et dominum magistrum fratrem Raffaelem de..... fratrem Petrum de Calvis, fratrem Laurentium de Bugella, fratrem Tholomeum de Saraticho, fratrem Angelum de Ruschonibus.... facientes plus quam duas partes ex tribus capituli..... versus Bertolameum de Guida.... pro ficto unius anni..... proprietatum positarum in territorio Ciravegne (2).

(1) Frate Lorenzo da Cremona fu nel 1509 eletto Vicario Generale della Congregazione Lombarda nel Capitolo presieduto da frate Francesco da Pavia come Delegato del Priore Generale.

Vedi TORELLI, VII, 576.

(2) Vedi i documenti del 23 settembre ed 8 novembre 1481.

CDXLIII.

Frate Agostino Rancati compera una vigna per la Cappella di S. Maria della Consolazione da lui fondata nel Chiostro di S. Agostino.

1480, ottobre, 10.

(Arch. Notar. di Pavia. — Atti di Gian Giacomo Canevari).

I N claustro conventus sancti Augustini, siti in Citadella civitatis Papie..... *Giovanni Roberti e Lorenzo Trovati, di Mortara, figli di Gilia Maletta per successivi di lei matrimonii, per lire duecento imperiali vendono al* venerabili sacre theologie domino magistro fratri Augustino de Ranchate Ordinis Heremitarum sancti Augustini papiensis, ibi presenti, stipulanti et acquirenti pro se et ad eius utilitatem quoad vixerit, et pro ac nomine et vice et ad partem et utilitatem Capituli et Conventus predicti sancti Augustini et pro Capella seu altari per ipsum dominum magistrum Augustinum fundata et erecta seu fundato et erecto in dicto conventu et in primo claustro ipsius conventus, sub vocabulo Beate Marie Virginis de Consolacione (1) et pro ipsa Capella et altare ornando et ornata et officiata tenendo et prout alio loco et tempore disposuerit de ipso altari et Capella, *una vigna in territorio di Villanterio,* in contrata cui dicitur in Bolognoli, *di pertiche 20.*

CDXLIV.

Promessa di vendita di terre fatta a frate Agostino Rancati.

1480, novembre, 4.

(Arch. Notar. di Pavia — Atti di Gian Giacomo Canevari).

I N camera cubiculari infrascripti domini magistri Augustini, sita in conventu sancti Augustini.... Vianus de Serris filius quondam domini Fenoni habitator loci Gropelli Lomelline papiensis... promittit reverendo sacre theologie magistro Augustino de Ranchate Ordinis Heremitarum sancti Augustini et residenti in conventu sancti Augustini Papie, ibi presenti et stipulanti nomine et vice venerabilium dominorum Prioris et Fratrum... conventus dicte ecclesie, de eidem domino magistro Augustino vendendo et quod vendet precio ad computum librarum decem imperialium pro singula perticha infrascripte pecie prati, et librarum octo imperialium pro singula pertiche infrascipte petie terre culte, *un prato di pertiche sei all' incirca ed una terra coltiva di pertiche circa dieci,* in territorio dicti loci Gropelli ubi dicitur subtus Cassinas, et ubi dicitur in Castigneto ; *però ottenuta dal venditore la licenza del Collegio di Notai di Pavia e la rinunzia di questo, pei pubblico istrumento, al diritto che il Collegio poteva avere su quelle terre* (2).

---

(1) Vedi i documenti del 5 marzo e 21 aprile del 1479.

(2) Vedi il documento del 28 novembre 1480. Questo acquisto doveva servire per la dotazione della cappella, come nel documento precedente.

CDXLV.

Frate Pietro Calvi approva l'investitura di terre in Tromello gravate da un censo a S. Mostiola.

1480, novembre, 6.

(Arch. Notar. di Pavia — Atti di Matteo Ferrari).

I N *Pavia, nella casa Cagni*, *in Parrocchia di S. Lorenzo. Giovanni e Silvestro de Cagnis, come eredi del fu Domenico, danno investitura novennale a Fenone Villani di Tromello, di una vigna di 9 pertiche in quel villaggio,* et versa vice dictus Fenonus... promittit venerabili domino fratri Petro de Calvis Ordinis sancti Augustini et commoranti in monasterio sancte Mustiole Papie, de voluntate et consensu dictorum de Cagnis, dare et solvere eidem domino fratri Petro omni anno, durante investitura, in vindemiis cuiuslibet anni, de flcto dicte petie vinee, brentas septem vini ad mensuram papiensem.

CDXLVI.

Frate Agostino Rancati acquista delle terre per la dotazione della Cappella di S. Maria della Consolazione.

1480, novembre, 28.

(Arch. Notar. di Pavia, — Atti di Gian Giacomo Canevari).

I N claustro infrascripti conventus et domo residentie infrascripti domini magistri Augustini... Vianus de Serris... confitetur versus reverendum patrem dominum magistrum Augustinum de Ranchate sacre theologie professorem ibi presentem et stipulantem suo et nomine venerabilium dominorum Prioris, Fratrum et Conventus Monasterii sancti Augustini Papie, se ipsum Vianum... recepisse *lire 27 per parziale pagamento* certorum bonorum pridie eidem domino magistro Augustino... vendi promissorum... (1). Item in alia parte libras octo imperiales pro pretio pertice unius terre que reperta est plus perticis decem contentis in dicto instrumento... et que similiter veniebat et venit sub dicta promissione venditionis, etc.

Eisdem anno, et indictione, die hora, loco, etc. Augustinus de Serris dictus Bagnolus... pro pretio et merchato... librarum LXXXsex et soldorum octo imperialium vendit... reverendo patri domino magistro fratri Augustino de Ranchate, Ordinis Heremitarum sancti Augustini, ibi presenti, stipulanti et acquirenti suo et nomine Capituli et Conventus monasterii predicti sancti Augustini papiensis... petiam unam terre culte perticharum quatuor, sitam in territorio loci Gropelli ubi dicitur in Castigneto.

(1) Questo documento si connette con quello del 4 novembre   dello stesso anno.

CDXLVII.

Lascito testamentario del nob. Giovanni Manfredo Beccaria a favore di S. Paolo.

1481, gennaio, 17.

(Arch. Notar. di Pavia — Atti di Bartolomeo Gandello).

N ELLA *casa del testatore, in Parrocchia di S. Martino fuori porta. Testamento del nob. Giovanni Manfredo Beccaria di S. Giulietta, del fu Sisto, col quale chiama eredi universali di metà della sua sostanza i monasteri di S. Epifanio e di Santo Spirito..,* (1) cum onere dandi reddendi et solvendi omni anno tempore vindemiarum in perpetuum... *al convento di S. Apollinare...* (2) brentas sex papienses vini albi boni et puri, et similiter venerabilibus dominis Priori et Fratribus conventus seu monasterii sancti Paulli siti prope et extra menia civitatis Papie, Ordinis observantie sancti Augustini, presentibus et futuris, brentas sex vini albi boni et puri. Qui ambo Conventus... sancti Apolinaris et sancti Paulli predicta habeant et consequantur prout supra, cum onere celebrandi et qui teneantur et obligati sint ac debeant celebrare... missas duas singula ebdomada et officium seu anniversarium unum singulo anno in perpetuum pro utroque ipsorum conventuum...

CDXLVIII.

La Comunità di S. Mostiola concede l'investitura di terre in Stradella.

1481, febbraio, 28.

(Arch. Notar. di Pavia. — Atti di Giovanni Antonio Belcredi).

I L *capitolo di S. Mostiola, radunato nella sua maggior parte costituita da* frater Heustachius de Becharia vicarius dicti conventus, frater Petrus de Calvis, frater Melchion de Lucino , frater Guillelmus de Arigonibus , frater Laurencius de Biella, frater Moyses de Busti, frater Bertolameus de la Ecclesia, frater Angelus de Ruscobinus et frater Tholomeus de Saraticho... *dà investitura novennale a Bartolomeo Selicorni e ad Agostino Campari di Portalbera, di 30 pertiche di terra in territorio di Stradella, per l'affitto annuo di 5 sacchi di frumento da pagarsi alle calende d'agosto.*

---

(1) Il monastero di S. Epifanio nell'interno della città, ove oggi si estendono i fabbricati dell'istituto Botanico, apparteneva ai Canonici Regolari. Quello di S. Spirito era fuori della città, e quasi aderente al Convento di S. Paolo, ed era abitato dai Benedettini dell'osservanza di S. Giustina di Padova.

(2) Il monastero di S. Apollinare sorgeva fuori della città quasi in direzione di quello di S. Epifanio, ed apparteneva ai Domenicani dell'Osservanza.

CDXLIX.

Lodovico Spelta elegge la sua sepoltura in S. Mostiola.

1481, aprile, 22.

(Arch. Notar. di Pavia - Atti di Riccardo Rovescala).

N ELLA *casa del testatore, in Parocchia di S. Filippo. Testamento del Signor Lodovico Spelta del fu Simone, cittadino pavese, nel quale* ordinat quod quandocumque contiget ipsum testatorem decedere ab hoc seculo, eius corpus sepeliri debere ad ecclesiam sancte Mustiole Paple, ubi et in qua sepulti sunt antecessores ipsius domini testatoris et in eorum monumento.

CDL.

Testamento di frate Filippo Sarego prima di emettere i voti religiosi in S. Mostiola.

1481, giugno, 6.

(Arch. Notar. di Pavia. — Atti di Nicolino Sicleri).

I N nomine Domini, amen. Anno nativitatis eiusdem millesimo quadringentesimo octuagesimo primo, iudicione quartadecima, sexto Iunii, hura none. In Papia, videlicet in studio domus habitacionis mei notarii infrascripti, posite in Porta Damiani, in parochia sancti Iohannis in Burgo. Ibique Gabriel de Seraticho filius quondam domini Filipi, et qui nunc dicitur et nomine appellatur frater Filipus de Seraticho, novicius et non professus monasterii et seu conventus sancte Mustiole Paple, Ordinis sancti Augustini, volens nuncupative testari, suum nuncupativum testamentum sine scriptis fecit, disposuit et ordinavit ac esse voluit, facitque, disponit et ordinat in hunc modum et in omnibus et per omnia prout infra per singula continetur: In primis quidem animam suam recomendans Altissimo Creatori Domino nostro Ihesu Christo, cassavit et cassat omnia testamenta omnesque codicillos et donationes causa mortis ac quascumque alias ultimas voluntates, etc. etiam si in eis forent et essent aliqua verba derogatoria, etc. Item, salvis premissis, dictus testator disponit et ordinat quod domina Cathelina de Terciis eius mater et relicta dicto domini Filipi sit et esse debeat pro toto tempore vite sue usufructuaria, domina et magistra omnium bonorum suorum tam mobilium quam immobilium ac iurium et nominum debitorum quorumcumque, et hoc sine aliqua racione reddenda et satisdacione prestanda de utendo et fruendo boni viri. Item et sine aliqua inventarii confectione, a quibus omnibus ipse testator ipsam rellevavit et rellevat, quia de eius fide et legalitate ad plenum se confidit.

In omnibus autem suis bonis... sibi heredem universalem instituit Iohannem Dominicum de Seraticho eius fratrem... ipsum ore proprio nominando. Et hoc cum onere tamen cellebrari faciendi omni anno duo officia mortuorum pro mercede anime sue et in remissionem peccatorum suorum, ad ecclesiam illam et seu in illa ecclesia in qua et seu ad quam sepeliri continget corpus ipsius testatoris. Prohibens proinde dictus dominus testator omnes alienaciones fieri posse et seu debere per dictum Iohannem Dominicum eius heredum, et si contingeret ipsum devenire ad aliquam alienacionem, quod tunc et eo casu sit et esse debeat ipso iure et facto privatus dicta hereditate et bonis, que perveniant et pervenire debeant in monasterium et seu conventum sancte Mustiole Papie, quod quidem monasterium et seu conventum in eo casu sibi heredem universalem instituit et subtituit... Et hec est sua ultima voluntas, etc. Presentibus, etc. testibus.

CDLI.

La Comunità di S. Mostiola riceve il pagamento d'affitto di terre nel Siccomario.

1481, giugno, 30.

(Arch. Notar. di Pavia. — Atti di Leonardo Buscati).

I N claustro monasterii sancte Mustiole Papie..... Reverendus dominus magister frater Galeaz de Papia prior et venerabiles viri domini frater Melchion de Lucino, frater Gulierminus de Arigonibus, frater Laurentius de Biella, frater Tholomeus de Seraticho, frater Angelus de Ruschonibus, frater Bertolameus de la Ecclesia, et frater Baptista de Zaynis..... facientes maiorem ex saniorem partem capituli et seu conventus dicti monasterii sancte Mustiolle, *ricevono da Giovanni Antonio de Lucino del fu signor Francesco, fiorini 34,* becondiam unam vini, paria duo caponum, et plaustrum unum pallee, omnia pro ficto unius anni, finiti in festo Sancti Martini proxime preterito... possessionis et bonorum sitorum in territorio sancti Martini Terre Arse, Siccomarii Papie, etc.

CDLII.

I Conventi di S. Dalmazio e di S. Mostiola ed i fratelli Schiaffinati eleggono un arbitro per la definizione di una loro vertenza.

1481, luglio, 18.

(Arch. Notar. di Pavia. — Atti di Leonardo Buscati).

N ELLA *corte del Palazzo del Comune di Pavia.* Reverendus frater dominus magister Bertolameus de Fazardis sindicus et procurator..... venerabilium dominarum Priorisse et Monialium ac Capituli seu Conventus monasterii sancti Dalmacii Papie, parte una... et venerabilis dominus frater Tholomeus de Saraticho sindicus et procurator.... venerabilium dominorum Prioris, fratrum. Capituli et seu Conventus monasterii sancte Mustiole Paple Ordinis fratrum Heremitarum sancti Augustini ac etiam procurator... Pauli et Iacobi fratrum de Sclaffenatis.... parte altera.... compromisserunt et compromittunt... in spectabilem iuris utriusque doctorem dominum Franciscum de Curte tamquam in ipsarum parcium arbitrum, arbitratorem et amicabillem compositorem... occasione cause questionis et differentie verse et vertentis inter partes ipsas (1) et de qua fit mentio in alio simili compromisso alias per ipsas partes facto in dictum dominum Franciscum, etc.

CDLIII.

La Comunità di S. Mostiola riceve il pagamento di affitto di beni in Verretto.

1481, agosto, 80.

(Arch. Notar. di Pavia. — Atti di Leonardo Buscati).

I N claustro infrascripti monasterii..... Reverendus dominus magister Galeaz de Papia sacre pagine professor, prior, et venerabiles domini frater Melchion de Lucino, frater Laurentius de Biella, frater Tholomeus de Saraticho, frater Bertolameus de la Ecclesia, frater Moyses de Busti, frater Baptista de Zaynis et frater Nicolaus de Castelacio, omnes fratres expresse professi Ordinis Heremitarum sancti Augustini in conventu sancte Mustiole Papie... *ricevono da Luchino Beccaria di Montebello, del fu Bertolameo, sacchi 4 di frumento, per fitto di una terra in Verretto nell'Oltrepò investita dal convento in perpetuo a lui (2).*

CDLIV.

Disposizioni testamentarie del nob. Francesco Sampietro a favore di S. Paolo.

1481, settembre, 1.

(Arch. di Stato di Milano — Pergam. di S. Paolo).

T ESTAMENTO *del libraio nobile Francesco Sampietro di Pavia, nel quale ordina che nel caso di morte degli eredi universali da lui designati, si facciano tre parti della sua sostanza, e nel possesso di una di queste tre parti* succedat et succedere debeat Conventus dominorum fratrum sancti Augustini de observantia vulgariter nuncupati sancti Pauli, siti prope et extra portam sancte Marie in Pertica civitatis Papie (3).

---

(1) Molto probabilmente trattavasi di differenze riguardo a contini di edifici, poichè i due Conventi erano contigui ai beni degli Schiaffinati, come risulta dal documento n. CXCVI.

(2) Con atto 16 ottobre 1483, dello stesso notaio Buscati, la Comunità di S. Mostiola, composta dal Priore frate Galeazzo da Pavia e dai frati Melchiorre Lucini, Eustachio de Nocte, Guglielmo Arrigoni, Lorenzo da Biella, Tolomeo Sarego, rilascia una simile quietanza; la quale è pure rilasciata con atto dello stesso notaio ai 15 aprile 1485 a Gian Filippo Beccaria, figlio del fu Luchino, dai frati Galeazzo da Pavia Priore, Pietro Calvi, Melchiorre Lucini, Agostino da Abbiate, Gerolamo Bastoni, Agostino della Chiesa e Facondo (?) Panizzardi. Parimenti è rilasciata agli 8 ottobre 1487, con atto pure del Buscati, dai frati Galeazzo da Pavia Priore e Melchiorre Lucini Procuratore.

(3) Vedi il documento del 5 dicembre 1486. Negli atti del notaio Gian Pietro Imodelli (Arch. Not. di Pavia) troviamo un compromesso fatto ai 31 maggio 1486 tra i parenti del Sampietro e frate Taddeo da Pinarolo Priore e Procuratore di S. Paolo *causa et occasione divisionis fiende inter ipsos partes de et pro hereditate et bonis quondam Francisci de sancto Petro filii quondam magistri Iacobi, vigore testamenti suprascripti.* Nel 1487 ai 30 di luglio, con atto rogato da Agostino Gravanago (Arch. Notar. di Pavia), il Procuratore di S. Paolo frate Giovanni Andrea da Pavia e il libraio Giano Gerli, eredi delle due parti delle tre della sostanza di Francesco Sampietro, vendono le due parti di un censo, di 15 quartarii di frumento all'anno, che grava su una vigna di 5 pertiche nel territorio di San Varese della campagna di Pavia.

CDLV.

Il Duca di Milano autorizza la Comunitá di S. Mostiola a concedere l'affitto novennale dei beni di Cilavegna.

1481, settembre, 23.

(Arch. Notar. di Pavia — Atti di Bernardino Giorgi).

D UX Mediolani, etc. Papie Anglerieque Comes ac Genue et Cremone dominus. Recepimus supplicationem tenoris infrascripti, videlicet :

Illme et Exme Domine. Cum debita humilità et reverentia expone lo vestro fidele servo Bertollono de Guida de Allino de la terra de Celavegna che de qui indreto è stato et anchora è fictabile de li frati et convento de sancta Mostiolla de Papia de certe sue possessione che hano in la iurisdictione de essa terra, a pagare una volta l'anno fiorini vinti pizinini da soldi XXXIJ per fiorino. Li dicti Frati e Convento haverano a caro reafictarlla per altri nove anni. Perchè allias de l'anno MCCCCJ per lo Illmo Duca di Milano fu facto uno decreto in contrario lo quale dell'anno MCCCCLXX.... de Augusto per lo noviter defuncto Duca fu confirmato et per non contrafacere alla dispositione de quello o altri che li sia prohibito, et de questo restano lo dicto convento de dare et lo dicto supplicante ad acceptare la dicta possessione a ficto se la I. S. V. non li consente. Il perchè parte utriusque supplicatur alla prefacta V. S. quatenus per sua solita clementia se degna dispenssare ale predicte parte, che non obstante dicti decreto et confermatione possano l'altro dare et l'altro acceptare impune dicta possessione ad ficto, non ledendo in alchuna cossa dicto convento anci facendoli suo bene et attento la cossa essere de minima cossa et quantitate et como se confidano in la gratia de dicta Illma S. V. ali pedi de la quale semper genibus flexis se racomandano.

Assentientes libenter hiis que ad utilitatem ecclesiasticorum bonorum tendunt subditisque nostris comodum afferunt tenore presentium, quantum in nobis est, concedimus et dispen- samus quod ad requisitam locacionem ad aliud novennium de bonis suprascriptis prout requiritur, procedi possit, quodque quilibet notarius idoneus valleat, premissorum occasione, oportuna instrumenta conficere ac eis secundi notarii et testes expedientes interesse queant tute, libere et impune, hiis de quibus supra fit mentio in contrarium facientibus non attentis, quibus in hac parte dumtaxat ex certa scientia derogamus. In quorum testimonium etc. Dat. Mediolani, die XXIIJ settembris mcccclxxxj : Signat. Irius (1).

_____

(1) Vedi il documento del 2 ottobre 1480.

CDLVI.

La Comunità di S. Mostiola dà investitura novennale dei beni di Cilavegna.

1481, novembre, 8.

(Arch. Notar. di Pavia — Atti di Bernardino Giorgi).

I N Papia, in domibus Conventus et ecclesie sancte Mustiolle Papie Ordinis fratrum Heremitarum sancti Augustini... congregato... capitulo... de mandato reverendi patris domini fratris Galeaz de Papia sacre theologie magistri, Prioris dicti monasterii... in quo quidem capitulo... sunt prefactus dominus Prior et cum eo... venerabiles domini frater Petrus de Calvis, frater Melchion de Lucino, frater Eustachius de Becharia, frater Gulierminus de Arigonibus, frater Laurentius de Bugiella, frater Tholomeus de Saraticho, frater Angelus de Rusconibus, frater Gabriel de Garlasco, frater Baptista de Zaynis... representantes... plus quam duas partes... *Vista la lettera ducale del 23 settembre 1481, danno investitura novennale a Bertolone de Guida di Cilavegna, di tutte le vigne, prati, boschi, terre colte ed incolte, posseduti dal convento sul territorio di Cilavegna* (1), *per l'annuo affitto di L. 38 imperiali* et par unum polastrorum.

CDLVII.

La Comunitá di S. Mostiola dà investitura triennale di terre in Spessa.

1481, dicembre, 5.

(Arh. Notar. di Pavia. — Atti di Bernardino Giorgi).

I N reffectorio infrascripti Conventus... sancte Mustiole Papie.... Congregato.... Capitulo... de mandato reverendi sacre theologie magistri domini fratris Galeaz de Papia Prioris... in quo capitulo... sunt prefactus dominus Prior, dominus frater Petrus de Calvis, frater Melchion de Lucino, frater Gulierminus de Arigonibus, frater Laurentius de Biella, frater Tholomeus de Saraticho, frater Angellus de Ruschonibus, frater Nicholaus de Trotis, frater Gabriel de Camera de Garlasco, frater Baptista de Zaynis... representantes plusquam duas partes dicti.... capituli.... *si dà investitura triennale a Rolando e Giovanni fratelli Baldi di Spessa, di 36 pertiche di terreno coltivo* in territorio Spissie.... *per l'affitto annuo di 4 sacchi di frumento ed un paio di capponi.*

---

(1) Tutte queste terre appartenevano al Convento per donazione fatta dal nobile Giovanni Maletta agli 8 ottobre del 1396 con istromento rogato da Roglerio Bottigella. Desumiamo la notizia dal documento del 6 agosto 1491.

CDLVIII.

Legato testamentario della nob. Orsina Lonati Corvini a favore di S. Paolo.

1481, dicembre, 25.

(Arch. Notar. di Pavia — Atti di Agostino Gravanago).

T ESTAMENTO *della nobile Orsina Lonati, vedova dello spettabile Giorgio dei Corvini d'Arezzo* (1), *nel quale....* legat ecclesie sancti Pauli florenos XXV.

CDLIX.

Frate Giovanni Pietro da Pavia Procuratore di S. Paolo riceve un lascito testamentario di Giovanni Stefano Bottigella Vescovo di Cremona.

1481, dicembre, 29.

(Arch. Notar. di Pavia — Atti di Antonio Codecà).

I N *Casa Bottigella a S. Giovanni Domnarum.* Venerabilis dominus frater Iohannes Petrus de Papia, sindicus ecclesie sancti Pauli de Vernabula, site extra et prope Papiam... *confessa verso Filippo Bottigella studente in legge, come rappresentante del suo padre Giovanni Matteo consigliere ducale, di ricevere 10 ducati... lasciati come legato alla Chiesa di S. Paolo* per Reverendum dominum Iohannem Stephanum Butigellam fratrem prefati domini Iohannis Mathey episcopum Cremonensem (2), *come da suo testamento rogato 1464, 26 luglio, per Gian Francesco de Aldigeriis notaio di Mantova.* De quibus quidem pecuniis ipse dominus sindicus... solvit et tradit actualiter... magistris Iacobo et Dominicho dicto Comiti frahibus de Candia magistris a muro et magistro Bertolameo de Rachis etiam magistro a muro ibi presentibus, libras viginti imper. qui predicti magistri dixerunt et dicunt fuisse et esse creditores dicte ecclesie eiusdem quantitatis causa et occaxione Capelle maioris dicte ecclesie per ipsos constructe et seu fabricate (3). Reliquum vero dictorum

---

(1) La testatrice apparteneva alla nobilissima famiglia dei Lonati di Pavia, signori del castello di Surli nel Tortonese. Parente della testatrice era il Bernardino Lonati, Prelato di grande fiducia presso Ascanio Maria Sforza. Egli raggiunse il Cardinalato ai 20 settembre del 1493. Vedi L. PASTOR, *Storia dei Papi*, vol. III, pag. 277. I Corvini d'Arezzo sul principio del secolo XV erano saliti in grande potenza alla Corte dei Visconti, dove occuparono le cariche di Segretario e di Consigliere ducale, ottenendone in compenso la infeudazione di Torre d'Arese nel territorio di Pavia. La testatrice ai 31 maggio 1482, rinnovando il suo testamento con

atto dello stesso notaio, lasciava alla chiesa di S. Paolo *pro fabrica ecclesie et edificiorum libras XXV imperiales.*

(2) Di Giovanni Stefano Bottigella già dicemmo ai documenti n. CCXCIII, CCCXII e CCCXXXIII. Qui notiamo che veramente l'affetto e l'attaccamento del pio Prelato per S. Paolo e per gli Agostiniani, che gli succedettero nel governo di questa chiesa, non venne mai meno.

(3) Sembra che le riparazioni e gli ampliamenti, di cui si parla nel documento del 25 gennaio 1480, sieno stati subito intrapresi e compiuti.

ducatorum decem, hoc est libras vigintiduas imper. prefactus dominus sindicus... dat... et tradit ibidem actualiter Iohanni de Cassinis de Laude merchatori ferramentorum in Papia, ibi presenti, qui dicit se creditorem dicte ecclesie eiusdem quantitatis et etiam maioris, occaxione clavium et aliorum ferramentorum positorum in claustro dicte ecclesie.

CDLX.

Frate Bartolomeo da Castellazzo, Procuratore di S. Agostino, fa risultare l'adempimento del legato testamentario di Caterina Fornari.

1482, gennaio, 12.

(Arch. Notar. di Pavia. — Atti di Gian Franco Gravanago).

IN ecclesia sancte Trinitatis. in Porta Marengha. Venerabilis vir dominus frater Bertolomeus de Castelacio sindicus et procurator... monasterii sancti Augustini Papie.... dixit, confessus et protestatus fuit... versus me notarium... nomine et vice... quorum interest.... quod ipse dominus sindicus... celebrare facit missam unam in cantu a mortuis, prout cantatur in presentia mei notarii et testium infrascriptorum, pro anima quondam domine Catharine de Furnariis, quam missam facit celebrare pro anno presenti, vigore testamenti dicte domine Catharine et quos dominum Priorem et Fratres dicti monasterii sancti Augustini gravavit, singulo anno, ad celebrandum ipsam missam in cantu a mortuis, etc. *Fra i testimoni:* magistro Aluisio de Calchano, filio quondam Zanonis pictore (1).

CDLXI.

Il Vicario Vescovile esorta il Comune di Pavia ad insistere perchè la predicazione quaresimale nel Duomo sia tenuta da un religioso agostiniano.

1482, gennaio, 20.

(Arch. del Museo Civ. di storia patria — Lettere ducali, pacco 7).

SON advisato da monsignor mio illustrissimo co... (2) le vostre magnificencie l'ha concesso el duomo.... quadragesima proxima che vene ad uno frate de.... secundo me dice lo Priore de santo Augustino proprio.... a Venesia e perchè la quadragesima se aproxima, de modo che mai più se poterà fare provisione alchuna digna perochè.... tutti li digni predicatori sono apostàti, prego vostre magnificencie che gli

---

(1) La stessa dichiarazione è fatta stendere da frate Bartomeo da Castellazzo, nella chiesa della SS. Trinità ai 12 gennaio 1496 con atto del notaio Gian Giorgio Sisti.

(2) Il documento originale è lacero in parecchi punti. Dal contesto si deduce che un famoso oratore agostiniano doveva predicare la Quaresima del 1482 nel duomo pavese, ma che all'ultimo momento quel predicatore parve dovesse mancare, perchè costretto a recarsi a Venezia. Ma dal documento del 9 maggio 1482 risulta che per l'intervento del Vescovo Ascanio Maria Sforza e del Priore di S. Agostino frate Battista de Rossi, la predicazione fu tenuta dal desiderato Agostiniano, di cui sventuratamente i documenti non ci forniscono il nome.

piaza fare instantia cum esso Priore et frati de sancto Augustino, che vogliano attendere ale promesse et far venire esso frate a predicare como è ditto, altramente oltra che vostre magnificencie remaranno sbeffate con inganno da essi frati, ne sarà per seguire grande scandalo in la giesia et apud omnes cives, como ben pono comprehender vostre magnificencie. Bene valete. Ex Episcopatu, xxviiij Ianuarii, mcccclxxxjj. Bartholomeus Brunatius episcopalis vicarius generalis.

CDLXII.

La Comunità di S. Paolo riceve un legato testamentario.

1482, febbraio, 28.

(Arch. Notar. di Pavia — Atti di Riccardo Rovescala).

I N monasterio sancti Pauli... Convocato et congregato Capitulo ecclesie sancti Pauli, Ordinis sancti Augustini de observancia... mandato venerabilium dominorum fratris Christofori de Vercellis Prioris dicti monasterii et fratris Eugenii de Crema Vicarii dicti monasterii... in quo quidem Capitulo interfuerunt et adsunt prefati domini frater Christoforus et frater Eugenius..... et penex eos venerabiles domini frater Pacificus de Vercellis, frater Mathias de Brisia, frater Tonellus de Bugella, frater Iohannes Petrus de Papia, frater Orelius Augustinus de Papia (1), frater Franciscus de Papia (2), frater Marcellus de Mediolano (3), frater Felix de Coma, frater Alexius de Savona, frater Fillipus de Coma, frater Gunifortus de Mediolano, frater Teodorus de Papia, frater Iustus de Brambilla et frater Eugenius de Papia, omnes fratres professi dicti monasterii, facientes... fere totum ipsum Capitulum... *ricevono da Agostino Fornari, figlio del fu dottor in ambe le leggi e milite Sebastiano, erede per una terza parte di Giovanni Antonio Fornari suo zio, e amministratore delle altre due parti di detta eredità, fiorini cento...* eisdem dominis Fratribus, Conventui et Monasterio rellictos per dictum quondam dominum Iohannem Antonium in eius testamento... rogato anno et indictione proxime preteritis, die xxx octobris.... per Antonium de Be... notarium papiensem.

(1) Frate Aurelio Agostino da Pavia è da identificare col Religioso ricordato dal TORELLI, vol. VII, pag. 458, come celebre predicatore e fondatore del Convento di Asola nel territorio bresciano.

(2) È il religioso, di cui abbiamo fatto cenno nelle note al documento del 27 maggio 1480.

(3) Frate Marcello da Milano è lo stesso, che dal TORELLI, VII, 434, è detto Religioso di molta dottrina e bontà, il quale nel 1494 fu eletto Vicario Generale della Congregazione Lombarda nel Capitolo di Ferrara, succedendo nel Vicariato a frate Mariano da Genazzano.

CDLXIII.

La Comunità di S. Mostiola dà in affitto alcuni beni di Stradella.

1482, marzo, 3.

(Arch. Notar. di Pavia — Atti di Bartolomeo Gandello).

I N claustro monasterii et ecclesie sancte Mustiolle conventus et Ordinis Sancti Augustini... Cum hoc sit quod monasterium et conventus predictus sancte Mustiolle habeat prope et extra portam placentinam terre Stradelle... sedimen unum tabularum sex vel circha super quo addest torcular unum vetus, miserum, magna indigens reparacione, ex quo parum percipit, et non habeant agentes pro dicto monasterio facultatem et possibilitatem ipsum reparandi, attento quia melius esset eis reparare et magis indigeant reparacione domorum dicti conventus, non reperiantque qui facere vellit meliorem condicionem quam infrascriptus Bartholomeus, qui obtulit velle suscipere ipsum sedimen cum torculari et hedificio super eo existentibus ad novennium cum pacto ipsum luendi et emendi precio florenorum nonaginta... idcirco convocato... capitulo... de mandato reverendi patris domini magistri fratris Galeaz de Papia, Prioris.... in quo capitulo... sunt prefatus dominus Prior et venerandi domini fratres Petrus de Calvis, Mechion de Lucino, Laurentius de Biella, Tholomeus de Seraticho, Angelus de Rusconibus, Nicolaus de Trotis, Gabriel de Beretis, Baptista de Zaynis... *danno investitura a Bartolomeo Cattaneo della già descritta proprietà, per 9 anni, per l'affitto di brente 8 di vino ogni anno* (1).

CDLXIV.

Il Comune di Pavia delibera un' offerta generale per la continuazione dei restauri di S. Paolo.

1482, aprile, 30.

(Arch. del Museo Civ. di storia patr. di Pavia — Atti di Provvisione pacco 2).

M CCCCLXXXII, die ultimo aprilis, in terciis.
Convocato consilio, etc. (2).
Ibique prefati Domini, visa et intellecta supplicatione, ibidem porrecta, parte venerabilium dominorum Prioris et Fratrum Sancti Pauli extra muros Papie, in effectu

---

(1) Al 28 aprile 1490 con atto dello stesso notaio Gandello, essendo morto l'investito Bartolomeo Cattaneo, il Capitolo di S. Mostiola, composto dei frati Melchiorre Lucini Vicario e procuratore, Pietro Calvi, Gerolamo Bastoni, Lorenzo Ferrari, Raffaele Brentano, Davide Artaria, Gian Antonio Brentano e Lorenzo de Rossi, rinnuova l'investitura a Guniforto Butrici, erede del Cattaneo, con la condizione che il convento gli avrebbe ceduto il dominio delle terre, quando l'investito avesse pagato 90 fiorini d'oro.

Negli atti poi del notaio Matteo Ferrari troviamo che ai 28 gennaio del 1500, il Butrici depositò detti 90 fiorini presso un Valentino de Beciis, in attesa che il convento mantenesse la promessa di cessione: quindi avendo voluto il Convento che l'accennata somma fosse dal de Becis pagata a un Antonio dei Conti Gambarana, avvenuto detto pagamento, il Convento cedette detti beni di Stradella come apparirà dal documento 7 febbraio 1505.

(2) S'intende il Consiglio dei dodici Presidenti di Provvisione.

requirentium oblacionem ad dictam ecclesiam fieri debere per Comunitatem et universum populum Papie, pro fabricatione ipsius ecclesie et conventus, iam pridie inchoata, et prout hactenus et per tempora retroacta solitum est fieri, et iuxta provixionem aliax superinde factam (1): Item informati de vitta et sanctimonia ipsorum dominorum Fratrum, ac necessitate urgenti ipsius ecclesie et monasterii, volentes requisicioni annuere et maxime hiis que tendunt ad divinum cultum, providerunt et ordinaverunt, ac provident et ordinant, quod per dictam Comunitatem et totum populum Papie fiant et fieri debeant ad dictam ecclesiam semel in anno, ad libitum ipsorum dominorum Prioris et Fratrum et in ea die que eys melius videbitur et placuerit, oblaciones generales ad honorem Omnipotentis Dey et gloriose Virginis Marie ac Beatissimi sancti Augustini et sancti Pauli, ad hoc ut prosequi possit ad fabricationem ipsius ecclesie et conventus, iam pridie et ut supra inchoatam (2). Et hoc usque ad annos tres proxime futuros, in cuius temporis spacio, succedentibus dignis elimoxinis et opulentis oblacionibus, et manibus adiutricibus, speratur cum adiutorio Altissimi Creatoris quod tallis fabricatio finiri debeat. Et adveniente casu quod talle hedifficium tiniri non posset in tempore de quo supra, providebitur postmodum iuxta possibilitatem et discrecionem dicti Comunis.

CDLXV.

Il Comune di Pavia scrive al Priore Generale degli Agostiniani a favore di Gian Giacomo Campeggi.

1482, aprile, 30.

(Arch. del Museo Civ. di Stor. patr. di Pavia — Atti di Provvisione, Pacco 2 e Pacco *Religiosi*).

C|ONVOCATO Consilio, etc.
Item providerunt et provident quod scribantur littere reverendo domino Generali Ordinis sancti Augustini in favorem fratris Ioh. Iacobi de Campixe, in forma prout in fillo diversorum sunt annotate.

Ihesus.
Domino Generali Ordinis Sancti Augustini (3).
Reverende in Christo Pater et Domine observandissime.
Havendo questa Comunità molto et precipuamente caro il Convento de sancto Augustino de questa citià, et etiam che sia bene gubernato, et amando nuy per le singulare virtute, doctrina sancta, et sanctimonia vittae del venerabile Patre D. Fratre Iohan Iacobo de li Campexi (4), cittadino nostro venerando, siano astrecti notificarlo ala R. P. V. da la quale

---

(1) Vedi il documento del 25 gennaio 1480.
(2) Queste manifestazioni del Comune, e la benevolenza che traspira dalle deliberazioni prese, come pure l'armonia di esso Comune coi Religiosi, di cui riconosce la benefica influenza esercitata dalle loro virtù, sono veramente degne di nota.
(3) Era Priore Generale frate Ambrogio da Cori.

(4) Questo documento se è di grande onore all'agostiniano Gian Giacomo Campeggi, della illustre marchionale famiglia dei Campeggi di Pavia, ha molto maggiore importanza in quanto manifesta il concetto altissimo in cui la rappresentanza di Pavia teneva i Religiosi ed il Convento di S. Agostino, come Istituto precipuamente caro.

intendemo esso Venerabile Patre se ha novamente transferire, et quella pregare quanto possiamo che appresso de sè lo habbia per ricomandato, quanto che crediamo che essa R. P. de la fama et boni deportamenti soy sia informata, per esser luy stato altre volte Provinciale in queste parti et Priore et Gubernatore di questo Convento, in li quali pfficii non se poteria ad V. R. P. esprimere quanto dignamente et laudabilmente se habbia rezuto et gubernato. Et perchè cognoscemo perfettamente che questo monasterio de questa città ha bisogno de uno simile patre et gubernatore, per esser luy cittadino nostro di bona conscientia et tanto grato ad questa città, quando dire se potesse, et utille cossì per lo regimento et governo de le anime de questo populo quanto del dicto monasterio, iterum lo recomandiamo ala prefacta R. P. V. per la quale se obferissimo ad quecumque vota parati. Data Papie, die ultimo Aprilis, 1482 Iohannes Augustinus, Ambrosius.

CDLXVI.

Il Comune di Pavia prega il Priore Generale perchè rielegga frate Battista de Rossi Priore di S. Agostino.

1482, maggio, 9.

(Arch. del Museo Civ. di stor. patr. di Pavia — Pacco *Religiosi)*

R EVERENDO Domino Generali Sancti Augustini.

Reverendissime in Christo Pater.

Cum tocius papiensis Comunitatis nobis cure sint, nostro videmur officio fungi si, nedum temporalibus providerimus, verum etiam spiritualibus, non determinando, quod ad nos non pertinet, sed rogando et hortando, quam possunus diligentiam impendentes, ut in litteris nuperrime Magistro Iohanni Iacobo Campisio, ab ipso exoratis et obtentis, claruit (1). Ad has regiones certa noticia pervenit Perusii Generale Capitulum in diebus Pentecostes celebrari (2), in quo nonnullarum provinciarum Provinciales, aliquorumque conventuum Priores, vel instituentur vel confirmabuntur. Igitur considerantes dilligentiam, sollicitudinem, maximos labores, bonamque phamam magistri Baptiste de Rubeis, nostri civis papiensis (3), tum circha conventus vestri et nostri sancti Augustini honorem (4), ac tocius populi animarum utilitatem, nam sui gratia in Cathedrali Ecclesia, hac in Quadragesima, patrem vestri Ordinis preconem a reverendissimo domino domino Aschanio exoravimus (5), tum circha ecclesie fabricationem quam Dei gracia, ipso preexistente, hoc anno magna ex parte complebimus (6), tum etiam circha nocturna et diurna divina officia cum cantoribus fi-

---

(1) Vedi il documento del 30 aprile di quest'anno.

(2) In questo Capitolo, che difatti fu celebrato in Perugia nel 1482, frate Ambrogio da Cori fu rieletto Priore Generale.

(3) Ecco dunque altro Religioso, che per le egregie sue doti merita di essere tratto da quella non meritata oscurità in cui giacque finora.

(4) Quanto profondo significato in queste due parole *vestri* e *nostri !*

(5) Vedi il documento del 29 gennaio 1482. .

(6) Da questo passo si rileva che nella Chiesa Ji S. Agostino si erano iniziati lavori di costruzione (ecclesie fabricationem), i quali, a detta del Consiglio di Provvisione, sarebbero stati compiuti nella loro maggior parte, entro l' anno, sotto il governo del Priore frate Battista de Rossi. Quali fossero questi lavori nessuno dei nostri documenti indica chiaramente, ma noi crediamo che qui si tratti del cominciamento di quella grandiosa opera di restauro e di rafforzamento dell'antichissimo tempio di S. Pietro in Ciel d' oro, che ebbe il suo termine, come vedremo, nel 1487,

guratis et organi pulsatione (1), pro quo his diebus renovando plures aureos a pluribus munificis obtinuit; que quidem omnia, annis preteritis, ab alienis Prioribus nunquam facta sunt, magna vestrum erga conventum affecti caritate, Vestram Reverendissimam Paternitatem, quoad possumus, orare et obtestari cogimur, ut, si monasterium vestrum divi Augustini Papie magna, quemadmodum vestra corporea presentia demonstrastis (2), prosequimini dillectione, prefactum magistrum Baptistam, virum probatum, hic denuo Priorem confirmetis: quod si feceritis, et in altiorem, sua solita gubernatione, conventus evadet dignitatem, et nobis rem gratissimam facietis. Valete. Ex Papia, 1482, VII idus maii. Eiusdem reverendissime Paternitatis vestre filii, Deputati officio Provisionis Comunis Civitatis Papie, Stephanus, Guiscardus.

CDLXVII.

La Comunità di S. Mostiola riceve il rateale pagamento del legato di Bartolomeo Beccaria.

1482, luglio, 15.

(Arch. Notar. di Pavia. — Atti di Leonardo Buscati'.

I N claustro monasterii et ecclesie sancte Mustiole... Reverendus pater dominus magister Galeaz de Papia, sacre pagine professor, Prior, et venerabiles viri domini frater Melchion de Lucino, frater Eustachius de Nocte, frater Guillelmus de Arigonibus, frater Laurentius de Biella, frater Tholomeus de Saraticho et frater Angelus de Ruschonibus, omnes fratres expresse professi Ordinis Heremitarum sancti Augustini in conventu... sancte Mustiole Papie... *ricevono da Francesco Beccaria del fu Bartolomeo, fiorini 12*, pro annuo legato finituro et completuro in festo sancti Martini proxime futuro, aliax facto, dicto monasterio et conventui, per dictum quondam dominum Bertolameum, patrem dicti domini Francisci (3).

sotto il priorato di frate Martino da Vercelli, che una iscrizione coeva disse autore dei restauri. Ora alla luce del nostro documento il merito di questi restauri non sarebbe esclusivamente di frate Battista. Vedi il documento del 14 febbraio 1487.

(1) Nel nostro I volume, pag. 161, nota (4), facemmo rilevare che gli Agostiniani avevano introdotto l'organo a S. Pietro in Ciel d'oro prima che fosse stato introdotto in Duomo. Ora osserviamo che essi furono anche primi ad introdurre esecuzioni di canto figurato nella sacra liturgia, ciò che la chiesa Cattedrale non potè avere se non dopo la istituzione della *schola Cantorum* fatta dal nob. Gian Antonio Beretta con atto del 23 agosto 1492, rogato da Giovanni Matteo Paltonieri, esistente nell'archivio notarile di Pavia.

(2) Forse si allude ad una visita recente in Pavia fatta dal Priore Generale frate Ambrogio da Cori. Noi lo vedemmo in Pavia l'anno 1478, come risulta dal doc. n. CDXVI.

(3) Vedi i documenti CCXX e CCXXI. Simile pagamento di 12 fiorini è fatto da Francesco Beccaria al Capitolo di S. Mostiola, dove troviamo i frati Melchiorre Lucini vicario, Pietro Calvi e Gerolamo Bastoni *facientes plusquam duas partes tocius capituli*, con atto dello stesso notaio agli 8 maggio 1486. Lo stesso pagamento è fatto da Manfredo Beccaria a frate Melchiorre Lucini, Vicario e Procuratore di S. Mostiola, con atto rogato da Nicola Codazza ai 9 novembre 1489. Fra i testi a quest'atto notiamo lo *spectabilis dominus Melchion de Bonipertis* Rector *Universitatis scholarum in iure civili.*

CDLXVIII.

Disposizioni testamentarie di Elisabetta Moruzzi a favore della Cappella di S. Giovanni in S. Agostino, e di S. Paolo e di S. Mostiola.

1482, luglio, 17.

(Arch. Notar. di Pavia. — Atti di Agostino Gravanago'.

I N *casa del notaio, Parrocchia di S. M. in Pertica. Testamento della signora Isabetta Moruzzi* (de Morucio) *del fu Luigi, con cui* corpus suum vult sepeliri debere, in ecclesia sancti Augustini, in capella sancti Iohannis... Item dat et legat dicte capelle sancti Iohannis et conventui sancti Augustini Paple florenos centum viginti quinque, pro anima ipsius domine testatricis et cum onere dicendi omni anno officium unum mortuorum, cum missis XII parvis, in die obitus domine testatricis; Et quod, in actu sepeliendi, induatur corpus eius de habitu sancte Monace (1)... Item legat dicte capelle sancti Iohannis illam mayestatem, quam habet ipsa in domo sue habitationis, pro salute anime sue... Item dat et legat dominis Fratribus et conventui sancti Pauli florenos vigintiquinque... Item dat et legat conventui sancte Mustiole Papie florenos decem... Item instituit exequutores huius sui testamenti... dominum Priorem sancti Augustini Papie, dominum Priorem sancti Paulli Papie... Item legat eius vestem panni morelli ecclesie sancti Augustini Papie pro faciendo unam planetam. Item legat eius vestem panni beretini ecclesie sancti Paulli Paple.

CDLXIX.

Il duca di Milano concede agli Eremitani di S. Paolo l'uso dell'acqua del Naviglio per il loro Monastero.

1482, agosto, 1.

(Arch. Notar. di Pavia — Atti di Gio. Antonio Roverini).

I OHANNES Galeaz Maria Sforcia Vicecomes Dux Mediolani, etc.
Ut gratia et munificentia nostra amplectamur venerabiles religiosos carissimos ac devotissimos nostros Guardianum, Priores, Monachos et Fratres monasteriorum sancti Iacobi Ordinis Minorum, Sanctorum Spiritus et Galli Ordinis sancti Benedicti, sancti Pauli Ordinis Heremitarum sancti Augustini, et sancti Apollinaris Ordinis sancti Dominici, extra et prope menia civitatis Paple consistentium, Regularis Observancie,

---

(1) Questa circostanza indica che il culto alla Patrona delle madri cristiane era diffuso in Pavia per opera degli Agostiniani, presso le cui chiese sorgevano altari e cappelle a S. Monica ; e come vedremo in seguito vi erano anche devoti consorzii di pie madri sotto l'invocazione della Santa.

ob singularem devocionem quam erga illos et eorum monasteria gerimus... ex certa scientia et de nostre potestatis plenitudine eisdem Guardiano, Prioribus, Fratribus et monasteriis suis predictis, concedimus et dispensamus, quandocumque eis libuerit et ubi comodius eisdem visum fuerit, desuper travachatorem navigii nostri existentem extra et prope dictam nostram civitatem, extrahendi et conducere possendi de dicta aqua navigli nostri onzias quatuor aque per buchellum unum amodelatum ibidem, eorum expensis apponendum et eam ducendi... intus et extra ad ipsa monasteria, ad usum ipsorum monasteriorum, prout in eos compartiri libuerit. Concedimus etiam ipsis licentiam et facultatem faciendi tam in dicto parcho nostro et muris eiusdem, quam extra per stratas publicas quecumque... cavamenta et quoscumque... tam subterraneos quam non, prout opportunum et necessarium fuerit pro tali aque conductura. Et hoc tute, libere et impune, aliquibus legibus, statutis, decretis, provisionibus et ordinibus in contrarium facientibus non attentis', quibus in quantum predicta obviarent aut aliter... ex certa scientia derogamus. Quam aque quantitatem ex aqua predicta eisdem monasteriis, tenore presentium et non obstante in hac parte concessione facta nostre Comunitati Papie, concedimus et elargimur continuato tempore. Mandantes insuper Magistris Intratarum utriusque camere nostre, Commissario et Potestati ac Referendario, Presidentibus negociis dicte nostre Civitatis ac Capitaneo dicti nostri parci Papie, presentibus et futuris, quatenus has nostras concessionis litteras observent et faciant ab aliis inconcusse observari. In quorum testimonium, etc. Dat. Mediolani, die primo Augusti, 2482. Ioh. Francischus, Michael, Philippus (1).

CDLXX.

La Comunità di S. Mostiola elegge il proprio conservatore e giudice in una controversia col Vicario vescovile.

1482, agosto, 2.

(Arch. Notar. di Pavia. — Atti di Luchino Corti).

L
A Comunità di S. Mostiola, raccolta in Capitolo, in cui erano i religiosi frater magister Galeaz de Papia, Prior dicti monasterii, frater Eustachius de Becharia, frater Melchion de Lucino, frater Guilermus de Arigonibus, frater Augustinus de Pinarolo, frater Laurencius de Bugiella, frater Angelus de Rusconibus, frater Bertolameus de Ecclesia, frater Nicolaus de Trotis, più di due parti delle tre del Capitolo, visis quampluribus privilegiis dicte religioni concessis per quamplures Pontifices et de quorum transumptu rogatum fuit instrumentum anno curso mcccc.lxxv, indictione septima, Pontificatus sanctissimi domini domini nostri Pape Sisti divina Providencia Pape quarti, per Ioh. Fortin de Berneriis clerichum baiocensem publichum apostolica et imperiali auctoritatibus notarium (2), per quorum effectum inter cetera eisdem dominis Priori et Fratribus conceditur

---

(1) Il documento si trova in trascrizione fra gli atti del notaio Gian Antonio Roverini, pacco 1502-1517.

(2) Vedi il documento del 7 luglio 1478, dove abbiamo una e-

lezione di conservatori fatta dal Priore Generale frate Ambrogio da Cori conformemente alla Bolla Sistina Dum fructus uberes del 7 febbraio 1474.

facultas eligendi et quod ipsi fratres elligere possint et valeant unum seu plures iudices cognoscere debentem seu debentes de omnibus causis, questionibus et controversiis ad ipsum monasterium et conventum spectantibus et pertinentibus et tam civilibus quam criminalibus, et qui iudex seu iudices, sic ellectus vel ellecti, potestatem et facultatem habeant excomunicandi et pro excommunicatis publicandi omnes et singulos qui excomunicandi vel publicandi veniunt de iure, prout lacius in ipsis privilegiis continetur, *eleggono in loro giudice il dottor in diritto canonico frate Angelo de Gariboldis prevosto d' Ognissanti, dell' Ordine degli Umiliati di Pavia, per una loro controversia col Vicario Vescovile di Pavia.*

CDLXXI.

Disposizione testamentaria del nobile Alessandro Pietra a favore di S. Mostiola.

1482, agosto, 17.

(Arch. Notar. di Pavia — Atti di Gaspare Tacconi).

N EL *castello di Pietra*, *nel contado di Pavia. Testamento del nobile Alessandro Pietra, del fu signor Ardizzolo*, *nel quale* dat et legat ecclesie et conventui sancte Mustiole Papie, ubi morantur fratres Heremitarum sancti Augustini et in qua ipsi nobiles de Petra habent eorum capellam magnam, florenos vigintiquinque... expendendos per dictum conventum in faciendo et fieri faciendo vidriatam seu vidriatas pulcras super oculo et fenestris dicte capelle et super qua vitriata seu vitriatis sit sculpta arma ipsorum de Petra, cum nomine ipsius domini Alexandri (1).

CDLXXII.

Professione religiosa emessa da frate Adeodato da Vercelli nel Convento di S. Paolo.

1482, agosto, 24.

(Arch. Notar. di Pavia — Atti di Giacomo Pescari).

M CCCCLXXXII, indicione XV, die XXIIII Augusti, in monasterio sancti Pauli, hora vesperarum.

In presentia mey notarii et testium infrascriptorum, venerabilis dominus frater Theodatus de Verzelis, Ordinis fratrum Heremitarum sancti Augustini de Observancia, in

(1) Ricordiamo qui che nel testamento del 21 gennaio 1483, rogato da Nicolino Sicleri, il nobile Milano Pietra del fu Bartolomeo ordina di essere sepolto a S. Mostiola *in sepultura Capelle Magne alias fundate per nobilles de Pet*ra. Similmente il nobile Battista Pietra dispone nel suo testamento, rogato da Leonardo Buscati con atto 9 giugno 1486, che *eius cadaver portetur et sepeliatur ad eccle-* *siam sancte Mustiolle Papie et in sepultura ipsorum de Petra sita in dicta ecclesia.* Di nuovo la nobile Simonina Guarguaglia, vedova di Battista Pietra, nel suo testamento degli 11 dicembre 1498, a rogito di Giorgio Porzio, dispone di essere seppellita *in sepultura nobillium de Petra, constructa in ecclesia sancte Mustiole.*

sancto Paulo commorans, professionem suam fecit, ante altare maius dicte ecclesie consistens, astantibus Fratribus, in manibus reverendi domini Prioris infrascripti, in hec verba, videlicet:

Ego frater Adeodatus de Vercellis facio professionem et promitto obedientiam Deo Omnipotenti et Beate Marie semper Virgini, et tibi patri fratri Remigio de Castronovo Priori conventus sancti Pauli Paple, nomine et vice magistri Ambrosii de Chora Prioris Generalis Ordinis fratrum Heremitarum sancti Augustini et successorum eius canonice intrantium, vivere sine proprio et in castitate secundum regulam beati Augustini usque ad mortem.

Presentibus testibus, etc.

CDLXXIII.

Frate Bartolomeo Fazzardi riceve un pagamento come procuratore delle Agostiniane di S. Dalmazio.

1482, agosto, 29.

(Arch. Notar. di Pavia. — Atti di Giovanni Gambarana).

N ELLA *Casa del notaio, in Parrecchia di S. Zeno.* Reverendus pater dominus magister Bertolameus de Fazardis, sacre theologie professor Ordinis fratrum Eremitarum sancti Augustini papiensis, sindicus et procurator... venerabilium dominarum Matris Priorisse et Monialium monasterii sancti Dalmatii Ordinis sancti Augustini (1), *come da istromento 1479 11 ottobre, rogato Gio. Matteo de Fagnano, riceve da Giacomo Santagostino L. 100 per beni a lui venduti.*

(1) Abbiamo creduto bene di dare anche questo documento per poter avvertire che costantemente le Agostiniane di S. Dalmazio avevano per loro Procuratore un religioso Agostiniano. In questo ufficio, al frate Bartolomeo da Castellazzo, succedette per pochi mesi il frate Bartolomeo Fazzardi, giacchè in un atto del 21 aprile 1483, rogato da Leonardo Buscati, troviamo che alla presenza di frate Giovanni Bartolomeo Ferrari da Castellazzo le Monache, che qui sono dette Agostiniane dell'Osservanza, al cui monastero *annexa, unita et incorporata, auctoritate apostolica, fuerunt et sunt monasteria sanctorum Augustini et Agnetis, sita alterum in suburbio et alterum in civitate Novarie,* Ordinis sancti Augustini, eleggono Suor Prudenza da Novate Vicaria del detto Monastero di S. Agnese, loro Procuratrice per esigere i crediti degli accennati monasterii novaresi.

CDLXXIV.

Il nobile Bartolomeo Balbi elegge la sua sepoltura all'ingresso del chiostro di S. Agostino.

1482, settembre, 12.

(Arch. Notar. di Pavia — Atti di Agostino Gravanago).

I N cittadella Papie, in camera cubiculari domus habitationis infrascripti domini Bertolamei... Dominus Bertolameus de Balbis, filius quondam domini magistri Iohannis Francisci (1), *nel suo testamento* corpus suum iubet sepeliri ante conspectum prime porte sancti Augustini ab extra, a manu dextra, ubi est depicta imago sancti Augustini (2).

CDLXXV.

Frate Bartolomeo da Castellazzo, Procuratore di S. Agostino, attesta l'adempimento costante di un legato testamentario.

1482, settembre, 28.

(Arch. Notar. di Pavia — Atti di Gio. Franco Gravanago).

I N ecclesia sancti Theodori, in Porta Pertusii, in Parochia ipsius ecclesie. Venerabilis vir dominus frater Bertolameus de Castelacio, sindicus et procurator... monasterii sancti Augustini Papie... dixit, confessus et protestatus fuit... versus me notarium... nomine et vice omnium quorum interest... quod ipse sindicus, dicto nomine, celebrari facit missam unam in cantu, seu officium unum a mortuis, per dictos dominum Priorem et Fratres dicti monasterii sancti Augustini, pro animabus quondam domini Galvagnini de Mombreto et deffunctorum suorum (3), ad cuius misse seu officii celebrationem tenentur omni anno ipsi dominus Prior et Fratres, vigore testamenti quondam domini Galvaguini, ad quod testamentum debita habeatur relacio... Et inde, etc.

(1) In un atto dello stesso notaio, in data 9 settembre 1482, il testatore è detto *nobilis dominus*, e il suo padre è qualificato *egregius artium et medicine doctor*.

(2) Crediamo si tratti della porta minore della chiesa verso il chiostro degli Agostiniani, sotto le cui arcate, a mano destra della porta stessa, stava l'accenata effigie in affresco del santo Dottore.

(3) Crediamo che il documento si debba mettere in relazione col doc. n. CCCXVII. Una dichiarazione in tutto simile al documento qui sopra riportato, troviamo ripetuta nelle minute del notaio G. F. Gravanago ai 16 dicembre 1490. Da essa risulta che il legato si fa adempire dagli Agostiniani nella chiesa di S. Teodoro come è anche detto nel citato doc. CCCXVII.

CDLXXVI.

Frate Lorenzo da Biella, Procuratore di S. Mostiola, riceve il pagamento dell'affitto dei beni di Cà della terra.

1482, ottobre, 22.

(Arch. Notar. di Pavia. — Atti di Leonardo Buscati).

I N claustro monasterii sancte Mustiole... Confessio facta per venerabilem virum dominum fratrem Laurentium de Biella, Ordinis Heremitarum sancti Augustini Papie in conventu sancte Mustiolle... sindicum et procuratorem.... monasterii sancte Mustiole... versus spectabilem dominum Iohannem de Becaria, filium quondam magnifici legum doctoris et militis domini Petri... ab eo habuisse... sachos quatuor papienses furmenti pro ficto unius anni finiti in calendis augusti proxime preteritis, unius petie terre site in loco Domus de la terra (1).

CDLXXVII.

Frate Bartolomeo Fazzardi Cappellano di S. Maria e frate Bartolomeo da Castellazzo Procuratore di S. Agostino comprano per questa cappella alcune terre di Filighera.

1482, novembre, 9.

(Arch. Notar. di Pavia — Atti di Guniforto Strazzapatti).

I N nomine Domini Amen. Anno a nativitate eiusdem millesimo quatrigentesimo octuagesimo secundo, indicione quintadecima, die nono mensis novembris, hora none. In solita Citadella civitatis Paple, videlicet in claustro secundo et maiore Conventus Fratrum sancti Augustini, siti in Porta Palatii in parochia sancti Andree de Brolio. Ibique in presentia mei notarii et testium infrascriptorum : Cum verum sit quod iam pridem et usque die XXVI mensis octubris proxime preteriti Iacobinus de Garetis, filius quondam Augustini, habitator super territorio Curtis Olone campanee papiensis et vicariatus Belzoyosii, suo proprio nomine et nomine et vice Bertolani eius fratris, pro quo de rato promixit, intimaverit et denuntiaverit ad altare domine sancte Marie, heredum quondam Saglimbene de Fazardis, constructum in primo claustro dicti conventus et ad ipsum conventum (2), ac venerabili domino fratri Bertolameo de Castelatio (3) sindico et procuratori ipsius conventus, illic presenti et audienti, quod ipse Iacobinus, suo et dicto nomine, pro pretio librarum octo

---

(1) Lo stesso pagamento di affitto è fatto dal Beccaria allo stesso frate Lorenzo con atto del notaio Buscati, ai 16 agosto 1484, pe le annualità 1483 e 1484.

(2) Vedi il documento del 21 aprile 1479.

(3) Questo Religioso, con atto di Leonardo Buscati del 13 no-

vembre del 1483, lo troviamo eletto, col causidico Antonio Cosso, procuratore ed arbitro per la stima dei miglioramenti fatti da certi Ambrosioni in una casa di proprietà del priorato di S. Marcello di Pavia.

imperialium, intendebat et volebat vendere Iohanni de Garetis filio quondam Antonii eius consanguineo germano, ipsorum fratrum utile dominium unius petie prati aquatici, perticharum duodecim vel circha, site in territorio Felegarie campanee papiensis et vicariatus Belzoyosii, ubi dicitur in Fanexio (1), cum iuribus aque spectantibus ipsi petie prati causa illam irrigandi ex scolaticiis prediorum et aque rugie comitum de Belzoyoso... Item et unius petie prati site in dicto territorio, ubi dicitur in Fanexio... et de quibus proprietatibus aliax ipse Iacobinus, suo et nomine dicti Bertolani eius fratris et etiam Martini similiter eius fratris, fuit a capitulo dicti conventus, nomine ipsius capelle, post quandam vendicionem per ipsum Iacobinum, suo et nomine dictorum fratrum suorum, ipsi capitulo nomine dicte Capelle factam, in perpetuum investitus, pro annua ficti prestatione sachorum sex turmenti et unius paris caponum et cum certis pactis et conventionibus in ipsa investitura contentis, de qua constat intrumento publico rogato anno curso MCCCCLXXVIIII die XXI mensis aprilis per me notarium infrascriptum. Et hoc cum onere ipsius ficti et quod si capellanus dicte Capelle, vel dictus conventus, eius Capelle nomine, volebant et intendebant ipsas proprietates respectu utilis dominii et naturalis possessionis emere pro dicto pretio et tanto minori quanto cavebatur ex tenore pacti inserti in ipsa investitura, ofierebat se paratum potius illas vendere ipsi conventui et dicte Capelle, quam dicto Iohanni, etc. petendo super hoc responsum sibi dari etc. prout hec et alia seriosius continentur in ipsa denuntia, etc.... Modo constitutus dictus Iacobinus de Garetis... in presentia reverendi sacre pagine professoris domini Magistri Bertolomei de Fazardis capellani dicte Capelle moram trahentis in dicto conventu et prefati domini fratris Bertolamey de Castelatio sindici et procuratoris dicti conventus, pro responsione habenda de contentis in dicta denuntia; qui dominus magister Bertolameus capellanus antedictus et dominus frater Bertolameus de Castelatio... respondentes ipsi Iacobino... dixerunt et dicunt quod volunt et intendunt ipsas proprietates respectu utilis dominii et naturalis possessionis emere, nomine dicte Capelle, et ex nunc, attento quod ipsi capelle dari debent minori pretio soldi unius pro libra ex pretio denuntiato, obtulerunt et offerunt eidem Iacobino... actualiter, in uno ducato ianuino auri et in auro et tanta moneta, libras septem et soldos duodecim imperiales pro sibi dando et solvendo, casu quo venditio sibi, nomine dicte Capelle, fiat de dicto utili dominio.... Idcircho dictus Iacobinus, volens iuxta denuntiata, promissa attendere... pretio dictarum librarum septem ac soldorum duodecim imperialium, vendidit... prefactis dominis magistro Bertolameo de Fazardis capellano antedicto et fratri Bertolameo de Castellacio sindico et procuratori dicti conventus.... nomine et vice dicte Capelle domine sancte Marie, nominative utille dominium et naturalem possessionem suprascriptorum proprietatum, etc. Et inde, etc. Presentibus, etc.

---

(1) Questo luogo, detto ora Fanese, nelle vicinanze di Filighera acquistò ultimamente notorietà per i natali, che ivi trasse il no- tissimo pubblicista cattolico D. Davide Albertario.

CDLXXVIII.

Disposizioni testamentarie del nob. milite Galeazzo Fiamberti a favore di S. Agostino e di S. Paolo.

1482, novembre, 20.

(Arch. di Stato di Milano — Pergam. di S. Paolo).

NELLA *casa del testatore, in Parrocchia di S. Maria Secreta. Testamento del nobile milite e dottor in leggi Galeazzo Fiamberti, del fu Giovanni Marco, col quale ordina* quod quandocumque contingat vitam finire, cadaver suum defferatur et sepeliatur in ecclesia sancti Pauli in capella seu conspectu capelle magne construende, ubi ellegit et elligit sepulturam suam et ibi vult... quod fiat sepulcrum condignum subterraneum per dominos Priorem et Fratres ac capitulum dicte ecclesie cum lapide marmoris, in quo sint sculpte littere notantes cuius sit sepulcrum et annus, mensis et dies obitus, eorum sumptibus et expensis... (1).

Item dedit et legavit... conventui sancti Augustini Papie florenos centum monete currentis et hos dispensandos in reparatione ecclesie eiusdem.....

Item dedit et legavit... dicto conventui sancti Pauli florenos centum monete currentis dispensandos et expendendos tam occasione dicte sepulture tiende, quam constructionis ecclesie eiusdem monasterii, dandos et solvendos infra duos annos proxime futuros post mortem ipsius domini testatoris.

Nel caso poi di morte de' suoi eredi universali, ordina che i suoi beni siano divisi in tre parti, l'una delle quali pervenire debeat pro tertia parte ipsius tertie partis in monasterium sancti Augustini Papie : pro alia vero tertia parte tertie partis perveniat in monasterium sancti Pauli extra et prope menia Papie eiusdem Ordinis de observancia ; pro alia vero tertia parte tertie partis, vult quod remaneat penes Collegium notariorum Papie...

Notaio : Gian Giacomo Canevari.

CDLXXIX.

Il Priore ed il Procuratore di S. Paolo ricevono il pagamento di un legato testamentario di Gian Antonio Salimbeni.

1482, novembre, 27.

(Arch. Notar. di Pavia — Atti di Bartolomeo Gandello).

IN claustro monasterii et ecclesie sancti Pauli, sito prope et extra menia civitatis Papie... Reverendus in Christo pater dominus frater Remigius de Castronovo Prior, et venerabilis dominus frater Iohannes Petrus de Papia sindicus et pro-

(1) Nella raccolta manoscritta delle iscrizioni pavesi di Gerolamo Bossi (Bibliot. Universitaria di Pavia) si legge difatti che nel tempio di S. Paolo, *in planitie, ante aram maximam*, era questo epitaffio: *Hic iacet spectabilis dominus Galeaz Flambertus doctor et miles, qui obiit anno MCCCCLXXXII, die XXVIJ novembris.*

curator... monasterii sancti Paulli de prope Papiam, Ordinis Heremitarum Observantium sancti Augustini, *ricevono da Gian Pietro Salimbeni 'fiorini 41*, pro parte solutionis florenorum sexaginta... qui restabant ad solvendum ipsis dominis Priori et fratribus... ex illis florenis centum... qui aliax per quondam dominum Iohannem Antonium de Saglimbene, olim ministrum sancti Lazari Papie, in eius ultimo testamento fuerunt legati ipsis dominis Priori et fratribus et seu predictis eorum monasterio, capitulo et conventui et seu ecclesie sancti Pauli predicti, per instrumentum publicum rogatum anno curso mcccc septuagesimo octavo.... die vigesimosexto, seu vigesimoseptimo, aut vigesimoctavo, mensis decembris... per dominum Iohannem de Scanzolis notarium papiensem.

CDLXXX.

Il Capitolo di S. Mostiola vende una vigna nel Siccomario.

1483, gennaio, 27.

(Arch. Notar. di Pavia. — Atti di Agostino Gravanago).

I N loco Capituli ecclesie sancte Mustiolle Papie... Convocato capitulo... de mandato... reverendi patris domini magistri Galeaz de Papia sacre pagine professoris, Prioris dicti conventus, in quo quidem capitulo fuerunt et sunt prefatus dominus Prior et cum eo venerabiles domini frater Petrus de Calvis, frater Melchion de Lucino, frater Guillelmus de Arigonibus, frater Eustachius de Becharia, frater Laurentius de Bugella, frater Angelus de Ruschonibus, frater Tholomeus de Seraticho, frater Augustinus de Abbiate (1), frater Nicholaus de Trotis, frater Baptista de Zaynis... facientes plusquam duas partes ex tribus... dicti capituli... vigore privilegiorum apostolicorum, *per 100 'fiorini vendono a Guniforto Scotti, abitante nel Siccomario, una vigna di circa 12 pertiche*, in territorio Prati de Mascharo, ubi dicitur ad Vignolum.

CDLXXXI.

Legato testamentario di Antonio Valenti a favore del Convento di S. Agostino.

1483, marzo, 6.

(Arch. Notar. di Pavia — Atti di Bernardo Cellanova).

I N *Pavia nella casa del testatore, presso Porta nuova di Milano... Testamento di Antonio Valenti, col quale* dat et. legat et iure legati relinquit dominis Fratribus et Conventui ecclesie sancti Augustini Papie soldos sedecim imperiales, dandos

---

(1) A proposito di frate Agostino d' Abbiate notiamo che con atto di Leonardo Buscati, del 26 giugno di questo anno, egli fu da un Giacomo de Paoli costituito suo Procuratore Generale.

et solvendos omni anno, dictis Fratribus et conventui, per infrascriptam eius testatoris uxorem, cum hoc onere quod dicti fratres sancti Augustini teneantur et obligati sint, omni anno facere officium unum mortuorum, in ipsa ecclesia, pro anima ipsius testatoris, et hoc durante uxufructu infrascripte eius uxoris. Et finito dicto uxufructo, tunc et eo casu, dedit et legavit ac dat et legat, ut supra, predictis dominis fratribus et Conventui alios soldos sedecim imperiales, ita quod in totum sint florenus unus, dandus et solvendus per infrascriptos eius heredes dictis dominis fratribus et conventui: et quod ipsi fratres teneantur, omni anno, in dicta ecclesia, celebrare seu celebrari facere pro anima ipsius testatoris officium unum mortuorum, expensis dicti conventus.

Fra i testi: Reverendo sacre theologie professore domino magistro Antonio de Ast Ordinis sancti Augustini Papie.

CDLXXXII.

La Comunitá di S. Mostiola affitta il forno del Convento a frate Tolomeo Sarego.

1483, aprile, 17.

(Arch. Notar. di Pavia. — Atti di Bernardino Giorgi).

I N Capitulo Conventus sancte Mustiolle Fratrum Heremitarum sancti Augustini, respondente versus pratum dicti conventus.... venerabilis dominus frater Eustachius de Becharia vicarius, frater Petrus de Calvis, frater Melchion de Lucino, frater Gulielminus de Arigonibus, frater Laurentius de Biella, frater Angellus de Rusconibus, frater Nicolinus de Trotis... omnes fratres professi... representantes plus quam duas partes... fratrum residentium..... *dànno investitura dalle calende di Maggio fino a nove anni futuri a* fratrem Tholomeum de Saraticho ex Fratribus dicti conventus... de domo una et furno simul se tenente... in Papia in Porta Palacense in Parochia S. Columbani, cui coheret ab una parte dictum monasterium, ab alia Cimiterium dicti conventus, ab alia illi de Sclaffenatis et ab alia ortus dicti monasterii sancte Mustiolle, *per l'affitto annuo d'un paio di capponi nella festa di S. Martino.* Cum pacto quod dictus frater Tholomeus teneatur impastari facere, cocquere, mundare et buratare panem et alia facere prout faciebat Iulianus de Zaziis qui tenebat dictum furnum a dicto monasterio (1), omnibus expensis dicti domini fratris Tholomei (2).

---

(1) Vedi il documento del 31 luglio 1475.

(2) Notiamo che con atto di Leonardo Buscati del 30 aprile dello stesso anno 1483 il Priore di S. Mostiola Galeazzo da Pavia ed i frati Melchiorre Lucini, Guglielmo Arrigoni, Eustachio de Nocte; Lorenzo da Biella, Tolomeo Sarego, Angelo Rusconi e Battista Zagani, ricevono dal fornaio Giuliano Zazzi lire 15 e soldi 14 a saldo completo dell'affitto di 7 anni e due mesi della casa, del forno e della torre del Convento, da lui già tenuti in pigione. E per evitare ripetizioni diamo qui la notizia che lo stesso forno, con atto 13 marzo 1498 del notaio Franceschino Sacchi, fu affit-

tato per nove anni a Bernardino Sacchi, per lire quattro e mezzo all'anno e coll'obbligo di cuocere il pane pel convento, dalla Comunità di S. Mostiola, che allora componevasi del Priore Cherubino da Como e dei frati Melchiorre Lucini, Gerolamo Agostino della Chiesa, Pietro da Carmagnola, Giovanni d'Alemagna, Giorgio della Plebe, Benedetto da Padova, Battista da Milano, Paolo Pietra, Michelangelo Pietra, Alberto da Pavia, Battista Pietra e Cherubino da Bissone, rappresentanti più di due parti delle tre col Capitolo.

CDLXXXIII.

I Procuratori del Clero esente di Pavia eleggono l'Agostiniano Battista de Rossi loro Procuratore presso il Duca di Milano per trattare del loro contributo.

1483, giugno, 4.

(Arch. Notar. di Pavia — Atti di Guniforto Strazzapatti).

I N nomine Domini Amen. Anno a Nativitate eiusdem millesimo quatricentesimo octuagesimo tercio, indicione prima, die quarto mensis Iunii, hora post vesperas. In civitate Paple, videlicet subtus porticum claustri monasterii sancti Marini, in quo morantur monaci Ordinis sancti Ieronimi, siti in Porta Pontis in Parochia ipsius ecclesie sancti Marini. Ibique in presentia mey notarii et testium infrascriptorum, convocato et congregato universo Clero exempto Civitatis Papie, per citationem factam per nuncium in hac parte specialem venerabilis et sapientis decretorum doctoris domini Bertolamei de Burnatiis, Episcopalis Curie Vicarii Generalis, et de cuius mandato in executione litterarum ducalium eidem domino Vicario ut asseruit directarum ad monasteria et domos singulorum ex ipsis de dicto Clero exempto, in qua convocatione et congregatione fuerunt et sunt venerabiles et religiosi dominus frater Guidobaldus de Baldis rector ecclesie et scole sancti Oldrici papiensis Ordinis Humiliatorum, dominus frater Angelus de Gariboldis prepositus ecclesie Omnium Sanctorum papiensis dicti Ordinis, dominus don Desiderius de Papia prior sancti Salvatoris extra et prope muros papienses, dominus don Michael de Papia prior monasterii sancti Epiphaney Papie Ordinis Canonicorum Regularium sancti Augustini, dominus don Elias de Mediolano prior dicti monasterii sancti Marini, dominus magister Matheus de Curte sacre theologie professor, guardianus conventus sancti Francisci papiensis, dominus magister Ieronimus de Barachanis sacre theologie professor Ordinis Servorum conventus sancti Primi papiensis, dominus magister Georgius de Becharia (1) sacre theologie professor Ordinis Fratrum Heremitarum sancti Augustini, moram trahens in dicto conventu sancti Augustini, dominus magister Galeaz de la Glarola (2) Prior Conventus sancte Mustole papiensis dicti Ordinis Heremitarum, dominus *(in bianco)* de Folpertis prior sancti Simonis papiensis Ordinis Cruciferorum, magister Iohannes de Lovatis pro reverendo domino Dominicho de Lovatis eius fratre prothonotario apostolico priore sancti Gervaxii Papie, in Curia Romana residente, et frater Georgius de Rochamaiore pro eius domo Ordinis Humliatorum, nominibus et vice dictorum suorum monasteriorum, conventuum, ecclesiarum et locorum et totius Cleri exempti civitatis Papie, et in contumatiam aliorum de ipso clero exempto, qui citati fuerunt et non venerunt, citra revocationem quorumcumque sindicorum et procuratorum suorum, hactenus nomine dicti Cleri exempti quomodolibet constitutorum, omni iure, via, modo, causa et forma, quibus melius et validius potuerunt et possunt, constituerunt, ordinaverunt et fecerunt, ac constituunt, ordinant et faciunt venerabilem et religiosum sacre pagine professorem dominum magistrum Baptistam de Rubeis (3)

(1) Vedi il documento del 24 ottobre 1477.

(2) È il religioso, che nei documenti abbiamo veduto fin qui chiamato *Galeaz de Papia*. Vedi il documento del 14 luglio 1479.

(3) Di questo insigne Religioso, che riceve un attestato di

tanta stima e fiducia da tutto il Clero Regolare di Pavia, vedi il documento del 9 maggio 1482, dove il Comune della Città rende amplissima testimonianza dei meriti di lui.

conventualem dicti conventus sancti Augustini papiensis dicti Ordinis Heremitarum, ibidem presentem et onus presentis mandati sponte suscipientem, prefatorum dominorum congregatorum, nominibus quibus supra et totius Cleri exempti dicte civitatis Papie, certum missum, nuncium, sindicum et procuratorem et quicquid de iure melius dici et esse potest, specialiter ad comparendum coram illustrissimo domino domino Duce Mediolani, etc. et seu coram dominis Deputatis per Excellentiam Suam super exactione subsidii per Dominationem Suam requisiti universo Clero dominii sui, et ad eius seu eorum voluntatem, se, nomine Cleri exempti dicte civitatis Papie, obligandum in forma debita et solempniter et per publicum instrumentum, fieri rogandum per quemcumque notarium in talibus expertum et cum debitis clausulis et promissionibus et obligationibus, de solvendo ipsum subsidium pro rata contingenti ipsi Clero exempto dicte civitatis Papie, ad et per terminos conventos et iuxta tenorem capitulorum cum Excellentia Dominationis Sue, seu dominis Deputatis per illam, factorum per dominos Deputatos per universum Clerum Dominationis Sue. Et ad confirmandum ipsa capitula taliter facta, prout iacent, nomine dicti Cleri exempti papiensis; que quidem capitula incipiunt: Primo, quod dictum subsidium non excedat summam octuaginta millium librarum, et finiunt: Ultimo, quod per Suam Celsitudinem declaretur cui vel quibus exbursationes dictarum pecuniarum fieri debeant. Et que capitula ibidem visa et lecta fuerunt. Et de premissis unum et plura, si opus fuerit, fieri rogandum instrumentum et instrumenta, cum et sub illis modis, formis, promissionibus, obligationibus, constitutionibus, renuntiis, clausulis, solempnitatibus, cum quibus ac prout et sicut dicto eorum et prefati Cleri exempti sindico et procuratori videbitur et placuerit. Et generaliter ad cetera omnia alia èt singula fienda, exercenda, gerenda et procuranda que in predictis et circha predicta, utilia et necessaria tam de iure quam de consuetudine fuerint. Promittentes, etc. Obligantes, etc. Et inde, etc. Presentibus, etc. inde testibus.

CDLXXXIV.

Legato testamentario della nob. Maria Canevari a favore di frate Gregorio Canevari di S. Agostino.

1483, agosto, 9.

(Arch. Notar. di Pavia — Atti di Giacomo Pescari).

N ELLA *casa della testatrice, in Parrocchia di S. Zeno. Testamento della* nobilis domina Maria de Canevariis, filia quondam domini Girardi, *nel quale* dat et legat venerabili fratri Gregorio de Canevariis, fratri in monasterio sancti Augustini Papie, quando cantabit suam primam missam novam florenos duodecim monete etc. solvendos per infrascriptum eius heredem universalem...

CDLXXXV.

Frate Battista Rancati, Procuratore di S. Agostino, riceve il pagamento d'affitto delle terre di Tromello e Garlasco.

1483, ottobre, 3.

(Arch. Notar. di Pavia — Atti di Matteo Ferrari).

IN claustro monasterii sancti Augustini Papie..... Reverendus sacre pagine professor dominus magister Baptista de Ranchate de Roxate sindicus et procurator..... conventus sancti Augustini Paple..... *riceve da Giorgio Lanzi fiorini 225 per pagamento* ficti unius anni finiti in festo sancti Martini proxime preterito, possessionum et bonorum dicti monasterii, sitorum in locis..... Garlaschi et Tromelli, Lomelline et Comitatus Paple, *a lui investiti con instrumento rogato dal notaio Giovanni de Scanzolis* (1).

CDLXXXVI.

La Comunità di S. Mostiola riceve il pagamento d'affitto dei beni di Cilavegna, e paga i miglioramenti di una vigna del Siccomario.

1483, ottobre, 4.

(Arch. Notar. di Pavia — Atti di Bernardino Giorgi).

IN Capitulo Conventus sancte Mustiole Papie, respondente versus pratum dicti Conventus..... reverendus sacre theologie magister dominus frater Galeaz de Vicecomitibus prior, nec non venerabiles domini frater Melchion de Lucino. frater Guillelmus de Arigonibus, frater Laurentius de Bugiella, frater Tholomeus de Seraticho, frater Baptista de Zaghanis, frater Ieronimus de Bastonibus, omnes fratres conventuales sancte Mustiolle Papie Ordinis Fratrum Heremitarum sancti Augustini..... facientes..... plus quam duas partes..... fratrum residentium..... *ricevono da Bartolomeo Guida di Cilavegna il pagamento completo di tutti i debiti suoi verso il convento per le terre ivi affittate.*

Nella stessa occasione, Stefano Scotti habitator Predamaschi Sicomarii Papie, *dichiara di ricevere dai detti Religiosi lire tre imper. pel pagamento* illorum melioramentorum factorum per dictos de Scotis.... in perticis duabus unius petie terre advineate site in Sicomario Papie, ubi dicitur ad Vignolum, *al cui affitto lo Scotti rinuncia.*

(1) Simile pagamento fra le stesse persone avviene ai 20 ottobre 1484; mentre ai 18 luglio 1485 il Lanzi fa il suo pagamento a frate Bartolomeo da Castellazzo, e nel 1486, in quattro rate paga agli 11 di febbraio nelle mani di frate Giovanni da Trezzo, ai 3 marzo e ai 2 ottobre nelle mani di frate Bartolomeo da Castellazzo ed ai 14 dicembre nelle mani dell'altro procuratore frate Alessandro da Pavia, baccelliere in teologia. Anche nell'anno 1488 il pagamento è fatto in quattro rate dallo stesso Giorgio Lanzi, cioè ai 5 gennaio ed ai 7 marzo a frate Bartolomeo da Castellazzo, ai 30 agosto ed ai 23 ottobre a frate Alessandro da Pavia. Finalmente ai 5 giugno del 1490 il Lanzi paga al suddetto frate Bartolomeo l'ultima rata a saldo dell'affitto pel 1489. Tutti questi atti sono rogati dal notaio Ferrari.

CDLXXXVII.

Frate Tolomeo Sarego di S. Mostiola affitta alcuni beni in Stradella.

1483, ottobre, 16.

(Arch. Notar. di Pavia. — Atti di Leonardo Buscati).

I N claustro monasterii et ecclesie sancte Mustiole, Papie..... Investitura facta per venerabilem dominum fratrem Tholomeum de Saraticho, Ordinis Heremitarum sancti Augustini, in Conventu sancte Mustiole Papie, qui, nomine suo proprio et non nomine, nec de bonis alicuius ecclesie, sponte..... investit ad fictum a festo sancti Martini proxime futuri usque ad annos novem..... Christoforo de Boronibus.... de domo una, murata, cupata et solariata, cum cameris duabus, columbaria, torculare cum eius arbore et aliis suis utensilibus necessariis, tinis quinque et tot vasibus tenute brentarum quinquaginta.... sita in terra Stradelle de ultra Padum Episcopatus Papie..... pso flcto librarum quinquaginta imperialium singulo anno.

CDLXXXVIII.

La Comunità di S. Agostino rinnova l'investitura dei beni di Filighera al nob. Gregorio Mangiaria.

1483, ottobre, 21.

(Arch. Notar. di Pavia — Atti di Leonardo Buscati).

I N claustro monasterii ecclesie sancti Augustlni, Papie. Renovacio investiture perpetue facta per reverendos patres dominum magistrum Iohannem Iacobum de Campixe priorem, dominum magistrum Bertolameum de Fazardis, dominum magistrum Baptistam de Roxate sindicum ac venerabiles dominos fratres Bertolameum de Varmacha lectorem, Augustinum de Carmagnola subpriorem, Donatum de Cumis, Iohannem de Tricio, Silvestrum de Papia, Baptistam de Modoecia, Thomam de Mediolano, Iohannem Guillelmi de Francia, Georgium de Novaria, Bertolameum de Padua, Ludovichum de provincia Svevie, Iohannem Mariam de Astolfis, Egidium de Silvano, Iohannem de Sanctis, Steffanum de Cigugnolla, Baldassarem de Bugiella, Benedictum de Papia, Gabrielem de Placentia et Martinum de Bugiella..... facientes plusquam duas partes ex tribus tocius capituli seu conventus monasterii sancti Augustini Papie...... in nobilem virum dominum Gregorium de Mangiariis, filium quondam domini Ieronimi..... de omnibus et singulis bonis, terris, vineis, pratis, boschis etc. in loco et territorio Abiatici seu Felegarie (1).... pro flcto.... florenorum vigintiquinque..... in festo sancti Martini..... cuiuslibet anni.

(1) Vedi il documento del 2 dicembre 1473.

CDLXXXIX.

La Comunità di S. Mostiola rinnova l'investitura di terre in Filighera al nob. Gregorio Mangiaria, e ricevè da lui un legato testamentario.

1483, ottobre, 22.

(Arch. Notar. di Pavia. — Atti di Leonardo Buscati).

I N claustro monasterii sancte Mustiole, Papie. Renovatio investiture perpetue facta per reverendum dominum magistrum Galeaz de Papia priorem et venerabiles dominos fratres Petrum de Calvis, Melchionem de Lucino, Guillerminum de Arigonibus, Laurentium de Biella, Tholomeum de Saraticho, Angelum de Ruschonibus, Augustinum de Abiate, Nicolaum de Castellacio, Ieronimum de Bastonibus, omnes fratres expresse professos Ordinis Heremitarum sancti Augustini in conventu sancte Mustiole Papie, facientes... plus quam duas partes ex tribus tocius capituli... in nobilem virum dominum Gregorium de Mangiariis, fllium quondam domini Ieronimi... de omnibus et singulis illis terris, pratis, vineis, boschis et bonis... sitis in territorio Abiatici seu Felegarie (1)... pro ficto... florenorum sexdecim.,. in festo sancti Martini... cuiuslibet anni.

Die, hora, loco ac testibus suprascriptis.

Convenciones facte per et inter suprascriptos dominos Priorem, Fratres et Capitulum seu Conventum monasterii predicte sancte Mustiole... et dominos Iacobum iuris utriusque doctorem, Gregorium, Iohannem Andream et Marcum Antonium fratres de Mangiariis, filios quondam domini Ieronimi, parte altera... de et pro omni et toto eo quod dicti domini Prior et Fratres... habere debent et petere possunt et possent a dictis fratribus de Mangiariis tam occaxione cuiusdam vendicionis alias facte per Conventum,... ipsius monasterii dicto quondam domino Ieronimo eorum patri de quibusdam terris et proprietatibus... in territorio Felegarie seu Abiatici... et etiam vigore et occaxione cuiusdam legati aliax dicto monasterio ... facti per nunc quondam Zaninum Furnarium de Novaria... Pervenerunt ad infrascriptas convenciones... Primo... quod ipsi fratres de Mangiariis teneantur et debeant dare et solvere dicto conventui florenos centum... hinc ad calendas Augusti proxime futuri... Item et dicti Prior et Fratres... teneantur et debeant... expendere dictos florenos centum de quibus supra in reparacione et seu construi et reaptari faciendo claustrum dicti monasterii...

(1) Vedi il documento del 14 novembre 1478.

CDXC.

Frate Battista Rancati, Procuratore di S. Agostino, riceve il prezzo d'affitto di una casa in Pavia.

1483, novembre, 10.

(Arch. Notar. di Pavia — Atti di Bernardino Giorgi).

I N domibus ecclesie et conventus sancti Augustini Papie..... reverendus dominus frater Baptista de Ranchate de Roxate sindicus et procurator..... conventus sancti Augustini.... *riceve da Cristoforo Borroni fiorini 15, per affitto d' un anno, che scade il domani, di una casa in Porta Pertusi, Parrocchia di S. Giorgio in Fornarolo, datagli in investitura perpetua del convento.*

CDXCI.

Il Capitolo di S. Mostiola elegge suoi Procuratori per esigere alcuni crediti in Mortara.

1483, dicembre, 5.

(Arch. Notar. di Pavia. — Atti di Luchino Corti).

C ONGREGATO Capitulo Conventus et ecclesie sancte Mustiolle Papie Ordinis sancti Augustini, de mandato... venerabilis domini magistri Galeaz de Papia prioris dicti monasterii... in quo quidem capitulo fuerunt predictus dominus Prior, nec non venerabiles domini frater Petrus de Calvis, frater Melchion de Lucino, frater Laurentius de Bugiella, frater Angellus de Ruschonibus, frater Baptista de Zaganis, frater Nicholinus de Trotis, frater Gabriel de Berretis, frater Ieronimus de Bastonibus... facientes et representantes fere totum et integrum Capitulum dicti conventus... ordinant et creant venerabiles dominos fratrem Eustachium de Nocte, fratrem Guliermum de Arigonibus, fratrem Bertolameum de Seraticho... procuratores... *per esigere i crediti del Convento per affitti scaduti di prati in Mortara, ubi dicitur in Albonia, dati in pagamento al Convento da Giovanni Luigi Maletta e dal Priore e Sottopriore della Cappella dello Spirito Santo di quel luogo, in esecuzione del testamento di Geronima Maletta, che lasciava al convento 200 'fiorini* (1).

(1) Vedi il documento del 30 dicembre 1484.

CDXCII.

La Comunità di S. Mostiola vende terre nel Siccomario e ne compera altre a Gualtrezzano.

1484, gennaio, 31.

*(Arch. Notar. di Pavia. — Atti di Agostino Gravanago'.

I N refectorio ecclesie sancte Mustiolle Papie... Congregato Capitulo Conventus sancte Mustiolle Papie, de mandato reverendi domini magistri Galeaz de Papia Prioris... in quo quidem capitulo fuerunt et sunt domini fratres Petrus de Calvis, Melchion de Lucino, Guillelmus de Arigonibus, frater Bertolameus de Seraticho, frater Angelus de Ruschonibus, frater Baptista de Zaganis, frater Gabriel de Beretis, frater Ieronimus de Bastonibus, facientes plusquam duas partes ex tribus dicti Capituli... *ricevono 100 fiorini da Guniforto Scotti* (1), *prezzo di una vigna di 12 pertiche, posta nel Predamasco in Siccomario, vendutagli dal Convento.*

Nello stesso tempo il nob. Giacomo Anfossi per lire 168 vende al Convento trenta pertiche di terra, in territorio Gualtrezani extra Duas Portas (2), *che il Convento concede in investitura allo stesso Anfossi, coll' onere annuo del pagamento di 4 sacchi di frumento alle calende di agosto.*

CDXCIII.

Il Priore e il Procuratore di S. Agostino non vogliono riconoscere la successione nella investitura dei beni di Parasacco.

1484, febbraio, 21.

(Arch. Notar. di Pavia — Atti di Agostino Gravanago).

I N claustro maiori sancti Augustini Papie... Reverendus frater dominus magister Baptista de Ranchate sindicus conventus sancti Augustini Papie... *non vuole ricevere dagli eredi di Gian Antonio de Magnis fiorini 10 per pagamento di affitto perpetuo di terre oltre il Ticino, in territorio di Parasacco* (3), *perchè senza una nuova investitura non ha animo nè intenzione* volendi aprobare pro fictabilibus dicti monasterii heredes dicti quondam Iohannis Antonii. *Gli eredi si oppongono alla restrizione e dicono esser*

---

(1) È lo stesso Scotti che già possedeva beni di S. Agostino nel Siccomario, come dal documento del 30 luglio 1479.

(2) È il luogo nelle vicinanze di Pavia, ancora oggi chiamato *Due porte*, dalle due porte che si aprivano nella cinta del grande parco visconteo. La Comunità di S. Mostiola possedeva poi altre terre in questa località, giacchè con atto di Luchino Corti del 23 gennaio 1489 si dànno in affitto per sei anni a Giovanni Beccaria

90 pertiche di terra *in territorio Gualtrezzani extra duas portas, ubi dicitur ad campum de Alliera*, sulla via di S. Genesio. La Comunità che dà quest'affitto nel 1489 è composta dal Priore frate Galeazzo da Pavia, e dai frati Pietro Calvi, Melchiorre Lucini, Agostino della Chiesa, Carlino da Vercelli, Giovanni da Castiglione e Lorenzo Ferrari, che costituiscono l'intero Capitolo.

(3) I beni di Parasacco sono gli stessi che nei documenti

disposti a far tutto quello che piacerà reverendo domino Iohanni Iacobo de Campixe, Priori dicti conventus, ibidem presenti, audienti et intelligenti... Qui dominus Iohannes Iacobus Prior et dominus Baptista sindicus antedictus respondendo dicunt quod ipsi pro ficto dicte possessionis dictas pecunias recipere non volunt, quia pretendunt dicta bona esse devoluta ad dictum conventum.

CDXCIV.

Disposizioni testamentarie della nob. Caterina Fazzardi Pescari a favore di S. Paolo.

1484, aprile, 6.

(Arch. Notar. di Pavia. — Atti di Gaspare Tacconi).

I N casa della testatrice, in Parrocchia di S. Ambrogio. Testamento della nobile donna Caterina Fazzardi, del fu dottor in leggi Stefano (1), e moglie del dottor in leggi Cristoforo Pescari (2), col quale elligit sepulturam suam eiusque cadaver portari debere, indutum habitu sancti Nicolay seu sancte Monice... (3) ad ecclesiam sancti Pauli, ubi morantur fratres Observancie sancti Augustini... et sepeliri debere ad pedes figure sancti Nicolay de Tolentino, site extra capellam predicti sancti Nicolay, in dicta ecclesia sancti Pauli... Item dedit et legavit... omni anno post eius decessum dicto monasterio sancti Pauli florenos decem, *sino a che gli eredi non avranno comperate terre e datele al Convento, dalle quali si possa avere una rendita pari alla somma legata annualmente* (4).

CCCLXIX e CCCLXXI furono dati in investitura perpetua a Giovanni Maria Carlevari o Carnevali. Morto il Carnevali, i beni furono investiti al 22 maggio 1482 a Giovanni Antonio Magni; e morto anche il suo erede Giovanni Maria Magni, il figlio del Magni di nome Cristoforo, coi suoi figli Francesco, Ambrogio, Carlo ed Azzone, pretendeva che il Convento lo riconoscesse suo legittimo fittabile, in forza della investitura concessa al suo antenato e quindi senza una nuova investitura, che il Convento sembra non fosse disposto di concedere, non sappiamo per quali ragioni. Ne nacque così una lunghissima controversia, nella quale intervenne anche il Sommo Pontefice Innocenzo VIII, che con sua lettera del 14 aprile 1488 commetteva di trattare e definire la controversia all'Arciprete di Volpeglino della diocesi di Tortona, ed a Paolo Marliani Canonico di Lodi. Gli atti di tale trattazione si trovano nell'Arch. Notar. di Pavia nel pacco del notaio Giovanni Andrea de Valide, anno 1488. Ma dalla sentenza di questi due giudici gli Agostiniani appellarono al Sommo Pontefice, il quale rispose con

una lettera, che riportiamo sotto il 19 maggio 1489.

(1) Stefano Fazzardi, di nobile ed antica famiglia pavese, ascritto ai Collegi dei nobili giudici e giuristi di Pavia, fu professore di diritto canonico nella patria università dal 1453 al 1458. Vedi *Memor. e documenti per la storia dell'università di Pavia*, vol. I, pag. 53. Morì in quest'ultimo anno e fu sepolto a S. Pietro in Ciel d'Oro.

(2) Cristoforo Pescari fu del collegio dei nobili giudici e professore nell'università del 1466 al 1475, quando gli fu concesso un sostituto. *Memor. e doc.* cit. vol. I. pag. 57.

(3) Anche questa è un'altra prova del culto sempre vivo nei pavesi a S. Nicola ed a S. Monica.

(4) Perchè non ne vada perduta la memoria, notiamo che *dominus frater Cornelius de Bugella de Vercellis* appare Vicario del Convento di S. Paolo in un atto, consunto dall'umidità, rogato ai 10 maggio di quest'anno 1484, dal notaio Bernardino Giorgi (Arch. Notar. di Pavia).

CDXCV.

Bolla del Pontefice Sisto IV, che vieta le discussioni sull'abito di S. Agostino.

1484, maggio, 11.

(Arch. di Stato di Milano — *Libro Rosso* di S. Pietro in Ciel d'oro, fol. 168-69).

S IXTUS episcopus servus servorum Dei ad perpetuam rei memoriam. Qui Apostolis precepit ut se invicem diligerent, profecto, sine dilectione mutua, bonum aliquod perfectum esse non posse demostravit. In illa enim consistit omnis bene vivendi ratio et operatio, si odia transeant in dilectionem, si inimicitie convertantur in pacem, si tranquillitas extinguat iram, si mansuetudo remittat vincendi cupiditatem. Sed hostis antiqui versutia, ubi maioris charitatis fervorem esse conspicit, ibi sagatius vires suas intendit, ut fidelibus Christi tamulis, per diverticula et superfluas contentiones abstractis, de sua sagacitate letetur, cuius conatibus obviare et mutuam charitatem et pacis dulcedinem inter fideles quosque et presertim sub eadem vocatione et suavi religionis iugo Deo militantes, enutrire, ac discordiarum fomenta et inanes contentiones, que nichil ad rem pertinent neque edificant, sed destruunt, falce vigilantie pastoralis ad radicem posita, succidere et extirpare totis conatibus insudamus, ne debile simplicitatis initium per longam altercationem ad inestricabiles prorumpat errores, qui postmodum difficilius valeant emendari. Sane, non sine mentis nostre displicentia singulari, pluries iam dudum ad nostrum pervenit auditum quod inter dilectos filios canonicos regulares ordinis sancti Augustini congregationis lateranensis, et fratres ordinis heremitarum eiusdem beati Augustini quedam minus necessaria minusque laudabilis controversia pullulare cepit, de ipsius preclarissimi ecclesie doctoris Augustini habitu ac de pictura et Ordinum huiusmodi institutione, parte qualibet diversimode sentiente atque predicante, nec veriti sunt libros super huiusmodi levitatibus componere eosque legere et aliis legendos tradere, non sine scandalo et perturbatione mentium legentium et aliorum Christi fidelium, et per ineptias huiusmodi, quos Deo lucrifacere deberent, perdere festinant.

Nos attendentes quod clarissimum ecclesie lumen Augustinum preter episcopalis dignitatis habitum alium gestasse, aut professioni alicui se subiecisse, aut affirmare aut negare ad rem non pertinet, nisi quantum contentio supervacanea aucupari nititur, ac tam enorme facinus et periculosas contentiones de medio tollere penitus et extirpare volentes, motu proprio, non ad alicuius nobis super hoc oblate petitionis instantiam, sed de nostra certa scientia et mera liberalitate ac voluntate, tam Canonicis regularibus dicte Congregationis, quam omnibus et singulis Fratribus Ordinis Heremitarum sancti Augustini, quibuscumque nominibus censeantur, et quacumque prefulgeant dignitate, in virtute sancte obedientie et sub pena excomunicationis late sententie, quam in singulares tam Fratrum Heremitarum quam Canonicorum predictorum personas contrafacientes ferimus in his scriptis, a qua absolvi nequeant, et quilibet ipsorum nequeat, nisi a nobis vel successoribus nostris Romanis Pontificibus canonice intrantibus, seu in mortis articule constituti, auctoritate apostolica tenore presentium inhibemus, eisque districte precipiendo mandamus, quatenus a contentionibus et de beato Augustino assertionum huiusmodi periclitationibus, disputationibus et iurgiis et controversiis penitus abstineant, nec de eis de cetero mentionem faciant, et se mutua charitate in Christo Iesu Domino nostro diligant, et mutuo venerantes, et ea que decorem et venustatem ambarum partium concernunt alternatim asserentes, ut ea que edificant, instruunt et ad salutem animarum Christi fidelium prosunt, populis predicent, omissis et penitus reiectis vanis assertionibus et altercationibus, ut Ordo a Beato Augustino datus, qui idem est in omnibus, licet instituta particularia aliqualiter differant, non divisus, non factiosus, non contaminatus, sed unicus, pacificus, integer et immaculatus, prout est et esse debet, etiam ab omnibus censeatur. Preterea ut censura ecclesiastica ab omnibus formidetur, preter Canonicos regulares et Fratres Heremitarum huiusmodi, eos insuper qui eisdem Canonicis et Fratribus dederint in premissis auxilium, consilium, vel favorem, publice vel occulte, directe vel indirecte, quovis quesito colore, sententias, censuras et penas supradictas incurrere volumus eo ipso, nisi postquam de presentibus notitiam habuerint, a prestatione auxilii, consilii et favoris destiterint; et nihilominus eorundem Canonicorum regularium et Fratrum Heremitarum modernis et pro tempore existentibus Rectori et Generali ac eorum capitulo generali sub similibus penis iniungimus ut presentes literas in eorum monasteriis, claustris et capitulis, dum maior Canonicorum et Fratrum Heremitarum predictorum multitudo convenerit, semel, bis, ter et pluries solemniter publicent et interpretentur, ita quod ab omnibus, etiam grammatice ignaris, plane intelligi valeant, et harum literarum transumptum seu copiam ad unumquodque monasterium Canonicorum et Fratrum Heremitarum huiusmodi transmittant. Quod si secus egerint et mandatis apostolicis non paruerint, quod absit, ex nunc prout ex tunc, excomunicationis late sententie, anathematis et maledictionis eterne penas predictas eos et singulares personas ex eis incurrisse, illisque irretitos esse, motu, auctoritate et scientia predictis, decernimus et declaramus, et pro talibus ab omnibus reputari volumus et mandamus, donec et quousque Sedes Apostolica super contentionibus huiusmodi aliud duxerit determinandum.

Non obstantibus constitutionibus etc. etc.

Datum Rome, apud sanctum Petrum, anno Incarnationis dominice 1484, quinto Idus Maii, pontificatus nostri anno XIII (1).

CDXCVI.

Convenzioni del Capitolo di S. Mostiola con Apollonio Sarego per l'eredità del defunto frate Tolomeo Sarego.

1484, giugno, 5.

(Arch. Notar. di Pavia — Atti di Matteo Ferrari).

I N monasterio sancte Mustiole Papie.... Convocato.... capitulo de mandato.... domini sacre pagine professoris magistri Galeaz de Papia Prioris dicti monasterii, in quo quidem capitulo.... sunt prefactus dominus Prior et cum eo.... venerabiles domini frater Petrus de Calvis, frater Melchion de Lucino, frater Bertholameus

---

(1) Pubblichiamo questa bolla non solo perchè si connette con le controversie agitatesi in Pavia nel secolo XVI, che resero necessaria la ripubblicazione di essa nel 1579, ma anche perchè qui in Pavia nella prima metà del secolo XV ebbe origine la controversia, causa della bolla, a cui presero parte tutti i più valenti Religiosi dei due ordini e persino il duca di Milano. Infatti il To-

de Arigonibus, frater Eustachius de Nocte, frater Laurentius de Biella, frater Angelus de Ruschonibus, frater Augustinus de Abiate, frater Baptista de Zaynis.... representantes totum et integrum capitulum.... dicentes et protestantes quod ad eorum aures et noticiam pervenit quod frater Tholomeus de Seraticho professus dicti monasterii, a certis diebus citra ab hoc seculo decessit, et certiorati.... quod antequam ipse frater Tholomeus professionem fecerit in ipso monasterio quod ipse renunciavit cuicumque hereditati paterne et etiam quibuscumque bonis suis versus nunc Februanum de Seraticho tunc stipulantem suo et nomine et vice Constancii de Seraticho eius Februani fratris.... pro tanto ipsi domini fratres.... renunciant versus Apolonium de Seraticho, filium quondam dicti Februani.... quibuscumque iuribus eidem monasterio competentibus et competituris in bonis dicti quondam fratris Tholomey et quondam eius fratris Tholomey patris. Et hoc sub et cum hiis pactis videlicet: Quod si reperientur aliqua credita dicti quondam fratris Tholomey et confessata versus eum, quod sint et cedant lucro dicti Apolonii.... et etiam si reperientur aliqua debita contracta per ipsum quondam fratrem Tholomeum, alliter quam occaxione dicti monasterii, quod dictus Apolonius teneatur ad solucionem ipsorum...........

Qui suprascriptus Apolonius...... in remissionem defunctorum suorum et pro animabus eorum et presertim in remissionem et pro exhoneracione anime patris sui, cuius cadaver sepultum est in dicto monasterio.... promittit prefatis dominis Priori et Fratribus.... de dando et solvendo eisdem nomine dicti monasterii libras centum imper. per terminos infrascriptos, videlicet libras quatraginta hinc ad festum sancti Martini prox. fut.; libras triginta ad festum sancti Martini anni prox. futuri: et reliquas libras triginta ad aliud festum sancti Martini anni M.CCCC.LXXXVJ prox. fut. Et ipsi domini Prior et Fratres promittunt celebrare hinc ad tres annos prox. fut. omni anno, officium unum mortuorum pro anima dicti quondam patris dicti Apolonii et defunctorum suorum. Et hec omnia, etc. Credendo, etc. Et inde, etc.

CDXCVII.

La Comunità di S. Mostiola dà in affitto il forno del Convento.

1484, giugno, 14.

(Arch. Notar. di Pavia. — Atti di Leonardo Buscati).

I N claustro monasterii et ecclesie sancte Mustiole Paple.,... Reverendus pater dominus magister Galeaz de Papia Prior et venerabiles viri domini fratres Petrus de Calvis, Melchion de Lucino, Guillelmus de Arigonibus, Laurencius de Bugiela, Angelus de Ruschonibus, Augustinus de Abiate, Baptista de Zaganis, Gabriel de Berretis et Ieronimus de Bastonibus, omnes fratres expresse professi Ordinis Heremitarum sancti Augustini conventus ecclesie sancte Mustiole Papie... facientes plus quam duas partes ex tribus tocius conventus... *danno investitura novennale a Maffiolo Manzoli fornaio* (1)... de domo una cum furno, curia, putheo et aliis suis hedifficiis dicti monasterii... salva et excepta turri, posita super predictis superius investitis, que turris non cadit in presenti investitura, sed illam dictus conventus in se reservavit et reservat... *Gli danno inoltre in consegna tutti gli utensili e i mobili annessi al forno.* L'*investito promette di* bene et diligenter et bona fide et sine traude coquere panem ad dictum furnum vicinis et aliis qui panem coqui facient ad dictum furnum, nec dollum committere; *promette inoltre di pagaı̀e al Convento ogni anno fiorini otto d'affitto, e di* coquere totum panem necessarium pro ipso conventu et illum bene ordinare et tarinam pro tiendo ipso pane buratare, impastare et panem ipsum facere in claustro dicti monasterii et ipsum panem portare ad ipsum furnum et exinde coctum reportare ad dictum Conventum, et frumentum, pro fiendis dictis farina et pane, cribelare.

CDXCVIII.

Disposizione testamentaria di Michele Gazzaniga a favore di S. Agostino.

1484, giugno, 27.

(Arch. di Stato di Milano. — Pergam. di S. Agostino).

I N domo testatoris, in Porta Palatii, in Parochia S. Inventii. Prudens vir Michael de Gazanigha, filius quondam Martini, civis et mercator papiensis, *nel suo testamento* dedit et legavit ecclesie seu conventui sancti Augustini Papie florenos decem. Item voluit, iussit.... quod per infrascriptum heredem... construatur seu fiat altare unum condecens, desubtus et ad sedem pillastri ubi est depicta figura sancti Augustini, super secundo pillastro ingrediendo, a manu dextra intrando per portam magnam et mediam ipsius ecclesie. Et circa quod altare vult quod expendantur floreni decem... pro ornamentis ipsius altaris. Et ulterius eidem altari dedit et legavit et seu Conventui sachos duos frumenti sibi dandos per infrascriptum heredem universalem omni anno, usquequo dederit et assignaverit fictum unum perpetuum sachorum duorum papiensium frumenti. Gravans dominum Priorem et principales dicti conventus ad celebrari faciendum unam missam parvam a mortuis, qualibet ebdomada, pro anima ipsius testatoris et deffunctorum suorum (2).

(1) La nuova investitura è resa necessaria dalla morte di frate Tolomeo Sarego, a cui il forno era già stato affittato con atto del 17 aprile 1483. Questo stesso forno, con atto di Matteo Ferrari del 5 gennaio 1489, venne affittato per tre anni a Matteo Gualtieri per 5 fiorini all'anno. Il capitolo era composto dal Priore frate Galeazzo da Pavia e dai frati Melchiorre Lucini, Pietro da Cremona, Giovanni da Castiglione, Carlino da Vercelli, Agostino della Chiesa e Pietro da Carmagnola.

(2) Da un atto degli 11 marzo 1486, rogato da Giovanni Pietro Imodelli, risulta che a questo testamento il Gazzaniga aggiunse un codicillo, col quale legò 10 fiorini al Convento di S. Paolo, che furono effettivamente pagati col citato atto 11 marzo 1489, al Priore di S. Paolo frate Taddeo da Pinerolo. Da un atto poi del 6 agosto 1489, rogato da Francesco Strazzapatti risulta che l'ospedale di Pavia, erede universale del Gazzaniga, pagava al Priore di S. Agostino frate Gabriele da Carmagnola, ed al Procuratore frate Alessandro Vitali 8 sacchi di frumento, rappresentanti la quota da pagarsi per gli arretrati di quattro anni.

CDXCIX.

Legato testamentario del nob. Daniele Bottigella a favore di S. Paolo.

1484, settembre, 27.

(Arch. Notar. di Pavia — Atti di Bernardo Cellanova).

I N *Caselle del Contado di Pavia. Testamento del Nob. Daniele Bottigella del fu Anton Simone, con cui*, legat ecclesie et conventui sancti Pauli Ordinis Heremitarum de observantia, sito extra menia civitatis Papie, florenos decem.... dandos et solvendos.... quando ipse dominus testator ab hoc seculo decesserit, pro anima ipsius domini testatoris et defunctorum suorum.

D.

Il Priore Generale frate Ambrogio da Cori obbliga il Capitolo di S. Agostino a concedere un' investitura, cassandone un' altra già concessa.

1484, dicembre, 7.

(Arch. Notar. di Pavia. — Atti di Francesco Strazapatti).

F RATER Antonius Corolianus, Prior Generalis, etc.
Venerabiles in Christo nobis dilleiti.
Alias, sicuti accepimus, vos contemplatione reverendissimi ac illustrissimi domini Ascanii Marie Cardinalis Sforcie Vicecomitis, quamdam domumculam sitam in Citadella Papie, prope ulmetos sancti Blaxii (1), Iohannine Iohannis Dominici, seu ipsi Iohanni Dominico, prefacti domini Ascanii lotrici, locastis pro libris quatuor imperialibus et uno pari caponum, solvendis singulis annis in festo sancti Martini, cum pacto quod in fine locationis dicta melioramenta ibi tacta extimarentur per duos amicos comunes, et deinde per vos solverentur, aliter eam de novo reinvestiretis et sic ex tunc reinvestita intelligeretur de domuncula predicta. Nunc vero non sine mollestia percepimus vos domunculam ipsam alteri locasse, reiecta dicta Iohannina, quod prelibato Reverendissimo Domino non mediocriter displicuit, et nobis molestissimum accessit. Super quo idem Reverendissimus petiit a nobis de opportuno provideri debere remedio. Quocirca, cupientes in omnibus eiusdem Reverendissimi Domini voluntati annuere, vobis Priori et Procuratori, in virtute sancte obedientie et sub excomunicationis pena ac sub pena privationis officiorum vestrorum, committimus et mandamus, quatenus eandem Iohanninam de predicta domuncula omnino reinvestiatis (2), omisso omni iuris rigore atque malignitate, pro eo pretio quo alteri eandem locastis, cassando et annullando quamcumque aliam investituram, quomodocumque alteri factam. Nec super hoc aliam a nobis expectetis replicationem nec alia. Bene valete. Rome, die VII decembris, MCCCCLXXX quarto. Signat. Frater Seraphinus scriba et procurator Ordinis.

---

(1) Cioè vicino alla soppressa chiesa di S. Croce, già di S. Biagio.   (2) Vedi il documento degli 11 gennaio 1485.

A tergo : Venerabilibus nobis in Christo dilectis Priori, Procuratori et aliis Patribus et Fratribus conventus S. Augustini de Papia.

Aperiantur et legantur coram prefatis.

DI.

Il Capitolo di S. Mostiola dà investitura di un terreno in Mortara.

1484, dicembre, 30.

(Arch. Not. di Pavia — Atti di Leonardo Buscati).

I N claustro monasterii sancte Mustiole Papie... Reverendus dominus frater magister Galeaz de Papia Prior, ac venerabiles viri domini fratres Petrus de Calvis, Gulierminus de Arigonibus, Laurencius de Biella, Angelus de Ruschonibus, Augustinus de Abiate, Nicholaus de Trotis, et Ieronimus de Bastonibus, omnes fratres expresse professi Ordinis Heremitarum sancti Augustini Conventus sancte Mustiole Papie, facientes... maiorem et saniorem partem tocius conventus (1)... in quos infrascripta pervenerunt titulo insolutumdacionis sibi facte per nobilem virum dominum Iohannem Aluisium de Maletis, Christoforum de Vicho priorem confratrum capelle sancti Spiritus, constructe in ecclesia sancti Laurencii terre Mortarii, et Michael de Maffeo subpriorem dictorum confratrum, nomine et occaxione de quibus fit mentio in instrumento ipsius insolutumdacionis fieri rogato Iohanni Petro de Ferrariis de Mortario notario... anno curso MCCCCLXXXIJ... die XXVII mensis novembris (2)... *dànno investitura novennale a Pedrolo de Bochelis di Mortara, di circa 14 pertiche di prato in quel territorio, per l'annuo affitto di L. 17 e mezzo, da pagarsi ogni S. Martino.*

DII.

Il Pontefice Innocenzo VIII concede a frate Alberto Guidoboni, Abbate di Montebello, la facoltá di fare il testamento (3).

1484, dicembre, 31.

(Arch. Notar. di Pavia — Atti di Siro Pescari .

I NNOCENTIUS Episcopus servus servorum Dei, dilecto filio Alberto Guidobono Abati monasterii sanctorum Gervasii et Protaxii de Montebello Ordinis sancti Benedicti (4), placentine diocesis, salutem et apostolicam benedictionem.

Quia presentis vite conditio statum habet instabilem et ea que visibilem habent essentiam

---

(1) Per la storia dei Religiosi di S. Mostiola notiamo che da un atto del 18 agosto 1484 rogato da Giovanni Pietro Mangano, risulta che era membro del Convento di S. Mostiola anche frate Matteo da Soriasco.

(2) Vedi il documento del 5 dicembre 1483.

(3) Il documento si conserva non nell'originale, ma in copia

del 26 gennaio 1504, rilasciata dal Vicario vescovile di Pavia alla nob. Lucia Trivulzio. Perciò si trova fra gli atti del notaio Siro Pescari nel pacco del 1504.

(4) Vedi il documento del 7 luglio 1478, e per il testamento del Guidoboni vedi il documento del 19 ottobre 1493.

tendunt visibiliter ad non esse, tu hac salubri meditatione precogitans diem tue peregrinationis extremum, dispositione suprema desideras prevenire, nos tuis in hac parte supplicationibus inclinati, tibi, qui in artibus et theologia magister et Ordinis fratrum Heremitarum
sancti Augustini professor exhistens, dicto monasterio prefectus in abbatem extitisti, quique
in nonnullis universitatibus studiorum generalium cathedram in loyca, philosophia et theologia
aliquamdiu rexisti, et quondam dillecti filii nobilis viri Galeaz Marie Ducis Mediolani eiusque
consortis capellanus fuisti, ac pro tuorum remuneratione laborum quos pertulisti, certa bona
mobilia et immobilia et pecuniarum summas, preter redditus monasterii predicti et aliorum
beneficiorum tuorum, aquisivisti, ut de bonis ad te pertinentibus, etiam si illa ex proventibus
ecclesiasticis aut monasterii sanctorum Gervasii et Protaxii de Montebello Ordinis sancti
Benedicti placentine diocesis, cui preesse dignosceris, aut alias, persone tue contemplatione,
ad te pervenerunt et pervenient in futurum usque ad summam mille florenorum auri de
camera ac de bonis mobilibus ressiduis per te liciti acquisitis que altaris vel altarium ipsius
monasterii ministerio seu alicui speciali eorundem divino cultui vel usui non fuerint deputata
pro decentibus et honestis expensis funerum et pro remuneratione illorum qui tibi viventi
servierunt, sive sint consanguinei sive alii, iuxta servicii meritum, moderate, tamen, disponere et
erogare possis et valeas, prius tamen de omnibus predictis ere alieno et hiis que pro reparandis
domibus et edificiis consistentibus in locis ipsius monasterii culpa vel negligentia tua seu
tuorum procuratorum destructis seu deterioratis, nec non restaurandis aliis iuribus eiusdem
monasterii, deperditis ex culpa vel negligentia supradictis, fuerint oppurtuna, deductis, in
pios usus ac licitos convertere valeas, non obstantibus quod dicti ordinis professor existis,
nec non constitutionibus et ordinationibus apostolicis ac statutis et consuetudinibus monasterii et Ordinis predictorum, iuramento, confirmatione apostolica vel quavis alia firmitate
roboratis, contrariis quibuscumque, tibi plenam et liberam auctoritatem tenore presentium
concedimus ac facultatem. Volumus autem quod in eorundem dispositione bonorum iuxta quantitatem residui erga dictum monasterium et liberalem exhibeas prout conscientia tibi dictaverit
et saluti anime tue videris expedire. Dat. Rome, apud sanctum Petrum, anno Incarnationis
Dominice millesimo quatrigentesimo octuagesimo quarto, pridie Kalendas Ianuarii, Pontificatus nostri anno primo.

DIII.

Il Capitolo di S. Agostino per ordine del Priore Generale concede l' investitura di
una casa presso il Convento.

1485, gennaio, 11.

(Arch. Notar. di Pavia — Atti di Francesco Strazzapatti).

I N claustro magno monasterii fratrum Heremitarum sancti Augustini, deversus
anditum per quod itur ad portam dicti monasterii, ubi sunt ulmi... Convocato... Capitulo... de mandato reverendi patris sacre pagine professoris domini
magistri Baptiste de Rubeis Prioris cicti monasterii, in quo quidem capitulo fuerunt Prior...
et venerabiles patres, videlicet reverendus dominus magister Bertholameus de Fazardis, reverendus dominus magister Iacobus de Campixe, reverendus dominus magister Baptista de

Roxate, reverendus dominus magister Antonius de Ast regens (1), reverendus dominus magister Georgius de Becharia, dominus frater Augustinus de Pinarollo bachalarius, dominus frater Marchus de Vercellis lector, dominus frater Bertholameus de Castellatio biblicus, dominus frater Dominichus de Carmagnolla magister studentium, dominus frater Iohannes Maria de Astulfis, dominus frater Bernardinus de Papia, dominus frater Georgius de Novaria cursor, dominus frater Thomas de Mediolano studens, dominus frater Guillelmus de Francia studens, dominus frater Silvester de Papia, dominus frater Iohannes de Alamania studens, dominus frater Andreas de Alamania studens, dominus frater Zanetus de Carmagnola, dominus frater Iohannes di Francia, dominus frater Benedictus de Beretis, dominus frater Stefanus de Stopanis, dominus frater Gabriel de Placentia, dominus frater Antonius de Bassignana et dominus frater Bernardinus de Papia... facientes totum et integrum capitulum... intellecto tenore litterarum reverendi domini Prioris Generalis dicti Ordinis... tenoris infrascripti, videlicet: *(Segue la lettera sotto la data 7 dicembre 1484)*.

Prefati namque domini Prior et fratres, volentes parere mandatis prefacti reverendi domini Prioris Generalis et evitare sententiam excommunicacionis in dictis litteris comminatam,... per prius revocantes et anullantes investituram per eos... factam in Iohannem Mariam de Folpertis, *dànno investitura novennale a Domenico de Piscibus del fu Martino ed a Giovannina de Ripa del fu Pietro, coniugi abitanti nella Cittadella,* de domo una murata, cupata, cum curia, canepa, portichu et aliis suis hedificiis, sita in dicta citadela prope ulmetos, *per l'affitto annuo di lire quattro e soldi otto ed un paio di capponi, al S. Martino.* Fra i testi è *l'*egregio et sapiente artium et medicine scolare domino magistro Nicolao de Cicilia (2), filio domini Iohannis.

DIV.

Convenzioni del Convento di S. Paolo per il possesso di una vigna.

1485, febbraio, 11.

(Arch. Notar. di Pavia — Atti di Bernardo Cellanova).

N ELLA *casa del dottor Daniele Landolfi, in Parrocchia di S. M. Venetica.* Cum hoc sit quod per et inter venerabiles patres dominos Priorem et Fratres Conventus et monasterii sancti Pauli extra muros Papie parte una.... et magistrum Franciscum de Burgo Bidelum.... parte altera,... orta esset et verteretur certa differentia et controversia, occaxione cuiusdam petie vinee perticarum novem vel circa site et iacentis ultra Vernabulam prope sanctum Paulum, ubi dicitur in Presa Mezana, campanee Papie....

---

(1) Questo insigne Religioso nell'anno 1508 fu dal Generale frate Egidio da Viterbo adibito per la riforma da introdursi nel Convento di S. Marco di Milano. Vedi TORELLI, vol. VII, 593.

(2) Segnaliamo la presenza di questo teste illustre, allora semplice studente, il quale dal 1490 al 1498 fu professore di filosofia nell'università pavese. Egli è quel Nicola Squillace o Scillacio, che per il primo divulgò in Italia la notizia della scoperta dell'America coll'opuscolo, *De insulis meridiani atque indici maris nuper inventis,* pubblicato in Pavia nel 1494, di cui si fece nello scorso secolo una splendida edizione a New York. Intorno allo Scillacio ed al suo scritto è da consultare l'opera magistrale del professor Carlo Merkel, edita per cura del R. Istituto di Scienze, Lettere ed Arti di Milano.

asserendo ipsi domini Prior et Fratres, seu venerabilis dominus frater Cornelius de *(in bianco)* (1) tamquam sindicus et procurator.... monasterii sancti Pauli, dictam petiam vinee esse devolutam dicto monasterio et utile dominium.... esse consolidatum.... cum directo dominio.... Contrariumque dixerit et dicat ipse magister Franciscus.... *per troncare la lite, si rimisero le parti all'arbitrato del dottor in leggi Daniele Landolfi, che lasciò la proprietà della vigna al monastero, assumendo però detto frate Cornelio l'obbligo di pagare al bidello o libraio di Borgo fiorini 14.*

DV.

Disposizioni testamentarie della Contessa Margherita Borromeo Visconti a favore degli Agostiniani di Pavia.

1485, aprile, 27.

(Arch. Notar. di Pavia. — Atti di Francesco Sisti).

I N sala nova domus habitacionis infrascripte domine testatricis, Porte Laudensis, Parochie sancte Marie Nove.... Magnifica domina Margarita de Borromeis, filia quondam magnifici domini comitis Vitaliani et relicta quondam magnifici domini Iohannis Augustini Vicecomitis, *nel suo testamento dispone* eius cadaver sepeliri debere ad ecclesiam sancti Augustini, videlicet in sacristia dicte ecclesie, prope altare sancte Monice et in sepulcro ibidem constituendo.... *Dispone anche che nel caso di estinzione de' suoi eredi, i suoi beni* pervenire debeant in monasterium sancte Marie de la Nunciata, monasterium sancti Dalmacii, monasterium sancte Clare ac in monasterium sancti Pauli prope et extra Papiam, nec non et monasterium sancti Augustini Paple (2).

DVI.

Frate Cornelio da Biella rinuncia ad essere esecutore testamentario del conte Alberico di Barbiano.

1485, maggio, 28.

(Arch. Notar. di Pavia. — Atti di Antonio Gravanago).

I N monasterio sancti Pauli, sito prope et extra Portam sancte Marie in Perticha civitatis Papie, videlicet in anditu dormitorii dicti monasterii.... Venerabilis vir dominus frater Cornelius de Bugiella, Ordinis sancti Pauli de Papia, Comissarius et exequtor testamenti.... nunc quondam magnifici Comitis Albrici de Balbiano, et per prefatum nunc quondam dominum Comitem Albricum deputatus et or-

---

(1) È frate Cornelio de Bugella di Vercelli, che sotto il documento del 6 aprile 1484 notammo essere stato Vicario del Convento.

(2) Vedi il documento del 3 febbraio 1475 e del 30 giugno 1478.

dinatus, una cum magnifico domino Aluisio de Arcimboldis, de quo instrumento et capitulo ipsius, in quo prefatus dominus Comes Albricus ipsum dominum fratrem Cornelium et dominum Aluisium exequutores et comissarios dicti sui testamenti ordinavit, idem frater Cornelius dixit et dicit se plenam noticiam et scientiam habuisse et habere; de quo testamento ibidem exhibito ad maiorem certioracionem rogatum fuit instrumentum anno et indicione presentibus, die penultimo mensis Ianuarii, per Baptistam quondam Petri de Prignano civem et notarium mutinensem; cum presentia, licentia, consensu et auctoritate venerabilis viri domini fratris Thadey de Pinerolo Prioris dicti Monasterii etc. dixit et protestatus fuit ac dicit et protestatur quod, propter varias et diversas occupaciones, quas ipse dominus frater Cornelius habuit et habet circha divina officia et alia negocia dicti monasterii, non potuit nec potest ac nec vult interesse exequucioni dicti testamenti, imo ipsi exequucioni expresse renunciavit et renunciat versus me notarium, etc. et inde, etc. Presentibus, etc.

DVII.

Legato testamentario della nob. Pavieta Sangregorio Cani a favore di S. Paolo.

1485, giugno, 22.

(Arch. Notar. di Pavia — Atti di Giovan Pietro Imodelli).

NELLA *cancelleria dell' Ospedale di S. Matteo.* Nobilis domina Pavieta de Sancto Gregorio, filia quondam domini Aluisii et relicta quondam nobilis causidici papiensis Iacobi de Canibus, civis et habitatrix Papie... suum ultimum testamentum... in hunc modum... disposuit... Item ipsa domini testatrix dat et legat venerabilibus dominis Priori et Fratribus sancti Pauli, extra et prope Papiam, florenos quinquaginta... expendendos in fabrica sui monasterii....

DVIII.

La nobile Bertolina Malacrida elegge la sua sepoltura in S. Agostino.

1485, luglio, 25.

(Arch. Notar. di Pavia — Atti di Nicolino Sicleri).

IN *casa del notaio Antonio Lamperghi, in Parrocchia di S. Giustina. Testamento della* nobilis domina Bertolina de Bononia, filia quondam domini Laurentii et relicta quondam domini Vincentii de Mallacridis, *nel quale dispone* corpus seu cadaver suum sepeliri debere ad ecclesiam sancti Augustini Papie, ...mandans et ordinans et disponens quod in et pro fiendis funeralibus suis non pulsentur et seu non fiat expensa causa faciendi pulsare cumpanas maioris ecclesie papiensis, sed agravat infrascriptos suos heredes universales ad ipsam expensam campanarum de quibus supra non faciendam, sed bene contentatur quod id quod expenderetur dicta occaxione campanarum, expendatur in cellebrari fatiendo officia pro anima ipsius domine testatricis.

DIX.

Legato testamentario del nob. Giovanni Lanfranco Preottoni a favore di S. Agostino.

1485, settembre, 1.

(Arch. Notar. di Pavia. — Atti di Giovanni Pietro Balconi).

DAVANTI *alla porta dell'abitazione del testatore* (1), *in Parrocchia di S. M. Nuova.* *Testamento del* nobilis vir dominus Iohannes Lanfranchus de Preottonibus, filius quondam spectabilis causidici papiensis domini Antonii, *nel quale* mandat et ordinat quod, casu eius mortis adveniente, eius cadaver sepeliatur et sepeliri debeat ad ecclesiam sancti Auaustini civitatis Papie, et ad capellam ipsorum de Preottonibus constructam in dicta ecclesia... Item... dedit et legavit... conventui et monasterio sancti Augustini dicte civitatis Papie florenos duos... ipsis conventui et monasterio omni anno, semper et in perpetuum, per infrascriptos eius domini testatoris heredes universales, dandos et solvendos et numerandos, cum hoc tamen onere quod venerabiles domini Prior et Fratres dicti monasterii teneantur et debeant... omni anno ad dictam capellam cellebrare annuale, omni anno et in perpetuum, pro anima ipsius domini testatoris et in remissionem peccatorum suorum.

DX.

Legato testamentario della nob. Sovrana Maletta de Tisma a favore di S. Paolo.

1485, ottobre, 4.

(Arch. Notar. di Pavia. — Atti di Francesco Strazzapatti).

TESTAMENTUM nobilis domine Sovrane de Malletis, filie quondam domini Iohannis et relicte quondam domini Iohannis Andree de Tisma (2).... Item.... dat et legat monasterio sancti Pauli Ordinis sancti Augustini, florenos XXV... solvendos in duobus annis, gravans Fratres ad cellebrandum offitia tria mortuorum pro animabus quondam patris et matris sue. Item et fictum unum perpetuum sachorum duorum furmenti (3).

(1) Dal fatto che il notaio stende il testamento non nella casa del testatore, ma sulla pubblica via, si ha la spiegazione di tutti i testamenti che qui vediamo aggruppati. Una fierissima pestilenza in questi mesi gettava la desolazione e lo scompiglio in Pavia.

(1) Il testamento di questa nobildonna fu probabilmente rinnovato in seguito, giacchè da un atto di Nicola Codazza del 31 gennaio 1489 risulta che la Maletta era passata a seconde nozze col nob. Filippo Folperti, il quale col ricorJato atto paga a frate Bartolomeo da Castellazzo, Procuratore di S. Agostino, un legato fatto al Convento dalla fu Luchina di Tisma, madre di Sovrana.

(2) Questo atto e gli altri qui sotto indicati del notaio Fran-

DXI.

Legato testamentario di Matteo Arrigoni a favore di S. Agostino.

1486, gennaio, 26.

(Arch. Notar. di Pavia — Atti di Francesco Strazzapatti).

N ELL' *Ospedale di S. Matteo*. Testamento del discretus vir magister Matheus dictus Bonus de Arighonibus, *del fu Giovanni, con cui* dat et legat monasterio et conventui fratrum sancti Augustini Papie, fictum unum perpetuum.... sachorum duodecim frumenti, quod eidem testatori debetur per Francischum et fratrem de Lignano omni anno, ex domo una murata, cupata et sollariata, sita in Papia in Porta Marengha in parochia sancti Felicis seu sancte Trinitatis.... Item et aliud fictum perpetuum.... sachorum sex turmenti.... quod eidem testatori debetur per Albertum Longhum habitatorem loci Muaroni de ultra Padum Comitatus Papie.... de certis bonis et proprietatibus positis in dicto loco Muaroni.... gravans, venerabiles dominos Priorem et fratres dicti conventus.... ad cellebrandum seu cellebrari faciendum in ecclesia sancte Marie Nove, ad altare sancti Viti, omni die in perpetuum, excepta die Veneris, missam unam pro anima ipsius testatoris... nec non et offitia sex mortuorum, singulo anno in perpetuum, de missis sex parvis et una in cantu, videlicet unum die tertio novembris pro anima quondam Iohannis Marie olim eius testatoris filii et unum aliud in die obitus ipsius testatoris et alia quatuor quando magis comodum fuerit prefatis dominis Priori et Fratribus dicti Conventus.... Item volluit.... quod per Agentes Hospitalis Novi de la Pietate Papie.... dispensari debeant semel tantum floreni ducentum puellis pauperculis maritandis.... que dispensatio fieri iussit et iubet cum partecipatione reverendi patris domini magistri Georgii de Becharia Ordinis Heremitarum, eius confessoris, *che è presente al testamento come testimonio.*

DXII.

Promessa di vendita di una vigna, fatta al Priore ed al Procuratore di S. Paolo.

1486, settembre, 20.

(Arch. Notar. di Pavia — Atti di Agostino Gravanago).

N ELLA *camera del Canonico Arcidiacono Matteo Privoli, nella Canonica del Duomo di Pavia. Giovanni Sacchi, del fu Guglielmo*, promittit et convenit venerabilibus dominis fratri Tadeo de Pinarolio Priori et domino fratri Cornelio de Bugella

---

cesco Strazzapatti, sebbene sieno del 1485, si devono ricercare nel pacco 1486-90, nel quale per errore si trovano collocati. Ad evitare prolissità e ripetizioni accenniamo in breve, senza riportarne il testo, i varii testamenti di questo tempo. Ai 5 ottobre del 1485 l'orefice Filippo da Sesto lascia a S. Paolo 40 fiorini. Ai 17 ottobre un Francesco de Ripa, oriundo francese e sarto in Pavia, lascia a S. Agostino un calice con patena d'argento dorato, ed una veste di seta perchè se ne faccia una pianeta *ut Fratres ipsius monasterii habeant animam ipsius testatoris recomissam in eorum Missis et divinis Officis ac orationibus*

suis. Agli 8 ottobre la nobildonna Francesca Spinola di Genova, figlia di Paolo e vedova del nob. pavese Nicola Isimbardi, lascia a S. Paolo fiorini 100. Ai 18 ottobre la nobile Caterina Maletta del fu Giovanni, vedova del dottor in leggi Stefano Folperti, lascia a S. Paolo 100 fiorini per la celebrazione di due Messe alla settimana in perpetuo. Ai 22 ottobre il sellaio Antonio Ravizza, vercellese abitante in Pavia, lascia fiorini 10 a S. Paolo e fiorini 20 al Convento di S. Agostino di Vercelli. Tutti questi testamenti sono rogati dal notaio Francesco Strazzapatti.

Del notaio Nicolino Sicleri è il testamento del nobile Giovanni

vicario et sindico Capituli et Monasterii sancti Pauli extra et prope menia civitatis Papie, *di vendere al loro convento, per 20 'fiorini, una vigna di circa 19 pertiche con una casetta e un portico, in* contracta stricte sancti Pauli et sancti Spiritus, *nelle vicinanze del monastero* (1).

DXIII.

Disposizioni testamentarie di Gian Giacomo Castagna a favore di S. Agostino.

1486, ottobre, 10.

(Arch. Notar. di Pavia — Atti di Francesco Codazza).

I N *Pavia, nella Parrocchia di S. Giorgio in Fornarolo. Gian Giacomo de la Castanea, col suo testamento dispone che* quandocumque continget ab hoc seculo emigrari... sepeliri debeat eius cadaver in ecclesia sancti Augustini Ordinis Heremitarum... Item dedit et legavit... venerabili in Christo patri domino fratri Prospero de Cumis Ordinis Heremitarum et ibi bachalario, quod eidem domino fratri Prospero dentur et numerentur ducati decem aurei veneti, ut infra, de quibus quidem ducatis decem auri ipse dominus frater Prosperus habuit, pro restitucione suprascriptorum, ducatos quatuor venetos et habet penex se onzias vigintiquinque site diversorum colorum cum duobus canonis ....Item legavit et legat ecclesie sancti Augustini Papie florenos decem... dandos infra unum annum proxime futurum... pro anima ipsius testatoris... Instituit sibi heredem universalem Ioh. Baptistam de Molteno... quem gravavit et gravat ad celebrari faciendum missam sancti Gregorii in ecclesia sancti Augustini Papie per suprascriptum fratrem Prosperum de Cumis pro anima ipsius testatoris.

DXIV.

Frate Alessandro da Pavia, Procuratore di S. Agostino, riceve il pagamento dell' affitto di una casa in Pavia.

1486, novembre, 11.

(Arch. Notar. di Pavia — Atti di Matteo Ferrari).

N ELLA *casa del notaio, in Parrocchia di S. Marcello di Pavia.* Venerabilis dominus frater Alexander de Papia bachalarius Ordinis sancti Augustini papiensis ac sindicus et procurator.... monasterii sancti Augustini papiensis... *riceve da An-*

Agostino de Muriculis, del fu Bergadano, che ai 4 novembre lascia a S. Agostino fiorini 100. E ancora del notaio Strazzapatti sono i testamenti dei 7 novembre, con cui la nobildonna Agostina Fornari del fu Simone, vedova del nob. Agostino Piacentini, lascia fiorini 100 a S. Paolo; e quello dei 13 novembre, con cui Pietro Simone Gandello istituisce erede universale il Convento di S. Paolo, lasciando ad esso quasi 60 pertiche di terreno con varie case di campagna in Mornico dell'Oltrepò pavese, un sedime con una casa in Gravallone, ed una casa in Pavia, che sorgeva dove ora è la piazza Petrarca, confinante con la casa di Bertolo Giorgi e con quella del conte Giovanni Attendolo castellano di Pavia, che già era appartenente allo sventurato segretario ed uomo di Stato Cicco Simonetta, decapitato il 30 ottobre nel Castello di Pavia.

(1) La vendita reale fu fatta al Priore frate Taddeo da Pinerolo ed al Procuratore frate Illuminato da Settimo ai 20 novembre di quest'anno, come risulta dal relativo atto rogato da Luigi Gravanago, che si conserva nell' Archivio di Stato di Milano, Pergamene di S. Paolo.

*tonio de Modits fiorini undici, per affitto di un anno, oggi spirato, di una casa con bot-
teghe, in Porta S. Giovanni, Parrocchia di S. Germiniano o di S. Michele maggiore, a lui investita con atto 1484, 5 maggio, rogato da Francesco Sisti.*

DXV.

Il Pontefice Innocenzo VIII scrive all'Arcidiacono ed al Vicario Vescovile di Pavia perchè rivendichino al Convento di S. Paolo alcuni beni ereditarii.

1486, dicembre, 5.

(Arch. di Stato di Milano. — Bolle e Brevi Papali).

I NNOCENTIUS episcopus servus servorum Dei, dilectis filiis Archidiacono Ecclesie
papiensis et Vicario venerabilis fratris nostri Episcopi papiensis in spiritualibus
generali, salutem et apostolicam benedictionem. Significaverunt nobis dilecti
filii Prior et fratres domus sancti Pauli extra muros papienses, Ordinis Heremitarum sancti
Augustini, quod nonnulli iniquitatis filii, quos prorsus ignorant, calices, cruces, paramenta,
census, fructus, redditus, proventus, terras, molendina, possessiones, vineas, ortos, campos,
prata, pascua, nemora, silvas, arbores, arborum fructus, ligna, postes, pisces, piscarias,
aquas, aquarum decursus, vini, bladi, frumenti, ordei, avene, lini, lane, cere, olei, auri, argenti monetati et non monetati quantitates, tasseas, ciphos, ordearia, discos, vasa aurea,
argentea, enea, cuprea, stamnea, petrea, lignea, pannos laneos, lineos, sericeos, vestes, tu-
nicas, foderaturas, mantellos, caputia, zonas, anulos, perlas et alia monilia, lectos, culcitras,
linteamina, mappas, manutergia, domorum utensilia, equos, iumenta, boves, et alia animalia,
libros, scripturas publicas et privatas, testamenta, codicillos et alia documenta, debita, credita, legata, deposita, iura, pecuniarum summas, et nonnulla alia mobilia et immobilia bona,
Prioris et Fratribus pro reparatione et conservatione dicte domus illiusque ecclesie ornamentis ecclesiasticis ac alias pro divino cultu inibi necessariis, per quondam Franciscum de
Sanctopetro laicum (1) et complures alias personas in eleemosinam pie erogata, temere et
malitiose occultare, et occulte detinere presumunt, non curantes ea ipsis Priori et fratribus
exhibere, in animarum suarum periculum, ipsorumque Prioris et fratrum ac de.... et ecclesie
non modicum detrimentum, super quo iidem Prior et fratres Apostolice Sedis remedium im-
plorarunt. Quocirca discretioni vestre per apostolica scripta mandamus quatenus omnes huiusmodi occultos detentores calicum eorum et aliorum bonorum predictorum, ex parte nostra
publice in ecclesiis coram populo per vos vel alium seu alios moneatis... competentem terminum quem eis prefixeritis, ea Priori et fratribus prefatis a se debita restituant et revelent,
ac de ipsis plenam et debitam satisfactionem... et si id non adimpleverint, infra alium competentem terminum, quem eis ad hoc peremptorie duxeritis prefigendum, ex tunc in eos generalem excomunicationis sententiam proferatis, et eam faciatis, ubi et quando expedire vi-
deritis, usque ad satisfactionem condignam, solemniter publicari. Quod si non ambo hiis

(1) Vedi il documento del 1 settembre 1481.

execucionibus potueritis interesse, alter vestrum ea nihilominus exequatur. Dat. Rome, apud sanctum Petrum, anno Incarnationis Dominice millesimo quadringentesimo octuagesimo sexto, nonis decembris, Pontificatus nostri anno tertio.

DXVI.

Disposizioni testamentarie del nob. **Pietro Mangiaria** per i Religiosi di S. Mostiola e di S. Paolo.

1486, dicembre, 14.

(Arch. Notar. di Pavia. — Atti di Gaspare Tacconi).

N ELLA *casa del testatore, in Parrocchia di S. Filippo. Testamento del nobile Pietro Mangiaria, del fu Giovanni Paolo, nel quale ordina di esser sepolto nella chiesa di S. Apollinare* et in asociatione dicti eius cadaveris ad dictam ecclesiam.... tantummodo vocentur et interesse debeant Fratres sancte Mustiole Papie Ordinis Heremitarum sancti Augustini, una cum illis fratribus conventus sancti Augustini papiensis, quos vocaverint ipsi fratres dicti conventus sancte Mustiolle, ac etiam interesse debeant Fratres monasterii sancti Apollinaris ac dictus Rector ecclesie parochialis sancti Philippi... Item.... vult, iubet.... dispensari debere, amore Dey.... florenos ducentum.... hoc modo, videlicet: Monasterio sancti Pauli sito extra et prope Papiam, ubi morantur fratres Ordinis Observantie sancti Augustini....

DXVII.

Il Cardinale **Ascanio Maria Sforza** assegna la predicazione della Quaresima in Duomo ad un Agostiniano di S. Paolo.

1487, gennaio, 12.

(Museo Civ. di storia patria — Lettere ducali).

S PECTABILES viri, amici nostri carissimi. Ex vextris ad nos nuper redditis litteris intelleximus quam vehementer optatis ut annuere velimus quod uni ex venerabilibus patribus Ordinis Heremitarum sancti Pauli Papiensis, in ecclesia nostra papiensi, pro celebrandis in hac proxima futura quadragesima predicationibus, assignetur locus. Quare cupientes vobis et universo populo istius civitatis papiensis omnibus in rebus complacere atque rem efficere gratam, 'tenore presentium, consentimus ac consensum nostrum prestamus quod unus ex dictis patribus sancti Pauli, in dicta nostra ecclesia papiensi, habeat predicandi locum, dummodo alicui allo monasterio seu conventui, ob huiusmodi assignationem loci, nulla fiat iniuria. Et ut res, iuxta vestrum desiderium, suum sortiatur effectum, scribimus etiam vicario nostro ut similem nostro nomine prestet consensum. Si quid est aliud in quo vobis et dicto populo gratificari valeamus, nos semper ad comoda vestra et beneficia dispositos reperietis. Rome, die XII Ianuarii, 1487. M. Finus pro secretarius.

A. T. Venerabilibus viris amicis nostris carissimis Dominis Deputatis offitio provisionis Civitatis Papie.

S. Viti Cardinalis Sfortia Vicecomes, Bononie etc. legatus (1).

DXVIII.

Frate Illuminato da Settimo, Procuratore di S. Paolo, riceve un legato testamentario.

1487, gennaio, 30.

(Arch. Notar. di Pavia — Atti di Giovanni Pietro Mangano).

NELLA *corte del Palazzo del Comune.* Venerabilis et sapiens dominus frater Inluminatus de Septimo, frater Ordinis sancti Pauli, sindicus et procurator.... ipsius monasterii et Ordinis sancti Pauli.... *riceve dal nobile Fermo de Bianzano di Pavia, lire 13 e soldi 6, denari 8,* vigore cuiusdam legati facti in testamento condito per quondam Iohannem Martinum de Bianzano, in quantitate librarum quatraginta legatarum ipsi monasterio dicti Ordinis sancti Pauli. *Dichiara anche di ricevere altre lire 13, soldi 6 e denari 8 per le monache agostiniane dell'Annunciata, in forza dello stesso testamento.*

· DXIX.

Frate Bartolomeo da Acqui è eletto professore di teologia nell' Università pavese.

1487, marzo, 8.

(Museo Civ. di storia patr. di Pavia — Regist. Litter. Ann. 1487).

AD lecturam theologie.
Magister Iohannes Bertolameus de Aquis, Ordinis Heremitarum sancti Augustini, cum salario deputando (2).

---

(1) Una copia sincrona del documento si ritrova nello stesso Museo Civico in Regist. Litter. ann. 1486-90, fol. 9 verso.

(2) Anche nel registro delle lettere del 1488, nello stesso Museo, nella copia del Rotolo degl'insegnanti universitari di que·st'anno, troviamo deputato *ad lecturam theologie magister Bartolomeus de Aquis Ordinis Heremitarum sancti Augustini,* senza specificazione di stipendio, che è invece assegnato agli altri due

Lettori teologi, il domenicano Bernardino Granello (fiorini 30:, e il minorita Gomez di Lisbona (fiorini 200). Nel Rotolo dei professori dell'anno 1490 si legge: *Ad lecturam theologie magister Bartolomeus de Aquis Ordinis Heremitarum sancti Augustini florenos 30 si legat, in quo advertatur.* I documenti universitarii non fanno poi più menzione di lui. Egli fu anche Provinciale di Lombardia, come risulta dal documento del 9 ottobre 1492·

DXX.

Il Priore di S. Paolo e il ricamatore Bartolomeo Besana convengono per ricami da eseguirsi ai paramenti della Chiesa.

1487, maggio, 8.

Arch. Notar. di Pavia. — Atti di Giovan Francesco Gravanago¹.

N ELLA *bottega del ricamatore Besana,* in Porta Pontis, Parochia S. Marciani. Confessio facta per venerabilem virum dominum fratrem Thadeum de Pinarolio Priorem et sindicum monasterii sancti Pauli, siti extra et prope menia Papie, Bertholameo de Bexana, filio quondam magistri Astulfi, rechamatori, *di aver ricevuto fiorini dieci, a nome di certa Margherita de Ganassalibus, che li aveva legati al monastero. Non avendo però il Besana pronto il denaro effettivo, si stipula immediatamente un atto di* creditum suprascripti domini Prioris et sindici cum suprascripto Bertolameo rechamatore, de florenis decem.... occaxione mutui gratis et amore, etc. pro quibus florenis decem ipse magister Bertolameus promittit dicto domino Priori et Sindico.... facere et recamare tot paramenta, ascendencia ad summam florenorum decem suprascriptorum, infra unum annum proxime futurum.

DXXI.

Religiosi Agostiniani promossi agli Ordini sacri.

1487, giugno, 9.

(Arch. Notar. di Pavia — Atti di Giovanni Matteo Paltonieri).

O RDINATIO Generalis in ecclesia maiori Papie , per dominum Gabriel de Abbiate, decretorum doctorem, Dei gratia episcopum berricensem et suffraganeum in ecclesia papiensi, auctoritate apostolica, deputatum et ellectum per reverendissimum in Christo patrem dominum dominum Aschanium Mariam Sforciam Vicecomitem, miseracione divina sacrosancte Romane Ecclesie tituli sancti Viti diaconum Cardinalem ac episcopatus et ecclesie papiensis perpetuum administratorem....

...Ad ordinem diaconatus

Frater Benedictus de Montecastello, Ordinis Heremitarum.

Frater Paulus de Papia, Ordinis Heremitarum.

...Ad ordinem Presbiteratus

Frater Lazarus de sancto Gregorio, Ordinis Heremitarum.

DXXII.

Frate Alessandro Torti, Vicario di S. Paolo, riceve il pagamento d'affitto di una vigna.

1487, novembre, 10.

(Arch. Notar. di Pavia. — Atti di Damiano Landolfi).

I N claustro ecclesie sancti Pauli, Ordinis Heremitarum sancti Augustini de Ob_servancia, ... reverendus dominus frater Alexander de Tortis, Vicarius dicti conventus... *riceve dagli eredi del fu Melchiorre de Solario, soldi 24 per affitto di due anni di una vigna presso il monastero.*

DXXIII.

Il nobile Rinaldo Strada, cassiere della Fabbrica di S. Agostino, riceve un legato.

1487, novembre, 14.

(Arch. Notar. di Pavia — Atti di Bartolomeo Strada).

A D banchum iuris dominorum Consulum Collegii Mercatorum civitatis Papie, situm in Porta Marenga, Parochia sancte Tegle (1).... Dominus Raynaldus de Strata, filius quondam domini Stephani, civis et habitator Papie, camerarius venerande Fabrice ecclesie sancti Augustini Papie (2), nomine et vice dicte Fabrice, fuit confessus.... versus dominam Margaritam de Sozanis heredem quondam *(in bianco)*, habuisse et recepisse libras vigintiquinque imperiales, pro quoddam legato ipsi Fabrice facto et legato per dictum quondam *(in bianco)*.

---

(1) L'atto è rogato nel Collegio dei Mercanti, cioè nella casa occupata ora dalla Camera di Commercio, in Piazza del Duomo, perchè il nobile Rinaldo Strada, commerciante anch'esso, era uno dei dignitari di quel Collegio.

(2) La Fabbrica di S. Agostino, che noi diremmo Fabbriceria, era costituita da due rinomati cittadini pavesi, che, sotto la guida del superiore del Convento, amministravano i fondi raccolti per i grandi restauri, di cui la Chiesa necessitava. Essi erano i nobili Rinaldo Strada e Giovanni Antonio Berretta. Vedi il documento del 9 gennaio 1488. Sotto la loro vigilanza furono condotti a termine i lavori, di cui si fa cenno già nel documento del 9 maggio 1482. Fra questi lavori il più notevole è il rinnovamento della volta, di cui già dicemmo alla pag. XXXII del I volume. Ricordava questi lavori una iscrizione, che Gerolamo Bossi riportò nella sua Raccolta manoscritta *(Bibliot. Universitaria)*, e che egli lesse a S. Agostino *in fornice templi prope sacellum maximum.* Essa fu pubblicata dall'HERRERA, *Alphab. August.* tom. II, pag. 56, così :

« MCCCCLXXXVII — REPARATA FUIT ECCLESIA AUCTORE — VEN. FR. MARTINO DE VERCELLIS — COOPERANTIBUS NOBILIBUS D. IOANNE ANTONIO BARÉTA — ET D. RÉNALDO STRADA. La iscrizione terminava però indicando anche il nome dell'architetto dei lavori. E difatti il Bossi *in eadem fornice* leggeva : MAGISTER IACOBUS DE CANDIA ET FRATRES EIUS HOC OPUS FECERUNT. Il maestro Giacomo da Candia è lo stesso valente artefice, che troviamo unito a suo figlio Agostino nel restaurare la insigne Basilica di S. Michele maggiore nel 1489, e che muore durante questi lavori, come risulta da un confesso in data del 19 settembre 1489, rogato da Gaspare Tacconi. Nel 1488 ai 22 agosto, in un atto rogato da Bartolomeo Strada troviamo il maestro Giacomo insieme a Bramante da Urbino, a Giovanni Antonio Amadeo, a Cristoforo Rocchi, per deliberare innanzi ai Fabbriceri della Cattedrale, fra i quali è anche il nostro Rinaldo Strada, intorno al disegno o piano dell' allora iniziatasi fabbrica del Duomo.

Riguardo al Religioso frate Martino da Vercelli, che nella

DXXIV.

Frate Alessandro da Pavia, Procuratore di S. Agostino, riceve il pagamento di alcuni affitti.

1487, novembre, 16.

(Arch. Notar. di Pavia — Atti di Giacomo Ferrari).

I N civitate Papie, videlicet in claustro conventus et ecclesie sancti Augustini Papie, in quo est picta legenda et vita sancti Augustini, sito in Citadella dicte civitatis.... Venerabilis et sapiens sacre theologie bachalarius dominus frater Alexander de Papia, sindicus et procurator... Prioris et Fratrum et Capituli dicte ecclesie... *riceve da un procuratore delle Monache di Montoliveto di Pavia, soldi 10 per censo annuo su alcune terre in loco et territorio Luserie (1), ad esse date in affitto perpetuo dagli Eremitani.*

Nello stesso luogo, lo stesso procuratore dichiara di ricevere dai consorti Chignoli tre sacchi di frumento e un paio di capponi per affitto annuale di vigne in Stradella di proprietà del Convento.

DXXV.

La Comunitá di S. Paolo permuta un legato col nob. Filippino Mangano.

1487, novembre, 19.

(Arch. Notar. di Pavia — Atti di Gaspare Tacconi).

I N sacristia ecclesie et monasterii sancti Pauli.... Convocato et congregato Capitulo.... de mandato.... venerabilis domini fratris Alexandri de Papia Vicarii dicti monasterii, in quo quidem capitulo.... fuerunt.... cum eo et penes eum venerabiles domini frater Gilius de Crema, frater Cornelius de Bugella, frater Iheremias de

nostra iscrizione apparisce come autore dei restauri, il che fa ritenere ch'ei fosse anche Priore, come comunemente è chiamato, i nostri documenti non ci forniscono alcun dato. Dobbiamo però avvertire che tutto quanto il TORELLI, vol. VII, 536 seg. narra dei restauri della Basilica è un abbaglio madornale preso dall'illustre autore, il quale confondendo le date, attribuisce alla seconda metà del secolo XV ciò che appartiene alla seconda metà del secolo XIV. Simile abbaglio ha preso l'autore dell'articolo *Il Restauro di S. Pietro in Ciel d'Oro e fra Martino da Vercelli* pubblicato nell'opuscolo, *Le feste celebrate in Pavia per la trastazione ecc. ottobre 1900*, Roma, tip. Vaticana, 1900. In questo articolo si è riferito appunto quanto contiene il Torelli, sebbene non sia citato, con tutte le confusioni, alle quali è aggiupta anzi quella di scambiare i documenti del processo dell'anno 1392, 16

agosto (vedi il nostro I volume, pag. 161) fatto sotto Guglielmo Centuari vescovo di Pavia, con quelli di un ipotetico processo fatto sotto il Vescovo Guglielmo Bastoni (1593-1609).

Ricordiamo anche qui ciò che abbiamo scritto nella nota (1) a pagina 161 del I volume, giacchè a proposito dei restauri del 1487 tutti indistintamente affermano che la chiesa di S. Pietro in Ciel d'oro non fosse prima coperta da volte, ma da un soffitto di legno dorato, da cui il tempio avrebbe preso il nome.

(1) Vedi il documento degli 11 novembre 1463 ed il documento del 10 novembre 1467. Questo documento ci spiega appunto la ragione del canone, di cui è menzione nei due citati documenti. Il *territorium Luserie*, in cui erano i beni gravati dal censo, che nei documenti è detto anche *ad Uxeriam*, è quello spazio di terreno, che si stende presso la chiesa suburbana di S. Lanfranco.

Papia, frater Iohannes Grixogonus de Mediolano, frater Bernardus de Papia, frater Inluminatus de Septimo, frater Lazarus de sancto Georgio, frater Paulus de Papia, frater Georgius de Papia, frater Amadeus de Crema, frater Angelus de Vercellis, frater Iohannes Bonus de Pergamo, frater Benedictus de Iporegia, frater Teofilus de Crema, frater Theodorus de Papia, frater Antonius de Rodobio, frater Sebastianus de Terdona, frater Franciscus de Vercellis, frater Hobediens de Alexandria..... facientes totum et integrum capitulum (1).... *vendono per cento fiorini al nobile Filippino Mangano*.... illud legatum florenorum centum.... alias factum dicto monasterio per quondam Augustinam de Furnariis olim uxorem quondam domini Augustini de Placentinis, in eius testamento rogato anno curso MCCCCLXXXV (2).... per Franciscum de Strazapatis.

DXXVI.

Legati testamentarii del professore Cosma Colesini a favore di S. Paolo e per una Messa annuale sul sepolcro di S. Agostino.

1487, dicembre, 10.

(Arch. Notar. di Pavia. — Atti di Leonardo Buscati).

N ELLA *casa del testatore in Parrocchia di S. Zeno. Testamento dell'* egregius et sapiens gramatice professor dominus magister Cosmus de Colexinis, filius separatus domini Mathei... *col quale* eligit sibi sepulturam ad ecclesiam sancti Pauli, sitam extra et prope menia civitatis Papie et ad quam ecclesiam, quandocumque contingerit ipsum dominum testatorem ab hoc seculo decedere et eius animam a corpore segregari, vult, iubet, mandat, ordinat et disponit idem dominus testator dictum eius cadaver portari et in ecclesia ipsa sepeliri debere. Cui quidem ecclesie eiusque monasterio ac dominis Priori, Fratribus et Conventui eiusdem ecclesie idem dominus testator dedit et legavit ac dat et legat florenos tres... dandos et solvendos singulo anno, perpetuo, immediate post ipsius domini testatoris decessum... dictis dominis Priori, Fratribus et Conventui dicti monasterii sancti Pauli, eiusdem monasterii nomine, in illo die quo per ipsos dominos Priorem et Fratres celebrabitur officium de quo et prout infra dicetur. Et ita ad ipsos florenos tres solvendum ut supra singulo anno, perpetuo, idem dominus testator gravavit et gravat ipsum infrascriptum eius heredem universalem... quos quidem dominos Priorem, Fratres et Conventum dicti monasterii idem dominus testator gravavit et gravat ad celebrandum et celebrare debendum in ipsa ecclesia sancti Pauli predicti officium unum a mortuis cum missa in

(1) Avendo qui l'intera lista dei Padri Capitolari de S. Paolo, e non vedendo fra essi ricordato frate Bartolomeo da Palazzuolo, che pur era della Congregazione lombarda, e di cui non fanno cenno i documenti antecedenti, non possiamo affermare che egli fosse effettivamente a Pavia nel 1487, sebbene ciò si possa con tutta probabilità arguire dal fatto che in quell'anno appunto, in una officina tipografica pavese, si stampava il suo lavoro sul Martirologio di Usuardo. L'edizione a cui alludiamo (una copia della quale trovasi alla Casanatense di Roma n. 592) reca in fine la se-

guente chiusa: « *Martylogium* (sic) *nuper impr essioni adhibitum cuiusque religionis | patres integerrimi vobis in lucem delatum est. Nec dubium | a R. fratre Bartholomeo de Palazolo ordinis eremitarum di | vi Augustini observantium accuratissime emendatum. Itaque | impressum cura et impensis nobilium Ioannis Antonii de bir | retis ac Francisci de ghirardenghis sociorum | Papie, M. CCCC. LXXXVII. Idibus Martiis.*

(2) Vedi la nota al documento del 4 ottobre 1485.

cantu et aliis missis in voce bassis omnium Fratrum ipsius conventus singulo anno, perpetuo, per dies quatuor seu tres ante diem festum Omnium Sanctorum cuiuslibet anni. Et hoc pro anima et in remissionem peccatorum ipsius domini testatoris, ac etiam, ultra dictum officium, ad celebrandum singulo·anno, perpetuo, in die vigilie festi Omnium Sanctorum cuiuslibet anni, missam unam in cantu in ecclesia sancti Augustini Papie et ad altare sancti Augustini predicti, situm in confessore eiusdem, ad honorem et gloriam sancti Augustini predicti, ipsius domini testatoris devoti et advocati ac intercessoris (1).

DXXVII.

I Deputati della Fabbrica di S. Agostino ricevono il pagamento di un legato.

1488, gennaio, 9.

(Arch. Notar. di Pavia. — Atti di Domenico Mede).

I N sala superiori Collegii Mercatorum Papie.... in Parochia sancte Tegle.... Nobilles domini Iohannes Antonius de Berretis et Raynaldus de Strata, cives papienses, deputati super fabrica ecclesie monasterii sancti Augustini Papie.... *ricevono da Bartolomeo Cova, che paga anche per suo fratello Guarnerio, lire 40*, pro restanti.... solutione.... tocius eius quod ipsi agentes predicte Fabrice habere debebant et petere possent.... in bonis et hereditate nunc quondam magistri Tibaldi olim fratris ipsorum fratrum de Cova.... virtute cuiusdam promissionis seu fideiussionis alias per dictum magistrum Tibaldum facte.... versus ipsos agentes predicte Fabrice et occaxione dicte fabrice (2).

DXXVIII.

L'Arcidiacono di Pavia Giovanni Matteo Privoli fa una donazione al Convento di S. Paolo.

1489, marzo, 11.

(Arch. Notar. di Pavia. — Atti di Domenico Mede).

I N ecclesia maiori Paple, iuxta altare maius sancte Marie..... Venerabilis et sapiens decretorum doctor dominus Iohannes Matheus de Privolis archidiaconus ecclesie maioris papiensis, heres universalis quondam domini Iohannis Iacobi olim eius fratris.... titulo mere, pure et irrevocabilis donationis inter vivos donavit et donat michi notario infrascripto stipulanti et recipienti.... nomine et vice et ad utilitatem venerabilium dominorum Prioris et Fratrum monasterii sancti Pauli, Ordinis Heremitarum sancti Augustini de Observantia.... illas libras nonaginta imperiales, quas ipse dominus Iohannes

---

(1) Il testamento fu poi modificato, come vedremo nel documento del 22 gennaio 1499.

(2) Vedi il documento del 14 novembre 1487.

Matheus habere debet a nunc quondam Augustino de Sindicis de sancto Georgio et in eius hereditate.... et seu ab Antonio de Sindicis olim padre dicti Augustini.... quas alias dictus quondam Augustinus dare et solvere promisit ipsi domino Iohanni Matheo.... in instrumento rogato anno curso MCCCCLXXXIIJ.... die terciodecimo octubris per dominum Iohannem Franciscum de Calcaniis notarium publicum papiensem, etc.

DXXIX.

Religiosi Agostiniani promossi agli Ordini sacri.

1489, marzo, 14.

(Arch. Notar. di Pavia — Atti di Giovanni Matteo Paltonieri).

RDINATIO Generalis tenta per reverendissimum dominum Gabrielem de Abbiate episcopum bericensem.

Ad primam tonsuram :

Frater Iohannes Antonius de Quartinis, Ordinis Heremitarum.

Ad diaconatum :

Fratei Albertus Ianuensis, Ordinis Heremitarum.

DXXX.

Il Consiglio di Provvisione delibera per l'annua offerta al Convento di S. Paolo.

1489, marzo, 16.

(Museo Civ. di Stor. patr. di Pavia — Regist. Provis. ann. 1489. fol. 22).

MCCCCLXXXIX, die XVI marcii, in vesperis.

Convocato consilio Duodecim Presidentium Provisionis Comunis Papie, etc. (1).

Item.... prefacti domini, audita requisitione facta per venerabiles dominos fratres sancti Pauli, requirentes oblacionem fieri debere ad eorum ecclesiam, secundum solitum et manus adiutrices porrigere, ideo providerunt et provident quod dicta oblacio, tam per dictam comunitatem quam per alios, fiat et fieri debeat die designanda per eos et ad eorum libitum iuxta solitum, pro qua tienda imposuerunt bulletam solitam fieri debere de florenis decem de denariis quibuscumque extraordinariis dicti Comunis ac etiam fictabilium, prout hactenus solitum.... extitit.

---

(1) Un'altra copia sincrona del documento trovasi nello stesso   Museo in *Atti di Provvisione*, pacco 2.

DXXXI.

Laurea in teologia di frate Alessandro Vitali del Convento di S. Agostino.

1489, maggio, 4.

(Arch. Notar. di Pavia. — Atti di Giovanni Matteo Paltonieri'.

U NIVERSIS et singulis presentes litteras inspecturis Bartholomeus Brunatius, decretorum doctor, canonicus mantuanus, reverendissimi in Christo patris et illustrissimi domini domini Ascanii Marie, sancti Viti diaconi Cardinalis, Sfortie Vicecomitis, Bononie etc. Legati et Episcopatus papiensis perpetui administratoris ac almi Gymnasii papiensis, apostolico et imperiali privilegiis, Cancellarii meritissimi, vicecancellarius specialiter deputatus, salutem et reverenciam tam debitam quam devotam.

Etsi omnium, pro scientie margarita capescenda insudantium, virtus, exigente iusticia, dignis sit premiis decoranda, illi tamen qui in sacra theologia, que est omnium mater atque magistra et fidei fundamentum ac via recta ad vitam eternam, propria relinquentes et se ipsos abnegantes, per diversa mondi climata, studia rotaverunt, et in eis noctes persepe ducentes insomnes, immensis laboribus et sudoribus, bravium attigerunt, digniori sunt honore premiandi et maiori reverencie dono decorandi. Cum itaque venerabilis religiosus et omni virtute laudabilis dominus frater Alexander de Vitalibus, civis papiensis, Ordinis Heremitarum conventus sancti Augustini Paple expresse professus, post actus scolasticos per eum in variis Studiis feliciter consummatos, deputatus fuerit ad legendum Sententias in Conventu sancti Augustini iamdicti, ipseque dominus frater Alexander in dicto conventu sancti Augustini huiusmodi Sententias laudabiliter legerit, et omnes alios actus scolasticos in Universitate papiensi exercendos usque ad gradum Magisterii feliciter consummaverit ac singulis reverendis patribus sacre theologie magistris huius alme Universitatis, in arduis questionibus in facultate theologie respondiderit, aliosque actus bachalariis pro forma legentibus incumbentes laudabiliter exercuerit, et postmodum, coram nobis, per reverendos patres dominos magistros Michaelem de Tortis, Ordinis Servorum, decanum, Gunifortum de Vachinis eiusdem Ordinis, Henricum de Curte Ordinis Minorum, Petrum Andream de Inviciatis Ordinis Predicatorum, Gometium portugalensem Ordinis Minorum, Nicolaum de Clericis Ordinis Carmelitarum, Gabrielem de Cremagnola, Iohannem de (in bianco) Ordinis Heremitarum, Iohannem Antonium de Caravazio Ordinis Predicatorum, Stephanum de Vercellis Ordinis sancti Benedicti et Angelum de Rizardinis Ordinis Predicatorum, in sacra theologia magistros et doctores deputatos ad examen bachalariorum ad magisterium aspirancium, privatim et rigoroxe, hodierna die, examinatus fuerit, et a nobis, convocata et congregata in aula magna palacii episcopalis prelatorum, doctorum et scolarium huius almi Gymnasii multitudine copiosa, pro negocio huiusmodi specialiter peragendo, et finito et facto, de nostri licencia ut moris est, sermone per reverendum patrem dominum magistrum Gabriellem de Cremagnola, Ordinis et Conventus iamdicti sancti Augustini papiensis professum, in sacra theologia doctorem consummatissimum, ab ipso domino fratre Alexandro, in manibus nostris prestito ad sancta Dei Evangelia, manibus suis super pectus suum positis, solito et debito iuramento, quod ex causa sui magisterii non excedet in expensis taxam Clementine Secunde

De Magistris, et quod servabit statuta eiusdem Universitatis et prout per alios Magistros solitum est iurari, eundem dominum fratrem Alexandrum, sic suis meritis exigentibus, magistrum seu doctorem in sacra theologia, auctoritate prefacti reverendissimi domini domini Cardinalis et Administratoris, apostolico et imperiali privilegiis, Cancellarii meritissimi ut prefertur, communiti, qua fungimur in hac parte, hodie paulo ante constituimus et creavimus, sibique cathedram magistralem ascendendi et in ea legendi, docendi, disputandi, gloxandi, interpretandi, questiones et dubia terminandi, ceterosque actus doctoreos in sacra ipsa theologie scientia, hic et ubique locorum, exercendi et doctorum insignia deferendi, aliisque conferendi, licentiam et facultatem concessimus instrumento publico superinde confecto per Iohannem Matheum de Paltoneriis notarium publicum papiensem ac notarium et cancellarium ad banchum Curie Episcopalis papiensis infrascriptum : Nunc vero, convocata et congregata iterum Universitate spectabilium doctorum et scolarium predicti Studii copiosa ac nobilium civium numerosa catherva, in suprascripta aula magna palacii episcopalis, pro hoc negotio specialiter peragendo et exequendo, prefatus dominus frater Alexander, per prefatum dominum magistrum Gabrielem de Cremagnola doctorem iam dictum, vesperiatus fuerit, ut moris existit, eidemque domino fratri Alexandro, cum aliis doctoribus et magistris cathedram doctoralem, ut est moris, ascendenti, eius capiti, de nostri licentia per eundem sacre theologie magistrum dominum magistrum Gabrielem, birretum magistrale rotondum impositum est, servatis in premissis omnibus, ritibus et solempnitatibus opportunis, in talibus et similibus debitis et consuetis. In cuius rei testimonium presentes fieri fecimus in formam publici documenti per Iohannem Matheum Paltonerium notarium et cancellarium iamdictum et infrascriptum et sigillo prefati reverendissimi domini domini Cardinalis et administratoris ut supra munimine roborari ad majorem evidenciam premissorum. Datum et actum Papie, in aula magna palacii episcopalis, sub anno nativitatis Domini currente millesimo quatricentesimo octuagesimo nono, indicione septima, die quinto mensis maii, hora vesperarum, presentibus discretis viris Symone et Nicola fratribus de Garaldis, filiis quondam magistri Petri, ambobus bidellis generalibus prefacte Universitatis et Iacobo Tarobio de Vitaliana Marchionatus Mantue, inde testibus.

DXXXII.

Il Pontefice Innocenzo VIII elegge due giudici nella causa d'appello per 1 beni di Parasacco.

1489, maggio, 19.

(Arch. Notar. di Pavia — Atti di Giovanni Francesco Gravanago).

I NNOCENTIUS Papa Octavus (1).
Dilecti filii, salutem et apostolicam benedictionem.
Mittimus vobis supplicationem presentibus introclusam, manu dilecti filii nostri V. Cardinalis Aleriensis in presentia nostra signatam, volumusque et vobis manda-

---

(1) Si metta questo documento in relazione con gli altri del   settembre 1500.
21 febbraio 1484, del 17 luglio 1491, del 29 maggio 1492 e del 23

mus quatenus vos vel alter vestrum vocatis vocandis ad illius exequucionem procedatis iuxta continenciam et signaturam. Dat. Rome, apud sanctum Petrum, sub anullo pischatoris, die XVIIII Maii, MCCCCLXXXVIIII, Pontificatus nostri anno quinto. Io. Pe. Arpinabonus.

A tergo : Dilectis filiis Preposito sancti Theodori et Bertolameo de Aliprandis Canonico maioris papiensis ecclesiarum, vel eorum alteri.

Beatissime Pater.

Pro parte devotorum oratorum vestrorum Prioris et Fratrum domus sancti Augustini papiensis, Ordinis Heremitarum eiusdem Sancti, exponitur Sanctitati vestre, quod aliax Franciscum, Ambrosium, Carolum et Azonem de Magnis, laicos mediolanenses, heredes pro indiviso quondam Iohannis Antonii de Magnis laici mediolanensis, eorum patrui, qui nonnulla bona immobilia ad domum predictam legitime spectantia... aliax ipsi Iohanni Antonio in emphiteosim sub certa annua ficti prestacione tunc expressa, concessa et que per obitum ipsius Iohannis Antonii ad domum predictam reversa fuerant, in quibus dicti Franciscus, Ambrosius, Carolus et Azo, iuxta formam dicte concessionis, succedere non poterant, detinebant indebite occupata, super hoc coram Archidiacono ecclesie papiensis, conservatore dicti Ordinis, per litteras Sedis Apostolice deputato, litterarum eorundem vigore, prout iuxta illarum formam poterant, traxerunt in causam et idem Archidiaconus, in lite illa rite procedens, difinitivam pro dictis oratoribus contra Franciscum, Ambroxium, Carolum et Azonem prefactos sententiam promulgavit, et licet dicta sententia eisdem Francischo, Ambrosio, Carolo et Azoni fuerit inthimata, et ipsi ab illa infra tempus debitum non appellaverint et propterea illa in rem transiverit iudicatam, tamen postea Franciscus, Ambrosius, Carolus et Azo prefati illam iniquam fore asserentes, ad Sedem appellarunt antedictam, licet nulliter et super appellatione huiusmodi apostolicas, ad Archipresbiterum ecclesie sancti Petri de Vipeculo Terdonensis diocesis, tacito quod sententia predicta transivisset in rem iudicatam, litteras impetrarunt, illarumque pretextu Priorem et Fratres prefactos coram eodem Archipresbitero fecerunt, in causa dicte appellationis, ad iudicium evocari, et idem Archipresbiter in illa procedens diffinitivamque bona predicta ad dictam domum devoluta existere ac Franciscum, Ambrosium, Carolum et Azonem prefactos ab illorum tenuta et possessione nixi prius certa melioramenta per prefactum Iohannem Antonium in eisdem bonis facta illis solverentur, amoveri non debere declaravit, sentenciam promulgavit... Quare pro parte.... oratorum... humiliter S. V. supplicatur... quatenus... causas in civitate Papie audiendas et fine debito terminandas per unum breve S. V. cum hac supplicatione introclusa comittere dignemini de gracia speciali, non obstantibus premissis ac felicis recordationis B. pape octavi predecessoris V. S. qua cavetur ne quis extra suam civitatem vel diocesim, nixi in certis exceptis casibus, etc. ac aliis constitutionibus et ordinibus apostolicis ceterisque contrariis quibuscumque et cum aliis non obstantibus et clausulis necessariis oportunis in similibus consuetis.

Concessum ut petitur, in presentia domini nostri Pape, A. Cardinalis Aleriensis, et per breve S. V. cum hac suplicacione introclusa concessum, A. Cardinalis Aleriensis.

Datum Rome, apud sanctum Petrum, pridie Idus Maii, anno quinto.

DXXXIII.

Intimazione di frate Alberto Guidoboni, Conservatore di S. Agostino, a un debitore del Convento.

1489, maggio, 29.

(Arch. Notar. di Pavia — Atti di Francesco Strazzapatti).

F RATER Albertus de Guidobonis, sacre theologie magister, abbas abbacie sanctorum Gervasii et Protasii terre Montisbellis de ultra Padum Comitatus Papie, Conservator apostolicus specialiter deputatus venerabilibus viris domino Priori et Fratribus monasterii sancti Augustini Papie, mediantibus autentico seu bullis apostolicis, etc. (1) et de quibus offerimus nos paratos amplam fidem facere si et quando opus erit, dilecto nobis in Christo Simonino de Vegiis, molinario, habitatori Papie in Parochia sancti Georgii in Montefalchono, salutem in Domino et mandatis nostris, imo verius apostolicis, firmiter et humiliter obedire.

Sua querela nobis exposuit venerabilis vir dominus frater Bertolameus de Castelacio sindicus et procurator venerabilium domini Prioris et Fratrum suprascripti monasterii, quod a te habere debet rubos quinquagintaquatuor farine furmenti, quos, tu molinarie, ipsi sindico dicto nomine, retinuisti indebite et iniuste pro sachetis furmenti hinc retro macinatis per te ipsi monasterio ; nec non habere debet in una altera parte florenos viginti, valoris, etc. quos ipse sindicus, dicto nomine, tibi mutuavit, occaxione mutui gratis et amore. Super quibus omnibus petiit dictus dominus sindicus, dicto nomine, de oportuno iuris remedio sibi provideri debere et ius et iusticiam sibi ministrari debere. Quocircha prefatus dominus Conservator, sequens formam iuris et salvis iuribus et actionibus dicti monasterii, ad requisicionem et instanciam dicti sindici, te citamus, requirimus et monemus primo, secundo et tercio et perhemptorie, dantes tibi nichilominus in virtute sancte obedientie et sub excommunicacionis pena districtius in mandatis, quatenus infra tres dies proxime futuros, quorum trium dierum unum pro primo, unum pro secundo, reliquum vero tercium diem pro tercio, ultimo et peremptorio termino et monicione canonica tibi prefigimus et assignamus, studeas et debeas realiter et cum efiectu eidem sindico, dicto nomine, dedisse et solvisse suprascriptos rubos quinquagintaquatuor farine et dictos florenos viginti, aut te amicabiliter convenisse; alioquin si horum mandatorum nostrorum, imo verius apostolicorum, contemptor fueris seu rebellis, quod non credimus, ex nunc prout ex tunc et ex tunc prout ex nunc, antedicta monicione canonica premissa, in his scriptis excommunicationis sententiam contra te proferimus et promulgamus. Si tamen ex premissis in aliquo te gravari senseris, compareas et comparere debeas coram nobis, ultima die dicti termini, hora vesperarum, in domo habitacionis nostre sita in Porta Marenga, Parochia sancti Invencii, causas tui gravaminis hostensurus et a nobis recepturus iusticie complementum. De quarum presentacione cuilibet earum latori, nuncio nostro, cum iuramento vel alio publico instrumento

---

(1) Vedi il documento del 7 luglio 1478.

superinde conficiendo, dabimus plenam fidem. In quorum testimonium presentes fieri iussimus et registrari, nostrique sigilli impressione muniri. Datum in domo nostre habitacionis,
sita ut supra, die XXVIIIJ Maii, MCCCCLXXXVIIIJ, indicione septima. Albertus Conservator.

DXXXIV.

Disposizioni testamentarie del nob. Giovanni Maria Rolandi a favore di S. Paolo.

1489, maggio, 29.

(Arch. Notar. di Pavia — Atti di Bernardo Cellanova).

N ELLA *casa del notaio, in Parrocchia di S. M. Capella. Testamento del* nobilis
vir Iohannes Maria de Rolandis fq. domini Dominici, civis et habitator Papie,
col quale dispone quod cadaver suum portetur et sepeliatur in ecclesia sancti
Pauli Heremitarum extra et prope menia Papie... Item dedit et legavit... dominis Priori, fratribus et Convetui monasterii sancti Pauli Heremitarum extra et prope menia Papie libras
quinquaginta imper. dandas et solvendas... libras duas imper. singula ebdomada, incipiendo
immediate post mortem dicti testatoris. Et quod dicti domini Prior et fratres teneantur et
obligati sint similiter singula ebdomada, habitis dictis libris duabus imperialibus de quibus
supra, facere et celebrare in eorum ecclesia officium unum mortuorum pro anima ipsius
testatoris, et quod ipsi fratres teneantur ponere ceram necessariam pro dicto officio celebrando... Item vult... et disponit ad hoc ut presens suum testamentum... suum debitum sortiatur effectum, quod reverendus dominus Prior monasterii sancti Pauli suprascripti extra
et prope menia civitatis Papie, qui de presenti est et pro tempore erit in futurum Prior dicti
monasterii, ac spectabiles domini, etc. sint et esse debeant comissarii et executores presentis
testamenti sui.

DXXXV.

Religiosi Agostiniani promossi agli Ordini sacri.

1489, giugno, 13.

(Arch. Notar. di Pavia — Atti di Giovanni Matteo Paltonieri)'

O RDINATIO Generalis tenta per reverendum dominum Gabrielem de Abiate episcopum bericensem, in ecclesia sancti Iacobi vulgariter de la Vernabula nuncupati (1).

(I) La sacra Ordinazione si tiene nella Chiesa dei Francescani   S. Paolo, perchè la Cattedrale era in costruzione.
Ii S. Giacomo alla Vernavola presso il Convento agostiniano di

Ad quatuor minores ordines:
Frater Iohannis Augustinus de Gravalonia (1) Ordinis sancti Augustini.
Ad subdiaconatus Ordinem:
Frater Michael de Crema Ordinis Heremitarum.
Ad diaconatus Ordinem:
Frater Marchus de Viliana (2) Ordinis Heremitarum.
Ad Ordinem presbiteratus:
Frater Nicholaus de Cumis Ordinis Heremitarum (3).

DXXXVI.

Il Capitolo di S. Paolo tacita le eredi del nob. Galeazzo Fiamberti con la cessione di alcune terre in Turago.

1489, giugno, 30.

(Arch. Notar. di Pavia. — Atti di Riccardo Rovescala).

I N monasterio sancti Pauli et in loco Capituli... Congregato capitulo monasterii et conventus sancti Pauli, Ordinis Fratrum Heremitarum sancti Augustini de Observancia... in quo... adfuerunt et adsunt venerabiles domini Frater Franciscus · de Papia Prior, et frater Illuminatus de Septimo Vicarius, et una cum eis... venerabiles domini frater Egidius de Crema, frater Iohannes de Papia, frater Martinus de Modoetia, frater Franciscus de Salis, frater Secundus de Caxelis, frater Gregorius de Papia, frater Nicolaus de Cumis, frater Michael de Crema, frater Marchus de Calderalibus, frater Iohannes Augustinus de Gravadona, frater Theodorus de Papia, frater Eugenius de Papia, frater Paxius de Mediolano, frater Fellixius de Sallis, frater Iohannes Bonus de Bugela, frater Leonus de Sartirana et frater Dionisius de Cumis... facientes plus quam duas partes ex tribus.... capituli; *come legatarii per testamento del nobile milite e dottore Galeazzo Fiamberti, rogato da Gian Giacomo Canevari,* non valentes presentialiter solvere et satisfacere infrascriptis sororibus in pecunia numerata tantum, pro solucione unius none partis ex partibus novem dotis et melioramentorum monete quondam domine Margarite de Belcredo olim uxoris prefacti quondam domini Galeaz, *dànno al dottor in leggi Luchino Corti, marito di Giovanna Fiamberti, figlia del fu Galeazzo, ed alle sorelle di lei Bianca e Margherita, alcune terre di proprietà del Convento situate in Turago, che rappresentano il valore del credito delle dette sorelle verso il Convento, stabilito in lire 1521* (4).

(1) Nel documento seguente, in cui tutti questi Religiosi figurano appartenenti al Capitolo di S. Paolo, invece di Gravalonia si legge *Gravadona*, che sarebbe la Gravadona sul lago di Como. Ma vedendo detto innanzi *Gravarona* (vedi documento dell' 8 marzo 1490), crediamo si tratti di Gravellona del territorio pavese.

(2) Questo frate Marco d'Aviliana nel documento seguente è detto: Marco *de Calderalibus.*

(3) Aggiungiamo qui che nella sacra Ordinazione, tenuta ai 19 settembre di quest'anno nella Sagrestia nuova del Duomo fu promosso alla tonsura ed ai quattro Ordini minori *frater Iacobus de Ast Ordinis Heremitarum,* come da atto di quel dì rogato dallo stesso Paltonieri.

(4) Si noti che la divisione della eredità del Fiamberti si protrasse molto a lungo, non sappiamo per quale motivo. Vedi il documento del 17 marzo 1494.

DXXXVII.

Legato testamentario di Biagio Natali a favore di S. Paolo.

1489, novembre, 6.

ı Arch. Notar. di Pavia. — Atti di Agostino Gravanago`.

N ELLA *casa del notaio, in Parrocchia di S. M. in Pertica. Testamento di Biagio Natali,* de loco seu comuni Carezani, diocesis Cumarum,` col quale legavit et _____ı legat amore Dey et pro anima ipsius testatoris venerabilibus dominis Priori et Fratribus ac fabrice monasterii sancti Paulli extra muros papienses, Ordinis sancti Augustini de observancia, mediatatem illarum librarum centum quinquaginta terciolorum seu mezanorum, de quibus creditor est Comunitatis et Hominum loci Carexani diocesis Cumarum pro certis denariis, ut constat per cartam rogatam, etc. *Fra i testi* : Venerabili domino fratre Francisco de Papia monasterii sancti Paulli teste noto.

DXXXVIII.

Il Capitolo di S. Mostiola delibera sull' ammissione di alcuni Novizi alla Professione dei voti.

1489, dicembre, 15.

(Arch. Notar. di Pavia — Atti di Matteo Ferrari).

I N capitulo monasterii sancte Mustiole civitatis Paple.... Convocato et congregato Capitulo et Conventu monasterii sancte Mustiole Papie Ordinis Heremitarum sancti Augustini, de mandato.... venerabilis domini fratris Melchionis de Lucino vicarii.... in quo quidem capitulo.... sunt ipse dominus Melchion Vicarius et cum eo.... reverendus dominus frater Galeaz de Papia ac reverendus dominus frater Nicolaus de Pelucho sacre theologie magistri, ac etiam venerabilis dominus frater Petrus de Calvis ac dominus frater Carlinus de Vercellis et dominus frater Laurentius de Caneto, omnes professi dicti monasterii facientes.... plus quam duas partes ex tribus dominorum fratrum professorum dicti monasterii....... Ipse namque dominus Vicarius exposuit..... in presentia fratris Augustini de la Ecclesia, fratris Ieronimi de Bastonibus, sacerdotum, fratris Rafaelis de Brentanis, fratris David de Artadiis, fratris Laurentii de Brochardis, ibidem flexis genibus constitutorum, qui iam certis annis preteritis fuerunt et sunt in ipso monasterio : ipsi fratres Augustinus et Ieronimus qui celebrant ac frater David et frater Laurentius qui nondum fuerunt professi expresse, ac frater Iohannes Antonius de Brentanis qui etiam adest in ipso monasterio, sed non ibidem, in presentia ipsorum dominorum Vicarii, Magistrorum et fratrum , si debet admitti professio ipsorum vel ne. Qui quidem dominus Magister Galeaz tamquam primus in dignitate in ipso monasterio respondit et dixit quod attenta experientia moribus et vita dictorum fratris Augustini, fratris Ieronimi, fratris Rafaelis, fratris David et fratris Laurentii de Brochardis, quod ipsi debent admitti; dictus vero frater Iohannes Antonius de Brentanis propter eius malos mores, vitam et demerita reprobavit et reprobat. Similiterque, audita responsione dicti domini fratris Galeaz, dixerunt, responderunt et concluxerunt ipsi dominus frater Melchion vicarius, magister Nicholaus de Pelucho, frater Petrus de Calvis, frater Carlinus de Vercellis et frater Laurentius de Caneto... dictum fratrem Augustinum, fratrem Ieronimum, fratrem Rafaelem, fratrem David et fratrem Laurentium de Brochardis fore et esse admittendos ad ipsam professionem; dictum vero fratrem Iohannem Antonium de Brentanis non esse admittendum ad ipsam professionem, imo ipsum reprobarunt et reprobant (1)... Quibus sic auditis... ipse frater Augustinus et frater Ieronimus per prius, ad honorem altissimi Creatoris et Redemptoris Domini nostri Yhesu Christi, eiusque Matris Gloriose semper Virginis Marie ac Beati Augustini et sancte Mustiole sub cuius vocabulo fondatum est dictum monasterium, ac tocius Curie Celestis se se dedicaverunt et dedicant, profitentes sese in manibus prefati domini fratris Melchionis vicarii, nomine et vice Generalis Prioris magistri Anselmi de Montefalchono fratrum Heremitarum Ordinis sancti Augustini et successorum eiusdem, et nomine et vice dicti monasterii, usque ad mortem. Et ipsa professione sic facta, etiam reprobaverunt et reprobant dictum fratrem Iohannem Antonium de Brentanis ac dixerunt et dicunt ipsum non fore nec esse admittendum, attentis predictis, ad professionem in ipso monasterio. Et etiam ipsi frater Rafael de Brentanis, frater David de Artadiis et frater Laurentius de Brochardis ad honorem altissimi Creatoris et Redemptoris Domini nostri Yhesu Cristi, eiusque Matris gloriose semper Virginis Marie, ac Beati Augustini et sancte Mustiole sub cuius vocabulo fondatum est dictum monasterium ut supra, et tocius Curie Celestis, similiter sese dedicaverunt et dedicant, profitentes sese in manibus dicti domini fratris Melchionis vicarii, nomine et vice Generalis Prioris magistri Anselmi de Montefalchono Fratrum Heremitarum Ordinis sancti Augustini et successorum suorum, et nomine ac vice dicti Monasterii, usque ad mortem. Et ipsa professione sic facta, etiam reprobarunt et reprobant dictum fratrem Iohannem Antonium de Brentanis ac dixerunt et dicunt ipsum non fore nec esse admittendum, attentis predictis, ad professionem in dicto monasterio. Qui quidem dominus frater Melchion cum consensu... prefatorum dominorum magistrorum Galeaz et Nicholai ac Fratrum Petri, Carlini et Laurentii de Caneto professorum dicti monasterii... itemque ipsi domini Magistri et Fratres... omnes unanimiter et in concordia nomine et vice et ad partem et utilitatem dictorum dominorum fratrum Augustini, Ieronimi, Rafaelis, Davit et Laurentii de Brochardis et pro salute animarum ipsorum penitus omni suo iuri ex spatio temporis probacionum suarum, propria et spontanea voluntate ac ex certa scientia ipsos admiserunt et admittunt ad ipsam professionem. Qui vero frater Augustinus, frater Ieronimus, frater Rafael, frater Davit et frater Laurentius de Brochardis genibus flexis in dicto Capitulo, coram prefato domino Vicario existentes, et ut premittitur ipsis receptis et admissis, in manibus ipsius domini Vicarii, nomine et vice prefati Generalis Prioris et dicti monasterii sancte Mustiole recipientis, fecerunt et faciunt et promiserunt et promittunt obedientiam, morum probitatem et castitatem, vivere sine proprio secundum Regulam beati Augustini usque ad mortem. Iuraveruntque et iurant ad sancta Dei Evangelia, manibus suis corporaliter tactis scripturis, in manibus prefati domini fratris Melchionis vicarii eisdem et cuilibet

---

(1) La professione di questo Religioso fu solamente differita, egli apparisce tra i membri del Capitolo conventuale. come si può arguire dal documento degli 8 ottobre 1491, dove

ipsorum ipsum iuramentum deferentis et prestantis, quod de cetero omni tempore et casu, ipsi fratres Augustinus, Ieronimus, Rafael, David ac Laurentius de Brochardis erunt hobedientes et fideles prefato domino Generali ac ipsi domino Vicario et cuicumque Priori dicti monasterii et successoribus suis, et dicto monasterio, et quod vivent sine proprio. Et quod numquam erunt in conscilio, opere, nec tractatu ubi honor patris et bona dicti monasterii ac Generalis et Prioris et Fratrum eiusdem monasterii perdantur seu diminuantur vel ledi possint modo aliquo vel casu, et si illud sciverint pro posse suo notificabunt et propalabunt et seu notum et manifestum facient. Quibus omnibus sic peractis omnes intrarunt in ecclesiam dicti monasterii, et in loco et ante altare maius dicti monasterii et flexis genibus se se constituerunt et deinde flexis genibus, precedente oschulo pacis per eos et quemlibet ipsorum cum ipsis dominis Vicario, Magistris et Fratribus, ipse dominus Vicarius suprascripti dominis fratribus Augustino de la Ecclesia, Ieronimo de Bastonibus, Rafaeli de Brentanis, David de Artadiis et Laurencio de Brochardis stallum et locum in choro dicte ecclesie sancte Mustiole assignavit et assignat. Et inde, etc. Presentibus domino Francischo de Grassis iuris utriusque scholare filio magnifici et clarissimi iuris utriusque doctoris D. Iohannis, Ill.mi Domini Marchionis Montisferrati consciliarii, et Giorgino de Sachis furnario fq. Francischi inde testibus.

Unito al documento è il seguente autografo :

Ego frater Raphael de Brentanis fatio professionem, promitto obedientiam Deo Onnipotenti et beate Marie semper Virgini et tibi fratri Melchioni, nomine et vice Generalis Prioris Magistri Anselmi de Monte Falchono, Fratrum Heremitarum Ordinis sancti Augustini et successoribus eius, vivere sine proprio et in castitate secundum regulam beati Augustini usque ad mortem.

DXXXIX.

Il Comune di Pavia ringrazia frate Mariano da Genazzano per avere accettato la predicazione quaresimale nella Cattedrale.

1489, dicembre, 13-15.

(Museo Civ. di stor. patr. di Pavia — *Regist. provis.* ann. 1489, tol. 64 ; e *Lettere Ducali).*

MCCCCLXXXIX, die XIII decembris, in vesperis.

Convocato conscilio, etc.

Ibique prefati domini attendentes dominum patrem fratrem Marianum ordinis sancti Augustini, venturum esse, quadragesima proxime futura, ad predicandum in hac civitate, ideo providerunt et provident quod eidem scribantur littere rengratiatorie prout in filo diversorum sunt annotate (1).

(1) È il celebre oratore frate Mariano da Genazzano, di cui non crediamo di dover far parola appunto perchè di lui parlano tutti gli scrittori agostiniani e gli storici della letteratura e della eloquenza. A noi è di molta soddisfazione il potere col nostro documento lumeggiare un episodio della vita di questo grande, episodio non conosciuto ancora, e dimostrare quanto alta stima godesse in Pavia questo glorioso figlio di S. Agostino.

Domino Fratri Mariano ordinis sancti Augustini observantie.

Venerande in Christo frater honorande. Flagitat universus hic populus longo iam tempore, spiritualibus vestris ali preconiis et doctrina, qua saluti animarum suarum procul dubio consultum iri non ambigimus; id quod dum superiore anno capitulum hic vestrum celebraretur viva voce Paternitatem Vestram intellexisse profitemur (1). Non enim nos latet saluberrimos fructus uberrimosque in urbibus auditorii vestri quamplures fuisse consecutos, alios ab infidelitate ad fidem conversos, alios spretis parentibus et mamona ad crucis vexillum festinantes, alios a noxiis abstinentes, alios demum a desidiis ad pacem reductos. Cum itaque nuper acceperimus relatione venerandorum patrum sancti Augustini urbis huius, quibus pro eorum pudicicia et integritate summe afficimur, a divo principe nostro, cuius gratia eratis venturus ad evangelizandum Mediolani, indultum esse atque concessum in proxima quadragesima huic nominato populo perdivinum verbum predicandi, non modo congratulamur et plaudimus, verum etiam immortali Deo gratias agimus, cuius maiestas hoc nobis singulare munus concessit oculoque pietatis sue nostris calamitatibus videtur misereri (2). Expectamus propterea leti adventum vestrum, quantocius fieri poterit, quia venerandam capituli vestri congregationem, hoc proximo vere hic fiendam (3), plurimum subventionis et ellemoxinarum haud dubie consecuturam non veremur, eaque de re per alias nostras opportune scribimus reverendissimo domino Generali vestro ut, si quid hesitacionis du... de adventu vestro memorato, quod non arbitramur, subesset, penitus amputetur. Rogamus itaque ut ipsum iocundum adventum vestrum, litteris opportunis, Reverencia Vestra nobis affirmare festinet, cui commendatissimos nos facimus. Dat. Paple, die XV decembris, 1489. Deputati, etc.

D. Fratri Anselmo de Montefalcono, Ordinis Fratrum Heremitarum sancti Augustini Generali dignissimo. Rome, apud sanctum Augustinum.

D. Fratri Mariano de Gennezano. Florentie, apud Portam sancti Gali.

---

(1) Sembrerebbe da ciò che il Capitolo annuale della Congregazione lombarda, fosse stato celebrato in Pavia nel 1488. Ma, come scrive il TORELLI, vol. VII, 385, seguendo il Calvi, in quell'anno il Capitolo fu celebrato a Bergamo, ed a S. Paolo di Pavia fu celebrato nel maggio del 1487. IDEM, pag. 358. A questo Capitolo, decorato dalla presenza di frate Mariano, presiedette frate Taddeo d'Ivrea, il quale fu in esso eletto Vicario Generale.

(2) Le difficoltà finanziarie, in cui trovavasi la Città di Pavia, specialmente per gli enormi balzelli imposti dal Duca, si rendevano più acute e pesanti dal fatto che i Pavesi erano allora impegnati nella erezione della troppo superba Cattedrale. A sopperire alle spese, oltre i fondi ecclesiastici, concessi dal Papa e i contributi del Cardinale Vescovo e del Comune, servivano in gran

parte le private donazioni, i lasciti testamentarii e le pubbliche offerte, che processionalmente faceva ciascuna Porta Rione della città. Quest'anno la Fabbriceria del Duomo confidava nella eloquenza di frate Mariano, che, insieme coi vantaggi spirituali, avrebbe caldeggiato le elargizioni per il proseguimento dell'impresa. Aveva perciò per mezzo dei Religiosi di S. Agostino ottenuto il permesso di Lodovico il Moro e fatto ricorso a frate Mariano, che aveva accettato l'invito. Vedi il documento del 30 gennaio e quello del 27 aprile 1495.

(3) Il Capitolo della Congregazione lombarda del 1490, che il Comune si lusingava si sarebbe tenuto in Pavia, fu invece celebrato in Ferrara. Vedi TORELLI, VII, 390.

DXL.

Legato testamentario di Spinolo Regna, capitano del Parco di Pavia, a favore di S. Paolo.

1490, gennaio, 22.

(Arch. Notar. di Pavia — Atti di Marchino Morasco).

I N *Mirabello nel Parco di Pavia. Testamento dello* spectabilis vir dominus Spinolus de Regnis, filius quondam domini Iohannis, ducalis Capitaneus Parchi Papie (1) et moram trahens in loco Mirabelli dicti Parchi, *nel quale dispone* eius cadaver sepeliri ad ecclesiam Conventus sancti Pauli extra muros papienses, Ordinis fratrum Heremitarum sancti Augustini de observancia, cui quidem ecclesie seu conventui, ut Dominus Deus noster eidem domino testatori misereatur, dedit et legavit et seu reliquit ducatos quinquaginta auri eidem testatori debitos per spectabilem virum dominum Iohannem Iacobum de Vincemalis ducalem seschalcum ex precio unius vestis drapi argenti eidem ad credentiam vendite, et eidem domino capitaneo donate tempore numquam delende memorie illustrissimi domini domini Francisci Sfortie Vicecomitis, pro qua consequenda eosdem dominos Priorem et Fratres constituit procuratores suos, ut faciant eidem Iohanni Iacobo debitam confessionem seu liberacionem.... gravans in dicto casu prefatos dominos Priorem et Fratres et quoscumque residentes in dicto Conventu ad celebrandum omni anno in perpetuum, in die mortis ipsius domini testatoris, unum officium pro ipsius domini testatoris et defunctorum suorum animabus.

DXLI.

Il Comune di Pavia domanda a Lodovico il Moro di concedere frate Mariano da Genazzano per la predicazione nel Duomo pavese.

1490, gennaio, 30.

(Museo Civ. di storia patr. di Pavia — Regist. provis. ann. 1490, fol. 8, e pacco 544).

M CCCCXC, die XXX Ianuarii, in terciis.
Convocato Conscilio, etc :
Ibique prefati domini attendentes hiis proximis diebus scriptas fuisse certas litteras reverendo domino fratri Mariano de (*in bianco*) sancti Augustini, pro adveutu eius ad predicandum in hac civitate : nuper vero vocifferatur, quod illustris dominus dominus

---

(1) Il Capitano del Parco di Pavia era il soprastante amministratore dei vastissimi tenimenti, che formavano il giardino del Castello, coltivato da un numero grande di fittaiuoli e ricchissimo di cacciagione, di cani, di cavalli, ecc. Vedi C. MAGENTA, *I Visconti e gli Sforza*, ecc. vol. I, pag. 117-128.

Ludovicus ipsum concessit Fabrice Mediolani, etc. providerunt et provident quod scribantur littere prelibato domino domino Ludovico prout in filo diversorum sunt annotate.

Illustrissimo et Excellentissimo Signore,

Per il grande bisogno quale conosceva questa comunità havere de uno digno et notabile predicatore, quale pro salute de le anime et necesità de la fabrica dy la giexia Cathedrale dy essa città dovesse predicare in essa gesia cathedrale, fo richesto ali venerabili padri del convento dy sancto Augustino qua, il reverendo frate Mariano de Genenzano, qual ce rispoxeno haverne facto parlare ad Vostra Excellentia, quale rispose essere molto contenta. Novamente habiamo presentito che ad V. S. è stato rechesto per queli de la Fabrica de Mediolano esso domino frate Mariano (1), dil che tuta questa città se ritrova malcontenta. Per la qual cossa attendendo che mazore bisogno ce ha questa città desso domino frate Mariano che dicta fabrica de Mediolano, per essere dicta fabrica in meliore asseto che questa, et anche che Voxtra Excellentia adami questa città, supplicamo quela se degni de concederne esso frate Mariano ad venire qua, dal quale non dubitiamo conseguire optimo fructo et como credemo sii di mente de la prelibata V. S. a la quale de continuo se recomendamo. Die XXX Ianuarii. Guicardus, Iacobus Filipus, Bernardinus, Franciscus de Binascho.

DXLII.

Il Comune di Pavia insiste presso Lodovico il Moro per avere frate Mariano.

1490, febbraio, 8-9.

(Museo Civ. di storia patria di Pavia — Regist. Provis. Ann. 1490, fol. 10 e Pacco 544)

MCCCXC, die VIII februarii, in vesperis. Convocato conscilio, etc.

Item informati quod illustris dominus dominus Ludovicus certas litteras scripsit fabriceriis fabrice quod non potest concedere reverendum dominum fratrem Marianum ad predicandum etc. providerunt et provident quod prelibato domino domino scribantur littere prout in fillo diversorum sunt annotate.

DD. Ludovicho.

Ill.mo et Excellentissimo Signore. Aly giorni proximi passati scripsemo ad V. S. se dignasse mandare qua il Rever. Padre frate Mariano del ordine de sancto Augustino, quale ce era stato promisso per ly reverendi padri Priore et fratri desso ordine di questa città, per esserli etiam a loro promesso per V. S. et sopra il quale tuta questa città se riposava aspectando lo advento suo. Novamente havemo inteso V. S. bavere scripto al reverendo

---

(1) Si comprende da ciò che la Fabbriceria del Duomo di Milano approfittando delle buone disposizioni di frate Mariano, il quale sarebbe stato di grande utilità finaziaria e morale, avesse insistito presso Lodovico il Moro, perchè le fosse dato il celebre oratore, e che Lodovico acconsentisse a ritirare quanto aveva prima concesso ai Pavesi.

domino lo Vicario Episcopale et aly fabriceri di questa città, bavere concesso esso frate
Mariano ad la fabrica de Mediolano, del che tuta questa città se ritrova malcontenta, maxime perchè non essendo facto altra perquisicione de predicatore, aspectando solum esso domino frate Mariano, se ritròvamo senza predicatore alcuno. Il che ultra che caderà in grande
detrimento de le anime, cederà anche in vilipendio de tutta la città et dampno non picolo
ad questa fabrica, che non credemo V. S. lo debia patire. Per la qual cossa considerato
che essa città de Mediolano ce ha grandissima copia de predicatori, et che questa resti
vachua, supplicamo quella che se degni de gratia spetiali mandarne esso frate Mariano, dal
quale speramo consequire optimo fructo, cossì a le anime, quanto per questa fabrica et como
speramo in la prelibata V. S. a la quale sempre se recomandamo. Papie, VIIII februarii, 1490.

DXLIII.

Legato testamentario di Filippo Visconti alla Cappella di S. Monica in S. Agostino.

1490, febbraio, 24.

(Arch. Notar. di Pavia. — Atti di Francesco Sisti).

N EL *Castello di Groppello di Lomellina. Testamento del* magnificus dominus Filipus Vicecomes (1), filius quondam magnifici domini Iohannis Augustini, *col
quale* vult, iuhet et ordinat quod per infrascriptos eius heredes universales
dentur et solvantur omni anno, post mortem ipsius domini testatoris, libre sedecim imperiales capitulo et conventui ecclesie sancti Augustini papiensis et seu uni ex ipsis, cum
onere celebrandi missas pro anima ipsius domini testatoris et antecessorum suorum, ad
altare sancte Monace, constructum in sacristia dicte ecclesie, et hoc in perpetuum donec et
usquequo infrascripti eius heredes universales dederint ac consignaverint ipsi Capitulo et
Conventui fictum unum perpetuum idoneum et sufficiens librarum sedecim imperialium, prestandum ex fondo seu fondis idoneis et per personam idoneam seu personas idoneas.

DXLIV.

Deliberazione del Comune di Pavia per la solita offerta annuale a S. Paolo.

1490, marzo, 3.

(Museo Civ. di storia patr. di Pavia — Regist. Provis. ann. 1490, fol. 12).

M CCCCXC, die tercio marcii, in terciis.
Convocato Conscilio, etc.
Item attenta requisicione facta parte dominorum fratrum sancti Pauli

---

(1) È il figlio della contessa Margherita Borromeo, di cui vedi   che la contessa Borromeo era tuttora vivente.
il documento del 27 aprile 1485. Si rileva da questo testamento

extra muros Paple, requirentium oportune provideri debere ut oblatio generalis, que solita est fieri iam multis annis elapsis ad ipsam ecclesiam, fiat, eorum requisicioni annuere volentes, providerunt et provident quod ipsa oblatio fiat ad omnimodam eorum requisitionem et fiant proclamata opportuna et etiam fiat bulleta solutionis pro predicta oblacione fienda de florenis decem, prout anno preterito et etiam aliis preteritis facta fuit.

DXLV.

Donazione della nob. Elisabetta Bandelli e del nob. Francesco Giorgi a S. Paolo.

1490, marzo, 8.

(Arch. Notar. di Pavia — Atti di Giovanni Pietro Imodelli).

I N monasterio sancti Pauli, Ordinis Heremitanorum sancti Augustini de Observancia, siti extra et prope Portam sancte Marie in Pertica Papie, videlicet in sacristia suprascripti monasterii. Ibique in presentia mei notarii et testium infrascriptorum, nec non et in presencia egregii et prudentis viri domini Antonii Christofori de Curte, filii quondam domini Mathei, Consulis Iusticie Comunis dicte civitatis Papie et iurisdicionem ordinariam habentis et obtinentis in ipsa civitate eiusque comitatu, secundum formam statutorum et ordinum Comunis dicte civitatis Papie, sedentis ibidem pro tribunali super quodam bancho posito in suprascripto loco, quod banchum et quem locum ipse prefactus dominus Consul pro suo iuridico tribunali et loco idoneo ad hunc actum specialiter peragendum ellegit et elligit, suamque et Comunis Papie auctoritatem pariter et decretum in omnibus et singulis infrascriptis, cum plena et matura cause cognicione, ac re et negocio, de quibus infra, per prius bene et diligenter cognitis et discussis, debita precedente insinuacione, dantis, prestantis, largientis et interponentis ac insinuatis, Nobilis domina Isabeta de Bandelis, filia quondam spectabilis viri domini Francisci et uxor nobilis viri domini Bassiani de Georgiis, filii quondam spectabilis viri domini Petri, et soror ac heres ab intestato, pro una dimidia quondam nobilis Hectoris de Bandellis, olim filii quondam et heredis universalis prefati quondam domini Francisci et fratris ipsius domine Isabete, cum presencia, licencia, parabola et consensu suprascripti domini Bassiani eius mariti, nec non et cum presencia, licentia, parabola et consensu venerandi domini presbiteri Blasii de Ligamuschis rectoris ecclesie sancti Sixti Papie, de cuius parochia est ipsa domina Isabeta, et nobilis viri domini Viscardi de Canevanova, filii quondam domini Alesii, amborum vicinorum eiusdem porte et parochie suprascripte domine Isabete, adhibitorum et vocatorum loco duorum parentum et attinencium ipsius domine Isabete, quibus ipsa dicit carere ad presens et non habet in civitate Papie et qui possent interesse huic contractui, hominum bone vocis, condicionis et fame, maiorum etate annorum vigintiquinque pro utroque ipsorum, prout ex eorum aspectibus corporeis evidenter apparet et ipsi ita fore verum dicunt, confitentur, protestantur et iurant ad sancta Dei Evangelia, manibus eorum corporaliter tactis scripturis, in manibus prefati domini Consulis eisdem dictum iuramentum defferentis, omnium ibi presencium et eorum presenciam, licenciam, para-

bolam et consensum dancium et prestancium suprascripte domine Isabete in omnibus et singulis infrascriptis cum plena et matura cause cognitione, nec non et nobilis vir dominus
Franciscus de Georgiis, filius quondam suprascripti spectabilis viri domini Petri et frater suprascripti domini Bassiani, suo nomine proprio et etiam tamquam frater et legitimus admi-
nistrator, paterno et legitimo administratorio nomine Petri, eius domini Francisci filii ac
filii quondam et heredis quondam nobilis domine Lucretie de Bandellis filie quondam
suprascripti domini Francisci de Bandellis ac olim sororis et heredis pro alia dimidia
suprascripti quondam Hectoris de Bandellis, olim filii quondam et heredis universalis
suprascripti quondam domini Francisci, et olim uxoris ipsius domini Francisci de Georgiis, tam insimul quam separatim, et alias omni iure, via, modo, causa et forma quibus
melius vel validius potuerunt et possunt, non vi, nec metu, nec per impressionem, sed ex
certa scientia et alias omni iure, via, modo, causa, et forma quibus melius et validius
potuerunt et possunt, intervenientibusque ibidem quibuscumque solemnitatibus tam iuris
quam facti, in talibus et similibus solitis, requisitis et opportunis tam de iure quam de
consuetudine, pure, mere, irrevocabiliter ad presens et inter vivos donarunt et donant, titu-
loque donationis inter vivos, pure, mere, irrevocabilis et ad presens transtulerunt, tradi-
derunt, dederunt et quasi ac transferunt, tradunt, dant et quasi, venerabilibus dominis fratri
Francisco de Papia Priori, fratri Illuminato de Septimo, fratri Egidio de Crema, fratri Iohanni Petro de Papia, fratri Martino de Modoetia, fratri Cornelio de Biella, fratri Mauritio
de Vercellis, fratri Francisco de Sallis, fratri Marcho de Cadralio, fratri Ludovico de Vercellis, fratri Nicolao de Cumis, fratri Michaeli de Crema, fratri Iohanni Augustino de Gravarona, fratri Iohanni Bono de Biella, fratri Dionisio de Vercellis, fratri Eugenio de Papia,
fratri Theodoro de Papia, fratri Leoni de Sartirana et fratri Dionisio de Cumis, omnibus
fratribus professis dicti monasterii, in unum capitulariter convocatis et congregatis, sono
campane premisso ut moris existit, de mandato et imposicione prefati domini Prioris, ac
facientibus et representantibus totum et integrum capitulum dicti monasterii, prout ita fore
verum dicunt, confitentur et protestantur ipsi domini Prior et Fratres, in presencia mei notarii et testium infrascriptorum, ibi presentium et michi notario infrascripto offitiali publico
et seu veluti publice persone, stipulantibus, recipientibus et acceptantibus nomine et vice ac
ad partem et utilitatem suprascripti monasterii sancti Pauli, Ordinis Heremitarum sancti Augustini de Observancia, siti extra et prope Papiam, ac Capituli et Conventus eiusdem, et
per eos dominos Priorem et Fratres et me iamdictum notarium ipsi monasterio ac capitulo
et conventui eiusdem pro fabrica et ornatu ecclesie dicti monasterii, nominative domum civitatis Mantue, possessionem de Carozedulo, possessionem de Rozulo et bona de Belzoioso
et generaliter omnes et quascumque domos, possessiones et proprietates ac etiam bona mobilia et suppelectilia domus, hereditarias et hereditaria dicti quondam Hectoris de Bandellis
et quas et que dictus quondam dominus Franciscus de Bandellis olim pater dicti quondam
Hectoris, habuit tempore eius vite et reliquit ipse quondam dominus Franciscus tempore eius
mortis, sitas in civitate Mantue et eius districtu seu posse, vel territorio, ubivis sint et
iaceant et in quotquot petiis existant ac quibusvis coherenciis et confinibus terminentur et
quotquot seu quante sint seu esse reperiantur. Et ex causa et merito huius presentis donationis, traditionis et quasi, ipsi domina Isabeta et dominus Franciscus, suo et nomine quo
supra donantes, per se se et eorum heredes et successores cesserunt et cedunt et iurisdatum
fecerunt et faciunt prefatis dominis Priori et Fratribus et michi notario, nomine dicti monasterii ac Capituli et Conventus eiusdem stipulantibus et recipientibus et per eos et me no-

tarium dictis monasterio ac Capitulo et Conventui, de omnibus et singulis ipsorum dominorum donantium, suis et nomine quo supra, iuribus et actionibus realibus et personalibus,
utilibus et directis, mixtis et ypotecariis et aliis quibuscumque eisdem dominis donantibus
suis et nomine quo supra spectantibus, pertinentibus et competentibus, ac spectare, pertinere et competere potentibus et visis, et que et quas ipsi domini donantes, suis et nomine
quo supra, habebant et habent ac habere videbantur, poterant, possunt et possent quovis
modo et iure ac quavis causa et occasione, in predictis superius donatis et traditis. Et eorum
causa et occaxione contra et adversus quascumque et quecumque personas, res et bona que
sunt, fuerunt et erunt et que ad defensionem et in casu evictionis et imbrigamenti predictorum superius donatorum et traditorum in aliquo tenerentur obligateque et obligata forent. De
quibus omnibus et singulis superius donatis cessis et traditis ipsi domini donantes, suis et
nomine quo supra, suprascriptos dominos Priorem et Fratres ac me notarium, nomine dicti
monasterii ac capituli et conventus eiusdem stipulantes et recipientes, in ipsorum dominorum
donantium, suis et nomine quo supra, locum, ius et statum per omnia possuerunt et constituerunt ac ponunt et constituunt, feceruntque et constituerunt ac faciunt et constituunt
suprascriptos dominos Priorem et Fratres ac me notarium, nomine dicti monasterii ac capituli et conventus eiusdem stipulantes ac recipientes, ac per eos et me notarium dictum
monasterium ac capitulum et conventum eiusdem procuratores et dominos in rem propriam, etc.

*Nello stesso luogo e alla presenza di tutti i sunnominati, il Capitolo dei Frati nomina
suoi procuratori* Venerabiles dominos fratrem Illuminatum de Septimo et fratrem Cornelium
de Biella, fratres dicti monasterii ibi degentes, nec non et venerabilem dominum fratrem
Sixtum de Papia suprascripti Ordinis Heremitarum ac dominum Franciscum de Castello-
barcho, dominum Donatum de Pretis et dominum Bertolameum de Contis.... *specialmente
per entrare in possesso a nome del monastero dei beni qui sopra donati.*

DXLVI.

Donazione di Bertolino Ferrari da Grado a S. Paolo.

1480, settembre, 3.

(Arch. di Stato di Milano. — Pergam. di S. Paolo).

IN monasterio sancti Pauli, videlicet in loco infirmarie ipsius monasterii, siti extra
et prope menia Papie et positi in burgo sancte Marie in pertica, porte Laudensis, parochie sancte Marie in Pertica de toris. Bertolinus ex Ferrariis de
Gradi quond. Iacobi solitus habitare in loco Mirabelli parchi veteris Ill.mi D. D. nostri
Ducis Mediolani, etc. donavit.... et donat.... venerabili viro domino fratri Francisco de
Astulfis de Papia, Prior monasterii sancti Pauli Ordinis fratrum Heremitarum sancti Augustini de observancia, omnia et singula ipsius Bertolini bona mobilia et immobilia.... reservato
ipsi Bertolino predictorum omnium superius donatorum usufructo pro toto tempore vite sue.

Notai: Iohannes de Scanzolis *e* Ioh. Franciscus de Gravanagho ex nobilibus de Ruyno.

DXLVII.

Dichiarazione medica sulla morte di frate Illuminato da Settimo del Convento di S. Paolo.

1490, settembre, 15.

(Arch. Notar. di Pavia. — Atti di Bernardo Cellanova).

N ELLA *sua casa, in Parrocchia di S. M. Corte Cremona. L'*egregius et sapiens artium et medicine doctor dominus magister Gabriel de Codecha... ad tollendam omnem ambiguitatem qua vociferatur et dicitur quod nunc quondam venerabilis vir dominus frater Illuminatus, Vicarius monasterii sancti Pauli extra et prope menia Paple, qui hiis proximis diebus suum diem clausit extremum, fuerat veneno cibatus, etc. instante et requirente domino presbitero Augustino de Gabis.... dicit et protestatur, quod verum est quod ipse dominus magister Gabriel fuit in vigilia glorioxi sancti Nicolay de Tolentino proxime preterita, que fuit dies nona presentis mensis, vocatus et requisitus per reverendum dominum fratrem Franciscum de Astulfis Priorem dicti monasterii pro medico, quod vellet pro amore Dei se transferre usque ad ipsum monasterium, causa medendi dicto domino fratri Illuminato tunc vicario, qui infirmabatur. Et sic ipse dominus magister Gabriel accessit ad ipsum monasterium et vidit dictum dominum fratrem Illuminatum et ibi stetit per multum spacium temporis, et per signa et alia que tunc vidit, audivit et intelexit in dicto monasterio, tam ab ipso fratre Illuminato, quam ab aliis Fratribus dicti monasterii, ipse dominus frater Illuminatus patiebatur quadam infirmitate, quam medici apellant passionem colericam et que facit evomitare per os superius et etiam per partes inferiores. Et sic ipse dominus magister Gabriel fecit incontinenti eidem remedia oportuna, prout canones sui disponunt, et deinde a dicto monasterio recessit. Postmodum in die ipsius festi sancti Nicolay sumpto prandio, alia vice fuit vocatus, nomine dicti domini Prioris dicta occaxione, et itterato rediit ad ipsum monasterium, et quando ibi fuit reperit egregium similiter artium et medicine doctorem dominum magistrum Captaneum de Captaneis qui egrediebatur de dicto monasterio, qui etiam fuerat vocatus ad dictam curam, qui eidem domino magistro Gabrieli dixit quod dictus dominus frater Illuminatus expiraverat dicta infirmitate. Et per ea que ipse dominus magister Gabriel videre et comprehendere potuit, ipse dominus frater Illuminatus decessit dicta infirmitate passionis colerice, que passio colerica aliquando efficitur veninoxa seu maloxa. Et eo maxime quia ipse dominus frater Illuminatus, existens in infirmitate, eidem protestans dixit quod in die precedenti seu alia die comederat extra monasterium ravicias in satis bona quantitate, quia famebat et ittineraverat ipsa die, nec in eo fratre Illuminato vidit aliqua signa quod eidem fuerit datum venenum aliquod. Et predicta omnia dixit pro pura et mera veritate, mediante iuramento prius prestito per eum in manibus mei notarii infrascripti, manibus suis corporaliter tactis scripturis. Et inde, etc. Presentibus, etc.

Ego Gabriel de Codecha artium et medicine doctor ac de collegio dominorum doctorum artium et medicine Papie, dico ac protestor prout supra scriptum est, et in fidem premissorum me propria manu subscripsi.

DXLVIII.

Disposizioni testamentarie della nob. Contessina Fiamberti Lonati a favore di S. Paolo e di S. Agostino.

1490, novembre, 5.

(Arch. Notar. di Pavia. — Atti di Francesco Sisti).

N ELLA *casa di Gian Francesco Mangiaria, in Parrocchia di S. Filippo. Testamento della nobile Contessina Fiamberti, vedova del milite e dottore Antonio de Lonate, col quale lascia 300 fiorini al Convento di S. Giacomo della Vernavola per la celebrazione di un ufficio da morto ogni mese dell'anno in perpetuo : che se il monastero non volesse accettare il legato* tunc et eo casu ipsum legatum florenorum tricentum dedit et legavit monasterio et conventui sancti Pauli prope et extra Papiam, cum eodemmet onere celebrandi dictum officium mortuorum singulo mense. Et casu quo dictum monasterium sancti Pauli non vellet acceptare dictum legatum... dedit et legavit dictum legatum, cum dicto onere, ecclesie et monasterio sancti Apollinaris prope et extra Papiam... *e rinunciando anche questo al legato,* dedit et legavit monasterio sancti Augustini papiensis cum onere quod domini Prior et Fratres, qui per tempora erunt in dicto monasterio, teneantur et debeant singulo mense semper et in perpetuum celebrare officium unum mortuorum pro remissione peccatorum et anima dicte domine testatricis. Item... dedit et legavit... dicto monasterio sancti Pauli papiensis florenos vigintiquinque... cum onere celebrandi semel tantum officium unum mortuorum... Item dedit et legavit ecclesie et conventui seu monasterio sancti Augustini Papie florenos vigintiquinque... cum onere celebrandi semel tantum officium unum mortuorum...

DXLIX.

La Comunità di S. Agostino riceve il legato testamentario di Gio : Agostino de Muriculis.

1490, novembre, 8.

(Arch. Notar. di Pavia. — Atti di Luchino Corti).

I 'N loco Capituli Conventus sancti Augustini Papie, sito in Porta Palatii, Parochia sancti Andree in Citadella. Convocato capitulo... de mandato... reverendi sacre theologie professoris domini Antonii de Ast, Prioris dicti Conventus, in quo quidem Capitulo erant et sunt prefatus dominus Prior et cum eo... dominus magister Iohannes de sancto Angelo, dominus magister Bertolameus de Valmacha, dominus frater Bertolameus de Castellacio biblicus et procurator, dominus frater Iohannes Antonius de Nebruciis lector, dominus frater Octavianus de Ianua, dominus frater Augustinus de Novaria subprior, dominus frater Paulus de Puteo, dominus frater Baptista de Tollentino magister studentium, dominus frater Didimus de Papia, dominus frater Filipus de Vicencia cursor, dominus frater Iohannes de Ast, dominus frater Silvester de Valencia, dominus frater Mauricius de Alamania, dominus frater Gregorius de Papia, dominus frater Nicholaus de Fazardis, dominus frater Simplicianus de Monte Ortono, dominus frater Andreas de Montepexulano, dominus frater Bertolameus de Burgondia, dominus frater Iohannes de Naumasio, dominus frater Leónardus de la Marchia, dominus frater Thomas de Cicilia, dominus frater Angelus de Ast, dominus frater Paulus de Zachono, dominus frater Matheus de Alamania, dominus frater Bernardinus de Papia, dominus frater Evangelista de Novaria... *che fanno due parti di tutto il Capitolo del Convento: ricordato il testamento di Gio. Agostino de Muriculis, 1485, rog. Nicolino Sicleri* (1), *e che gli eredi non possono pagare il legato in denaro, accettano il possesso di alcune terre, equivalenti in valore al legato, situate in Cornale nell' Oltrepò.*

DL.

Convenzione tra i nobili Lonati e frate Giovanni Pietro da Pavia per il pagamento di un legato a S. Paolo.

1491, gennaio, 28.

(Arch. Notar. di Pavia — Atti di Gaspare Tacconi .

N ELLA *casa del notaio, in Parocchia di S. Michele Maggiore. Essendo che nei passati giorni il conservatore del Convento di S. Paolo, arcidiacono Giovanni Matteo Privoli, emanò lettere esecutoriali contro i fratelli Giovanni Maria e Paolo de Lonate, eredi universali di Giovanni Lonati, perchè pagassero al convento di S. Paolo, lire seicento, lasciate ad esso dal detto Giovanni Lonati; ed avendo detti fratelli dimostrata la loro impossibilità di pagare subito questo legato, perchè la loro eredità era gravosa, offrendosi però pronti ad assegnare, in garanzia del loro futuro pagamento al convento, alcuni annui censi loro spettanti: Frate Giovanni Pietro da Pavia, come procuratore del Convento di S. Paolo, conosciuta la verità dell' allegata circostanza,* volens annuere requisicioni prefactorum nobilium et uti humanitate versus eos, *accetta l' assegnazione di alcuni fitti che si pagano da diverse persone ai detti Lonati per terre poste in Sorli, Borghetto e Vignolate della diocesi di Tortona, ascendenti al reddito delle suaccennate lire seicento, sino a tutto l' anno 1493, entro il qual termine i fratelli Lonati si obbligano di pagare il capitale del legato.*

(1) Vedi nelle note del documento del 4 ottobre 1485.

DLI.

Deliberazione del Comune di Pavia per la offerta annuale a S. Paolo

1491, febbraio, 21.

(Museo Civ. di Stor. patr. di Pavia — *Atti di Provvis*. Pacco 3).

MCCCLXXXXI, die XXI februarii, in vesperis.

Convocato et congregato Consilio, etc.

Ibique prefati domini, audita requisitione facta parte venerabilium dominorum fratrum sancti Pauli extra muros Papie, requirentium provideri debere quod ad eorum ecclesiam fieri debeat oblacio, iam multis annis preteritis solita fieri, pro fabricatione eiusdem ecclesie, censentes huiusmodi requisicionem honestam fore et cedere ad honorem divini cultus, providerunt et provident quod, ad omnimodam eorum requisicionem, dicta oblacio fieri debeat, iuxta solitum, pro qua fienda imposuerunt et imponunt eisdem bulletam opportunam fieri debere de florenis decem, iuxta solitum et prout hactenus factum fuit.

DLII.

Il Capitolo di S. Agostino dà in affitto una casa vicina al Convento.

1491, marzo, 7.

(Arch. Notar. di Pavia — Atti di Damiano Landolfi).

NEL *Capitolo del Convento di S. Agostino, in Cittadella, di Pavia, radunato per ordine del maestro in teologia frate Antonio da Asti, Priore, e nel quale erano con il Priore i religiosi* Iohannes de sancto Angelo, Iohannes Bertolameus de Castelacio biblicus, Augustinus de Novaria subprior, Paulus de Putheo, Didimus de Brayda de Papia, Silvester de Valencia, Gregorius de Papia, Zacharias de Mediolano, Iohannes de Naumaxio, Simplicianus de Monte Ortono, Tomas de Cicilia, Nicolaus de Papia, Angelus de Ast, Filipus de Laude, Paulus de Zachonibus de Papia, Iohannes Evangelista de Novaria, Leonardus de la Marcha, Matheus de Alemania, *che rappresentano più di due parti delle tre del Capitolo, dànno investitura novennale a Siro de Pissia di una casa in Cittadella* (1).

(1) Crediamo sia la stessa casa, di cui si parla nel documento degli 11 gennaio 1485.

DLIII.

La Comunità di S. Paolo elegge i suoi Procuratori.

1491, aprile, 7.

(Arch. Notar. di Pavia. — Atti di Giovanni Pietro Imodelli).

I N monasterio sancti Pauli, Ordinis Heremitanorum sancti Augustini de Observancia, videlicet in sacristia suprascripti monasterii.... Convocato.... capitulo
dicti monasterii.... de mandato.... venerabilis domini fratris Francisci de Papia
Dei gracia Prioris suprascripti monasterii, in quo capitulo adfuerunt.... ipse dominus Prior
et una cum eo infrascripti domini venerabiles fratres videlicet frater Cornelius de Biella
vicarius, frater Leonardus de Como, frater Iohannes Petrus de Papia, frater Constantinus de
Martinengho, frater Simplicianus de Garlascho, frater Archangelus de Trivilio, frater Gabriel
de Ianua, frater Michael de Mantua, frater Sebastianus de Terdona, frater Marcus de Axola,
frater Theodorus de Papia, frater Eugenius de Papia, frater Bonaventura de Trivilio, frater
Fortunatus de Biella, frater Dionisius de Como, frater Agabitus de Vercellis, frater Perpetuus
de Papia et frater Iohannes Bonus de Taurino, omnes fratres professi dicti monasterii, facientes et representantes totum et integrum Capitulum.... *eleggono procuratori del Convento*,
prefatum dominum Priorem, dominum fratrem Cornelium, dominum fratrem Leonardum, dominum fratrem Iohannem Petrum de Papia et dominum fratrem Simplicianum de Garlascho
per la ordinaria amministrazione del Convento.

DLIV.

Il Capitolo di S. Agostino dà in investitura i beni di Parasacco.

1491, luglio, 17.

(Arch. Notar. di Pavia. — Atti di Gaspare Tacconi).

I N loco Capituli... monasterii sancti Augustini, siti in domibus dicti monasterii...
in Citadella Papie... Convocato... capitulo... de mandato... venerabilis et sapientis sacre theologie professoris domini fratris Iohannis Bertolamei de Valmacha, Prioris prefacti monasterii... in quo quidem capitulo... sunt ipse dominus Prior et
cum eo... venerabiles domini magister Iohannes de Sancto Angelo, frater Bertolameus de
Castelacio biblicus, frater Octavianus de Genua lector, frater Vincentius de Valentia lector,
frater Augustinus de Novaria subprior, frater Paulus de Papia, frater Didimus de Papia,
frater Zacharias de Mediolano cursor, frater Ieronimus de Valentia cursor, frater Desiderius
de Genua cursor, frater Silvester de Valentia, frater Nicholaus de Papia, frater Andreas
de Montepesulano, frater Simplicianus de Monte Ortono, frater Filipus de Laude, frater

Iohannes de Namaussio, frater Angelus de Alexandria, frater Matheus de Alamania, frater Petrus de Castronovo, frater Nicholaus de Castronovo, frater Lactancius de Placentia (1), frater Iacobus de Canano (?), frater Martinus de Valentia lector, et frater Andreas de Cremona, omnes fratres professi prefati monasterii... facientes integrum capitulum... cum non adsint presentialiter alii professi residentiam facientes qui interesse possint... non novam investituram faciendo, sed veteres et antiquas renovando, et maxime instrumentum unum investiture perpetue aliax facte... in quondam dominum Iohannem Mariam de Carlevariis de et pro infrascriptis bonis... ac etiam alterum instrumentum investiture perpetue renovative, similiter aliax facte... in quondam dominum Iohannem Antonium de Magnis... de qua rogatum fuit instrumentum anno curso MCCCCLXXXIJ, die XXV mensis Martii, per dominum Iohannem de Scanzollis (2)... Et precedentibus prius debitis tractatibus, factis per et inter prefactum monasterium sancti Augustini... parte una, et infrascriptos dominos Filippum de Dugnano et Iohannem de Canepanova parte altera, de quibus rogata fuerunt instrumenta, unum videlicet sub die undecimo mensis Iullii presentis michi notario, alterum sub die duodecimo... et alterum sub die quartodecimo suprascripti mensis Iullii, michi iamdicto et infrascripto notario, *dànno investitura perpetua ai suddetti Filippo Dugnani e Giovanni Canepanova, entrambi di Pnvia, di tutti i beni di Parasacco,* ubi dicitur in Marceliana, *di quasi cinquecento pertiche, consistenti in boschi, prati, vigne, case di campagna, etc. per l' affitto di fiorini duecento all' anno, ogni festa di S. Martino, eccetto per quest' anno in corso, perchè la possessione* non fuit cultivata et seminata, *quin imo pro maiori parte remansit inculta et zerbida. Potranno però i religiosi percepire in quest' anno corrente l' affitto di varii piccoli affittuarii, e vendere per loro conto i frutti pendenti. Fu anche inclusa la condizione che i due nuovi investiti* subvenient eisdem dominis Priori et fratribus ac conventui de libris tercentum viginti imperialibus, sequuta et facta confirmacione habenda et obtinenda a Summo Pontifice et a reverendissimo domino domino Generali totius Ordinis fratrum Heremitarum sancti Augustini, et etiam obtentis et habitis litteris ducalibus a domino nostro domino Duce Mediolani, etc.

DLV.

Il nob. Filippino Mangano elegge la sua sepoltura a S. Mostiola.

1491, agosto, 5.

(Arch. Notar. di Pavia — Atti di Gaspare Tacconi).

N ELLA *casa di Stefano Ottoni, in Parrocchia di S. Ambrogio. Testamento del nobile Filippino Mangano, del fu caudisico Giovanni, nel quale dispone* cadaver suum portari debere et sepeliri ad ecclesiam sancte Mustiolle Papie et in sepulcro in quo sepultum fuit et est cadaver quondam domini Iohannis, ipsius domini testatoris patris.

---

(1) È il religioso di cui fa menzione il TORELLI, vol. VII, pag. 592, sotto l' anno 1502, riferendosi alla *Storia di Piacenza* di Umberto Locati, che lo annovera fra i più insigni teologi placen-

tini. Era della famiglia Marzolini.

(2) Vedi i documenti del 21 febbraio 1484 e del 29 maggio 1492.

DLVI.

Il Capitolo di S. Mostiola dá in investitura le terre di Cilavegna.

1491, agosto, 6.

(Arch. Notar. di Pavia — Atti di Gio. Franco Canevari).

I N capitulo et seu loco capituli infrascripti monasterii.... Convocato, collecto et congregato venerabili capitulo conventus et monasterii sancte Mustiolle Papie, Fratrum Heremitarum Ordinis sancti Augustini, de mandato et imposicione reverendi sacre theologie bachalarii domini fratris Benedicti de Clavasio (1), Prioris prefati monasterii... in quo quidem capitulo fuerunt... prefactus dominus Prior et cum eo... reverendi et venerabiles domini magister Galeaz Vicecomes de Papia professor sacre teologie, magister frater Melchion de Lucino biblicus, frater Nicholinus de Trotis de Castelacio, frater Augustinus de Habiate, frater Augustinus de la Ecclesia, frater Iohannes Antonius de Quartinis, frater Albertus de Ianua, frater Davit de Papia, et frater Laurencius de Miradollo, omnes fratres professi ipsius monasterii, facientes... fere totum et integrum capitulum... precedente licentia, ex habondanti habita et facta per reverendum sacre theologie magistrum dominum fratrem Benedictum de Pezanis de Mediolano, Dei gratia provincialem totius Ordinis Lombardie Fratrum Heremitarum... ac etiam licentia ex habondanti Illustrissimi domini domini nostri Ducis Mediolani, etc., *dànno investitura perpetua allo spettabile signor Agostino Maria Beccaria, del fu milite dottor Pietro, di Pavia*, de omnibus terris et proprietatibus ac bonis iacentibus in loco et territorio Cerevegne Lomelline Comitatus Papie (2) et partibus circumstantibus, et que de presenti tenentur nomine dicti monasterii per Bertolameum de Guida habitatorem dicti loci... que... spectant et pertinent (dicto Monasterio) vigore et ex disposicione cuiusdam donacionis inter vivos alias facte prefacto monasterio per nunc quondam dominum Iohannem de Maletis... per istrumentum rogatum anno MCCCLXXXXVI, die octavo ottobris per nunc quondam Roglerium de Butigellis. *Ciò per l' annuo canone d' affitto di lire 50 imperiali ed un paio di capponi, al S. Martino.*

DLVII.

Il Capitolo di S. Mostiola riceve il pagamento d'affitto delle terre di Cilavegna.

1491, ottobre, 8.

(Arch. Not. di Pavia — Atti di Leonardo Buscati).

I N domibus monasterii sancte Mustiole, Papie... Venerabiles domini frater Nicolaus de Trotis vicarius, magister frater Galeaz de Vicecomitibus, frater Melchion de Lucino, frater Augustinus de la Ecclesia, frater Steffanus de Laude

---

(1) II TORELLI, VII, 162, sotto l'anno 1467, parla di frate Benedetto da Clavassio celebre predicatore, cui dà il titolo di maestro. Il nostro frate Benedetto da Clavassio, che nel 1491 ha il titolo di Baccelliere non potrebbe così identificarsi con quello;

ma forse il Torelli gli avrà attribuito il titolo di Maestro per le grandi qualità oratorie di lui.

(2) Vedi il documento degli 8 novembre 1481.

et frater Iohannes Antonius de Brentanis, omnes fratres expresse professi Ordinis Heremitarum sancti Augustini, in conventu monasterii sancte Mustiole Papie... facientes... plus quam
duas partes ex tribus tocius capituli... *ricevono da Marco Beccaria, figlio del fu dottor in leggi
e milite Pietro, lire 38 imperiali, per affitto di un anno finito al S. Michele passato, per terre*
in loco et territorio Ceravenie Lomeline Comitatus Papie.

DLVIII.

Il Capitolo di S. Agostino elegge i suoi Procuratori.

1491, dicembre, 7.

(Arch. Notar. di Pavia — Atti di Luchino Corti).

MCCCLXXXXI, indicione nona, die septimo decembris. In conventu sancti Augustini. Congregato Capitulo, venerabiles domini magister Iohannes Bertolameus de Valmacha, dominus magister Iohannes de sancto Angelo, dominus
magister Antonius de Ast, frater Octavianus de Ianua lector, frater Martinus de Valencia
lector, frater Filipus de Vicencia lector, frater Augustinus de Novaria subprior, frater Paulus
de Puteo, frater Zacharias de Mediolano, frater Hieronimus de Valencia cursor, frater Desiderius de Ianua, frater Silvester de Valencia, frater Andreas de Montepexulano, frater Simplicianus de Monteortono, frater Filipus de Laude *(cancellato)*, frater Nicholaus de Papia,
frater Iohannes de Franzia, frater Leonardus de Marchia, frater Angelus de Alexandria,
frater Matheus de Alemania, frater Iohannes de Franzia, frater Marchus de Padua, frater
Iohannes de Novaria, frater Francischus de Castelacio, frater Lazarus de Novaria et frater
Petrus de Castronovo, *eleggono a loro procuratori i maestri* Iohannem de sancto Angelo, Alexandrum de Papia, *e frate* Bertolameum de Castelacio.

DLIX.

I Procuratori di S. Agostino e quello delle Monache di S. Chiara eleggono un arbitro nella vertenza tra i due Conventi.

1492, gennaio, 4.

(Arch. Notar. di Pavia. — Atti di Luchino Corti'

NEL *Palazzo del Comune*. Reverendi sacre theologie professores dominus frater
Iohannes de sancto Angelo et dominus frater Bertolameus de Castellacio, ambo
sindici et procuratores... Prioris, Fratrum et Conventus sancti Augustini Papie....
*eleggono loro arbitro nella questione, che il Convento ha colle Monache dell'Annunciata, del-
l'Ordine di S. Chiara* (1), *il Rev.mo Gio. Matteo Privoli arcidiacono della Cattedrale, dottore
in diritto, e ciò col consenso anche della parte avversaria.*

(1) La vertenza fra I due Conventi era originata dalla sospensione del pagamento, che le Monache di S. Chiara dovevano fare
al Convento di S. Agostino, di un legato contenuto nel testamento di Bianca di Savoia. Vedi il documento n. LXXXV, vol.
I, pag. 141, e i documenti del 24 maggio 1492.

DLX.

Il Capitolo di S. Paolo dà investitura di una vigna presso il Convento.

1492, marzo, 14.

(Arch. Notar. di Pavia. — Atti di Giovanni Pietro Imodelli\

I N monasterio sancti Pauli, Ordinis Heremitarum sancti Augustini de Observancia, sito prope portam sancte Marie in Perticha Papie... Convocato... Capitulo suprascripti monasterii... de mandato... venerabilis domini fratris Cornelii de Biella, vicarii suprascripti conventus et locumtenentis domini fratris Laurencii de Mediolano prioris (1)... absentis... ab ipso Conventu gratia predicationis,... in quo quidem capitulo adfuerunt... infrascripti venerabiles fratres, videlicet frater Iohannes Petrus de Papia, frater Bernardinus de Salis, frater Germanus de Mediolano, frater Celsus de Papia, frater Vallerianus de Mediolano, frater Paulinus de Ianua, frater Thomaxinus de Vercellis, frater Alexandrinus de Alexandria, frater Marcus de Axola, frater Constantinus de Lu, frater Benedictus de Mediolano (2), frater Teodorus de Papia, frater Fortunatus de Bugella, frater Eugenius de Papia, frater Iohannes Bonus de Taurino, frater Franciscus de Saviliano et frater Bonaventura de Trivillio, omnes fratres professi dicti monasterii, facientes... plus quam tres partes ex quatuor suprascripti monasterii, *dànno investitura perpetua a Giacomo de Solario di una vigna di pertiche nove* prope ecclesiam sancti Pauli.

DLXI.

Disposizioni testamentarie del nob. Giovanni Stefano Ricci a favore di S. Paolo.

1492, aprile, 7.

(Arch. Notar. di Pavia — Atti di Gian Giacomo Canevari).

N ELLA *casa del notaio, in Parrocchia di S. Zeno. Testamento dello spettabile Giovanni Stefano Ricci, del fu chiarissimo giureconsulto e ducale oratore e consigliere Gian Giacomo, cittadino di Pavia* (3), col quale legat ecclesie seu fratribus sancti Pauli extra menia Paple, in subsidium constructionis capelle, existentis prope altare magnum sancti Pauli, libras centum imperiales in una parte, et in alia parte dat et legat, ut supra, dicte ecclesie seu monasterio florenos ducentum monete Mediolani,

---

(1) Frate Lorenzo da Milano è il religioso che nel 1517 presiedette il Capitolo della Congregazione Lombarda, celebratosi in Cremona, nel quale egli stesso fu eletto Vicario Generale. Vedi TORELLI, vol. VIII, pag. 45.

(2) É il Religioso, di cui il TORELLI, VII, 500, riferisce essere stato nel 1497 compagno di frate Paolo Zabarella quale Visitatore

Generale dei Conventi d'Italia per introdurvi e conservarvi la regolare osservanza. Vedi nel documento del 31 ottobre 1494 l'amplissimo elogio che fa di lui il Comune di Pavia, scrivendone al Generale frate Anselmo da Montefalco.

(3) Gian Giacomo Ricci, padre del testatore, fu professore di diritto canonico nell'Università di Pavia dal 1429 al 1457. Fu a-

infra annos duodecim, qui implicentur et quos voluit implicari, per infrascriptos eius heredes, in tot fundis sufficientibus et idoneis, ex quibus percipiantur et percipi possint, quolibet anno, floreni decem monete Mediolani, hac condicione et onere quod dicti domini
Prior et fratres, qui per tempora fuerint in dicto monasterio, teneantur omni anno celebrare
in dicta eorum ecclesia, annualia tria in remedium salutis anime sue, cum missis duodecim
parvis, ultra missam magnam. Gravans etiam ipsos ad exponendum ceram opportunam
pro predictis missis et officiis honorandis et illuminandis... Item... dat et legat, adveniente
casu quod infrascripta domina Margarita, eiusdem domini testatoris uxor, transiverit ad
secunda vota, et non aliter, domino Priori ecclesie seu conventus dicti monasterii sancti
Pauli extra et prope muros Papie, et non ecclesie nec conventui, nec fratribus, ducatos
quinquecentum, videlicet libras duo mille, de quibus ipse dominus Prior, et sive etiam qui
per tempora fuerint Priores, habeant et debeant disponere, prout sibi mandatum fuit et
iniunctum per ipsum dominum testatorem, et quem dominum Priorem presentem ipse dominus testator plenissime informavit de dispositione eiusdem et quid agere debeat de dictis ducatis quinquecentum. Et si contingeret ipsum dominum nunc Priorem non posse exequi durante tempore eius officii, huiusmodi voluntatem suam teneatur ipse dominus Prior
successorem suum, et successive quilibet successor alium successorem, de eiusmodi mente
informare et sic exequi. Quem quidem dominum Priorem in fideicommissarium et exequutorem, huiusmodi sue voluntatis informatum, elegit et deputavit et deputat ac eligit et deputat ut supra.

DLXII.

Convenzioni del Capitolo di S. Agostino con il Monastero di S. Chiara pel pagamento del legato di Bianca di Savoia (1).

1492, maggio, 24.

'Arch. Notar. di Pavia. — Atti di Gian Giacomo Canevari'.

I N nomine Domini, amen. Anno a nativitate eiusdem Domini millesimo qnatricen-
tesimo nonagesimosecundo, indicione decima, die vigessimo quarto mensis Maii,
hora decima septima vel circa. In monasterio seu conventu sancti Augustini et
in loco capituli eiusdem monasterii, sito in citatella civitatis Paple, in porta et Parochia
sancti Vitti, in presentia mei notarii et testium infrascriptorum. Cum hoc sit quod iamdiu
versa sit causa seu differentia inter venerabiles dominos Priorem et fratres et conventum
sancti Augustini Ordinis Heremitarum sancti eiusdem Papie et capitulum et conventum
eiusdem parte una, et venerabiles dominas Abbatissam et Moniales sancte Marie de Ianun-

---

scritto al Collegio dei nobili giudici pavesi (Vedi *Memor. e doc.
per la storia dell' Univ. di Pavia*, vol. I, pag. 48). Il testatore
Giovanni Stefano Ricci poi era del Collegio dei nobili giudici e
dei giuristi (*Memorie* cit. vol. I, pag. 65).

(1) Vedi il documento del 4 gennnaio 1482. Una copia auten-
tica del nostro documento è nella biblioteca universitaria di Pavia,

Pergam. di S. Agostino, Cod. n. 428. In seguito alle convenzioni
contenute in questo documento noi troviamo, fra gli atti del notaio Gian Giacomo Canevari, ricordo di alcuni pagamenti fatti
dalle monache di S. Chiara a frate Bartolomeo Ferrari da Castellazzo, Procuratore di S. Agostino, sotto le date del 2 marzo e 26
aprile 1493, del 6 agosto 1495, e del 27 aprile 1497.

tiata Ordinis sancte Clare Papie et capitulum et conventum eiusdem parte altera, occaxione
proventuum, reddituum ac prode, alias per illustrissimam nunquam delende memorie dominam Blancham de Sabaudia olim Ducissam Mediolani et consortem illustrissimi et excellentissimi domini domini Galeaz Vicecomitis et Ducis Mediolani, etc., rellictorum in eius
ultimo testamento dicto monasterio sancte Marie de Ianuntiata, et qui fructus, redditus et
proventus debebantur et debentur per illustrissimam Dominationem Venetorum dictis dominabus Abbatisse et Monialibus omni anno in quantitate florenorum mille ducentum auri, et
exinde per ipsas dominas Abbatissam et Moniales pro certa parte ipsorum reddituum et
prode reddi debebant omni anno dictis dominis Priori et Fratribus ac conventui sancti Augustini in quantitate florenorum centum auri, ipsis dominabus recipientibus ipsos fructus
usque ad summam florenorum mille auri, ita quod eisdem dominabus Abbatisse et Monialibus remanerent et remanere deberent ex ipsis fructibus et proventibus, debitis per dictam
Dominationem, floreni sexcentum quinquaginta omni anno, pro uso et victu ipsarum dominarum et floreni ducentum pro anniversario tiendo pro anima dicte domine Testatricis et
dicti quondam eius consortis omni anno in ecclesia dicti monasterii dictarum dominarum
Monialium, de quo testamento apparet et rogatum fuit publicum instrumentum anno curso
MCCCLXXXVII die duodecimo mensis novembris per quondam dominum Iohannem Iacobum
de Bennis olim notarium papiensem: Et occaxione eius, quoniam dicti domini Prior et
fratres pretendentes se creditores dictarum dominarum Abbatisse et Monialium de florenis
seu ducatis duobus mille ducentum pro annis viginti duobus, finitis in anno curso
MCCCCLXXXVIIII, et in alia parte pretendentes se creditores de ducatis triginta sex pro
resto legati debiti pro anno MCCCCLXVI, per litteras venerabilis domini Archidiaconi Papiensis tamquam conservatoris apostolici deputati dicto conventui sancti Augustini, datas
die ultimo mensis iullii anni cursi MCCCCLXXXVIIII, moneri fecerunt suprasciptas dominas
Abbatissam et Moniales monasterii sancte Marie ut deberent satisfecisse dictis dominis
Priori et Fratribus, infra certum terminum, de dictis denariorum quantitatibus, sic ut supra
eidem conventui sancti Augustini debitis et restantibus: Et ex adverso pretendentes et al-
legantes ipse domina Abbatissa et Moniales non esse debitrices dictorum dominorum Prioris
et Fratrum dicta occaxione pro eo quia nihil ultra eisdem Abbatisse et Monialibus debitum
iuxta formam dicti testamenti pro earum victu et usu et pro anniversario receperant a dicta
dominatione Venetorum et quod imo erant et restabant creditrices iamdicte Dominationis
de non modica denariorum summa super dictis fructibus pro iam dictis earum fructibus et
alimentis et quod ipse non tenentur nisi demum receperint et recipiant omni anno ad
summam florenorum mille auri et quod nunquam receperunt ipsos florenos mille omni anno
sed solum pro certis annis ad computum florenorum seu ducatorum octocentum et aliquando
a certis annis citra ad computum ducatorum quattuorcentum in anno et aliquando singulis
duobus annis, quamplures exceptiones et oppositiones contra ipsas litteras fecerunt et com-
posuerunt, unde hinc inde multa adducta et allegata fuerunt pro maiori summa et eisdem
dominabus Abbatisse et Monialibus proinde alie littere monitorie similiter emanate .fuerunt,
date sub die vigessimo secundo mensis novembris anni cursi MCCCCLXXXX, quibus similiter fuit responsum. Super quibus exinde, controversia ipsa et diseptatione perseverante,
varie facte fuerunt comissiones et dellegationes seu diversa rescripta impetrata ex utraque
parte, et ultimate in personam dicti domini Archidiaconi coram quo processum fuit, ad
quamplures actus oppositaque fuit exceptio declinatoria, exceptio quoque suspicionis et
recusationis item et exceptio restitutionis expensarum in causa primarum litterarum fac-

tarum, a quibus dicebatur esse recessum seu. mutatum iudicium. Quorum contrarium ad_
ducebatur pro parte dictorum dominorum Prioris et Fratrum et similiter replicabatur et
adducebatur pro parte dictorum dominorum Prioris et Fratrum quod licet singulis annis
non sint recepti ducati octocentum, tamem per solutiones successive factas remanebant com-
plete solutiones annorum precedentiuum, videlicet ab anno curso MCCCCLXVI inclusive
retro. Et quod ipse domine Abbatissa et Moniales predictis pro parte ipsarum dominarum
dictis non obstantibus solite sunt solvere a certis modicis annis retro dictis dominis Priori
et Fratribus pro singulis octocentum ducatis seu florenis auri ducatos seu florenos sexaginta sex
et quod ipsi non poterant deviare a solito, et quod saltem ad ipsum computum debebat eisdem
dominis Priori et Fratribus fieri solutio et reddi ratio et quod circa anniversarium ipse domine
Abbatissa et Moniales non expendebant ultra ducatos decem et quod propterea pro ipsis ducatis
ducentum relictis pro anniversario non debebat haberi ratio. Et e contrario dicebatur pro parte ipsarum domine Abbatisse et Monialium. Et nichilonimus prefatus dominus archidiaconus predictis exceptionibus ipsarum dominarum postpositis ad concessionem litterarum denuncia-
tivarum contra ipsas dominas Abbatissam et Moniales processit, a quibus pro parte dictarum dominarum quam primum de ipsis noticiam habuerunt, fuit appellatum et de nullitate propositum et ante ipsarum publicationem cui per ipsum dominum Archidiaconum fuit
dellatum. Et exinde pro parte domini Prepositi sancti Michaelis maioris Papie conservatoris
ipsarum dominarum Abbatisse et Monialium ac monasterii fuerit inhibitum sub pena excomunicationis ad pubblicationem dictarum assertarum litterarum procedi, quia pendente appellatione predicta, que fuit admissa ut supra, nihil de iure debebat innovari ; a quo quidem
precepto et suspensione fuit pro parte dictorum domini Prioris et Fratrum coram dicto domino Preposito conservatore dictarum Monialium appellatum et de nullitate propositum :
super quibus appellationibus hinc inde fuerint obtenta rescripta apostolica et commissiones,
unde maior lix maiorque confusio orta esse videretur et in dies augeri non dubitentur et
propter varietatem et contrarietatem commissionum et dubitationes etiam in meritis resul-
tantes ex utraque parte : Volentes igitur partes ipse, videlicet dicte domine Abbatissa et
Moniales, seu nobilis vir dominus Aluisius de Rambosiis de Coazano filius quondam Donati earum sindicus et procurator, ad hec et alia specialiter constitutus per instrumentum
rogatum per Augustinum de Morasco notarium publicum papiensem, anno et indicione proxime preteritis, die septimo mensis decembris, parte una, et venerabilis dominus sacre theologie magister frater Bertholameus de Valmacha Prior suprascripti monasterii sancti Augustini, et cum ipso et apud ipsum venerabilles relligiosi domini magister Iohannes de sancto
Angelo, magister Antonius de Ast et magister Alexander de Papia, omnes sacre theologie
magistri, frater Iohannes Bertholameus de Castelatio biblicus, frater Martinus de Valentia
lector, frater Filipus de Vicentia lector, frater Paulus de Puteo, frater Didimus de Brayda,
frater Zacharias de Mediolano, frater Gabriel de Placentia, frater Bernardinus de Papia,
frater Iohannes de Trizio, frater Silvester de Valencia, frater Gregorius de Papia, frater Filipus de Laude, frater Angelus de Alexandria, frater Matheus de Alamania, frater Marchus
de Padua, frater Iohannes de Turronis, frater Francischus de Castelatio et frater Petrus
de Castronovo, omnes fratres professi dicti monasterii et conventus sancti Augustini Ordinis Fratrum Heremitarum Papie, ibi capitulariter convocati et congregati, sono campanelle
premisso ut moris est et de mandato et imposicione prefati domini Prioris, facientes et representantes et qui sunt, faciunt et representant, ut dicunt et protestantur, maiorem et saniorem partem et plus quam duas partes, imo fere totum et integrum Capitulum dicti mo-

nasterii et Conventus sancti Augustini Papie, parte altera, a dictis littibus et differentiis ac contentionibus amicabiliter discedere, prout decet inter religiosas personas, et attendentes quod dubius est eventus littis, quemadmodum et belli, que equiparantur, ac etiam volentes parcere ulterioribus ac maioribus laboribus et expensis, et modum adhibere de cetero ac formam solutionum fiendarum in futurum, ad evitandas futuras lites et disceptationes ut supra et ipsis finem intendentes imponere ut supra, eorum et dictorum monasteriorum, capitulorum et conventuum, sponte et ex certa scientia et alias omni iure, via, modo, causa et forma quibus melius et validius potuerint et possent, nominibus, singula singulis refferendo, precibus et suasionibus ac medio spectabilis doctoris domini Iohannis Augustini de Preotonibus ac mei notarii, amicorum communium utriusque partis, devenerunt atque deveniunt ad infrascriptas transactiones, conventiones et pacta, per et inter partes ipsas initas et factas ac inita et facta, solempni stipulacione hinc inde interveniente, vallatas et vallata, videlicet :

Primo, quod quandocumque contingat et quoties per dictas dominas Abbatissam et Moniales, seu agentes pro eis, recipere a Dominatione Venetorum, virtute testamenti, de quo supra, nunc quondam illustrissime domine domine Blanche de Sabaudia, redditus, prode et proventus, de quibus in iam dicto testamento fit mentio, in quantitate ducatorum mille, teneantur ipse domine Abbatissa et Moniales, et ita promissit et promittit dictus dominus Aluisius sindicus antedictus dicto nomine, de presenti die in antea et pro eis annis quibus recipient ipsos ducatus mille, solvere ducatos centum. Si vero contigerit recipere ducatos octocentum auri, vel circa, prout certis annis retroactis recepti fuerunt, teneantur et debeant dicte domine Abbatissa et Moniales, et ita promissit et convenit ac promittit et convenit dictus sindicus et procurator dicto nomine, eisdem dominis Priori et Fratribus presentibus et stipulantibus suis et dicto nomine, dare, reddere et solvere ad computum ducatorum quinquagintaquinque auri singulo anno. Si vero contigerit percipere solum ducatos quatuor centum, vel circa, singulo anno sive pro paga, teneantur et debeant ipse domine Abbatissa et Moniales, suis et dicto nomine, solvere ipsis dominis Priori, Fratribus et Conventui ad computum ducatorum viginti septem cum dimidio auri pro singula paga ducatorum quatuorcentum auri vel circa. Si vero contigerit recipere plus aut minus, pro singula paga, dictis ducatis quatuorcentum auri vel circa, tunc et eo casu teneantur et debeant dicte domine Abbatissa et Moniales, suis et dictis nominibus, et ita dictus sindicus et procurator dicto nomine promissit et convenit ac promittit et convenit, solvere ad ratam pro rata eius quod plus vel minus recipietur et ad computum de quo et prout supra ed ad ratam pro rata dictorum ducatorum octocentum vel circa, et quatuorcentum vel circa, salvis infrascriptis.

Item quod, salvis semper suprascriptis, dicte domine Abbatissa et Moniales teneantur et debeant, et ita dictus eorum sindicus et procurator dicto nomine promissit et convenit ac promittit et convenit, dictis dominis Priori et Fratribus, suis et dicto nomine stipulantibus, de et pro annis preteritis, ab anno MCCCCLXVI, qui annus finitus et tiniri intelligatur in calendis ianuarii MCCCCLXVII, inclusive retro, usque ad quem annum inclusive dicti fructus, redditus et prode recepti fuerunt, et non ab inde citra, in quantacumque quantitate seu rata recepti sint seu reperiantur, dare, solvere et exbursare ducatos centumquatuordecim auri, ad illud computum quod ipse domine Abbatissa et Moniales receperint quibus et ab ipsa Dominatione solvendos et quos solvere promisserunt et exbursare modo et forma prout infra, videlicet : ducatos quatuordecim de presenti, quos ibi actualiter numeratos in tanta moneta aurea et argentea equivalente, in presentia mei notarii et testium infrascriptorum, prefati domini Prior et Fratres fuerunt confessi et confitentur habuisse et recepisse. Ex reliquis vero ducatis centum teneantur dare pro singula paga ducatorum quatuorcentum vel circa, ducatos decem, usque ad integram extinctionem dictorum ducatorum centum. Et si contigerit solutionem fieri in quantitate ducatorum octocentum pro singula paga, tunc teneantur dare ducatos viginti, ultra dictos ducatos quinquagintaquinque et prout supra in primo capitulo continetur, usquequo dicti ducati centum fuerint extincti ut supra et firma semper manente dicta solutione tienda de dictis ducatis quinquagintaquinque pro singula paga ducatorum octocentum vel circa, et seu solutione tienda de dictis ducatis viginti septem cum dimidio pro singula paga ducatorum quatuorcentum vel circa. Et generaliter firma manénte quacumque solutione tienda, ut supra in primo capitulo continetur, quibus solutionibus in aliquo non derrogetur per soluciones tiendas de dictis ducatis centumquatuordecim ut supra. Et hec omnia pro omni et toto eo quod ipsi domini Prior et Fratres et conventus habere deberent et petere possent ac exigere et consequi a dictis dominabus Abbatissa et Monialibus tam vigore dicti testamenti dicte quondam illustrissime domine Blanche, de et pro contentis in dictis litteris monitoriis alias eisdem dominabus Abbatisse et Monialibus factis et transmissis ad instanciam dictorum dominorum Prioris et Fratrum, mandato prefati domini Archidiaconi tunc conservatoris quam alia quavis causa et occaxione que dici quomodolibet vel excogitari posset, predictorum omnium causa et occasione, et omnium dependentium, emergentium et connexorum, a dicto anno MCCCCLXVI inclusive retro.

Item quod, si contigerit ullo unquam futuro tempore quod utinam, predictam illustrissimam Dominationem Venetorum, seu officiales suos, vel penitentia, vel conscientia motos, solvere et exbursare super iamdictis solutionibus factis pro anno MCCCCLXVI et ab inde retro, quidquam pro hiis annis, ultra iam soluta et recepta per ipsam dominas Abbatissam et Moniales, singula singulis refferendo, videlicet, a ducati octocentum supra, quod ex ipsis solvendis super iamdictis annis retroactis et ab anno MCCCCLXVI inclusive retro, ultra iam soluta ut supra dictis dominis Priori et Fratribus super quantitatibus receptis per iamdictum monasterium, habeant eorum ratam partem pro rata eius quod dicta Dominatio solverit ad computum, de quo et prout supra, videlicet centum pro singulis mille in anno, singula singulis refferendo ut supra, et non ultra, nec aliter, nec alio modo habere, petere nec consequi possint a dicto monasterio nec dictis dominabus Abbatissa et Monialibus, factis semper debitis compensationibus et deductis deducendis, et salvis semper suprascriptis alliis capitulis et infrascriptis.

Item, salvis predictis, teneantur ipse partes, singula singulis refferendo, ad invicem renuntiare, et ex nunc tenore presentis instrumenti renunciaverunt et renunciant, quibuscumque rescriptis, sententiis, litteris, monitoriis, denuntiativis, appellationibus, processibus et actis hactenus factis, ac rescriptis quibuscumque impetratis usque in presentem diem, ita quod non possint amplius ex ipsis se iuvare nec ex ipsis agere nec prosequi; ac insuper salvis semper suprascriptis, liberaverunt, quietaverunt et absolverunt, ac liberant, quietat et absolvunt partes ipse hinc inde, ad invicem, suis et dicto nomine stipulantes, salvis tamen semper predictis omnibus, ab omnibus hiis que hinc inde habere deberent ac petere possent causis et occasionibus, de quibus et prout supra et in dictis litteris monitoriis eisdem dominabus Abbatisse et Monialibus transmissis fit mentio, et occaxione omnium dependentium, emergentium et connexorum, salvis tamen semper suprascriptis, ita quod casu quo dicti domine Abbatissa et Moniales non attenderint, non adinpleverint et non solverint, seu cessarint in solutionibus de quibus supra, per menses duos post receptionem ipsorum fructuum, quod tunc et eo casu partes ipse sint et esse intelligantur et remaneant in hiis statu et gradu in quibus de presenti sunt, et eorum iuribus uti possint, proinde ac si presentes conventiones, transactiones et pacta, facta et facte non fuissent. Et dicto casu omnia eorum iura, exceptiones,. appellationes et tempora sint salva in illis terminis in quibus erant ante presentes transactiones, quia sic fuit per pactum expressum.

Quas quidem transactiones et conventiones et que quidem pacta et omnia suprascripta, dicte partes, videlicet dicti domini Prior et Fratres, suis et dicto nomine, ex una parte, et suprascriptus dominus Aluissius sindicus antedictus, dicto sindicario et procuratorio nomine, ex altera, sibi ipsis hinc inde et ad invicem stipulantes, singula singulis congrue refferendo, promisserunt et convenerunt ac promittunt et conveniunt ratas, gratas, et firmas ac rata, grata et firma habere et tenere ac attendere et inviolabiliter observare et in nullo contrafacere, dicere quomodolibet seu venire, per se se vel alium seu alios, eorum monasteriorum seu ipsorum nomine, dirrecte nec indirrecte, tacite nec expresse, nec sub alio quovis iuris vel facti quesito colore, sub omnium dampnorum, interesse et expensarum litis et extra restitutione. De quorum et quarum quidem dampnorum, interesse et expensarum quantitate dicti contrahentes, suis et dictis nominibus, sibi ipsis hinc inde et ad invicem, suis et dictis nominibus stipulantes, singula singulis refferendo, credere et stare dicto simplici cum sacramento, promisserunt et convenerunt ac promittunt et conveniunt, absque alia superinde fide et probatione fiendis. Constituentes, etc. Renuntiantes, etc. Et inde, etc. Presentibus spectabilibus doctoribus domino Iohanne Augustino de Preotonibus et domino Paulo de Petroniis, ambobus de collegio dominorum Iudicum civitatis Papie, Iohanne Augustino de Morascho filio domini Marii notario, domino Bernardo de Piscariis filio quondam. domini Iohannis, Iohanne Antonio de Gallarate bidello et Ambrosino dicto Giapino ex Ferrariis de Gradi filio quondam Martini, omnibus habitatoribus Papie, inde testibus.

DLXIII.

Il Capitolo di S. Agostino dà in investitura i beni di Parasacco.

1492, maggio, 29.

(Arch. Notar. di Pavia. — Atti di Gaspare Tacconi).

M CCCCLXXXXIJ, indicione decima, die XXVIIII mensis may... In loco Capituli Conventus sancti Augustini Papie. *Radunato il Capitolo, in cui erano il Priore frate maestro Bartolomeo de Valmacha e con lui* dòminus magister Antonius de Ast, dominus frater Andreas de Mediolano bachalarius, dominus frater Bertolameus de Castelacio biblicus et procurator, dominus frater Martinus de Valentia lector, frater Paulus de Putheo de Papia, frater Philipus de Vincentia lector, frater Didimus de Papia vicarius conventus, frater Zacharias de Mediolano magister studentium, frater Iohannes de Tricio, frater Gabriel de Papia cursor, frater Silvester de Valentia, frater Gregorius de Papia, frater Nicolaus de Papia, frater Philipus de Laude, frater Leonardus de Marchia, frater Angelus de Alexandria, frater Matheus de Alamania, frater Iohannes de Thuronis, frater Paulus de Papia, frater

Franciscus de Castelatio, frater Petrus Thuronis, frater Nicolaus de Castronovo, et domini magister Iohannes Antonius de Mediolano et magister Ambrosius de Pusterla sacre theologie magistri... *dànno investitura perpetua a Baldassare de Magistris, procuratore dell' illustre signor Galeazzo Sanseverino, della possessione in territorio di Parasacco,* cum consensu et aprobacione suprascriptorum dominorum magistrorum Iohannis Antonii de Mediolano et magistri Ambrosii de Pusterla (1), ac etiam presente Filippo de Dugnano qui consensit dicte investiture et renuntiavit, etc.

DLXIV.

Il Capitolo di S. Agostino dà investitura di una casa presso il Convento.

1492, luglio, 5.

(Arch. Notar. di Pavia — Atti di Gaspare Tacconi).

R ADUNATO *il Capitolo di S. Agostino, per ordine del* venerabilis et reverendi sacre pagine professoris domini magistri Alexandri de Papia Prioris dicti conventus, *nel quale Capitolo trovaronsi col Priore i* reverendi domini magister Iohannes de sancto Angelo, magister Antonius de Ast, magister Iohannes Bertolameus de Valmacha, omnes sacre teologie professores, dominus frater Andreas de Mediolano bachalarius, dominus frater Bertolameus de Castelacio bachalarius, frater Filipus de Vicencia lector, frater Iohannes Martinus de Valencia lector, frater Augustinus de Novaria subprior, frater Paulus de Putheo, frater Zacharias de Mediolano magister studencium, frater Didimus de Papia, frater Gregorius de Papia, frater Thomas de Cicilia cursor, frater Iohannes de Tricio, frater Filipus de Laude, frater Iohannes Marchus de Padua, frater Simplicianus de Monte Ortono, frater Silvester de Vallencia, frater Nicolaus de Fazardis, frater Matheus de Alamania, frater Iohannes de Turono, frater Franciscus de Castelacio, et frater Paulus de Papia, omnes fratres residentes in dicto conventu, facientes... plusquam duas partes ex tribus predicti capituli, *deliberarono di affittare una piccola casa, situata in Cittadella, presso il Convento, dandone l' investitura perpetua, pel canone annuo di lire dieci, al* magnificus et generosus eques dominus Iohannes Iacobus Vicemalla, Gubernator illustrissime domine domine Ducisse Barri, uxoris illustrissimi domini domini Ludovici Marie Sfortie Vicecomitis, filius quondam magnifici domini Iohannis Simonis. *L' investitura si farebbe coll' obbligo che l'investito impiegasse lire trecento nei restauri della casa, e coll' obbligo di dare in garanzia dell' affitto al Convento, alcune proprietà che rendano ogni anno lire dieci.*

Poco dopo e nello stesso luogo i medesimi religiosi si adunano per trattare in seconda convocazione sulla accennata investitura. Il terzo trattato si fa il giorno dopo, 6 luglio, e la investitura, il giorno 9 dello stesso mese.

(1) Questi due Religiosi nominati a parte, probabilmente sono due Visitatori, molto più che esercitano quasi un atto di autorità nel dare il loro consenso e la loro approvazione alla deliberazione capitolare. Di essi già abbiamo detto altrove.

DLXV.

Il Provinciale di Lombardia e il Capitolo di S. Agostino ricevono il pagamento di una casa venduta.

1492, ottobre, 9.

(Arch. Notar. di Pavia — Atti di Gian. Giacomo Gravanago).

I N loco Capituli Conventus sancti Augustini Papie, porte Palacii, Parochie sancti Andree de Brolio.... Congregato capitulo dicti Conventus sancti Augustini.... de mandato reverendi sacre theologie professoris domini Alexandri de Papia Prioris dicti Conventus, in quo quidem capitulo fuerunt et sunt Reverendus dominus frater Bertolameus de Aquis (1) Provincialis sancti Augustini, nec non prefatus dominus Prior et cum eo et penes eum reverendi sacre theologie professores Iohannes de sancto Angelo, Antonius de Ast et Iohannes Bartolomeus de Valmacha regens, nec non et venerandus frater Andreas de Mediolano bachalarius et venerandi domini frater Iohannes Bartolomeus de Castelatio biblicus, frater Martinus de Valencia lector, frater Filipus de Vincentia lector, venerabilis dominus frater Zacharias de Mediolano magister studentium, nec non et venerabiles domini frater Iohannes de Tritio, frater Didimus de Papia, frater Thomas de Cicilia cursor, frater Mauricius de Alamania cursor, frater Silvester de Papia, frater Georgius de Papia, frater Paulus de Papia, frater Gregorius de Papia, frater Filipus de Laude, frater Simplicianus de Montsortono, frater Angelus de Ast, frater Matheus de Alamania, frater Iohannes de Turonis, frater Antonius de Monte, frater Paulus de Ast, frater Spiritus de Mediolano, frater Petrus de Castronovo, frater Benignus de Carpo, frater Lactantius de Placentia, frater Iacobus de Parasacho, omnes fratres conventuales.... representantes totum et integrum capitulum ipsius conventus.... *dichiarano di ricevere dal dottor* in utroque *Pietro Grassi del fu Montino di Pavia, lire 455* pro integra solutione pretii illius tertie partis pro indiviso unius domus site in dicta civitate Papie, in Porta Marenga, in Parochia sancte Trinitatis, alias vendite nomine dicti conventus prefacto domino Petro, *come da istrumento 12 dicembre 1491 rogato dal notaio Gravanago.*

DLXVI.

Frate Giovanni da S. Angelo, Procuratore di S. Agostino, riceve il pagamento di un annuo legato.

1492, novembre, 3.

(Arch. Notar. di Pavia. — Atti di Giovanni Pietro Imodelli).

I N domibus ecclesie sancti Augustini et habitationis infrascripti magistri Iohannis.... Reverendus in Christo pater et sacre theologie professor dominus magister Iohannes de sancto Angelo, frater et sindicus et procurator... monasterii sancti

(1) Vedi il documento degli 8 marzo 1487.

Augustini Papie... *riceve da Bernardino Levati, figlio del fu Giacomo e della fu Caterina da Bergamo*, olim filie et heredis universalis quondam domini Firmini, *fiorini 30*.... pro legato annuo dicto monasterio facto per dictum quondam dominum Firminum in suo testamento.... pro quinque annis, finituris in festo sancti Martini proxime futuro, ad computum de florenis octo omni anno.

DLXVII.

Il Procuratore di S. Agostino riceve il pagamento di un annuo affitto di una casa in Pavia.

1492, novembre, 9.

(Arch. Notar. di Pavia — Atti di Matteo Ferrari).

I N claustro et monasterio sancti Augustini sito in Citadella Papie.... in presentia reverendi sacre pagine professoris domini magistri Iohannis de sancto Angelo dicti Ordinis sancti Augustini.... sindici eiusdem monasterii.... Cominus de Modiis et Bernardinus de Lissono heredes universales quondam magistri Antonii de Modiis olim fratris dicti Comini.... *offrono fiorini 22*.... pro ficto duorum annorum, *che finiranno col venturo S. Martino, di una casa con botteghe in Parrocchia di S. Geminiano o di S. Michele, già investita al detto fu Antonio* (1). *Fra i testi*: Reverendus sacre pagine professor dominus magister Marchus de Caprotis de Modoetia, filius quondam domini Paxini.

DLXVIII.

Il Capitolo di S. Agostino compera ed investe una vigna nel Siccomario.

1492, dicembre, 18.

(Arch. Notar. di Pavia. — Atti di Gian Giacomo Canevari).

I N citadela civitatis Paple, videlicet in loco Capituli monasterii sancti Augustini sito in dicta citadela.... *Giacomo da Chignolo, per lire 400 imperiali, vende al* reverendo et venerabilibus dominis magistro Alexandro de Papia Priori, domino magistro Iohanni de sancto Angelo, domino magistro Antonio de Ast, domino magistro Iohanni Bertolameo de Valmacha, domino fratri Andree de Mediolano bacalario, domino fratri Iohanni Bertolameo de Castelacio biblico, fratri Filipo de Vincentia lectori, fratri Paulo de Puteo et fratri Didimo Braide vicario, omnibus fratribus professis conventus et ecclesie sancti Augustini Papie, Ordinis Heremitarum eiusdem sancti Augustini, nec non et reliquis fratribus ibi non presentibus et in dicto conventu ressidentibus, *una vigna di 30 pertiche circa, nel Siccomario* ubi dicitur ad Novellas.

(1) A proposito di questa casa, troviamo un pagamento di affitto di lire 28, fatto da un Giovanni Cani al Procuratore di S. Agostino, frate Alessandro Vitali da Pavia, ai 4 marzo 1489, con atto rogato da Riccardo Pasquoni; ed un pagamento di fiorini 22 per affitto di 2 anni fatto da Antonio de Modiis all'intero Capitolo di S. Agostino, con atto degli 8 novembre 1490, rogato da Giorgio Porzio.

Nello stesso luogo e subito dopo, suprascripti dominus Prior, dominus magister Iohannes de sancto Angelo, dominus magister Antonius de Ast, magister Io'ıannes Bertholameus de Valmacha regens, sacre theologie magistri; dominus frater Andreas de Mediolano bacalarius, dominus frater Bertholameus de Castelatio biblicus, dominus frater Filipus de Vincentia lector, frater Paulus de Putheo sacrista, frater Didimus Brayda vicarius, frater Zacharias de Mediolano magister studentium, frater Thomas de Cicilia cursor, frater Matheus de Alamania cursor, frater Iohannes de Trizio, frater Silvester de Papia, frater Gregorius de Papia, frater Paulus de Papia, frater Simplicianus de Monteortono, frater Leonardus de Marchia, frater Angelus de Ast, frater Matheus de Alamania, frater Lazarus de Novaria, frater Marchus de Padua, frater Iohannes de Turonis, frater Antonius de Monte, frater Paulus de Ast, frater Laurentius de Mediolano, frater Petrus de Castronovo, frater Spiritus de Mediolano.... facientes fere totum capitulum.... *dànno investitura perpetua a Giacomo da Chignolo del fondo da lui venduto al monastero, per il censo annuo di 12 sacchi di frumento.*

DLXIX.

Frate Agostino da Milano, Priore di S. Paolo, riceve il pagamento di un affitto.

1492, dicembre, 19.

(Arch. Notar. di Pavia — Atti di Giovanni Pietro Imodelli).

I N sacristia monasterii sancti Pauli, Ordinis Heremitarum sancti Augustini de Observancia, siti extra et prope Papiam. Venerabilis dominus frater Augustinus de Mediolano, Dei gratia Prior suprascripti monasterii sancti Pauli... *riceve da Giacomo Solerio soldi 12 per affitto d' un anno di una vigna presso il monastero.*

DLXX.

Frate Bartolomeo Ferrari da Castellazzo compera alcuni beni in Bassignana.

1492, dicembre, 30.

(Arch. Notar. di Pavia — Atti di Gian Giacomo Canevari).

N ELLA *casa del Notaio, in Parrocchia di S. Zeno.* Nobilis vir Iacopus de Vicecomitibus, filius quondam domini Stephani, habitator terre Bassignane, suo proprio nomine et nomine et vice Henrigeti de Vicecomitibus eius fratris... pro precio et mercato... florenorum tercentum duodecim cum dimidio... vendidit, tradidit, dedit et quasi ac vendit, tradit et dat et quasi venerabili domino fratri Bertolameo de Ferariis de Castelacio fratri professo monasterii et conventus sancti Augustini Papie, Ordinis Heremitarum eiusdem sancti, ibi presenti, stipulanti et recipienti ac acquirenti de suis propriis denariis,

in ipsum perventis ex bonis et hereditate quondam eius patris, et sibi traditis, ut dicit apa_
rere publico instrumento rogato per Petrum Antonium de Scutis notarium dicte terre Caste_
lacii prope civitatem Allesandrie, nomine tamen et vice et ad partem ac utilitatem venerabilium dominorum Prioris et Fratrum ac Capituli et Conventus dicti monasterii et ecclesie
sancti Augustini et tam presentium quam omnium qui per tempora fuerint et degerint in
ipso monasterio et conventu ac Deo et divo Augustino deserviverint, ac pro eorum quibuscumque successoribus in ipso conventu et Ordine, salvo tamen et reservato usufructu ipsorum bonorum toto tempore vite ipsius domini fratris Bertolamei, si fuerit de beneplacito
et consensu dominorum Prioris et Fratrum ac capituli dicti monasterii et conventus et non
aliter, nominative... infrascriptas proprietates et infrascripta bona sitas et sita ac iacentia in
dicto territorio Bassignane, et primo, etc. *Segue l' enumerazione degli appezzamenti compe-*
rati, colle loro coerenze : sono otto pezzi di terra coltivati a vigna, misuranti pertiche 48 1|2.
Di esse terre il compratore dà investitura perpetua ai venditori, coll' obbligo di pagargli lire
25 imperiali all' anno.

DLXXI.

Il Capitolo di S. Agostino approva la compera dei beni di Bassignana.

1492, dicembre, 30.

(Arch. Notar. di Pavia. — Atti di Gian Giacomo Canevari\.

I N Capitulo infrascripti monasterii... Reverendus, et venerabiles domini, magister
Iohannes Bertolameus de Valmacha Prior, magister Iohannes de sancto Angelo,
magister Alisander de Papia regens, magister Antonius de Ast, frater Andreas
de Mediolano bacalarius, frater Bertolameus de Ferrariis de Castelatio biblicus, frater Augustinus de Novaria subprior, frater Paulus de Putheo, frater Zacharias de Mediolano magister studentium, frater Didimus de Papia, frater Iheronimus de Valentia cursor, frater
Desiderius de Ianua cursor, frater Silvester de Trumello, frater Andreas de Montepesulano,
frater Simplicianus de Monteortono, frater Filipus de Laude, frater Leonardus de Marchia,
frater Iohannes de Namausio, frater Angelus de Lisandria, frater Matheus de Lamania, fra-
ter Marchus de Padua, frater Iohannes de Turonis, frater Paulus de Papia, frater Paulus
de Caxalli, frater Iohannes Evangelista de Novaria, frater Petrus de Castronovo et frater
Iacobus de Calignano, omnes fratres professi monasterii et conventus sancti Augustini Papie
Ordinis Heremitarum eiusdem sancti, facientes... fere totum et integrum capitulum... *infor-*
mati di una compera oggi stesso fatta da frate Bartolomeo da Castellazzo di beni stabili in
Bassignana, per la somma di fiorini 312 e mezzo, e della investitura perpetua fattane dal
compratore nel venditore Giacomo Visconti rappresentante anche di suo fratello Enrichetto
Visconti, coll'obbligo di pagare ogni anno lire 25 allo stesso frate Bartolomeo sua vita du-
rante, e dopo la sua morte al Convento di S. Agostino... capitolarmente approvano e confer-
mano i due atti. Et amplius sponte et omni iure, etc. quampluribus notabilibus causis et rationibus animum ipsorum dominorum Prioris et Fratrum ad hoc merito moventibus, et ut
in alios Fratres dicti conventus bonum transeat exemplum et benefaciendi animi argumen-
tum cedat, tenore presentis instrumenti, salvis et firmis manentibus instrumentibus et contractibus quibuscumque aliis ab hodie retro factis... pro evidenti utilitate dicti capituli, con-

ventus et ecclesie et quorumcumque Fratrum in ipso monasterio per tempora degentium, non solum suprascripto domino fratri Bertolameo, sed et etiam quibuscumque Fratribus, quicumque sint, de dicto Ordine, dicto conventu et monasterio de cetero degentibus et omnipotenti Deo et divo Augustino famulantibus in eo monasterio, liberam, amplam et fidelem dederunt et concesserunt ac dant et concedunt licentiam, auctoritatem et facultatem aquirendi nomine proprio et quoad vixerint ut supra et durante eorum vita tantum, tenere et possidere quecumque bona que aquisiverint tute, libere et impune et disponendi de ipsis pro libito voluntatis, et si et dummodo post ipsius domini fratris Bertolamei vitam et aliorum quorumcumque qui aquisiverint et qui de cetero aquirere contigerit, exinde omnia bona tam aquixita quam aquirenda ut supra, ipso iure et facto et absque alia declaratione perveniant et intelligantur pervenisse ad ipsum capitulum et conventum ac monasterium, perinde ac si primipaliter et sine medio ipsorum fratrum acquirentium, nomine dicti Conventus, predicti contractus celebrati fuissent et de cetero celebrarentur. Que quidem licentia extendatur et extendi debeat nedum ad bona et iura acquixita et acquirenda per ipsum dominum fratrem Bertolameum et alios fratres dicti conventus, sed etiam ad quoscumque alios contractus investiturarum tam perpetuarum quam ad tempus et permutacionum et ad quecumque alia non concernentia evidentem lexionem dicti conventus, seu alienationem bonorum dicti conventus acquisitorum et acquirendorum per ipsos fratres ut supra, quibus omnibus contractibus, factis et fiendis ut supra et concernentibus favorem et utilitatem dicti monasterii et conventus ac capituli eiusdem ex nunc consenserunt et consentiunt tenore presentis instrumenti. Promisserunt etiam ipsi domini Prior et fratres, capitulariter convochati ut supra, suis et dictis nominibus, suprascripta omnia sic ut supra dicta, acta, facta, ac etiam facienda per dictum dominum fratrem Bertolameum et per alios quosvis fratres ut supra, et modo tamen et forma quibus et prout supra, et omnia in eis contenta et continenda et contraenda, gerenda et exercenda per ipsum dominum fratrem Bertolameum et alios fratres ut supra, rata et firma habere et attendere et non contrafacere directe nec indirecte, tacite nec expresse, nec sub alio quovis iuris vel facti quexito colore, sub omnium et singulorum dampnorum, interesse et expensarum litis et extra, restitucione et sub ipotecha et obligacione omnium bonorum dicti conventus et monasterii. Et hoc etiam maxime atento quod dictus dominus frater Bertolameus, prout ipse dicit et protestatur, presentibus et audientibus ac intelligentibus dictis dominis Priore et fratribus, predictas acquisitiones ac contractus de quibus supra, hactenus factas, aliter nec alio modo facturus non fuisset, nec aliquas alias faceret in futurum. Et renunciaverunt, etc. Et inde, etc. Presentibus testibus, etc.

DLXXII.

Il Capitolo di S. Mostiola dà investitura di beni in Portalbera.

1493, gennaio, 9.

(Arch. Notar. di Pavia — Atti di Gio. Franco Canevari).

I N Capitulo infrascripti monasterii sancte Mustiolle, sito in dicto monasterio.... convocato Capitulo, de mandato venerabilis sacre theologie magistri domini fratris Iohannis Antonii de Laude Prioris, et cum eo domini magister Galleaz

Vicecomes, magister Iacobus Curtius, sacre theologie magistri, frater Melchion de Lucino, dominus frater Dessiderius de Ianua, frater Ubərtus de Ianua, frater Timoteus de Laude, frater Martinus de Mediolano, frater David de Papia, *dànno investitura novennale a Francesco Tegnosi di Portalbera, di una casa in Portalbera con un sedime di 5 pertiche, che il monastero già comperò dallo stesso Tegnosi, per l'annuo affitto di 5 lire imperiali e di un pajo di capponi.*

DLXXIII.

Il Capitolo di S. Mostiola dá investitura dei beni di Redavalle.

1493, febbraio, 16.

(Arch. Notar. di Pavia. — Atti di Gio. Franco Canevari).

I N Capitulo monasterii sancte Mustiolle Papie, Ordinis sancti Augustini Heremitarum, sito in dicto monasterio, ubi infrascripti domini Prior et Fratres solent convocari et congregari pro negotiis suis peragendis.... Convocato, colecto et congregato vererabili Capitulo predicti monasterii, de imposicione et mandato reverendi sacre theologie magistri domini fratris Antonii de Laude Prioris, et cum eo et penes et apud eum dominus magister Galeaz Vicecomes, dominus frater Melchion de Lucino, frater Albertinus de Ianua, frater Iohannes Antonius de Novaria, frater Geogius de Vicomercato, frater David de Thaurino et frater Laurentius de Brochardis, omnes fratres predicti monasterii, facientes, etc. *dànno investitura novennale a Guniforto Fasani di Barbianello, di una vigna di circa dieci pertiche in Redavalle, per l'affitto di una bigoncia di vino, da consegnarsi ogni anno al monastero, che ne pagherà il dazio d'entrata in città. È aggiunta anche la condizione* quod predictum monasterium teneatur omni anno celebrare unum anniversale pro anima defunctorum ipsius conductoris, ea die qua consignabitur vinum, seu alia die sequenti habili (1).

DLXXIV.

Legato testamentario del conte Giovanni Attendolo a favore di S. Paolo.

1493, febbraio, 20.

(Arch. Notar. di Pavia. — Atti di Giovanni Pietro Imodelli).

N EL *monastero di Sant'Apollinare, fuori le mura di Pavia.* Testamento del Magnificus et prestantissimus Comes et Miles dominus Comes Iohannes de Attendolis, filius quondam magnifici domini Comitis Mathei, civis et habitator ci-

---

(1) Notiamo che con atto del 5 novembre di questo stesso anno, rogato da Bernardo Cellanova, l'investito paga il suo canone annuo al nuovo Priore di S. Mostiola, frate Angelo da Piacenza, ed al Procuratore frate Melchiorre Lucini. Anche ai 2 settembre 1494 con atto dello stesso Cellanova dai consorti Fasani si paga l'affitto in nove brente di vino al Capitolo, composto del Vicario frate Giovanni Antonio da Lodi Maestro in teologia, e dei frati Agostino della Chiesa, Lorenzo da Milano, Martino da Milano e Lorenzo da Pavia.

vitatis Papie.... *col quale* dat et legat monasterio sancti Pauli, Ordinis Heremitarum sancti Augustini de Observancia, sito extra et prope Papiam, ducatos centum sexaginta auri et in auro, semel tantum.

DLXXV.

Il Conservatore di S. Agostino comanda al Clero Curato di Pavia e di Novara che intimi nelle rispettive parrocchie, ai detentori dei beni degli Agostiniani, di restituirli sotto pena di scomunica.

1493, marzo, 1.

(Arch. Notar. di Pavia — Atti di Gio: Fianco Gravanago'.

I OHANNES Matheus de Privolis, decretorum doctor, Archidiaconus Ecclesie Maioris Papie, conservator apostolicus specialiter deputatus sacrosancte Religioni universali Heremitarum beatissimi Augustini, mediantibus litteris patentibus conservatoriis reverendi in Christo patris domini fratris Ambrosii de Chora prelibati Ordinis, sacrosancte theologie magistri et professoris precelebrate Religionis, Dei gratia humilis Prioris Generalis, datis et actis Papie in prefacto monasterio sancti Augustini, anno MCCCCLXXVIII die septimo mensis Iullii, per dominum Iohannem de Scanzolis notarium papiensem, ex auctoritate et potestate prefato domini Priori Generali atributis, mediantibus amplissimis bullis apostolicis, ipsis in conservatoriis insertis et de quibus offerimus nos paratos amplam fidem facere, si, quando et prout id fuerit a nobis canonice requisitum, universis et singulis Prepositis, Archipresbiteris, aliisque ecclesiarum civitatum et diocesum papiensis et novariensis rectoribus et ministris, eorumque locatenentibus, ad quos presentes presentate fuerint, salutem in Domino et mandatis nostris firmiter ac humiliter obedire.

Cum gravi querela nobis exposuit venerabilis dominus frater Bertolameus de Castelacio sindicus et procurator... monasterii sancti Augustini Papie, quod per nonnullos iniquitatis filios, Dei iudicium non timentes et eterne salutis immemores, quorum nomina prorsus ignorat, furtive et clandestine subtracta et alio exportata fuerunt multa et varia bona mobilia ac domus utensilia et maxime denarii et argentum monetatum et non monetatum, panni lini et lane, vestes, vinum, frumentum et alia diversa blada et legumina, ferramenta, vasa a vino et vasa erea, piatelli, scutelle et scutelini peltri, togalioli et alia diversa bona mobilia ac domus utensilia et supelectilia ; nec non quod per nonnullos usurpantur confluia domus domini presbiteri Iohannis de la Ecclesia et confines furni.

Item qui sciret quod quidam murus turni fuerit satisfactus tempore domini fratris Baptiste de Rosate. Item per nonnullos tenentur et occupantur certa bona immobilia iacentia in territorio Tromelli, relicta dicto monasterio per nunc quondam dominum Iohannem Antonium de Strata. Item furtive exportata fuerunt lignamina ab opere et a focho. Item fracta fuerunt certa ostia, nec non fracte certe domus. Item incisi fuerunt salices. Et que omnia eisdem domino Priori et Fratribus celantur, occultantur, et indebite detinentur et usurpantur. Et quod de predictis omnibus nullam hucusque informacionem nec restitucionem nec sententiam habere potuerunt nec possunt ipsi dominus Prior et Fratres, in ipsorum, qui predicta habuerunt et scientiam habent de predictis evidens preiudicium animarum et prefatorum domini

Prioris et Fratrum maximum dampnum et preiudicium. Super quibus omnibus dictus dominus sindicus et procurator, dictis nominibus, requisivit a nobis sibi, dictis nominibus, de oportuno iuris remedio provideri. Eapropter ad ipsius domini sindici et procuratoris, dictis nominibus, requisicionem et instanciam, harum serie mandamus vobis et singulis vestrum, in virtute sancte obediencie et sub excomunicacionis pena districtius in mandatis, quatenus die prima dominica, in ecclesiis vestris in missarum solempniis, dum ibidem ad divina maior aderit populi multitudo, ex parte nostra moneatis in genere, nullis tamen nominibus expressis, prout nos serie presentium monemus, omnes et singulos sexus utriusque, qui ea de quibus supra, in toto vel in parte, habuerunt vel habent, seu usurpant seu dolo habere desinunt et eos qui sciunt aliquem vel aliquos ea de quibus supra in toto vel in parte habuisse, vel usurpare et tenere, et eos qui sciunt aliquem vel aliquos dare debentem seu debentes dicto monasterio aliquas quantitates pecuniarum, et maxime a tempore mortis nunc quondam domine Biginne de Rampis, eisque et eorum singulis in virtute sancte obediencie et sub excomunicationis pena districte precipiendo mandatis, prout nos serie presentium mandamus, quatenus ii qui huiusmodi bona et ligna et confinia et terras habuerunt vel habent seu dollo habere desinunt vel usurpant et detinent, ipsa omnia si extant restituisse et consignasse ac relassasse debeant, et si non extant ipsorum omnium verum precium et valorem solvisse et exbursasse. Ii vero qui sciunt aliquem vel aliquos ea de quibus supra in parte habuisse vel habere desinere seu dare debentes ut supra, eos nobis vel vobis extra penitencie forum, aut dicto domino sindico vel domino fratri Francisco de Cerrano, infra quindecim dies post monicionem eandem per vos ut premittitur factam proxime futuros, quorum dierum quindecim, quinque pro primo, quinque pro secundo, reliquos quinque dies pro tercio, ultimo et peremptorio termino ac monicione canonica eis omnibus et singulis prefigimus et assignamus, manifestare et propalare ac restituere debeant atque procurent. Alioquin contra omnes et singulos horum nostrorum mandatorum contemptores et rebelles excomunicacionis sentenciam pro tribunali sedentes proferimus in his scriptis. Mandantes vobis et singulis vestrum ut supra, quatenus elapsos dierum quindecim spatio suprascripto, prefatos horum nostrorum mandatorum contemptores et rebelles, in prefactis ecclesiis vestris, in similibus missarum solempniis, publice excomunicatos denunciare curetis, campanis pulsatis, candellis accensis in terram proiectis pariter et extinctis, ut moris existit. Quorum omnium absolucionem nobis vel superiori reservamus. In quorum testimonium, etc. Dat. Papie in canonica supradicte ecclesie maioris Papie, die primo Marcii, MCCCCLXXXXIII, indicione undecima. Io. Matheus.

DLXXVI.

Il nobile Giovanni da Pescia elegge la sua sepoltura a S. Mostiola.

1493, marzo, 20.

(Arch. Not. di Pavia — Atti di Leonardo Buscati).

ELLA *chiesa di S. Lorenzo. Testamento del nob. Giuseppe de Pissia, del fu Antonio, cittadino di Pavia, col quale, revocato il testamento fatto ai 2 agosto 1475,* ellegit et ellegit sibi sepulturam in ecclesia sancte Mustiole Paple, ubi cadavera

parentum suorum iacent, posita ante altare sancte Marie constructum in dicta ecclesia, quocienscumque et quandocumque continget ipsum testatorem ab hoc seculo decedere et eius
animam a corpore segregari, etiam si decederet extra Papiam per distanciam quindecim mi-
liarium vult, lubet et mandat corpus suum portari, reponi et sepeliri debere in dictis ecclesia et sepultura.

DLXXVII.

Legato testamentario di Leonardo Belbello a favore di S. Paolo.

1493, giugno, 10.

(Arch. Notar. di Pavia. — Atti di Gaspare Tacconi).

N ELLA *casa del testatore, in Parrocchia di S. Giovanni in Borgo. Testamento di
Leonardo Belbello, del fu Giovanni, nel quale* dat et legat monasterio sancti
Pauli sito extra et prope Papiam, Ordinis observancie sancti Augustini, libras
centumquinquaginta imperiales, amore Dey.... cum onere celebrandi.... omni anno in perpetuum offitia duo cum missa in cantu pro anima ipsius testatoris.

DLXXVIII.

Il Capitolo di S. Agostino dà investitura di una vigna in Ceranova.

1493, giugno, 21.

(Arch. Notar. di Pavia — Atti di Gian Giacomo Canevari).

I N Capitulo monasterii et conventus sancti Augustini, ubi solent fratres congregari, sito in Citadella Papie.... Venerabilis religioxus dominus magister Antonius
de Ast Prior ecclesie et conventus monasterii sancti Augustini Papie et sacre
theologie magister, et cum ipso et penex ipsum reverendi patres domini magister Iohannes
de sancto Angelo, magister Alisander de Papia, magister Iohannes Bertolameus de Valmacha regens, sacre theologie magistri, nec non venerabiles domini frater Andreas de Mediolano bachalarius, frater Bertolameus de Castelacio biblicus et procurator, frater Martinus
de Valentia lector, Filipus de Vicentia lector, Paulus de Puteo sacrista, Didimus de Brayda,
Iohannes de Tricio, frater Zacharias de Mediolano magister studencium, frater Tomax de
Cicillia cursor, frater Silvester de Papia, frater Gregorius de Papia, frater Simplicianus de
Monteortono, frater Filipus de Laude, frater Leonardus de Marchia, frater Angelus de Lisandria, frater Lazarus de Novaria, frater Marchus de Padua, frater Iohannes de Turonis,
frater Antonius de Francia, frater Paulus Astensis, frater Laurentius de Mediolano, frater
Petrus de Castronovo, frater Spiritus de Mediolano, frater Lactantius de Placentia, omnes
fratres professi degentes in dicto monasterio et conventu et voces facientes in Capitulo....
in quos pervenit infrascriptum fictum.... titulo assignationis sibi facte per Bertolameum et

fratres de Fiambertis, filios et heredes condam domini Gabriellis et in exequutione testamenti paterni, *dànno investitura perpetua alla nobil donna Susanna di Fabisgrossis, vedeva di Angelino Baracani e moglie di Riccardino de Cusono, ed a costui come marito della investita, di una vigna di 16 pertiche in territorio di Ceranova per l'affitto annuo di 8 brente di vino.*

DLXXIX.

Religiosi Agostiniani promossi agli Ordini sacri.

1493, settembre, 21.

(Arch. Notar. di Pavia — Atti di Gian Giorgio Sisti).

O RDINATIO Generalis sacrorum Ordinum... in sacristia nova maioris ecclesie Papie... per reverendissimum in Christo Patrem decretorum doctorem et sacre teologie magistrum dominum Rolandum ex comitibus Roveschale, Dei et apostolice Sedis gratia Episcopum Antenadorensem, sufraganeum in ecclesia papiensi...

Ad subdiaconatum
Frater Leonardus de Spedia Ordinis sancti Augustini.
Ad diaconatum
Frater Nicholaus de Castronovo Ordinis sancti Augustini.

DLXXX.

Testamento di frate Alberto Guidoboni Agostiniano, abbate di Montebello.

1493, ottobre, 19.

(Arch. Notar. di Pavia. — Atti di Gio: Franco Canevari'.

N ELLA *casa del testatore, in Parrocchia di S. Invenzio. Testamento del* reverendus sacre theologie magister dominus Albertus de Guidebonis, abbas sanctorum Gervasii et Prothasii de Montebello partium transpadinarum, diocesis Placentie et Comitatus Papie (1)... col quale ordinat quod cadaver et seu corpus eiusdem sepeliatur et sepeliri debeat in templo sancti Augustini Papie, in sepultura conversorum dicti templi, hora secunda noctis, cum quatuor torticiis cere, sine aliqua solempnitate et aliquo invitamento... Item vult, ordinat et mandat quod libri ipsius domini testatoris sint et remaneant pro una dimidia dicto conventui sancti Augustini Papie, et pro altera dimidia conventui Trinitatis Terdone Ordinis sancti Augustini, et ita hos legat ut supra, salvo et reservato ac acto et intelecto quod libri Artium, videlicet Logice et Philosophie, sint ad usum Octaviani

(1) Vedi il documento del 7 luglio 1478, e del 31 dicembre 1484.

(de Guidobonis artium scolaris) infrascripti, quoad vixerit, et horum librorum distributio et inventarium fiat per reverendos sacre teologie magistros domiros Antonium Astensem patrem, eiusdem domini testatoris confessorem et Iacobum de Tertona. Item relinquit ac dat et legat dicto conventui sancti Augustini Papie, pro anniversario singulo anno in perpetuum celebrando per ipsum conventum, pro anima ipsius domini testatoris, sachos tres papienses furmenti, singulo anno in perpetuum solvendos post integram et completam solutionem possessionis Castelatii ipsius domini testatoris, per infrascriptum heredem et seu heredes, hoc addito et intellecto quod ipse Octavianus heres institutus possit se a dicto annuo perpetuo legato sachorum trium furmenti liberare quandocumque, ipso dante et solvente realiter et cum effectu prefato monasterio et seu conventui florenos quinquaginta monete mediolanensis, et ipso conventu recusante seu negligente ipsos acceptare et facta de ipsis oblacione cum deposito penes idoneam personam, ipse Octavianus sit et esse debeat liber ab ulteriori dicti legati prestatione, et monasterium teneatur ipsas pecunias implicare in uno flcto sachorum trium turmenti, et deinde gravat monasterium ad celebrandum anniversale singulo anno in perpetuum, et monasterium teneatur relevare dictum infrascriptum heredem a datio intrate respectu dicti annui legati ; gravans quoque dictum infrascriptum heredem ad dandum dictis Fratribus dicti conventus ducatum unum pro sepultura ipsius domini testatoris, et pro septimis et trenteximo unum alium ducatum. Item dat et legat... conventui sancte Trinitatis de Terdona dicti Ordinis sancti Augustini iam dicto illas libras tricentas imperiales, quas dictus dominus testator habere asserit a domino Christoforo de Guidobonis cive terdonensi... et in alia parte ipsi conventui libras centum quinquaginta imperiales quas dictus dominus testator, ut dicit, habere debet a Paulo de Guidobonis fratre dicti Christofori et seu illud totum quod idem dominus testator habere debet a dicto fratre dicti Christofori...

DLXXXI.

Il Capitolo di S. Agostino dà investitura di una casa in Garlasco.

1493, novembre, 19.

(Arch. Notar. di Pavia. — Atti di Gio. Franco Canevari).

I N Capitulo conventus ecclesie et monasterii sancti Augustini Papie, ibidem convocato et congregato, mandato et imposicione venerabilis et reverendi domini sacre theologie magistri domini fratris Antonii de Ast Prioris dicti monasterii, in quo quidem capitulo fuerunt et adsunt magister Iohannes de sancto Angelo, magister Alexander de Papia et magister Iohannes Bertolameus de Valmacha, frater Ambrosius de Mediolano bachalarius, frater Bertolameus de Castelatio biblicus, frater Zacharias de Mediolano magister studentium, frater Didimus de Papia, frater Thomax de Cicilia cursor, frater Filipus de Laude, frater Lazarus de Novaria, frater Gregorius de Vercellis, frater Benedictus de Cerano, frater Antonius de Francia, frater Baxilius de Senis, frater Paulus de Ast, frater Petrus de Castronovo, frater Leonardus de la spina, frater Ieronimus de Lentà et frater Franciscus de Cerano (sono cancellati i nomi seguenti: Frater Filipus de Vicentia lector, frater Iohannes de Tricio, frater Angelus de Alexandria, frater Simplicianus de Monteortono, frater

Iohannes de Francia, frater Paulus de Papia, frater Iohannes Iacobus de Parasacho, frater Nicolaus de Castelatio)... facientes... maiorem.... partem tocius capituli.... *dànno investitura perpetua a Lanfranco Beccari di una casa in Garlasco, per lire otto di annuo affitto, colla concessione di entrare in possesso di :detta casa quando il Beccari pagasse al Convento cento fiorini.*

DLXXXII.

Il Priore e il Procuratore di S. Mostiola ricevono un pagamento dalle Monache di S. Maria delle Stuore e di S. Maria delle Caccie.

1493, dicembre, 6.

(Arch. Notar. di Pavia — Atti di Gio. Franco Gravanago).

I N claustro monasterii sancte Mustiole.... Confessio facta per venerabiles viros dominos fratrem Angellum de Placentia Priorem et fratrem Melchionem de Lucino sindicum et procuratorem.... monasterii sancte Mustiole.... mihi notario.... vice venerabilium domine Abbatisse et Monialium monasterii sancte Marie Veteris, nuncupati de Storiis, cui unitum est monasterium sancte Marie de le Caciis, nuncupatum sancti Martini foris portam, de libris vigintiquinque imper. de quibus ipse domina Abbatissa et Moniales sunt vere debitrices dicti monasterii sancte Mustiole, pro termino finito in festo sancti Martini prox. pret. vigore certarum convencionum factarum inter ipsas dominam Abbatissam et Moniales parte una, et dominum Priorem et Fratres dicti monasterii sancte Mustiole parte altera, de quibus rogatum fuit instrumentum publicum mihi notario, etc. (1).

DLXXXIII.

Testamento della nobile Simonina Guerraprodeo Balbi a favore di suo figlio frate Giovanni Maria Balbi di S. Paolo.

1494, gennaio, 17.

(Arch. Notar. di Pavia — Atti di Filippo Folperti).

N ELLA *casa della testatrice, in Parrocchia di S. Michele Maggiore.* Nobilis domina Simonina de Guerraprodeo... uxor secundo loco quondam domini Io. Antonii de Balbis, civis Papie... *(col suo testamento)* iubet... cadaver suum sepeliri debere in ecclesia infrascripti monasterii sancti Pauli prope et extra menia civitatis Papie...

---

(1) Non ci fu dato di rinvenire l'istromento qui accennato, che ci avrebbe indicato la causa del debito delle Monache verso gli Agostiniani. Abbiamo però trovato tra gli atti del Gravanago un documento del 7 dicembre 1493, in cui si accenna ad altro atto rogato da Tommaso de' Porri. Con questo atto del 7 dicembre il Capitolo di S. Mostiola, che noi già conosciamo, concede alle Monache una proroga pel pagamento del loro debito. Inoltre nel documento del 19 dicembre 1494 vedremo una specificazione maggiore del debito.

Item... legavit et legat venerabili domino fratri Io. Marie de Balbis Ordinis suprascripti monasterii sancti Pauli, ipsius domini testatricis... filio legiptimo et naturali, et egregio artium et medicine doctori domino magistro Augustino de Balbis ipsius domine testatricis nepoti, libras tercentum imper. dandas et solvendas... per... heredes universales... que libre tercentum imper. iussit et iubet per ipsos dispensari debere amore Dei in hiis de quibus continetur in quadam lista que est penex ipsos dominum fratrem Iohannem Mariam et Ioh. Augustinum de Balbis... Item dedit et legavit... predicto domino fratri Iohanni Marie de Balbis, omni anno toto tempore vite sue, libras decem imperiales... Item voluit et disposuit... quod suprascriptum Monasterium sancti Pauli (decedentibus heredibus suis universalibus absque filiis, ipsoque succedente in testatricis bonis omnibus) teneatur construi facere unam capellam sub vocabulo sancte Monice, in dicta ecclesia sancti Pauli, et de eo quod superfuerit de bonis ipsius testatricis ferventuris in dictum monasterium ut supra, vult ipsa domina testatrix quod predicta capella dotetur et sit dotata pro anima ipsius domine testatricis et defunctorum suorum.

DLXXXIV.

Il Capitolo di S. Paolo costituisce i suoi Procuratori per la divisione della eredità di Galeazzo Fiamberti.

1494, marzo, 17.

(Arch. Notar. di Pavia — Atti di Agostino Gravanago).

I N sacristia nova seu loco capituli monasterii sancti Pauli extra et prope muros civitatis Papie... Convocato... Capitulo... de mandato... venerabilis domini fratris Iohannis Marie de Papia vicarii dicti monasterii (1), in quo quidem capitulo fuerunt et sunt prefatus dominus Vicarius et penex eum venerabiles domini fratres, dominus frater Perinus (?) de Cumis, frater Cornelius de Bugiella, frater Iohannes Petrus de Papia (2), frater Celsus de Papia, frater Sebastianus de Vincentia, frater Theophilus de Crema, frater Archangelus de Ianua, frater Petrus Paulus de Papia, frater Theodorus de Papia, frater Defendens de Mortario, frater Iohannes Baptista de Taurino et frater Antonius de Rodobio, facientes maiorem et saniorem partem dicti Capituli... faciunt et constituunt prefatos dominos fratrem Cornelium et fratrem Iohannem Petrum... eorum et dicti monasterii sindicos et procuratores... specialiter ad, nomine dicti monasterii, dividendum et divixiones faciendum pro tertia parte tercie partis omnium bonorum immobilium hereditatis quondam magnifici doctoris et militis domini Galeaz de Fiambertis, cum filiabus et aliis heredibus (3)... relictis dictos monasterio in ultimo testamento, rogato per Ioh. Iacobum de Canevariis notarium papiensem, etc.

---

(1) È frate Giovanni Maria Balbi, che vedemmo nel documento antecedente. Egli teneva il luogo del Priore frate Alessandro Torti di Pavia assente momentaneamente dal Convento, il quale ci risulta essere stato Priore da un atto dell'8 novembre 1493, rogato da Giovanni Agostino Barbieri, con cui il detto Priore Torti riceve un affitto per la terza parte di un molino sul fiume Vernavola presso S. Giacomo da un Giovanni Elia Tintori.

(2) È frate Pietro Paolo Fasoli, del fu Gaspare di Pavia, che con atto dell'11 gennaio 1492, rogato da Gaspare Tacconi, essendo ancor novizio e da soli 8 mesi entrato nel Convento di S. Paolo, vende una casa al pittore Gian Pietro Bigarelli. Sembra facesse la sua professione poco dopo il 14 maggio 1492, giacchè sotto questa data negli atti di Nicolino Sicieri si trova il testamento, che egli fece, come era uso generale, poco prima della Professione. Egli era cugino dei due famosi pittori Lorenzo e Bernardino Fasoli di Pavia, che tanto illustrarono l'arte della pittura in Genova.

(3) Vedi il documento del 30 giugno 1489.

DLXXXV.

Il Comune di Pavia domanda al Vicario Generale della Congregazione Lombarda che mandi al Convento di S. Paolo frate Lippo.

1494, aprile, 17.

(Museo Civ. di Stor. patr. di Pavia — *Atti di Provvis.* Pacco 3).

ONVOCATO Consilio, etc. Prefati domini Presidentes, etc. providerunt quod scribantur littere Generali sancti Augustini de Observancia (1) pro colocando fratrem Lippum ad sanctum Paulum, pro ressidentia fienda anno presenti.

DLXXXVI.

Legato testamentario del nob. Cristoforo Boschi a favore di S. Paolo.

1494, settembre, 1.

(Arch. Notar. di Pavia — Atti di Matteo Ferrari).

ELLA *casa del testatore, in Parrocchia di S. Filippo. Testamento dello* spectabilis vir dominus Christoforus de Buschis, fq. domini Petri, civis Papie, *con cui dat* et legat monasterio et ecclesie sancti Pauli extra muros Papie, Ordinis Heremitarum, ducatos quinquaginta auri et in auro, dandos et solvendos dicto monasterio et ecclesie.... post mortem ipsius domini testatori infra annos decem exinde proxime futuros....

DLXXXVII.

Il Capitolo di S. Paolo elegge suo Giudice e Conservatore apostolico Filippo Tinti Canonico e Rettore in Cremona.

1494, settembre, 2.

(Arch. Notar. di Pavia — Atti di Agostino Gravanago).

N sacristia monasterii sancti Pauli Ordinis sancti Augustini de Observancia, siti extra et prope muros civitatis Papie, Porte sancti Petri ad Murum, Parochie sancte Marie in Perticha. Convocato... capitulo... de mandato venerabilis domini fratris Iohannis Marie de Papia vicarii dicti monasterii et locumtenentis reverendi do-

---

(1) Era allora Vicario Generale della Congregazione lombarda   Vedi TORELLI, vol. VII, 428. alla quale si era ascritto, il celebre frate Mariano da Gennazzaro.

mini fratris Alexandri de Papia Prioris dicti monasterii et nunc absentis a dicto monasterio, in quo quidem capitulo fuerunt et sunt prefatus dominus Vicarius nec non et venerabiles domini frater Pelegrinus de Gatinaria, frater Cornelius de Biella, frater Iohannes Petrus de Papia, frater Celsus de Papia, frater Paulus de Papia, frater Iohannes Baptista de Conflentia, frater Alipius de Mediolano, frater Augustinus de Plurio, frater Gabriel de Plurio, frater Lucretius de Verona, frater Teodorus de Papia, frater Martinus de Alexandria, frater Thomas de Cremona, frater Deffendens de Mortario, frater Petrus de Papia et frater Galdinus de Mediolano, omnes fratres professi dicti monasterii, Ordinis sancti Augustini de Observancia, facientes maiorem partem capituli ipsius monasterii... ex facultate et baylia, eis et toti Ordini sancti Augustini de observantia concessis, mediantibus litteris, privilegiis et bullis apostolicis, elligerunt et elligunt venerabilem in Christo patrem et decretorum doctorum dominorum Filipum de Tinctis de Cremona canonicum ecclesie maioris civitatis Cremone et rectorem ecclesie sancti Pauli civitatis Cremone, in apostolicum iudicem et conservatorem et pro iudice et conservatore apostolico dicti monasterii sancti Pauli Papie, et in et pro omnibus causis et negociis ipsius monasterii, tam preteritis quam preṣentibus et futuris et in omnibus causis tam motis quam movendis ad conservandum bona et iura dicti monasterii item et specialiter in causa mota vel movenda pro parte dicti monasterii contra Bernardinam de Gusmeriis de Modoetia et Antonium de La Mola eius maritum habitatores civitatis Papie, et cum illis arbitrio, potestate et baylia de quibus et prout fit mentio in litteris, indultis, privilegiis, et bullis apostolicis, dicto Monasterio vel Religioni sancti Augustini de Observancia concessis, que hic habeantur pro sufficienter expressis. Et inde, etc. Presentibus etc.

DLXXXVIII.

Il Capitolo di S. Paolo riceve parte del legato Sacchetti per la costruzione della Cappella dei santi Cosma e Damiano.

1494, ottobre, 21.

(Arch. Notar. di Pavia. — Atti di Leonardo Buscati).

I N monasterio sancti Pauli, sito extra et prope menia civitatis Papie, videlicet in sacristia dicti monasterii et ecclesie sancti Pauli... Venerabiles dominus frater Alexander de Papia Prior, frater Iohannes Maria de Papia vicarius, frater Iohannes Petrus de Papia, frater Ieronimus de Papia, frater Celsus de Papia, frater Paulus de Papia, frater Alipius de Mediolano, frater Iohannes Baptista de Conflentia, frafer Lucretius de Brissia, frater Antonius de Brissia, frater Deffendens de Mortario, frater Ellixerus de Como, frater Antonius de Robio, frater Petrus Paulus de Papia, frater Theodorus de Papia, frater Galdinus de Mediolano, omnes fratres expresse professi Ordinis Heremitarum sancti Augustini de Observantia in dicto monasterio seu conventu sancti Pauli predicti *dichiarano di ricevere dal dottore in leggi Bernardino Sacchetti, del fu dottore di medicina Francesco, lire 200 imperiali,* pro parte solucionis... illorum florenorum ducentum.., legatorum ipsi monasterio et ecclesie et seu fabrice ipsius ecclesie et monasterii per quondam dominum Guillerminum de Sachetis, olim eius patruum, in eius ultimo testamento de quo rogatum fuit pubblicum instrumentum nunc quondam domino Stefano de Strata olim notario, et hoc pro constructione et fabricacione unius capelle, construende et quam idem quondam dominus Guillermus in dicto suo ultimo testamento... mandavit fieri et construi debere in dicta ecclesia, sub vocabulo sanctorum Cosme et Damiani, et illam ipsi domini Prior et fratres fabricatam fore dicunt et protestantur in ipsa ecclesia sub dicto vocabulo sanctorum Cosme et Damiani et ita ipsi domini Prior et fratres assignarunt et assignant dictam capellam sic fabricatam, sed non finitam, in dicta ecclesia, inter capellam sancti Nicholay de Tolentino et capellam illorum de Iximbardis constructas in dicta ecclesia, dicto domino Bernardino ibi presenti et acceptanti nomine ut supra (1).

DLXXXIX.

Il Comune di Pavia loda l'opera di riforma intrapresa a S. Mostiola dal Vicario frate Benedetto da Milano.

1494, ottobre, 31.

(Museo Civ. di storia patr. di Pavia — Atti di Provvis. Pacco 3, e Pacco Religiosi).

M | CCCCLXXXXIIII, die ultimo octobris, in vesperis.
Convocato consilio, etc. Prefati domini Presidentes Provisionum Comunis Papie,... Item similiter providerunt et provident quod scribantur littere Domino Generali sancte Mostiole in favorem fratris Benedicti dicti Ordinis et prout erunt annotate.

Reverende in Christo et domine plurimum honorande.

Nostri officii esse existimantes procurare omni studio et diligentia ut publica bene regantur et maxime ut cultus divinus non minuatur, sed augeatur potius, ita quod saluti animarum nostrarum bene consulatur, quo fit ut quamquam monasterium sancte Mustiolle malam de se opinionem preseferens nobis multum cure impenderit, tandem multis clamoribus excitatus Reverendus Pater D. Frater Bertholomeus de Aquis provincialis, de presenti constituit in dicto monasterio in vicarium Reverendum Magistrum D. Fratrem Benedictum de Mediolano (1), cuius fama apud nos bene redolens semper fuit, et in hoc sibi credite provintie experimento diligentissimus et integerrimus cognitus est; ita ut nullum alium optare possimus qui magis religioni et civitati conveniret. Ideo laudamus provixionem dicti reverendi D. Provincialis, sed quia parum esset bene incipere et parum proficere vel perdurare, memores quod, non qui bene inceperit, sed qui usque in finem perseveraverit, hic salvus erit, et quod perseverantia est summe necessaria in quocumque bono opere, ideo suplicamus

---

(1) Vedi il documento 28 gennaio 1496.

(1) Vedi il documento del 14 marzo 1492. I superiori agostiniani furono sempre gelosi della disciplina dei loro Religiosi, e perciò non appena si ebbero lamenti sul procedere di qualcuno appartente a S. Mostiola, il P. Provinciale, frate Bartolomeo da Acqui, che in Pavia era circondato della più alta stima come Religioso e come scienziato, perchè come abbiam visto, fu professore nell'Università, trasferì la sua dimora in S. Mostiola per poter personalmente attendere all'opera di correzione. Un atto del 14 giugno 1494, rogato da Giorgio Andrea Porzio, allude appunto alle rigorose misure da lui prese contro i due Religiosi frate Agostino da Abbiate e frate Gabriele da Garlasco. Del resto un'altra prova dello zelo di frate Bartolomeo da Acqui si ha nel fatto della elezione di frate Benedetto da Milano a Vicario di S. Mostiola.

et rogamus Reverendam Paternitatem vestram, ut eidem D. Magistro Benedicto committat et subdelleget omnes eius vices pro provixionibus fiendis in dicto monasterio tam de capite quam de membris, ne contingat a dicto D. Provinciali rem inceptam deficere ad contraria vota, quia tunc non bene esset prospectum et consultum ipsi predicto monasterio, quod Reverendissime Paternitati vestre commendamus, sperantes per eandem futurum ut Deo in primis debitus honor habeatur et nostris animis bene consulatur. Nos autem se commendamus orationibus Reverende Paternitatis Vestre. Papie, die ultimo octobris, 1494. Iohannes Petrus, Azo.

A. T. Reverendo in Christo et Sacrarum Litterarum doctori D. magistro Anselmo de Montefalcho tocius Ordinis Heremitarum sancti Augustini Priori Generali perpetuo, maiori suo honorando.

DXC.

Il Procuratore di S. Mostiola riceve dalle Monache di S. Maria delle Caccie il saldo di un credito.

1494, dicembre, 19.

(Arch. Notar. di Pavia — Atti di Gian Giacomo Gravanago).

I N primo claustro infrascripti monasterii sancte Mustiole, sito in Porta S. Iohannis, in Parochia sancti Filipi... Venerabilis vir dominus frater Augustinus de la Ecclesia sindicus et procurator... monasterii sancte Mustiole, *riceve dal notaio a nome* Abbatisse et Monialium monasterii sancte Marie veteris, nuncupati de le storiis, cui unitum est monasterium sancte Marie de le Caciis, nuncupatum sancti Martini toris portam, *lire 25*, pro integra solutione et satisfactione illarum librarum quinquaginta imper. per ipsam dominam Abbatissam et Moniales debendarum ipsis domino Priori et fratribus pro termino finito in festo sancti Martini proxime preterito, et que libre quinquaginta imper. sunt pro parte solucionis illarum librarum trescentum undecim imper. in una parte et in una alia parte librarum septuaginta quinque imper. de quibus aliax tunc domina Abbatissa et Moniales dicti monasterii sancte Marie de le Caciis confesse fuerunt se se. fore veras debitrices nunc quondam domini fratris Petri de Calvis, fratris professi dicti monasterii, per instrumentum rogatum per dominum Ioh. Franciscum de Canevariis seu Thomasium de Porris, seu alium notarium, nec non domina Abbatissa et Moniales suprascripti monasterii de le Storiis confesse fuerunt sese fore veras debitrices suprascripti monasterii sancte Mustiole... etc. (1).

(1) Vedi il documento del 6 dicembre 1493.

DXCI.

Il Priore di S. Paolo compera un terreno nel Tortonese.

1495, gennaio, 19.

(Arch. Notar. di Pavia — Atti di Francesco Strazzapatti).

N ELLA *casa del notaio, in Parrocchia di S. Maria Nuova. Martino Ricci, mani-scalco di Pozzolo tortonese, per quattro fiorini e mezzo alla pertica, vende al* reverendo patri domino fratri Alexandro de Tortis de Papia, Priori monasterii Fratrum sancti Pauli, Ordinis Fratrum Heremitarum sancti Augustini de Observantia, *un prato di ventitre pertiche e mezza*, sito in territorio Terdone, prope locum Pagharnine (1).

DXCII.

Deliberazione del Comune di Pavia per l' annua offerta a S. Paolo.

1495, marzo, 13.

(Museo Civ. di storia patria di Pavia — *Atti di Provvis.* Pacco 3, e *Regist. Provis.* ann. 1495, fol. 19).

M CCCCLXXXXV, die 13 Marcii, in tertiis.
Convocato Conscilio, etc. Prefati domini Presidentes Provisionum, etc., quia instat tempus fieri faciendi oblacionem ad ecclesiam sancti Pauli iuxta solitum, die *(in bianco)*, que tienda est de proximo, etc, annuere vollentes requisicioni dominorum Fratrum ipsius ecclesie, providerunt et provident quod ipsa oblacio fiat iuxta consuetum, imponentes cridas opportunas fieri debere, et bulletam similiter opportunam, de florenis decem, de denariis fictabilium et quibuscumque extraordinariis, iuxta solitum, etc.

---

(1) Con atto dello stesso notaio, in data del 9 febbraio successivo, il Vicario di S. Paolo, frate Giovanni Maria Balbi, ed il Procuratore, frate Giovanni Pietro da Pavia, comperano da Pierino Bottazzi di Pozzuolo tortonese 77 pertiche di prato, *in territorio Terdone*, *ubi dicitur in Merenchano*, per 4 fiorini alla pertica. Vedi anche il documento 17-20 agosto del 1498.

DXCIII.

Il Comune di Pavia chiede Frate Mariano da Genazzano e loda la predicazione di frate Carlo da Vercelli.

1495, aprile, 27.

(Museo Civ. di storia patria — *Regist. Provis.* ann. 1495, fol. 23 v. e 24 r., e *Lettere ducali*, Pacco 7).

M CCCCXCV, die 27 aprilis in vesperis.
Convocato Conscilio, etc.

Item considerantes quantum cedit saluti animarum habere in tempore quadragesimali habere *(sic)* in hac civitate idoneum predicatorem, qui eloquentia et virtutibus prestet, memores illius reverendi patris fratris Mariani, Ordinis Heremitarum sancti Augustini (1), cuius fama et nomen et laudant et admirantur, providerunt et provident quod scribantur littere congregacioni Capituli generalis faciendi in civitate ferrariensi, item alie littere illustrissimo Domino Domino nostro, ut dominatio sua dignetur scribere ut supra, ut in quadragesima proxime futura mittatur ipse frater Marianus etc. et in forma prout in fillo diversorum sunt annotate, subscripte, etc.

Item fiant alie littere prefato Capitulo ut supra, in commendatione venerabilis patris fratris Caroli de Vercellis (2), qui in elapsa quadragesima conciones habuit in ecclesia sancti Michaelis Papie, cum maxima virorum laude, etc.

Reverendi in Christo Patres observandissimi, Optavimus multociens, Reverendasque Paternitates Vetras obtestati sumus, ut ad ecclesiam cathedralem nostram, quadragesimali aliquo tempore, Reverendum sacre theologie magistrum fratrem Marianum vestrum, divini verbi explanatorem, destinarent, non ignorantes quantum fructus pro salute animarum tocius urbis nostre predicaciones sue fuissent allature. Verum in quadragesima nuperrime decursa, firmissime adventum suum prestolabamur, sed hactenus spes nostra vana extitit, quod, cum bona venia dictum sit, sine aliquali onere vestro fieri non potuit, cum tociens repetitis requisicionibus nostris aures clauseritis. Id enim intense benevolencie et devocioni, quibus totam congregacionem vestram prosequimur, nullatenus convenire arbitramur. Excusavit vos quantum potuit reverendus frater Carolus vercellensis congregacionis vestre, quem in ecclesia nostra sancti Michaelis, post dimidium quadragesime evangelizantem habuimus, asserens fratrem Marianum pro Capitulo vestro Generali necessarium retentum fuisse. Admissimus excusacionem postquam aliud velle non possumus, et eo quidem lubencius quo idem frater Carolus et bona cum gracia excusacionem ipsam proposuit et mirabili cum facundia verborumque et sensus gravitate, officium suum explevit, adeo ut plurimi admirati sint quod in novo tirone talle ingenii acumen, tam tenax memoria dicendique facilitas refulgeret. Sapidi fuerunt fructus sui et primarii et pro etate immaturi, speramus attamen aliquos maturiores nos sucepturos. Nunc autem Reverendas Paternitates vestras obnixe rogamus ut pro quadragesima futura fratrem Ma-

---

(1) Vedi il documento del 13-15 dicembre 1489.   alla Comunità di S. Mostiola sino dal 14 novembre 1489.
(2) È frate Carlino da Vercelli, che abbiamo visto appartenere

rianum ad nos destinare dignentur, quod si fecerint, ut firmiter speramus, et rem gratissimam huic urbi ticinensi efficient, et eandem sibi obnoxiam et ad vota sua paratissimam habebunt. Sin autem, quod non credimus, iterum denegaverint, iam iam spes omnis nostra deficiet, nobisque necessario persuadebimus urbem hanc nostram et vobis gratam non esse et nostre in vos dillectioni devocionique Reverendas Paternitates vestras nulla ex parte correspondere. Quibus et nos et totam hanc urbem nostram commendatam facimus. Papie, die 27 aprilis, 1495. Deputati.

A. T. Reverendis ac Venerabilibus in Christo Patribus Vicario Generali et Difinitoribus Capituli Congregationis sancti Augustini Lombardie honorandissimis. Arimini.

DXCIV.

Legato testamentario di Borso Scrovegni a favore di S. Paolo.

1495, maggio, 8.

(Arch. Notar. di Pavia — Atti di Siro Pescari).

N ꞮELLA *casa del testatore, in Parrocchia di S. Maria in Pertica. Testamento di* Borsius de Scrovegnis, *del fu spettabile Giacomo, cittadino di Pavia, col quale* dedit et legavit fratribus et conventui sancti Pauli extra et prope Papiam, pro anima ipsius domini testatoris, florenos centum.... infra annum unum proxime futurum post obitum prefati domini testatoris, solvendos per infrascriptum eius heredem universalem, gravans ipse dominus testator eos dominos fratres ad celebrationem missarum duarum, singula ebdomada, in perpetuum, in remissionem peccatorum eiusdem domini testatoris. *Fra i testimoni al testamento :* Venerabili viro domino fratre Iohanne Petro de Papia, Ordinis Heremitarum Conventus sancti Pauli (1).

DXCV.

Il Capitolo di S. Mostiola elegge un Procuratore per l'eredità di Giorgio Artaldi.

1495, maggio, 16.

(Arch. Notar. di Pavia. — Atti di Gian Giacomo Canevari).

I ꞮN Capitulo monasterii sancte Mustiolle Papie.... Convocato et congregato venerabili capitulo conventus et monasterii sancte Mustiolle Papie Ordinis Heremitarum sancti Augustini.... de mandato.... reverendi sacre theologie magistri domini fratris Iohannis Antonii de Laude Vicarii dicti monasterii.... et penex eum venerabiles

(1) Vedi il documento del 7 gennaio 1500.

domini frater Melchion de Lucino, frater Augustinus de la Ecclesia, frater Martinus de Mediolano, frater Augustinus de Monasterio, frater Davit de Papia, frater Vincentius de Ianua, frater Serafinus de Mediolano, frater Petrus de Canelis, frater Cherubinus de Mediolano, frater Angelus de Petra, frater Albertus de Papia, frater Paulus de Petra, omnes fratres dicti monasterii sancte Mustiolle.... facientes.... fere totum et integrum capitulum.... *autorizzano frate Davide suddetto come loro procuratore ad adire l'eredità del fu Giorgio de Artaldis, cittadino di Pavia, morto ab intestato. L'Artaldi è il padre di frate Giorgio.*

DXCVI.

Legato testamentario della nobile Antonia Castiglioni Giorgi a favore di S. Paolo.

1495, luglio, 22.

(Arch. Notar. di Pavia — Atti di Gian Giacomo Gravanago).

T ESTAMENTO *della nobile Antonia Castiglioni, vedova di Pietro Giorgi, col quale* dat et legat monasterio de Ianuntiata de Brolio, vulgariter sic nuncupato, et conventui sancti Pauli, Ordinis sancti Augustini de observantia et sito extra et prope dictam civitatem Papie, usumfructum integraliter possessionis et bonorum ipsius domine testatricis, site et sitorum in loco et territorio Vigalfi campanee papiensis subtane, et hoc primo anno quo decedet ipsa domina testatrix.

DXCVII.

Legato testamentario di Andrea Mombelli, a favore di S. Paolo.

1495, agosto, 16.

(Arch. Notar. di Pavia. — Atti di Gian Giacomo Canevari).

T ESTAMENTO *di Andrea Mombelli, sarto di Pavia, con cui dispone* cadaver suum sepeliri ad ecclesiam sancti Pauli Ordinis sancti Augustini de observancia sitam extra et prope dictam civitatem Papie... Item dedit et legavit... venerabili domino fratri Iohanni Petro de Papia Ordinis sancti Augustini de Observantia et commoranti in ecclesia sancti Pauli extra et prope Papiam libras quatuor et soldos decem imper... gravans idem testator dictum dominum fratrem Iohannem Petrum ad celebrandum pro anima ipsius testatoris missas sancti Gregorii...

DXCVIII.

Disposizioni testamentarie del nob. Gian Antonio Luselli a favore di S. Agostino.

1495, agosto, 28.

(Arch. Notar. di Pavia. — Atti di Maurizio Pietra).

NELLA *casa del testatore, in Parrocchia di S. Michele Maggiore. Testamento del nobile Giovanni Antonio de Luxellis, del fu dottor in medicina Giacomo, col quale dispone* quod eius cadaver sepeliatur et sepeliri debeat in ecclesia sancti Augustini Ordinis Heremitarum et in sepulcro illorum de Luxellis, sito in sacristia dicti conventus sancti Augustini, prope altare sancti Antonii. *Lascia a suor Gerolama de Luxellis, sorella sua, e monaca agostiniana in S. Dalmazio, il godimento di un affitto perpetuo di sei brente di vino, che dopo la di lei morte* mandat et disponit pervenire debeat in dictum conventum sancti Augustini Papie... *coll' obbligo, fatto allo stesso convento, di* celebrari faciendum, singula ebdomada, missam unam, et officium unum omni anno, pro anima ipsius domini testatoris et defunctorum suorum, in dicta ecclesia sancti Augustini. *Nomina fra i tutori dei suoi figli minorenni, oltre la suddetta suor Gerolama monaca agostiniana, anche il* venerabilis dominus frater Bertolameus de Castellacio dicti Ordinis sancti Augustini.

DXCIX.

Il Capitolo di S. Agostino dà investitura di una vigna in Monte Bolognola.

1495, novembre, 19.

(Arch. Notar. di Pavia — Atti di Gian Giacomo Canevari).

IN capitulo dominorum fratrum et conventus sancti Augustini Papie... Convocato capitulo... de mandato venerabilis domini sacre theologie magistri Iohannis Bertolamei de Valmacha Prioris... et penex eum venerabiles dominus frater Iohannes de Sancto Angelo sacre theologie magister, dominus frater Antonius de Ast, regens, sacre theologie magister, dominus frater Alessander de Papia sacre theologie magister, dominus frater Martinus de Valentia bachalarius, dominus frater Bertolameus de Castelatio procurator, frater Angelus de Alesandria lector, frater Filipus de Laude lector, frater Iohannes de Tricio sindicus, frater Lazarus de Novaria magister studentium, frater Didimus de Brayda, frater Simplicianus de Monteortono cursor, (frater Paulus de Ast, cursor *cancellato*), frater Spiritus de Vicecomitibus cursor (1), (frater Silvester de Valentia *cancellato*), frater Nicholaus de Fazardis, (frater Petrus de Castronovo *cancellato*), frater Gre-

---

(1) Molto probabilmente è quel frate Spirito da Milano, che è rammentato dal TORELLI, vol. VII. pag, 458, sotto l'anno 1496.

gorius de Vercellis, frater Rafael de Cremagnola, frater Thomas de la Marcha, (frater Timoteus de Laude *cancellato*), frater Iohannes Iacobus de Strada, frater Benedictus de
Cerano, frater Ieronimus de Lentà, frater Nicholaus de Castelacio, frater Leonardus de
Spedia, frater Iohannes Chrisostomus de Roma, (frater Augustinus de Novaria *cancellato*)
rinnovano l'investitura già concessa nel 1480, 10 ottobre, di una vigna in Monte Bolognola.

DC.

Il Capitolo di S. Agostino delibera la vendita di un sedime presso il convento.

1495, dicembre, 29.

ιArch. Notar. di Pavia. — Atti di Gian Giacomo Canevari̇.

I N loco Capituli.... conventus sancti Augustini.... Reverendi domini magister Antonius de Ast Prior Conventus, magister Iohannes de sancto Angelo, (magister
___ι Alexander de Papia, *cancellato*), magister Iohannes Bertholameus de Valmacha
regens, frater Iohannes Bertholameus de Castelatio procurator conventus, frater Martinus
de Valencia lector, frater Paulus de Puteo, frater Ambrosius de Salis subprior, frater Zacharias de Mediolano magister studentium, frater Didimus de Papia, frater Simplicianus
de Monteortono, frater Filipus de Laude, frater Angelus de Alexandria, frater Lazarus de
Novaria, (frater Paulus de Ast *cancellato*), frater Gregorius de Papia, frater Paulus de Papia,
frater Petrus de Castronovo, (frater Gregorius de Vercellis *cancellato*), frater Petrus de Castelacio, frater Raphael de Carmagnola, frater Nicola Veronensis, frater Spiritus de Mediolano, frater Lactantius de Placentia, frater Leonardus de Spedia, frater Nicolaus de Castelacio, frater Ieronimus de Lentà, frater Benedictus de Cerano, frater Iohannes Antonius de
Papia.... facientes.... fere totum et integrum capitulum.... scrutinio facto inter ipsos quomodo
et qualiter providere possint et satisfacere creditoribus dicti conventus, et maxime pro debitis contractis et quibus gravatur cum magistris et operariis nove fabrice, calcine et la-
pidum et aliorum que intervenerunt in et pro fabrica et edifficatione nove coquine, novi
reffectorii et canepe inferioris et locorum superiorum, fabricatorum et inchoatorum anno predicto, et completorum anno presenti.... et animadvertentes dictum monasterium habere
quoddam sedimen nunc vachuum, et alias pro parte fabricatum et iamdiu in ruinam per-
ventum, de quo iam multis annis nullum perceperunt comodum, nec percepturi erunt, pluribus occaxionibus, et maxime propterea quia, per stipendiatos illustrissimi Domini Domini
nostri, omnes fere domus citadelle, in qua est infrascriptum sedimen ut infra, fuerunt et
sunt occupate, et sedimina, pro alogiamentis eorum ibi constitutis ut est notorium, *delibe-*
rano di vendere detto sedime per lire 18 al libraio Giovanni Antonio Gallarati. Il sedime è
descritto così : Sedimen unum vachuum, super quo sunt certa fundameuta subterranea, de-
monstrantia ruinam edifficiorum alias existentiùm, tabularum octo vel circa, situm in Citadella
Papie, Porta Palatii, Parochia sancti Andree, seu sancti Inventii, *coerenziato dai possessi*
del compratore e di Gaspare di Soncino.

DCI.

Frate Bartolomeo d'Acqui, Provinciale di Lombardia, approva una permuta di beni fra il Convento di S. Agostino e il nob. Giacomo Fiamberti.

1495, dicembre, 30.

(Arch. Notar. di Pavia — Atti di Francesco Sisti).

Y HS. Frater Iohannes Bertholameus de Aquis, sacre pagine professor, ac Provintie Lombardie Ordinis Fratrum Heremitarum sancti Augustini Prior Provincialis, licet immeritus, dilectis nobis in Christo Priori, Regenti, Magistris, ceterisque patribus et fratribus Conventus nostri sancti Augustini de Papia salutem in Domino sempiternam.

Cum instantia requisivistis ut auctoritatem nostram interponeremus super commutatione tienda, cum nobili viro domino Iacobo de Fiambertis, de domo in civitate Papie sita, in possessionem in Sicomario collocatam (1). Nos autem, relatione vestra, intelligentes quod talis commutatio in evidentem cedat Conventus utilitatem, ac quod nobilis familia de Fiambertis Conventum istum nostrum sancti Augustini favoribus ac temporalibus emolumentis semper sit prosecuta, ad dicti domini Iacobi devotionis augumentum, super nominata commutatione tienda, auctoritatem nostram interponimus et ut fiat concedimus, imo cum facta fuerit, presentium tenore, laudamus, approbamus et quantum nostra interest ratificamus, in nomine Patris et Filii et Spiritus Sancti, amen. Dat. Ianue, 1495, die penultima decembris, provintialatus nostri offitii sub sigillo. Frater Io. Bart. de Aquis provintialis.

DCII.

Legato testamentario di Bernardino Sacchetti alla cappella dei SS. Cosma e Damiano in S. Paolo.

1496, gennaio, 28.

(Arch. Not. di Pavia — Atti di Leonardo Buscati).

N ELLA *casa del Testatore, in Parrocchia di S. Giorgio in Fenarolo. Testamento del dottor in leggi Bernardino Sacchetti, del fu dottor in medicina Francesco,* con cui elligit sibi sepulturam ad ecclesiam sancti Pauli, sitam extra et prope menia civitatis Papie, et ad capellam sanctorum Cosme et Damiani ipsius domini testatoris et fratrum suorum de Sachetis, constructam in ipsa ecclesia sancti Pauli (2), et ad quam ecclesiam, quandocumque contingerit ipsum dominum testatorem ab hoc seculo decedere et eius anima a corpore segregari, vult, iubet, mandat, ordinat et disponit idem dominus te-

(1) Vedi il documento 3 marzo 1496. (2) Vedi il documento 21 ottobre 1494.

43

stator eius cadaver portari et in dicta capella sanctorum Cosme et Damiani, constructa ut supra dictum est, in ipsa ecclesia sancti Pauli, sepeliri debere. Quibus quidem capelle et ecclesie, eiusdem monasterio, ac dominis Priori, Fratribus ac conventui eiusdem ecclesie idem dominus Bernardinus testator dedit et legavit ac dat et legat totum illud fictum perpetuum florenorum sex,... quod datur et prestatur per Bernardinum et Damanium fratres de Landulfis, ex quibusdam proprietatibus sitis in territorio Vilenove de Ardenghis, Lomeline Comitatus Papie: item et ipsas proprietates ex quibus debetur et solvitur fictum ipsum quoad directum dominium et civillem possessionem... cum hoc tamen onere quod ipsi domini Prior et Fratres dicti monasterii et ecclesie sancti Pauli teneantur et debeant, singula ebdomada, die Lune, celebrare seu celebrari facere missam unam bassam, in ipsa capella et ad eius altare, pro anima et in remissionem peccatorum ipsius domini testatoris, et etiam singulo anno, post ipsius domini testatoris decessum, teneantur et debeant celebrare unum anniversale et seu unum officium in cantu a mortuis cum missis bassis omnium Fratrum dicti conventus, in die sepulture cadaveris ipsius domini testatoris, si non occurret in die festo, alioquin die immediate sequenti non festivo. Et ita idem dominus testator, ad celebrandum singula ebdomada die lune dictam missam et singulo anno dictum anniversale et seu dictum officium cum dictis missis, gravavit et gravat dictos dominos Priorem et Fratres ac etiam ad ponendum et poni debendum ceram opportunam et necessariam, pro ipsis officio et missis sic celebrandis singulo anno, eorum expensis.

Item idem... testator voluit, iussit... quod in funeralibus cadaveris ipsius domini testatoris aliquo modo nullum fiat nec fieri debeat invitamentum nec aliqua asociatio tam personarum laycarum quam ecclesiasticarum, preter quam rectoris ecclesie sancti Georgii in Fenarolo parochiani ipsius domini testatoris, et dominorum Prioris et Fratrum ecclesie sancti Pauli predicti et quod nec etiam fiat aliqua pulsacio campanarum, salvo quam solum campanarum dicte ecclesie sancti Georgii, eius domini testatoris parochie, et dicte ecclesie sancti Pauli. Qui Parochianus et Fratres sancti Pauli, in asociatione cadaveris ipsius domini testatoris, habeant et habere debeant in eorum manibus candelotum unum cere accensum pro singulo eorum, volensque etiam quod circha dictum eius cadaver et quando asociabitur et portabitur ad sepeliendum solummodo sint et esse debeant torcie octo accense que portari debeant per octo Fratres dicte ecclesie sancti Pauli predicti.

Item idem dominus Bernardinus testator dedit et legavit.... dictis dominis Priori et Fratribus sancti Pauli predicti eiusque conventui totum illud fictum, de quo dicti fratres de Landulfis sunt et restant debitores eiusdem domini testatoris et fratrum suorum, a festo sancti Martini proxime preterito retro inclusive, exceptis grossis viginti Mediolani, quos ipse dominus testator rellassavit et relassat ipsis Damiano et fratri de ipsis fictis et de quibus sunt debitores ipsi Damianus et frater. Cum hoc tamen onere quod ipsi domini Prior et Fratres teneantur et debeant in die immediate sequenti post diem qua sepultum fuerit eius domini testatoris cadaver, celebrare tot missas parvas quot celebrari poterunt per ipsos omnes Fratres dicti monasterii sancti Pauli celebrantes missam, cum una missa in cantu et officio solempni a mortuis. Et similiter fiat et fieri debeat per ipsos dominos Priorem et Fratres in die septimo et in die trigesimo a die sepulture cadaveris ipsius domini testatoris cum aposicione cere oportune et necessarie ad dictas missas et ad dicta officia, eorum expensis. Et ita ad ipsas missas et dicta officia celebrandum idem dominus testator gravavit et gravat ipsos dominos Priorem et Fratres sancti Pauli predicti.

Item idem dominus testator iussit, disposuit... quod si dicti fratres de Landulfis, a quibus prestatur fictum de quo supra, voluerint se et dicta bona ex quibus fictum ipsum prestatur, liberare a dicto ficto et a prestacione illius, exbursando florenos centum viginti... quod quociens et quandocumque infra annos duos immediate post ipsius domini testatoris decessum sequuturos, ipsi fratres de Landulfis dederint, solverint et exburssaverint ipsis domino Priori et fratribus sancti Pauli predicti dictos florenos centum viginti... ipsi domini Prior et fratres teneantur et debeant, nomine ipsius capelle eiusque monasterii et conventus, eos acceptare et recipere et ipsos fratres de Landulfis liberare a prestacione dicti ficti. Quos tamen florenos centum viginti sic recipiendos ut supra occaxione predicta, postea immediate ipsi domini Prior et fratres implicare teneantur et debeant in tot aliis fondis perpetuo remansuris et qui remanere debeant ipsis monasterio et ecclesie sancti Pauli predicti dicteque capelle ut supra constructe in dicta ecclesia. Et ita ad recipiendum dictos denarios et dictam liberacionem faciendum ut supra dictum est, idem dominus testator gravavit et gravat ipsos dominos Priorem et fratres. Et hoc si et dummodo ipsi fratres de Landulfis per prius advisaverint et monuerint ipsos dominos Priorem et fratres sancti Pauli predicti per menses sex antequam se liberare voluerint, ad hoc ut ipsi domini Prior et fratres isto in medio preparare et invenire possint tot alios fundos in quibus habeant· et possint implicare dictos denarios, volens, tamen disponens et ordinans idem dominus testator quod ipsi domini Prior et fratres teneantur et debeant dictos denarios recipere et illos implicare cum partecipatione et scientia infrascriptorum heredum ipsius domini testatoris et non aliter... Item idem dominus testator rogavit et rogat venerabiles dominos priorem et fratres dicte ecclesie sancti Pauli ut quanto citius fieri potest quantum est pro pecuniis ipsius domini testatoris et fratrum suorum, quas habent ipsi domini prior et fratres in eorum manibus, vellint ac debeant perficere ac finire ac seu perfici ac tiniri facere suprascriptam capellam positam in dicta ecclesia sancti Pauli ipsius domini testatoris et fratrum ad hoc ut ibi honorifice celebrari possit Missa.

Item voluit, iussit, disposuit, mandavit et ordinavit, ac vult, iubet, disponit, mandat et ordinat, ipse dominus testator quod anchona incepta per ipsum dominum testatorem et eius fratres pro perfectione ipsius capelle, posite in dicta ecclesia sancti Pauli, secundum obligationem quam habent ipse dominus testator et fratres virtute testamenti dicti quondam domini Guillelmi teneantur et debeant ipsi infrascripti eius heredes ad faciendum finire et perficere ipsam anchonam infra menses octo proxime futuros. Et ita gravavit et gravat.

DCIII.

Il Capitolo di S. Agostino permuta alcuni beni col nob. Giacomo Fiamberti.

1496, marzo, 3.

(Arch. Notar. di Pavia. — Atti di Francesco Sisti).

I N infrascripto monasterio et in loco capituli, Porte Palacii, Parochie sancti Andree de Brolio... Convocato et congregato capitulo monasterii ecclesie sancti Augustini Papie, Ordinis fratrum Heremitarum sancti Augustini papiensis, de mandato et imposicione reverendi domini magistri Iohannis Bartolamei de Valmacha sacre pagine professoris et Prioris dicti monasterii... in quo quidem Capitulo adfuerunt et adsunt prefatus dominus Prior et cum eo et penes eum venerabiles domini ma ;ister Iohannes de sancto Angelo sacre theologie professor, magister Antonius de Ast sacre theologie professor, frater Iohannes Bertolameus de Castellacio biblicus et procurator conventus, frater Filipus de Laude lector, frater Didimus de Brayda, frater Iohannes de Tricio sindicus dicti Capituli, frater Simplicianus de Monte Ortono cursor, frater Paulus de Ast cursor, frater Spiritus de Vicecomitibus, frater Gregorius de Papia, *frater Silvester de Tromello* (1), frater Nicholaus de Fazardis, *frater Paulus de Zachonibus*, frater Gregorius de Vercellis, *frater Nicholaus de Verona*, frater Thomas de la Marchia, frater Petrus de Francia, frater Timoteus de Laude, frater Iohannes Iacobus de Strada de Parasacho, frater Raffael de Carmagnola, *frater Benedictus de Cerrano*, frater Lactancius de Placencia, frater Nicholaus de Castelacio, frater Leonardus de Spedia, frater Iohannes Crisostomus de Roma, frater Petrus de Castronovo, frater Ieronimus de Lentà, omnes fratres professi dicti monasterii, facientes... plus quam duas partes ex tribus partibus tocius conventus... ex potestate... eis in hac parte atributa... per reverendum sacre pagine professorem dominum fratrem Iohannem Bertolameum de Aquis Provincie Lombardie Ordinis Fratrum Heremitarum sancti Augustini Priorem Provincialem, mediantibus eius litteris datis Ianue die penultimo mensis decembris proxime preteriti, *addivengono col nobile Gian Giacomo Fiamberti ad una permuta di beni, cedendo il convento al Fiamberti la terza parte* pro indiviso *con lui stesso, di un affitto di 'fiorini 6 su alcune case di Porta Palacense in Parrocchia di S. Eusuperio ; e cedendo il Fiamberti al convento un pezzo di orto di 6 pertiche* in territorio Prati de Mascharo, Siccomarii Papiensis...

DCIV.

Disposizioni del Comune per la solita offerta annuale a S. Paolo.

1496, marzo, 10.

(Museo Civ. di storia patr. di Pavia — *Atti di Provvisione*, pacco 4).

M CCCCLXXXXVI, die decimo marcii, in vesperis.
Convocato conscilio, etc. Prefati domini Presidentes Provisionum Comunis Papie... attendentes quod dies dominica proxime futura erit dies in qua solet fieri oblacio ad ecclesiam sancti Paulli, extra et prope menia Papie, providerunt et provident quod fiant proclamata opportuna pro dicta oblacione tienda, ad quam accedere debeant prefati Domini cum Paraticis civitatis, iuxta solitum pro dicta oblacione ut supra. Item providerunt et provident quod prefatis dominis Fratribus sancti Pauli fiat bulleta solucionis de florenis, iuxta solitum, de denariis extraordinariis, etc.

(1) Sono in corsivo i nomi, che nell'originale appariscono cancellati da un tratto di penna, segno che quei Religiosi appartenevano al Capitolo, ma in quella circostanza probabilmente non vi presero parte.

DCV.

Religiosi Agostiniani promossi agli Ordini Sacri.

1496, maggio, 28.

(Arch. Notar. di Pavia. — Atti di Gio. Matteo Paltonieri).

O RDINATIO Generalis Sacrorum Ordinum tenta per reverendum dominum Iohannem Matheum de Privolis, episcopum almurensem, suffraganeum papiensem....

Ad quatuor minores

Frater Apolonius de Castro Gofredo Ordinis Heremitarum.

Ad subdiaconatum

Frater Petrus de Cavalis Ordinis sancti Augustini....

Frater Augustinus de Novaria Ordinis Heremitarum.

Frater Ludovicus de Casali Ordinis Heremitarum.

Ad sacerdotium

Freter Iohannes Grisostomus romanus Ordinis Heremitarum.

DCVI.

Disposizioni del Comune per la Fiera di S. Agostino.

1496, agosto, 19.

(Museo Civ. di Stor. patr. di Pavia — *Atti di Provvis*. Pacco 4).

M CCCCLXXXXVI, die 19 augusti, in vesperis.

Convocato Conscilio, etc.

Item cum appropinquet festum sancti Augustini, quo tempore solent fieri nundine (1), et ante dictas nundinas solent fieri proclamaciones ut sit liber accessus et recessus quibuscumque personis, exceptis rebelibus et bannitis, etc. et ut dicte nundine prestantius et uberius agantur, providerunt et provident quod fiant proclamaciones ample et opportune et in ea forma qua solite sunt fieri, etc.

(1) Sulla fiera di S. Agostino vedi vol. I, pag. 38, nota (8), e documento CCLXXX.

DCVII.

Legato testamentario di Musso Pietra a favore di S. Mostiola.

1496, settembre, 27.

(Arch. Notar. di Pavia. — Atti di Gian Pietro Imodelli).

N ELLO *studio del notaio. Testamento del nobile Musso de Petra, figlio del fu Musso, di Pavia, col quale* dat et legat monasterio sancte Mustiole civitatis Papie florenos vigintiquinque... solvendos.... infra unum annum post finitum usumfructum infrascripte domine Blanchine (eius testatoris matris) cum onere et gravamine quod domini Prior et fratres dicti monasterii, qui tunc per tempora erunt, celebrent et celebrari faciant in eorum ecclesia quatuor offitia anniversalia mortuorum de tot missis quot sacerdotes tunc erunt in dicto conventu, pro anima et in remissionem peccatorum ipsius domini testatoris et defunctorum suorum.

DCVIII.

Legato testamentario della nob. Marina Landriani a favore di S. Paolo.

1496, novembre, 3.

(Arch. Notar. di Pavia — Atti di Riccardo Rovescala'.

N ELLA *casa della testatrice, in Parrocchia di S. Gervaso. Testamento della nobile donna Marina Landriani, del fu Antonio, vedova di Percivalle Landriani, nel quale ordina che* eius cadaver sepeliri debeat ad ecclesiam sancti Pauli, prope et extra menia Paple, cui ecclesie... dat et legat, singulo anno usque ad annos decem proxime futuros, et non ultra, becundiam unam vini... agravans tamen dominos Fratres dicti conventus ad celebrandum, pro anima ipsius domine testatricis, septimas et trigesimum ac deinde annuale, et in aliis annis sequentibus usque ad dictos annos decem, officia duo singulo anno pro anima ipsius domine testatricis, patris, mariti et aliorum predecessorum suorum.

DCIX.

Il Capitolo di S. Mostiola riceve il pagamento d'affitto di terre. in Sale.

1496, novembre, 3.

(Arch. Notar. di Pavia — Atti di Gian Giorgio Sisti).

I N monasterio seu conventu sancte Mustiolle Papie... Congregato Capitulo... de mandato... venerabilis domini fratris Thimothei de Mediolano, Prioris dicti conventus, in quo quidem capitulo fuerunt et sunt prefatus dominus Prior et cum eo... venerabiles domini frater Melchion de Lucino, frater Augustinus de la Ecclesia, frater Augustinus de Placentia, frater Petrus de Canelis, frater Albertus de Papia, frater Paulus de Petra, frater Michael Angelus de Petra, omnes fratres professi dicti conventus..,. representantes maiorem et saniorem partem capituli dicti conventus... *ricevono dagli eredi del maestro Francesco de Vachis sacchi nove di frumento, per affitto di due anni di beni nel territorio di Sale nell' Oltrepò.*

DCX.

Gian Pietro Maria di Port'Albera dona tutti i suoi beni al Convento di S. Paolo.

1497, gennaio, 16.

(Arch. Notar. di Pavia — Atti di Agostino Gravanago).

I N civitate Papie in camera ressidentie infrascripti domini Episcopi, sita in Canonica ecclesie maioris Papie.... In presentia Rev.mi in Christo Patris et domini domini Iohannis Mathei de Privolis episcopi almurensis et iudicis et conservatoris apostolici deputati infrascriptis dominis Priori et fratribus sancti Pauli, mediantibus litteris et bullis apostolicis etc. nec non et in presencia spectabilis et egregii iuris utriusque doctoris domini Petri Dominici de Scagnis vicarii generalis magnifici domini Potestatis Papie.... constitutus dominus Iohannes Petrus Maria de Portu Albere, filius quondam Guiniforti, habitator civitatis Papie, sponte, voluntarie et ex certa scientia.... titulo donationis pure, mere et irrevocabilis inter vivos.... transfert, tradit, donat, dat et quasi venerabili domino tratri Iohanni Petro de Papia Ordinis fratrum Heremitarum sancti Augustini de Observancia Papie, sindico et procuratori.... venerabilium dominorum Prioris et fratrum monasterii sancti Pauli extra et prope civitatem Papie Ordinis fratrum Heremitarum sancti Augustini de Observancia.... omnia et singula et universa ipsius donantis bona mobilia et immobilia, presentia et futura et iura et actiones ac nomina debitorum et tam acquisita quam acquirenda, salvo semper et reservato usufructu dictorum omnium bonorum, toto tempore vite sue et toto tempore domine Isabete de Cario ex nobilibus de Frascarolo eius uxoris etc.

DCXI.

Il Procuratore di S. Agostino riceve il pagamento d'affitto dei beni di Sairano.

1497, febbraio, 22.

(Arch. Notar. di Pavia — Atti di Damiano Landolfi).

I N camera infrascripti fratris Bertolamey, sita in conventu sancti Augustini deversus aulam magnam et portam de ulmo.... Venerabilis dominus frater Bertolameus de Castellatio sindicus et procurator... Conventus sancti Augustini Papie... *riceve da Giorgio e Giovanni fratelli Valligiani, paganti anche a nome del loro padre Marziano, sacchi 24 di frumento, per affitto di due anni, che 'finiranno alle prossime calende di agosto*, cuiusdam possessionis que tenetur ad fictum perpetuum per suprascriptum dominum Martianum a suprascripto convento, site in territorio Sairani, ut constat publico instrumento rogato per dominum Sinibaldum de Ferrariis.

DCXII.

Il Procuratore di S. Paolo compera censi nel territorio di Pieve del Cairo.

1497, febbraio, 23.

(Arch. Notar. di Pavia. — Atti di Domenico Mede).

N ELLA *casa del notaio, in Parrocchia di S. Tecla. Nicola Caracci del fu Agostino e Gian Antonio Caracci del fu Giovanni, di Pavia, per fiorini 220, vendono al* venerabili domino fratri Iohanni Petro de Papia, Ordinis Fratrum Heremitarum sancti Augustini de Observancia, sindico et procuratori... monasterii sancti Pauli Papie... *l' affitto annuo di 'fiorini 13, che si pagava annualmente dal fu Antonio Giorgi e che ora si paga dal signor Filippo del Cairo, per un terreno di 28 pertiche nel territorio di Cairo*, ubi dicitur ad Braydam, *per un altro terreno di 30 pertiche nello stesso luogo*, ubi dicitur in brolio ad braydam, *per una vigna di 32 pertiche nello stesso luogo*, ubi dicitur ad Insoletam, *e per la metà di un altro terreno nello stesso luogo*, ubi dicitur ad Dossos, *di pertiche 28.*

DCXIII.

Il Capitolo di S. Mostiola rinnova l'elezione dei Procuratori per una vertenza coi conti di Gambarana.

1497, aprile, 18.

(Arch. Notar. di Pavia — Atti di Gian Domenico Ferrari).

I N Papia, videlicet in Conventu et Capitulo infrascripti monasterii sancte Mustiole... Congregato capitulo... de mandato... Venerandi in Christo patris domini fratris Cherubini de Crema, Dei gracia Prioris dicti monasterii... in quo capitulo fuerunt... cum eo... venerabiles et religiosi domini frater Melchion de Lucino, frater Augustinus de la Ecclesia, frater Angelus de Novaria, frater Petrus de Carmagnola, frater Petrus de Caneto, frater Laurentius de Miradollo, frater Paulus de Petra, frater Cornelius de Mediolano, frater Michael de Petra... representantes plus quam duas partes ex tribus tocius dicti Capituli... *perchè una volta* fecerunt et constituerunt dominum fratrem David de *(in bianco)* nuncupatum de Papia in eorum... sindicum et procuratorem... specialiter ad causam tunc movendam et nunc motam *contro i conti di Gambarana... e perchè sin dal passato marzo il Priore e i frati,* pluribus rationibus et causis... dictum sindicatum et mandatum revocaverunt... licet ipsa revocatio nuquam fuerit eidem domino fratri David intimata... et ad hoc ne dictus frater David de cetero non se impediat de negociis prediciti monasterii... quia amplius de eo non confidunt.... *rinnovano la revoca della procura fatta a lui e creano nuovo procuratore frate Agostino della Chiesa, in un coi notai Giorgio Andrea Porzio e Antonio de la Mola* (1).

DCXIV.

Legato testamentario del nob. Urbano de Iacopo a favore di S. Paolo.

1497, maggio, 20.

(Arch. Notar. di Pavia — Atti di Bartolomeo Strada).

N ELLA *casa del testatore, in Parrocchia di S. Sisto. Testamento del nobile Urbano de Iacopo, del fu Battista, nel quale* dat et legat conventui ecclesie sancti Pauli extra muros Papie libras sex imperiales et sachum unum papiensem frumenti eidem danda et solvenda per infrascriptos... heredes universales infra septimas ipsius domini testatoris, ipsis tamen fratribus celebrantibus officium unum mortuorum solempne in die septimarum ipsius domini testatoris, et, a die mortis ipsius domini testatoris usque ad ipsas septimas, missas sancti Gregorii, et ipsis dominis fratribus ponentibus ipsis offitiis et missis omnia congrua et necessaria tam pro cera quam aliter quomodocumque.

(1) Con atti dello stesso notaio noi troviamo che l'usciere del Comune di Pavia, ai 20 giugno di quest'anno, intima a frate Davide da Pavia *personaliter invento in domo habitacionis eius matris sita in Porta Palacensi, in Parochia S. Martini foris portam,* una citazione del dottor Giacomo Filippo Simonetta Arciprete di S. Lorenzo de Villa della diocesi di Como, giudice delegato dal vescovo di Bobbio, Commissario Apostolico nella causa fra Giacomo, Antonio e il loro nipote Gerolamo dei conti Gambarana, ed il Convento di S. Mostiola. L'usciere porta una simile citazione anche al Priore del Convento, frate Cherubino da Crema. Questi il 22 giugno, radunato il Capitolo composto dai frati Melchiorre Lucini, Gerolamo Bastoni, Pietro da Canelo, Benedetto de l'ado, Pietro da Carmagnola, Angelo Pietra, Lorenzo da Miradolo, Paolo Pietra, Alberto da Pavia e Michelangelo Pietra, elegge i frati Agostino della Chiesa e Nicola da Crema per comparire, secondo la citazione, innanzi al Vescovo di Bobbio.

DCXV.

Religiosi agostiniani promossi agli Ordini sacri.

1497, maggio, 20.

(Arch. Notar. di Pavia. — Atti di Gio. Matteo Paltonieri).

O RDINATIO Generalis Sacrorum Ordinum, in sacristia nova ecclesie cathedralis, tenta per reverendum in Christo patrem decretorum doctorem dominum Iohannem Matheum de Privolis, Dei et apostolice Sedis gratia episcopum almurensem sufraganeum in ecclesia maiori papiensi....

Ad subdiaconatum

Frater Iohannes Evangelista de Trivillio Ordinis Heremitarum.

Ad diaconatum

Frater Petrus Paulus de Novaria Ordinis Heremitarum.

Frater Petrus de Brissia Ordinis Heremitarum.

Frater Augustinus de Novaria Ordinis sancti Augustini.

Ad presbiteratum

Frater Iohannes Augustinus de Boscho Ordinis Heremitarum (1).

DCXVI.

Legato testamentario del nob. Giorgio de Tisma per la costruzione della cappella di San Fermo in S. Paolo, e per l' Arca di S. Agostino.

1497, giugno, 14.

(Arch. Notar. di Pavia — Atti di Gian Giacomo Gravanago).

T ESTAMENTO *del nob. Giorgio de Tismà del fu Giacomo, di Pavia, in cui dispone* quod cadaver suum deferatur ad ecclesiam sancti Pauli extra et prope muros Papie Ordinis sancti Augustini de Observantia et in loco ubi fiet et construenda est capella de qua infra, et hoc sine aliqua pompa nec invitamento concivium, sed solum interveniant omnes Fratres dicti conventus sancti Pauli et presbiter parochianus cum duodecim presbiteris tantum, qui ipsum cadaver socient.... !tem voluit... quod infrascripti eius heredes universales teneantur et debeant, statim post mortem ipsius domini testatoris, celebrare facere missam sancti Gregorii per dominos Fratres monasteriorum et conventuum sancti Pauli, sancti Iacobi et sancti Apolinaris extra et prope portam civitatis Papie, quibus conventibus et cuilibet ipsorum teneantur et debeant ipsi heredes exbursare florenos duos pro

---

.(1) Negli atti dello stesso notaio troviamo che agli 11 marzo 1497, nella Ordinazione generale, tenuta da Mgr. Frivoli, fu promosso al presbiterato *frater Iohannes Baptista de Castelatio Ordinis Heremitarum.*

quolibet... Item dedit et legavit... monasterio et conventui ac ecclesie sancti Pauli extra civitatem libras vigintiquinque imperiales... dandas... infra annum unum poŝt mortem ipsius domini testatoris, pro anima ipsius testatoris et hoc omni tempore in perpetuum, cum hac condicione et honere videlicet, quod teneantur ipsis domini Prior et Fratres hedificari facere capeletam unam et seu altare desubtus locum ubi Fratres stant et eorum officia celebrant, qui locus est per transversum ipsius ecclesie, sub vocabulo sancti Firmi, in qua quidem capeleta teneantur celebrare facere aniversale unum cum missa una in cantu a mortuis et aliis missis parvis omnium ipsius conventus sacerdotum, omni anno in perpetuum ut supra; item missas quatuor singula ebdomoda in perpetuum ad ipsum altare pro anima ipsius testatoris ut supra, et quod ibi ad ipsum altare et in conspectu ipsius, sive extra sive intus, fiat et fieri vult per ipsos heredes infrascriptos una sepultura subterranea, expensis dicti conventus.... Item similiter iussit quod per infrascriptos... heredes... dentur... floreni decem conventui sancti Augustini quandocumque contigat removeri seu ordinari Archam ad honorem sancti Augustini (1) et non aliter, nec ob aliam causam nec in aliud convertantur.

DCXVII.

Ginevra Chiesa dei Conti di Gambarana elegge la sua sepoltura in S. Paolo.

1497, luglio, 3.

(Arch. Notar. di Pavia — Atti di Riccardo Rovescala'.

N ELLA *casa della testatrice, in Parrocchia di S. Gabriele. Testamento della* nobilis domina Zenevera de la Ecclesia, filia quondam domini Benedicti, et relicta quondam domini Alberti ex Comitibus Gambarane, *nel quale dispone* corpus eius sepeliri debere ad ecclesiam sancti Pauli.... extra menia Papie, cui ecclesie.,.. dat et legat florenos decem.... pro remissione anime sue.

DCXVIII.

Frate Battista Pietra di S. Mostiola emette i voti religiosi.

1497, agosto, 21.

(Arch. Notar. di Pavia. — Atti di Gian Domenico Ferrari'.

I N ecclesia sancte Mustiole papiensis, videlicet in choro eiusdem ecclesie.... Convocato.... capitulo conventus et monasterii sancte Mustiole Papie, mandato et impositione venerabilis domini fratris Cherubini de Crema, Dei gratia Prioris

---

(1) Notiamo qui come perduri costante nei Pavesi il desiderio che l'insigne monumento venga rimosso dalla sagrestia per diventare l'effettivo sepolcro di S. Agostino, come vedemmo sino dal documento n. CXXVIII.

dicti monasterii, et cum eo et penex eum venerabiles domini frater Melchion de Lucino, frater Augustinus de la Ecclesia, frater Augustinus de Trivilio, frater Petrus de Cremagnola, frater Angelus de Petra, frater Laurencius de Miradolo, frater Paulus de Petra, frater Albertus de Papia et frater ·Michael de Papia.... qui faciunt.... integrum capitulum.... Constitutus dominus frater Baptista de Petra (1), filius domini Manfrini, etatis annorum quatuordecim et plurium, prout ipse asserit, et dictus dominus Manfrinus eius pater ibi presens, qui iam pluribus diebus preteritis ingressus fuit prefatum monasterium et intendit perseverare in eodem monasterio et Regula sancti Augustini et se dedicare et professionem facere in prefato monasterio et servire Omnipotenti Deo et beate et gloriose Virgini Marie et sancto Augustino ac sancte Mustiole, pro tanto in mey notarii etc. presencia, dictus frater Baptista ibi presens et genibus flexis constitutus et capite decoperto cum omni debita reverencia, sponte et animo deliberato et aliax omni iure, etc. se dedicavit et dedicat ac professionem fecit et facit in manibus prefati domini Prioris eum suscipientis, ac stipulantis et recipientis nomine et vice Reverendissimi domini magistri Mariani de Genenzano Dei gracia Generalis eiusdem Regule ; Qui frater Baptista promissit et promittit ac votum fecit et facit Altissimo Creatori et Redemptori nostro Domino Iesu Christo eiusque Matri gloriose semperque Virgini Marie ac prefatis sancto Augustino et sancte Mustiole ac prefato domino Priori se ipsum fratrem Baptistam usquequo vixerit esse hobediens mandatis eorum et servare regulam sancti Augustini et cetera omnia facere prout prefata Regula mandat. Et inde, etc. Presentibus venerabile domino presbitero Iohanne Petro de Vaylate filio quondam domini Iohannis Simonis et domino Antonio ex Comitibus Gambarane filio quondam domini Iohannis Simonis et domino Antonio ex Comitibus Gambarane filio quondam domini Iohannis, inde testibus.

DCXIX.

Il Capitolo di S. Agostino nomina i suoi Procuratori per un compromesso in una vertenza.

1497, settembre, 22.

(Arch. Notar. di Pavia — Atti di Agostino Gravanago).

I N loco Capituli conventus dominorum fratrum Heremitarum sancti Augustini papiensis.... Convocato.... capitulo.... de mandato..,. reverendi domini fratris Nicole de Fazardis subprioris Conventus.... in quo quidem capitulo fuerunt.... prefatus dominus subprior.... et venerabiles domini frater Bertolameus de Castellacio Procurator dicti Conventus, dominus frater Gabriel de Placentia lector, dominus frater Paulus de Ast lector, frater Petrus de Castronovo lector, frater Seraphim de Mediolano (2) ma-

---

(1) Negli atti del notaio Gian Giorgio Sisti troviamo che frate Battista Pietra fu promosso alla prima tonsura dal Vescovo ausiliare Privoli nella Ordinazione generale del 23 settembre 1497.

(2) È frate Serafino Brasca, di cui vedi nelle note al documento del 23 settembre 1500. Qui deve tenersi conto di un altro illustre Religioso, il cui nome sebbene non apparisca fra quelli dei Padri Capitolari del Convento, pure è certo che in questo anno egli era a Pavia, perchè chiamato a coprire una cattedra nella Università, le cui scuole cominciavano col giorno 18 di ottobre. Egli è fr. Valerio da Genova, del quale si legge nel Rotolo degl'insegnanti universitari pavesi del 1497 : Ad lecturam metaphisice extraordinariam cottidiane, frater Valerius Genuensis (cum sa-

gister studentium, frater Gregorius de Verzellis, frater Thimotheus de Laude, frater Leonardus de Spedia, frater Leo alamanus, frater Iohannes alamanus, frater Iohannes Iacobus de Parasacho, frater Nicolaus de Castelacio,frater Petrus Paulus de Novaria, frater Alexander de Ianua et dominus frater Steffanus de Angleria, omnes fratres conventuales et professi dicti conventus.... *costituiscono loro procuratori Marino, Giorgio e Giovanni fratelli Vallegiani, per compromettere, a nome del Convento, in Uberto Cani sulle questioni agitate innanzi a Gian Matteo Privoli conservatore, fra il Convento e Gio. Andrea e Bartolomeo Cani, per certe terre in Sartirana.*

DCXX.

Frate Gio. Pietro da Pavia, procuratore di S. Paolo, compera terre in Gropello.

1498, maggio, 18.

(Arch. Notar. di Pavia. — Atti di Giovanni Pietro Imodelli .

N ELLA *casa del notaio, in Parrocchia di S. Maria Nuova. Giovanni Antonio Ferrari di Gropello Lomellina, agente del magnifico signor Filippo Visconti, per lire 300 imperiali vend*e venerabili domino fratri Iohanni Petro de Papia fratri monasterii et conventus sancti Pauli Ordinis Heremitarum sancti Augustini de Observancia, siti extra et prope Papiam... aquirenti nomine et vice dicti monasterii... *alcune vigne e prati in Gropello, per circa 25 pertiche, che poi dà immediatamente in investitura perpetua al suddetto Giovanni Antonio, per il canone annuo di lire otto imperiali.*

DCXXI.

Laurea in teologia di frate Filippo Muzzana di Lodi.

1498, luglio, 23.

(Arch. Notar. di Pavia — Atti di Gian Giorgio Sisti).

U NIVERSIS et singulis presentes litteras inspecturis Bernardinus Nigonus, iuris utriusque doctor, canonicus sancti Prosperi Regii, reverendissimi in Christo patris et illustrissimi domini domini Aschanii Marie sancti Viti diaconi Cardinalis, sacrosancte romane Ecclesie Vicecancellarii, Sforcie Vicecomitis, Bononie etc. Legati

lario) *lib. 10, sol. 6, den. 8, libr. CXXIII.* Anche nel Rotolo del 18 aprile 1498 *frater Valerius Genuensis Ordinis Heremitarum* è confermato *ad lecturam metaphisice extraordinariam quottidianam*, col salario di fiorini 80, portati a 100 nel Rotolo del 15 marzo 1499, rimanendo nello stesso insegnamento . Di frate Valerio da Genova il Torelli VII, 631, scrive che prima di farsi Religioso aveva studiato medicina, ed entrò nella Congregazione di S. Maria di Consolazione in età virile. Tenne il governo di varii Conventi della sua Congregazione ; fu Reggente dello studio di Roma nel 1497 (dalla qual carica fu distolto per assumere l'insegnamento nell' Università pavese). Morì nel 1512.

ac Episcopatus papiensis perpetui administratoris et almi Studii papiensis apostolico et imperiali privilegiis cancellarii meritissimi, vicecancellarius specialiter deputatus, salutem et reverentiam tam debitam quam devotam.

Etsi omnium pro scientie margarita capescenda insudantium virtus, exhigente iusticia, dignis sit premiis decoranda, illi tamen qui in sacra Theologia, que est omnium mater atque magistra et fidei fondamentum ac via certa ad vitam eternam, propria relinquentes et se ipsos abnegantes per diversa mondi climata Studia rotarunt et in eis noctes persepe ducentes insomnes, immensis laboribus et sudoribus bravium attigerunt, dignori sunt onore premiandi et maiori reverentie dono decorandi. Cum itaque venerabilis religiosus et omni virtute laudabilis dominus frater Philipus de Muzano de Laude, Ordinis Heremitarum conventus sancti Augustini papiensis expresse professus, post actus scolasticos per eum in variis Studiis feliciter consummatos, deputatus fuerit ad legendum Sententias in conventu sancti Augustini iamdicti, ipseque dominus frater Philipus in dicto conventu sancti Augustini huiusmodi Sententias, laudabiliter legerit et omnes alios actus scolasticos in Universitate papiensi exercendos usque ad gradum magisterii feliciter consummaverit, ac sub singulis reverendis Patribus sacre theologie Magistris huius alme Universitatis, in arduis questionibus in facultate Theologie respondiderit, aliosque actus bachalariis pro forma legentibus incumbentes laudabiliter exercuerit et postmodum coram nobis per reverendos patres dominos magistros Antonium de Candia Ordinis Carmelitarum decanum, magistrum Henricum de Curte Ordinis Minorum, magistrum Gunifortum de Vachinis Ordinis Servorum, magistrum Michaellem de Papia Ordinis Heremitarum sancti Augustini predicti, magistrum Galeaz de Papia Ordinis Heremitarum sancti Augustini, magistrum Antonium de Ast Ordinis Heremitarum sancti Augustini suprascripti, magistrum Gometium ispanum Ordinis Minorum, magistrum Nicholaum de Clericis Ordinis Carmelitarum, magistrum Stefanum de Vercellis Ordinis sancti Benedicti, magistrum Alexandrum de Vitalibus, magistrum Iohannem Bertholameum de Valmacha Ordinis Heremitarum sancti Augustini predicti, totum colegium magistrorum alme huius theologice facultatis, facientes in sacra Teologia magistros et doctores deputatos ad examina bachalariorum ad magisterium aspirancium, privatim et rigorose hodierna die examinatus fuerit, et idem dominus frater Philipus in examine ipso se taliter habuerit quod a nobis, convocata et congregata in aula magna palacii episcopalis papiensis prelatorum, doctorum et scholarium huius almi gimnasii multitudine copiosa, pro negotio huiusmodi specialiter peragendo, et finito ac facto, de nostri licentia, ut moris est, sermone per suprascriptum reverendum patrem dominum magistrum Alexandrum, Ordinis et conventus iamdicti sancti Augustini professum, in sacra Theologia doctorem consummatissimum, ab ipso domino fratre Philipo in manibus nostris prestito, ad sancta Dei Evangelia, manibus eius corporaliter tactis Scripturis, solito et debito iuramento quod ex causa sui magisterii non excedet in expensis taxam Clementine secunde de Magistris et quod servabit statuta eiusdem Universitatis et prout per alios magistros solitum est iurari, eundem dominum fratrem Philipum, sic suis meritis exigentibus, magistrum seu doctorem in sacra Theologia, auctoritate prefati reverendissimi et illustrissimi domini domini Cardinalis et Administratoris apostolico et imperiali privilegiis Cancellarii meritissimi ut prefertur, communiti, qua fungimur in hac parte, hodie paulo ante constituimus et creavimus, sibique cathedram magistralem ascendendi et in ea legendi, docendi, disputandi, gloxandi, interpetrandi, questiones et dubia terminandi, ceterosque actus doctoreos in sacra ipsa theologie scientia, hic et ubique locorum, exercendi et doctorum insignia deferendi aliisque conferendi, licentiam et facultatem concessimus, instrumento publico superinde confecto per Iohannem Georgium de Sixtis notarium publicum papiensem ac notarium et cancellarium ad banchum Curie Episcopalis papiensis infrascriptum. Nunc vero convocata et congregata iterum Universitate spectabilium doctorum et scholarium dicti Studii copiosa ac nobilium civium numerosa caterva in suprascripta aula magna palatii episcopalis, pro hoc negotio specialiter peragendo et exequendo, prefatus dominus frater Philipus per prefatum dominum magistrum Alexandrum doctorem iamdictum vesperiatus fuerit, ut moris existit, eidemque domino fratri Philipo, cum aliis doctoribus et magistris, cathedram doctoralem, ut moris est, ascendenti, eius capiti de nostri licentia per eundem sacre theologie doctorem dominum magistrum Alexandrum birretum magistrale rotondum positum est, servatis in premissis, omnibus ritibus et solempnitatibus oportunis in talibus et similibus debitis et consuetis. In cuius rei testimonium presentes fieri fecimus in formam publici documenti per Iohannem Georgium de Sixtis notarium et cancellarium iamdictum et infrascriptum, et sigillo prefati reverendissimi domini domini Cardinalis et Administratoris ut supra munimine roborari ad maiorem evidentiam premissorum. Datum et actum Papie, in aula magna palatii episcopalis, sub anno Domini currente millesimo quadrigentesimo nonagesimo octavo, indicione prima, die vigesimo tertio mensis Iulii, hora tertiarum, presentibus discretis viris Simone et Nicola fratribus de Garaldis filiis quondam magistri Petri ambobus bidellis generalibus prefate Universitatis, etc. inde testibus.

DCXXII.

Il Priore ed il Procuratore di S. Mostiola ricevono il pagamento di un affitto.

1498, agosto, 17.

(Arch. Notar. di Pavia. — Atti di Maurizio Pietra).

I N claustro infrascripti monasterii.... Venerabilis dominus Cherubinus Maria de Captaneis de Crema, Prior.... et dominus frater Augustinus de la Ecclesia.... procurator monasterii et conventus sancte Mustiolle Papie, *ricevono dal nobile Giovanni Beccaria, del Mezzano, del fu magnifico Pietro, sacchi otto di frumento per affitto di due anni di alcune terre a Cà della Terra.*

DCXXIII.

Il Capitolo di S. Paolo vende alcuni suoi possessi nel Tortonese.

1498, agosto, 17.20.

(Arch. Notar. di Pavia — Atti di Luchino Corti).

I L *Capitolo degli Eremitani dell' Osservanza, del monastero di S. Paolo fuori Pavia, raccolto in sacristia, nelle persone dei religiosi:* Frater Iohannes Petrus de Papia vicarius, frater Bernardus de Papia, frater Alexander de Papia, frater David de Mediolano, frater Iohannes Augustinus de Cumis, frater Nicolaus de Cremona, frater Iohannes Baptista de Conflentia, frater Ieronimus de Mediolano, frater Iohannes de Regio, frater Iohannes Augustinus de Boscho, frater Sirius de Novaria, frater Mansuetus de Sallis et frater Simplicianus de Castronovo, *più di due parti delle tre del Capitolo, approvano la vendita a Facino de Ponzano di Tortona, di alcuni beni* in territorio Terdone prope locum Pagarline, *già comperati dal monastero nel 1495, 19 gennaio. Il ricavo della vendita si deve impiegare nell' acquisto di altri stabili, e prima del contratto si deve ottenere l' autorizzazione del Vicario Generale dell' Ordine.*

Nel giorno 18 seguente si raduna il Capitolo per il secondo trattato di approvazione e oltre i religiosi sopra ricordati, sono con essi anche : frater Paulinus de Ianua, frater Theophilus de Mediolano, frater Valerius de Brissia, frater Pontius de Ast et frater Iohannes Angelus de Lucha.

Il terzo trattato si fa ai 20 dello stesso mese di Agosto, e nel Capitolo oltre i religiosi sopra ricordati è anche un frater Michael Angelus de Mediolano, *e subito dopo si stende l' istrumento di vendita al detto Facino de Ponzano per il prezzo di fiorini 4 e mezzo alla pertica, costituente una somma totale di lire 598 imperiali.*

DCXXIV.

Frate Bartolomeo da Palazzolo, Vicario Generale della Congregazione Lombarda, approva la vendita di terre fatta dal Convento di S. Paolo.

1498, settembre, 5.

(Arch. Notar. di Pavia — Atti di Luchino Corti).

F RATER Bertolameus de Palazolo, Vicarius Generalis Congregationis Lombardie observantium fratrum Heremitarum divi Augustini, licet immeritus, dilectis nobis in Christo venerabili fratri Iohanni de Sezadio monasterii sancti Pauli Papie Priori benemerito et aliis fratribus in eodem monasterio commorantibus, salutem.

Sicut bonos decet religiosos verba, immo instrumentum publicum, consensu tocius vestri Capituli fecistis de vendicione duarum petiarum terre prative in agro dertonensi, generoso civi dertonensi domino Facino de Ponzano, ita tamen, ut vestre salvarentur conscientie, quod accederet consensus sive licentia nostra. Nos igitur contractum illum sive vendicionem confirmamus et apponimus consensum nostrum et clarius locumtenentes, auctoritate apostolica nobis in hac parte commissa, damus licentiam posse vendere predictas petias terre prative, sitas apud Frascheram in loco dicto ad Cavalchinam, predicto civi, ita tamen quod pecunie ex ipsis terris recipiende convertantur in alia bona stabilia in evidentem utilitatem iprius vestri monasterii, in nomine Patris et Filii et Spiritus Sancti, amen. In predictorum testimonium presentes litteras nostro maiore sigillo roboratas, manu propria subscripsimus. Papie, quinta septembris 1498, Bertolameus de Pallazolo vicarius generalis Congregationis Lombardie, manu propria (1).

(1) Frate Bartolomeo da Palazzolo, che ora troviamo in Pavia, fu già da noi ricordato nelle note al documento 19 novembre 1487, nel quale anno fu pubblicato in Pavia il suo Martirologio. Vedi nota (1) a pag. 279.

DCXXV.

Religiosi Agostiniani promossi agli Ordini Sacri.

1498, settembre, 22.

(Arch. Notar. di Pavia — Atti di Gian Giorgio Sisti).

 RDINATIO Generallis in ecclesia maiori papiensi, facta per reverendum in Christo patrem dominum dominum Iohannem Matheum de Privolis....

Ad quatuor minores Ordines

Frater Mansuetus de Salis Ordinis sancti Augustini.

Ad subdiaconatum

Frater Archangelus de sancto Augustino.

Ad diaconatum

Frater Valerius de Brissia Ordinis sancti Augustini papiensis.

Ad sacerdotium

Frater Iohannes de Regio Ordinis sancti Augustini papiensis.

DCXXVI.

Legato testamentario del nob. Zenone Pietra a favore di frate Michele Pietra di S. Mostiola.

1498, settembre, 28.

(Arch. Notar. di Pavia. — Atti di Gaspare Tacconi).

N *ELLA casa del dottor in leggi Giacomo Mangiaria, in Parrocchia di S. Filippo. Testamento del nobile Zenone Pietra del fu Manfredino, nel quale* instituit sibi heredem particularem dominum fratrem Michaellem de Petra eius domini testatoris et domine Alaxine de Lazaris iugalium filium legiptimum, Ordinis Heremitarum sancti Augustini professum in conventu sancte Mustiolle Papie predicti Ordinis.... in libris centum imperialibus singulo anno dandis et solvendis per infrascriptos heredes universales.... ipso fratri Michaelli omni anno toto tempore eius fratris Michaellis vite tantum et non ultra, et hoc pro alimentis, victu et vestitu ac pro disciplina et aliis necessitatibus ipsius fratris Michaelis.

DCXXVII.

Il Capitolo di S. Paolo compera alcuni terreni in Castellaro di Lomellina.

1498, ottobre, 4.

(Arch. Notar. di Pavia — Atti di Luchino Corti .

N ELLA *sacristia del Monastero di S. Paolo, Giovanni Bartolomeo dei Conti di Mede, come tutore di Pietro Maria Giorgi,* pro precio florenorum octo et quarti unius, pro singula pertica..... vendit, tradit et dat.... venerabilibus viris fratri Iohanni Petro de Papia vicario, fratri Bernardo de Papia, frater Ieronimo de Papia, fratri Iohanni Augustino de Cumis, fratri Simoni de Trivilio, fratri Celso de Papia, fratri Iohanni Baptiste de Conflentia, fratri Ieronimo de Mediolano, fratri Blaxio de Valide, fratri Iohanni Augustino de Alexandria, fratri Valerio de Brixia, fratri Iohanni de Aretio, fratri Pontio de Ast, fratri Mansueto de Sallis, omnibus professis Ordinis Heremitarum sancti Augustini de Observantia.... *alcuni appezzamenti di terreno,* in territorio Castellarii Lomelline.... et pro hac vendicione fuit confessus.... dictus.... venditor.... recepisse ab ipsis Vicario et Fratribus florenos quatuorcentum quadraginta sex cum dimidio.... pro quantitate librarum quinquecentum nonaginta octo.... que fuerunt et sunt illemet pecunie quas hodie paulo ante prefati domini Vicarius et Fratres.... confessi fuerunt habuisse.... a domino Facino de Ponzano.... pro pretio certorum bonorum..... ipsi domino Facino per fratres venditorum.

DCXXVIII.

Il Comune di Pavia fa ricerca di un codice di storia longobarda del Convento di S. Agostino.

1498, dicembre, 29.

(Museo Civ. di Stor. patr. di Pavia — *Atti di Provvis.* Pacco 4).

M CCCCXCVIII, die 29 decembris, in vesperis.
Convocato conscilio, etc.
Item comisserunt et in mandatis dederunt suprascriptis dominis Iohanni Augustino (de Porciis) et Christoforo (Campisio) Abbatibus, ut se informent de quodam librum Regum longobardorum (1), qui liber alias erat in libraria sancti Augustini, et datus fuit seu accomodatus Comiti Francisco de la Mirandolla, et denique operam faciant quod liber ipse reducatur in pristinum statum.

(1) Può darsi si tratti di un codice di Paolo Diacono.

DCXXIX.

La Comunità di S. Mostiola riceve il pagamento di un annuo legato.

1499, gennaio, 17.

(Arch. Notar. di Pavia. — Atti di Giorgio Porzio).

N|EL *Capitolo del Monastero di S. Mostiola, adunato il Capitolo di cui fanno parte il Priore del Convento, frate Paolo de Ripa, ed i frati Melchiorre Lucini, Cherubino da Crema, Gerolamo da Papia, Costantino da Martinengo, Benedetto da Padova, Vincenzo da Genova, Lorenzo da Miradolo, Alberto de Pavia, Giovanni Battista Pietra, Michele Pietra, più di due parti delle tre del Capitolo, ricevono dal nobile Bartolomeo Pietra del fu Milano, fiorini 7 per legato annuo risultante dal codicillo di detto fu Milano, rogato dal notaio Sicleri* (1).

DCXXX.

Disposizioni testamentarie di Cosma Colesini per S. Paolo e S. Agostino.

1499, gennaio, 22.

(Arch. Not. di Pavia — Atti di Leonardo Buscati).

I|N *casa del notaio, in Parrocchia di S. Secondiano. Testamento dell'* egregius et sapiens gramatice professor dominus magister Cosmus de Colexini filius separatus domini Mathey... *col quale, annullato il precedente testamento,* (2) elligit sibi sepulturam ad ecclesiam sancti Pauli sitam extra et prope menia civitatis Papie, et ad quam ecclesiam quandocumque contingerit ipsum dominum testatorem ab hoc seculo decedere et eius animam a corpore segregari, vult... eius cadaver portari et illud simul cum capsa, in qua positum fuerit dictum eius cadaver, in ipsa ecclesia, extra et ante capellam sancti Augustini sitam in dicta ecclesia sepeliri debere.

Item.... voluit.... quod in funeralibus cadaveris ipsius domini testatoris aliquo modo nullum fiat invitamentum nec aliqua asociatio tam personarum laycarum quam ecclesiasticarum, preterquam rectoris ecclesie parochialis ipsius domini testatoris et duodecim presbiterorum ac dominorum Prioris et Fratrum sancti Pauli predicti ac dominorum Prioris et Fratrum monasterii et conventus sancti Augustini Papie ac etiam preterquam notariorum venerandi Collegii Notariorum civitatis Papie, qui notarii invitari debeant ad asociandum dictum eius cadaver, volensque etiam quod dictum eius cadaver induatur una capa Ordinis

---

(1) Pel testamento di Milano vedi la nota al documento del 17 agosto 1482. Ai 5 ottobre del 1499 il pagamento di questo legato è fatto dai Pietra a frate Giovanni Antonio Quartini Procuratore di S. Mostiola con atto rogato da Riccardo Rovescala, il quale stende pure la ricevuta per lo stesso pagamento fatto al Procuratore frate Agostino della Chiesa ai 16 settembre del 1500.

(2) Vedi il documento del 10 dicembre 1487.

sancti Augustini, quando asociabitur et portabitur ad sepeliendum, et quod circa eum solummodo sint et esse debeant tortie duodecim cere accense, videlicet sex ante et sex post cadaver ipsius domini testatoris.

Item idem dominus testator iussit... quod in die immediate sequenti post sepultum dictum eius cadaver celebretur et celebrari debeat in dicta ecclesia sancti Pauli officium unum a mortuis cum missa in cantu et aliis missis vigintiquinque bassis, et similiter in die septimo immediate post eius domini testatoris decessum celebretur et celebrari debeat et vult, ipse dominus testator, in dicta ecclesia sancti Pauli aliud officium a mortuis cum missa in cantu et aliis missis quinquaginta bassis et simili modo in die trigesimo immediate sequuto post ipsius domini testatoris decessum, quibus officiis et singulo eorum vult idem dominus testator poni et teneri debere super altare maius dicte ecclesie sancti Pauli torcias duas accensas et alias duas similiter accensas desupra sepulturam cadaveris ipsius domini testatoris. Et ita ipse dominus testator ad ipsa officia, modo quo supra, celebrari faciendum, gravavit et gravat infrascriptos usufructuarios et quemlibet ipsorum si viveret post ipsius domini testatoris decessum, et si non viverent omnes vel alter ipsorum, infrascriptos eius domini testatoris heredes universales...

Item... legat Venerabili Collegio Notariorum Papie florenos sedecim... pro singulo anno in perpetuum... cum hoc tamen onere quod agentes pro ipso Collegio teneantur et debeant singulo anno perpetuo celebrare officium unum a mortuis in cantu iuxta morem et stillum dicti Collegii et agentium pro eo, et in ecclesia santi Pauli predicti, in qua sepultum fuerit dictum eius testatoris cadaver, in die sepulture ipsius cadaveris, si non occurret in die festo, alioquin die immediate sequenti non festivo, et etiam teneantur ut supra in dictomet die celebrari facere in ipsa ecclesia sancti Pauli unum officium a mortuis in cantu per dominos Priorem et Fratres ipsius monasterii sancti Pauli cum missis vigintiquinque bassis et cum aposicione cere necessarie pro ipsis officiis et missis sic celebrandis ut supra dictum est; teneanturque etiam singulo anno perpetuo in die immediate precedenti diem vigilie festi sancti Augustini cuiuslibet anni celebrari facere ad honorem sancti Augustini predicti, Advocati et intercessoris ipsius domini testatoris, missam unam solempnem in cantu in ecclesia sancti Augustini Papie, in confessore et ad altare ubi de presenti dicitur fore corpus sancti Augustini predicti, et si in futurum continget ipsum corpus translatari et seu reponi in alio loco, quod missa ipsa celebretur et celebrari debeat ad altare ubi repositum fuerit ipsum corpus. Et hoc per dominos Priorem et Fratres monasterii sancti Augustini predicti et per dominos Canonicos monasterii sancti Petri in cello aureo papiensis, in societate, quibus dominis Priori et Fratribus dicti monasterii sancti Augustini, pro elemosina celebracionis dicte misse dari et solvi debeat et vult idem dominus testator singulo anno per agentes nomine dicti Collegii florenum unum monete tunc currentis, et similiter totidem dictis dominis Canonicis dicti monasterii sancti Petri in cello aureo et quam missam celebrari vult cum pulsacione organorum dicte ecclesie sancti Augustini. Cui Misse quando cantabitur et celebrabitur interesse debeant a principio usque ad finem venerabiles domini Consules dicti Collegii et seu saltem maior pars eorum.

DCXXXI.

Il Capitolo di S. Mostiola rinnuova un'investitura al nob. Giovanni Beccaria.

1499, maggio, 10.

(Arch. Notar. di Pavia — Atti di Maurizio Pietra).

N EL *Capitolo di S. Mostiola, radunato per ordine* venerabilis domini fratris Melchionis de Lucino Prioris dicti conventus, *e nel quale erano col Priore i* venerabiles domini frater Augustinus de Habiate, frater Iheronimus de Bastonibus, frater Iohannes Antonius de Quartinis, frater Vincencius de Ianua, frater Michaelangelus de Petra, frater Iohannes Baptista de Petra.... representantes.... plus quam duas partes ex tribus dicti Capituli.... *considerato che l'investitura già data al nobile Giovanni Beccaria del Mezzano, del fu signor Pietro, di un appezzamento di terreno a Cà della Terra, cessò colla festa del S. Martino passato, avendo il detto Beccaria domandato di essere riconfermato nell' investitura di quello stabile, gli rinnovano l' investitura per altri nove anni, alle stesse condizioni, purchè sia di ciò concessa approvazione ducale.*

DCXXXII.

Frate Giovanni Bartoloméo di Montefuoco da Genova fa il testamento prima della professione in S. Paolo.

1499, luglio, 5.

(Arch. Notar. di Pavia — Atti di Gio. Agostino Gandini).

I N nomine Domini amen. Anno a nativitate eiusdem millesimo quatricentesimo nonagesimo nono, indictione secunda, die quinto mensis Iullii, hora decimanona vel circha, in civitate Papie, videlicet in camera audientie infrascripti domini Vicarii testis, sita in palacio Comunis et domini Potestatis prefate civitatis, Porte Pontis, Parochie sancti Petri ad vincula. In presentia mei notarii et testium infrascriptorum, frater dominus Iohannes Bertholomeus de Montefoco, ianuensis, ingressus in ordine fratrum Heremitarum sancti Augustini de Observancia, et ut asserit nondum professus in dicta relligione, dicens se fillium emancipatum domini Bertholamei et ab eius patria potestate separatim vivere, ut de ea emancipatione dicit constare instrumento rogato, anno, mense et die in eo contentis, Petro de Facio notario ianuensi; sanus quidem mente, corpore et intellectu et nulla detentus infirmitate corporea, intendens anime sue saluti et bonorum suorum disposicioni providere, antequam dictam professionem faciat, hoc presens suum ultimum testamentum nuncupativum sine scriptis et hanc suam ultimam voluntatem facere procuravit et procurat ac fecit et facit in hunc modum, videlicet:

In primis quidem cassavit.... omnia testamenta, omnesque codicillos et donaciones causa mortis ab hodie retro per ipsum testatorem quovis modo condita et conditos:....

Item instituit sibi heredem universalem suprascriptum dominum Bertholameum eius testatoris patrem.... hac tamen lege et condicione, videlicet, quod si ipse dominus testator voluerit et seu velle habere ellegerit pro se ipso, et non alliter nec alio modo, de ipsis bonis
ipsius domini testatoris usque ad summam librarum tercentum monete ianuensis, pro di-
stribuendo in ellimosinis, amore Dey et pro causa studiorum ac aliis eius domini testatoris
necessitatibus, quod tunc et eo casu dictus dominus Bertholameus eius heres universalis
teneatur.... in parte sive in totum, et ad omnem eius domini testatoris requisicionem.... dare
et solvere.... predictam summam monete Ianue modis et formis predictis et non aliter nec alio
modo nec alicuj altere persone, ecclesie, vel monasterio nixi de voluntate ipsius domini testatoris; de quibus pecuniis ipse dominus testator voluit et vult, et in casu quo ellegerit ut supra,
posse disponere tute, libere et impune et sine alicuius persone ecclesie vel monasterii contradictione vel prohibitione, aliquibus legibus in contrarium facientibus non attentis. Et quod
ipse dominus testator non possit contra eius velle per aliquam personam, ecclesiam vel monasterium cogi et compelli ad dictas pecunias seu partem aliquam earum elligere, petere,
vel aliter disponere nixi prout supra, et casu quo per aliquem quovismodo cogeretur aliter
petere vel elligere, quod eo casu dictus eius heres ad id non teneatur....

Et inde, etc. Presentibus spectabile et exhimio iuris utriusque doctore D. Ambroxio
Cepola de Albengha magnifici domini Pretoris Papie Vicario, etc.

DCXXXIII.

Dono di un pallio per la sepoltura del nobile Lodovico Tremont in S. Agostino.

1499, ottobre, 1.

(Arch. Notar. di Pavia. — Atti di Gian Pietro Imodelli).

I N sacristia monasterii sancti Augustini Ordinis Heremitarum sancti Augustini
siti in Citadella Papie... Nobilis Petrus Dutono, diocesis rutinensis, parochie
sancti Cosme... donavit et donat venerabilibus domino fratri Nicole de Fazardis subpriori, magistro Iohanni de sancto Angelo, magistro Antonio de Ast et domino
fratri Gabrieli de Papia lectori suprascripti monasterii sancti Augustini ibi presentibus... palium unum veluti nigri cum una cruce alba in medio, ibidem actualiter tradditum et datum
.... pro ponendo prout positum fuit, ibidem in presencia mei notarii et testium infrascriptorum, super sepultura condam nobilis domini Ludovici Theramontis diocesis Lodoco, et
pro eo ibi super dictam sepulturam tenendo continue et continuato tempore, tam de die
quam de nocte per unum annum et unam diem proxime futuram et cum hac condicione quod
ibi super dictam sepulturam stet et teneatur continue per spacium temporis suprascripti.
Et in casu quo reperiatur quovismodo dictum palium ibi continue et continuato tempore non
teneri, et non adesse, tunc et in dicto casu vult ipse nobilis Petrus donans quod dictum
palium sit et esse debeat et eo casu illud relinquit hospitali magno Papie, etiam quando
hoc non stare seu adesse super dictam sepulturam, non procederet culpa dominorum Fratrum
suprascripti monasterii sed alterius cuiusvis culpa procedat. Et eo casu quo dictum palium

ibi stet et permaneat per spacium temporis suprascripti, vult et ordinat ipse donans quod elapso dicto tempore quod domini Fratres suprascripti monasterii, de veluto suprascripti pallii faciant seu fieri faciant unam planetam pro usu ecclesie suprascripti monasterii.

DCXXXIV.

Frate Giovanni da Sant'Angelo Cappellano dei Disciplinati di S. Gervaso.

1499, dicembre, 13.

(Arch. Notar. di Pavia. — Atti di Gian Pietro Mangano).

NELLA *bottega di Tommaso Gualla, in Parrocchia dei SS. Damianino e Romanino.* Reverendus et sapiens sacre theologie magister dominus magister Iohannes de sancto Angelo, frater Ordinis sancti Augustini Papie, ac capellanus Verberatorum sancte Marie prope sanctum Gervaxium Papie, *riceve dal mercante Tommaso Gualla sindaco e procuratore* tocius Congregationis Verberatorum sancte Marie prope sanctum Gervaxium Papie, *lire 111,* pro integra solucione et satisfacione sui salarii sibi promissi per dictos dominos verberatores... pro missis et officiis celebratis per ipsum dominum magistrum Iohannem... pro uno anno finituro et completuro in callendis Ianuarii proxime futuris.

DCXXXV.

Donazione di Borso Scrovegni al Convento di S. Paolo.

1500, gennaio, 7.

(Arch. Notar. di Pavia — Atti di Gaspare Tacconi).

NELLA *casa del donatore, in Parrocchia di S. M. in Pertica. Alla presenza del console di giustizia di Pavia, nobile Gian Tommaso Pescari, lo spettabile signor Borso Scrovegni, del fu sig. Giacomo, fa donazione irrevocabile al* venerabili domino fratri Iohanni Petro de Papia sindico et procuratori... monasterii sancti Pauli siti extra et prope Papiam, Ordinis Observantie Heremitarum sancti Augustini, *di un censo di 12 brente di vino, che si paga annualmente al donatore da Antonio e fratelli de Puteo di Alessandria, abitanti del luogo* Montis Castri *della diocesi di Pavia, su terre* avignate in Monte Castri ubi dicitur in Scaldasole. *Il donatore si riserva però l'usufrutto per tutta la sua vita e pone alla sua donazione la condizione che il convento sia tenuto* ad celebrari faciendum in perpetuum, in dicta ecclesia sancti Pauli, post eius domini donatoris decessum, missas duas singula ebdomada, pro anima ipsius domini donatoris.

Nello stesso tempo, in vista della fatta donazione, revoca il legato fatto al convento di S. Paolo di 100 fiorini, nel suo testamento 8 maggio 1495.

DCXXXVI.

Il Capitolo di S. Mostiola dà investitura di terre in Mortara.

1500, gennaio, 25.

(Arch. Notar. di Pavia — Atti di Giorgio Porzio).

I N capitulo infrascripti monasterii... Congregato Capitulo monasterii et ecclesie sancte Mustiole Papie... de mandato... reverendi sacre pagine professoris domini magistri Pauli de Ripa, Prioris dicti monasterii, et cum eo et penex eum D. Frater Augustinus de la Ecclesia, D. frater Angelus de Petra, D. frater Vincentius de Ianua, D. frater Laurentius de Miradolo, D. frater Bernardinus de Castelatio, D. frater Petrus de Carmagnola, D. frater Paulus de Petra, D. frater Michael de Petra, D. frater Iohannes Baptista de Petra, omnes fratres professi dicti monasterii, facientes et representantes totum et integrum capitulum dicti monasterii... *dànno in investitura, per nove anni, a Guglielmo de Lexa, di Mortara, un prato di otto pertiche in Mortara* ubi dicitur in Arbonia, *per lire 17 all'anno.*

DCXXXVII.

Convenzioni tra il Capitolo di S. Agostino ed il Comune di Dorno per lo scavo di una roggia.

1500, marzo, 14.

(Arch. Notar. di Pavia — Atti di Gian Giacomo Canevari).

I N monasterio seu conventu sancti Augustini Papie, videlicet in loco capituli.... Cum hoc sit quod Comune et homines loci Durne Lomeline papiensis intendant et cupiant conducere certas aquas ex aquis Terdubii et ipsas levare seu alciare super territorio Garlaschi dicte Lomeline et fieri facere rugiam seu cavamentum dicte rugie super certis bonis et iurisdictione venerabilium dominorum Prioris et fratrum ac Conventus predicti sancti Augustini Papie, et ipsam rugiam seu aquam conducere ad comoditatem et utilitatem et usum ipsorum Comunis et hominum Durne ac bonorum eiusdem terre, et ibi super ipsis terris dicti conventus intendant fieri facere clusam unam per transversum dicte aque Terdubii per ipsos Comune et homines super bonis et possessione dicti conventus: Cumque etiam sit quod domini Prior et Fratres non intendant consentire, nisi ipsi homines satisfatiant de et pro tereno occupando et dampnis inferendis in futurum quibuscumque ex ipsis aquis et rugia ac conductu aquarum, secundum formam decretorum superinde editorum, et nisi sub et cum certis pactis et conventionibus, ad hoc ne ipsi domini Prior et Fratres ullo unquam tempore argui possint de alique lexione bonorum et iurium dicti conventus et aliquo dollo mallo, et quod ullo unquam tempore alegari possit quod ipsi domini Prior et Fratres potius dampnum intulerint et preiudicium conventui, quam commodum et rem utilem pro ipsis dominis Priore et Fratribus ac conventu. Hinc est quod dominus frater Constantinus de Castelatio subprior et locumtenens reverendi patris domini magistri Francischini de Castelatio, Prioris eiusdem monasterii et Conventus, et cum ipso et penes ipsum reverendi patres ac sacre pagine professores domini magister Iohannes de sancto Angello, magister Bertolomeus de Castelatio sindicus dicti conventus, magister Gabriel de Papia, magister Petrus de Castronovo, magister Thimoteus de Laude, sacre theologie magistri, nec non et frater Paulus de Puteo, frater Iohannes de Tritio, frater Ieronimus de Lentà bachalarius, frater Paulus de Papia, frater Cornelius de Romàgnano, frater Gregorius de Papia, frater Paulus de Castelatio cursor, frater Ansanus de Codognola, frater Gulielmus de Silvano, frater Michael Angelus de Papia, frater Iohannes Antonius de Castelatio, frater Egidius alamanus, frater Benedictus de Vercellis, frater *(in bianco)* alamanus, frater Guido de Belinzona, frater Octavianus de Palestro, frater Raphael de Plebe, frater Vincentius de Bononia, frater Christoforus de Castelatio, frater Augustinus de Bugella, frater Baxilius de Flandria, omnes fratres professi dicti monasterii seu residentes apud dictum monasterium et vocem facientes in Capitulo.... *insieme ai rappresentanti del Comune di Dorno stipulano i patti per la concessione delle terre necessarie per lo scavo della suaccennata roggia.*

DCXXXVIII.

Disposizione del Comune per l'annua offerta a S. Paolo.

1500, marzo, 26 - aprile, 6.

(Museo Civ. di storia patr. di Pavia — *Atti di Provvis.* Pacco 4).

M D, die XXVJ marcii, in vesperis
Convocato conscilio, etc., Prefati... domini Presidentes, ordinaverunt :
Quod fiant cride pro oblacione tienda ad ecclesiam sancti Pauli in die dominica, VI aprilis et fiant iuxta solitum et fiat bulleta de florenis decem iuxta solitum.

1500, die VI Aprilis, in terciis.
Convocato conscilio, etc... ordinaverunt :
Quod fiant cride et mandata quod die dominica proxime futura post predicationem fiat oblatio ad sànctum Paulum, et invitentur paratici et artifices, mercatores et cives civitatis iuxta solitum.

DCXXXIX.

Laurea in teologia di fràte Angelo Panizzeni di Alessandria.

1500, maggio, 14.

(Arch. Notar. di Pavia. — Atti di Siro Pescari).

U NIVÈRSIS et singulis presentes litteras inspecturis Bernardinus Nigonus de Regio, iuris utriusque doctor, reverendissimi in Christo patris et illustrissimi domini domini Aschànii Marie sancti Viti Diaconi Cardinalis Sfortie Vicecomitis, sancteque Romane Ecclesie Vicecancellarii ac episcopatus papiensis perpetui administratoris nec non florentissimi papiensis Gymnasii apostolico et imperiali privilegiis Cancellarii meritissimi, locumtenens et specialiter deputatus, salutem tam debitam quam devotam.

Etsi omnium pro scientie margarita capescenda insudantium virtus, exigente iusticia, dignis sit premiis decoranda, illi tamen qui in sacra theologia, que est omnium mater atque magistra et Fidei fondamentum ac via recta ad vitam eternam, propria relinquentes et se ipsos abnegantes, per diversa mundi climata studia rotaverunt et in eis persepe noctes ducentes insompnes, immensis laboribus et sudoribus bravium attigerunt, digniori sunt honore premiandi et maiori reverentie dono decorandi. Cum itaque religiosus et omni virtute laudabilis frater Angelus de Panizenibus de Alexandria, Ordinis Heremitarum sancti Augustini expresse professus, post actus scolasticos per eum in variis Studiis feliciter consummatos, deputatus fuerit ad legendum Sententias in conventu sancti Augustini papiensis, Ordinis predicti, ipseque frater Angelus huiusmodi Sententias in dicto conventu laudabiliter legerit et omnes alios actus scolasticos in Universitate papiensi exercendos usque ad gradum Magisterii feliciter consummaverit et sub singulis reverendis patribus sacre theologie magistris huius alme Universitatis, de arduis questionibus in facultate theologie respondiderit, aliosque actus bachalariis pro forma legentibus incumbentes laudabiliter exercuerit, et postmodum, coram nobis per reverendos dominos Vincentium de Duodis decanum Ordinis Predicatorum, Gunifortum de Vachinis Ordinis Servorum, Antonium de Ast Ordinis Heremitarum sancti Augustini, Michaelem de Tortis Ordinis Servorum, Gometium Yspanum Ordinis Minorum, Stefanum de Vercellis Ordinis sancti Benedicti, Bertolameum de Varmacha Ordinis Heremitarum et Iohannem Iacobum de Campixe Ordinis Minorum *(sic)*, ad examen bachalariorum ad magisterium aspirancium, privatim et rigorose externa die examinatus fuerit et idem frater Angelus in examine ipso se taliter habuerit quod a nobis, convocata et congregata in aula magna palacii episcopalis prelatorum, doctorum et scolarium huius almi Studii multitudine copiosa pro negotio huiusmodi specialiter peragendo, et finito et facto, de nostri licentia, ut moris est, sermone per reverendum patrem dominum magistrum Antonium de Ast Ordinis Heremitarum sancti Augustini, in sacra theologia doctorem celeberrimum, ab ipsoque fratre Angelo in manibus nostris prestito, ad sancta Dei Evangelia, manibus super pectus suum positis, solito iuramento, quod ex causa sui magisterii non excedet in eius expensis taxam Clementine Secunde de Magistris et quod servabit statuta eiusdem Universitatis ac prout per alios magistros solitum est iurari, eundem fratrem Angelum, sic eius exigentibus meritis, magistrum seu doctorem in sacra theologia, auctoritate prelibati excellentissimi domini Cardinalis et Administratoris, apostolico et imperiali privilegiis ut prefertur, Cancellarii, communiti, qua fungimur in hac parte, hodie paulo ante constituimus et creavimus, sibique cathedram magistralem ascendendi et in ea legendi, regendi, definiendi, glosandi, interpretandi, questiones et dubia terminandi ceterosque actus doctoreos in scientia ipsa theologie, hic et ubique locorum, exercendi, licentiam concessimus et facultatem, instrumento publico superinde confecto per Sirum de Piscariis notarium publicum papiensem ac notarium Curie Episcopalis papiensis infrascriptum. Nunc vero, convocata et congregata iterum Universitate spectabilium Doctorum et Scolarium predicti Studii copiosa, ac nobilium civium numerosa catherva, in suprascripta aula magna palacii episcopalis, pro hoc negotio specialiter exequendo, dictus frater Angelus per prefactum reverendum dominum magistrum Antonium de Ast, Ordinis predicti, in sacra theologia magistrum, vesperiatus fuit ut moris est, eidemque fratri Angelo, cum aliis doctoribus et magistris cathedram doctoralem ut est moris, ascendenti, eiusque capiti, de nostri licentia, per reverendum sacre theologie magistrum Antonium de Ast, birretum magistrale rotondum impositum est, servatis, in premissis, omnibus ritibus et solempnitatibus in talibus debitis et consuetis. In cuius rei testimonium presentes fieri fecimus in formam publici documenti per iamdictum Sirum Piscarium notarium publicum iamdictum et infrascriptum et sigili prelibati reverendissimi domini domini Cardinalis et Administratoris appensione communiri ad maiorem evidentiam premissorum. Datum et actum Papie, in aula magna palatli episcopalis, sub anno Nativitatis Domini currente millesimo quingentesimo, indicione tercia, die Iovis, quartodecimo mensis maii, hora vesperarum, presentibus Simone et Nicola fratribus de Garaldis filiis quondam magistri Petri, ambobus bidelis generalibus dicte Universitatis, et Iohanne Petro de Aliprandis clerico mediolanensi, inde testibus.

DCXL.

Il Capitolo di S. Paolo riceve un legato testamentario.

1500, maggio, 29.

'Arch. Notar. di Pavia. — Atti di Matteo Ferrari'.

I N sacristia et Capitulo ecclesie ac monasterii sancti Pauli Ordinis Observantie sancti Augustini siti extra et prope Portam sancte Marie in Perticha Papie.... convocato capitulo.... dicti monasterii sancti Pauli.... de mandato.... venerabilis domini fratris Augustini de Burgo sancti Martini Prioris dicti monasterii, in quo quidem Capitulo.... sunt prefatus dominus Prior et cum eo.... venerabiles domini f) fratres Iohannes Petrus de Papia vicarius dicti conventus, frater Bernardus de Papia, frater Ieronimus de Papia, frater Iohannes Augustinus de Cumis, frater Urbanus de Picardia, frater Iohannes Antonius de Sezadio, frater Sirus de Novaria, frater Petruspaulus de Papia, frater Pontius de Monticella et frater Secundus de Crema (1).... facientes plus quam duas partes ex tribus Fratrum professorum.... *ricevono dei fratelli Luigi e Giovanni Astolfi, dieci fiorini*, de quibus ipsi fratres de Astulfis fuerunt et sunt debitores dicti monasterii et Conventus mediante persona venerabilis domini fratris Francisci de Astulfis fratris professi in dicto monasterio sancti Pauli et fratris dictorum fratrum de Astulfis, virtute institutionis et legati facte et facti dicto domino fratri Francischo per nunc quondam dominum Franciscum de Astulfis olim patrem ipsorum.... in eius ultimo testamento rogato 1497, primo Augusti, michi notario.

(1) Ai 15 settembre del 1500 in un atto rogato da Daniele de Valide, il Capitolo oltre che da questi Religiosi, risulta composto anche dai frati Vito da Como, Mauro da Torino e Antonio de Crona.

DCXLI.

Il nob. Gian Pietro Sannazzari elegge il suo sepolcro in S. Agostino.

1500, giugno, 8.

(Arch. Notar. di Pavia — Atti di Giorgio Porzio).

N ELEA *casa del testatore, in Parrocchia di S. Michele Maggiore. Testamento di Giovanni Pietro Sannazzari, del fu signor Giovanni, nel quale dispone* quod cadaver suum sepeliatur et sepeliri debeat in ecclesia sancti Augustini Papie, retro primam portam parvam a manu dextera intrando dictam ecclesiam ante faciatam ipsius. Cui monasterio dedit et legavit... illud quod concordes remanebunt infrascripti eius heredes universales et agentes pro dicto monasterio.

DCXLII.

Maffeo Bordoni elegge la sua sepoltura nel Chiostro di S. Agostino.

1500, giugno, 25.

(Arch. Notar. di Pavia — Atti di Gian Maria Leggi).

I N *Pavia, in casa di Gio Antonio Ferrari tintore, in Parrocchia di S. Invenzio. Testamento di Maffeo de Bordonibus abitante in Liconasco, con cui* eligit eius sepulturam ad ecclesiam sancti Augustini Paple, in sepultura ante altare Virginis Marie sita in introytu claustrorum, si decederet in civitate Papie et si decederet in loco Liconasii, ad ecclesiam dicti loci Liconasii.

DCXLIII.

Il Capitolo di S. Agostino vende una casa in Pavia.

1500, luglio, 18.

(Arch. Notar. di Pavia — Atti di Gian Giacomo Canevari).

I N citadela civitatis Papie, videlicet in domibus et loco capitull infrascripti monasterii sancti Augustini... Reverendus in Christo pater dominus frater Petrus de Mediolano Prior monasterii sancti Augustini Papie Ordinis Heremitarum eiusdem sancti et cum ipso et penex ipsum reverendi patres domini magister Iohannes de sancto Angelo, magister Antonius de Ast, magister Bertholameus de Valmacha, magister Laurentius de Candia, magister Iohannes Antonius de Mediolano et magister Gregorius de Papia, omnes sacre pagine professores, ac venerabiles domini fratres Bartholomeus de Castelatio biblicus, Gabriel de Papia bachalarius, Spiritus de Mediolano lector, Petrus de Castronovo, Serafinus de Mediolano, Nicolaus de Fazardis subprior, Iohannes de Francia,

Iohannes de Trizio, Gregorius de Vercellis (1), Iohannes Baptista de Ianua, Ieronimus de Lentà, Guillelmus de Bononia, Bernardus de Papia, Nicolaus de Castelatio, Gulielmus de Vercellis, Guidantonius de Mediolano, Guillelmus de provintia Provintie, Petrus de Alamania, Bernardus de Mediolano, Archangelus de Papia et Georgius de Soho omnes fratres professi.... representantes maiorem et saniorem partem et plusquam duas partes ex tribus, imo fere totum et integrum capitulum.... pro evidenti utilitate ipsius monasterii, attento presertim quia in presentiarum ipsi domini Prior et Fratres necesse habent exbursare satis notabilem denariorum quantitatem successoribus quondam domini Bartolomei de Fazardis pro redemptione possessionis de Albuzano et littis et controversie hactenus per et inter dictum monasterium et dictos successores dicti quondam domini Bertolamei verse et vertentis, *vendono per fiorini 150 a Francesco Volpi una casa in Pavia, in Parrocchia di S. Giorgio in Fornarolo.*

DCXLIV.

Laurea in teologia dei frati Bartolomeo Ferrari, Gabriele Savieti, Paolo da Genova e Francesco Torti, Eremitani.

1500, luglio, 30.

(Arch. Notar. di Pavia. — Atti di Giovanni Giorgio Sisti).

D OCTORATUS in sacra pagina domini fratris Berthollomey de Ferrariis ; doctoratus ut supra fratris Gabriellis de Savietis ; doctoratus ut supra fratris Pauli de Ianua ; doctoratus ut supra domini fratris Francisci de Tortis, omnium Ordinis Heremitarum sancti Augustini Papie (2).

Universis et singulis presentes litteras inspecturis, Bernardinus Nigonus, iuris utriusque doctor, canonicus in ecclesia sancti Prosperi Regii, reverendissimi in Christo patris et illustrissimi domini domini Aschanii Marie, sancti Viti Diaconi Cardinalis sacrosancte Romane Ecclesie vicecanzellarii, Sfortie Vicecomitis, ac Episcopatus Papiensis perpetui administratoris, nec non et florentissimi papiensis Gimnasii, apostolico et imperiali privilegiis, canzellarii meritissimi, vicecanzellarius specialiter deputatus, salutem et reverentiam tam debitam quam devotam.

Etsi omnium, etc. *(segue il testo letteralmente come nel documento del 14 maggio 1500 fino a)* : Cum itaque religiosus et omni virtute laudabilis dominus frater Berthollomeus de Ferrariis, Ordinis Heremitarum sancti Augustini Papie expresse professus, post actus scolasticos, etc. *(segue il testo letteralmente come sopra fino a)* : et postmodum coram nobis per reverendos dominos Vincentium de Duodis Ordinis Predicatorum dicte Universitatis decanum, Henricum de Curte, Gometium Ispanum, Ordinis Minorum, Gunifortum de Vachinis, Michaellem de Tortis, Iohannem Iacobum de Campixe, Ordinis Servorum, Antonium de Ast, Iohannem Antonium de sancto Nazazio, Ordinis Heremitarum sancti Augustini, Steffanum de Vercellis Ordinis Vallis Umbroxe et Bedam de Ast Ordinis Carmellitarum, ad examen bachallariorum, etc. *(segue come sopra fino a)* : finito et facto, de nostri licentia ut moris

---

(1) Da un documento del 29 luglio 1500, rogato da Agostino Gravànago, risulta che è *frater Gregorius de Capo, sive de Cupo, filius quondam domini Stephani, olim civis et mercatoris vercellensis.*

(2) L'atto si riferisce soltanto a frate Bartolomeo da Castellazzo, ma come si desume dalla fine del documento, esso fu rilasciato in egual forma anche agli altri suoi confratelli. È il primo caso nella storia dell'Università pavese che un Ordine Religioso

est, sermone per suprascriptum reverendum patrem dominum magistrum Iohannem Antonium de sancto Nazario, Ordinis Heremitarum sancti Augustini, in sacra theologia doctorem celeberrimum, ab ipsoque domino fratre Berthollameo, in manibus nostris prestito, etc. *(segue come sopra fino a)* : dictus Bertollameus per prefatum fratrem Iohannem Antonium de sancto Nazario in sacra theologia magistrum vesperiatus fuit, ut moris est, eidemque fratri Berthollomeo, etc. *(come sopra)* eiusque capiti, de nostri licentia per eundem sacre theologie magistrum dominum fratrem Iohannem Antonium birretum magistrale rotondum impositum est, etc. *(come sopra fino a)* : Datum et actum Papie, in aula magna Pallatii Episcopalis papiensis, sub anno Nativitatis Domini millesimo quinquecentesimo, indicione tercia, die trigesimo mensis Iullii, hora vesperarum, presentibus discretis viris Symone et Nicola fratribus de Garaldis, filiis quondam magistri Petri, bidellis generalibus dicte Universitatis, inde testibus.

In simili forma, sub die et hora suprascriptis :

Domino fratri Gabrieli de Savietis Ordinis predicti,

Domino fratri Paullo de Ianua Ordinis predicti,

Domino fratri Francisco de Tortis Ordinis predicti.

DCXLV.

Legato testamentario della nob. Caterina Landolfi Nazzari a favore di S. Paolo.

1500, agosto, 29.

(Arch. Notar. di Pavia — Atti di Gaspare Tacconi).

N ELLA *casa del notaio, in parrocchia di S. Maria Nuova. Testamento della* nobilis et egregia matrona domina Catherina de Landulfis, filia quondam domini Rafaelis et relicta quondam egregii causidici domini Mathei de Nazariis..... *col quale testamento* dat et legat monasterio sancti Pauli seu dominis Priori et Fratribus eiusdem monasterii siti extra et prope Papiam florenos triginta... expendendos et quos expendi vult et iubet in fabrica dicti monasterii, cum onere et gravamine celebrandi in eorum ecclesia officium unum cum missa magna et missis parvis a mortuis pro anima ipsius domine testatricis (1).

DCXLVI.

Il Capitolo di S. Agostino rinnuova la investitura dei beni di Parasacco.

1500, settembre, 23.

(Arch. Notar. di Pavia — Atti di Giovanni Pietro Imodelli).

I N loco solite congregaciònis Capitull Conventus sancti Augustini Papie, sito et respondente deversus primum claustrum... Convocato Capitulo... de mandato reverendi domini fratris Petri Morigie, Prioris dicti conventus, in quo quidem Capitulo fuerunt... prefatus dominus Prior et cum eo... reverendus dominus magister Iohannes

---

presenti nello stesso giorno quattro candidati al Magistero. Le turbolenze politiche di questi ultimi anni non valsero a distogliere gli Agostiniani dagli studi.

(1) Il testamento fu rinnovato ai 2 di marzo 1502 con atto dello stesso notaio, ma fu mantenuta intatta la disposizione per S. Paolo.

de sancto Angelo, reverendus dominus magister Antonius de Ast, reverendus dominus magister Bertolameus de Valmacha, reverendus dominus magister Laurentius de Candia, reverendus dominus Bertolameus de Castelatio, dominus magister Franciscus de Castelatio, venerabilis dominus frater Paulus de Ast bachalarius, venerabilis dominus frater Petrus de Castronovo bachalarius, venerabilis dominus frater Spiritus de Mediolano lector, frater Serafinus de Mediolano lector (1), frater Iohannes de Francia lector, frater Baptista de Ianua lector, frater Gregorius de Vercellis magister Studii, frater Nicolaus de Fazardis, frater Paulus de Papia, frater Lactantius de Placentia, frater Ieronimus de Lentà, frater Iohannes Iacobus de Parasacho, frater Bernardinus de Papia, frater Nicholaus de Castelacio, frater Petrus de Alamania, frater Gulielmus de Francia, frater Gulielmus de Bononia, frater Bernardinus de Mediolano, frater Nicolaus de Fazardis, frater Laurentius de Vincentia, frater Augustinus de Novaria, frater Zanetus de Ianua et frater Petrus Paulus de Novaria, omnes fratres residentes predicti conventus, facientes... plus quam duas partes ex tribus predicti Capituli... (2) *ricordate le investiture dei beni di Parasacco concesse prima a Giovanni Maria Carnevali nel 1472, poi a Giovanni Antonio de Magliis (o Magni), quindi a Filippo Dugnani e Giovanni Canepanova nel 1491, e finalmente a Galeazzo Sanseverino nel 1492; ricordato altresì che il Sanseverino fece donazione dell' utile dominio di quei beni ad un Andrea Leonardi di Novara, reluttando a ciò i Religiosi di S. Agostino che non riconoscevano nel Sanseverino il diritto di far tale donazione, e che dicevano tali beni essere devoluti al loro convento,* tam propter caducitatem et inobservantiam pactorum et propter canonem non solutum, quam ex aliis rationibus... *per troncare ogni questione dànno investitura perpetua allo spettabile e chiaro dottore in medicina Andrea Leonardi di Novara, di tutti i beni del Convento nel territorio di Parasacco di Lomellina, dell' estensione di circa seicento pertiche; e nell'altro luogo detto in Vado Rubeo, e dell' estensione di circa quattrocento pertiche; nell'altro luogo detto in Marciliana, più alcuni altri appezzamenti vicini per circa altre cento pertiche. Si fa obbligo all'investito di pagare ogni anno per affitto al convento fiorini duecento, a cominciare dal S. Martino del 1501.*

---

(1) È frate Serafino Brasca di Milano, del quale il TORELLI, VII, dice che « in questo tempo (1499) era Lettore pubblico nella celebre Università di Pavia, come dai Registri si cava dell'istesso mese (dicembre) ». La notizia è anche confermata da GIACOMO PARODI, nel suo *Elenchus privileg. et act. Ticin. Stud.* pag. 121, che fa cominciare l'insegnamento filosofico del nostro Religioso nel 1499. Vedi anche *Memorie e Documenti dell'Univ. di Pavia;* vol. I, pag. 168, dove frate Serafino apparisce incaricato della *lectura philosophie ordinaria* insieme all'altro suo confratello frate Gasparino da Bassignana, che nello stesso anno fu incaricato della *lectura extraordinaria philosophie de nonis.*

(2) Vedi il documento del 19 maggio 1489. Da un atto d'investitura dei beni del Siccomario, in data del 26 novembre 1500, rogato da Gian Giacomo Canevari, oltrechè dai suddetti Religiosi, il Capitolo risulta composto anche dal maestro frate Giovanni Antonio da Milano, dal maestro Gregorio da Pavia, dal maestro Gabriele da Pavia, da frate Giovanni da Trezzo, da frate Michelangelo da Pavia, da frate Pietro da Canneto e da frate Guidantonio da Milano. Vediamo così il secolo XV chiudersi per S. Pietro in Ciel d'Oro con una Comunità veramente numerosa e dotta.

RELIGIOSI AGOSTINIANI DI PAVIA DAL 1401 AL 1500

Religiosi della Comunità di S. Mostiola

1405

F. Giovanni Paolo Meda

1415

F. Albertino Crespi, Priore

1417

F. Albertino Crespi, Priore
» Lorenzo Biffi

1421

F. Albertino Crespi

1422

F. Albertino Crespi, Maestro

1426

F. Lorenzo Biffi, Priore
» Guglielmo da Novara
» Gualtiero Corti

1431

F. Albertino Crespi, Provinciale

1432

F. Albertino Crespi, Provinciale
» Lorenzo Biffi, Priore
» Gualtiero Corti
» Francesco da Genova
» Tommaso della Chiusa
» Giacomo Stroppa da Binasco

1434

F. Lorenzo Biffi, Priore

1435

F. Albertino Crespi
» Lorenzo Biffi, Priore

1436

F. Albertino Crespi

1437

F. Manfredino Mombreto, Provinciale
» Albertino Crespi
» Lorenzo Biffi, Priore
» Gualtiero Corti
» Lanfranchino da Montevecchia di Monza
» Giacomo del Pozzo d'Alessandria
» Antonio de Novo di Asti
» Pietro Calvi da Binasco
» Antonio Cossi
» Giovanni Vecchi
» Maffeo Zuccalunga di Lodi
» Giacomo Stroppa da Binasco

1439

F. Lorenzo Biffi, Priore
» Gualtiero Corti
» Giacomo Stroppa da Binasco
» Giovanni da Montevecchia di Monza
» Giovanni Antonio da Piacenza
» Pietro Calvi da Binasco
» Antonio Cossi
» Giovanni Vecchi
» Eustachio de Nocte

1 4 4 3

F. Lorenzo Biffi, Priore
» Agostino da Brescia, Procuratore

1 4 4 4

F. Lorenzo Biffi

1 4 4 6

F. Pietro Calvi da Binasco, Priore
» Albertino Crespi, Vicario
» Lorenzo Biffi, Biblico
» Giorgio Pusterla, Pr. di S. Lor. di Piacenza
» Giacomo Stroppa da Binasco
» Guido di Francia
» Gian Francesco Trovamala da Sale
» Quintino de Tornacho
» Giovanni Vecchi
» Ambrogio da Casale
» Giovanni di Francia
» Antonio Galli
» Melchiorre Lucini
» Eustachio de Nocte di Tromello
» Giovanni d'Alemagna
» Enrico de Nocte di Biella
» Stefano Marini, Provinciale

1 4 4 8

F. Lorenzo Biffi, Vicario
» Albertino Crespi
» Giacomo Stroppa da Binasco
» Pietro Calvi da Binasco
» Eustachio de Nocte di Tromello
» Giovanni Vecchi
» Gasparino da Groppello
» Antonio Galli
» Melchiorre Lucini
» Agostino da Piacenza
» Giorgio Pusterla, Biblico

1 4 5 1

F. Lorenzo Biffi

F. Bartolino Bassi
» Pietro Calvi da Cinasco

1 4 5 3

F. Lorenzo Biffi, Priore
» Albertino Crespi
» Giovanni de Lipsia, Lettore
» Giacomo Stroppa da Binasco, Priore
» Pietro Calvi da Binasco
» Tommaso da Tornacho
» Giovanni Vecchi
» Gasparino da Groppello

1 4 5 5

F. Lorenzo Biffi, Priore
» Eustachio de Nocte di Tromello

1 4 5 7

F. Lorenzo Biffi, Priore
» Giacomo Stroppa da Binasco
» Pietro Calvi da Binasco
» Melchiorre Lucini
» Guglielmo Arrigoni da Pavia
» Bartolino Bassi
» Agostino da Melegnano
» Agostino Marliani
» Nicola Maggi
» Clemente da Rivolta
» Stefano da Varzi

1 4 5 9

F. Tolomeo Sarego

1 4 6 0

F. Lorenzo Biffi, Provinciale
» Guglielmo Arrigoni, Priore
» Eustachio de Nocte di Tromello
» Pietro Calvi da Binasco
» Melchiorre Lucini
» Luigi Duca
» Zanetto Rabbia

F. Agostino Bini di Mortara
» Nicola da Biella
» Stefano da Montemartino
» Lorenzo da Biella

1461

F. Guglielmo Arrigoni

1464

F. Angelo Rusconi

1465

F. Lorenzo Biffi, Procuratore

1466

F. Lorenzo Biffi, Priore
» Pietro Calvi da Binasco
» Eustachio de Nocte di Tromello
» Guglielmo Arrigoni da Pavia
» Tommaso Balneati
» Galeazzo da Bobbio
» Giorgio Vimercati di Crema
» Albertino Griffi
» Lazzaro da Rosate

1467

F. Eustachio de Nocte di Tromello
» Lorenzo Biffi, Priore
» Pietro Calvi da Binasco
» Guglielmo Arrigoni
» Tolomeo Sarego
» Guniforto Strazzapatti

1469

F. Agostino Marliani, Vicario del Generale
» Nicolino Grizzoli, Priore
» Pietro Calvi da Binasco
» Guglielmo Arrigoni da Pavia
» Giorgio Vimercati di Crema
» Tolomeo Sarego
» Albertino Griffi

F. Giacomo da Fivizzano
» Angelo Rusconi

1470

F. Agostino Marliani, Vicario del Generale
» Pietro Calvi da Binasco, Procuratore

1471

F. Agostino Marliani, Procuratore
» Tolomeo Sarego
» Pietro Calvi da Binasco, Priore
» Giorgio Vimercati da Crema, Lettore
» Galeazzo Visconti, Lettore
» Lorenzo da Biella
» Simonino da Vercelli
» Simonino da Biella
» Angelo Rusconi

1472

F. Giobbe da Brescia
» Angelo Rusconi
» Guglielmo Arrigoni da Pavia
» Agostino Marliani, Vicario e Provinciale
» Pietro Calvi da Binasco, Priore
» Melchiorre Lucini

1473

F. Bartolomeo da Novara
» Agostino Beati
» Agostino Marliani, Procuratore

1475

F. Agostino Marliani
» Simonino da Vercelli
» Tolomeo Sarego
» Pietro Calvi, Priore
» Guglielmo Arrigoni
» Melchiorre Lucini
» Eustachio de Nocte
» Lorenzo da Biella
» Angelo Rusconi
» Bartolomeo della Chiesa

1 4 7 7

F. Pietro Calvi, Procuratore
» Melchiorre Lucini, Priore
» Agostino Marliani
» Guglielmo Arrigoni
» Eustachio de Nocte
» Lorenzo da Biella
» Tolomeo Sarego
» Michele da Carmagnola
» Bartolomeo della Chiesa
» Alberto Belbello

1 4 7 8

F. Lorenzo da Biella, Procuratore

1 4 7 9

F. Galeazzo Visconti da Pavia, Priore
» Lorenzo da Biella, Procuratore
» Melchiorre Lucini
» Guglielmo Arrigoni
» Tolomeo Sarego
» Stefano da Como
» Francesco da Bosco

1 4 8 0

F. Galeazzo Visconti da Pavia, Priore
» Gallo da Pavia, Vicario
» Pietro Calvi
» Melchiorre Lucini
» Lorenzo da Biella
» Eustachio de Nocte
» Guglielmo Arrigoni
» Tolomeo Sarego
» Angelo Rusconi
» Mosè da Busto
» Bartolomeo della Chiesa
» Agostino della Chiesa

1 4 8 1

F. Galeazzo Visconti da Pavia, Priore

F. Eustachio Beccaria, Vicario
» Pietro Calvi
» Melchiorre Lucini
» Eustachio de Nocte
» Guglielmo Arrigoni
» Lorenzo da Biella
» Tolomeo Sarego
» Mosè da Busto
» Angelo Rusconi
» Agostino della Chiesa
» Bartolomeo della Chiesa
» Nicola Trotti da Castellazzo
» Filippo Sarego
» Battista Zagani
» Gabriele Camera da Garlasco

1 4 8 2

F. Galeazzo Visconti da Pavia, Priore
» Pietro Calvi
» Melchiorre Lucini
» Lorenzo da Biella
» Tolomeo Sarego
» Angelo Rusconi
» Nicola Trotti
» Gabriele Beretta
» Battista Zagani
» Eustachio de Nocte
» Guglielmo Arrigoni
» Eustachio Beccaria
» Agostino da Pinerolo
» Bartolomeo della Chiesa

1 4 8 3

F. Galeazzo Visconti da Pavia, Priore
» Pietro Calvi
» Melchiorre Lucini
» Guglielmo Arrigoni
» Eustachio Beccaria, Vicario
» Lorenzo da Biella
» Angelo Rusconi
» Tolomeo Sarego
» Agostino da Abbiate
» Niccola Trotti

F. Battista Zagani
» Eustachio de Nocte
» Gerolamo Bastoni
» Gabriele Beretta

1484

F. Galeazzo Visconti da Pavia, Priore
» Pietro Calvi
» Melchiorre Lucini
» Guglielmo Arrigoni
» Tolomeo Sarego
» Angelo Rusconi
» Battista Zagani
» Gabriele Beretta
» Gerolamo Bastoni
» Eustachio de Nocte
» Lorenzo da Biella
» Agostino da Abbiate
» Nicola Trotti
» Matteo da Soriasco

1489

F. Giovanni Antonio Quartini
» Alberto da Genova
» Melchiorre Lucini, Vicario
» Galeazzo Visconti da Pavia
» Nicola Pelucchi
» Pietro Calvi
» Carlino da Vercelli
» Lorenzo da Canneto
» Agostino della Chiesa
» Gerolamo Bastoni
» Raffaele Brentano
» Davide Artaldi
» Lorenzo Broccardi
» Gian Antonio Brentano

1491

F. Benedetto da Clavasio, Priore
» Galeazzo Visconti da Pavia
» Melchiorre Lucini
» Nicola Trotti da Castellazzo

F. Agostino da Abbiate
» Agostino della Chiesa
» Giovanni Antonio Quartini
» Alberto da Genova
» Davide Artaldi da Pavia
» Lorenzo Broccardi da Miradolo
» Stefano da Lodi
» Giovanni Antonio Brentano

1493

F. Antonio da Lodi, Priore
» Galeazzo Visconti
» Giacomo Corti
» Melchiorre Lucini
» Desiderio da Genova
» Alberto da Genova
» Timoteo da Lodi
» Martino da Milano
» Davide Artaldi
» Giov. Antonio da Novara
» Giorgio Vimercati
» Davide da Torino
» Lorenzo Broccardi
» Angelo da Piacenza, Priore

1494

F. Bartolomeo da Acqui, Provinciale
» Benedetto da Milano, Vicario
» Agostino da Abbiate
» Gabriele Camera da Garlasco
» Agostino della Chiesa

1495

F. Giov. Antonio da Lodi, Vicario
» Melchiorre Lucini
» Agostino della Chiesa
» Martino da Milano
» Agostino de Monasterio
» Davide Artaldi
» Vincenzo da Genova
» Serafino da Milano

F. Pietro da Canelli
» Cherubino da Milano
» Angelo Pietra
» Alberto da Pavia
» Paolo Pietra

1496

F. Timoteo da Milano
» Melchiorre Lucini
» Agostino della Chiesa
» Agostino da Piacenza
» Pietro da Canelli
» Alberto da Pavia
» Paolo Pietra
» Michelangelo Pietra

1497

F. Cherubino da Crema, Priore
» Melchiorre Lucini
» Agostino della Chiesa
» Angelo da Novara
» Pietro da Carmagnola
» Pietro da Caneto
» Lorenzo da Miradolo
» Paolo Pietra
» Cornelio da Milano
» Michelangelo Pietra
» Davide Artaldi
» Gerolamo Bastoni
» Benedetto de Pado
» Angelo Pietra
» Alberto da Pavia
» Nicola da Crema
» Agostino da Treviglio

F. Battista Pietra

1498

F. Michelangelo Pietra
» Galeazzo Visconti
» Cherubino da Crema, Priore
» Agostino della Chiesa

1499

F. Paolo de Ripa, Priore
» Melchiorre Lucini
» Cherubino da Crema
» Gerolamo Bastoni da Pavia
» Costantino da Martinengo
» Benedetto da Padova
» Vincenzo da Genova
» Lorenzo da Miradolo
» Alberto da Pavia
» Battista Pietra
» Michelangelo Pietra
» Giovanni Antonio Quartini
» Agostino da Abbiate

1500

F. Paolo de Ripa, Priore
» Agostino della Chiesa
» Angelo Pietra
» Vincenzo da Genova
» Lorenzo da Miradolo
» Bernardino da Castellazzo
» Pietro da Carmagnola
» Paolo Pietra
» Michelangelo Pietra
» Battista Pietra

Religiosi della Comunitá di S. Agostino (S. Pietro in Ciel d'Oro).

1401

F. Agostino da Casale, Baccelliere
» Giacomo da Pomario, Lettore
» Luchino dei Conti, Procuratore

1402

F. Luchino dei Conti, Procuratore
» Pietro da Castelletto, Maestro

1403

F. Pietro da Ceredano
» Pietro da Castelletto
» Agostino da Casale, Maestro

1404

F. Pietro da Castelletto

1407

F. Paolo da Cambiago di Milano, Provinc.
» Bartolomeo Caccia di Milano, Maestro

1410

F. Simone Trovamala, Procuratore
» Simone Guanfredi

1413

F. Giacomo da Pomario, Maestro

1416

F. Giacomo da Pomario
» Simone Guanfredi

1418

F. Giovanni Marliani, Maestro

1419

F. Giovanni del Pozzo

1422

F. Antonio de Larma
» Pietro

1426

F. Paolino da Gessate
» Eusebio Leggeri, Procuratore

1427

F. Paolino da Gessate

1428

F. Giovanni Rocco Porzi, Maestro

1432

F. Gregorio Ferrari da Novi, Maestro
» Stefano d'Alessandria, Maestro
» Gregorio d'Alessandria, Maestro

1433

F. Giovanni Rocco Porzi

1434

F. Manfredino Mombreto da Pavia, Priore
» Simonino Trovamala, Procuratore
» Giovanni Rocco Porzi
» Giacomo de Angulono
» Giovanni Marco de Aymonis di Francia
» Raffaele da Rapallo, Lettore
» Gerolamo Rossi
» Marsilio Scarognini

F. Pietro da Asti
» Apollonio Corti
» Giovanni de Asperg, Maestro
» Giovanni Pietro della Selva, Maestro

1438

F. Eusebio Leggeri, Procuratore
» Stefano Marini, Baccelliere
» Giovanni Marliani, Maestro
» Giovanni Marco de Aymonis, Lett. e Prior.
» Giovanni Rocco Porzi
» Raffaele da Rapallo
» Giacomo de Angulono
» Bartolomeo d'Asti, Lettore
» Zanetto da Novara
» Antonio de Accono
» Gaspare da Pavia
» Bernardo Ricci
» Cristoforo Borghesi

1439

F. Giovanni Evangelista, Maestro

1440

F. Eusebio Leggeri, Procuratore

1442

F. Manfredino Mombreto, Priore
› Stefano Marini, Maestro
› Giovanni Marco de Aymonis
› Simone Trovamala
› Raffaele da Rapallo
› Ambrogio Scopa
› Pietro da Dorno
› Apollonio Corti
› Antonio Repossi
» Gabriele de Rachis
› Guniforto da Pavia
» Antonio da Binasco
» Giovanni Agostino da Agliate
» Ambrogio da Lodi
» Gasparino da Bergamo

F. Giovanni Battista da Cremona
» Cristoforo Porcara da Pavia
» Eusebio Leggeri, Procuratore

1444

F. Stefano Marini, Priore
» Giovanni Marchesi, Lettore
» Simone Trovamala
» Raffaele da Rapallo
» Giovanni Antonio Corti
» Ambrogio da Lodi
» Pagano da Monza
» Gabriele de Rachis
» Antonio da Binasco
» Agostino da Brescia
» Eusebio Leggeri
» Agostino da Padova
» Giovanni Agostino da Agliate
» Cristoforo Porcara da Pavia
» Andrea da Milano
» Gasparino da Bergamo

1446

F. Gualtiero Corti, Procuratore

1450

F. Agostino Rolandi
» Gualtiero Corti, Procuratore
» Manfredino Mombreto
» Eusebio Leggieri, Procuratore

1451

F. Gualtiero Corti
» Stefano Marini
» Raffaele da Rapallo
» Pietro da Dorno
» Antonio da Casale
» Luca di Boemia
» Gaspare da Pavia
» Bernardo Ricci
» Bartolomeo da Porcara
» Tommasino da Bergamo

F. Zanino da Lodi
» Antonio Astari
» Agostino Eustacchi
» Bartolomeo da Como
» Agostino da Piacenza
» Eusebio Leggeri
» Gerolamo Mantegazza da Milano
» Pietro da Cremona

1452

F. Gualtiero Corti, Procuratore

1453

F. Stefano da Pavia
» Gabriele Sforza
» Bartolomeo Fazzardi, Priore
» Manfredino Mombreto
» Gerolamo Mantegazza da Milano
» Martino da Velate
» Pietro da Cremona
» Pietro da Dorno
» Gualtiero Corti
» Gaspare da Pavia
» Bernardo Ricci
» Tommasino Sannazzari
» Giacomo da Casale
» Gian Pietro d'Alessandria
» Andrea da S. Genesio
» Bartolomeo d'Alessandria
» Battista da Milano
» Giovanni Antonio da Milano
» Bartolomeo da Savona
» Antonio Astari
» Agostino Eustacchi
» Eusebio Leggeri
» Francesco d'Alessandria
» Raffaele da Rapallo
» Gabriele de Naxiis da Carmagnola
» Gabriele da Milano
» Francesco da Sartirana
» Guniforto da Pavia
» Giovanni di Francia
» Luigi da Pavia

F. Gabriele Bombelli da Crema

1454

F. Eusebio Leggeri, Procuratore
» Gualtiero Corti, Procuratore

1455

F. Bartolomeo Fazzardi, Priore

1456

F. Eusebio Leggeri, Procuratore
» Gualtiero Corti, Procuratore
» Raffaele da Rapallo
» Gabriele Bombelli da Crema

1457

F. Eusebio Leggeri, Procuratore

1458

F. Francesco Boiti, Priore
» Manfredino Mombreto
» Bartolomeo Fazzardi
» Martino da Milano o da Velate
» Gian Giacomo Campeggi
» Agostino Rancati
» Giacomo da Cortona
» Raffaele da Rapallo
» Pietro da Cremona
» Gualtiero Corti
» Giacomo d'Alessandria
» Apollonio Corti
» Bartolomeo da Pavia
» Giovanni di S. Angelo
» Bartolomeo Ferrari da Castellazzo
» Gabriele de Naxiis da Carmagnola
» Bartolomeo de Viana
» Gabriele da Lodi
» Antonio Astari
» Paolo del Pozzo
» Giovanni da Pavia
» Cristoforo da Castellazzo

F. Agostino da Verona
» Bernardo da Lodi
» Biagio Cairati
» Eusebio Leggeri

1459

F. Manfredino Mombreto
» Gian Giacomo Campeggi, Biblico
» Bartolomeo Ferrari da Castellazzo
» Giacomo da Cortona
» Gualtiero Corti
» Gabriele de Naxiis da Carmagnola

1460

F. Manfredino Mombreto
» Ambrogio Pusterla da Milano
» Gian Giacomo Campeggi

1461

F. Bartolomeo Fazzardi, Priore
» Manfredino Mombreto
» Gian Giacomo Campeggi
» Raffaele da Rapallo, Biblico
» Gualtiero Corti
» Giacomo di Francia
» Pietro da Cremona
» Apollonio Corti
» Gaspare da Pavia
» Giovanni da S. Angelo
» Tommaso da Bergamo
» Mauro da Venezia
» Nicola da Verona
» Pietro d'Alemagna
» Battista da Milano
» Didimo Brera
» Gerolamo da Casate
» Bernardo da Milano
» Giovanni di Francia
» Guglielmo di Francia
» Ivone di Francia
» Giorgio Beccaria
» Battista da Genova
» Nicodemo da Como

F. Eusebio Leggeri

1462

F. Bartolomeo Fazzardi, Priore
» Gualtiero Corti, Procuratore

1463

F. Gualtiero Corti, Procuratore

1464

F. Gualtiero Corti, Procuratore
» Battista da Genova
» Baldassare da Crema
» Eusebio Leggeri, Procuratore
» Albertino Griffi
» Nicola da Carmagnola
» Pietro da Verona

1465

F. Agostino Marliani, Priore
» Bartolomeo Fazzardi
» Gian Giacomo Campeggi
» Raffaele da Rapallo, Biblico
» Giacomo da Viterbo
» Battista da Milano
» Gualtiero Corti
» Apollonio Corti
» Nicola da Verona
» Aimone di Savoia
» Ambrogio Pusterla da Milano
» Didimo Brera
» Paolo del Pozzo
» Giovanni da Napoli
» Lorenzo da Brescia
» Gerolamo della Porta da Milano
» Angelo da Milano
» Giovanni di Savoia
» Paolo da Santafiora
» Lorenzo da Biella   •
» Lorenzo da Novara
» Guido d'Avignone

F. Nicola di Francia
» Eusebio Leggeri, Procuratore
» Gian Giacomo Cervi

1466

F. Eusebio Leggeri, Procuratore
» Agostino Marliani, Priore

. 1467

F. Eusebio Leggeri, Procuratore
» Gualtiero Corti, Procuratore
» Agostino Marliani, Priore
» Bartolomeo Fazzardi
» Gian Giacomo Campeggi
» Guido da Parigi

1468

F. Paolo da Santafiora
» Giovanni di Francia
» Battista Rancati da Rosate, Procuratore
» Bartolomeo Fazzardi
» Gian Giacomo Campeggi
» Gualtiero Corti
» Paolo del Pozzo
» Agostino Rancati

1469

F. Raffaele da Rapallo, Vicario
» Bartolomeo Fazzardi
» Gian Giacomo Campeggi
» Giacomo da Casale
» Battista Rancati da Rosate, Biblico
» Nicola da Biella
» Battista da Genova
» Aimone di Savoia
» Gualtiero Corti
» Ambrogio Pusterla da Milano
» Apollonio Corti
» Paolo da S. Fiora
» Angelo da Milano
» Martino da Tolosa
» Giovanni da S. Angelo

F. Guniforto Rabbia
» Paolo del Pozzo
» Didimo Brera
» Lorenzo da Biella
» Gerolamo della Porta di Milano
» Giovanni Antonio da Lodi
» Giovanni da Venezia
» Andrea da Biella
» Simone da Vercelli
» Simonino da Vercelli
» Benedetto Signori da Genova
» Raffaele da Milano
» Giacomo Mangano
» Bartolomeo Ferrari da Castellazzo
» Gian Giacomo Cervi
» Eusebio Leggeri
» Enoc da Bergamo
» Lorenzo da Candia
» Giovanni Antonio Scappi da Pavia

1470

F. Bartolomeo Fazzardi, Priore
» Gian Giacomo Campeggi
» Ambrogio Pusterla da Milano
» Agostino Rancati, Biblico
» Raffaele da Rapallo, Biblico
» Battista Rancati da Rosate, Biblico
» Guniforto Rabbia
» Gualtiero Corti
» Apollonio Corti
» Simone da Vercelli
» Paolo del Pozzo
» Gerolamo della Porta da Milano
» Didimo Brera
» Antonio da Asti
» Bartolomeo Ferrari da Castellazzo
» Ermanno d'Alemagna
» Wolfango di Svevia
» Pietro di Francia
» Giovanni. di Francia
» Giovanni Antonio Scappi da Pavia
» Gian Giacomo Cervi
» Eusebio Leggeri
» Francesco da Cerano

1471

F. Gualtiero Corti
» Gian Giacomo Campeggi
» Battista Rancati da Rosate
» Agostino Rancati, Biblico
» Raffaele da Rapallo, Biblico
» Guniforto Rabbia, Biblico
» Angelo da Milano
» Apollonio Corti
» Didimo Brera
» Bartolomeo Ferrari da Castellazzo
» Giovanni Antonio Scappi da Pavia
» Bernardino da Roma
» Bernardino da Siena
» Pietro di Francia
» Nicola da Forlì
» Guido da Ripi
» Giovanni Armandi di Francia
» Giovanni di Baviera
» Gian Giacomo Cervi
» Alessandro Vitali

1472

F. Battista Rancati da Rosate, Procuratore
» Zanino da Pavia
» Domenico Lancia
» Gabriele de Naxiis da Carmagnola, Priore
» Gualtiero Corti, Procuratore
» Ambrogio Pusterla da Milano
» Gian Giacomo Campeggi
» Bartolomeo Fazzardi
» Battista de Rossi
» Guniforto Rabbia, Biblico
» Raffaele da Rapallo, Biblico
» Agostino Rancati
» Gregorio da Bergamo
» Bartolomeo Ferrari da Castellazzo
» Pietro da Vercelli
» Raffaele da Milano
» Giovanni Antonio da Lodi
» Antonio da Forlì
» Gerolamo della Porta da Milano
» Wolfango di Svevia

F. Didimo Brera
» Bernardino da Siena
» Giovanni Anghor di Francia
» Antonio da Asti
» Guido da Ripi
» Giovanni di Baviera
» Bernardo di Provenza
» Pietro da Tolosa
» Pietro di Narbona
» Alessandro Vitali da Pavia
» Bernardino da Pavia
» Antonio da Vercelli

1473

F. Eusebio Leggeri, Procuratore
» Alberto Belbello
» Gian Giacomo Campeggi, Provinciale
» Gabriele da Carmagnola, Priore
» Bartolomeo Fazzardi
» Battista de Rossi
» Agostino Rancati
» Gregorio da Bergamo
» Guniforto Rabbia
» Battista Rancati da Rosate
» Pietro da Vercelli
» Bartolomeo Ferrari da Castellazzo
» Raffaele da Rapallo
» Giovanni Antonio da Lodi
» Antonio da Asti
» Lorenzo da Candia
» Gualtiero Corti
» Apollonio Corti
» Michele da Carmagnola
» Bernardino da Roma
» Wolfango di Svevia
» Bernardo di Provenza
» Pietro da Tolosa
» Giovanni di Baviera
» Pietro da Narbona
» Lodovico da Venezia
» Alessandro Vitali da Pavia
» Agostino da Milano
» Agostino da Narbona
» Caterino di Francia

F. Gregorio da Perugia
» Gabriele da Genova
» Gian Giacomo Cervi
» Bernardino da Pavia
» Raffaele da Carmagnola
» Gerolamo della Porta da Milano

1474

» Gian Giacomo Campeggi, Provinciale

1475

» Bartolomeo Fazzardi
» Gian Giacomo Campeggi, Provinciale
» Agostino Marliani, Priore
» Battista de Rossi
» Agostino Rancati
» Battista Rancati
» Giovanni da S. Angelo
» Lorenzo da Candia
» Raffaele da Rapallo
» Bernardo da Roma
» Giovanni Antonio da Milano
» Pietro da Narbona
» Giacomo Corti
» Lodovico da Venezia
» Gualtiero Corti
» Alessandro da Bergamo
» Giovanni da Bologna
» Bernardo di Provenza
» Pietro da Tolosa
» Eusebio Leggeri
» Didimo Brera
» Agostino di Francia
» Giacomo d'Alemagna
» Gian Giacomo Cervi
» Giovanni da Pavia
» Agostino Boccaccini da Pavia
» Giovanni Pietro da Pavia
» Guniforto Rabbia

1476

F. Gian Giacomo Campeggi, Provinciale

F. Bernardo Ricordi, Priore
» Gualtiero Corti
» Bartolomeo Fazzardi
» Agostino Rancati
» Gerolamo della Porta di Milano
» Bartolomeo Ferrari da Castellazzo
» Raffaele da Rapallo
» Pietro da Narbona
» Nicola da Pavia
» Giovanni di Baviera
» Caterino Filiberti di Francia
» Pietro da Tolosa
» Didimo Brera
» Apollonio Corti
» Giacomo da Confienza
» Antonio da Piacenza
» Filippo da Spira
» Giovanni Marco da Vercelli
» Cristoforo da Castellazzo
» Simone da Biella
» Agostino da Varzi
» Giovanni Pietro da Pavia
» Angelo da Biella
» Giovanni da Pavia
» Gian Giacomo Cervi
» Andrea da Lodi
» Francesco da Cerano
» Eusebio Leggeri

1477

F. Gian Giacomo Campeggi, Priore
» Bartolomeo Fazzardi
» Battista de Rossi
» Agostino Rancati
» Battista Rancati da Rosate
» Giovanni da S. Angelo
» Giovanni Antonio Scappi
» Bernardino da Roma
» Giacomo Corti
» Alessandro Vitali da Pavia
» Gerolamo della Porta da Milano
» Bartolomeo Ferrari da Castellazzo
» Raffaele da Rapallo
» Didimo Brera

F. Apollonio Corti
» Nicola da Pavia
» Giovanni di Baviera
» Pietro da Tolosa
» Arcangelo Gallarati da Milano
» Antonio da Pinerolo
» Giovanni da Trezzo
» Cristoforo da Castellazzo
» Silvestro da Tromello
» Luca da Velate
» Pietro Scappi
» Angelo da Biella
» Agostino da Pinerolo
» Giovanni da Pavia
» Eusebio Leggeri
» Michele da Biella

1478

F. Bartolomeo Fazzardi
» Bartolomeo Ferrari da Castellazzo
» Giovanni da Trezzo
» Battista Rancati da Rosate
» Guniforto de Rabiis, Procuratore
» Agostino Boccaccini

1479

F. Gian Giacomo Campeggi, Vicario
» Bartolomeo Fazzardi
» Agostino Rancati
» Bartolomeo Ferrari da Castellazzo
» Didimo Brera
» Giovanni di Baviera
» Pietro da Tolosa
» Giovanni da Trezzo
» Arcangelo Gallarati da Milano
» Antonio da Piacenza
» Agostino da Pinerolo
» Leonardo di Svevia
› Gaspare di Svevia
» Onorato di Provenza
» Bernardino da Pavia
» Giovanni Antonio Scappi
» Marco da Vicenza

F. Mansueto di Savoia
» Giovanni Maria da Pavia
» Giovanni da Pavia
» Eusebio Leggeri, Procuratore
» Graziadio da Silvano
» Angelo da Biella
» Martino da Biella
» Gabriele da Carmagnola, Priore
» Battista Rancati
» Antonio da Asti
» Agostino da Lodi
» Gerolamo da Trivulzio
» Andrea da Bellinzona
» Francesco da Cerano, Procuratore

1480

F. Gabriele da Carmagnola, Priore
« Battista Rancati , Procuratore
» Giovanni di S. Angelo
» Francesco da Cerano, Procuratore
» Giovanni Pietro da Pavia, Procuratore
» Agostino Rancati

1482

F. Battista de Rossi, Priore
» Bartolomeo Ferrari da Castellazzo
» Gian Giacomo Campeggi
» Bartolomeo Fazzardi

1483

F. Antonio da Asti
» Battista de Rossi
» Giorgio Beccaria
» Gregorio Canevari
» Battista Rancati
» Gian Giacomo Campeggi, Priore
» Bartolomeo Fazzardi
» Bartolomeo da Valmacca
» Agostino da Carmagnola
» Donato da Como
» Giovanni da Trezzo
» Silvestro da Pavia

F. Battista da Monza
» Tommaso da Milano
» Giovanni Guglielmi di Francia
» Giorgio da Novara
» Bartolomeo da Padova
» Lodovico di Svevia
» Giovanni Maria Astolfi
» Egidio da Silvano
» Giovanni Santi
» Stefano da Cigognola
» Baldassare da Biella
» Benedetto da Pavia
» Gabriele da Piacenza
» Martino da Biella

1484

F. Gian Giacomo Campeggi, Priore
» Battista Rancati, Procuratore

1485

F. Battista de Rossi, Priore
» Bartolomeo Fazzardi
» Gian Giacomo Campeggi
» Battista Rancati
» Antonio da Asti
» Giorgio Beccaria
» Agostino da Pinerolo
» Marco da Vercelli
» Bartolomeo Ferrari da Castellazzo
» Domenico da Carmagnola
» Giovanni Maria Astolfi da Pavia
» Bernardino da Pavia
» Giorgio da Novara
» Tommaso da Milano
» Guglielmo di Francia
» Silvestro da Pavia
» Giovanni di Alemagna
» Andrea di Alemagna
» Zanetto da Carmagnola
» Giovanni di Francia
» Benedetto Beretta
» Stefano Stoppani
» Gabriele da Piacenza

F. Antonio da Bassignana

1486

F. Giorgio Beccaria
» Prospero da Como
» Alessandro Vitali da Pavia, Procuratore

1487

F. Giovan Bartolomeo da Acqui
» Alessandro Vitali da Pavia, Procuratore
» Martino da Vercelli

1489

F. Alessandro Vitali
» Gabriele Buzzi da Carmagnola
» Bartolomeo Ferrari da Castellazzo
» Giacomo da Asti

1490

F. Antonio da Asti, Priore
» Giovanni da Sant' Angelo
» Bartolomeo da Valmacca
» Bartolomeo Ferrari da Castellazzo
» Giov. Antonio Nebruzzi
» Ottaviano da Genova
» Agostino da Novara
» Paolo del Pozzo
» Battista da Tolentino
» Didimo Brera
» Filippo da Vicenza
» Giovanni da Asti
» Silvestro da Valenza
» Maurizio d'Alemagna
» Gregorio da Pavia
» Nicola Fazzardi
» Simpliciano da Monte Ortone
» Andrea da Montpellier
» Bartolomeo di Borgogna
» Giovanni di Naumasio
» Leonardo della Marca
» Tommaso di Sicilia
» Angelo da Asti

F. Paolo Zacconi da Pavia
» Matteo d'Alemagna
» Bernardino da Pavia
» Evangelista da Novara

1491

F. Antonio da Asti, Priore
» Giovanni da S. Angelo
» Bartolomeo Ferrari da Castellazzo
» Agostino da Novara
» Paolo del Pozzo
» Didimo Brera
» Silvestro da Valenza
» Gregorio da Pavia
» Zaccaria da Milano
» Giovanni de Naumasio
» Simpliciano da Monte Ortone
» Tommaso di Sicilia
» Nicola Fazzardi
» Angelo da Asti
» Filippo da Lodi
» Paolo Zacconi
» Giov. Evangelista da Novara
» Leonardo della Marca
» Matteo d'Alemagna
» Bartolomeo da Valmacca, Priore
» Ottaviano da Genova
» Vincenzo da Valenza
» Gerolamo da Valenza
» Desiderio da Genova
» Andrea da Montpellier
» Angelo d'Alessandria
» Pietro da Castelnuovo
» Nicola da Castelnuovo
» Lattanzio Marzolini da Piacenza
» Giacomo de Canano
» Martino da Valenza
» Andrea da Cremona
» Filippo da Vicenza
» Giovanni di Francia
» Marco da Padova
» Francesco da Castellazzo
» Lazzaro da Novara
» Alessandro Vitali da Pavia

1492

F. Giovanni da S. Angelo
» Bartolomeo Ferrari da Castellazzo
» Bartolomeo da Valmacca, Priore
» Antonio da Asti
» Alessandro Vitali
» Martino da Valenza
» Filippo da Vicenza
» Paolo del Pozzo
» Didimo Brera
» Zaccaria da Milano
» Gabriele da Piacenza
» Bernardino da Pavia
» Giovanni da Trezzo
» Silvestro da Valenza
» Gregorio da Pavia
» Filippo da Lodi
» Angelo d'Alessandria
» Matteo d'Alemagna
» Marco da Padova
» Giovanni da Tours
» Francesco da Castellazzo
» Pietro da Castelnuovo
» Andrea da Milano
» Gabriele da Pavia
» Nicola Fazzardi
» Leonardo della Marca
» Paolo da Pavia
» Pietro da Tours
» Nicola da Castelnuovo
» Agostino da Novara
» Tommaso di Sicilia
» Simpliciano da Monte Ortone
» Maurizio d'Alemagna
» Silvestro da Pavia
» Giorgio da Pavia
» Angelo da Asti
» Antonio de Monte
» Paolo da Asti
» Spirito da Milano
» Benigno da Carpi
» Lattanzio da Piacenza
» Giacomo da Parasacco
» Marco Caprotti da Monza

F. Lazzaro da Novara
» Lorenzo da Milano
» Gerolamo da Valenza
» Desiderio da Genova
» Silvestro da Tromello
» Andrea da Montpellier
» Giovanni de Naumasio
» Paolo da Casale
» Giovanni Evangelista da Novara
» Giacomo da Calignano

1493

F. Bartolomeo Ferrari da Castellazzo
» Francesco da Cerano
» Antonio da Asti, Priore
» Giovanni da S. Angelo
» Alessandro Vitali
» Bartolomeo Valmacca
» Andrea da Milano
» Martino da Valenza
» Filippo da Vicenza
» Paolo del Pozzo
» Didimo Brera
» Giovanni da Trezzo
» Zaccaria da Milano
» Tommaso di Sicilia
» Silvestro da Pavia
» Gregorio da Pavia
» Simpliciano da Monte Ortone
» Filippo da Lodi
» Leonardo della Marca
» Angelo d'Alessandria
» Lazzaro da Novara
» Marco da Padova
» Giovanni da Tours
» Antonio di Francia
» Paolo da Asti
» Lorenzo da Milano
» Pietro da Castelnuovo
» Spirito da Milano
» Lattanzio di Piacenza
» Leonardo da Spezia
» Nicola da Castelnuovo
» Ambrogio da Milano
» Basilio da Siena

F. Gregorio da Vercelli
» Benedetto da Cerano
» Gerolamo da Lentate
» Paolo da Pavia
» Gian Giacomo da Parasacco

1495

F. Bartolomeo Valmacca, Priore
» Giovanni da S. Angelo
» Antonio da Asti
» Alessandro Vitali
» Martino da Valenza
» Bartolomeo Ferrari
» Angelo d'Alessandria
» Filippo da Lodi
» Giovanni da Trezzo
» Lazzaro da Novara
» Didimo Brera
» Simpliciano da Monte Ortone
» Paolo da Asti
» Spirito Visconti da Milano
» Silvestro da Valenza
» Nicola Fazzardi
» Pietro da Castelnuovo
» Gregorio da Vercelli
» Raffaele da Carmagnola
» Tommaso della Marca
» Timoteo da Lodi
» Gian Giacomo Strada
» Benedetto da Cerano
» Gerolamo da Lentate
» Nicola da Castellazzo
» Leonardo da Spezia
» Gio. Grisostomo da Roma
» Agostino da Novara
» Paolo del Pozzo
» Ambrogio da Sale
» Zaccaria da Milano
» Gregorio da Pavia
» Paolo da Pavia
» Pietro da Castellazzo
» Nicola da Verona
» Lattanzio da Piacenza
» Gio. Antonio da Pavia

1496

F. Bartolomeo Valmacca, Priore
» Giovanni da S. Angelo
» Antonio da Asti
» Bartolomeo Ferrari da Castellazzo
» Filippo da Lodi
» Didimo Brera
» Giovanni da Trezzo
» Simpliciano da Monte Ortone
» Paolo da Asti
» Spirito Visconti
» Gregorio da Pavia
» Silvestro da Tromello
» Nicola Fazzardi
» Paolo Zacconi
» Gregorio da Vercelli
» Nicola da Verona
» Tommaso della Marca
» Pietro di Francia
» Timoteo da Lodi
» Gian Giacomo Strada da Parasacco
» Raffaele da Carmagnola
» Benedetto da Cerano
» Lattanzio da Piacenza
» Nicola da Castellazzo
» Leonardo da Spezia
» Gian Crisostomo da Roma
» Pietro da Castelnuovo
» Gerolamo da Lentate
» Apollonio da Castel Goffredo
» Pietro Cavalli
» Agostino da Novara
» Lodovico da Casale

1497

F. Bartolomeo Ferrari da Castellazzo
» Pietro Paolo da Novara
» Agostino da Novara
» Nicola Fazzardi
» Gabriele da Piacenza
» Paolo da Asti
» Pietro da Castelnuovo
» Serafino Brasca da Milano
» Valerio da Genova

F. Gregorio da Vercelli
» Timoteo da Lodi
» Leonardo da Spezia
» Leone d'Alemagna
» Giovanni d'Alemagna
» Gian Giacomo Strada da Parasacco
» Nicola da Castellazzo
» Alessandro da Genova
» Stefano da Angera

1498

F. Filippo Muzzana da Lodi
» Antonio da Asti
» Alessandro Vitali
» Bartolomeo Valmacca

1499

F. Nicola Fazzardi
» Giovanni di S. Angelo
» Antonio da Asti
» Gabriele da Pavia
» Gasparino da Bassignana

1500

F. Franceschino da Castellazzo, Priore
» Costantino da Castellazzo
» Giovanni da S. Angelo
» Bartolomeo Ferrari da Castellazzo
» Gabriele da Pavia
» Pietro da Castelnuovo
» Timoteo da Lodi
» Paolo del Pozzo
» Giovanni da Trezzo
» Gerolamo da Lentate
» Paolo da Pavia
» Cornelio da Romagnano
» Gregorio da Pavia
» Paolo da Castellazzo
» Ansano da Cotignola
» Guglielmo da Silvano
» Michelangelo da Pavia
» Giovanni Antonio da Castellazzo
» Egidio d'Alemagna

F. Benedetto da Vercelli
» Guido da Bellinzona
» Ottaviano da Palestro
» Raffaele da Pieve
» Vincenzo da Bologna
» Cristoforo da Castellazzo
» Agostino da Biella
» Basilio da Fiandra
» Angelo Panizzeni d'Alessandria
» Bartolomeo da Valmacca
» Antonio da Asti
» Pietro Moriggia da Milano, Priore
» Lorenzo da Candia
» Giovanni Antonio da Milano
» Spirito da Milano
» Serafino Brasca da Milano
» Nicola Fazzardi
» Giovanni di Francia
» Gregorio da Vercelli
» Gian Battista da Genova

F. Guglielmo da Bologna
» Bernardo da Pavia
» Nicola da Castellazzo
» Guglielmo da Vercelli
» Guidantonio da Milano
» Guglielmo di Provenza
» Pietro d'Alemagna
» Bernardo da Milano
» Arcangelo da Pavia
» Giorgio de Solio
» Paolo da Genova
» Francesco Trotti
» Paolo de Asti
» Lattanzio da Piacenza
» Gian Giacomo da Parasacco
» Lorenzo da Vicenza
» Agostino da Novara
» Zanetto da Genova
» Pietro Paolo da Novara
» Pietro da Canneto

Religiosi della Comunità di S. Paolo

1470

F. Tito da Milano, Priore
» Angelico da Bergamo
» Cornelio da Biella
» Celestino da Pinerolo
» Costanzo da Genova
» Teodoro da Pavia

1471

F. Cherubino da Brescia, Priore

1472

F. Daniele da Milano
» Cornelio da Biella
» Cherubino da Brescia, Priore

1476

F. Giovanni Maria da Strambino, Priore

1477

F. Giovanni Maria da Strambino, Priore
» Serapione da Ponte Curone, Procuratore
» Cornelio da Biella
» Celso da Milano
» Pietro da Savona
» Marco da Pavia
» Andrea da Pavia
» Isidoro de Cabareto
» Mauro de Corniento
» Pietro Paolo da Dorno
» Guglielmo da S. Martino
» Caremolo da Milano
» Teodoro da Pavia
» Cherubino da Rivarolo, Priore
» Pacifico da Vercelli
» Princivale da Biella
» Arcangelo da Brescia
» Mattia da Brescia
» Teofilo da Cremona

F. Guglielmo da Rivarolo
» Filippo da Brescia
» Bartolomeo da Bergamo
» Paolo da Pavia
» Simpliciano da Savona
» Fortunato da Biella
» Eugenio da Pavia
» Barnaba da Brescia
» Angelo da Sale

1478

F. Lorenzo Acquarolo da Pavia

1479

F. Serafino Luzzago da Brescia, Priore
» Battista da Bergamo, Procuratore
» Giuseppe da S. Gervasio
» Abele Ottolenghi da Brescia
» Secondo da Torino

1480

F. Feliciano da Cremona
» Apollonio da Calvisano
» Germano da Crema
» Lorenzo da Cremona
» Abele Ottolenghi da Brescia

1481

F. Giovanni Pietro da Pavia

1482

F. Cristoforo da Vercelli, Priore
» Eugenio da Crema, Vicario
» Pacifico da Vercelli
» Mattia da Brescia
» Tonello da Biella
» Giovanni Pietro da Pavia
» Aurelio Agostino da Pavia
» Francesco da Pavia
» Marcello da Milano
» Felice da Como
» Alessio da Savona

F. Filippo da Como
» Guniforto da Milano
» Teodoro da Pavia
» Giusto da Brambilla
» Eugenio da Pavia
» Remigio da Castelnuovo, Priore
» Adeodato da Vercelli

1484

F. Cornelio Biella da Vercelli, Vicario

1485

F. Cornelio Biella da Vercelli, Procuratore
» Taddeo da Pinerolo, Priore

1486

F. Illuminato da Settimo, Procuratore

1487

F. Illuminato da Settimo, Procuratore
» Taddeo da Pinerolo, Priore
» Alessandro Torti, Vicario
» Benedetto da Montecastello
» Paolo da Pavia
» Lazzaro da S. Giorgio
» Giglio da Crema
» Cornelio da Biella
» Geremia da Pavia
» Giovan Grisogono da Milano
» Bernardo da Pavia
» Giorgio da Pavia
» Amedeo da Crema
» Angelo da Vercelli
» Giovanni Buono da Bergamo
» Teofilo da Crema
» Teodoro da Pavia
» Antonio da Robbio
» Sebastiano da Tortona
» Francesco da Vercelli
» Obbediente da Alessandria

1489

F. Francesco da Pavia, Priore

F. Illuminato da Settimo, Vicario
» Egidio da Crema
» Giovanni da Pavia
» Martino da Monza
» Francesco da Sale
» Secondo da Caselle
» Gregorio da Pavia
» Nicola da Como
» Michele da Crema
» Marco Calderali d'Avigliana
» Gian Agostino da Gravellona
» Teodoro da Pavia
» Eugenio da Pavia
» Pasio da Milano
» Felice da Sale
» Giovanni Buono da Biella
» Leone da Sartirana
» Dionigi da Como

1490

F. Francesco da Pavia, Priore
» Illuminato da Settimo
» Egidio da Crema
» Giovanni Pietro da Pavia
» Martino da Monza
» Cornelio da Biella
» Maurizio da Vercelli
» Francesco da Sale
» Marco Calderali
» Lodovico da Vercelli
» Nicola da Como
» Michele da Crema
» Agostino da Gravellona
» Giovanni Buono da Biella
» Dionigi da Vercelli
» Eugenio da Pavia
» Teodoro da Pavia
» Leone da Sartirana
» Dionigi da Como
» Sisto da Pavia

1491

F. Giov. Pietro da Pavia, Procuratore
» Francesco da Pavia, Priore
» Cornelio da Biella, Vicario

F. Leonardo da Como
» Costantino da Martinengo
» Simpliciano da Garlasco
» Arcangelo da Treviglio
» Gabriele da Genova
» Michele da Mantova
» Sebastiano da Tortona
» Marco da Asola
» Teodoro da Pavia
» Eugenio da Pavia
» Bonaventura da Treviglio
» Fortunato da Biella
» Dionigi da Como
» Agabito da Vercelli
» Perpetuo da Pavia
» Giovanni Buono da Torino

1492

F. Lorenzo da Milano, Priore
» Cornelio da Biella, Vicario
» Giovanni Pietro da Pavia
» Bernardino da Sale
» Germano da Milano
» Celso da Pavia
» Valeriano da Milano
» Paolino da Genova
» Tommasino da Vercelli
» Alessandrino d'Alessandria
» Marco da Asola
» Costantino da Lu
» Benedetto da Milano
» Teodoro da Pavia
» Fortunato da Biella
» Eugenio da Pavia
» Giovanni Buono da Torino
» Francesco da Savigliano
» Bonaventura da Treviglio
» Agostino da Milano, Priore

1494

F. Alessandro Torti, Priore
» Giovanni Maria Balbi, Vicario
» Pierino da Como
» Cornelio da Biella
» Giovanni Pietro da Pavia

F. Celso da Pavia
» Sebastiano da Vicenza
» Teofilo da Crema
» Arcangelo da Genova
» Pier Paolo Fasoli da Pavia
» Teodoro da Pavia
» Defendente da Mortara
» Giovanni Battista da Torino
» Antonio da Robbio
» Frate Filippo
» Pellegrino da Gattinara
» Paolo da Pavia
» Giov. Battista da Confienza
› Alipio da Milano
› Agostino da Plurio
› Gabriele da Plurio
› Lucrezio da Verona
» Martino d'Alessandria
› Tommaso da Cremona
» Galdino da Milano
» Gerolamo da Pavia
» Lucrezio da Brescia
» Antonio da Brescia
» Eliseo da Como

1495

F. Alessandro Torti, Priore
» Gio. Maria Balbi, Vicario
» Gio. Pietro da Pavia, Procuratore
» Carlo da Vercelli

1497

F. Gian Pietro da Pavia, Procuratore
» Giov. Evangelista da Treviglio
» Pietro da Brescia
» Gian Agostino da Bosco

1498

F. Gian Pietro da Pavia
» Bernardo da Pavia
» Alessandro da Pavia

F. Davide da Milano
› Gian Agostino da Como
» Nicola da Cremona
» Gian Battista da Confienza
» Gerolamo da Milano
» Giovanni da Arezzo
» Gian Agostino da Bosco
» Siro da Novara
» Mansueto da Sale
» Simpliciano da Castelnuovo
» Paolino da Genova
» Teofilo da Milano
» Valerio da Brescia
» Ponzio da Asti
» Gian Angelo da Lucca
» Michelangelo da Milano
» Giovanni da Sezadio, Priore
» Gerolamo da Pavia
» Simone da Treviglio
» Celso da Pavia
» Biagio da Valide

1499

F. Gian Bartolomeo da Montefuoco di Genova

1500

F. Gian Pietro da Pavia
› Agostino da Borgo S. Martino, Priore
» Bernardo da Pavia
› Gerolamo da Pavia
» Giovanni Agostino da Como
» Urbano di Piccardia
» Giovanni Antonio da Sezadio
» Siro da Novara
» Pietro Paolo da Pavia
› Ponzio Monticelli
› Secondo da Crema
» Vito da Como
. › Francesco Astolfi
› Mauro da Torino
› Antonio da Crona

INDICE ONOMASTICO

(I numeri indicano le pagine del volume).

Mangiaria Giovanni Paolo, 274.
Mangiaria Gregorio, 46, 211, 255, 256.
Mangiaria Paolo, 211.
Mangiaria Pietro, nob. benefattore, 274.
Mangiaria Porro, 46.
Mantegazza Agnese, 187.
Mantegazza Girolamo da Milano, agost. 90, 94, 97.
Mantova (da) Michele, agost. 302.
Marca (della) Leonardo, agost. 300, 301. 305, 312, 317, 322.
Marca (della) Tommaso, agost. 336, 340.
Marcellini Corrado, Vic. vesc., 131 - 133.
Marchesi Giovanni, agost. 74.
Marini Paolo, vescovo agost. 112.
Marini Stefano, agost. 66, 67, 71, 74, 78, 79, 88, 90.
Marinoni Marcellino. agost. 112.
Marliani Agostino, agost. 110, 123, 133, 140, 142, 152, 154, 161, 163, 166, 174, 179, 189, 195, 196, 202.
Marliani Andrea, pittore, 140.
Marliani Giovanni, agost. 37, 67.
Martinengo (da) Costantino, agost. 302, 355.
Marzolini Lattanzio, agost. 303, 314, 322, 336, 340. 367.
Massimiliano. Imperatore, 195.
Meda Giacomino, canon. regolare, 30.
Meda Giovanni Paolo. agost. 30.
Meda Salimbene Giovanna. benefattr., 30.
Medici Filippo, arcivescovo di Pisa, ambasciatore, 127.
Merate (da) Agostino, canon. regol. 51, 71.
Mezzabarba Giovanni Antonio. 190.
Mezzabarba Bottigella Caterina, benefattrice, 215.
Mezzabarba Mangano Antonia, benefattrice. 51, 65.
Migliavacca Pietro, 212.
Milano (da) Agostino, agost. 110, 180, 316.
Milano (da) Alipio, agost. 328.
Milano (da) Ambr. ag. vedi Pusterla Ambr.
Milano (da) Ambrogio. can. regol. 11.
Milano (da) Andrea, agost. 75, 312, 313, 314, 315, 316, 317, 322.

Milano (da) Angelo. agost. 133, 151, 161.
Milano (da) Apollinare. agost. 226.
Milano (da) Arcangelo. agost. vedi Gallarati Arcangelo.
Milano (da) Battista, agost. 94, 97, 126, 133, 251.
Milano (da) Benedetto. agost. 306, 329.
Milano (da) Bernardo, agost. 126, 365, 367.
Milano (da) Caremolo, agost. 200.
Milano (da) Celso. agost. 200.
Milano (da) Cherubino, agost. 334.
Milano (da) Cornelio. agost. 345.
Milano (da) Daniele. agost. 168.
Milano (da) Davide. agost. 351.
Milano (da) Gabriele, agost. 97.
Milano (da) Galdino, agost. 328.
Milano (da) Germano, agost. 306.
Milano (da) Gerol. iunior, agost. 352, 354.
Milano (da) Gerolamo, agost. vedi Porta (della) Gerolamo.
Milano (da) Gerolamo, agost. vedi Mantegazza Gerolamo.
Milano (da) Giorgio, agost. 108, 119, 125.
Milano (da) Giovanni, agost. 195.
Milano (da) Giovanni Antonio, agost. vedi Sannazzari Giovanni Antonio.
Milano (da) Giovan Crisogono, agost. 279.
Milano (da) Guidantonio, agost. 365, 367.
Milano (da) Guniforto, agost. 237.
Milano (da) Lorenz. ag. 306, 316, 319, 322.
Milano (da) Marcello, agost. 237.
Milano (da) Martino, agost. vedi Velate (da) Martino.
Milano (da) Michelangelo, agost. 352.
Milano (da) Pasio, agost. 287.
Milano (da) Pietro agost. vedi Moriggia Pietro di Milano, agost.
Milano (da) Raffaele, agost. 152, 175.
Milano (da) Serafino, agost. vedi Brasca Serafino, agost.
Milano (da) Spirito, agost. 314, 316, 322, 335, 336, 340, 364, 367.
Milano (da) Teofilo, agost. 352.
Milano (da) Timoteo, agost. 343.
Milano (da) Tito, agost. 155.

Ozzola, da Pescia, Tismina, benefattrice, 63, 64 78, 79.
Pado (de) Benedetto, agost. 345.
Padova (da) Agostino, agost. 75.
Padova (da) Bartolomeo, agost. 255.
Padova (da) Benedetto, agost. 251, 355.
Padova (da) Marco, agost. 305, 309, 313, 316, 317, 322.
Palazzuolo (da) Bartolom. agost. 279, 352.
Paleologo Giovanni, Imperatore, 48, 49.
Paleologo Gugliel. march. di Monf. 115.
Palestro (da) Ottaviano, agost. 361.
Panizzardi Facondo, agost. 232.
Panizzeni Angelo di Alessandr. agost. 462.
Paolo II, Papa, 84, 112, 121, 122, 132, 134, 135, 136, 147, 148.
Parasacco (da) Giacomo, agost. vedi Strada Giovanni Giacomo.
Parigi (da) Guido, agost. 144.
Pasturini Lorenzo, benefattore, 126, 141.
Pavia (da) Alberto, agost. 251, 343, 345, 348, 355.
Pavia (da) Alessandro, iunior, agost. 351.
Pavia (da) Alessandro, ag. v. Vitali Alessand.
Pavia (da) Andrea, agost. 200, 205.
Pavia (da) Arcangelo, agost. 365.
Pavia (da) Aurelio Agostino, agost. 237.
Pavia (da) Bartolomeo, agost. 115.
Pavia (da) Benedetto, agost. 255.
Pavia (da) Bernardino, agost. 175, 180, 214, 216, 267, 300, 309, 367.
Pavia (da) Bernardo, agost. 279, 351, 354, 363, 365.
Pavia (da) Celso, agost. 306, 326, 328, 354.
Pavia (da) Cristoforo. vedi Porcara Cristof.
Pavia (da) Davide, agost. vedi Artaldi Davide, agost.
Pavia (da) Didimo, ag. vedi Brera Didimo.
Pavia (da) Eugenio, agost. 206, 237, 287, 296, 302, 306.
Pavia (da) Francesco, agost. vedi Astolfi Francesco, agost.
Pavia (da) Gabriele, agost. vedi Savietti Gabriele di Pavia, agost.
Pavia (da) Galeazzo, agost. vedi Visconti Galeazzo, agost.

Pavia (da) Gallo. agost. 226.
Pavia (da) Gaspare. ag. 67, 89, 94, 97, 126.
Pavia (da) Geremia, agost. 278.
Pavia (da) Gerolamo. agost. 328, 354, 363.
Pavia (da) Giorgio, agost. 279, 314.
Pavia (da) Giovanni, agost. 115, 196, 198, 201, 214, 216, 225, 287.
Pavia (da) Giovanni Andrea, agost. 232.
Pavia (da) Giovanni Antonio, agost. vedi Scappi Giovanni Antonio.
Pavia (da) Giovanni Maria, ag. vedi Astolfi Giovanni Maria.
Pavia (da) Giovanni Pietro. agost. 196, 198, 223, 224, 235, 237, 249, 296, 300, 302, 306, 326, 328, 331, 333, 334, 343, 344, 349, 351, 354, 359, 363.
Pavia (da) Gregorio, ag. 287, 300, 301, 309, 312, 313, 314, 322, 336, 340, 361, 364, 367.
Pavia (da) Guniforto, agost. vedi Rabiis (de) Guniforto.
Pavia (da) Lorenzo, agost. vedi Acquarolo Lorenzo, agost.
Pavia (da) Luigi, agost. 97.
Pavia (da) Marco, agost. 200.
Pavia (da) Michelangelo, agost. 361, 367.
Pavia (da) Nicola, agost. vedi Fazzardi Nicola, agost.
Pavia (da) Paolo, ag. 205, 276, 279, 302, 312, 313, 314, 317, 325, 328, 336, 361, 367.
Pavia (da) Perpetuo, agost. 302.
Pavia (da) Pietro Paolo, agost. vedi Fasoli Pietro Paolo agost.
Pavia (da) Silvestro, ag. 255, 267, 314, 322.
Pavia (da) Sisto, agost. 297.
Pavia (da) Stefano, agost. 67, 93, 94.
Pavia (da) Stefano, ag. vedi Marini Stefano.
Pavia (da) Teodoro agost. 155, 200, 205, 237, 279, 287, 296, 302, 306, 326, 328.
Pavia (da) Zanino, agost. 168.
Pazzi Piero, ambasciadore, 127.
Pellizzoni Filippino, consigl. univers. 28.
Pelucchi Nicola, agost. 288.
Peri Benigno, vicario generale agost. 130.
Perugia (da) Ercolano, vicario del Generale, agost. 167, 174.
Perugia (da) Gregorio, agost. 180.

INDICE GENERALE

416

418

IMPRIMATUR :   NIHIL OBSTAT :

† Franciscus Ep. Papien.   Fr. T. Rodriguez O. E. S. A.
Papiae, die 20 aprilis, 1906.   Romae, die 18 aprilis, 1906.

Lightning Source UK Ltd.
Milton Keynes UK
UKHW01n2211231018
331074UK00005B/168/P